Birgit Heidtke / Christina Rössler

Margarethas Töchter

Birgit Heidtke / Christina Rössler

Margarethas Töchter

Stadtgeschichte der Frauen von 1800 bis 1950
am Beispiel Freiburgs

Kore

Birgit Heidtke und Christina Rössler haben mit *Margarethas Töchter* den zweiten Band zu *Margaretha Jedefrau* von Sully Roecken und Carolina Brauckmann geschrieben, und damit ist jetzt die erste deutsche Sozial- und Kulturgeschichte von Städterinnen am Beispiel Freiburgs von der Frühzeit bis ins 20. Jahrhundert erschienen. Grund zur Freude und zum Dank, dem ich an dieser Stelle gern nachkomme:

Ich danke der Stadt Freiburg und der Stiftungsverwaltung für den Druckkostenzuschuß auch für den zweiten Band, sowie den Stadträtinnen und -räten, die sich für die Realisierung des Forschungsprojektes eingesetzt haben. Ebenfalls gilt mein Dank dem Kulturbürgermeister der Stadt Freiburg, Herrn Thomas Landsberg, der Margarethas Töchter begleitet hat.

Traute Hensch

Wir danken der Stadt Freiburg und der Stiftungsverwaltung für die finanzielle Unterstützung dieses Projektes und allen, die sich für seine Förderung eingesetzt haben: den Stadträtinnen und Stadträten, den Mitarbeiterinnen der Stelle zur Gleichberechtigung der Frau und Traute Hensch vom Kore Verlag Freiburg.

Für ihren fachlichen Rat danken wir Dr. Heiko Haumann und dem Leiter des Stadtarchivs, Dr. Hans Schadek. Herr Dr. Ecker, Herrn Wolf, Frau Hefele und Herr Riesterer vom Stadtarchiv Freiburg, Frau Dr. Krieg und Herrn Rees vom Staatsarchiv Freiburg haben unsere Arbeit mit ihrer freundlichen Hilfe unterstützt.

Maria Hipp, Gertrud Meyer, Margot Huppert, Schwester Pia Hauser, Elisabeth Seitz, Christl Cranz, Grete Borgmann, Gretel Bechtold, Inge Kaufmann, Swetlana Geier, Marietta Bruder, Max Faulhaber, Hermine Paufler, Dr. Karola Fettweis haben sich die Zeit genommen, unsere Fragen zu beantworten.

Traute Hensch, Christian Rössler, Barbara Seubert, Udo Bernecker, Rosi Fuhrmann, Sylvia Schmidt, Sabine Herrle, Matthias Lauck, Barbara James, Gabriele Moser, die *Wüste Alma*, Albert Josef Schmidt, Petra Hinnenberger, Edith Lamersdorf, Peter Fäßler, Auri Amann, Elli Frey, Silke Biller, Steffi Rappe, Nora Glanz, Stefan Rost, Franka Rasmussen, Kay M. Hug, Alex Frick und Ursi Aeschbacher halfen uns bei wirklichen und eingebildeten Schwierigkeiten.

Unser besonderer und herzlicher Dank gilt Emilie Meyer für ihre beharrliche Unterstützung und freundschaftliche Ermutigung während der Arbeit und unserer Lektorin Sully Roecken.

Birgit Heidtke und Christina Rössler

INHALT

VORBEMERKUNG

«*Wenn die Männerwelt weiter dazu hilft, daß die Frauenwelt immer emanzipierter wird, so kommt die Zeit, wo die gutmütigen Mannsleute waschen, stricken, kochen und Kinder hüten müssen, während die Damen Rad fahren, zu Gericht sitzen, Advokaten und Professoren spielen, predigen und kurieren*».

Diese Schreckensvision entwarf zu Beginn des 20. Jahrhunderts Heinrich Hansjakob. Der Kinzigtäler Hansjakob, im Hauptberuf katholischer Geistlicher und lange Jahre Stadtpfarrer von St. Martin in Freiburg, genoß zu seiner Zeit als Romancier und Essayist große Popularität. Im Jahr 1897 hatte ihm die Stadt Freiburg großzügige Räumlichkeiten im städtischen Altenstift «Kartause» gegen ein jährliches Kostgeld von 500 RM zur Verfügung gestellt. Versorgt von Schwestern des Vinzentinerinnenordens, verbrachte er dort seinen Lebensabend. Mit beißender Kritik kommentierte Hansjakob in seinen Schriften die Erscheinungen der modernen Zeit, zum Beispiel das Radfahren der Frauen. Überhaupt war es seine Vorliebe, die «*Damenwelt*» im allgemeinen, insbesondere aber ihre Bestrebungen nach Emanzipation mit Spott zu überschütten. Und er machte keinen Hehl daraus, daß ihm schreibende wie wissenschaftlich arbeitende Frauen gleichermaßen zuwider waren.

Im Jahr 1897 bat ihn eine Schriftstellerin aus Preußen, für eine gemeinsam mit Freundinnen herausgegebene Sammlung von Gedichten und Novellen das Vorwort zu schreiben. Hansjakob lehnte dankend ab und schlug ihr vor, doch lieber ein Kochbuch zu veröffentlichen. Er sehe sich nicht imstande, eine Vorrede für «*Damenliteratur*» zu verfassen, die nach seinem Urteil ausschließlich «*blutarme und bleichsüchtige*» Bücher hervorgebracht habe. Deshalb haben wir uns entschlossen, Hansjakob wenigstens posthum in die Lage zu versetzen, die ersten Worte der Vorbemerkung für dieses Buch geschrieben zu haben.

An dieser von ihm selbst niedergeschriebenen Episode lassen sich die Schwierigkeiten der Recherche für dieses Buch veranschaulichen. Weil er den Namen der von ihm angegriffenen Schriftstellerin nicht der Erwähnung wert hält, bleibt ihre Identität ebenso im Dunkeln wie ihre Motive dafür, sich mit dieser Bitte ausgerechnet an ihn zu wenden. Vielleicht schrieb sie eine Erwiderung auf seine Polemik, doch es müßte schon ein sehr glücklicher Zufall zu Hilfe kommen, um sie aufzufinden.

Nicht nur in der öffentlichen Diskussion zur «*Frauenfrage*», sondern auch in allen anderen Bereichen, die das alltägliche Leben, die Belange und die Interessen von Frauen in Freiburg während des 19. und 20. Jahrhunderts betreffen, war es schwierig, Äußerungen und Stellungnahmen der Frauen selbst zu erhalten. Denn es sind Männer, die sich immer zuerst und häufig ausschließlich zu den Problemen ihrer Zeit auslassen. Die Situation einer Arbeiterin in der Textilindustrie schildert 1929 der Leiter des Freiburger Fürsorgeamtes und zur polizeilichen Überwachung der Prostituierten gibt 1863 der Stadtarzt sein Gutachten ab. Es sind Zeitungsredakteure, die 1916 die freiwillige Kriegshilfe der Freiburger Frauenvereine kommentieren und Stadträte, die 1873 über die Ausbildungsmöglichkeiten für Mädchen in Freiburg entscheiden. Auch wenn die amtliche Beschwerde einer Bürgerin aktenkundig wird, dann ist die folgende Auseinandersetzung aus der Sicht des zuständigen Beamten wiedergegeben. Selbst spezifische Frauenangelegenheiten, die Tätigkeit der Freiburger Hebammen zum Beispiel, dokumentieren die Quellen in erster Linie aus männlichem Blickwinkel.

Soviel Papier der Stadtrat, die städtischen und staatlichen Behörden aus ihrer Zeit auch hinterlassen haben, bedeutet dies längst nicht immer, daß auch von den Frauen die Rede ist. So vermitteln die Akten über die städtische Erwerbslosenunterstützung während der Weimarer Republik den Eindruck, es hätte arbeitslose Frauen nur ausnahmsweise gegeben. Stillschweigend wird vorausgesetzt, daß sie mit denselben Problemen zu kämpfen hatten wie Männer in dieser Lage. Wo wir hofften, etwas über die Arbeit und das Berufsverständnis der Fürsorgerinnen zu erfahren, da brauchte es einige Meter Akten des Jugendamtes, bis wir hierzu das erste Schriftstück entdeckten.

Die Schwierigkeiten begannen also nicht erst dort, wo wir nach öffentlichen und privaten Äußerungen von Frauen suchten, die zwischen 1800 und 1945 in Freiburg gelebt haben. So selten die Frauen selbst die Gelegenheit und Möglichkeit hatten, sich zu Wort zu melden, so häufig werden ihre Belange von den männlichen Berichterstatten nicht wahrgenommen.

Weil es uns aber darum ging, einen Eindruck des Lebensgefühls, der alltäglichen Nöte und der geläufigen Vorstellungen von Frauen zu erhalten, suchten wir nach Quellen, die nicht allein die Perspektive der männlichen städtischen Obrigkeit widerspiegeln. In den Tageszeitungen fanden wir zum Beispiel Informationen über die Freiburger Frauenbewegung, über die Arbeit der ersten Kommunalpolitikerinnen, aber auch Schilderungen von kleinen und gewichtigen Ereignissen, die Freiburgerinnen betrafen. Darüber hinaus suchten wir nach privaten Äußerungen von Frauen – in Tagebüchern, in Briefen und Memoiren. Auch Gerichtsprotokolle, ob nun ein Scheidungsprozeß aus dem Jahr 1886 oder ein politisches Strafverfahren zur Zeit des Nationalsozialismus, ermöglichen mitunter einen sehr genauen Einblick in die Lebenssituation einer Frau. Für die jüngere Geschichte haben wir schließlich nicht nur schriftliche Quellen, sondern auch Erzählungen von Zeitzeuginnen miteinbezogen. Allen, die sich die Mühe machten, unsere Fragen zu beantworten, ihre Erinnerungen zu schildern und uns persönliche Dokumente herauszusuchen und zur Verfügung zu stellen, möchten wir an dieser Stelle herzlich danken.

Nicht alle Kapitel dieses Buches waren schon am Anfang unserer Arbeit geplant und einige fehlen, die wir ursprünglich beabsichtigt haben. Es versteht sich von selbst, daß bei der Auswahl der Themen unsere persönlichen Interessen und Vorlieben eine Rolle spielten. Ebenso ausschlaggebend war jedoch das Ergebnis unserer Recherchen. Sie brachte in einigen Fällen – zum Beispiel über die Arbeit der Künstlerinnen – unerwartet wenig, in anderen – wie zur Frage der obdachlosen Frauen – erstaunlich vielschichtige Informationen zu Tage.

Sully Roecken und Carolina Brauckmann veröffentlichten 1989 «*Margaretha Jedefrau*», eine Geschichte der Frauen, die in Freiburg vom 13. bis zum 18. Jahrhundert gelebt haben. Das vorliegende Buch entstand aus dem Wunsch, die Suche nach Margaretha für das 19. und 20. Jahrhundert fortzusetzen. Wie unsere Vorgängerinnen gingen wir nicht davon aus, eine Chronik zu erstellen, die den Anspruch auf Vollständigkeit erheben könnte. Vielmehr hoffen wir, daß manche Lücke von der einen und anderen als Einladung verstanden wird weiterzuforschen. Wo wir uns aber für ein Thema entschieden, haben wir versucht, Selbstverständliches ebenso wie Unerhörtes so genau wie möglich und zwar so, wie es uns in den Quellen begegnet ist, zu schildern. Henriette Feuerbach, die während der Aufbruchsstimmung von 1848 einer kritischen Distanz den Vorzug gab, Käthe Vortriede, unseres Wissens die erste Redakteurin einer Freiburger Tageszeitung, Mathilde Otto, der nachgesagt wurde, sie sei in ihrer Amtszeit der einzige Mann im Stadtrat gewesen, Niddy Impekoven, deren Tänze nicht gefilmt wurden, Margarethe Seitz, deren Offenherzigkeit ihr das Leben kostete, die Bücher von Lotte Paepcke, Amalie Struve, Marie Baum, Hero Max, Else und Martha Liefmann, die Briefe von Edwine Eschle und Elise Schneckenburger, die Erzählungen von Grete Borgmann, Marietta Bruder, Gretel Bechtold und viele andere haben uns dabei geholfen.

Wenn wir auch Heinrich Hansjakob das erste Wort gegeben haben, so können wir ihm doch das letzte nicht lassen. Margarethe Braun, die sich Weihnachten 1918 während des Wahlkampfes mit verblüffender Entschiedenheit zur politischen Gleichstellung der Frauen an die Freiburgerinnen wandte, soll es erhalten:

«Der Mann hat jahrhundertelang die Gesetze egoistisch geformt und ist fast nie fähig, das Empfindungsleben der weiblichen Psyche nachzufühlen. Aus der Vergangenheit müssen die Frauen notwendig den Schluß ziehen, daß sie jetzt, in der Geburtsstunde ihrer heißersehnten politischen Rechtsstellung ihre Rechte und Forderungen gegenüber den Parteien zu stellen und nötigenfalls auch durchzusetzen haben werden.»

Einige Bemerkungen zur Darstellung der Quellen:

In der Regel haben wir die Zitate in ihrer originalen Schreibweise belassen. In einigen Fällen, wo orthographische oder grammatikalische Besonderheiten Anlaß zu Mißverständnissen hätten geben können, entschieden wir uns jedoch zu Veränderungen, die entweder als Hinweis in Klammern oder in der Anmerkung gekennzeichnet sind. Soweit aus dem Zusammenhang nicht ersichtlich, sind Kürzungen und Umstellungen ebenfalls in Klammern angegeben.

Zum Teil haben wir Dokumente zitiert, die sehr detailliert über das persönliche Leben einzelner Frauen informieren. Um ihre Privatsphäre zu schützen, haben wir daher einige Male die Namen verändert. Dies gilt insbesondere für den Zeitraum des Nationalsozialismus und der Weimarer Republik. Auf Namensänderungen ist in der Fußnote jeweils hingewiesen; eine Übereinstimmung mit wirklichen Personennamen wäre zufällig.

Einige Zitate stammen aus Interviews, die wir mit Freiburgerinnen und ehemaligen Freiburgerinnen geführt haben. In Absprache und im Einverständnis mit ihnen haben wir diese Schilderungen gekürzt und nachträglich umgestellt. Weil Gehörtes einen anderen Klang bekommt, wenn es aufgeschrieben wird, haben wir uns außerdem entschieden, sie in Schriftsprache zu übertragen.

Birgit Heidtke und Christina Rössler

FRAUEN IN DER REVOLUTION VON 1848/1849

«… dann tragen Sie die Fahne voran,
und ich ziehe mit dem Verbandzeug
als barmherzige Schwester hintendrein.»

Am 24. September 1849 meldete das *Großherzogliche Stadtamt Freiburg* dem *Großherzoglichen General-Comissär,* Statthalter der Badischen Regierung, *«daß wir gestern Mittag Salomee Ehret, Maria Ligs, Maria Wehrle und Agnes Salb von St. Georgen und heute früh Katharina und Eleonora Keller, Magdalena Bosch, Helena, Rosina, Sophia und Katharina Thoma von Uffhausen verhaften ließen, weil sie die Gräber derjenigen Theilnehmer an den jüngsten hochverräterischen Unternehmungen auf dem Gottesacker in der Wiehre mit Kränzen u.s.w. geziert haben, welche kürzlich auf Urtheil des hiesigen Standgerichts erschossen worden sind.»*[1]

Die Gräber der Hingerichteten mit Blumen zu schmücken, war alles andere als eine harmlose persönliche Geste, sondern wurde vom Stadtamt als strafbare *«öffentliche Demonstration gegen die Großherzogliche Staatsregierung»* verstanden. Auch die elf Frauen, die auf dem Friedhof an der Dreikönigstraße die drei Männer ehrten, die man dort wegen ihrer Teilnahme an der Revolution von 1848/49 hingerichtet hatte, waren sich sehr wohl bewußt, was sie taten. War doch erst kurz zuvor eine Frau *«bei dem Geschäft der Gräberverzierung ertappt»* und zu 14 Tagen Gefängnis verurteilt worden. Die öffentlich bekundete Trauer der Frauen bezeichnete die *Neue Freiburger Zeitung* polemisch als einen *«auf Irrwege gerathenen Blumensinn»*. Denn die Blumen auf den Gräbern symbolisierten mehr als eine Verbundenheit mit den Hingerichteten. Sie standen auch für die Ideale und Hoffnungen der gescheiterten Revolution, von denen sich die Frauen eben nicht verabschieden wollten.

Die Fesseln zerreissen

Während der Revolution hatten Frauen eine wichtige Rolle inne. Sie sahen es nicht nur als ihre Aufgabe, die Männer zu unterstützen, sondern sie hatten schon in den Jahrzehnten zuvor begonnen, sich selbst mehr und mehr als politisch Verantwortliche zu begreifen. Selbst eine vordergründig «private» Angelegenheit wie Kleidung und Mode war im Vormärz zu einem ernsthaften und nationalen Thema auch von Frauen geworden. Ihr Interesse an politischen Fragen, ihr Selbstverständnis von Mitverantwortlichkeit machten sie mit ihrer Teilnahme an öffentlichen Versammlungen, mit couragiertem Eintreten gegen das monarchische und für ein demokratisches System offenkundig. Der Schritt in die Öffentlichkeit war ihnen vor allem durch die Öffnung von bestehenden Vereinen für Frauen und durch die Gründung von Frauenvereinen geebnet worden.

Ein wesentliches Element in der politischen Öffentlichkeit des 19. Jahrhunderts bildeten die bürgerlichen Vereine, wenn sie sich auch zunächst hauptsächlich kulturellen Aufgaben widmeten. Doch waren sie vorerst reine Männervereine, wie zum Beispiel der 1807 in Freiburg gegründete Verein *Museum*, eine *Lesegesellschaft*, die ihren Mitgliedern im *Lesezimmer* den Zugang zu Literatur und Zeitschriften und im *Conversationszimmer* einen Ort für Vorträge und Diskussionen bot.[2] Frauen waren von dieser öffentlichen Auseinandersetzung ausgeschlossen, es sei denn, sie wurde ihnen über ihren Mann vermittelt, mit Büchern, die er nach Hause brachte, oder durch Tischgespräche, in denen die Ehefrau und die Töchter in die Debatten einbezogen waren. Zu gesellschaftlichen Anlässen wie Vereinsbällen waren auch die Frauen geladen, bei musikalischen oder literarischen Veranstaltungen blieben sie nicht bloß Zuhörerinnen, sondern musizierten gemeinsam mit den Männern als Solistinnen oder Choristinnen.

1814 gründete sich in Freiburg der erste Frauenverein, eine Ortsgruppe des *Badischen Frauenvereins*, der kurz zuvor unter der Schirmherrschaft von Großherzogin Stephanie entstanden war. Der Verein sah seine Aufgabe zunächst in der Hilfsarbeit für die badischen Truppen, die sich an den sogenannten *Befreiungskriegen* gegen die Napoleonische Herrschaft in Deutschland beteiligten. Bürgerliche und adelige Frauen organisierten Werkstätten, in denen ihre Dienstbotinnen *«Charpie zupften»*, das heißt Binden und Watte für die Verwundeten herstellten.

Ein Jahr später, 1815, nach dem Sieg über Napoleon, gründeten Frauen *«aus allen gebildeten Ständen»* den *Verein deutscher Frauen zu Freyburg* unter dem Vorsitz einer Adeligen, Freifrau Sophie von Andlaw. Auch dieser Verein verschrieb sich, ganz im Sinne der nationalen Aufbruchsstimmung, in erster Linie vaterländischen Zielen. Laut Satzung schlossen die Frauen *«einen freyen Verein zur Abschüttlung des ausländischen Modejochs, zur Verbannung des immer wechselnden Flitterstaats, zur Beschränkung des kostspieliegen Kleiderprunks»*. Die Vereinsdamen verpflichteten sich, das sogenannte *«deutsche Kleid»*, das sich nicht an französischer Mode orientieren und in Deutschland gefertigt sein sollte, nicht nur auf ihren Versammlungen, sondern auch in der Öffentlichkeit zu tragen. Auch sonst, bei der Einrichtung der Wohnung zum Beispiel, wollten sie *«zur Aufmunterung vaterländischer Künstler und Handwerker»* beitragen, wie sie überhaupt hofften, *«daß dieser, durch neu übernommene Pflichten ihre Freyheit beschränkende Verein auch ein Mittel werden würde, deutsche Sitte, deutsche Häuslichkeit und Vaterlandsliebe zu befördern»*.[3]

In beiden Frauenvereinen war ein Mann als Geschäftsführer eingesetzt, da Frauen keine Rechtsmündigkeit hatten. Er war allerdings nur beratendes Mitglied und hatte in den Versammlungen kein Stimmrecht.

Schon wenige Jahre nach der Gründung wandten sich die Frauenvereine in erster Linie sozialen Aufgaben zu. Als während der Mißernten von 1816 und 1817 zur Bekämpfung der Hungersnot in Freiburg Suppenküchen eröffnet wurden, arbeiteten sie hier ehrenamtlich und bemühten sich erfolgreich um Spenden. Auch später, im Hungerjahr 1847, sollten die Frauenvereine die städtische Suppenanstalt unterstützen. *«Jedesmal sind anwesend zwei Männer vom Ausschuß, und zwei Frauen vom Frauenverein. Die erstern nehmen die Bilette und die leeren Geschirre [...] in Empfang, stellen Letztere den Frauen zu, mit Angabe der Anzahl der Portionen welche in das Geschirr gefüllt werden sollen»*, beschrieben sie ihre Hilfstätigkeit.[4] Mit Näh- und Strickstuben, jährlichen Lotterien für den Armenfonds und regelmäßigen Spenden für die *Stiftung zur Ausbildung und Ausstattung dürftiger Bürgerstöchter* erweiterten beide Frauenvereine ihre Aufgaben und ihre Kompetenzen in der städtischen Armenfürsorge.

Bei der Gründung des *Freiburger Frauenvereins* war in der Satzung selbstbewußt die Rede davon, daß die Frauen *«den Werth, freye deutsche Frauen zu seyn zu schätzen wissen»* und die Annäherung der bürgerlichen und adligen Frauen *«gebildeten Standes»* zu einem ihrer politischen Ziele erklärten. Aber zwei Jahrzehnte später, als es im republikanischen Vormärz um demokratische Freiheit gehen sollte, waren es nicht in erster Linie die Frauen der Freiburger Frauenvereine, die sich dieser Bewegung anschlossen.

1831, ein Jahr bevor sich in Hambach bei Neustadt an der Weinstraße an die 30000 Menschen zur ersten demokratischen Massendemonstration zusammenfinden und unter den Farben Schwarz-Rot-Gold nationale Einheit und Freiheit fordern sollten, hatte sich auch in Freiburg ein *Polenverein* gegründet. Diese Hilfsorganisation machte die Unterstützung der hilfsbedürftigen Polen zu ihrer Sache, deren Aufstand gegen die russische Herrschaft blutig niedergeschlagen worden war. Die *«Polenfreundschaft»* – nicht nur humanitäre Hilfe, sondern auch politische Stellungnahme – fand ihren Ausdruck in zahlreichen Spenden- und Sammelaktionen, an denen sich nicht zuletzt auch Frauen beteiligten. Emma Welcker, die Gattin des liberalen Freiburger Abgeordneten im Karlsruher Landtag, Theodor Welcker, gründete hier einen *Mädchenverein*, der die Polen mit Wäsche und Kleidung unterstützte. Sie selbst pflegte verwundete Polen in ihrem Haus. Die

Vereine sammelten außerdem Lebensmittel und Geld. Geradezu begeistert wurden Flüchtlinge aus Polen aufgenommen, die auf dem Weg ins französische Exil über Freiburg kamen, und sogar Benefiz-Feste für sie veranstaltet.[5] Auf bekannte Melodien wurden neue Texte gesungen, die die gerechte Sache der Polen priesen und ihnen in Freundschaft gewidmet waren. Im Mai 1832, unmittelbar nach dem *Hambacher Fest* trafen sich in Freiburg rund 500 Frauen und Männer in St. Ottilien und feierten dort ein republikanisches Maifest.

Ein anderer Verein, der im vorrevolutionären Freiburg eine wesentliche Rolle spielte, war die 1844 gegründete *Liedertafel*. Es ist bemerkenswert, daß von den 200 Mitgliedern annähernd die Hälfte Frauen waren. Dabei engagierten sich die Sängerinnen und Sänger nicht nur musikalisch. 1848 organisierten sie für die durch eine Hungersnot in Bedrängnis geratenen Menschen in Schlesien eine Spendenaktion, die über die in Freiburg erscheinende, liberal-demokratische *Oberrheinische Zeitung* koordiniert wurde.[6] Wie schon im Unterstützungsverein für Polen haben sich auch in der *Liedertafel* Frauen aktiv an der politischen Auseinandersetzung, an Debatten, an Entscheidungen und an ihrer Umsetzung beteiligt.

Einen Ableger des Vereins *Museum* bildete die *Kasinogesellschaft*, in der sich auch die Freiburger Bürgersfrauen engagieren konnten, allerdings ausschließlich auf dem Gebiet der Kultur und Unterhaltung, denn dieser Verein veranstaltete vorwiegend Lesungen, Konzerte und Bälle. Doch während sich das *Museum* damit begnügte, beispielsweise Haydns Chorwerk *Die Schöpfung* aufzuführen[7], in dem die Sängerinnen und Sänger den Menschen als *«Mann und König der Natur»* preisen und Eva Adam mit den Worten *«Mein Schirm, mein Schild, mein All! Dein Will ist mir Gesetz»* huldigt, untermalte die *Liedertafel* im März 1848 musikalisch eine Gedächtnisfeier für den in Wien hingerichteten Revolutionär Robert Blum.[8] Die *Liedertafel* wurde daraufhin verboten.

Der Aufbruch des Vormärz scheiterte jedoch an der restaurativen und restriktiven Politik: Pressezensur, Wahlrechtsbeschränkungen, das Verbot von politischen Versammlungen beschränkten das öffentliche Leben. In den vierziger Jahren formierte sich die Opposition, die eine Verbesserung der politischen Zustände forderte. Allerdings wurden unter dem visionären und vielstrapazierten Begriff der «Freiheit», den auch die Frauen auf ihre Fahnen geschrieben hatten, ganz unterschiedliche Forderungen gehandelt: Für die einen bedeutete Freiheit die Befreiung von sozialer Not, für die anderen die Durchsetzung ihrer wirtschaftlichen Interessen. Für die einen eine gerechtere Verteilung, für die anderen den Schutz des Eigentums. Während die einen sich von kirchlicher Bevormundung befreien wollten, forderte die Kirche im Namen der Freiheit die Sicherung ihres Besitz- und Rechtsstandes gegenüber dem Staat. Gegen das monarchische System erstrebten die gemäßigten Konstitutionellen die nationale Einheit und Liberalismus vor allem im wirtschaftlichen Bereich. Die radikalen Demokraten forderten dagegen nicht nur das Ende der politischen Zensur, sondern auch die *«persönliche»* und *«Lehr- und Gewissensfreiheit»*. Sie traten für die *«Weiterentwicklung der Verfassung»* ein, für die Emanzipation der Juden und nicht zuletzt für soziale Reformen, die Abschaffung der Feudallasten und Adelsprivilegien und eine Reform der Justiz.[9]

1847 spitzte sich die Situation zu. Die Unruhe wuchs durch die hartnäckige Position der badischen Regierung, die alle Reformversuche der Opposition zurückwies. Dazu kamen Mißernten, die für die badische Bevölkerung zu einer drastischen Teuerung führten. An vielen Orten kam es angesichts der Not zu Hungerkrawallen. Am 12. September 1847 riefen die radikalen Demokraten, an ihrer Spitze Friedrich Hecker und Gustav Struve, in Offenburg zu einer Volksversammlung auf und trugen in der überfüllten Festhalle ihre Forderungen vor.[10] Als schließlich am 24. Februar 1848 in Frankreich der König gestürzt wurde, ergriff die revolutionäre Welle auch Baden. Man hielt den Zeitpunkt zum Umsturz für gekommen, zumal man sich des Rückhaltes in der Bevölkerung sicher wähnte. Am 7. März wurde in Freiburg der konservative Bürgermeister Wagner von der Mehrheit des Gemeinderates abgesetzt und der Liberale Joseph von Rotteck gewählt.[11]

Über die revolutionären Ereignisse in Freiburg hat eine Frau berichtet, Henriette Feuerbach, die 1836 mit ihrer Familie nach Freiburg gezogen war. Feuerbachs wohnten in der Nähe des Schwabentors, am Viehmarkt Nr. 680b, dem Haus der Witwe von Fahnenberg. 1834 hatte Henriette 22jährig den 14 Jahre älteren Witwer Anselm Feuerbach, einen Gymnasial- und späteren Uni-

Das Wohnhaus der Familie Feuerbach am Schwabentor (heute Greiffeneggring Nr. 2) beim Abriß 1964

versitätsprofessor für Altphilologie, geheiratet. Er brachte zwei Kinder mit in die Ehe, Emilie und Anselm. Der Sohn, zu dem die Stiefmutter bis zu seinem Tod eine enge Verbindung hatte, war Maler und wurde später durch seine «Nana»-Gemälde berühmt. Feuerbachs scheinen in Freiburg keine besonders glücklichen Jahre verbracht zu haben; der Ehemann war zeitweise ohne Anstellung, kränkelnd und antriebslos. Henriette, die den Gatten und die Kinder versorgte, beklagte in Briefen ständigen Geldmangel. *Jette*, wie sie von ihren Freundinnen genannt wurde, schrieb Kindergeschichten, die jedoch nicht zur Veröffentlichung gelangten, und plante, die Werke der französischen Schriftstellerin George Sand zu übersetzen. Sie malte Aquarelle, gab Klavierunterricht und hatte Kontakte zur *Liedertafel*. Und sie schrieb zeitlebens Briefe, Hunderte von Briefen – unter anderem auch an ihre weltläufige, fünf Jahre jüngere Freundin Emma Herwegh, die George Sand und Heinrich Heine kannte und mit dem Dichter Georg Herwegh verheiratet war. Beide sollten in der Revolution eine entscheidende Rolle spielen. Am 6. März 1848 schilderte Henriette Feuerbach Emma Herwegh die Situation in Freiburg:

«Wir haben auch ein Revolutiönchen gehabt, oder haben es vielmehr noch, und spielen hübsch Soldaten. Ich gestehe aufrichtig, daß ich noch garnicht fähig bin, zu jubilieren über Freiheit und Vaterland, die Gewährsmänner sind mir zu wenig Respektspersonen und vor dem lieben vielbesprochenen Volksgeist habe ich auch keinen Respekt. Ich meine so: Wir werden ganz außerordentlich frei sein, genauso wie es unsere liberalen Herren Deputierten befehlen. – Unser Städtchen sieht ganz kriegerisch aus, alle Bürger und Studenten sind bewaffnet und spielen, wie gesagt, hübsch Soldaten gegen einige Jakobinermützen, die gerne etwas aus der Brühe herausfischen möchten. – Übrigens ist doch mit einem Federzug Preßfreiheit, Volksbewaffnung und Geschworenengericht gewonnen, und das will doch was heißen. […] Wenn's aber einmal recht losgeht bei uns, dann tragen Sie die Fahne voran, und ich ziehe mit dem Verbandzeug als barmherzige Schwester hintendrein, natürlich nicht als graue oder schwarze im Dienst des lieben Gottes, damit er mir nachher in dieser oder jener Welt den Orden der Frömmigkeit umhängt, sondern

Henriette Feuerbach, portraitiert 1878 von ihrem Stiefsohn Anselm Feuerbach

einzig und allein deshalb, weil Wunden weh tun, und weil ich so eine Leidenschaft habe für alle Menschen, die Schmerzen haben.

Ja, wenn man nur etwas Rechtes zu tun hat auf der Welt, dann ist es lange gut, aber so immer stricken und flicken, und stets sich so eng im

Kreise drehen, wie des Färbers Gaul in der Rolle, und dabei im Herzen noch Poesie und Enthusiasmus sogar haben – das ist ein Elend!»[12]

Henriette Feuerbachs Haltung zur Revolution war zwiespältig. Auch wenn sie Forderungen nach politischer Freiheit und Demokratie grundsätzlich guthieß, traute sie jedoch längst nicht allen, die dafür eintraten, vornehmlich nicht dem «Volke». Ihre Freundschaft mit Emma Herwegh, ihre Bewunderung für George Sand taten ihrem Selbstverständnis, das sie als *«durch und durch aristokratisch»* beschrieb, keinen Abbruch. *«Es kommt mir vor, wie wenn's mit der Idee der Freiheit ging, wie mit dem Schönheitsideal der Alten; die Menge begreift es nicht, und die wenigen, die es in seiner ganzen Harmonie verstehen und würdigen, können es eben doch nicht nachahmen oder vielmehr erreichen. – Wie oft habe ich an Dein Wort gedacht: Sie verstehen die Revolution von 1848 nicht, diese Menschen»*, schrieb sie nach dem Scheitern der Revolution an Emma Herwegh.[13] Auch über die Sympathien, die ihre Familie für die Republikaner demonstrierte, äußerte sie sich eher distanziert. So störte sie sich daran, daß ihr Ehemann sich einen Bart hatte wachsen lassen, der allenthalben als Haartracht der fortschrittlich Gesonnenen, als Unterscheidungsmerkmal gegenüber den *«Glatten»* galt. *«Ein roter Republikanerbart zerstört den Adel und die Feinheit seiner Züge, und läßt ihn äußerlich mehr einer gewissen Kaste angehörend erscheinen, was ich an seinem so hochstehenden Geist gar nicht liebe»*, klagte sie Emma. Auch über ihre Stieftochter Emilie berichtete Henriette Feuerbach im März 1848 mit spitzer Feder, daß sie *«jetzt […] über all die Revolutionen toll vor Vergnügen»* sei. *«Sie hat sich eine trikolore Kokarde gemacht, so groß wie ein Wagenrad»*.* Zu dieser Trikolore in den Farben Schwarz-Rot-Gold, die während der Restaurationszeit verboten war, hatte sich die Nationalversammlung 1848 als Symbol nationaler Einheit und politischer Freiheit bekannt. Die Leute trugen Fähnchen, Schleifen und Kokarden am Revers, am Kleid oder Hut als Bekenntnis: *«Seht her, wir sind Demokraten!»*. Es waren Frauen, die diese *«Freiheitsbänder»* nähten und verteilten, *«während die Männer ernste Berathungen pflogen zum Wohle des Volkes»*.[14]

---

* Ein rosettenförmiges Abzeichen aus Stoff, das meist am Hut getragen wurde.

Auch Fahnen in Schwarz, Rot und Gold wurden zum wichtigen Symbol für den politischen Aufbruch und die Entschlossenheit zu kämpfen. Wie in anderen Städten fanden sich auch in Freiburg Frauen zusammen, um prächtige Trikoloren zu nähen und zu besticken. Eine dieser Fahnen war der *Freiburger Turnerschaft*, die mit den Freischärlern in den Kampf ziehen sollte, gestiftet, und trug auf der einen Seite die Aufschrift *«Bahn frei!»*, auf der anderen *«Dem Freiburger Turnverein. Die Frauen und Jungfrauen»*.[15] Mit ihrem Handwerk stellten sich die Frauen an die Seite der Männer, die ihre Fahne tragen sollten. Konnte die Mehrheit der Frauen nicht selbst in den Kampf ziehen, so symbolisierte die von ihnen gestiftete Fahne nicht nur ihre Unterstützung, sondern auch, daß sie die Männer ermächtigten, in ihrem Sinne zu handeln. *«Ihr zieht in unserem Namen»*, sollten sie demonstrieren.*

Die Fahne, die Frauen als eine Ausdrucksmöglichkeit für ihren politischen Willen erkannten, stand im Zentrum vieler zeitgenössischer Darstellungen. In Anlehnung an die allegorischen Frauengestalten aus der französischen Revolution zeigten sie Fahnenträgerinnen, die heroisch in den Kampf zogen. So soll Anselm Feuerbach 1846 die Freundin seiner Mutter, Emma Herwegh, als Germanin, die flüchtende Kämpfer in die Schlacht zurücktreibt, gemalt haben.[16] Auch Henriette Feuerbach phantasierte Emma als kämpferische Heldin, die die Fahne vorantragen sollte. In Wirklichkeit war Emma Herwegh jedoch keineswegs eine bloß allegorische Figur. Sie gehörte zu denjenigen Frauen, die während der Revolution aktiv am Aufstand teilnahmen.

Entschiedenheit im Handeln, männlicher Mut

Im April 1848 hatte Friedrich Hecker in Konstanz die Republik ausgerufen. Danach war geplant, mit dem sogenannten *«Heckerzug»* in mehreren Kolonnen zur badischen Hauptstadt Karlsruhe

---

* Aus anderen Städten ist bekannt, daß diese Fahnen oft in einem feierlichen Akt von Frauen, die in jungfräuliches Weiß gekleidet waren, überreicht wurden, in einer Weihe, die diese Symbolik öffentlich beschwor.

vorzudringen: Ein Trupp mit Hecker und Sigel an der Spitze sollte von Konstanz aus in Donaueschingen mit einem zweiten zusammentreffen, ein Zug aus dem Lörracher Raum sollte durch das Rheintal, ein weiterer vom «*Jestetter Zipfel*» an der Schweizer Grenze über den Schwarzwald durch das Höllental nach Freiburg stoßen und von dort ebenfalls gen Karlsruhe ziehen. Die politische Leitung übernahmen Hecker und Gustav Struve. Man hoffte darauf, daß sich eine große Zahl freiwilliger Mitkämpfer, darunter auch übergelaufene badische Soldaten, dem «*Freiheitsheer*» anschließen würde. Zudem war aus Paris die sogenannte *Deutsche Legion* unter Führung von Georg Herwegh mit ca. 2000 deutschen Exilanten und Handwerkern unterwegs und bereit, sich mit den Revolutionären zusammenzutun.

Emma Herwegh befand sich mit ihrem Mann bei der Deutschen Legion, die in Straßburg auf Nachricht wartete, wann und wo sie den Rhein überschreiten sollte. Doch Nachricht von Hecker blieb aus, so daß die Legion beschloß, einen Kurier auszuschicken. Es war Emma Herwegh, die mit dieser Aufgabe betraut wurde. In ihren Memoiren hat sie über ihre Botenreisen berichtet. Sie war «*bei tüchtigem Regenwetter die noch beschneiten Gebirgspfade entlang*» unterwegs, teils zu Fuß, teils zu Esel oder zu Pferd, manchmal auch auf einem Karren oder «*Bagagewagen*». Es gelang ihr tatsächlich, in der Nähe von Donaueschingen mit Hecker zusammenzutreffen. «*Der größte Teil der deutschen Legion ist in Straßburg versammelt*», berichtete sie ihm. «*Alle brennen vor Ungeduld, die Grenze zu überschreiten und sich ihren Brüdern anzuschließen. Sie sind des Wartens schon jetzt, wo sie die Reisestrapazen kaum ausgeschlafen, so überdrüssig, daß Herwegh die größte Mühe hat, sie von einem Coup de main zurückzuhalten und ihnen begreiflich zu machen, daß unser nächstes Ziel die Vereinigung mit Ihnen ist und jeder improvisierte und isolierte Streich ein Verrat an der Freiheit wäre.*»[17] Hecker zögerte jedoch, die Legion zum Rheinübertritt aufzufordern, fürchtete er doch die öffentliche Meinung: Meldungen hatten sich verbreitet, die Auslandsrepublikaner plünderten ganze Landstriche. Erwiesen sie sich auch als völlig haltlos, wurde die Hilfe der «*Franzosen*» doch als Fremdeinmischung betrachtet. So mußte Emma Herwegh ent-

Emma und Georg Herwegh

täuscht und ohne konkreten Plan nach Straßburg zurückkehren. Als die *Deutsche Legion* kurz darauf das Gerücht erreichte, Freiburg sei schon von Regierungstruppen besetzt, überzeugte Emma Herwegh ihre Mitstreiter, sie erneut auszuschicken. *«Von Ihnen kommt keiner durch. Sie würden festgehalten [...]. Mich läßt man überall passieren»*, so hatte sie argumentiert. Tatsächlich kam sie ungehindert nach Freiburg durch. Als ihr klar wurde, daß sie Hecker an diesem Tag nicht mehr erreichen würde und in Freiburg übernachten müßte, konnte sie *«dem Verlangen nicht widerstehen, eine Freundin aufzusuchen»*, die ihr *«sehr lieb»* war und die sie seit Jahren nicht gesehen hatte: Henriette Feuerbach. Viel Zeit füreinander blieb den beiden Frauen nicht. *«Mein Besuch war so überraschend für sie, daß wir vor lauter Stoff zum Reden kaum den Mund auftaten und uns wenig mehr sagten als: Guten Tag und Leb wohl!»*, erinnerte sich

Emma später. Die unangenehmen Folgen des Treffens für Henriette Feuerbach kommentierte sie mit Empörung: Ein Polizeiposten, der ihr unbemerkt *«bis vor die Stubentür»* gefolgt war, zeigte sie an, woraufhin Henriette vorgeladen und *«für zwölf volle Stunden in Arrest gehalten»* wurde. *«Und auf welchen Grund hin? [...] Weil sie mich während zehn Minuten in ihrem Haus aufgenommen hat und folglich auch mit den Rebellen im Einverständnis steht.»*[18]

Von Freiburg aus geleitete Emma Herwegh ein *Turner* nach Kandern, wo sich Hecker mit seinem Zug aufhielt. Diesmal konnte sie zur *Deutschen Legion* mit der Nachricht zum Aufbruch zurückkehren. Die Legion verließ Straßburg mit einem Extrazug der Bahn Richtung Süden und überschritt bei Bantzenheim in der Nähe von Müllheim den Rhein.

In zeitgenössischen Berichten wird Emma Herwegh, die im Jahr der Revolution 32 Jahre alt war, als mittelgroß, dunkelblond und blauäugig, ihr Charakter als *«entschlossen und unerschrocken»*

Die Karikatur zeigt die Herweghs auf der Flucht: Emma lenkt den Wagen, während ihr Mann unter dem «Spritzleder» hervorlugt.

beschrieben. «*Sie trug gewöhnlich schwarze Tuchpantalons und eine kleine schwarze Samtbluse mit einem Ledergürtel, in welchem zwei kleine Terzerolen* [Pistolen] *und ein Dolch staken. Als Kopfbedeckung trug sie einen etwas breitkrämpigen, schwarzen Hut ohne Kokarde oder Feder. Ihr Haar war nach Männerart geordnet. Ihre äußere Erscheinung war durchaus nicht auffallend, und wer sie nicht kannte, hielt sie für einen jungen Mann.*» So charakterisierte sie Otto von Corvin, ein General der Legion. «*Man schildert sie häufig als eine Amazone, als eine «emanzipierte» Frau, welche sich darin gefällt, männliche Gewohnheiten nachzuahmen, und die alles, was sie unternimmt, nur tut, weil sie um jeden Preis Aufsehen erregen will. All dies ist grundfalsch. [...] Trotz ihrer Entschiedenheit im Handeln, trotz ihres männlichen Mutes, ist Frau Herwegh durchaus Weib*»[19], berichtete der General mit Hochachtung weiter. Sein ungewöhnlich freier Blick, mit dem er die hergebrachten Vorstellungen von Weiblichkeit aufbrach, wurde längst nicht von allen Zeitgenossen geteilt. So erinnerte sich Emma Herwegh, daß sie selbst in den eigenen Reihen nicht immer vorbehaltlos akzeptiert wurde. Bei einer ihrer Botenreisen traf sie auf einen Freischärler, «*den der Eifer des weiblichen Emissärs mehr, als es mich damals amüsierte, zu ergötzen schien*». Spöttisch sagte man ihr nach, sie trüge Dolch und Terzerolen vor allem, um ihren Dichtergatten zu beschützen, der den Gerüchten zufolge nicht gerade als Draufgänger galt.[20]

Im «*Guckkastenlied vom Großen Hecker*», einer Spottmoritat auf die Revolution, die nach ihrem Scheitern entstand, heißt es über das Paar:[21]

«Heckers Geist und Schimmelpennig
Machten da den Schwaben warm.
Herwegh sah's, er fuhr einspännig,
Und es fuhr ihm in den Darm.
Unter seinem Spritzenleder
Forcht' er sich vor'm Donnerwetter;
Heiß fiel es dem Herwegh bei,
Daß der Hinweg besser sei.

‹Ach Madamchen›, tat er sagen;
‹Aus ist's mit der Republik!
Soll ich Narr mein Leben wagen?
Nein! Für jetzt nur schnell zurück!
Laß für meinen Kopf uns sorgen;
Komm' ich heut' nicht, komm' ich morgen.
Ach wie kneipt's mich in dem Leib,
Wende um, mein liebes Weib!›

Und Madam hieß ihn verkriechen
Sich in ihren treuen Schoß;
Denn er konnt' kein Pulver riechen,
Und es ging erschrecklich los; […]»

«Erschrecklich los» ging es für die *Deutsche Legion*, als sie sich in Baden einer Übermacht von Regierungstruppen gegenüber sah und schließlich nur noch die Möglichkeit hatte, in die Schweiz zu entkommen. Über den noch winterlichen Schwarzwald mußte sie sich von Zell aus nach Dossenbach bei Schopfheim zurückziehen, wo sie in einem Gefecht unterlag. Einem Teil der Legion gelang es nach einigem Herumirren, bis Karsau bei Rheinfelden durchzukommen. Emma und Georg Herwegh entkamen den Suchtrupps der Regierung nur mit der Hilfe von Bauern, die sie versteckten und ihnen Bauernkleidung gaben – Herwegh schor gar seinen *«Republikanerbart»*. Zur Tarnung ließen die Bauern die beiden auf dem Feld arbeiten, bis sie sie auf einem Bauernwagen über die Rheinfelder Brücke in die sichere Schweiz bringen konnten.[22]

Zu diesem Zeitpunkt waren alle Chancen, die Revolutionstruppen zusammenzuführen, wegen des zögerlichen Losschlagens längst verscherzt. Hecker, in Kandern von Regierungstruppen geschlagen, war wie viele andere in die Schweiz emigriert. Struve und Weißhaar, die Anführer der beiden anderen Züge, hatten nicht wie geplant in Todtnau abgewartet, sondern waren bereits nach Freiburg gezogen und sollten dort ebenfalls unterliegen.

In Freiburg, wo sich die Revolutionstruppen zusammenfinden sollten, hatten sich am 26. März 1848 auf dem Münsterplatz ca.

25000 Menschen* unter schwarz-rot-goldenen Fahnen versammelt und die Republik und eine neue Verfassung gefordert. Gustav Struve, der von seiner Frau Amalie begleitet wurde, trat unter großem Jubel als Hauptredner auf. Weniger ermutigend zeigte sich die Volksversammlung am 22. April. Nur etwa 2000 Menschen nahmen daran teil, die Stimmung war gespalten und von Unsicherheit geprägt. Schon zwei Tage darauf, am 24. April, wurde Freiburg von den Regierungstruppen gestürmt. In ihren «*Erinnerungen aus den badischen Freiheitskämpfen*», die Amalie Struve 1850 veröffentlichte und den «*Schwestern*» widmete, beurteilte sie die Situation wie folgt: «*In Freiburg fehlte es gänzlich an aller Führung. Niemand dachte daran, sich mit dem Volksheere in geregelte Verbindung zu setzen. Statt zu handeln, wartete man auf Befehle [...]*»[23]

Auch Amalie Struve, geborene Dusar, gehörte zu den Frauen, die als Mitstreiterinnen der Revolution bekannt wurden. Gemeinsam mit ihrem Ehemann war sie an den badischen Aufständen von 1848 und 1849 beteiligt. Sie war Lehrerin, bevor sie 1845 den Juristen und Politiker Gustav Struve heiratete. Ihr war von vornherein bewußt, daß ihre Aufgabe nicht die einer Gattin im wohlbehüteten Hause sein würde. Wußte sie doch, wen sie da geheiratet hatte: Von den ersten zwölf Monaten ihrer Ehe verbrachte Gustav Struve, der sie «*Treue Gefährtin meiner Leiden*» und «*Geliebte, Gattin, Freundin*» nannte[24], fünf im Gefängnis, unter anderem, weil er die badischen Minister des Hochverrats beschuldigt und die Pressezensur scharf kritisiert hatte. In ihren Erinnerungen betonte sie: «*Ich achtete es als das größte Glück meines Lebens, Theil nehmen zu dürfen an den Kämpfen und an den Leiden meines geliebten Gatten. [...] Da ich an den Arbeiten Struves den lebendigsten Antheil nahm, ihm jederzeit meine Hand lieh, und mit voller Seele alle Pläne und Bestrebungen seines Geistes mit ihm besprach, so kann ich wohl mit Fug und Recht behaupten, daß die Kämpfe meines Gatten auch die meinigen waren. Ich hatte niemals gedacht, daß die Pflicht der Frau blos darin bestehe, dem Gatten für seine häuslichen Bedürfnisse Sorge zu tragen und*

* Freiburg hatte nur ca. 15000 Einwohner. Viele waren aus ganz Baden, Württemberg und der Pfalz angereist.

die Kinder gut zu erziehen. Einen Unterschied zwischen der Haushälterin und der Gattin vermochte ich nur da zu finden, wo das Weib, als wahre Ehehälfte ihren vollen Antheil nahm an allem, was die Seele des Mannes bewegte: an seinen Gedanken, seinen Plänen, seine tiefsten Empfindungen und seinen Thaten». Doch sah sie sich nicht allein in Gefolgschaft ihres Mannes, sondern betonte, daß sie seine Ziele als selbständiger und selbstbewußter Mensch vertrat. *«Ohne Selbständigkeit gibt es wohl Gehorsam, allein nimmermehr Harmonie. [...] Der Weg zu dieser Harmonie ist die Selbständigkeit der Menschen, des Weibes wie des Mannes. [...] Solange es noch einen Gegensatz der Stände, solange es noch Mode, erdrückende Abgaben und Lasten gibt, kann der Mensch überhaupt und namentlich das Weib nicht selbständig, kann die Ehe nicht frei und rein, kann der Staat nicht glücklich sein»,* plädierte sie eindringlich.[25]

Wenn die Abgeordneten der Linken im Namen der Freiheit sprachen, so wollte sie damit auch die Freiheit der Frau gemeint wissen. Der Zusammenhang zwischen der Unterdrückung der Frau und den politischen Verhältnissen war ihr durchaus bewußt. Wo sie forderte, daß eine *«wahre»* Ehefrau *«ihren vollen Antheil an allem, was die Seele des Mannes bewegte»* nehmen müsse, da interpretierte sie die *«Pflichten»* und die *«Tugend»* der Gattin in einem völlig neuen Sinn, der die Grenzziehung zwischen den Geschlechtern nicht länger zu akzeptieren bereit war. Daß sie diese Überzeugung tatsächlich lebte, bewies sie, als sie sich gegen den Willen ihres Mannes durchsetzte, der sie anfänglich lieber in der Schweiz in Sicherheit gesehen hätte, und mit ihm in die Revolution zog. In ihren Lebenserinnerungen beschrieb sie, wie *«peinlich»* sie eine Situation erlebt hatte, als sie, durch äußere Umstände gezwungen, während der Revolution in Baden einmal kurzzeitig von ihrem Gatten *«getrennt und unthätig bleiben mußte»*: *«Niemals empfand ich so tief die unwürdige Stellung, in welcher sich bis zum heutigen Tage das weibliche Geschlecht gegenüber dem männlichen befindet. Warum sollte die Frau, welche die Fähigkeiten dazu besitzt, nicht arbeiten dürfen im Augenblicke der Entscheidung? Warum sollte die Gattin, welche die Gefahren des Gatten theilte, nicht auch Theil nehmen an seinen Arbeiten? Fürwahr, so lange selbst im Sturm der Revolution so viele Rücksichten auf hergebrachte Vorurtheile genommen werden, wird das Joch der Tyrannei nicht gebrochen werden.»*[26]

Amalie Struve erlebte das Gefecht und die Niederlage in Freiburg. Sie berichtete, daß *«gegen jeden Freiheitskämpfer mehr als dreißig wohlbewaffnete fürstliche Soldaten»* gestanden hätten. Wie auch andere Frauen ermunterte sie die *«Freiheitskämpfer»* vom Fenster aus – ein Wagnis, das manche mit dem Tod bezahlten.[27] Es wird verschiedentlich über kämpfende Frauen berichtet, die namenlos bleiben. Sie schleppten Barrikaden, halfen beim Verschanzen oder kämpften mit. *«Zwei junge, bildhübsche Mädchen»* wurden gesichtet, wie sie von einem Balkon herab auf die Regierungstruppen schossen. Auch indirekte, wiewohl wirksame Unterstützung leisteten Frauen. Franz Sigel, der als Anführer der Freischärler gesucht und mit dem Tode bedroht war, wurde durch die Hilfe einer Frau gerettet. Er hatte sich im Hause des Republikaners und Tapetenfabrikanten Müller versteckt und war von dessen Tochter Anna Maria gastfreundlich betreut und mit *«eine[r] Tasse Kaffee ohne Cichorie nebst einem ungeheuren Weck»* bewirtet worden. Als er in Gefahr war, von hessischen Infanteristen aufgespürt zu werden, die ihn zu *«vierteilen»* drohten, verkleidete sie ihn in den *«studentischen Aufputz eines Akademikers, ermöglichte ihm, unerkannt zu entkommen und rettete ihm so das Leben.»*[28] Sie selbst mußte später mit ihrem Vater in die Schweiz emigrieren. Ein anderes Beispiel: Hermann Mors, ein Kurier der Freischärler, hatte in Freiburg vor Erschöpfung einen Blutsturz erlitten. Als er in einem Gartenhaus unterschlüpfen wollte, entdeckte ihn der Besitzer und versuchte ihn zu vertreiben: *«Hinaus zu meinem Haus, ich will mir wegen so einem verfluchten Freischärler mein Haus nicht niederbrennen lassen!»*, soll er geschimpft haben. Auch auf wiederholtes Bitten seiner Frau und seiner Töchter blieb er stur. Als er sich aber *«anschickte zu werfen»*, erinnerte sich Mors später, *«so setzten wir uns, die Frau sammt Töchtern und mit Stühlen und Besen zu Wehre und bearbeiteten den Philister so, daß er gewiß heute noch, falls er nicht hinüber gegangen, an jene Tracht Schläge denkt»*.[29] Mors wurde von den Frauen gesundgepflegt und konnte entkommen.

Kampf am Predigertor in Freiburg am 24. April 1848

Auch nach Amalie Struve wurde gefahndet. Ihr Gastgeber Karl von Rotteck war verhaftet worden. Sie fand kurzzeitig bei einer Freiburgerin Unterschlupf, deren Identität sie allerdings nicht enthüllte. Es gelang ihr schließlich, unerkannt einen Zug zu besteigen und über Umwege zu ihrem Mann zu gelangen, der sich nach Straßburg zurückgezogen hatte. Unterwegs hatte sie von der Niederlage der Legion, bei der sich Emma Herwegh befand, erfahren. *«Die Sache der Freiheit»* sah Amalie Struve *«für den Augenblick unterlegen»*.[30]

Ein neuer Sturm

Die nächsten Monate verbrachten die Struves an verschiedenen Orten in Frankreich und der Schweiz. Als sich im September 1848 abzeichnete, daß es in Baden zu einem zweiten Aufstand kommen würde, befanden sie sich in Rheinfelden. Amalie Struve, die später schrieb, daß sie dafür *«kein günstiges Vorgefühl hatte»*, zog mit ihrem Mann nach Lörrach, wo Struve mit der Versicherung im Rücken, überall in Deutschland würde am gleichen Tag die Erhebung losbrechen, am 21. September die Republik ausrief.[31] Unter den Frauen von Lörrach und der Umgebung erlebte Amalie den *«größten Eifer und die wärmste Hingebung für die Sache der Freiheit»*. Die neuerliche Revolution sollte, so ihre Worte, *«eine von dem Volkswillen getragene, eine wahrhaft freiheitliche Bewegung sein»*. Schon am nächsten Tag marschierten etwa 2000, von denen nicht wenige im Namen der Freiheit zwangsrekrutiert worden waren, nach Müllheim, wo sich an die 10000 Freischärler sammelten. Nur der Anfang des Zuges war relativ gut mit Kanonen, Gewehren und Munition ausgerüstet, dahinter zog eine eher klägliche Schar. Auch in Müllheim versammelte Amalie Struve *«patriotische Frauen und Jungfrauen»* um sich, mit denen sie hinter dem *«Freiheitsheer»* herziehen wollte, *«um ermutigend und begeisternd auf dasselbe einzuwirken, und unter der Leitung der Ärzte sich der Pflege der Verwundeten zu widmen»*. Der schnelle und plötzliche Abzug scheint dieses Vorhaben jedoch vereitelt zu haben. Bei Staufen trafen die Aufständischen auf Badische Regierungstruppen, die ihnen zwar nicht an Soldaten, wohl aber an Waffen so überlegen waren, daß der Kampf für sie in einem vollständigen Debakel endete.[32] Der *«gebrochene Muth der Freiheitskämpfer [war] nicht wiederherzustellen»*, beschrieb Amalie Struve rückblickend die Lage und führte die Niederlage auf Fehlentscheidungen des Kommandanten zurück, wobei sie einräumte, daß es ihr eigentlich nicht zustände, militärische Anordnungen zu beurteilen. Auch den Struves blieb nur die Flucht. Bei strömendem Regen zogen sie teils zu Fuß, teils mit einem Pferdewagen mit Amalies Bruder Pedro Dusar und einem weiteren Begleiter durch den Schwarzwald. Über Todtnau kamen sie nach Schopfheim. Sie wollten in das von den Regierungstruppen noch nicht besetzte Lörrach, *«um dort die Sache der Republik aufrechtzuerhalten»*. Ein Hauptmann, der sie zu geleiten vorgab, verriet sie jedoch, und so wurden sie in einem Wirtshaus in Wehr verhaftet. Amalie Struve und ihr Bruder wurden nach Freiburg in den Turm gebracht, Gustav Struve nach Bruchsal.

Im Turm, dem hiesigen Gefängnis in der Turmstraße, verbrachte Amalie Struve 205 lange Tage, ohne zu wissen, ob und wann sie wieder freikäme. Ihre Zelle war *«ohne Ofen, und es war bereits so kalt, daß ich viel von dem Froste auszustehen hatte»*. Nach einer Beschwerde wurde sie in einer von außen zu heizenden Zelle untergebracht, die aber dafür oft so voller Rauch war, daß sie zu erstikken fürchtete. Freunde ließen ihr Essen zukommen, bekannte und unbekannte Freundinnen schickten ihr Kleider. Durch das kleine Gitterfensterchen konnte sie den Himmel und, wenn sie auf den Tisch stieg, ein Stückchen vom Schloßberg sehen. Erst als sie für lange Zeit erkrankte, wurde ihr zugestanden, täglich eine Stunde im Freien auf dem Hof zu verbringen. Ein Austausch mit den anderen politischen Gefangenen war nicht möglich; sie durfte jedoch Briefe mit ihrem Mann wechseln. Zu lesen bekam sie nur die *«reactionaire Freiburger Zeitung»*, so ihre Betitelung, in der sie verunglimpft wurde. Mit Dankbarkeit erinnerte sie sich später der Tochter des Gefängniswärters, die sich nach Kräften bemühte, ihr ihre Lage *«weniger fühlbar zu machen»*. Dieses Mädchen war Ernestine Landolt, die später den Revolutionär Wilhelm Liebknecht heiratete, der zunächst mit Herweghs Legion, dann mit Struve gekämpft hatte und zur selben Zeit wie Amalie Struve im Turm saß.[33]

Welcher Vergehen wurde Amalie Struve beschuldigt? Sie selbst gab die Anklagepunkte folgendermaßen wieder: *«Ich sollte in Müllheim einen Polizeidiener aufgefordert haben, eine Verordnung der provisorischen Regierung am Rathhause anzukleben und mir einen Degen zu verschaffen, ferner sollte ich während des Freischaarenzuges Frauen und Jungfrauen aufgefordert haben, Patronen zu machen, in Staufen Flüchtlinge unter Drohungen in die Schlacht zurückgetrieben, endlich einen jungen Mann in den Odenwald geschickt haben, um daselbst für die Volkssache zu wirken.»* Abgeurteilt wurde sie jedoch nicht, sondern am 16. April 1849 unerwartet in die Freiheit entlassen – sie vermutete später, daß die Regierung es nicht gewagt hätte, sie *«vor die Geschworenen zu bringen»*.[34]

Dagegen hatte am 20. März 1849 vor dem Schwurgericht im *Basler Hof* in Freiburg in der ersten öffentlichen Schwurgerichtsverhandlung der Prozeß gegen Gustav Struve und seinen Schwager Karl Blind stattgefunden. Unter dem Publikum, das größtenteils auf seiten der Angeklagten war, hatten sich auch viele Frauen befunden. Von *«lebhaftester Teilnahme»* wurde berichtet und, daß *«die Frauen weinten»*. Auch in den folgenden Prozessen gegen Aufständische sollen Frauen Angeklagten und Verteidigern täglich Blumen geschenkt und *«viele Theilnahme und Freundlichkeit»* bewiesen haben.[35] Struve und Blind wurden in einem relativ milden Urteil wegen *«Versuch des Hochverrats»* zu je acht Jahren Haft verurteilt. Revoltierende Soldaten befreiten Struve jedoch schon zwei Monate später, am 13. Mai 1849, aus dem Gefängnis in Bruchsal, nachdem die Republikaner bei einer erneuten Volksversammlung in Offenburg die Amnestie der politischen Gefangenen nicht nur beschlossen, sondern selbst in die Hände genommen hatten.

Ein ehrenvolles Grab

Die Hoffnung, daß die vom Paulskirchenparlament in Frankfurt ausgearbeitete und im Frühjahr 1849 vorliegende freiheitliche Reichsverfassung von den Ländern angenommen werden könnte, hatte sich Ende April zerschlagen, als Preußen und andere Länder nicht bereit waren, ihr zuzustimmen. Erneut wurde in Volksversammlungen den Forderungen nach Freiheit und Einheit Nachdruck gegeben, man war besonders in Baden auf einen neuerlichen Volksaufstand gefaßt. Die radikalen Demokraten hielten den Zeitpunkt für gekommen, wiederum eine Revolution zu wagen. Wieder wurde das Volk zur Bewaffnung aufgerufen. Struves hielten sich Mitte Juni in Nordbaden auf, wo heftig gekämpft wurde. Sie reisten nach Freiburg, nachdem sich hier Ende Juni revolutionäre Truppen gesammelt hatten. Als in Freiburg jedoch Nachrichten über die Niederlagen in der Pfalz und in Nordbaden eintrafen – das aufständische Rastatt hatte kapituliert und das *«Freiheitsheer»* befand sich in vollständiger Auflösung –, wurde in Südbaden der Rückzug beschlossen. Es konnte, so Amalie Struve, keinen Zweifel mehr daran geben, *«daß die Revolution beendigt sei, und daß es sich nur noch darum handle, ihr ein ehrenvolles Grab zu bereiten»*.

Am 3. Juli verließen Struves *«in Begleitung weniger Freunde Freiburg und kamen nach nicht ungefährlicher Reise glücklich auf neutralem Gebiete an»*.[36] Um dem Schicksal der Verhaftung oder des standrechtlichen Erschießens zu entgehen, flohen Tausende über die rettende Grenze in die Schweiz und nach Frankreich, einige von ihnen weiter nach England und in die USA. Emma und Georg Herwegh gingen in die Schweiz, Amalie und Gustav Struve emigrierten über Frankreich in die USA.

Am 7. Juli marschierten die preußischen Truppen in Freiburg ein. Henriette Feuerbach begrüßte die Preußen als *«Rettungsengel»*. Sie selbst hatte mit ihrer Familie aus Furcht vor kriegerischen Auseinandersetzungen die zehn Tage vor der Besetzung in Breisach verbracht, um jederzeit über die Rheinbrücke nach Frankreich zu gelangen. Jetzt aber konnte sie berichten: *«Tausend und abertausend Flüchtlinge ließen wir ruhig an uns vorbeiziehen»*. In einem Brief, den sie kurz nach ihrer Rückkehr nach Freiburg an eine Freundin schrieb, drückte sie ihre Erleichterung darüber aus, daß es nun vorbei war mit *«Soldaten spielen»*: *«Man braucht nicht mehr zu zittern vor Gewalttätigkeit an Leben und Eigenthum»*. Stand sie vordem den Zielen der Revolution, dem «Freiheitsgedanken» halb zustimmend, halb skeptisch gegenüber, atmete sie jetzt auf: *«Der preußische Belagerungszustand, in dem wir jetzt leben, hat uns eine so übergroße Freiheit zurückgegeben, daß wir garnicht wissen, wie uns dabei benehmen»*. Lob zollte sie den *«prachtvollen preußischen Husaren- und Kürassieruniformen»* und der *«prächtigen Regimentsmusik»*, die jetzt die Stadt erfüllte.[37]

Wie schon nach dem gescheiterten Aufstand von 1848, lasteten auch jetzt die Einquartierungen der Truppen schwer auf der Freiburger Bevölkerung, besonders auf den Frauen, denn sie mußten die Soldaten in ihren Häusern unterbringen, sie verpflegen und mit ihnen auskommen. So hatte Henriette Feuerbach schon im Mai 1848 berichtet, daß sie in ihrem Haus *«zuerst sieben Mann Hessen [hatte], die waren aber sehr ordentlich und zuletzt wirklich anhänglich, dann vier, dann zwei und jetzt noch zwei widerwärtige Württemberger Tambours. […]» «Ich hatte nicht Hände, Kopf und vor allem leider nicht Beutel genug, um alle die hungrigen Mägen zu versorgen. Unser*

Haus war wie eine Kaserne», klagte sie.[38] Die Verpflegungsmenge war genau vorgeschrieben. Pro Mann und Tag waren 2 Pfund Brot aufzutreiben, die Frauen mußten für die Soldaten kochen: *«zum Frühstück: eine Suppe oder Kaffee, zur Mittags-Mahlzeit: Suppe, 1/2 Pfund Rindfleisch nebst Zugemüse und Salz, soviel zur Sättigung nothwendig ist, zum Abend: ein Gemüse oder eine andere Speise»*. Dazu mußten alkoholische Getränke geliefert werden, deren Menge in selbstverständlicher Besatzungsmanier in badischem und preußischem Maß angegeben war: *«1/3 Schoppen (1/10 Quart preußisch) Branntwein oder 1/3 Maaß (4/9 Quart preußisch) landesüblichen Weins oder 2/3 Maaß Bier. Offiziere haben außerdem zur Mittagsmahlzeit auf ein Gericht mehr Anspruch und erhalten für den Tag [...] 1/2 Maaß Wein»*.* Die preußischen Truppen blieben bis 1850 in Freiburg, Kriegsrecht herrschte bis 1852.**

Nach dem endgültigen Scheitern äußerte sich Henriette Feuerbach bitter und schonungslos zur Revolution und bezeichnete sie als ein *«systematisch aufgeführtes Gebäude von lauter Lügen und Advokatenkniffen»*, das angezettelt worden sei von *«geistigen Bankrotteurs, spitzbübischen Advokaten»*, die *«jetzt im Ausland die goldenen Früchte ihres Bubenstücks»* genießen würden.[39] Sie war nur eine unter vielen, die sich jetzt deutlich distanzierten. Zum Zeichen dafür wurde wiederum die Trikolore: Die schwarz-rot-goldenen Fahnen und Kokarden, eben noch Symbol der Republik, hatten den praktischen Vorteil, daß man das Schwarz abreißen konnte – übrig blieben die badischen Farben Rot und Gelb.[40]

In Baden, laut Henriette Feuerbach *«vorderhand wenigstens eine preußische Provinz»*, brach nun die Reaktionszeit an, mit scharfen Beschränkungen der Bürgerrechte und einer strengen politischen Zensur. Ernestine Liebknecht, die 1858 aus dem Londoner Exil mit ihrer kleinen Tochter ihre Heimatstadt besuchte, schrieb ihrem

---

* 1 badisches Maß entspricht 1,5 l, ein preußisches Quart 1,145 l.

** Auch das Kloster St. Ursula blieb von Einquartierungen nicht verschont. Die Oberin Karoline Kaspar hieß 20 Hessen *«als Retter und Befreier von der Willkürherrschaft der Freischärler»* willkommen. Weniger begeistert zeigte sie sich über einen verwundeten Revolutionär, der samt vier Bewachern ebenfalls verköstigt werden mußte (Mayer 1920, S. 82).

Mann über ihre Eindrücke: «*Wenn man nur ein einziges Wort spricht von 1848, bekreuzigt sich jedermann nicht nur ein-, sondern dreimal, und sieht einen mit schiefen Augen an; daß ich die Frau eines politischen Flüchtlings bin, ist überall ein Stein des Anstoßes.*»*[41]

Muthiger und begeisterter als die Männer

Für die Frauen bedeutete die Reaktionszeit auch, daß ihnen für Jahrzehnte der Weg zu politischer Gleichberechtigung versperrt sein sollte. Sie waren während der Revolutionsjahre zum ersten Mal in einer Öffentlichkeit präsent, die nach der gescheiterten Revolution nicht mehr möglich war. Es gibt viele Belege dafür, in welcher Weise Frauen die Revolution unterstützten, auch dann, wenn sie nicht unmittelbar an den Kämpfen oder politischen Debatten teilnahmen: das Fahnensticken und Kokardennähen in der vorrevolutionären Zeit, das Organisieren von Spenden- und Sammelaktionen, die Anteilnahme, mit der sie die politischen Prozesse verfolgten und durch Blumen Sympathie mit den Angeklagten zum Ausdruck brachten – um schließlich auch mit Blumen diejenigen zu ehren, die für die Revolution gestorben waren.

Schon im Herbst 1848 hatte sich vor allem unter den Frauen eine rege Spendentätigkeit für untergetauchte und gefangene Aufständische entwickelt, die bis zum Ende der Revolution anhielt. Die Spenden wurden der liberalen *Oberrheinischen Zeitung* in Freiburg zugestellt und meist mit einer Art politischer Erklärung veröffentlicht. «*Es ist kein Zweifel, daß die Republik die beste Staatsform ist. Aber nur die sociale Republik entspricht dem Wesen der Democratie, denn nur in ihr ist wahre Freiheit möglich*», hieß es dort zum Beispiel.[42] Für die politischen Gefangenen, «*Perlen des Volkes*» genannt, spendeten die Frauen Socken und Stiefel, sammelten Geld und fertigten Kleidung, «*Rock, Gilet, Strümpfe, Hemden, Sacktücher,*

---

* Nach seiner Freilassung aus dem Freiburger Gefängnis emigierte Wilhelm Liebknecht nach London. Ernestine Landolt, die Amalie Struve im Gefängnis zur Seite gestanden hatte, blieb mit ihm über Briefe in Verbindung. 1854 entschloß sie sich, ihm ins Exil zu folgen. Die beiden heirateten in London.

Unterhosen», die *«von einer Demokratin»*, *«von einer Republikanerin»* oder *«von republikanischen Frauen und Jungfrauen»* gestiftet wurden.[43] Im Juni 1849 schrieb eine Frau, die sich als *«eine Demokratin von den Bergen, wo die Freiheit wohnet»* bezeichnete: *«Aus Auftrag einer Ungenannten übermache ich Ihnen diese 30 fl. für die vor dem Feinde stehenden Wehrmänner, die wahren Adligen des Landes, die jetzo tagen im ehernen Saale der Waffen, für der Deutschen Freiheit, Gleichheit und Brüderlichkeit, das alleinige Gottes- Gnadenthum.»* Weiter merkte sie an: *«Dieser Gabe lege ich die Hälfte meines jährlichen Dienstlohnes mit 20 fl. bei, mit dem inbrünstigen Gebet, daß Gott, das Urlicht und die Urfreiheit, der nur Menschen, nicht Fürsten und Menschen, geschaffen und gewollt hat, daß sie in der Wahrheit Licht und Freiheit erkennen und lieben und durch Recht und Wohltun üben, segnen möge der Freiheit nun gezückte Schwerter und blitzende Bajonette, und der Gleichheit heilige Rechte und der Brüderlichkeit wohltuende Liebe.*

Die deutsche Demokratie hoch!»[44]

Unter dieser Zielsetzung gründeten Freiburger Frauen 1849 den *Democratischen Frauen- und Jungfrauen-Verein*. Zur ersten Generalversammlung im Kaufhaussaal wurden Freiburgs *«Damen»*, aufgerufen, sich an der *«Sache des Volkes»* zu beteiligen.[45] Ob es sich bei dem *Verein von Frauen und Jungfrauen zur Unterstützung der Patrioten*, der in Freiburg zur selben Zeit an die Öffentlichkeit trat, um diesen oder einen zweiten Zusammenschluß handelte, läßt sich aus den Hinweisen in den Quellen nicht klar beantworten. In jedem Fall sahen die Frauen dieser Vereine ihre wichtigste Aufgabe darin, Spenden zu sammeln und weiterzuleiten. Zudem hatten die Freiburgerinnen schon 1848 einen Gedenkstein gestiftet mit der Inschrift: *«Hier ruhen die am 24. April 1848 bei Freiburg im Kampf für den Gedanken eines volksfreien Vaterlandes gefallenen Männer und Jünglinge.»* Die Obrigkeit verbot, daß dieser Stein gesetzt wurde, und ließ die Inschrift ausmeißeln.[46] Ohne Inschrift stand er dennoch* *«neben vielbesuchten und beweinten Gräbern»*, als Amalie Struve ihn kurz vor ihrer Abreise aus Freiburg besuchte.[47] Der preußi-

* Möglicherweise auf dem Wiehremer Friedhof, wo 1849 die drei Revolutionäre hingerichtet wurden.

sche Offizier Staroste wollte gar wissen, daß es in Freiburg einen *«geheimen Bund der Frauen»* gegeben habe, *«in welchem sich diese durch den Genuß des heiligen Abendmahls verpflichteten, Alles anzuwenden, was ihr Geschlecht nur irgend anzuwenden vermöge, um die badischen Soldaten zur Republik und zum Kommunismus zu bekehren»*.[48] Im gleichen Zusammenhang wies dieser Offizier auf *«Schändlichkeiten»* hin, die angeblich *«in den Oktobertagen in Wien öffentlich bei hellem Tage und bei Fackellicht auf den Barrikaden geschahen»*. Offensichtlich unterstellte er den Frauen, daß sie vor allem ihre Verführungskünste als Mittel der *«Bekehrung»* einsetzten.

Die Fähigkeit der Frauen, die Männer zu beeinflussen und anzufeuern, wurde während der Revolution immer wieder hervorgehoben, mehr als die konkrete Unterstützung, die sie mit dem Anfertigen von Verbandszeug, Waffen und Patronen leisteten. Schon in einem Bericht der *Oberrheinischen Zeitung* über das Paulskirchenparlament hieß es über die 200 zugelassenen Zuhörerinnen, die seit 1848 hinter den Zeitungsberichterstattern die Beratungen der Abgeordneten verfolgen durften: *«Zünden nicht diese schönen Augen die kleinen netten Feuerchen an, in welchen die gegen die Rechte hinübergeschossenen Pfeile hörbar gestählt und heiß geglüht werden?»*[49] Ein Flugblattaufruf des regierenden Landesausschusses appellierte: *«Ihr, deutsche Frauen und Jungfrauen, deren Gewalt über die Männerherzen ebenso gerecht, als mächtig ist, Ihr werdet, – wir täuschen uns nicht – keinen Augenblick säumen, durch euren hochsinnigen Zuspruch unseren Entschlüssen die rechte Weihe und das rechte Feuer zu geben.»*[50] Wenn auch fortwährend betont wurde, daß *«auch das Weib berufen (sei), als Mensch an menschheitlichen Zwecken teilzunehmen»*, wurden die Frauen doch in ihre Schranken gewiesen. Sie sollten *«in weiblicher Weise»* daran teilnehmen. Zwar ließe sich *«der wenn auch nur mittelbare Einfluß des Weibes auf das öffentliche Leben nicht leugen»*. Unmittelbar sollte er aber, selbst aus Sicht der fortschrittlichen Männer, nicht werden, die Frauen sollten sich vielmehr darauf beschränken, die Männer in ihrem Kampf zu unterstützen. Der in Freiburg hingerichtete Revolutionär Friedrich Neff definierte die Aufgabe der Frau im freiheitlichen Kampf folgendermaßen: *«Erst dann, wenn die Frauen und Jungfrauen diejenigen, welche ihnen teuer sind, nicht mehr mit Tränen der Feigheit von dem ernsten Kampfe gegen die Tyrannen zurückhalten, sondern wo die Jungfrau in edlem Freiheitsstolze dem Jüngling zuruft: «Zieh hinaus, kämpfe für deine Ehre, für deine und meine Zukunft, kämpfe für das Glück des Volkes!», und wo die Familienmutter ihrem Manne zuruft: «Zieh hinaus und kämpfe für dein Weib und deine Kinder!» Erst dann ist der Sieg der Republik zur Gewissheit geworden.»*[51]

Friedrich Hecker berichtete, daß sich die Frauen während der Revolution *«muthiger und begeisterter als die Männer»* gezeigt hätten. Auch er betonte, daß sie die Männer zum Kämpfen anfeuerten: *«Manchen, der nachher zu uns stieß, trieben die Frauen und Mädchen mit ihren Vorwürfen, daß es feige sei, uns im Stich zu lassen und daheim zu sitzen, während wir die Freiheit erstreben wollten, zu den Waffen. [...] Vor den Vater, der den Sohn abwehren wollte, trat die Schwester und rief dem Bruder zu: «Zieh' aus, zieh' aus! Laß dich nicht irre machen, zieh' hin mit Gott und kämpfe für deines Volkes Befreiung!»*[52]

Frauen, die selbst in die Kämpfe mitzogen, sahen eine ihrer wichtigen Aufgaben darin, Männer wie Frauen, denen sie in den Dörfern begegneten, zu belehren und für ihre Sache zu werben. So wurde Emma Herwegh eine große *«Rede- und Verführungskunst»* nachgesagt.[53] Und über Amalie Struve reimte das *«Guckkastenlied vom großen Hecker»*:

«Und die reizende Frau Struwwel
Warb mit ihrem Flammenblick
Tausend Mann in diesem Trubel
Für die deutsche Republik [...].[54]

Den Frauen wurde unterstellt, sie könnten durch eine Liebesverweigerung oder ein Liebesversprechen die Männer auf die Seite der Revolution ziehen. *«[...] gebe keine von Euch einem unwürdigen Sohne des Landes die Hand als Braut, die Umarmung als Gattin, denn er hat einen Bruder getödtet oder einen Vater verstümmelt, und die Kinder des Landes zu Waisen gemacht»*, hieß es in der *Oberrheinischen Zeitung*.[55] Gerade diese – vermeintliche oder tatsächliche – Macht der Frauen wurde ihnen von der Gegenseite angelastet. Das ging so weit, daß sie schließlich nach dem Scheitern der Revolution als die eigentlich Schuldigen dargestellt wurden. Im Juli 1849 berichtete der *Überlinger Seebote*, daß sich unter den Verhafteten in Freiburg «*auch eine ziemlich große Anzahl Frauenzimmer*» befände, die badische Soldaten «*bearbeitet*» hätten. Es sei jedoch «*kein Wunder*», wenn diese sich zum Überlaufen auf die Seite der Revolution verleiten ließen, wurden «*doch alle Hebel in Bewegung gesetzt [...] und endlich, wenn alles nichts helfen wollte, bald das einschmeichelnde Kosen, bald das drohende Zürnen unserer Schönen mit der ganzen Wucht ihrer Verführungskünste. Wie hätten da die armen Soldaten widerstehen können!*»[56]

Für diese «Taten» wurden die Frauen zwar nicht standrechtlich erschossen, aber Demokratinnen, die öffentlich aufgetreten waren, gingen dafür ins Gefängnis, wie Amalie Struve, wie Freiburgerinnen des demokratischen Frauenvereins oder wie die elf Gräberschmückerinnen aus Uffhausen. «*Es gibt Leute, die das Demonstrationmachen nicht lassen können, selbst wenn die Umstände noch so sehr davon abrathen sollten. So gefallen sich Einige darin, bisweilen die Gräber der auf standrechtliche Verurtheilung Erschossenen auf dem Kirchhof in der Wiehre mit Blumen zu schmücken*», bespöttelte die konservative *Neue Freiburger Zeitung* die Verhaftung der Frauen.[57] Aus den eigenen Reihen wurde denselben jedoch als «*mutigen Jungfrauen*», die sich durch ihre Tat «*einen selbst über die Grenzen unseres engen Vaterlandes reichen Namen*» erworben hätten, Hochachtung gezollt.[58]

Erinnerungen von Zeitzeugen und Zeitzeuginnen, in denen sie versuchten, das Lebensgefühl während der Revolution zum Ausdruck zu bringen, sind durchzogen von einer romantischen Naturmetaphorik, die eng mit den Frauen verbunden ist. So schilderte Mathilde Franziska Anneke* in ihren Memoiren eine Begegnung der Freischärler mit «*rosige[n] junge[n] Mägdlein*», die «*unter ihren Schindeldächern hervortraten und den Burschen die Laubgirlande*

* Sie nahm am badisch-pfälzischen Feldzug teil. Ihr Roman *Eine politische Flüchtlingin* wurde 1849 in der in Freiburg erscheinenden *Oberrheinischen Zeitung* abgedruckt.

um die Hüte schlangen [...]. Würde und Poesie gemahnte in diesem kurzen Augenblick an den Ernst eines Kampfes, den das weibliche Gefühl so tief, so unendlich tief erfassen gelernt hat.» Auch die Freischärler selbst erschienen ihr «*wahrhaft malerisch*», mit ihren Bärten, «*in ihrer eigenthümlich gewählten Waffentracht [...]. Ein Jeder glich fast einem Orlando, Rinaldo, Karl Moor oder ähnlichen Gesellen. Das kleine schwarze Hütchen mit dem Strauß oder der rothen Feder geschmückt, stand den Gesichtern vortrefflich [...]*». Amalie Struve mag den Trupp, dessen «*Romantisches und kindlich Originelles sich mehr und mehr entwickelte*»[59], mit einiger Skepsis betrachtet haben. Sogar Henriette Feuerbach schilderte die Freischaren zwischen Abscheu und Faszination als «*schön-gräßlich*» und fand: «*Wäre es nicht so interessant gewesen, das Blut hätte einem bei dem Anblick dieser Gestalten erstarren können.*» Allerdings ist bei all diesen Schilderungen nicht zu vergessen, daß sie erst lange nach den blutigen Kämpfen niedergeschrieben wurden und der zeitliche Abstand möglicherweise die Dinge in verklärtem Licht erscheinen ließ.

Besondere Aufmerksamkeit wurde dem äußeren Erscheinungsbild und der Kleidung der Revolutionärinnen gewidmet. Schon im Vormärz hatte sich die Stadtkleidung verändert, hatten die Bürgerinnen begonnen, Kleider zu tragen, die ihnen mehr Bewegungsfreiheit gaben und sie nicht mehr ausschließlich ins Haus verbannten: Umhänge, Mäntel, festes Schuhwerk.[60] Während der Revolution wurde die Frau in Hosen zum Vorbild für viele. Eine George Sand verkörperte die unabhängige Frau, die mit ihrer Kleidung die Grenzen ihres Geschlechts hinter sich gelassen hatte. Für Frauen, die in den Kampf zogen, war es natürlich auch zweckmäßiger, ihre Kleider mit Hosen zu tauschen – sie waren Regen und Schnee ausgesetzt und auf dieselbe Bewegungsfreiheit wie die Männer angewiesen. Emma Herwegh soll zu diesem Zweck «*ein Kostüm [...] mit weiten Beinkleidern*» und «*hohen Stulpstiefeln*» getragen haben.[61] Henriette Feuerbach sichtete «*fünf Amazonen*» in Freiburg «*in der gewöhnlichen Blusentracht, aufgeflochtene Zöpfe an der Seite unter dem Freischärlerhut*».[62] Frau Anneke trug «*gewöhnliche Frauenkleidung mit ledernem Beinkleid*», also einen Rock und darun-

Die badisch-pfälzische Revolutionsarmee im Juni 1849: Frau Blenker hoch zu Roß, neben ihr stehend Frau Anneke

ter eine Hose, ähnlich scheinen auch andere Freischärlerinnen ausgesehen zu haben.

Amalie Struve bevorzugte, glaubt man zeitgenössischen Abbildungen, ein langes Kleid, darüber einen langen Mantel. Nach ihrer Gefangennahme verhüllte sie ihr Haupt mit einem schwarzen Schleier, der für sie allerdings *«mehr Symbol ihrer Lage, denn Kleidungsstück»* war.[63] Manchen diente der Rollentausch in der Kleidung auch als Verkleidung, die zur Flucht verhelfen konnte: Herweghs konnten nur als Bauern verkleidet entkommen, Langsdorff, der Anführer der Freiburger Turner, floh in Frauenkleidern über den Rhein.

In der Öffentlichkeit wurde heftig diskutiert, ob diese *«Amazonen»*, diese *«sauberen Weibsbilder»* nicht die Grenzen der Schicklichkeit überschritten. Auch aus den eigenen Reihen kam Kritik an *«Mannweibern»*, die *«über die Grenzen ihres Geschlechtes»* hinausgingen. Eine der Revolution nahestehende Frau* fühlte sich zuerst durchaus angetan von der Revolutionärin Elise Blenker. «*Widerlich berührt*» fand sie sich allerdings von dem Rollentausch, als sie erblicken mußte, wie die Kämpferin, «*in Freischarentracht, mit dem Heckerhute auf dem Kopf und der Zigarre im Mund, der Länge nach auf dem Sofa*» lag, während ihr Mann die Koffer packte.[64] Wenn die Frauen, die an den Feldzügen teilnahmen, verspottet wurden, dann ging es meist um ihre äußere Erscheinung. «*Demi-Heroine*» wurde Amalie Struve genannt, die «*junges rotes Blut*» lieben würde. Ein anderer, der einräumen mußte, daß sie «*hübsch*» gewesen sei, sagte ihr nach, daß sie stets «*die nötige Schminke*» aufgetragen habe, um «*Korso*» zu halten. Anzüglich hieß es in einem Spottlied über die Struves:

«Um den Hals die goldne Kette,
vor den Augen die Lorgnette,
Liegt zur angenehmen Schau
Breit im Wagen Struwwels Frau. [...]

[...] «Polen ist noch nicht verloren»
Sang Madam zwar anfangs noch,
Aber bald hat sie's gefroren,
Denn ihr Strumpf bekam ein Loch;
Ach, vor Frost tat sie erbleichen,
Ließ mit Schminke sich bestreichen
Und den Schminktopf nahm nachher
Amtmann Schey ihr ab in Wehr. [...]»[65]

Auf gleiche hämische Weise wurden auch andere Frauen diffamiert. Von «*Marketenderinnen*» war die Rede, von «*liederlichen Dirnen, die in Mannskleidern und die Muskete auf der Schulter mitzogen*». Auch Prostituierte, denen «*Liebhaber*» gefolgt sein sollen, durften in diesen Schmähphantasien nicht fehlen.[66] Jede Freischärlerin

---

* Kathinka Zitz, die Vorsitzende des Mainzer Frauenvereins *Humania*, die zur Unterstützung der Feldzüge nach Baden gereist war.

war diesen Verunglimpfungen ausgesetzt. Schelte an Aussehen und Benehmen der Revolutionärinnen kam von der reaktionären Presse, die sie oft als «*Amazonen in Mannskleidern*» der Grenzüberschreitung bezichtigte. Zudem wurde die Anwesenheit von Frauen als Erniedrigung für ihre männlichen Mitstreiter beschworen. So beschrieb man Mathilde Franziska Anneke als Schreckensfigur, die «*im schwarzen Reitkleide, eine Starbrille vor den Augen, Pistolen im*

Karikatur auf Amalie Struve, in ihrer Reichweite Branntweinfaß und Gläser, die Attribute einer Dirne und Marketenderin

«Amazone» und Freischärler

Görtel» durch die Straßen geritten sei, *«gefolgt von einem badischen Dragoner, welcher Ordonnanzdienste zu verrichten hatte.»* Daß dieser Dragoner *«hinter dieser Amazone reiten mußte»* erschien dem Berichterstatter *«als die größte Schmach für die aufständischen Waffen»*, größer noch als die eigentliche Niederlage.[67]

Derselben Schmähung bediente man sich auch gegenüber Emma Herwegh, deren Gatte zum *«bleichen Trabanten»* gestempelt wurde. Möglicherweise aus den eigenen Reihen wurden Frauen aber auch als gefährliche Begleitung beschrieben, die die Männer in ihrer Bewegungsfreiheit einschränkten. War Amalie Struves Mann schon dafür getadelt worden, daß er *«seine Frau den Berathungen der Männer beiwohnen»* ließ, lastete man ihr schließlich auch seine Verhaftung an. *«Struve säße nicht gefangen, hätte er nicht wieder seine Frau bei sich gehabt. Ohne sie wäre er entweder mit der schützenden Kolonne oder als unverdächtiger Reisender über den Rhein gekommen.»*[68]

Daß sich für Frauen während der Revolution neue Möglichkeiten eröffnet hatten, die sie auch zu nutzen verstanden, wird nicht nur deutlich daran, wie sehr sie mit Spott, Häme und Schmähung überschüttet wurden. Von einigen wurden sie durchaus als Befreiung erlebt und als Stärke der Revolution erkannt. Das neue Weltbild, die Vision einer Gesellschaft in Freiheit, Gleichheit und Brüderlichkeit, wurde in vielen Revolutionsliedern besungen. Meist waren es alte und bekannte Volkslieder mit neuen Texten. Von der Gleichheit der Frauen war in ihnen jedoch nur selten die Rede. Es gab jedoch eines, das eine bemerkenswerte Ausnahme war. Es wurde nach der Melodie von «*Bertrands Abschied*», einem Lied der Veteranen der Napoleonischen Kriege, gesungen. Eine Strophe lautete:

> *«Du sollst das Weib als deinesgleichen schätzen*
> *Kein Wesen ist dem Mann hier «untertan»,*
> *Du sollst das Recht nicht am Geschlecht verletzen;*
> *Denn offen Allen steht der Bildung Bahn!*
> *Du sollst dem Weib das Wirken nicht verwehren,*
> *Zum Heil der Menschheit, welcher Art es sei.*
> *Manch weiblich Herz kann Mut und Kraft dir lehren-*
> *Das ganze weibliche Geschlecht ist frei!»*[69]

WAISENMÄDCHEN UND DÜRFTIGE BÜRGERSTÖCHTER

*«Ihr Wirkungskreis
ward von der Mutter Natur
selbst mehr verenget»*

Im Februar 1930 verfaßte Kaplan Glockner eine Denkschrift für das Freiburger Waisenhaus in Günterstal. *«Die Lage in der idyllischen, von gesunder Berg- und Tannenluft durchwehten Vorstadt, könnte für eine solche Anstalt kaum günstiger gewählt werden. [...] Knaben und Mädchen beherbergt der eine zweiflügelige Bau so, daß eine glückliche, nicht hart zu empfindende Geschiedenheit der Geschlechter ermöglicht ist. [...] Peinliche Sauberkeit erfreut überall das Auge».*[1] Kaplan Glockner war selbst ein ehemaliger Zögling des Freiburger Waisenhauses. In seinen Erinnerungen stellt er die Anstalt durchweg in ein gutes Licht. So lobt er die strenge Hausordnung, die den Kindern eine *«bessere Auffassung vom Ernste der Zeit und des Lebens»* vermittele. Ein genauer Stundenplan schrieb den Mädchen und Jungen den morgendlichen Kirchgang, die gemeinsamen Mahlzeiten und Gebete ebenso vor, wie den Schulunterricht und die Zeiten, in denen die Kinder ihre Schulaufgaben und häusliche Arbeiten zu verrichten hatten. Im Sommer mußten sie um 5 Uhr, im Winter um 6 Uhr aufstehen. Sie hatten den Tag über allenfalls drei Stunden freie Zeit. *«Bei den Spielen im Hofe und im Freien ist alles Unanständige und Schädliche zu vermeiden, und alles zu untersagen, was Veranlassung zu Streit gibt, oder die Ruhe der Umgebung stört»*, hieß es in der Hausordnung.[2] Mädchen und Jungen mußten schon sehr früh in der Anstalt mitarbeiten, wobei zwischen den *«weiblichen Arbeiten»* im Haushalt und den groberen Handreichungen der Jungen, vor allem im Wirtschaftsgarten, unterschieden wurde.

Kaplan Glockner hob hervor, mit welcher Umsicht die Anstalt sich auch um die Heranwachsenden kümmerte. Im Statut des Freiburger Waisenhauses fand sich die Verpflichtung, die Zöglinge *«zu brauchbaren Handwerkern und Dienstboten»* heranzubilden. Für Knaben bedeutete dies, daß für sie nach ihrer Schulentlassung eine Lehrstelle gesucht wurde. Das Waisenhaus kam für das Lehrgeld und die Kleidung auf und vermittelte, wenn es zu Streitigkeiten mit dem Meister kam. Nach Abschluß der Lehrzeit wurde jeder Junge noch einmal vollständig eingekleidet und erst damit hatte die Stiftung ihre Verpflichtungen gegenüber dem Zögling erfüllt.[3]

Obwohl es für Mädchen auch einige Lehrberufe gab, hatten sie kein Anrecht auf eine Berufsausbildung, sondern blieben nach der Schule noch mindestens ein Jahr im Waisenhaus. Hier sollten sie *«ihrer künftigen Bestimmung, die da ist: sittliche, fleißige, brave Dienstmädchen zu werden, mit Ernst und Eifer entgegenarbeiten»*. Aus diesem Grund beschäftigte das Waisenhaus auch keine Dienstbotinnen. Denn *«alle Geschäfte, welche diese große Haushaltung mit sich führt, müssen nach Anleitung der Vorsteherin von den Mädchen selbst besorgt werden; dergleichen sind: Kochen, Waschen, Biegeln, Nähen, Spinnen, Stricken, Ausbessern. Eine arme Waise soll sich vorzüglich bemühen, solche Eigenschaften, Geschicklichkeiten und Fertigkeiten zu erwerben, wodurch sie dem ihr von Gott angewiesenen Beruf am besten entsprechen kann.»*[4] An diesem Grundsatz, der zu Anfang des 19. Jahrhunderts festgelegt worden war, hatte sich auch in der Weimarer Republik nichts geändert. Im Waisenhaus konnten Mädchen nur dann, wenn sie wegen körperlicher Schwäche für eine Stellung als Hausgehilfin nicht geeignet waren, eine Schulung in anderen *«weiblichen Arbeiten»*, meist als Näherin, erhalten.[5]

In den Akten wird verschiedentlich über ehemalige Waisenjungen berichtet, die es im späteren Leben zu etwas gebracht haben. Kaplan Glockner, der nach seiner Lehrzeit die Möglichkeit erhielt, Theologie zu studieren, ist einer von ihnen. Bei den Mädchen sieht das anders aus. Nur über eine Waise, Lina Schreiber, gibt es Informationen darüber, was aus ihr als erwachsener Frau wurde. Sie war in die USA ausgewandert und dort bei einem Fabrikanten in

Germantown, Philadelphia, in Stellung. Die Waisenhausverwaltung notierte 1920, daß sie sich von dort aus an einer Spendenkampagne beteiligt und dem Waisenhaus vier Ballen Baumwollflanell gestiftet hatte. Ihre Verbundenheit mit der Anstalt öffentlich zum Ausdruck zu bringen, war jedoch ausschließlich Männern vorbehalten, die schon allein durch ihre erworbene gesellschaftliche Stellung den Beweis für die gute Erziehung im Waisenhaus erbrachten.[6]

So widmete sich Kaplan Glockner in seiner Darstellung voller Dankbarkeit den «Barmherzigen Schwestern», die das Waisenhaus leiteten. Das «*Erziehungvorgehen*» der Schwestern stütze sich «*vollständig auf Vernunft und Liebe*». «*Eine stets freundliche Behandlung [...] brachte[n] uns Knaben (von den Mädchen gar nicht zu reden) [...] zu einer frohbewußten Erfüllung der Hausordnung. So wurden wir dahingebracht, einen gewissen Grad sittlicher Freiheit zu erreichen, durch die dem Übel vorgebaut wird, in dem der Keim der Leidenschaften durch Selbstbeherrschung in gehörigen Schranken gehalten wird.*»[7] Die Erziehungsgewalt der Schwestern beschrieb er als Autorität der

Eine Kindergruppe des Waisenhauses in Günterstal 1918

Liebe, die ihnen als Ordensschwestern durch ihre gottgeweihte Mütterlichkeit in besonderem Maße gegeben sei. Kaplan Glockner verstand seinen Bericht als Verteidigungsschrift, insbesondere für die Schwestern. Denn während er das Bild einer harmonischen Heimwelt beschwor, war das Waisenhaus tatsächlich in seinem Bestand äußerst gefährdet. Anfang 1930 hatte sich eine politische Auseinandersetzung um die Anstalt derart zugespitzt, daß von der einen Seite ihre Auflösung, zumindest aber die Ablösung der Barmherzigen Schwestern gefordert wurde.

Eine Delegation des stadträtlichen Jugendamtsausschusses hatte im Dezember 1929, nach einer Besichtigung des Waiseshauses, die ungemütliche und strenge Atmosphäre angeprangert. *«Die Spielsachen seien in Reih und Glied aufgestellt gewesen und hätten einen unbenützten Eindruck gemacht, kurz ein frostiger Anstaltsgeist hätte über dem Ganzen gelegen.»*[8] Mit diesem Urteil stellte sich der Ausschuß hinter den Leiter des Jugendamtes, der seit Jahren Position gegen das Waisenhaus ergriffen hatte. Er forderte, das Waisenhaus als Anstalt der städtischen Stiftungen aufzulösen und an seiner Stelle ein Kinderheim zu errichten, das nicht länger der Stiftungsverwaltung, sondern dem Jugendamt unterstehen sollte. Vor allem kritisierte er das Erziehungskonzept als völlig veraltet und forderte die Anstellung von ausgebildeten Erzieherinnen, die anstelle der Ordensschwestern die pädagogische Leitung übernehmen sollten.

Der Geist der Arbeitsamkeit

Wie einige andere Fürsorgeanstalten in Freiburg wurde auch das Waisenhaus von einer Stiftung getragen, die gegen Ende des 18. Jahrhunderts ins Leben gerufen worden war. 1775 hatte die Freiburger Handelsfrau Agatha Chaquin, geb. Müllerin, in ihrem Testament ihr gesamtes Vermögen für die Einrichtung eines Waisenhauses hinterlassen. Darin sollten auch *«unehelich geborene, da und dort gefundene unmündige Kinder»* Aufnahme finden, aber erst dann, wenn für die Waisen schon ausreichend gesorgt war. Die

Stifterin bestimmte außerdem, daß die Kinder die Schule besuchen und eine strenge religiöse Erziehung erhalten sollten, wozu der tägliche Besuch der Messe ebenso gehörte wie regelmäßige Andachtsübungen.[9]

Bevor mit Hilfe dieser Stiftung in der Löwenstraße ein Waisenhaus eröffnet wurde, hatte es für fast hundert Jahre in Freiburg keine Einrichtung für elternlose Kinder gegeben. Findel- und Waisenkinder wurden zwar in einheitliche Kleidung gesteckt, weshalb sie gut zu erkennen waren, darüber hinaus aber blieben sie weitgehend sich selbst überlassen und lebten vom Straßenbettel. Ob sie als uneheliche Kinder ausgesetzt worden waren oder ihre Eltern verloren hatten, spielte dabei bis gegen Ende des 18. Jahrhunderts kaum eine Rolle. Sie wurden als in den Bettelstand hineingeborene Armenkinder von ungewisser Herkunft angesehen.[10] Daß Agatha Chaquin in ihrem Stiftungsbrief zwischen dem Findel- und dem Waisenkind ausdrücklich unterschied, weist auf eine Veränderung hin, die sich an der Wende zum 19. Jahrhundert allgemein durchsetzte. Das «*unschuldige*» Waisenkind, das im Unterschied zum Findel nicht durch die Sünde seiner Eltern gezeichnet war, wurde zum Inbegriff der hilf- und schuldlosen Armut. Ihr sollte durch eine Mildtätigkeit begegnet werden, die nun auf eine Erziehung der Armen setzte.

Als Anfang des 19. Jahrhunderts in Freiburg das städtische Armenwesen neu geordnet wurde*, richteten sich die Bemühungen auch auf eine Verbesserung der Ausbildung armer Bürgerskinder. Besonders bei den Mädchen erkannte man den Übelstand einer

---

* Auf die Reform des städtischen Fürsorgewesens, die 1800 mit der Ernennung von Stadtrat Ferdinand Weiß zum «*Armenvater*» in Angriff genommen wurde, kann hier nicht näher eingegangen werden. Wesentlich war, daß die städtische Armenunterstützung vereinheitlicht wurde. Sowohl für die Sammlung der freiwilligen Spenden, als auch für die Gewährung der Unterstützung war nun allein der städtische Armenrat zuständig. Die Stadt wurde in Armenbezirke aufgeteilt, in denen ehrenamtliche Armenkommissäre die Unterstützungsbedürftigen kontrollierten. Auch das städtische Stiftungswesen wurde vereinheitlicht, das Vermögen der verschiedenen Einzelstiftungen einem *Allgemeinen Stiftungsverwalter* unterstellt. Ein Stiftungsrat kontrollierte seine Geschäftsführung. Dies ist im Grundsatz bis heute so geblieben (Siehe u.a.: Flamm 1990b, Retzbach 1918, Burger 1992).

völlig unzureichenden Schulbildung. Oftmals wurden sie schon vor dem zwölften Lebensjahr aus der Schule genommen und mußten sich dann als Kindsmagd, Hühnermädchen oder Heimarbeiterin verdingen. Dabei ging ihnen nicht nur das elementare Schulwissen wieder verloren, sondern sie hatten sich auch keine Kenntnisse in den sogenannten *«weiblichen Arbeiten»* aneignen können, so daß sie für eine Stellung in häuslichen Diensten nicht tauglich waren.

Heinrich Sautier stellte 1800 der Freiburger Bürgerschaft eine Stiftung vor, die er *«zur Ausbildung und Ausstattung dürftiger Bürgerstöchter von 10 bis 21 Jahren»* eingerichtet hatte. Sautier, der aus einer reichen Freiburger Kaufmannsfamilie kam, erhielt 1773, mit 27 Jahren, im Orden der Jesuiten die Priesterweihe. Er war Professor für Literatur und unterrichtete am Knabengymnasium, auch nach der staatlichen Auflösung des Ordens. Schon 1792 trat er in den Ruhestand und richtete von da ab sein Interesse auf die Bildung des unteren Standes. In einer diesem Stand gemäßen Ausbildung, deren Grundpfeiler die Erziehung zur Arbeit sein sollte, sah er das wirksamste Mittel gegen die Verelendung der Armen.[11] *«Um auf die Mädchen insbesondere zu kommen, so bedarfen zwar diese keiner so mannigfaltigen, noch so vollständigen Kenntnisse als das zu höhren Zwecken bestimmte männliche Geschlecht. Ihr Wirkungskreis ward von der Mutter Natur selbst mehr verenget; und obschon die Welt hie und da ein gelehrtes Frauenzimmer angestaunet hat; so ist doch eine solche Erscheinung in der dürftigen Klasse, die nur arbeitende Bienen enthält, weder zu erwarten, noch auch zu wünschen.»*[12]

In diesem Sinne war Sautiers Stiftung ausdrücklich darauf ausgerichtet, die Mädchen in allen weiblichen Arbeiten weiterzubilden, nachdem sie aus der Schule ausgetreten waren. Die Mädchenstiftung sollte als Ergebnis *«die Vermehrung geschickter Dienstbothen und die Gründung glücklicher Bürgerfamilien»* zeitigen.*[13]

Aufnahmeberechtigt waren bedürftige Töchter aus Freiburger Familien und Mädchen aus dem Waisenhaus. Sie durften nicht

* Es gelang Sautier, für sein Projekt so viele Stifterinnen und Stifter zu gewinnen, daß nach einigen Jahren auch eine entsprechende Stiftung für Knaben gegründet werden konnte.

jünger als 10 und noch nicht 20 Jahre alt sein und mußten für das Aufnahmegesuch ein Schulzeugnis vorlegen, das ihnen *«wenigstens mittelmäßige Fertigkeit im Lesen, Schreiben und Rechnen»* bescheinigte. Größerer Wert wurde auf ihr Betragen und auf ihre Kenntnis in Religion gelegt. In diesen Fächern hatten sie eine *«vorzügliche»* Note nachzuweisen.

Die Stiftsmädchen verpflichteten sich bei der Aufnahme, regelmäßig am Fortbildungsunterricht teilzunehmen, der sonntags und an zwei Nachmittagen in der Woche abgehalten wurde. Nach dem Besuch der Sonntagsmesse unterwies sie Stiftungsdirektor Sautier persönlich *«in der Sittenlehre»*. Den eigentlichen Unterricht übernahmen Lehrschwestern der beiden Freiburger Mädchenschulen, St. Ursula und Adelhausen. Beide Orden hatten sich bereiterklärt, diese Aufgabe unentgeltlich zu übernehmen. Auf dem Lehrplan stand die Einübung eines *«thätigen Christentums»*, die Wiederholung *«nöthiger Schulkenntnisse»* und die *«Erlernung weiblicher Handarbeiten»*. Bevor die jungen Frauen nach vier Jahren aus der Stiftsschule entlassen wurden, mußten sie außerdem einen Kurs in *«bürgerlicher Kochkunst»* absolvieren.

Als Anreiz wurden am Ende jeden Schuljahres kleine Fleißprämien gezahlt, die den Mädchen gutgeschrieben wurden, vorausgesetzt sie konnten ein einwandfreies *«obrigkeitliches oder pfarramtliches Sittenzeugnis»* vorlegen. Während der Lehrzeit erhielten die Mädchen ein neues Kleid, ein selbstgenähtes Hemd, Strümpfe und Schuhe. Zwei Frauen, vom Stiftungsdirektor ausgewählt, bekamen am Ende der Ausbildung den großen *«Ausstattungspreis»* von 300 Gulden zugesprochen. Alle Prämien wurden aber erst nach dem 25. Lebensjahr ausgezahlt, so daß die Frauen noch einige Jahre nach beendeter Fortbildung in enger Verbindung mit der Stiftung blieben.

Bei mangelhaften Zeugnissen, vor allem aber einem der Stiftung unwürdigen Verhalten, drohte der Ausschluß. Wer den Gottesdienst vernachlässigte, sich ungehorsam gegen die Eltern oder die Dienstherrschaft gezeigt hatte, wer *«verdächtigen Umgang mit dem anderen Geschlecht»* hatte, *«wovon ein standeswidriger Putz, das Lesen von Romanen und Komödien der Vorbote ist»*, wer *«mit Gefahr der Tugend, der Gesundheit und des Wohlstandes»* Theater, Bälle, Wirtshäuser und Tanzböden besuchte, konnte nach mehrfacher Ermahnung der Stiftung verwiesen werden.

«Gotteslohn der frommen, fleißigen Ruth»

«Viele Ähren geben eine Garbe; Drum sammle, Mädchen, sammle fort!»

Biblische Motive illustrieren die Fibel für Dienstbotinnen des Heinrich Sautier

Zur Unterweisung der Stiftsmädchen hatte Sautier eine umfangreiche Sittenfibel verfaßt, *«Die arme, brave Marie oder das Bild eines vollkommenen Dienstbothen»*. In diesem Buch, das jedes Mädchen bei ihrem Eintritt erhielt, entwickelte er am Beispiel der Halbwaisen Marie und der Waisen Martha das Lebensbild der rechtschaffenen Tochter. Gelehrsame Dialoge zwischen Marie und ihrer Lehrfrau, die Schilderung von Maries und Marthas Lehrjahren in anständigen Bürgerhäusern, werden ergänzt durch praktische Ratschläge für eine geschickte Haushaltung und richtige Kindererziehung. Die Episoden münden in eine Erörterung der sittlichen Grundsätze, die sich die Mädchen zu eigen machen sollten.

«Arbeitsamkeit ist das größte Hindernis, schlecht zu werden» war der erste Lehrsatz aus Sautiers Mädchenkatechismus. *«Denn sie benimmt unseren äußeren Feinden, und zugleich dem allerärgsten, der in uns selbst wohnt, die Gelegenheit, uns zum Bösen zu verleiten. Ein Mädchen, von ihrem Geist beseelt, wird weder auf den Gassen, auf dem Markte, an den Brunnen müssige, gefährliche Ständchen machen, noch zu Hause vor dem Spiegel, unter dem Fenster, auf einem Faulbette schlüpfrigen Gedanken Gehör geben. Durch sein Tagwerk ermüdet, schläft es abends sogleich ein, und in aller Fruh weckt es sein zweyter Schutzgeist, der Geist der Arbeitssamkeit wieder auf.»*[14]

Als zweite Kardinaltugend ermahnte Sautier zur Genügsamkeit. Die Mädchen hatten die Grenzen zu akzeptieren, die ihnen durch ihren Stand und ihr Geschlecht gesetzt waren. *«Das ungehorsame Mädchen wird mit der Zeit kein gutes Weib, weil ihm fehlet die von der Natur selbst gebothene, vor dem Altar feierlich geschworene Unterthänigkeit.»*[15] Er warnte davor, sich Ansprüche anzumaßen und Wünschen nachzugeben, die ihrem Stand nicht entsprächen. *«Kleiderpracht»* brandmarkte er ebenso wie hochfahrendes Benehmen in Sprache und Gebärden. Am Beispiel der *«armen, braven Marie»* zeichnete er ihnen vor, daß der rechte Weg zur glücklichen Ehefrau nur über gehorsames Dienen führen könnte.

Am Ende des Buches wird Marie und Martha der große Stiftungspreis zugesprochen. Martha wählt die Ehe und heiratet den Preisträger der Knabenstiftung. Die brave Marie aber verwendet das Preisgeld, um in den Orden der Ursulinen einzutreten und selbst Lehrfrau zu werden. Das Beispiel von Martha und Marie hielt den Stiftsmädchen vor Augen, daß der Übertritt in den Ehe- oder Ordensstand nur für die Besten unter ihnen möglich war. Für die meisten blieb dieser soziale Aufstieg unerreichbar, weil ihnen dafür das Vermögen fehlte. Die Sittenfibel Sautiers vermittelt einen realistischen Eindruck von den engen Grenzen, die Töchtern aus armer Familie gesetzt waren, und von der Akzeptanz, die ihnen für dieses Los abverlangt wurde.

«Höflichkeit steht jedermann, besonders aber armen Kindern wohl an. [...] Kömmt jemand Fremder in das Waisenhaus, so sollen die Kinder sittsam anstehen, und sich gegen ihn verbeugen, nicht aber hinlaufen um die Hand zu küssen, außer wenn ein einzelnes Kind vorgerufen wird»[16], lautete eine der Anstandsregeln, die zu Anfang des 19. Jahrhunderts für das Waisenhaus niedergeschrieben wurden. Die Kinder sollten sich untereinander als Geschwister, Gott als Vater und die Vorsteherin als ihre Mutter erkennen. Man ermahnte sie, friedfertig gegeneinander, ehrlich, reinlich und genügsam zu sein.

Wie die Verhältnisse im Waisenhaus in dieser Zeit in Wirklichkeit waren, darüber sagen die Quellen nur wenig aus. Aus den dringlichen Appellen aber, mit denen sich Ferdinand Weiß, der Leiter des städtischen Armeninstituts, um Spenden für den Waisenhausfonds an die Bürgerinnen und Bürger wandte, wird deutlich, daß die Kinder in sehr beengten und kargen Verhältnissen lebten. Durch eine größere Stiftung von Philipp Merian konnte 1825 ein Haus am Münsterplatz angekauft werden, das wenigstens ausreichend Platz bot.* Die Zustände waren allerdings nach wie vor ungenügend. Immer noch beaufsichtigte nur eine Waisenmutter über sechzig Kinder, die von klein auf im Haus mitarbeiten mußten. Schwere Arbeiten und die Sorge für die Kleinkinder war Aufgabe der älteren Mädchen.

Wie sehr das Wohl der Kinder von der Persönlichkeit der Vorsteherin abhing, wird deutlich an einer Anklage, die Philipp Merian 1831 gegen die Leiterin erhob. Bei einem Besuch im Waisenhaus hätten die Kinder ein so *«trübes, stumpfes und scheues Wesen»* gezeigt, daß es nur auf eine schlechte Behandlung zurückzuführen sein könnte. Merian setzte schließlich durch, daß die Waisenmutter entlassen und eine qualifizierte und liebevolle Frau angestellt wurde.[17]

In den nächsten Jahrzehnten vergrößerte sich das Vermögen des Waisenhausfonds durch weitere Stiftungen, so daß die Allge-

---

* Das Waisenhaus am Münsterplatz lag in Höhe der heutigen Stadtbibliothek, an der Ecke zum Waisenhausgäßle.

meine Stiftungsverwaltung 1842 ein Statut ausarbeitete, das den Charakter der Anstalt, die Aufnahme und die Verpflichtungen gegenüber den Zöglingen definierte. Hiermit sollten zum einen die Bedingungen, die die verschiedenen Stifterinnen und Stifter an die Verwendung ihrer Spenden geknüpft hatten, erfüllt werden. Das klare Statut sollte außerdem die Bereitschaft zu weiteren Stiftungen fördern.

Aufgenommen wurden nun ausdrücklich nurmehr katholische Kinder, die das Heimatrecht der Gemeinde Freiburg besaßen und mindestens fünf Jahre alt waren. Darunter fielen auch *«Findlinge, die der Stadtgemeinde Freiburg als Fundort zur Last bleiben»* und Kinder, die *«wegen moralischer Verdorbenheit ihrer Eltern»* von ihnen getrennt worden waren. Uneheliche Kinder sollten nur in Ausnahmefällen, kranke, behinderte und *«moralisch verdorbene»* gar nicht zugelassen werden. Mit diesem Statut übernahm die Waisenhausstiftung außerdem die Verpflichtung, alle Kinder bis zum Eintritt ins Arbeitsleben zu unterhalten und für ihre Berufsausbildung zu sorgen.[18]

Nach wie vor gab es nur eine Vorsteherin, die für die Betreuung der Kinder zuständig war. Alleine konnte sie dem einzelnen Kind kaum gerecht werden. Dieses Mißverhältnis zwischen dem hohen Erziehungsanspruch und den Möglichkeiten, ihn zu verwirklichen, sollte sich erst zehn Jahre später verbessern, als Ordensschwestern die Leitung des Heimes übernahmen.

Die Einführung der «Barmherzigen Schwestern vom heiligen St. Vinzenz zum Paul» in Freiburg war eine hochrangige politische Angelegenheit, der Verhandlungen zwischen dem Erzbischof und der badischen Regierung vorausgegangen waren. Vor dem Hintergrund des Kulturkampfes zwischen Kirche und Staat war die Zulassung eines neuen Frauenordens für beide Seiten eine Machtfrage. Unter der Auflage, daß der Orden unter staatliche Aufsicht gestellt wurde, setzte Erzbischof Hermann von Vicari schließlich die Niederlassung der Vinzentinerinnen durch.

Die ersten Schwestern arbeiteten als Krankenpflegerinnen im Spital der Universität. Schon wenige Jahre später, als in unmittelbarer Nähe der Klinik ein Mutterhaus errichtet worden war, übernahmen die Schwestern, die sich mit Eintritt in den Orden zu karitativer Arbeit verpflichtet hatten, um *«Gott in der Person der Armen zu dienen»*, auch in anderen städtischen Anstalten den Pflegedienst.[19] 1852 stimmte der Stiftungsrat der Anstellung von zwei Barmherzigen Schwestern im Waisenhaus am Münsterplatz zu. Allerdings sollten sie nur die Erziehung der Mädchen übernehmen. Die Jungen wurden daher von den Mädchen getrennt und im ehemaligen «Gasthaus zum Sternen» am Sternwaldeck untergebracht.* Dort versorgte sie ein Lehrer und dessen Ehefrau.

Als 42 Jahre später, 1894, im ehemaligen Cisterzienserinnenkloster in Günterstal das neue Waisenhaus für Mädchen und Jungen eröffnet wurde, stand die Kompetenz der Schwestern längst nicht mehr in Frage. Barmherzige Schwestern hatten sich nicht nur im Mädchenwaisenhaus, sondern auch in den anderen städtischen Stiftungsanstalten bewährt, als Krankenschwestern in der Universitätsklinik, als Pflegerinnen im Altenstift des Heiliggeistspitals in der Gauchstraße oder als Hauswirtschafterinnen in der städtischen Armenküche in der Weberstraße und in der Mensa der Universität.[20]

So übernahmen eine Oberin und fünf Schwestern 1894 den Dienst im Günterstaler Waisenhaus. Sie waren sowohl für die Erziehung als auch für die Hauswirtschaft verantwortlich. Die beiden Schwestern, die den Knabentrakt beaufsichtigten, betreuten gleichzeitig die Hausaufgaben der Schulkinder. Außerdem sorgten sie für die Wäsche und teilten die Mahlzeiten aus. Die Schwestern der Mädchen erteilten den hauswirtschaftlichen Unterricht und waren für die Arbeit in Nähzimmer und Garten zuständig. Die Küchenschwester unterrichtete außerdem die älteren Mädchen in Kochen und in der Haushaltung.[21]

---

* Das Haus an der Ecke Fürstenberg-/Türkenlouisstraße wurde wenige Jahre nach dem Umzug des Waisenhauses nach Günterstal vom *Badischen Frauenverein* übernommen. Er richtete dort eine Kindersolbadstation ein. Kränkliche, unterernährte Kinder bekamen unentgeltlich eine Kur, ohne daß sie längere Zeit von ihren Eltern getrennt waren. Die Kinder wurden mehrmals wöchentlich in Bad Dürrheimer Salzen gebadet, spielten im Freien und erhielten eine kräftige Mahlzeit.

Allerdings provozierte die Übergabe der Heimleitung an die Barmherzigen Schwestern politischen Widerspruch. Die Tatsache, daß nun katholische Ordensschwestern das Haus leiteten, nahm Oberbürgermeister Winterer zum Anlaß, den konfessionellen Charakter der Anstalt zu kritisieren. Die Stiftungsverwaltung legte daraufhin ein Gutachten vor, das anhand der einzelnen testamentarischen Verfügungen den Nachweis führte, daß die meisten Stifterinnen und Stifter nur eine Versorgung katholischer Kinder gewünscht hätten. Darüberhinaus war schon 1860 mit Hilfe einer Stiftung des Fabrikanten Karl Mez eine eigene Waisenanstalt für evangelische Kinder gegründet worden.*

Der Stadtrat stimmte dieser Position nicht zu. Er beschloß Ende 1895, daß das Waisenhaus nicht als konfessionelle, sondern als *«städtische paritätische Anstalt»* anzusehen sei, *«auf deren Wohlthat die Waisenkinder beider Konfessionen Anspruch haben»*[22] – eine politische Willenserklärung, die keinerlei praktische Konsequenzen nach sich zog. Denn der Stadtrat war nicht befugt, gegen den Willen der Stiftungsverwaltung über die Zielrichtung des Waisenhauses zu entscheiden. Seine Stellungnahme macht aber deutlich, daß ihm das alte Waisenhausstatut nicht mehr zeitgemäß erschien, aus Gründen, die über die Frage der konfessionellen Bindung hinaus zielten.

Schon längst konnte die Unterbringung von fürsorgebedürftigen Menschen in den städtischen Stiftungsanstalten nicht mehr allein aus den Mitteln der Stiftungen bestritten werden. Sie wurde wesentlich aus der städtischen Armenkasse finanziert, denn seit den 80er Jahren waren die Gemeinden gesetzlich verpflichtet, falls nötig allen Einwohnerinnen und Einwohnern, die länger als zwei Jahre am Ort wohnten, Fürsorgeleistungen zukommen zu lassen. 1889 wurde in Freiburg ein städtisches Armenamt eingerichtet. Oberster Grundsatz der gesamten städtischen Fürsorge war mehr denn je, die Ausgaben so knapp wie möglich zu halten.[23]

* Das evangelische Waisenhaus befand sich im Evangelischen Stift in der Hermannstraße. Jüdische Kinder konnten in beiden Heimen nicht aufgenommen werden. Für sie mußte entweder ein Heimplatz in einem auswärtigen Israelitischen Waisenhaus oder aber eine Familienpflegestelle gefunden werden.

Auch die Aufgaben der Kinder- und Jugendfürsorge waren gegen Ende des 19. Jahrhunderts, als Freiburg rund 40000 Einwohner zählte, wesentlich umfangreicher geworden. Längst waren es nicht nur elternlose Kinder, die versorgt werden mußten. Familien mit Kleinkindern, die ohne Wohnung von der Ortspolizei aufgegriffen wurden, ledige Mütter, die nach der Entbindung in der Universitätsfrauenklinik eine Unterkunft brauchten, Familien, in denen die Mutter für lange Zeit krank war – diese Notlagen betrafen das Armenamt, das nun auch eigene Institutionen gründete. So übernahm es 1894 eine Krippenanstalt, die ursprünglich auf Initiative des katholischen *St. Vinzentius Frauenvereins* entstanden war. Der Verein hatte 1883 in der Freiau dieses Kinderheim für Säuglinge und Kleinkinder eröffnet. Hier wurden Kinder, deren Eltern nicht dazu in der Lage waren, vorrübergehend versorgt. Als der Verein das Heim nicht mehr finanzieren konnte, ging es 1894 in städtische Trägerschaft. Es wurde zunächst im ehemaligen Knabenwaisenhaus im *Sternen* untergebracht und schließlich nach Günterstal, in ein Nebengebäude des Waisenhauses, verlegt.

In den Tagebüchern des städtischen Kinderheimes ist festgehalten, aus welchen Gründen hier Kinder eingewiesen wurden: *«Mutter ohne Unterkommen», «Mutter tot, Vater hungerleidend», «von den Eltern verlassen», «Vater unbekannt, Mutter Dirne».* Im Unterschied zum Waisenhaus war das Kinderheim keine geschlossene Anstalt, in der die Kinder bis zum Erwachsenenalter versorgt wurden. Spätestens wenn sie in die Schule kamen, sollten sie in eine Pflegefamilie vermittelt werden.[24]

Anfang 1895, kurz nachdem die Stiftungsverwaltung das Waisenhaus in Günterstal eröffnet hatte, erklärte der Stadtrat, daß nunmehr auch ältere Waisenkinder möglichst privat versorgt werden sollten. *«Wir sind der Ansicht, daß die Unterbringung [...] in Familien auf dem Lande [...] im Prinzipe den Vorzug vor der Anstaltserziehung verdient und zwar vornehmlich aus sanitären und socialpolitischen Gründen.»* Das Waisenhaus eigne sich dagegen vor allem für Kinder *«die an einem geistigen oder körperlichen Mangel leiden und deßhalb zweckmäßig nicht in Privatpflege untergebracht werden können».*[25]

Für diese Entscheidung waren vor allem finanzielle Erwägungen maßgeblich. Denn die Kosten für eine Pflegefamilie lagen zur Hälfte unter dem Pflegesatz im Waisenhaus. Für Säuglinge stand außer Frage, daß die Familienpflege in jedem Fall die bessere Lösung war. Doch bei den Schulkindern gingen die Einschätzungen weit auseinander. Sie wurden ausschließlich auf dem Land untergebracht, wo sie vor allem als billige Arbeitskräfte willkommen waren. *«Erfahrungsgemäß werden Waisenknaben [...] auf dem Lande fast regelmäßig nur als Hütebuben beschäftigt, [...] Waisenmädchen [...] nur zum Kinderhüten begehrt oder sollen mit ihren schwachen Kräften als billige Arbeitskraft einen höherzuentlohnenden Dienstboten ersetzen. Von einer Familienerziehung kann [...] in den allerwenigsten Fällen die Rede sein»*,[26] stellte der Stiftungsdirektor fest.

Die Kontroverse zwischen der Waisenhausverwaltung und dem Armenrat über das Für und Wider der Heimerziehung sollte sich bis in die Weimarer Republik fortsetzen. Der jahrzehntealte Konflikt hatte sich soweit zugespitzt, daß die Lage sowohl für das städtische Kinderheim, als auch für das Waisenhaus unhaltbar geworden war. Das Jugendamt überwies schulpflichtige Kinder, die nicht in Familien vermittelt werden konnten, nicht mehr ins Waisenhaus, sondern behielt sie im städtischen Kleinkinderheim, bis schließlich doch Pflegeeltern gefunden waren. Während das Kinderheim völlig überfüllt war – die vier Erzieherinnen mußten hier zeitweise 100 Kinder versorgen – war das Waisenhaus so unterbelegt, daß es kaum noch zu halten war. Ende 1929 mußte eine politische Entscheidung über die Zukunft der beiden Anstalten getroffen werden.[27]

Der Direktor des Jugendamtes setzte sich für die Auflösung des Waisenhauses ein: Solange es unter den Bedingungen des alten Stiftungsstatuts geführt werde, könnte es den Erfordernissen einer zeitgemäßen Jugendfürsorge nicht gerecht werden. Er beantragte, das städtische Kinderheim und das Waisenhaus zu vereinigen und dem Jugendamt zu unterstellen. Denn schon jetzt müßte das Jugendamt *«fast ausschließlich die Mittel für das Heim»* finanzieren und sei daher *«am meisten auch am wirtschaftlichen Erfolg»* der Anstalt interessiert.[28]

Obwohl dieser Standpunkt die Mehrheit im Stadtparlament fand, sollte die Vereinigung der beiden Heime letztlich unter umgekehrten Vorzeichen verwirklicht werden. Die Position der Stiftungsverwaltung, die sich auf ihre Verpflichtung gegenüber den einstigen Stifterinnen und Stiftern berufen konnte, erwies sich auch jetzt als stärker. Nachdem sie sich bereiterklärt hatte, beide Heime aus eigenen Mitteln zu renovieren, übernahm Anfang 1933 die Waisenhausstiftung die Trägerschaft. Damit blieb auch der katholische Charakter der Anstalt erhalten. Die Abteilung für ältere Kinder war *«wie bisher der Erziehung und beruflichen Heranbildung katholischer körperlich und geistig normaler Kinder beiderlei Geschlechts»* vorbehalten.[29] Grundsätzlich konnten zwar auch Kleinkinder anderer Konfession aufgenommen werden, da sie jedoch mit 5 Jahren das Heim verlassen mußten, sollten evangelische Kinder möglichst von Anfang an im Stift in der Hermannstraße versorgt werden. Unter diesen Voraussetzungen konnte schließlich auch die Zustimmung gegeben werden, daß die Erziehungsleitung in den Händen der Barmherzigen Schwestern blieb. Der Orden verpflichtete sich allerdings, nur noch Schwestern einzusetzen, die als Kinderpflegerinnen ausgebildet waren.[30]

In dieser Form blieb das Waisenhaus und Kinderheim noch einige Jahrzehnte bestehen. Erst 1973 übernahmen Laien die Erziehung der Kinder, und 1985 wurde die Anstalt schließlich aufgelöst. Doch nach wie vor finanziert die Waisenhausstiftung einen Teil der städtischen Jugendhilfe. Seither werden Mädchen und Jungen, die aus unterschiedlichen Gründen nicht bei ihren Eltern leben können, in kleinen, örtlich getrennten Wohngruppen versorgt. Für ältere, selbständig lebende Jugendliche gibt es das Angebot des *«betreuten Wohnens»*. Darüberhinaus trägt die Jugendhilfe der Waisenhausstiftung eine Aufnahmestelle für Jugendliche, die sich in einer Notlage an das Jugendamt wenden. Es ist geplant, diese Notaufnahme in eine Zufluchtsstelle für Mädchen zu verwandeln.[31]

FRAUENBILDUNG IM 19. JAHRHUNDERT

«Solcher Wissensdrang
im weiblichen Geschlecht»

Die beiden Mädchenschulen von 1806 bis zur Auflösung

Im Jahr 1806 wurden durch die badische Regierung sämtliche Breisgauer Klöster und Stifte aufgehoben und enteignet. Dieser Aufhebung entgingen in Freiburg das Adelhauser Kloster der Dominikanerinnen und das Kloster St. Ursula, da beide eine Klosterschule für Mädchen betrieben. Die Ursulinen hatten sich bereits 1696 in Freiburg niedergelassen und eine Mädchenschule eröffnet. Sie sahen von jeher den Zweck ihres Ordens in der Mädchenerziehung, *«besonders der niederen Stände»*, wohingegen die Dominikanerinnen ursprünglich in strenger Klausur gelebt und sich erst 1786 mit den Regelschwestern von St. Katharina zusammengetan hatten, um in der neueröffneten Mädchenschule Adelhausen zu unterrichten. Nach der Farbe der Ordenstracht wurde Adelhausen *Weißes Kloster*, St. Ursula *Schwarzes Kloster* genannt.[1]

Im aufgeklärten Absolutismus war die Schule zum *«Politicum»* geworden. Als einzige und letzte Instanz für den Bürger galt die Vernunft, die sich mit dem Glauben an den potentiell unbegrenzten Fortschritt verband. Die Vernunft forderte Freiheit der Meinungsäußerung und Toleranz gegenüber Andersdenkenden. Der Auffassung, daß Vernunft aus der richtigen Bildung entstehe, die «nützliche» Staatsbürger hervorbringt, erwuchs das Interesse für Erziehung und Pädagogik. Die Erziehung der Kinder sollte nicht mehr allein in den Händen der Eltern, sondern in denen des Staates liegen. «*Von der Erziehung hängt großentheils das innere Glück der künftigen Familien, von ihr hängt wesentlich das Wohl der Staaten ab, indem dieses sich vor allem anderen auf die moralische, intellectuelle und materielle Tüchtigkeit seiner Bürger, der Gesammtmasse seiner Angehörigen, stützen, dieselbe als seine eigentliche und wahrste Grundlage betrachten muß*», begründete der Freiburger Liberale Karl von Rotteck 1834 Bedeutung und Ziel von Bildung.[2]

Die allgemeine Schulpflicht war schon 1774 von Österreich eingeführt und unter der badischen Regierung nach 1806 weiter ausgebaut worden. Knaben mußten vom 7. bis zum 14., Mädchen bis zum 13. Lebensjahr zur Schule gehen. Die Befolgung der Schulpflicht scheint relativ ernst genommen und auch bei den Mädchen kontrolliert worden zu sein. Immer wieder wurde betont, daß Töchter aller Stände, ungeachtet ihrer Herkunft, die Schulen zu besuchen hätten. Andererseits macht stutzig, daß z. B. in einem Schülerinnenverzeichnis der 4. Klasse der Adelhauserschule von 1828 bei 70 Schülerinnen unter der Rubrik «*Stand der Eltern*» Berufe auftauchen wie: Schreiber, Handelsmann, Arzt, Bäcker, Fuhrmann, Instrumentenmacher, Zunftmeister, Advokat, Apotheker, Hammerschmied, Privat, Wittwe (!), Hafner, Hofrat, Schreiner und Fabrikant, Aufseher und Rebmann, jedoch nur ein einziger Tagelöhner.[3] Weder Bauern noch Gastwirte fanden sich darunter. Es ist anzunehmen, daß diese ihre Töchter zu Hause behielten, möglicherweise, weil sie sich nicht leisten konnten, auf ihre Mithilfe im Haushalt, in der Landwirtschaft oder im Wirtshaus zu verzichten. Ein Zwang zum Schulbesuch scheint nicht bestanden zu haben.

Die Lehrpläne der beiden Schulen, des *Weißen* und des *Schwarzen Klosters*, waren gleich. Es gab zwei Klassen: In der ersten wurden die 6-9jährigen Mädchen unterrichtet, in der zweiten die 7-13jährigen, und zwar in Religion, Lesen, Schreiben und Rechnen und in Handarbeiten wie Spinnen, Stricken, Nähen. Innerhalb der Klassen wurde der Stoff mit den älteren Kindern mehrmals wiederholt, so daß von einem kontinuierlichen Weiterlernen wohl nicht gesprochen werden kann. Die Schulbildung der Mädchen war im Gegensatz zu der der Knaben nicht darauf ausgerichtet, daß sie später einen Beruf ergreifen sollten, sondern, ganz in Sau-

Die Adelhauser Kirche um 1890

tiers Sinne, sollten sie auf ihr zukünftiges Leben als Hausfrau oder Dienstbotin vorbereitet werden. Ab 1811 wurde der Lehrplan um sogenannte «*Realien*» erweitert, die sich schon an den Knabenschulen etabliert hatten: Geographie, «*Erdbeschreibung*» genannt und «*mit besonderer Rücksicht auf das Großherzogthum Baden*» vermittelt, Geschichte und Naturlehre, in letzterer «*insbesondere die Kenntniß von den Giftpflanzen*». Dazu kam auch «*Anleitung zum wohlgesitteten anständigen Betragen*». Die älteren Mädchen mußten unter fachlicher Anleitung das Ausstellen von Schuldscheinen und Quittungen üben. *«Glaubens-, Sitten- und Tugendmittellehre»* brachte der Religionslehrer, Katechet genannt, den Mädchen nahe.[4] Auch die Anzahl der Schülerinnen war annähernd gleich groß. 1821, Freiburg hatte etwa 12000 Einwohner, besuchten 323 Mädchen Adelhausen, 376 St. Ursula. In den beiden vergleichbaren Knabenschulen waren es zusammen 514 Jungen.[5]

In den folgenden Jahren und mit wachsenden Schülerinnenzahlen wurden die Klassen zu Jahrgangsklassen ausgebaut. Hinzu kam an beiden Instituten zuerst eine französische, dann eine englische Klasse. Töchter betuchter Eltern konnten darin in zwei bis drei Jahren Kenntnisse in der jeweiligen Sprache erwerben.[6] Für diese reichen Bürgerstöchter richtete St. Ursula 1836 in der Eisenbahnstraße 46 ein kleines Pensionat ein, das auch nichtkatholische und ausländische Mädchen aufnahm.[7] Dort wurden sie auf ihr zukünftiges Leben als Bürgersgattinnen vorbereitet, die Klavierspielen und Singen, Sticken und Haushaltsführung beherrschen sollten.

Das Regulativ 1811

1811 erließ die Großherzogliche Regierung das sogenannte *«Regulativ für die katholischen Lehr- und Erziehungsinstitute»*. Mit seinen Vorschriften griff es massiv in die Erziehungstätigkeit und in das Klosterleben von Adelhausen und St. Ursula ein. Zwar durften die Nonnen ihre alte Tracht weiter tragen, sie hießen aber nicht mehr *«Klosterfrau»*, sondern *«Instituts-Mitglied»* oder *«Lehrfrau»*, die Klosterschulen *«Lehr- und Erziehungsinstitute»*.

De facto hob das Regulativ die Ordensregeln auf. An ihre Stelle traten staatliche Verhaltensmaßregeln, die auch das bislang klösterliche Leben und die Tätigkeiten der Klosterfrauen genauestens reglementierten, um *«eine zweckmäßigere, dem Geist und Bedürfnisse der Zeit mehr entsprechende Einrichtung zu geben»*.[8]

Jetzt durften in das Institut nur noch Frauen aufgenommen werden, deren *«Fähigkeit zum Lehramt»* staatlich geprüft war. Das

Noviziat wurde abgeschafft. Das klösterliche Gelübde galt nur mehr für drei Jahre und war ohne Angabe von Gründen kündbar, das heißt, es hatte eigentlich das Wesen eines Gelübdes verloren und entsprach eher einem bürgerlichen Vertrag. Es beinhaltete die Annahme des Regulativs, Gehorsam, Armut und Keuschheit und das Versprechen, sich *«aus allen Kräften der Erziehung und dem Unterrichte der weiblichen Jugend zu widmen»*. Gegen ihren Willen konnte keine Lehrfrau entlassen werden, es sei denn, ihr *«unverbesserliches Betragen schade wesentlich dem Berufe der Mitlehrerinnen»*. In solch einem Fall geschah die Entlassung von staatlicher Seite. Kontrolliert wurden die Lehrfrauen von *«Oberaufsehern»*, den großherzoglichen Regierungsräten. Dieses Amt übten die Stadtpfarrer aus: Adelhausen fiel in die Zuständigkeit des Münsterpfarrers, St. Ursula in die des Pfarrers von St. Martin.[9]

Auch den Tagesablauf legte das Regulativ genauestens fest: Nach dem Aufstehen winters um 6, sommers um 5 folgten Morgengebet und Messe mit vorgeschriebenen Gebetbüchern. Im Zuge der Verweltlichungsmaßnahmen sangen die Frauen in deutscher Sprache. Alttestamentarische Psalmen waren unerwünscht. Bis zum Mittagessen widmeten sich die Lehrfrauen dann ihrer Berufsarbeit. Nach einer *«Erholungsstunde»* arbeiteten sie wieder bis zum gemeinschaftlichen Abendessen und Nachtgebet. Verboten wurde das *«Silentium»*, die klösterlichen Schweigezeiten. Während des Essens durften keine geistlichen Texte mehr vorgelesen werden, sondern die Frauen sollten sich zur Erholung unterhalten. Die bisherigen Klosterexerzitien wurden verboten und fielen wie andere Ordensregeln unter den Begriff *«zwecklose Andächteleyen»* und *«schiefe und verwirrende Aszetik»*. Überhaupt sollte nicht mehr zu viel und zu oft gebetet werden. Statt dessen wurde der *«weit wirksamere Frohsinn»* staatlich verordnet. Die Priorin, die jetzt Vorsteherin hieß, wurde zwar weiter durch die Lehrfrauen gewählt, mußte aber landesherrlich bestätigt werden. Das heißt, ihr konnte auch, falls sie aus irgendwelchen Gründen dem Landesherrn nicht genehm war, die Anerkennung verweigert und an ihrer Stelle eine andere bestimmt werden. Diese Tatsache führte schon 1813 in Adelhausen zu großen Konflikten, spitzte sich nach

Vier der letzten Adelhauser Lehrfrauen

Schwester Pia Finck, Leiterin des Kirchenchors

Schwester Emilie Dörflinger, Zeichenlehrerin

Schwester Hedwig

Schwester Anna Hermann

dem Tod der letzten Priorin Bernharda Bilharz 1863 zu und sollte endlich zur Auflösung des Konvents führen.

Mit dem Regulativ stellte der – protestantische – Großherzog die Mädchenschulen unter staatliche Aufsicht und Kontrolle, ein Versuch, sie dem katholisch-kirchlichen Einfluß zu entziehen, der jedoch halbherzig bleiben mußte. Von staatlicher Seite wurden die Klosterfrauen zwar nur noch als Lehrerinnen gesehen, nach ihrem eigenen Selbstverständnis aber und dem ihrer kirchlichen Obrigkeit waren sie nach wie vor auch ihrem Orden und ihren Gelübden verpflichtet und nicht nur *«Lehrfrauen, die zufällig in einem Hause wohnen»*.[10] Mangels einer Alternative wurde auch staatlicherseits nicht daran gerüttelt, Mädchen durch Lehrfrauen unterrichten zu lassen, jedenfalls nicht, solange sie *«aufgeklärt und geschickt»* waren und die Schule durch sachkundige Männer gut beaufsichtigt wurde. Begründet wurde dies damit, daß sie ihre Erziehungstätigkeit *«selbst in wissenschaftlichen und sittlichen Gegenständen mit mehr Erfolg und Herzlichkeit, mit mehr wechselweiser Vertraulichkeit und Anhänglichkeit, als es durch Lehrer geschehen könnte»*, wahrnehmen könnten.[11]

Durch das Verbot des klösterlichen Noviziats und der kirchlichen Eintrittsrituale war die Aufnahme der Frauen in die Institute relativ einfach. Ein Mädchen, das seine Schulzeit im jeweiligen Konvent absolviert hatte und sich zum Bleiben entschloß, wurde für drei Monate als *«Kandidatin»* aufgenommen, um zuerst zu hospitieren und anschließend zu unterrichten. Mit 21 Jahren konnte sie zum ersten Mal – nach staatlicher *«Eignungserklärung»* – den Eid ableisten und war damit zur Lehrfrau geworden. Hatte vordem besonders das Adelhauser Kloster von Vermögenswerten profitiert, die Frauen als Mitgift einbrachten, befreite das Regulativ jetzt von diesem Zwang. Die maximale Höhe der eventuellen Mitgift wurde auf 1500 fl.* begrenzt.[12]

Ebenso einfach war der Austritt geregelt: Ohne Angabe von Gründen konnte sie das Institut verlassen und ihre Mitgift zurück-

* fl. = Florin = Gulden. 1 fl. entsprach damals etwa 10 DM heutiger Währung. 1 Gulden hat 60 Kreuzer (kr.).

bekommen. Allerdings scheinen nur wenige Lehrfrauen diesen Schritt vollzogen zu haben. Eine von ihnen war 1820 Adelheid Benz. Sie verließ Adelhausen, dem sie 34 Jahre lang angehört hatte, in erbittertem Streit – dessen Gründe uns nicht bekannt sind – und mit der Auflage, daß sie «*ihre Ordenskleidung abzulegen, ihren Aufenthalt in bedeutender Entfernung von Freiburg und wenigstens in einem anderen Amtsbezirke zu nehmen hat*». Aber nicht nur das. Es wurde ihr außerdem «*die ernstliche Erinnerung gemacht, das Institut Adelhausen nie wieder zu betreten, sich auf keine Weise und wie immer in dessen Angelegenheiten zu mischen und Mißhelligkeiten zu stiften*». Um die zugesicherte Pension von 300 fl. jährlich, die Herausgabe ihrer Mitgift und ihrer persönlichen Habe stritt sie 8 Jahre lang vor Gericht und gewann erst in zweiter Instanz.

Eine zweite war Sophie Anna Müller. Nachdem sie elf Jahre als Lehrfrau in Adelhausen verbracht hatte, sah sie sich im Jahre 1839, anscheinend selbst kränkelnd, gezwungen, aufs Land zurückzukehren, um ihre kranke Mutter zu pflegen. Ihr Austritt geschah im Einvernehmen, ob sie eine Rente erhielt, können wir nicht mehr feststellen.[13]

Das Lehrinstitut St. Ursula erfuhr durch die Leitung seiner Oberin Karoline Kaspar von 1809 bis 1860 große Stabilität. Am 8. Dezember 1780 als Tochter des Umkircher Schloßverwalters geboren, besuchte sie seit ihrem 15. Lebensjahr die Schule der Ursulinen und wurde schon mit 16 als Novizin aufgenommen. Ihre Mitschwestern wählten sie als 28jährige 1809 zur Priorin. Ihr Biograph Hermann Mayer beschreibt sie als «*erfüllt [von] wissenschaftlichem, über den Durchschnitt der Zeit und der Gleichgestellten hinausgehendem Streben, sowie energischem männlichen Willen*», dabei ausgestattet «*mit feinem Takt, größter Gewandtheit, Sachkenntnis und Beredsamkeit*». Neben den «*Elementarfächern*» unterrichtete sie lange Jahre Französisch und widmete sich mit ihren Schülerinnen der Kunst der feinen Stickerei. Wie auch ihre Mitschwestern unterwies sie täglich bis zu 150 Mädchen. Ihr Erziehungsideal war für die Zeit modern; es lag in «*ihrem Sinn und Wollen, den Bedürfnissen der Zeit entgegenzukommen*» und Mädchen nicht nur religiös zu erziehen, sondern auf das praktische Leben vorzubereiten. Von der *«Bildung des Verstandes»* und von der *«Veredelung des Gemütes»* besonders der Frauen hing nach ihrer Ansicht *«das häusliche Glück künftiger Familien»* ab. Ganz in liberalem Sinn erachtete sie als ersten Grundsatz weiblicher Jugenderziehung die Ausbildung der *«Vernunft»*, die das *«Streben nach Vervollkommnung»* und das *«Gefühl des Guten, Wahren und Schönen»* bringt. Nach ihrer Auffassung leistete dabei *«besonders das Weib mehr durch Sanftmut, Liebe und Duldung»*. *«Mißgriffe»* von Männern in weibliche Erziehung waren ihr ein Greuel.[14]

Liberal und von großem Unternehmungsgeist, sah sie schon als junge Vorsteherin die dringende Notwendigkeit einer Neuorganisation des mangelhaften Mädchenschulwesens, dessen *«Unbestimmtheit»* große Nachteile für die Lehrerinnen nach sich zog und die Gefahr der endgültigen Auflösung der Anstalt barg. Einen Gleichgesinnten für ihre Modernisierungspläne fand sie in dem Freiburger *«Armenvater»* und Magistratsrat Ferdinand Weiß, der die Armenfürsorge in Freiburg neu gestaltete.[15] Besonders ihr, die ein freundschaftliches Verhältnis zu Großherzogin Stephanie in Karlsruhe pflegte, legten die bürgerlichen Familien gerne die Erziehung ihrer Töchter ans Herz. Mit der Großherzogin parlierte sie französisch und beratschlagte sich in den verschiedensten Angelegenheiten, so in der Frage, welche Tracht für die Lehrfrauen gewählt werden sollte.

Zu ihrem 50jährigen Jubiläum als Superiorin gratulierte ihr 1859 das Erzbischöfliche Ordinariat und lobte, sie habe *«gedient der Kirche, dem Staat, der Menschheit im Unterricht der Kinder hiesiger Stadt [...]»*, gleichzeitig der Stadtrat, unter ihrer Leitung sei das Erziehungs-Institut St. Ursula zu einer *«Zierde unserer Stadt»* geworden.[16]

Mit ihrer Persönlichkeit, ihrem Charisma und großen Engagement gelang es ihr, die Schwesterngemeinschaft nach innen zusammenzuhalten, nach außen zu repräsentieren und Konflikte geschickt zu vermeiden. Bis zu ihrem Tod 1860 konnte sie das Schiff

St. Ursula an den Klippen kirchlicher und staatlicher Machtkämpfe vorbeisegeln.[17]

Nicht so stabil war die Leitung des Adelhauser Instituts, in dem kein fortschrittlich-liberaler Geist einer Karoline Kaspar herrschte. Ferdinand Weiß hielt die Adelhauserinnen zwar für sehr fromm, aber *«kleinsinnig und kleinfügig»*. An ihrer Schule wehe *«der höhere Geist, wie ihn Zeit, Menschen und unsere Lehrinstitute fordern, [...] sehr leise»*. Schon 1812 gab es Schwierigkeiten bei der Neuwahl einer Vorsteherin, denn die von den Lehrfrauen gewählte fand nicht die Zustimmung der staatlichen Obrigkeit – sie schien ihr zu alt, zu konservativ und hatte schon seit 17 Jahren nicht mehr unterrichtet. Erst nach der Drohung, daß eine Außenstehende bestimmt würde, konnten sich die Lehrfrauen nach drei weiteren Wahlgängen schließlich auf Magdalena Schüle, eine jüngere Lehrfrau, einigen. Auch für sie wollte sich Ferdinand Weiß nicht besonders erwärmen, was ihn allerdings wenig wunderte, hatte er doch schon vorher gewußt, daß *«die Wählenden wenig selbständig und jeder äußerlichen Einwirkung ausgesetzt sind»*. Mangels einer Alternative blieb sie im Amt. Wohl wurde sowohl von Seiten der Regierung in Karlsruhe, von Seiten Karoline Kaspars mit Unterstützung ihrer Gönnerin, der Großherzogin, und Ferdinand Weiß eine Alternative gesucht: Es entstand die Idee, die beiden Institute unter Leitung von Karoline Kaspar zusammenzulegen. Dieser Plan scheiterte jedoch an der zögerlichen Haltung des Ministeriums.[18]

Verpflichtet zum Unterhalt der Volksschulen und zur Bezahlung der Lehrer war die Stadt, für die Schülerinnen und Schüler war der Unterricht kostenlos. Die Stadt mußte die Gebäude unterhalten und für das nötige Brennholz zum Heizen sorgen. Im Gegensatz zu den Lehrern unterrichteten die Lehrfrauen, ohne dafür Gehalt zu beziehen. Die Bedürfnisse ihres täglichen Lebens wurden vom Konvent gedeckt. Auf diese Weise wurde der Stadtsäckel durch die Mädchenschulen kaum belastet. Da größere Einkünfte durch Mitgift verboten waren und private Zuschüsse, besonders nach den Kriegsjahren und nach der großen Mißernte von 1817, weitgehend ausblieben, kamen die Konvente mehrfach in finanzielle Bedrängnis. Dabei befand sich Adelhausen als ehemals reicher Orden in einer weit besseren Lage als die zur Armut verpflichteten Ursulinen. Gerade sie brachte der Geldmangel oftmals in arge Not. Sie sahen sich kaum in der Lage, Mittel für die nötigsten Reparaturen aufzubringen und mußten teilweise in baufälligen Gebäuden unterrichten. Fußböden waren schadhaft, Balken morsch. 1816 stürzten die Pfosten in einem Hintergebäude, die den Dachstuhl trugen, ein, so daß vorübergehend der Unterricht ganz ausfallen mußte. Im Frühling 1825 wurden mehrere Fenster durch Hagel zerschlagen und bis zum Oktober nicht repariert. 1831 teilte der Bauverwalter mit, der Glockenturm sei verfault und drohe einzustürzen, ebenso die Decke der Kirche samt Deckenbemalung, denn schon sei *«von dem Gemälde [...] das Hinterteil des dort dargestellten Schiffes mit einer Anzahl Jungfrauen in die Tiefe gestürzt, und sehr wahrscheinlich steht der hl. Ursula in kurzer Zeit das nämliche Schicksal bevor»*.[19] So sah es in St. Ursula aus. Die Knabenschulen sollen sich in einem noch katastrophaleren Zustand befunden haben.[20]

Mit dem Ziel, die schlechte finanzielle Lage der Schulen zu verbessern, wurde 1818 ein Schulgeld eingeführt. Es betrug zwar nur 1fl.30 jährlich, erboste jedoch die Eltern, die den kostenlosen Schulbesuch ihrer Kinder gewohnt waren. Sie reagierten erbittert, *«brachen in die rohesten und beleidigendsten Schimpfreden aus und leisteten nur mit Zorn und Widerwillen Folge»*. Um zusätzlich Geld zu beschaffen, sollte bei jeder Hochzeit von Honoratioren 1fl., von Bürgern die Hälfte in den Schulfonds gezahlt werden. Außerdem mußten Eltern Strafgeld berappen, wenn ihre Kinder unentschuldigt dem Unterricht fernblieben. Arme konnten vom Schulgeld befreit werden. 1820 waren dies von 323 Schülerinnen in Adelhausen 144. Die Rückstände mitgerechnet, wurde dort, wie auch in den Knabenschulen, de facto nur für jedes dritte Kind bezahlt. Etwas besser waren die Verhältnisse in St. Ursula: Von 376 Kindern zahlten immerhin 226. Zusammengenommen brachten all diese Sanierungsversuche nicht den erhofften Erfolg. Nicht einmal die Hälfte des zuvor berechneten Betrages kam zusammen, und so blieb die Finanzmisere zunächst bestehen.[21]

Alltag der Lehrfrauen

Wie schon erwähnt, sahen sich die Lehrfrauen trotz Regulativ ganz dem Dienste Gottes und dem Wohle ihrer Mitmenschen verpflichtet. Die Erziehung der weiblichen Jugend zu brauchbaren Gliedern der Gesellschaft verstanden sie als eine ihnen von Gott gegebene Aufgabe, und sich selbst als Lehrerin und Ordensfrau zugleich. Ihr Beruf verlangte Selbstaufopferung und Hingebung, Mütterlichkeit und die Fähigkeit und Bereitschaft zum Dienen, nicht *«selbstsüchtige, weltliche und eigennützige Absichten»*. Was eine gute Lehrerin auszeichnete, war laut Karoline Kaspar *«Anlage des Geistes und des Herzens, Neigung und ernster Wille zum Lehrfach, echte, reine Religion, Umgang mit gebildeten Menschen und fleißiges Lesen guter Bücher, Mut, den nur wahre Menschenliebe und lebendige Religion geben und erhalten kann»*.[23]

Die für eine Lehrerin erforderlichen mütterlichen Eigenschaften schlossen eigene Kinder jedoch aus. Lehrerinnen durften, auch lange nach Auflösung der klösterlichen Schulen, nicht verheiratet sein, sondern waren per Gesetz zum Zölibat verpflichtet. Verheiratete sich eine Lehrerin, wurde sie aus dem Dienst entlassen und verlor ihre Pensionsansprüche. Entstanden war dies aus dem klösterlichen Keuschheitsgelübde und aus der allgemeinen Ansicht, eine eigene Familie würde die Lehrerin in ihrer Hingabe an ihren Beruf behindern und die notwendigen Gefühle für die ihr anvertrauten Schülerinnen einschränken. Außerdem fiele es ihr leichter, gerecht über Kinder zu urteilen, als wenn sie eigene hätte. Lehrerin sein war Ersatz für Mutter sein, die berufliche Tätigkeit ersetzte die eigene Familie.

Im Jahr 1813 wurden in St. Ursula von 3 Lehrfrauen und einer Kandidatin 500 Mädchen unterrichtet. Bis 1860 wuchs das Lehrpersonal auf immerhin 19 Lehrfrauen an. In Adelhausen waren die Verhältnisse ähnlich. Hinzu kamen für die Lehrfrauen beider Konvente noch zusätzliche Pflichten: Schulentlassene Mädchen konnten im Winter, wenn sie nicht in Stellung waren, in der sogenannten *«Nähschule»* in Adelhausen weiter Handarbeitsunterricht nehmen. Auch die Ursulinen kümmerten sich um die *«Volksbil-*

dung»: Sonntags nachmittags hielten sie Vorträge für Dienstmägde, Bauersfrauen und Hausfrauen *«auch der besseren Kreise»* meist religiöser Art, boten aber auch Unterricht in Lesen und Schreiben an.[24] Ältere Schwestern, die nicht mehr unterrichten konnten, erledigten die vielen sonstigen im Haus anfallenden Arbeiten wie Putzen, Waschen oder Nähen. Vermutlich blieb den Frauen auch zu wenig Zeit für ihre eigentlich untersagten klösterlichen Pflichten. Bei einem derart großen Pensum war es kein Wunder, daß die Lehrerinnen unter der Überlastung stöhnten. In einem Brief an den Schulvorstand klagten die Adelhauserinnen 1837:

«Nach vollendetem Unterricht (nehmen) die Arbeitsstunden ihren Anfang, die vormittags bis 11 Uhr, also bis zur diesseits üblichen Essenszeit, und nachmittags, besonders im Sommer oft bis 5 oder 6 Uhr dauern. Nach solcher Anstrengung ist eine Erholung zum wahren Bedürfnis geworden. [...] Endlich sind noch mehrere Lehrfrauen mit Diensten im Hause beauftragt, die nur ihnen und sonst niemand leicht übertragen werden können.» Sie baten um Entlastung, denn es bliebe ihnen während der ganzen Schulzeit *«auch nicht ein einziger freyer halber Tag zu einem Spaziergang oder einem anderen zur Erhaltung und Stärkung der körperlichen und geistigen Kräfte so nothwendigen Vergnügen übrig.»*[25]

Die Klagen der Lehrfrauen scheinen von wenig Erfolg gekrönt gewesen zu sein. Statt dessen wurde von seiten der Stadt behauptet, sie seien eben deshalb überlastet, weil die Mädchen zu lange in der Schule blieben – und zuviel lernen sollten sie doch auch wieder nicht. Zwar wurden die Bemühungen um die Mädchenbildung von Regierungsseite gebilligt und hinreichend gelobt – die Institute waren billig, die Lehrfrauen arbeiteten bis zum Umfallen –, aber das verschonte sie nicht vor harscher Kritik und Einmischung. Diese reichte von Empfehlungen des Ministeriums wie *«Übrigens wird unter den weiblichen Arbeiten das Stopfen als notwendig für eine Haushaltung bestens empfohlen»*, bis hin zu einem Beschwerdeschreiben des Großherzoglichen Dekanats, in dem es hieß, daß die Mädchen in den Nähschulen *«vorzüglich in solchen Arbeiten des Luxus und der Eitelkeit unterrichtet werden, die für sie in ihrer künftigen Stellung im Bürgerlichen Leben nutzlos sind»*.[26] Daher wurde vorgeschlagen, daß kein Kind mehr zu den höheren Stickarbeiten wie Verzieren oder Spitzenklöppeln zugelassen werden dürfe, bevor es nicht die niederen Handarbeiten, die für eine zukünftige Dienstmagd oder Tagelöhnersfrau Grundvoraussetzungen waren, hinreichend gelernt hätte: Manns- und Weiberstrümpfe stricken und stopfen, spinnen und Hemden nähen. Weiter sollte *«ein scharfer Unterschied zwischen den Kindern des bürgerlichen Standes und denen der höheren Stände»* gemacht werden. Dies zeigt, wie sehr auch in der Mädchenbildung auf soziale Unterschiede Wert gelegt wurde. Zwar waren im Sinne der Erfordernisse neue Unterrichtsfächer wie die *«Realien»* hinzugekommen, zwar wurde freiwilliger zusätzlicher Unterricht angeboten, doch über die Volksschulbildung ging das nicht hinaus. Die ganze Ausbildung verfolgte den Zweck, je nachdem tüchtige Gattinnen und Mütter oder Dienstmägde hervorzubringen, sei es für Nichtbemittelte mit dem Besuch der Mädchenschule und der eventuell anschließenden Näh- oder Sonntagsschule oder für Reichere mit dem eines Pensionats.

Wie es zur Auflösung kam

Die größten Veränderungen für die beiden Lehrinstitute Adelhausen und St. Ursula brachte der Badische Kulturkampf ab 1860. Schon 1818 hatte Großherzog Karl für Baden die liberalste Verfassung in Deutschland erlassen. Ihrem Verständnis nach sollte eine Gesellschaft freier und mündiger Bürger den Staat ausmachen, Religion und deren Ausübung Privatsache sein. Die Bürgerinnen und Bürger sollten nicht mehr von der Kirche bevormundet werden. In diesem Zusammenhang rückte die Bildung in den folgenden Jahrzehnten mehr und mehr ins allgemeine Interesse. Sie sollte modernisiert, dem Einfluß der Kirche entzogen und zunehmend unter die Aufsicht des Staates gestellt werden. Davon versprach man sich die Abkehr von veralteten traditionellen und eine Hinwendung zu liberalen Werten. Selbst nach der gescheiterten Revolution von 1848 bestimmte in Baden der bürgerliche Liberalismus das politische Handeln. Auch Friedrich I., der 1852 den badischen Thron bestieg, herrschte in demokratischem und liberalem Geist.[27]

Damit mußte die katholische Kirche ihre Pfründe bedroht sehen. Sie reagierte mit einer harten Gegenposition und dem Beharren auf traditionellen Werten, befürchtete sie doch eine unchristliche und verweltlichte Gesellschaft. Den Konflikten dieser Zeit hat sie einige noch heute sehr umstrittene Dogmen zu verdanken, wie das der Unbefleckten Empfängnis Mariens, 1854, und das der Unfehlbarkeit des Papstes in Glaubenssachen, 1870.

1860 war das katholische Freiburg von kaum 9000 zu Anfang des Jahrhunderts auf fast 17000 Einwohner angewachsen. Die Liberalen in Baden besaßen größeren Einfluß als die zahlreicheren traditionell orientierten, konservativen Bürger auf Seiten des Papstes und der katholischen Kirche, *«Ultramontane»* genannt, und stellten seit 1860 die Regierung in Karlsruhe. Zu ersteren gehörte auch Bürgermeister Fauler und der erwähnte Freiburger Staatsrechtler Karl von Rotteck. Sie forderten eine Erneuerung des Schulwesens und die Modernisierung der Lehrer- und Lehrerinnenausbildung in staatlichen Händen. Bisher standen die Schulen unter Aufsicht der Kirchenbehörde, wenn auch in staatlichem Auftrag. Im Gegenzug zu den liberalen Plänen hatte der Freiburger Erzbischof von Vicari 1853 unter anderem die alleinige Schulaufsicht der Kirche gefordert. 1854 war es zu einem ersten Skandal gekommen, als von Vicari eigenmächtig Pfarrer einsetzte, obwohl dies laut Gesetz Sache des Landesherrn war. Der Konflikt spitzte sich dermaßen zu, daß der achtzigjährige Vicari verhaftet und neun Tage unter Hausarrest gestellt wurde, woraufhin die ultramontane Seite das Ordinariat in Streik treten und Kirchenglocken und Orgeln verstummen ließ.[28] Der Streit spaltete die Bevölkerung.

Trotz – oder wegen – des *«scharfen, liberalen, klosterfeindlichen Windes»* wurde in St. Ursula und Adelhausen von kirchlicher Seite die Einführung des alten klösterlichen Lebens erwogen.[29] Ein Machtkampf schien unausweichlich, ausgetragen wurde er unter anderem auf dem Rücken der beiden Lehrinstitute. Zum Eklat kam es zuerst in Adelhausen.

1863, nach dem Tod der letzten, als eher großzügig beschriebenen Priorin Bernharda Bilharz, wählten in Adelhausen die Lehr- und Klosterfrauen eine neue Oberin, wie schon bei der Wahl 1812 eine eher kirchlich und traditionell orientierte Frau. Diese Wahl wurde von der staatlichen Aufsichtskommission nicht anerkannt, diesmal die Drohung wahrgemacht und unter Berufung auf das Regulativ von 1811 eine andere, liberalere Lehrfrau als Vorsteherin eingesetzt, Frau Bertha Wirth. Dieser jedoch verweigerte nun der Bischof die Bestätigung, untersagte ihr gar unter Berufung auf das Gehorsamsgelübde, als Priorin tätig zu sein. So gab es im Konvent gleichzeitig eine kirchliche «Priorin» und eine staatliche «Vorsteherin». Unschwer sich auszumalen, welche Auswirkungen das auf die Gemeinschaft der Frauen hatte, die ja jeweils auf Seiten der Einen oder der Anderen standen.[30]

1864 wurde vom badischen Landtag ein neues Schulaufsichtsgesetz verabschiedet, das die geistliche Schulaufsicht aufhob. Die Pfarrer als Schuldirektoren wurden ersetzt durch staatliche Schulräte, die Schulvorstände wurden gewählt.[31] Zwischen den Mühlsteinen kirchlicher Loyalität einerseits und staatlicher Verpflichtung andererseits befanden sich die Lehrfrauen. Neuerlicher Streit lag in der Luft und entbrannte an einer scheinbaren Geringfügigkeit. Mit Einverständnis einer Lehrfrau forderte ein Religionslehrer von den Schülerinnen den Gruß «*Gelobt sei Jesus Christus*!» Die staatliche Vorsteherin aber, Frau Wirth, hob die Anordnung wieder auf, der Religionslehrer bestand mit Rückendeckung der Kirche auf seiner Forderung, worauf sich Frau Wirth bei der staatlichen Schulaufsicht beschwerte. Nun wurde der Lehrer – staatlicherseits – seines Amtes enthoben, unterrichtete jedoch, natürlich mit Einverständnis der Kirche, weiter. Langsam nahm die ganze Geschichte groteske Züge an: Am Unterricht wurde der Lehrer durch einen Polizeieinsatz gehindert, was zur Folge hatte, daß der Religionsunterricht in die Adelhauser Kirche verlegt wurde. Um das zu unterbinden, entblödete der Schulrat sich nicht, die Klasse im Schulzimmer einsperren zu lassen und dem Pfarrer den Zutritt

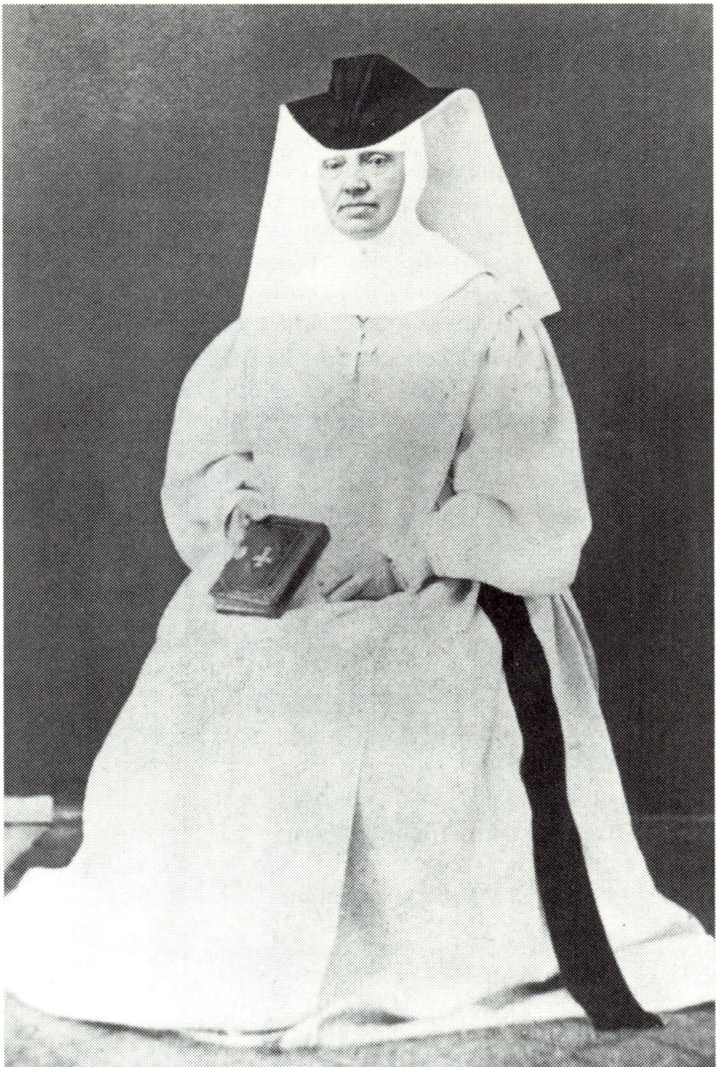

Bertha Wirth, die letzte Vorsteherin des Klosters Adelhausen

zu verbieten. Erzbischof von Vicari reagierte damit, daß er den gesamten Religionsunterricht an der Schule aussetzte und die Verhältnisse in einem Hirtenbrief, der von allen Kanzeln verlesen werden mußte, bitter beklagte.[32]

Zum letzten Konflikt kam es 1867, als zwei neue Lehrfrauen, die schon seit 3 Jahren als Kandidatinnen warteten und bereits die staatliche Genehmigung hatten, ins Kloster aufgenommen werden sollten und dafür die bischöfliche Genehmigung brauchten. Sie wurde ihnen vorenthalten mit Hinweis darauf, daß der Streit um die Vorsteherin immer noch nicht beendet sei. Darin sah die Kirche wohl ein Druckmittel, die leidige Angelegenheit in ihrem Sinne zu klären. Doch es sollte anders kommen. Längst existierten neue Pläne, und nach all den unfruchtbaren Disputen machte das Staatsministerium am 14. November 1867 mit einem Erlaß kurzen Prozeß:

«Das weibliche Lehr- und Erziehungsinstitut Adelhausen in Freiburg ist aufgelöst; die derzeitigen Lehrfrauen erhalten angemessene Pensionen. Das Vermögen der aufgehobenen Corporation wird entsprechend seinem bisherigen Zwecke als katholisch weltliche Stiftung für alle Stufen des Unterrichts der weiblichen Jugend in der Stadt Freiburg gewidmet. Aus den Stiftungsmitteln ist zunächst eine katholische Schule zu errichten, die jedenfalls das Gleiche zu leisten hat, wie die bisher von dem Lehrinstitut geleitete. Die Verwaltung des katholischen weltlichen Stiftungsvermögens wird vorerst dem Gemeinderath der Stadt überwiesen, es ist jedoch gesonderte Rechnung zu führen und die Rechnungsabhör wie bisher von dem großherzoglichen Verwaltungshof zu besorgen.» *[33]

Kaum weniger zimperlich sprang man nach dem Tod Karoline Kaspars mit dem Institut St. Ursula um. Karoline Kaspar starb 1860 im hohen Alter von 80 Jahren, ihre Nachfolgerin wurde Cöle-

* Die Zeichen der Zeit in ihrem Sinne erkannt und das Ende vorausgesehen hatte sicherlich Elisabeth Sautier, die 1861 als letzte in Adelhausen die Profeß abgelegt hatte. Sie verließ das Institut 1865 und gründete wenig später in Überlingen am Bodensee eine Privatschule und Kongregation. Sicherlich war sie eine von denen, die ihre Aufgabe nicht nur im Unterrichten, sondern auch in der religiösen Widmung eines Klosters sahen. Daß ihr nach der Auflösung in Freiburg einige ihrer Mitschwestern, die ähnlich dachten, gefolgt sind, wäre leicht denkbar.

stine Eisele, eine geborene Freiburgerin. Sie wird beschrieben als eine *«tief innerliche, religiöse Natur, erfüllt von echtem Klostergeist»*. Das Bestreben einer Reihe von Frauen, die in jenen Jahren eingetreten waren, das alte Klosterleben wieder einzuführen, fand bei ihr bereitwillige Zustimmung. Cölestine Eisele wiederum, die der kirchentreuen Richtung angehörte und liberalen Bestrebungen abgeneigt war, fand zwar Unterstützung bei ihren kirchlichen Vorgesetzten, aber nur einem Teil ihrer Mitschwestern – mindestens fünf von ihnen zeigten sich nicht damit einverstanden. So kam es zu Auseinandersetzungen, die jedoch nicht ganz so öffentlich abgehandelt wurden, wie das in Adelhausen der Fall war.[34]

Im Oktober 1862, also noch vor der Aufhebung der geistlichen Schulaufsicht, wurde den Ursulinen vom Bischof Exerzitien angekündigt. Zuerst schien es, als könnten sie nicht stattfinden, weil sie sich mit dem Schulanfang überschnitten. Dieses Hindernis wurde jedoch ausgeräumt, und die Frauen hörten unter anderem Vorträge von Jesuiten, die wegen ihrer konservativen Haltung nicht den Beifall der Stadtoberen, aber der Mehrzahl der Ursulinen fanden.

Einige Tage später fand in St. Ursula aus Anlaß der Einkleidung einer Kandidatin ein Festessen statt. Bei diesem Essen *«brachte der als Gast geladene Bürgermeister Fauler einen Toast aus, worin er, nicht ohne kränkende Anspielung auf den Unterschied zwischen der vorigen und jetzigen Vorsteherin, dem Institut nur insolange das Wohlwollen der Stadt zusicherte, als keine fremden Einflüsse sich in demselben kundgeben»*, so berichteten die Lehrfrauen. Nach Tisch wurde er noch deutlicher: Unter fremden Einflüssen verstand er auch den *«jesuitischen Geist»* und jede Rückkehr zum klösterlichen Leben, und drohte damit, *«sie auf die Straße zu setzen»* und eine städtische Töchterschule zu errichten.

Das aber konnte der Bischof nicht tatenlos dulden. Schon zwei Tage später traf von ihm ein Erlaß ein, in dem er beiden Instituten kommentarlos verordnete:

1. *«daß der Beichtvater jeden Samstag Beichte höre, damit diejenigen, welche das Bedürfnis haben, öfters Gelegenheit finden, die hl. Sakramente zu empfangen»*,

2. daß ein Sprechzimmer eingerichtet werden solle, *«um die Besuche namentlich männlicher Personen auf den Zimmern allmälig und thunlichst zu beschränken und zu beseitigen»*,
3. daß gemeinsame Gebete zu den *«Tagzeiten der allerseligsten Jungfrau stattzufinden haben»*,
4. daß monatlich mindestens eine geistliche Exhortation (d.i. *«Ermunterung»*, auch Anweisung) abgehalten werde,
5. daß wieder ein außerordentlicher Beichtvater gewählt werden könne.[35]

Zweifellos war dies der Versuch einer Machtdemonstration und ein erster Schritt, die alten Regeln wieder einzuführen. Diese hatten sich auch in St. Ursula längst gelockert, wenn auch nicht im gleichen Maß wie in Adelhausen. Auch hier empfingen die Frauen Besuch auf ihren Zimmern, ließen sie sich von den Eltern der Schülerinnen zum Essen einladen, pflegten sie Kontakte und Freundschaften, oder traten gar aus und heirateten. Von dem Freiburger Historiker Heinrich Schreiber wird berichtet, er habe jeden Sonntag mit seiner Schwester, einer Adelhauser Lehrfrau, und anderen Klosterfrauen in der Zelle Karten geklopft.[36]

Cölestine Eisele von St. Ursula war sehr besorgt, fürchtete – mit Recht –, daß nicht alle Klosterfrauen die 5 Punkte akzeptieren würden. Trotzdem eröffnete sie, selbstverständlich nach Beratung mit ihrem Beichtvater, der Gemeinschaft den Erlaß und versicherte, sie werde die 5 Punkte beachten, *«sofern es die Verhältnisse des Hauses gestatteten»*. Die Verhältnisse gestatteten es insofern nur schwer, als längst anderes praktiziert wurde und die Gemeinschaft sich nicht einig war.

Am Tag nach der Eröffnung des Erlasses erschien der Bürgermeister mit zwei Gemeinderäten im Schlepptau. Die Sache schien zu drängen. Er fürchtete Neuerungen: Es sei ihm sehr wichtig, wie die Töchter der Stadt erzogen würden. Die Oberin berief sich auf ihre Rechte aus Karlsruhe, die besagten, daß für Schulangelegenheiten der staatliche, für Kirchenangelegenheiten der kirchliche Kommissär zuständig sei, und demnach Bürgermeister und Gemeinderäte weder kompetent noch berechtigt sich einzumischen. Sie fand *«die Zumuthung seltsam, die Erlaubnis des Bürgermeisters und der Gemeinderäthe einzuholen, wie oft sie die hl. Sakramente empfangen dürfte»*. Zuständig für Schulsachen sei eh nicht er, sondern der Regierungskommissär. Prompt erschien dieser anderntags und forderte, den bischöflichen Erlaß zu sehen, dessen Inhalt ihm wie auch den Stadtoberen unbekannt und nur gerüchteweise zu Ohren gekommen war. Die Oberin wurde unsicher, wimmelte ihn ab und verwies ihn nach Adelhausen, dessen Oberin länger im Amt sei und besser Bescheid wisse. Aber auch von dort kehrte er unverrichteter Dinge zurück. Worauf ihm Frau Eisele, nach Beratung mit ihrem Beichtvater selbstverständlich, den Erlaß vorlas. Der Kommissär konnte in ihm nichts *«Schroffes»* erkennen, empfahl aber Behutsamkeit und entschwand mit dem Versprechen, den Bürgermeister zu beschwichtigen.

Der Bürgermeister aber ließ sich nicht beschwichtigen. Schon zwei Tage später forderte er eine Besprechung mit dem ganzen Konvent. Die Oberin erklärte sich nach Beratung mit ihrem Beichtvater für nicht zuständig und verwies ihn in geistlichen Sachen an den geistlichen, in weltlichen an den weltlichen Kommissär, der daraufhin alle Neuerungen verbot. Nach einer *«theologischen Disputation»* mit dem Bürgermeister und zwei Gemeinderäten, *«welche keinen Theil überzeugte»*, wurden die fünf abtrünnigen, liberal eingestellten Klosterfrauen namentlich genannt.

Die Sache spitzte sich endgültig zu, als der Gemeinderat dem Bauverwalter verbot, die versprochene Neuanlage des Gartens von St. Ursula in Angriff zu nehmen. Außerdem bedeutete er die Absicht, dem Institut die Kapitalien zurückzuzahlen und den Mitvertrag für das Pensionat, der am 1.1.1863 auslief, nicht zu verlängern. Spätestens an diesem Punkt wird klar, daß die Gelegenheit benutzt werden sollte, den Konvent zu schließen und die Schule in städtische Zuständigkeit zu überführen. Bürgermeister Fauler sah die Hauptfrage darin, wieweit sich der Einfluß der Kirche auf die Schulen, im Widerspruch zu den Erfordernissen der Zeit, überhaupt noch erstrecken dürfe, und sagte klar und mit triefender Ironie: «*Wenn einmal die Schulen von der Kirche getrennt sind, dann können sie* (die Klosterfrauen) *ja noch mehr beten.*»[37]

Was St. Ursula betrifft, gelang das Vorhaben noch nicht. Nach dem Tod von Frau Eisele wählte der Konvent 1870 Frau Pia Waßmer, die zwar der liberalen Richtung zuneigte, ihre Hauptsorge jedoch in der Erhaltung des Konventes sah. Sie wird beschrieben als «*von edlem Charakter und stillem Wesen*». Sie sprach mehrere Sprachen fließend und war besonders an den modernen Naturwissenschaften interessiert. Während ihrer Amtszeit vergrößerte sich die Kluft zwischen den Lehrfrauen, immer mehr plädierten für Neuerungen. Als allerdings der badische Landtag 1876 die Simultanschule, das heißt eine Schule, die sämtliche Bekenntnisse vereinigt und nicht mehr unter Zugriff der Kirche steht, als einzige Form der öffentlichen Schule durchsetzte, stand man in St. Ursula vor der Wahl, die Anstalt entweder umzuwandeln oder aufzulösen. Pia Waßmer tendierte zur Umwandlung, wurde gar in einem großherzoglichen Telegramm darin bekräftigt. Die Mehrzahl der Lehrfrauen lehnte dies jedoch in einer Abstimmung ab – wohl auch unter dem Druck des Bischofs. Der sah darin «*ein herrliches Zeugnis der treuen Anhänglichkeit an die Kirche*».[38]

Trotz heftiger Proteste Freiburger Bürgerinnen und Bürger, unter ihnen auch der protestantische Fabrikant und Stadtrat Mez, und trotz einer Eingabe von 3000 Damen an Großherzogin Luise wurde das Lehr- und Erziehungsinstitut St. Ursula am 16. April 1877 aufgelöst.[39] Zu dieser Zeit betreuten 15 aktive Lehrfrauen etwa 1100 Kinder. Das kleine Vermögen wurde von der Stadt eingezogen und das «Schwarze Kloster» in eine städtische Mädchenvolksschule umgewandelt. Das Inventar wurde versteigert, den Lehrfrauen eine Pension zugesichert. Wenig später löste der Papst auch das Kloster auf und entband die Schwestern von ihren Gelübden – außer dem der Keuschheit.[40]

Nur eine der Ursulinen nahm das Angebot der Stadt wahr und unterrichtete weiter als Lehrerin in der Mädchenvolksschule. Andere zogen sich ins Privatleben zurück. Die meisten verließen Freiburg und traten in ausländische Ursulinenklöster ein.

Die letzte Vorsteherin, Pia Waßmer, gründete schon im Jahr nach der Auflösung mit vier der Frauen und drei Laienschwestern in Freiburg die private Höhere Töchterschule «Institut Waßmer». Dort wurde übrigens auch die Freiburger Politikerin und Gründerin der «Schwesternschaft St. Elisabeth», Mathilde Otto, erzogen.

Etwas anders verliefen die Dinge in Adelhausen. Das im Gegensatz zu St. Ursula sehr beträchtliche Vermögen des Klosters wurde zwar ebenfalls von der Stadt konfisziert, blieb aber zusammen und wird bis heute von der Stiftungsverwaltung verwaltet. Die zum Zeitpunkt der Auflösung etwa 600 Schülerinnen besuchten die in den gleichen Räumen eingerichtete «Mädchenschule der Oberstadt» in dem 1855 errichteten Schulgebäude in der Gerberau (heute Naturkundemuseum). Es fand nicht einmal eine Unterbrechung des Unterrichts statt, ja sie wurden größtenteils von den selben Lehrerinnen weiter unterrichtet. Bis 1871 gab es auch keine Änderung im Lehrplan. Denn anders als die Lehrfrauen von St. Ursula hatten die Adelhauserinnen es vorgezogen, das Angebot wahrzunehmen und als – weltliche – Lehrerinnen weiterzuarbeiten.

Das mag auf die unterschiedliche Struktur der beiden Konvente zurückzuführen sein: Während sich in St. Ursula, trotz der liberalen Bestrebungen einiger, doch die eher «kirchentreuen» und klösterlich orientierten Frauen zusammengefunden hatten, war Adelhausen durch freiere Sitten und weniger strenge Auslegung der Ordensregeln zu einem Ort geworden, an dem der Lehrerinnenberuf und die Möglichkeit, selbständig zu arbeiten, im Vordergrund standen. Die ursprünglich auf innere Religiosität und Beschaulichkeit und nicht auf Mädchenerziehung angelegten Regeln der Dominikanerinnen waren unter dem Regulativ kaum praktizierbar und deswegen weitgehend aufgeweicht worden.

Andere Möglichkeiten, als Lehrerin zu arbeiten, als den Eintritt in einen der beiden Konvente gab es in Freiburg kaum. Es gab einige wenige private Lehrinstitute, in denen Mädchen, die nicht mehr schulpflichtig waren, von Frauen weitergebildet wurden, die «Töchter-Erziehungsanstalt von Luise Kirchgässner» beispielsweise, oder die «Erziehungs- und Unterrichtsanstalt Babette

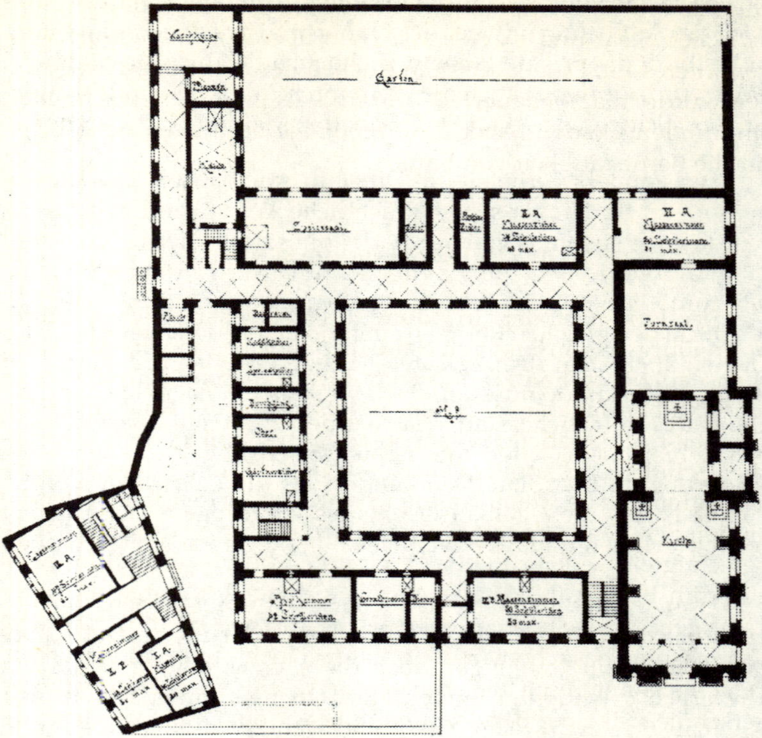

Grundriß des Adelhauser Klosters als Mädchenbürgerschule,
links unten das heutige Naturkundemuseum

Mayer» in der Egelgasse und andere mehr, übrigens alle unter der Leitung von Frauen.[41] Diese Institute waren jedoch klein und widmeten sich nicht dem Elementarunterricht, sondern der Fortbildung von *«höheren Töchtern»*. Dazu kam, daß die Lehrerinnenausbildung, soweit man überhaupt davon sprechen kann, nur in den beiden Konventen stattfand und die Lehrerinnentätigkeit dort an den Eintritt in die Gemeinschaft gekoppelt war.

Es war nicht nur die Frage des Bildungs- und Schul-, schon gar nicht des Mädchenschulwesens, die die Geister schied. Dies war eher ein Nebenschauplatz im politischen Theater und im Kampf zwischen Staat und Kirche, zwischen liberalen und ultramontanen Interessen. Daß er auf dem Rücken der Lehrfrauen ausgetragen wurde, mag bedauerlich sein und als große Ungerechtigkeit empfunden werden. Aber die Ergebnisse eröffneten neue Wege für die Berufstätigkeit von Frauen.

Die Höhere Mädchenschule

1871, kurz nach der Gründung des Deutschen Reiches, wurde in Freiburg wie in anderen Städten damit begonnen, das Mädchenschulwesen neu zu ordnen.[42] Bis zu diesem Zeitpunkt war die Schulbildung der Mädchen, anders als die der Knaben, linear. Das heißt, alle Mädchen besuchten bis zu ihrem 13. Jahr die gleichen Schulen und konnten anschließend, falls ihre Eltern gut situiert waren und bezahlen konnten, entweder ein Pensionat oder die an den Schulen angebotenen Fortbildungskurse besuchen. Diese berechtigten weder zu einer bestimmten Berufsausbildung noch gar zum Besuch der Universität. Die Knaben konnten nach der 4jährigen Volksschule das ehemals jesuitische, seit 1806 staatliche Gymnasium besuchen und dort ihre Hochschulreife erwerben. Oder sie konnten seit 1842 mit einem Abschluß der Höheren Bürgerschule sich einer Berufsausbildung widmen. Eine vergleichbare Schule für Mädchen gab es nicht.

Freiburgs Bevölkerung war in den letzten 10 Jahren, von 1861-1871, von 17000 auf 24000 angewachsen. Im Zuge der rasanten Entwicklung, besonders der Maschinen-, Stahl-, Elektro- und chemischen Industrie in Deutschland, wurden auch in Freiburg vermehrt Gewerbebetriebe gegründet. Dies zog einen Strom von Arbeitern mit ihren Familien mit sich. Aber es gab auch immer mehr vermögende Bürgerfamilien. Dadurch stiegen die Schülerinnenzahlen rapide. Das Bürgertum, das sich von den Arbeitern abgrenzen wollte, sah nun die Notwendigkeit einer ausgedehnteren Bildung für seine Töchter. Die bürgerlichen Damen wollten ihre Töchter nicht mehr zusammen mit zukünftigen Dienstbotinnen,

Arbeiterinnen oder Arbeiterfrauen erzogen sehen. Dem gebildeten Mann sollte eine gebildete Frau zur Seite gestellt werden, und dazu konnte nicht mehr genügen, daß die Mädchen besseren Standes lernten, *«ein bißchen zu klimpern und französisch zu parlieren»*.[43] Besonders alles Französische war auch politisch nicht mehr erwünscht: Der Verfasser einer Broschüre über die Mädchenschule der Oberstadt stellte mit Empörung fest, daß sich *«nach dem Ruhmvollen Kriege [...] ein deutscher Mann entehrt»* fühlen müsse angesichts der Tatsache, daß *«nach den Großthaten, die unsere Brüder und Väter im Felde vollbracht, nach der Erhebung des deutschen Vaterlandes und der Verherrlichung der deutschen Nation es noch eine deutsche Schule geben (sollte), in der in den zwei obersten Jahrescursen bei für Gutes und Edles empfänglichen Mädchen von 14 bis 17 Jahren 20 Stunden, sage zwanzig Stunden wöchentlich dem französischen Sprachunterricht gewidmet sind, der mit allem möglichen Nachdruck und Kraftaufwand gelehrt und geübt wird! [...] Daneben war der Pflege unserer Muttersprache und der deutschen Literatur nicht eine Minute vergönnt!»*[44] Mit dieser Meinung stand der Verfasser nicht alleine. Neue Lehrinhalte bedeutete für die Knabenschulen deren Ausbau. Für die Mädchenschulen wurde nun eine Gabelung in verschiedene Schulzweige nach dem Muster der Knabenschulen geplant, allerdings nicht mit deren Zielen.

Treibende Kraft in diesem Prozeß, der zur Höheren Töchterschule führen sollte, war der Freiburger Ortsschulrat Franz Bauer. Er beschrieb die Notwendigkeit einer Neuorganisation folgendermaßen:

«Zur Zeit genießen alle schulpflichtigen Mädchen den gleichen Unterricht ohne Rücksicht auf die Lebensstellung der Familien. Bei einer überwiegend größeren Arbeiterbevölkerung ist aber der erweiterte Unterricht für die Kinder des Arbeiters, und zum Theil noch für die des Handwerkers, nicht allein nicht durchführbar, weil er großen häuslichen Fleiß und Beaufsichtigung desselben verlangt, also eine Arbeitszeit, die unmöglich wird, wenn die Kinder noch zu häuslichen Beschäftigungen verwendet werden. Dazu kommt noch, daß die Eltern solcher Kinder nur allzu oft ihren Wohnsitz ändern, wodurch völlig unvorbereitete Mädchen aufgenommen werden müssen, die auf die Fortschritte der übrigen hem-

mend und sehr oft auch die Disciplin untergrabend einwirken. – Der erweiterte Unterricht ist für solche Mädchen geradezu nachtheilig, weil sie in Gebiete des Wissens eingeführt werden, die zu ihrer späteren Lebensstellung in keiner Beziehung stehen.» Dies spiegelt klar, wie sehr Bildung und deren Ziel sich am sozialen Stand orientierte – ein Erfordernis auch der *«neuen Machtstellung»* Deutschlands, die *«nicht nur durch die Gewalt der Waffen,* (sondern) *ebenso sehr durch die Macht der Wissenschaft, der Bildung und Sitte behauptet»* werden müsse, zu welch letzteren auch *«das Weib»* beitragen könne, *«so viel an ihm liegt»*.

Die Volksschule sollte von der erweiterten, bis zum 16. Lebensjahr führenden Schule abgetrennt werden. Auch für die unteren Stände wurde die Abtrennung als vorteilhaft angesehen, weil dadurch den Eltern der Volksschulkinder möglich werde, *«auch die Arbeitskraft der 10-14jährigen Mädchen zu verwerten»*, und das sei bei den *«jetzigen hohen Lebensmittelpreisen und Wohnungsmiethen ein nicht zu unterschätzender Vortheil»*.[45]

Die neue «Höhere Töchterschule» wurde am 1. Mai 1873 im 1855 entstandenen Bau der Mädchenschule der Oberstadt (d.i. Adelhausen) in der Gerberau eröffnet. Erster Rektor wurde Professor Bauer, ein Novum, denn bis zu diesem Zeitpunkt hatten immer Frauen die Freiburger Mädchenschulen geleitet. Jetzt mußte laut Satzung ausdrücklich *«ein akademisch gebildeter Lehrer»* die Leitung *«besorgen»*.[46] Schon vorher waren die Mädchen von Lehrerinnen und Lehrern unterrichtet worden, während an den Knabenschulen keine Frauen unterrichteten.* Die bisherige Leiterin Frau Bertha Wirth, zu Adelhauser Zeiten staatliche Vorsteherin, wurde *«Leiterin des Hauswesens»*, was einer Degradierung gleichkam und die alte und neue Rollenverteilung deutlich werden läßt.

Der Ausbildungsgang wurde neu geregelt: In der Vorschule wurde in 4 Jahren Elementarunterricht erteilt, dann gab es zwei Möglichkeiten: Die Mädchenschule, die in zwei weiteren Jahren Elementarunterricht zum einfachen Abschluß führte, und die Hö-

* In Baden durften bis 1880 keine Frauen – ausgenommen in Handarbeiten – an öffentlichen Schulen unterrichten.

here Töchterschule, die in sechs Jahren eine höhere Bildung zu vermitteln bestrebt war und *«eine harmonische Ausbildung aller Kräfte der Mädchen erzielen, einzelne noch nöthige Disciplinen beiziehen, andere gründlicher zu behandeln und daneben die Pflege ächtdeutscher Sitte gebührend betonen»* sollte.[47]

In der Mädchenschule wurde keine Fremdsprache unterrichtet, Französisch oder Englisch waren hier nicht gefragt, sondern der sogenannte *«Normallehrplan»*, bestehend aus Deutsch, Schönschreiben und Rechnen, Religion, Geschichte, Naturgeschichte und Geographie, zweistimmigem Gesang und natürlich Handarbeit, die einen wichtigen Platz einnahm. Die *«Höheren Töchter»* erhielten dagegen Unterricht in Französisch und Englisch, in Rechnen, Geographie und Naturlehre (*«vom Gleichgewicht und der Bewegung der festen, luftförmigen und flüssigen Körper; Luftpumpe, Heber, Heronsball»*). Sie lasen Klopstock, Schiller und *«Göthe»*, sangen dreistimmig, handarbeiteten feinere Weißstickereien und turnten *«schwierigere Freiübungen mit Anwendung der Hanteln und Stäbe, Kette im Kreis mit verschiedenen Gang- und Hüpfarten und abwechselndem Rad»*. Noch Jahre später wurde von den das Mädchenturnen begutachtenden Herren gewünscht, daß *«eine noch größere Feinheit und Leichtigkeit der Bewegungen»* angestrebt würde.*[48]

Der mittlere Abschluß war inhaltlich in etwa vergleichbar mit dem der «Höheren Bürgerschule» für Jungen, eröffnete aber nicht deren berufliche Möglichkeiten. Unser heute ironisch benutzter Begriff einer *«Höheren Tochter»* ist geprägt von diesen Lehr- und Bildungsinhalten. Die naturwissenschaftliche Ausbildung war weniger gründlich und nicht vergleichbar mit der für Knaben, die sich schon in einem Chemie-Labor tummeln konnten. Zwar wurde für freiwillige Teilnehmerinnen der letzten Klasse *«Griechische Mythologie – Entwicklung des griechischen Dramas»* geboten – unter-

---

* Die Leichtigkeit der Bewegungen fand ihre höchste Vollendung im Klassischen Ballett, das mit seinen filigranen, spitzentanzenden und ätherischen Ballerinen, die für ihre Höhenflüge der Stütze des Tänzers bedurften, Vorbild für die Körperübungen der Mädchen war. Tschaikowskis tragisches Ballett *Schwanensee»* entstand 1876 und verkörpert inhaltlich und optisch sehr schön Frauen- und Männerbild der Zeit.

Schülerinnen des Freiburger Töchterpensionats von Ida Scholz und Louise Wéman führen 1929 einen «Elfenreigen» auf.

richtet von Herrn Bauer, gleichzeitig Klassenlehrer der beiden Oberklassen –, aber die an den Knabengymnasien vermittelten klassischen Sprachen Griechisch und Latein, Vorraussetzung zum Universitätsbesuch, standen nicht auf dem Lehrplan. Ein wichtiges Ziel der Knabenbildung wurde in der Entwicklung des logischen Denkens gesehen, während Mädchen zur Allgemeinbildung, zum Repetieren von auswendig Gelerntem und zu *«weiblicher Empfindsamkeit»* angehalten wurden. Den *«Ernst des Lebens»* bestritten Männer, Frauen waren nicht wahlberechtigt und nur begrenzt geschäftsfähig, eine Berufstätigkeit, die auf Bildung aufbaut, für sie nicht vorgesehen.

Die sozialen Unterschiede an den Mädchenschulen drückten sich auch in der Höhe des Schulgeldes aus. Die Vorschule und die Mädchenschule kosteten wie ehedem 1 fl. 30 kr. jährlich, während für die Höhere Töchterschule 10 fl., die oberste, zweijährige Klasse sogar 16fl. zu bezahlen waren.[49] Befreiungen waren allerdings möglich, wenn die Mädchen «*Begabung zeigen und Fleiß und Betragen nicht beanstandet sind*». Die durch das Schulgeld nicht aufgebrachten Kosten wurden aus dem Adelhauser Fond gedeckt.*

1878 wurde die Höhere Töchterschule umbenannt in «Höhere Mädchenschule». Es wurden nur noch Schülerinnen aufgenommen, die die Absicht hatten, die höhere Schule ganz zu durchlaufen, das heißt, dort gab es keine Volksschule für Mädchen mehr, sondern für die gesamte Freiburger Bevölkerung nur noch die in der Unterstadt im ehemaligen Schwarzen Kloster, die aus allen Nähten platzte. Eine Neuplanung wurde nötig. Für die Bevölkerung der Oberstadt und der Wiehre befand man allerdings eine einfache Volksschule als nicht gut genug und konzipierte deshalb eine Art Mittelding, genannt «Mädchenbürgerschule». In acht Schuljahren wurden dort die Mädchen in einem gegenüber der Volksschule erweiterten Programm auch in den «*Realien*» unterrichtet und hatten Französisch als Pflichtfremdsprache. Dieser Schultyp sollte sich in der Folge zu dem entwickeln, der Mittelschule oder später Realschule genannt wurde, während die Höhere Mädchenschule sich in Richtung Gymnasium differenzierte.[50]

Neubauten

Nach wie vor nahm die Bevölkerung Freiburgs rapide zu. 1890 belief sie sich auf fast 49000 Einwohner. Durch das starke Anwachsen der Schüler- und Schülerinnenzahlen mußten Parallelklassen eingerichtet werden. Deshalb und wegen fortschreitender Ausdifferenzierung der Schulbildung wurden Neubauten unerläßlich. Trotz der Eröffnung der Karlsschule 1883, einer Volksschule für Knaben, wurde eine weitere Volksschule notwendig. Schon 1884 plante man die zukünftige Lessingschule, die Jungen und

* Freiburger Bürger ließen der Schule Anschauungsmaterial für den Unterricht zukommen, darunter ausgestopfte Vögel, eine aufgezogene Karte, Muscheln, Mineralien und Käfer, von Herrn Bauer kam «*ein Stückchen Quarz mit eingesprengtem Golde aus Californien*».

Eine Klasse des Internats St. Ursula um 1930

Mädchen in getrennten Klassen besuchen sollten. Nach der Fertigstellung 1886 stellte man jedoch fest, daß man alle 24 Schulräume für die Knaben brauchte. So sollte es noch zehn Jahre dauern, bis auch die Mädchen ihre neue Volksschule bekamen, die Hildaschule.*[51]

Für die Höhere Mädchenschule wurde aus dem Adelhauser Schulfonds ein neues, modernes Gebäude am Holzmarktplatz errichtet und 1891 bezogen.** Es hatte helle Klassenzimmer und wohlausgestattete naturwissenschaftliche Lehrräume. Repräsentativer Schmuck an den Außenseiten sind vier allegorische Standbilder, darstellend Religion, Arbeit, Kunst und Natur, wobei die Religion Richtung Adelhausen blickt – ein Verweis auf den klösterlichen Ursprung der Schule, wie auch die (nicht erhaltenen) farbigen Glasfenster im Treppenhaus, die die Stifter der Klöster Adelhausen und St. Katharina zeigten.[52]

---

* Sie stand an der Ecke Friedrichring/Stefan-Meier-Str. und wurde 1944 völlig zerstört.

** Seit 1948 Goethegymnasium.

Dieser Neubau ist Teil eines regelrechten Schul-Booms in den Jahren 1874–1914. Außer den schon erwähnten wurden 1874 die Oberrealschule, die Höhere Bürgerschule (das spätere Rotteckgymnasium) 1874, das Friedrichgymnasium 1904, die Gewerbeschule 1905 und einige mehr gebaut.[53] Die Mädchenbürgerschule bekam 1903 einen Neubau in der Marienstraße, in dem heute das Museum für Neue Kunst untergebracht ist. Auch St. Ursula entstand sozusagen neu. Auf Drängen des Erzbischofs gründeten ehemalige Lehrfrauen eine private Höhere Mädchenschule. Mit Unterstützung privater Geldgeber gelang es ihnen, das Haus in der Eisenbahnstr. 45 zu kaufen und zu vergrößern und dort ab 1893 ihr «Katholisches Institut» zu führen, dem ein Pensionat und ein Lehrerinnenseminar angegliedert waren.[54]

Die Lehrerinnen

Die Mädchenschulen waren für die Frauen eine wichtige Station auf ihrem Weg in die Berufstätigkeit. Zunächst waren es allerdings nicht sie, die sich die neuen Mädchenschulen eroberten, sondern die Lehrer. Unterrichteten noch 1873 außer dem Rektor fast nur Frauen, änderte sich das schnell. Schon 1891 bestand das Kollegium aus 7 Männern und 7 Frauen, wobei die Frauen nur die Elementarfächer und nur in den unteren Klassen unterrichten durften. Die anderen Fächer unterrichteten akademisch gebildete *«Professoren»*, die ungleich besser bezahlt wurden. Religion gaben Pfarrer oder Vikare.

1891 wurde an der Höheren Mädchenschule eine zweijährige *«Oberklasse»* eingerichtet, die Vorläuferin des Lehrerinnenseminars. Gedacht war sie als allgemeine Fortbildungsmöglichkeit für ehemalige Schülerinnen und als Bildungsanstalt für Lehrerinnen. Schon in den vorhergehenden Jahren hatten der Rektor und andere Lehrer Mädchen nach dem 10. Schuljahr weiter unterrichtet – gegen nicht zu knappes Entgelt, versteht sich –, die dann eine staatliche Prüfung ablegen konnten, die zum Unterricht an den Elementarschulen berechtigte. 1884 war in Baden eine zweite Lehrerinnenprüfung eingeführt worden, die auch zum Unterricht in den höheren Klassen, besonders dem der Fremdsprachen, berechtigte.[55]

Der Unterricht fand in 12 Wochenstunden statt und enthielt die allgemeinbildenden Fächer wie Französisch und Englisch, Naturlehre und Geschichte, Rechnen und Handarbeiten, dazu kam Pädagogik. Obwohl eigentlich auch als «ziellose» Weiterbildung gedacht, entwickelte sich die Oberklasse recht rasch. Billig war die Ausbildung nicht: Sie kostete 60 Mark im Jahr, Befreiungen waren ausgeschlossen. Die meisten jungen Frauen betrachteten sie nicht lediglich als zusätzliche Bildungsgelegenheit, sondern wollten sie mit der Lehrerinnenprüfung abschließen. Im September 1893 meldeten sich schon 20 neue Schülerinnen an, so daß es zusammen mit der 2. Klasse über 40 Frauen waren, die sich auf die Prüfung vorbereiteten. 1899 gab es schon 80 Aspirantinnen, es war die Rede von Übelständen und Überfüllung, von Lehrer- und Platzmangel.[56] Lehrerin wurde zu dem Beruf für bürgerliche junge Frauen, zumal ihnen ja kaum ein anderer offenstand.

Pensionärinnen und Lehrerinnen von St. Ursula im Garten des Internats an der Landsknechtstraße, 1918

Anfangs wohlwollende Beobachter, begannen die Lehrer allmählich Konkurrenz zu fürchten. 1901 wurde die Oberklasse auf drei Jahre verlängert, 1906 mußte eine Parallelklasse eingerichtet werden. Das veranlaßte den Schulaufsichtsrat, die Befürchtung zu äußern, «*es könnten 2 oder 3 werden*», und es sei angesagt, den Zustrom zu bremsen. 1910 wurden Frauen, die sich von auswärts anmeldeten, abgewiesen.[57]

Die Sorgen der Herren waren nicht unbegründet. 1917 unterrichteten an den Freiburger Schulen zu 33 Prozent Frauen, was als «*eine bedenkliche Überfüllung des Standes*» angesehen wurde und weshalb für einen «*entsprechend reichlichen Nachwuchs an männlichen Lehrkräften*» gesorgt werden sollte. Das Badische Ministerium sah sich vor der Notwendigkeit, «*den Zugang zu diesem vielfach bevorzugten Frauenberuf von vornherein in die entsprechenden Grenzen einzudämmen*», und meinte, die Frauen würden «*späterhin dankbar sein, wenn sie durch die als sachgemäß und wohltätig anerkannten Maßnahmen von einer Laufbahn abgehalten worden sind, die in keiner Weise die von ihr erhofften Vorteile geboten haben würde.*»[58] Es sollte jedoch immer mehr Frauen geben, die die Vorteile der Berufstätigkeit, sei es als Lehrerin, sei es in anderen Berufen, nicht mehr nur erhofften, sondern einklagten und durchsetzten.

Die Frauenbildungsbewegung

Im Kaiserreich wurde an dem Bild der Frau als «*Helferin des Mannes*» festgehalten, ja, ihre Bestimmung zu «*Dienen und Dulden*» «wissenschaftlich» untermauert. Der ihr zugewiesene Platz lag nach wie vor in der Familie. Öffentliche Wohltätigkeit galt als Ersatz bei Ehelosigkeit. Dennoch drängten mehr und mehr Frauen auf den Arbeitsmarkt: Sie strebten eine eigenständige soziale Absicherung an. Der Hauptgrund dafür lag in der materiellen Notlage und der Notwendigkeit, sich selbst zu versorgen. Die Schule bot den Frauen eine ihnen «gemäße» Arbeit; aber auch Berufe wie Krankenschwester, Kindergärtnerin und später Sozialarbeiterin wurden in dieser Zeit zu qualifizierten Frauenberufen ausgebaut.

Gitarrespielende Schülerinnen der sozialen Frauenschule

Den Weg zu besserer Ausbildung ebneten die Frauenvereine. Die bürgerliche Frauenbewegung hatte seit Mitte des Jahrhunderts die Rolle der Frau in der Gesellschaft hinterfragt und die politische und gesellschaftliche Gleichstellung gefordert. 1865 wurde der *Allgemeine Deutsche Frauenverein* um Luise Otto gegründet. Eines seiner Hauptanliegen war die Berufstätigkeit der Frauen. Schon 1867 hatte er die Freigabe des Hochschulstudiums für Frauen gefordert. 1875 standen bereits 12000 Mitglieder hinter ihm. Ein anderer schlagkräftiger Verein war der *Allgemeine Deutsche Lehrerinnenverein* mit Helene Lange und Gertrud Bäumer, die Dachorganisation von zahlreichen Lehrerinnenvereinen, die sich für die Verbesserung der Mädchenbildung und der Lehrerinnenausbildung einsetzten und die Lehrerinnen im Ausland, bei Krankheit und im Alter unterstützten.

Auf dem Weg der Frauen zu gymnasialer Bildung und dem Zugang zu den Universitäten spielte Freiburg eine ganz besondere Rolle. Aus der Erkenntnis, daß politische und wirtschaftliche Gleichberechtigung der Frauen nur durch bessere Ausbildung zu erreichen sei, wurde die Frauenbewegung bald zu einer Frauenbildungsbewegung. Die Freiburger Gruppe des Vereins *Frauenbildungsreform* unter dem Vorsitz von Emma Fromherz, Merianstraße 8, war maßgeblich mit daran beteiligt, daß 1893 in Karlsruhe das erste Mädchengymnasium Deutschlands eröffnet werden konnte. Von diesem Verein wurde es organisatorisch getragen und finanziell unterstützt, bis es 1898 von der Stadt übernommen wurde.

Emma Fromherz, geboren 1832 in Freiburg, war an der Mädchenschule der Ursulinen erzogen worden und hatte sich schon früh mit der Frage der Frauenbildung beschäftigt. Als der Verein 1897 den neuen Namen *Frauenbildung-Frauenstudium* wählte, war sie mit Adelheid Steinmann im Vorstand der Freiburger Gruppe. Zu diesem Zeitpunkt bestand der Verein in 12 deutschen Städten. Mitglieder waren im übrigen vereinzelt auch Männer. In den Vorstand des deutschen Vereins wurden in den Folgejahren verschiedentlich Freiburgerinnen gewählt: Adelheid Steinmann, geboren 1866, Tochter eines Theologen und verheiratet mit Professor Gustav Steinmann, einem Geologen und Paläontologen, wurde erste Vorsitzende, Paula Schlodtmann Schriftführerin, Anna Kohlhepp und Bertha Neumann Schatzmeisterinnen. Damit war Freiburg Vereinszentrale.[59]

Forderung und Ziel war in Freiburg wie in anderen Städten auch, ein Mädchengymnasium nach Karlsruher Vorbild zu errichten. Der Verein erörterte 1899 ausführlich die Frage, wie man vorgehen solle, hielt es jedoch *«der lokalen Verhältnisse»*, das hieß der öffentlichen Meinung wegen für unmöglich, eine derartige Schule durchzusetzen. Deshalb wurde geplant, zunächst eine Klasse zu bilden und diese dann nach zweijährigem Unterricht nach Karlsruhe zu schicken. Wegen mangelnder Anmeldungen aber mußte dieses Vorhaben bald aufgegeben werden. Erfolgreicher waren andere Initiativen des Vereins: 1899 wurden zwei Kurse in Handelsschulfächern für Mädchen eröffnet, die eine bessere Resonanz in der Öffentlichkeit fanden. Auch wurde unter Vorsitz von Emma Fromherz eine Kommission gebildet, die sich für eine bessere Ausbildung von Kinderpflegerinnen einsetzte.[60]

Gegen den gymnasialen Schulabschluß und die daraus logisch folgende Zulassung von Frauen zur Universität gab es massive Bedenken und Widerstände. Hauptargument der Gegner in der hitzigen öffentlichen Diskussion war der drohende *«Verlust an Weiblichkeit»* und die Befürchtung, daß *«weibliche Anmut und Bescheidenheit»* Schaden erleiden könnten. Im Kampf gegen solcherlei Vorurteile bat die Vorsitzende der Wiesbadener Gruppe von *Frauenbildung-Frauenstudium*, Frau Dr. Anna von Doemming, die in der Schweiz studiert hatte, den Direktor des Karlsruher Knabengymnasiums 1898 um ein Gutachten. Er hatte die ersten Karlsruher Abiturientinnen geprüft und sollte wissen, wovon er sprach. Er schrieb:

«Davon, daß auch nur eine einzige der dort unterrichteten Schülerinnen, die mir in der Prüfung vorgeführt wurden, durch die vorangegangene ernste und gründliche Beschäftigung mit den alten Schriftstellern (Homer, Herodot, Sophokles, Thukydides, Plato, Caesar, Livius, Tacitus und Horaz) an echter Weiblichkeit auch nur im mindesten Einbuße erlitten hätten, kann garnicht die Rede sein. Alle an der Anstalt unterrichtenden Lehrer [...] sind darin einstimmig, daß die gesamte Haltung der Schülerinnen eine durchaus musterhafte war und daß weibliche Anmut und Bescheidenheit bei keiner gelitten hat.» Sein Resumee lautete: *«Solcher Wissensdrang im weiblichen Geschlecht verdient meines Erachtens die Höchste Anerkennung und die kräftigste Unterstützung.»*[61]

Zwar waren schon in den letzten Jahren des ausgehenden 19. Jahrhunderts in Freiburg *«Lehrvorträge nach Art der Universitätsvorlesungen für Damen»* abgehalten worden, die zum Inhalt hatten, *«was im täglichen Leben, in Gesellschaft und Familie, im Haus und in der Wirthschaft Bedürfnis»* sei.[62] Zwar waren Frauen vereinzelt als Gasthörerinnen an der Universität zugelassen und konnten auch, nach privatem Unterricht, promovieren, doch freigegeben war das Hochschulstudium nicht. Zwar konnten Frauen schon an Schweizer Universtitäten studieren – zu allererst, ab 1864, in Zürich –, aber in Deutschland zögerte man immer noch. 1873 schon hatte in Freiburg Olga von Stoff erfolglos die Immatrikulation beantragt.[63] Auch in den folgenden Jahren waren alle Gesuche von Frauen, die mit Schweizer Reifezeugnissen Anträge gestellt hatten, abschlägig beschieden worden, teilweise, ihrer guten Zeugnisse wegen, mit Bedauern. Von seiten der Universität wollte man nicht vorpreschen und wartete auf einen Regierungsentscheid. Falls nur eine oder wenige Universitäten Frauen zuließen, fürchtete man, daß sie schnell zu reinen Frauenuniversitäten verkommen und in ihrem Renommee geschädigt würden.[64]

Doch die Frauen ließen nicht locker. Machte auch die Errichtung eines Mädchengymnasiums keine Fortschritte, so ließen sie sich doch nicht beirren, den Zugang zur Universität zu betreiben. Im November 1899 lud *Frauenbildung-Frauenstudium* die Gasthörerinnen zur Diskussion und legte ihnen nahe, *«behufs Zulassung zur Immatrikulation»* eine Petition beim Senat der Universität einzureichen. Die jungen Frauen lehnten dies jedoch ab. Sie wollten nicht so unverschämt sein, jetzt, da sie gerade als Hörerinnen zugelassen seien, gleich neue Forderungen zu stellen. Auch sie fürchteten die Entwicklung zur Frauenuniversität. Nur eine von ihnen, die Karlsruher Abiturientin Johanna Kappes, warf alle Bedenken über Bord und reichte die Petition ein. Von der Universität wurde sie zwar zuerst abschlägig beschieden, ihr Gesuch aber dennoch der Badischen Regierung unterbreitet. Erfolgreich, wie sich zeigen sollte. Nach reger Auseinandersetzung mit der Universität erließ im Februar 1900 die Regierung die Verfügung, nach der Frauen, die die erforderlichen Nachweise zur Immatrikulation erbrachten, an den Universitäten zugelassen wurden, wenn auch *«zunächst nur versuchs- und probeweise»*. Zu verdanken war dies sicherlich dem Karlsruher Mädchengymnasium und der Petition. Nach jahrelangen Bemühungen der Frauenbewegung war die Zeit reif. Die Freiburger Universität war wohl nicht frauenfreundlicher als andere, aber – der damalige Prorektor, der mit dem Ministerium verhandelt hatte, hieß Professor Steinmann und war mit Adelheid Steinmann verheiratet. Der Regierungserlaß gestattete gleichzeitig die Rückdatierung der Immatrikulation auf den Zeitpunkt des Gesuches im Wintersemester 1899/1900, die die Freiburger Studentinnen im Gegensatz zu den Heidelbergerinnen wahrnahmen. Dies ist der Grund dafür, daß sich Freiburg rühmen kann, als erste Universität Deutschlands Frauen zugelassen zu ha-

Hermine Paufler als Sextanerin 1914

ben – 440 Jahre, nachdem vor 234 Studenten die ersten Vorlesungen stattgefunden hatten. Außer Johanna Kappes schrieben sich vier Frauen ein: Elisabeth Föllinger aus Grumbach, Maria Wilhelmine Gleiss aus Hamburg, Käthe Kehr aus Bingen und Margaretha Breymann aus Wolfenbüttel.[65] Sie alle studierten Medizin. Maria Gleiss sollte 1901 als erste Frau eine Assistentenstelle im Hilda-Kinderspital antreten.*[66]

Die Zulassung zur Universität war ein Startzeichen, das Mädchenschulwesen zu verändern, was sich jedoch nur äußerst zäh

Die Sexta des Bertold-Gymnasiums 1914 ...

entwickelte. Ebenfalls im Jahr 1900 wurde Mädchen gestattet, nach Abschluß der Höheren Mädchenschule in ein Knabengymnasium überzuwechseln und dort nach zwei oder drei Jahren Abitur zu machen. Vereinzelt finden sich ihre Namen ab 1902 in den Abiturlisten der Freiburger Oberrealschule, dem späteren Rotteckgymnasium.* Die Höhere Mädchenschule war zwar mit der Einrichtung eines Physiksaales 1904 faktisch zur Realschule geworden, doch beinhaltete ihr Abschluß immer noch nicht die Mittlere Reife wie an den Knaben-Realschulen. Ohne diesen Abschluß erhielten die jungen Frauen beispielsweise nicht die Berechtigung, in Staats- oder Gemeindedienste einzutreten.[67] Noch 1912, Freiburg hatte inzwischen 70 000 Einwohner, konnte man sich immer noch nicht zur Gründung einer dringend benötigten zweiten Hö-

* (vorige Seite) Sie hatte allerdings in Straßburg promoviert mit einer Dissertation über Händedesinfektion und Wochenbetterkrankungen.

* Tatsächlich *sehr* vereinzelt! 1902: Von 15 Abiturienten 3 Mädchen; 1903: kein Mädchen; 1904: 4 von 28; 1905: kein Mädchen; 1906: 1 von 32; 1907: kein Mädchen; 1908 3 von 54 (Zahlen aus: Gugel 1992, S. 65).

... ist 1921 zur Unterprima aufgerückt.

heren Mädchenschule entschließen, während schon vier abiturberechtigende Schulen für Knaben existierten. Dabei hatte sogar das konservative Heidelberg 1912 ein Mädchengymnasium eingerichtet. 1913 schließlich beschloß man in Freiburg einen realgymnasialen Zweig der Höheren Mädchenschule. Realisiert wurde sie aber erst 1926, als die Höhere Mädchenrealschule zur «Mädchen-Realschule mit Realgymnasium» umgewandelt wurde und die Mädchen dort Abitur machen konnten.[68] Auch das «Katholische Institut» der Ursulinen, das seit 1922 wieder «St. Ursula» hieß, gliederte seiner Schule 1926 einen realgymnasialen Zweig an. Dort legten 1931 die ersten jungen Frauen die Abiturprüfung ab.[69]

Genauso schwer konnten die Studentinnen an der Universität Fuß fassen. Es gab immer noch Hochschullehrer, die sich weigerten, Frauen an ihren Vorlesungen teilnehmen zu lassen. Waren bis 1914 10% der Studierenden Frauen, so sank ihr Anteil während des Ersten Weltkrieges auf 5%, wohl, weil die meisten in der Krankenpflege oder in Munitionsfabriken arbeiten mußten.[70] Nach dem Krieg stieg ihr Anteil wieder, was aber offensichtlich nicht nur mit Wohlwollen aufgenommen wurde. Eine anonyme angebliche Freiburger Studentin sprach sicher nicht nur für sich, wenn sie in einem Leserbrief an die *Freiburger Zeitung* bemerkte, daß *«im allgemeinen die Frau durch das Studium nicht gewinnt»*, denn sie verlöre *«jenes Frauenhaft-Weiche, Mütterliche, jenen unberührten Schmelz und zarten Duft, der bisher der deutschen Frau eigentlicher und eigenster Schatz war»*, und dafür plädierte, die akademischen Ausbildungsplätze den Männern freizumachen und sich auf die wahren Aufgaben der Frau, *«ihr schönstes und eigenstes Gebiet: Gattin und Mutter»*, zu besinnen.[71] Glücklicherweise (falls die anonyme Veröffentlichung tatsächlich von einer Studentin stammte) waren ihre Komilitoninnen nicht dieser Meinung. Sie organisierten sich in diversen Studentinnenvereinen. Der erste, der *Freiburger Studentinnenverein*, wurde 1904 unter dem Vorsitz von Eva Moritz gegründet. Sein Zweck war, *«den Zusammenschluß der Studentinnen zu bewirken und so ein gemeinsames Vorgehen in gemeinsamen Angelegenheiten zu ermöglichen»*.[72] Als Treffpunkt wurde zuerst die Gaststätte «Harmonie», später der Frauen-Klub gewählt. Prominente Mitglieder waren Paula Schlodtmann, Klara Grim, Else Liefmann und Johanna Kohlund. Offenbar existierte der Verein nur bis 1921, doch ihm folgten andere: Die *Freie Vereinigung katholischer Studentinnen*, die *Hochland Caritas* oder *Herrad* seien hier genannt. Ab 1909 richteten die Studentinnen Kurse für Arbeiterinnen und Angestellte ein, bei denen u.a. Stenographie, Rechtschreibung und Rechnen unterrichtet wurde. In den Kriegsjahren erfreuten sie Kranke in den Freiburger Lazaretten mit Vorlesen und musikalischen Darbietungen.[73]

Hatten sich die Frauen zunächst alle in der medizinischen Fakultät eingeschrieben, so folgten 1903 die philosophische und juristische.* Das Studium aber war nicht unbedingt gleichbedeutend mit der Zulassung zu den entsprechenden Berufen. So mußten die Juristinnen lange warten, bis sie – ab den zwanziger Jahren – vor Gericht plädieren durften.[74] Gleichberechtigung in der akademischen Lehrtätigkeit lag ebenfalls noch in weiter Ferne. War in Bonn schon 1908 eine Frau Privatdozentin geworden, so habilitier-

* Theologinnen erst 1946.

Studentinnen der katholischen Studentinnenverbindung «Hochland» im Winter 1925 an der Dreisam

te sich an der Freiburger Universität als letzter in Deutschland erst 1931 die erste Frau, Berta Ottenstein aus Nürnberg, wie die ersten Studentinnen eine Medizinerin.[75]

Frauen hatten sich den Zugang zu den Universitäten errungen, Frauen hatten dafür gesorgt, daß ihre Ausbildung der der Männer angeglichen werden mußte, es war ein langer Weg und ist ein Jahrhundert her. Von Gleichstellung aber sind wir immer noch weit entfernt. Im Februar 1994 berichtete eine deutsche Wochenzeitung:

«Noch immer sind Frauen in Wissenschaft und Forschung deutlich unterrepräsentiert. Seit Jahren schon liegt ihr Anteil an den Professorenstellen in den alten Bundesländern unter fünf Prozent. Die Zahl der weiblichen Doktoren aber nimmt beständig zu und hat sich seit Anfang der achtziger Jahre mehr als verdoppelt: Hatten 1981 rund 2100 Frauen promoviert, so waren es 1991 bereits mehr als 4900. Damit gingen fast 30 Prozent der an deutschen Hochschulen vergebenen Doktortitel an Frauen.»[76]

EHESCHEIDUNG IM 19. JAHRHUNDERT

«Die Ehe war von Anfang an eine unglückliche»

Am 8. März 1860, einem noch etwas kühlen Donnerstag im Frühling, wurde in Freiburg im Gasthof «Zum Föhrenbach» eine Hochzeit gefeiert. Es war ein ganz besonderer Tag für Elise Lanz, die junge und strahlende Braut, *«der schönste Tag im Leben einer Frau»*, wie ihr ihre Mutter schon Wochen vorher des öfteren versichert hatte. Für den Bräutigam, Joseph Schnekkenburger, war das Ereignis nicht ganz so außergewöhnlich, denn es war seine zweite Eheschließung. Seine erste Frau war einige Jahre vorher gestorben. Aber an diesem Tag stand er sowieso nicht im Mittelpunkt. Königin des Tages war Elise im weißen bodenlangen Hochzeitskleid nach aktuellster Mode, blaß vor Aufregung, mit einem Kränzchen aus Orangenblüten in den dunklen Locken, seidenen Strümpfen und zierlichen Atlasschuhen, die leider etwas drückten. Die Trauungszeremonie in der katholischen Kirche war festlich und rührend gewesen. Elise und besonders ihre Mutter konnten sich des Weinens nicht erwehren, und sogar der Stiefvater zerdrückte heimlich eine Träne.

Ansonsten gab es an dieser Eheschließung nichts Besonderes, sie glich unzähligen anderen, die bis dahin gefeiert worden waren oder noch gefeiert werden sollten. Elise war 21 Jahre alt, hübsch und fröhlich. Was an ihr schnell – und manchen Frauen unangenehm – auffiel, war ihr etwas loses Plappermäulchen. Sie hatte die Angewohnheit, fremde Menschen, ob Männer oder Frauen, auf der Stelle sympathisch zu finden und ihnen alles anzuvertrauen, was ihr junges Herz bewegte. Beispielsweise, wie schlecht sie von ihrem Stiefvater behandelt wurde und wie wenig ihre Mutter sie verstand, die ihre beiden Halbschwestern bevorzugte. Jetzt, endlich, konnte sie dem ungeliebten Elternhaus in Ravensburg entkommen und ein Leben führen, von dem sie schon lange geträumt hatte: mit eigenem Haushalt, eigenem Dienstmädchen, einer Magd und einer Zugehfrau. Sie würde eine Rolle in der Gesellschaft spielen und an der Seite ihres Mannes die geliebten Operetten und romantischen Opern genießen. Erst eine einziges Mal hatte sie bisher eine Operette besuchen dürfen, die *Verlobung beim Laternenschein*, sie hatte aber gehört, die Oper *Der Freischütz* sei ganz unvergleichlich.

Einige der schönsten Arien hatte sie gar selber eingeübt, konnte sich auch ganz passabel auf dem Klavier begleiten. Eigentlich müßte sie, so hatten ihr schon mehrere Verehrer versichert, ihre Sopranstimme unbedingt ausbilden lassen, sie sei sehr begabt. Welch ein Jammer, daß ihr Mann nicht viel für Musik übrig hatte. Immerhin hatte sie darauf bestanden, daß in ihrem neuen Haushalt ein Klavier unentbehrlich sei. Beim Kauf des neuen Ruckmich-Pianofortes hatte er sich dann wahrhaftig nicht lumpen lassen. Das Beste war gut genug für seine junge Frau und stand, glänzend poliert und mit Kerzenleuchtern aus Messing, auf einem Ehrenplatz in der Wohnung.

Gleich nächste Woche würde sie sich ein neues Ballkleid aus himmelblauem Satin und Tüll bei der preiswerten Schneiderin anfertigen lassen, von der sie gehört hatte. Dann endlich könnte sie auch die Bälle besuchen, *«ach, die rauschende schöne Militärmusik, da läßt es sich gut tanzen!»*, schwärmte sie. Leider war ihr Joseph kein begnadeter Tänzer, wie sie schon beim Hochzeitswalzer mit Bedauern feststellen mußte. Eigentlich kein Wunder in seinem Alter: Er hätte glatt ihr Vater sein können. Aber es gab ja all die jungen, schönen Leutnants in ihren schmucken Uniformen mit den blinkenden Epauletten, die sich darum reißen würden, sich auf ihrer Tanzkarte einzutragen.

Auch sonst entsprach ihr frisch Angetrauter nicht so ganz dem Bild, das sie sich als junges Mädchen von ihrem zukünftigen Gatten gemacht hatte. Er war weder jung noch gutaussehend und etwas steif in seinem Auftreten. Von glühender Verliebtheit konnte auf beiden Seiten wohl nicht die Rede sein. *«Die Liebe kommt mit der Zeit»*, hatte ihr aber ihre Mutter gut zugeredet, und *«ihr werdet euch schon zusammenraufen!»* Der Kaufmann Schneckenburger hatte das Alleineleben satt und benötigte dringend eine Ehefrau, die seinen aufwendigen Haushalt in die Hände zu nehmen bereit war, damit er im Berufsleben weiterhin erfolgreich sein konnte. Daß Elise ein williges, lernbereites und leicht zu führendes Mädchen sei, hatte ihm seine Schwiegermutter versichert. Noch konnte sie sich natürlich nicht mit den hausfraulichen Fähigkeiten seiner verstorbenen Frau messen – sie war ihm eine gute Frau gewesen, Gott hab' sie selig – aber sie war jung und hübsch und würde es schon noch lernen, wenn nicht, müßte er halt ein wenig nachhelfen. Er würde sie schon recht zu behandeln wissen![1]

Die beiden hatten sich bei Frau Dr. Götz kennengelernt, einer heimlichen, wenn auch stadtbekannten Kupplerin. Elise hatte der mütterlich wirkenden Dame ihr Herz ausgeschüttet und von ihr das Versprechen erhalten, nach einem angemessenen Ehemann Ausschau zu halten. Nicht ganz uneigennützig, sie hatte schließlich Aufwendungen: Die wöchentlichen Soireen, zu denen sie ledige Partnersuchende zu laden pflegte, waren zwar nicht glanzvoll, doch mit einigen Kosten verbunden. 400 Gulden mußte Elise an Frau Götz nach erfolgreicher Verheiratung bezahlen. Doch das schien es schließlich wert. Zudem war Elise kein armes Mädchen, sondern eine vermögende Frau: Ihr verstorbener Großvater hatte ihr 25000 Gulden vererbt, die sie allerdings nicht selber verwalten konnte, sondern die sich in treuen Händen des Oberamtssparkassenkassierers Jüty, eines Geschäftsfreundes ihres Stiefvaters, befanden. Dort sollten sie auch nach der Heirat verbleiben und Elise nach Bedarf ausgezahlt werden. Auf dringenden Rat Herrn Jütys war ein Ehevertrag abgeschlossen worden, bei dem *«Vermögensabsonderung»*, das heißt Gütertrennung vereinbart und Verwaltung und Genuß des bräutlichen Vermögens geregelt worden waren. So war Elise in der Lage, mit Einverständnis des Verwalters ihrem lie-

Hochzeitsgesellschaft in Freiburg 1886: die Braut in modischem Weiß

ben Mann Geld für sein Geschäft zu leihen, falls er es benötigen sollte.

Aber wer wollte an diesem schönsten Tag von Geld reden! Nicht mal denken wollte Elise daran. Die Gäste waren satt, beschwipst und lustig, Mutter und Stiefvater zufrieden, Joseph gönnerhaft stolz mit vom Wein geröteten Wangen, und sie war die allerschönste Braut. Zu Hause wartete die renovierte und nach ihren Wünschen ausgestattete Wohnung auf sie. Wochenlang hatten Maler, Tapezierer und Schreiner gewerkelt und verschönt. In den Vitrinen glänzte das Porzellanservice, in den Schubladen das silberne Besteck. Die Wäscheschränke waren gefüllt mit feinem Leinen. Sie würde ein angenehmes, bequemes und vergnügtes Leben führen!

Aber alles kam ganz anders.

Schon knappe zwei Jahre später, am 24.1.1862, reichte Joseph Schneckenburger die Scheidung ein. Grund: Ehebruch.

Der war unschwer nachzuweisen. 4 Wochen zuvor hatte Elise ein Kind zur Welt gebracht, das nicht von ihm sein konnte, denn sie lebten längst nicht mehr zusammen. Hatten sie es überhaupt je getan? Im nachhinein behauptete Schneckenburger, die Schwierigkeiten hätten schon während der Hochzeitsreise begonnen. Elise habe keine Gelegenheit ausgelassen, mit fremden Herren zu *«flirten»*, und alle *«gutgemeinten Ermahnungen»* ihres Gatten in den Wind geschlagen. *«Es zeigte sich, daß sie diejenigen Eigenschaften nicht besitzt, welche die Grundlagen einer glücklichen ehelichen Verbindung sind»*, klagte Schneckenburger. Allen voran: eheliche Treue. Welche sonst noch, davon soll später die Rede sein. Hier erst einmal von Elise und davon, wie sie von Männerhand zu Männerhand gereicht wurde, ohne den Schimmer einer Chance auf ein selbständiges oder gar unabhängiges Leben, von persönlichem Glück ganz zu schweigen.

Schon im Sommer 1860, wenige Monate nach der Hochzeit, hatte Elise ihren Mann verlassen und war zurück zu Mutter und Stiefvater nach Ravensburg gegangen. Warum, bleibt unklar. *«Mein Mann hatte mich nämlich preisgegeben»*, erklärte sie später etwas müde. Auch sie hatte wohl Erwartungen an Joseph gehabt, die dieser nicht erfüllen konnte.

Wie nicht anders zu erwarten, wurde sie in ihrem Elternhaus nicht mit offenen Armen aufgenommen. Die Eltern waren froh gewesen, sie endlich los zu sein, jetzt kam sie wieder, noch dazu als verheiratete Frau! Die Mutter wäre ja noch bereit gewesen, ihre Tochter willkommen zu heißen. Der Vater jedoch drängte darauf, Elise schnellstmöglich loszuwerden, erst recht, weil sie sich trotzig weigerte, ihm ihr Vermögen zu überschreiben. Schnell mußte sie feststellen, daß sie ihre Lage nicht verbessert hatte: Eigentlich eine vermögende Frau, hatte sie kein Geld. Teils war es an Schneckenburger, teils an den Stiefvater verliehen, teils in Verwaltung des Treuhänders, den sie um jeden kleinen Betrag bitten mußte. Mit ihrem Mann hatte sie immerhin noch brieflichen Kontakt. Im Januar 1861 schrieb sie ihm:

«Keinem Menschen kann ich beschreiben wie unendlich viel ich schon gelitten habe und dennoch immer lustig dabei es ist zum staunen eine

Naturseltenheit. Lieber Joseph die 7800 Gulden wo mein Stiefvater noch hat von mir will ich Dir schon zur Verwaltung geben, ich muß Dir da ganz recht geben du bist besorgt in dieser Hinsicht, führe den Prozeß nur fort wegen dem Stiefvater, Er hat an mir nie gut gehandelt wie es ein Vater verpflichtet ist. […] Aufrichtig gesagt Joseph ist mir oft ganz unheimlich gestern Nacht kam Er Nachts um 1. Uhr in mein Zimmer der Stiefvater, alles war in festem Schlummer im ganzen Hause es war bei mir Zufall daß ich nicht schlief seine Augen waren so scharf und unheimlich mir war es so angst in meinem Bette daß ich aussah wie eine Leiche sehe auch seit dem sehr bleich und krank aus denn ich hatte mein Monatliches gerade. Schicke mir doch meine Zinse, ich hab ja nicht einmal so viel, daß ich mir kan als abends Bier holen lassen. Ja Joseph das Weib soll dem Manne folgen aber der Mann soll auch dem lieben Weibe folgen. Der Mann kann ja doch nicht ohne das Weib sein.»

So sehr auch Elises Weltfremdheit und Naivität auffallen, so waren es doch wahrscheinlich gerade diese Eigenschaften, die ihr Mann noch einige Monate vorher ganz reizend an ihr gefunden hatte. Elises Situation war vertrackt. Sie wußte nicht, was tun, hatte nie gelernt, selbständig Entscheidungen zu treffen und deren Folgen zu tragen. Sie schwankte zwischen Rückkehr und Scheidung. Dabei hatte sie keine Vorstellung, wie ihr Leben danach aussehen könnte. Ihrem Vermögensverwalter Jüty schrieb sie kurze Zeit später:

«Ich werde mich aber so bald als möglich trennen lassen denn ich habe Gründe genug so will ich nicht mehr lange dulden meine schönste Jugend in Traurigkeit und Kummer zu zubringen. Ein unnennbares Weh durchzuckt mein Herz, ich sehe mich verlassen in der Welt, Niemand meint es mit mir gut keinem Menschen darf ich trauen man belauert mich benützt jede Gelegenheit mich durch das süße Gift der Schmeichelei zu verführen, und dann mich hohnlachend zu verlassen dies ist was mich so traurig macht.»

Eine Entscheidung wurde ihr erst einmal abgenommen: Der Stiefvater schickte sie weit weg, ins preußische Ausland, wo er sie bei einem Geschäftsfreund, dem Fabrikanten Geyer in Chemnitz, unterbrachte. Dieser hatte einen gutaussehenden, jungen Sohn. Robert und Elise verliebten sich sofort ineinander, er schwor *«sei-*

nem Engel», sie zu heiraten, sobald sie geschieden und zum Protestantismus, der eine Wiederverheiratung erlaubte, übergetreten sei.

Vier Wochen später, im März 1861, war Elise schwanger.

Obwohl dies noch lange nicht ans Licht gekommen war und auch von Elise ignoriert wurde, so lange sie irgend konnte, war ihres Bleibens nicht länger. Roberts Vater hatte die Liaison entdeckt. Da Elise in keiner Weise seinen Vorstellungen von einer Schwiegertochter entsprach, veranlaßte er ihre *«sofortige Abreise»*, nicht ohne sich schriftlich bei ihrem Noch-Ehemann bitterlich über sie zu beklagen und *«Auslagen für Kost, Logis und Reisegeld von 149,27 Gulden»* von ihm zu fordern. Mit bemerkenswerter Unklarheit schrieb er klare Worte: *«Bezüglich des sittlichen Verhaltens ihrer Frau Gemahlin, während ihres Aufenthaltes hier, übergehe ich Alles mit Stillschweigen und bemerke ich nur noch, daß Frauen von solcher Frechheit und Unverschämtheit bei uns in eine besondere Categorie gehören.»*

Nach kurzem Aufenthalt in ihrem Elternhaus brachte Elises Stiefvater sie *«zu Geschäftsbekannten»* nach Überlingen. Obwohl sie ihre Schwangerschaft immer noch nicht wahrhaben wollte, schwante ihr Schlimmes. Ihr allerliebster Robert Geyer, der ihr ewige Liebe geschworen hatte, zog sich immer mehr zurück. Von Scheidung und Heirat war nicht mehr die Rede. Zwar schrieb er: *«Ich mache mir Vorwürfe, dich aus deinen früheren Verhältnissen in eine so schreckliche und unangenehme Lage gebracht zu haben! in welcher du dich gegenwärtig befindest!!»* Konsequenzen in irgendeiner Form hatte sein Bedauern jedoch nicht. In ihrer ausweglosen Situation hoffte Elise sogar, zu ihrem Mann zurückkehren zu können: *«Sollte meine in mir schon längst verborgene Ahnung im Herzen wahr sein, daß du mich liebst, so säume keinen Augenblick, und hole deine Elise umgehend zu dir es ist für mich Gefahr zu Hause…»*, bat sie ihn und versicherte: *«Ich will dann gewiß immer treu und fest zu Ihm halten es mag kommen was nur will.»*

Was da kam, war zu diesem Zeitpunkt längst nicht mehr aufzuhalten. Und ihr Mann wollte sie nicht mehr. Sollte er selber noch daran gezweifelt haben, wurde er von Elises ehemaliger Lehrerin, die er um eine Beurteilung seiner Frau gebeten hatte, eines Besseren belehrt. *«Elise ist keine Person, die einen Mann glücklich machen kann – ich bedauere Sie ganz herzlich – ich kann mir für einen Mann nicht schrecklicheres denken als sich so zu täuschen eine solche Frau zu bekommen»*, schrieb sie ihm und konnte nur noch raten: *«Treten Sie als Mann wann Elise wiederkommt streng auf – Elise soll sich mehr beschäftigen, von der Faulheit kommen all die Geschichten her.»*

Elises Vergehen, für das sie hart bestraft wurde, bestand darin, daß sie *«einen Mann nicht glücklich machen»* konnte. Bedauert wurde er, nicht etwa sie. Obwohl dies, ungleich mehr als für ihn, für sie die einschneidendsten Folgen hatte: materielle Unsicherheit, Ehrverlust und persönliches Unglück.

Auch in Überlingen konnte Elise offenbar nicht bleiben. Im September 1861, sie war im 6. Monat schwanger, reiste sie nach Stuttgart und fand Aufnahme in der Familie des Sekretärs Eduard Fritz, 60 Jahre alt. Woher sie ihn und seine Familie kannte, wissen wir nicht, aber er blieb der einzige Zeuge, der während des Scheidungsprozesses ein Wort des Verständnisses und der Zuneigung für Elise äußerte: Durch den Druck ihres Stiefvaters, ihm ihr Vermögen abzutreten und das *«vernachlässigende Benehmen ihres Ehemannes»* sei sie dazu *«bestimmt worden, ihre ehelichen Pflichten außer Acht zu setzen»*, sagte er aus. In Stuttgart konnte sie sich an der Tatsache ihrer Schwangerschaft nicht mehr vorbeimogeln, ein wegen ihrer *«Übelkeit»* konsultierter Arzt stellte sie fest.

So kroch Elise bei einer Hebamme in Stuttgart unter, die in ihrem Haus – legal oder nicht – Frauen bis nach der Entbindung aufnahm. Von dort schrieb sie verzweifelt noch einmal an ihren Mann und bat ihn inständig, sie zurückzuholen. *«Könntest du meine Thränen sehen Du würdest zu mir kommen. […] Sei so gut lieber Mann, und spreche dich entschieden aus in einem Briefchen an mich und dieses aber umgehend ob du zu mir noch Liebe hast ob du mich für gut hältst und mir verzeihen kannst, denn ein schlechtes Mädchen bin ich dennoch nicht habe an Unrechtem kein Gefallen ich weiß heut noch nicht wie es ging daß ich Mutter bin.»* Und sie endete: *«Mein lieber Joseph komme komme ich bitte dich komme umgehend!»* Je auswegloser ihre Lage wurde und je mehr sie sich von ihrer Umgebung ausgegrenzt sah, desto mehr Wert legte sie darauf, doch eigentlich *«gut»* zu sein, *«kein schlechtes Mädchen»* und betonte: *«Mir liegt an meiner Ehre viel»*.

Am 12.12.1861 brachte sie ihren Sohn zur Welt, den sie Robert nannte.

Im Januar 1862 klagte Schneckenburger gegen die Vaterschaft, einige Tage darauf reichte er die Scheidung ein. *«Die Geburt eines unehelichen Kindes constatirt den Treuebruch der Beklagten und es bedarf deswegen keines weiteren Grundes mehr, um die Klage auf Scheidung vollständig zu rechtfertigen»*, hieß es in der Klageschrift. Die einzigen von Elise benannten Zeugen, von denen sie sich erhofft hatte, daß sie zu ihren Gunsten aussagen würden, ihr Onkel Peter nämlich und ihre Mutter, hatten die Aussage verweigert.

In den acht Monaten nach der Geburt bis zur Scheidung im August 1862 lebte Elise mit ihrem Kind wieder in Freiburg, in einer winzigen Wohnung über dem Musikladen Hiß. Kein elegantes China-Porzellan, keine silbernen Bestecke, kein feines Leinen. Das Klavier herauszugeben, weigerte sich Joseph Schneckenburger. Es wäre auch gar kein Platz dafür gewesen. Gerichtlich war festgesetzt worden, daß er ihr bis zum Scheidungsurteil monatlich 50 Gulden von ihrem ihm geliehenen Vermögen auszuzahlen hätte, aber er säumte, zahlte zu spät, nur einen Teil oder gar nicht. Auch wiederholtes Bitten änderte nichts daran. In ihrer Not wandte sie sich an den Oberamtsrichter um Hilfe. *«Ich bin es nicht gewöhnt um mein eigenes Geld betteln zu müssen»*, schrieb sie und betonte wieder und wieder: *«Schlecht bin ich wegen dem unehelichen Kinde dennoch nicht, ich habe an allem was Unrecht heißt kein Vergnügen.»* Mit Recht fühlte sie sich *«verstoßen»* und *«schutzlos»* und beschrieb mit plötzlicher Klarsicht: *«Die Ehe hat Ihm aber auch kein Glück gebracht denn zum ehelich zusammen leben gehört ein andere Liebe als die welche bei uns da war.»*

Am 26.8.1862 wurde die Ehe Schneckenburger geschieden.

Mit der Scheidung war der Abstieg der Elise Schneckenburger aber noch nicht beendet, denn Ehebruch hatte – abgesehen davon, daß er ein Scheidungsgrund war – strafrechtliche Folgen: Als *«strafbares Verbrechen»* wurde er von Staats wegen geahndet. Bezeichnenderweise sah das Gesetz nur Strafen für ehebrecherische

Frauen vor, bei Männern war er nicht strafbar. Die Strafe betrug mindestens drei Monate, höchstens zwei Jahre *«Einsperrung»* ins Gefängnis. Erst 1875 wurde der entsprechende Paragraph geändert.

Wegen erwiesenen Ehebruchs wurde Elise zu drei Monaten Gefängnis verurteilt; daran konnte auch nichts ändern, daß der Ehemann *«keine gerichtliche Anzeige gegen seine Ehefrau erlauben»* wollte. Sie floh samt ihrem Kind. Prompt wurde sie sowohl in den lokalen Freiburger wie auch in den überregionalen Zeitungen zur Fahndung ausgeschrieben und polizeilich gesucht. Der Fahndungsaufruf beschrieb sie als *«24 Jahre alt, von schlanker Statur, elegant gekleidet, sucht den Umgang mit Männern.»*

Bereits Mitte September wurde sie in Karlsruhe verhaftet und von dort per Eisenbahn mit einem Gefangenentransport ins Amtsgefängnis Mannheim geschafft. Vergebens bat sie darum, ihr Kind bei sich behalten zu dürfen. Es wurde für die Dauer ihrer Haft, von der ihr drei Wochen erlassen wurden, in Kost gegeben. Anschließend holte sie ihr Stiefvater ab, brachte sie aber nicht, wie sie gehofft hatte, zu ihrer Mutter, sondern nach Aulendorf im Königreich Württemberg, wo er sie in einem Wirtshaus absetzte und verschwand. Da sie sich immer noch weigerte, ihm ihr Vermögen zu überschreiben, ließen die Herren, die es in Verwaltung hatten, sie einfach ohne einen Kreuzer sitzen – zu Ende des Herbstes in Sommerkleidern, ohne *«was Warmes für den Winter»* und *«in Armuth und Kummer»*. Schneckenburger wollte gar nichts mehr herausgeben, stellte auch die Unterhaltszahlungen aus ihrem eigenen Vermögen, zu denen er verpflichtet war, ein – er behauptete, Elise habe ihn mehr gekostet als sie in die Ehe mitgebracht habe. Damit noch nicht genug. Seit einiger Zeit betrieb ihr Stiefvater ihre Entmündigung, um endlich an ihr ganzes Vermögen heranzukommen. Der Grund: ihre angebliche Geldverschwendung.*

Statt sich auf einen Rechtsstreit einzulassen, schloß Elise im November 1863 einen Vergleich mit ihrem geschiedenen Mann, aber auch daran scheint er sich nicht gehalten zu haben. Die Aus-

* Ob und wann das Verfahren eingestellt wurde, wissen wir nicht.

einandersetzungen waren ein halbes Jahr später immer noch nicht beendet, für uns allerdings verlieren sich Elises Spuren. Wir wissen nicht, ob es ihr gelang, einen ihrer Pläne für die Zukunft zu verwirklichen, beispielsweise «*nach Stuttgart in Stellung zu gehen*» oder «*einen Geschiedenen zu finden*», der sie heiraten würde.

Wenn auch Elise in der Scheidungsklage als «*einfältige Kokette ohne Charakter*» beurteilt wurde, wenn sie auch «*wegen verschiedener vertraulicher Verhältnisse nicht in gutem Rufe stand*», wenn man auch «*überall von ihr hörte, daß sie keine Haus- und Geschäftsfrau sei*», so stellt sich doch die Frage, welcher Handlungsspielraum ihr, mit ihren Voraussetzungen und Erfahrungen, überhaupt geblieben sein mochte. Sie mag naiv und realitätsfern gewesen sein, dennoch verdeutlicht sich an ihrem Beispiel, wie gleiches Verhalten bei Männern und Frauen unterschiedlich bewertet und sanktioniert wurde. Wir mögen wenig Sympathie für sie aufbringen, dennoch zeigen sich an ihrem Fall viele, ja fast alle Gegebenheiten und die daraus resultierenden Probleme, mit denen sich scheidungswillige oder zur Scheidung gezwungene Frauen auseinanderzusetzen hatten. Die unerfüllten Erwartungen an die Ehe, dann die Scheidungsgründe mögen unterschiedliche gewesen sein, ob Ehebruch, Mißhandlung oder Verunglimpfung, die Machtverhältnisse blieben dennoch die gleichen.

Eheschliessung …

Mit den großen Umwälzungen um die Jahrhundertwende wurden auch die Rechtsvorschriften bezüglich Ehe, Ehescheidung und Elternschaft neu formuliert. Napoleon hatte 1806 die Markgrafschaft Baden zum Großherzogtum befördert, Fläche und Bevölkerungszahl nahezu verfünffacht und in Anlehnung an den «Code Napoleon» Verfassung und Rechtswesen neu geordnet.[2] 1807 wurde die «Badische Eheordnung» erlassen, die 1810 vom «Badischen Landrecht» mit nur wenigen Modifikationen übernommen wurde und nahezu unverändert das ganze Jahrhundert bis zum Inkrafttreten des BGB 1900 gelten sollte.

I. Urtheil. J. U. S. gegen die Ehefrau des Kaufmanns Joseph Schneckenburger, Elise, geb. Lanz, zu Freiburg wegen Ehebruchs, hat das Großh. Hofgericht des Oberrheinkreises durch Urtheil vom 26. v. Mts. Nr. 2374. I. Senat zu Recht erkannt:

Elise Schneckenburger, geb. Lanz, sei wegen Ehebruchs zu einer Kreisgefängnißstrafe von drei Monaten zu verurtheilen und habe die Kosten des Strafverfahrens und des Urtheilsvollzugs zu tragen. V. R. W.

II. Scheidebrief. In Sachen des Kaufmanns Joseph Schneckenburger zu Freiburg, Klägers gegen seine Ehefrau Elise, geb. Lanz von Ravensburg, jezt in Freiburg, Beklagte, Ehescheidung betr., hat das Großh. Hofgericht des Oberrheinkreises auf die erhobene Ehescheidungsklage und darauf gepflogene Verhandlung durch Scheidebrief vom 26. v. Mts. Nr. 3563/64 zu Recht erkannt:

Die zwischen dem Kläger, Kaufmann Josef Schneckenburger und der Beklagten, Elise, geb. Lanz, bestandene Ehe sei auf den Grund eines von der Lezteren begangenen Ehebruchs unter Verfällung der Beklagten in die Kosten dieses Verfahrens für aufgelöst zu erklären.

Diese Scheidungserlaubniß wird jedoch als nicht ergangen angesehen und ist wirkungslos, wenn nicht der Kläger in Zeit zweier Monate vom Eintritt der Rechtskraft an sich bei dem zuständigen katholischen Münster-Pfarramt in Freiburg einfinden wird, um nach vorhergegangener gehöriger Vorrufung der Beklagten die Ehescheidung in das Kirchenbuch eintragen zu lassen. V. R. W.

Diese Urtheile werden der Elise Schneckenburger, geb. Lanz, geb. in Ravensburg, in Folge ihrer eigenmächtigen Entfernung von hier, eröffnet; zugleich wird um Fahndung und gefängliche Zuführung derselben gebeten mit dem Bemerken, daß gedachte Frau 24 Jahre alt, von schlanker Statur, elegant gekleidet ist, den Umgang mit Männern sucht und ein noch nicht 1 Jahr altes Kind männlichen Geschlechts mit sich genommen hat.

Freiburg den 10. September 1862.

Großh. bad. Stadtamtsgericht.

Mallebrein.

Fahndungsanzeige nach Elise Schneckenburger im Schwäbischen Merkur

In der Eheordnung wurde das Eherecht vom kirchlichen abgetrennt. Es war nun ausschließlich staatlich geregelt. Artikel 1 besagt:

«Weltlichkeit der Ehe: Die Ehen an sich, als ein bürgerlicher Vertrag betrachtet, und alle daraus fließende bürgerliche Gerechtsame und Verbindlichkeiten erhalten ihre Wesenheit, Kraft und Bestimmung ganz und einzig von den landesfürstlichen Gesezen.»[3]

Daß allerdings die Ehe nicht ausschließlich staatliche Angelegenheit sein sollte, bestimmte Artikel 2:

«Kirchlichkeit der Ehe: Diese Geseze heben damit die kirchliche Natur dieses Vertrags nicht auf, und können also niemals eine solche Anwendung erhalten, womit ein Theil genötigt würde, etwas zu thun oder zu unterlassen, wobei ihn die Grundsäze seiner Kirche für das Gegentheil verpflichten, so wie hinwiederum denen Kirchengesezen keine Anwendung von den StatsBeamten gestattet werden darf, wodurch die bürgerliche Ordnungsmäßigkeit oder Gültigkeit einer den Staatsgesezen gemäßen Verbindung angegriffen würde.»[4]

Mit der Definition der Ehe als einem bürgerlichen Vertrag zwischen zwei Personen sollte nicht die Möglichkeit beschnitten werden, kirchlich zu heiraten, sondern die Ehe wurde als ein hinsichtlich *«seiner Kirchlichkeit und Weltlichkeit gemischter Gegenstand»* gesehen. Die Ausübung der Religion war freigestellt. Das heißt, eine rein staatliche Eheschließung war möglich, nicht jedoch eine rein kirchliche. Es ist uns nicht bekannt, wie viele Ehen in Freiburg im 19. Jahrhundert ohne den Segen der Kirche oder der Synagoge geschlossen wurden. Wir können jedoch davon ausgehen, daß es sehr wenige waren.

Wenn nun eine Frau und ein Mann in Freiburg heiraten wollten, mußten sie verschiedene bürokratische Hürden überwinden. Erst einmal mußte ausgeschlossen werden, daß ihnen keines der diversen, vom Gesetz festgelegten *«Ehehindernisse»* im Wege stand. Männer durften mit 25, Frauen mit 18 Jahren heiraten. Für Männer konnte es ab 18 Jahren, für Frauen ab 14 Jahren eine Sondergenehmigung geben, wobei bei Männern noch in Betracht gezogen werden mußte, ob sie noch in Militärdiensten standen oder nicht.[5] Soldaten war das Heiraten nicht erlaubt. Höhere Offiziere durften heiraten, wenn sie eine Kaution von 6000 fl., eine sehr beträchtliche Summe, stellen konnten. Damit sollte abgesichert werden, daß nach dem Tod eines Offiziers nicht dessen Witwe und Kinder dem Militärsäckel zur Last fielen.

Unzulässig war die Heirat zwischen nahen Verwandten oder Verschwägerten, ebenso wie mit der Witwe des Bruders oder der Schwester der verstorbenen Frau. Bigamie war selbstverständlich verboten. Die Ehe mußte von beiden Seiten freiwillig eingegangen und durfte keinesfalls unter verbrecherischen Voraussetzungen zustande gekommen sein. Unter die Rubrik «*Verbrechen*» fiel auch der Ehebruch. Eine wegen Ehebruchs schuldig geschiedene Frau konnte also den Mann, mit dem sie die Ehe gebrochen hatte, niemals heiraten.[6] Damit sollte unmoralisches Verhalten auch nachträglich nicht sanktioniert werden können. Weiter durften auch geschiedene Eheleute «*niemals mehr einander heirathen*», die Scheidung mußte eine endgültige bleiben, ohne einen Weg zurück.

Für die Wiederheirat Geschiedener galten außer den erwähnten weitere besondere Bestimmungen. Eine nicht in beiderseitigem Einverständnis geschiedene Frau konnte ebenso wie eine Witwe erst zehn Monate nach Auflösung der vorigen Ehe eine neue schließen.[7] Der Grund dafür lag auf der Hand: «*Diese Zeitfrist macht den gesezlichen längsten Nachsichtstermin für eine Schwangerschaft aus.*» Ein eventuelles Kind sollte damit nicht dem neuen Ehepartner angelastet werden können. Nach einer Scheidung in beiderseitigem Einverständnis durften beide Partner erst nach drei Jahren wieder heiraten.

Unabdingbare Voraussetzung für eine Heiratserlaubnis war die «*Bürgerlichkeit*». Das heißt, heiraten konnte nur, wer in der jeweiligen Gemeinde Bürgerrecht* besaß. 1831 wurden in Freiburg mit der Gemeindeordnung die Bedingungen dafür neu geregelt. Dieses Recht wurde normalerweise ererbt, konnte aber von Ortsfremden auch gekauft werden. Sie mußten in Freiburg die badi-

* Das Bürgerrecht war auch Voraussetzung, um Grundbesitz erwerben oder wählen zu können (letzteres durften nur Männer), um ein Gewerbe zu betreiben oder bei Armut von der Armenkasse versorgt zu werden u. v. m.

sche Staatsbürgerschaft nachweisen, einen guten Leumund und ein Vermögen von mindestens 1000 Gulden besitzen und 120 Gulden an die Gemeinde bezahlen. Für Frauen war es billiger: Sie brauchten nur 150 Gulden Besitz und 60 Gulden *«Einkaufsgeld»*. Aber auch Männer mit ererbtem Bürgerrecht mußten ein für den Unterhalt einer Familie notwendiges Vermögen oder einen entsprechenden Verdienst nachweisen.[8] Heiraten blieb somit an Geld gekoppelt und den Armen oder Ausgegrenzten nahezu unmöglich. Wilde Ehen, Paare, die unverheiratet zusammenlebten, waren trotz des staatlichen Verbotes und entgegen der herrschenden Moral an der Tagesordnung. Erst 1862 wurden Heiratserlaubnis und Bürgerrecht entkoppelt.[9]

Nehmen wir an, unser Freiburger Paar erfüllte alle diese Bedingungen. Beide waren alt genug, bürgerlich und vermögend, und kein Ehehindernis stand ihnen im Wege. Sie hatten zudem die für die Heirat notwendige Einwilligung ihrer Väter und mußten diese nicht ersatzweise bei der Behörde einholen.[10] Welche weiteren Schritte waren jetzt nötig auf ihrem Weg zum Eheglück?

Nach der Ausstellung des *«Trauscheins»*, also einer amtlichen und einer kirchlichen Beurkundung, daß keine Ehehindernisse vorliegen, wurde an zwei Sonntagen das Aufgebot in der Kirche ausgehängt. Danach konnte das Paar getraut werden, und zwar vom Pfarrer* ihres Wohnortes. Der Pfarrer vollzog sowohl die staatliche als auch die kirchliche Trauung, das heißt, er fungierte auch als Standesbeamter und führte die Standesbücher. Er konnte die Eheschließung verweigern, beispielsweise Eheleuten verschiedener Konfessionen oder Geschiedenen, die nach katholischem Kirchenrecht nicht heiraten durften. In einem solchen Fall war dann eine rein staatliche Eheschließung möglich, wobei der Pfarrer durch einen Bezirksbeamten ersetzt wurde.[11] Diese Verquikkung von Kirchen- und Staatsrecht war sehr konfliktträchtig und wurde 1869 endgültig entflochten, indem die *«obligatorische Zivil-*

* Falls das Paar katholisch war; Protestanten traute der Pastor, Juden der Rabbiner.

ehe» eingeführt und den Pfarrern die Standesbeamtung entzogen wurde. Von da an wurde die bürgerliche Trauung Beamten übertragen, und erst danach durfte die kirchliche vorgenommen werden.[12]

Gab sich nun unser gedachtes Paar in der Pfarrkirche in Anwesenheit von zwei Zeugen und etlichen Verwandten das Jawort, so hörten sie nach katholischem Eheritual «*die wichtigsten Lehren ihres künftigen Standes*»:

«*Der Mann hat das Vorrecht von Gott dem allmächtigen Schöpfer erhalten, daß er ein sichtbares Ebenbild der schützenden Oberherrschaft Gottes und der Fürsorge Jesu Christi für seine Kirche seye. [...] Die Ehefrau soll hinwieder nach Gottes Gesetz ihren Mann ehren und lieben, ihm in Allem, was recht ist, gehorsamen und mit gewissenhafter Treue zugethan seyn; durch Sorgfalt, Gefälligkeit und Freundlichkeit ihres Mannes Sorgen und Arbeit erleichtern, und durch Anständigkeit, Arbeitsamkeit, kluge Sparsamkeit und gute Ordnung im Hauswesen seine Achtung und sein Zutrauen zu gewinnen suchen. [...] Wie die Kirche unserem Herrn Jesus in unzertrennlicher Liebe anhangt, und unterthänig ist, eben so vereinigen sich die Eheleute unzertrennlich, daß dem Manne Christus als das Haupt, dem Weibe aber der Gehorsam der Kirche zum Vorbild gesetzt ist. [...] Der Mann sey des Weibes treuer Gefährte, liebreicher Führer, Versorger und Ratgeber. Die Abhängigkeit der Frau sey ein Joch der Liebe und des Friedens. Es ist nichts liebenswürdigeres auf Erden, als ein keusches Weib. Wie die Sonne eine Zierde am hohen Himmel ist, so ist ein treues Weib der Schmuck ihres Hauses: Hingegen gibt es nichts verächtlicheres, was die Sonne bescheint, als ein ungetreues Weib. Sie ist die Schande ihres Geschlechtes und die Hölle ihres Mannes. [...] Ihr Ehefrauen! seyd euern Männern folgsam!*» Das Paar tauschte die Ringe, reichte sich die rechte Hand und vernahm: «*Diese vereinigten Hände bedeuten, daß ihr vor Gott und vor der christlichen Gemeinde, wie mit einem Handgelübde bekräftiget, einander nicht zu verlassen, sondern beständig und liebreich bei einander zu bleiben, bis euch der Tod scheidet.*»[13]

Nach weiteren ermahnenden Worten war die Zeremonie beendet. Sie gingen nach Hause, gründeten ein Heim und lebten still und vergnügt. Und wenn sie nicht geschieden sind ...

Ehe-Ordnung und Badisches Landrecht regelten genau die rechtlichen Vorgaben, Rechte und Pflichten der Eheleute. Die zugrundeliegende Definition der Verhältnisse zwischen den Partnern war in den wesentlichen Punkten ganz ähnlich wie die kirchliche. Unterschieden wurden gegenseitige und einseitige Rechte und Pflichten. «*Die Ehegatten sind einander Treue, Hülfe und Beystand schuldig*», so wurden die elementaren gegenseitigen Pflichten definiert, wobei unter «*Treue*» die «*ausschließliche Gestattung des Beischlafs*» verstanden wurde. Weiter sollte der Mann seine Frau schützen, diese ihm gehorsam sein. Die Frau war verpflichtet, bei ihrem Mann zu wohnen, der Mann dagegen, sie aufzunehmen und zu ernähren.[14] Daß in der Ehe nicht «*Gleichheit*» herrschen könne, wurde mit der Notwendigkeit einer «*Leitung der Angelegenheiten der Lebensgemeinschaft durch ein Oberhaupt*» begründet. «*Dieses Oberhaupt ist der Mann*», hieß es lapidar und ohne weitere Begründung.[15] Dieses Prinzip der «*Oberleitung*» beinhaltete auch die Geschäftsunfähigkeit der Ehefrau. Das Gesetz bestimmte, daß «*die Frau in der sonst naturgemäßen Gewalt über ihr eigenes Vermögen beschränkt wird. Sie wird nemlich, und zwar im Allgemeinen ohne Rücksicht darauf ob sie nach dem eintretenden Güterverhältniß die Verwaltung ihres Vermögens behält oder nicht, bezüglich der Rechtshandlungen, welche sie in eigenem Namen vornimmt, an die Ermächtigung des Mannes gebunden; sie ist für sich allein unfähig Rechtshandlungen vorzunehmen.*»[16] Diese Ermächtigung durch ihren Mann benötigte sie auch für jegliches Auftreten vor Gericht. Allerdings sollte der Ehemann das Recht, «*die Ermächtigung ganz nach Gutdünken zu geben oder zu versagen*», nicht «*aus Laune zur Chikane der Frau*» verweigern dürfen. Tat er es doch, blieb der Frau der mühevolle Weg einer gerichtlichen Beschwerde. Eingeschränkt geschäftsfähig waren Vogts- und Handelsfrauen, diese durften wenigstens ihre eigenen Liegenschaften veräußern oder verpfänden, im Gegensatz zu den Männern jedoch nicht gemeinsames Vermögen.[17] Erst 1879 wurde eine Frau als Person prozeßfähig und «*dadurch, daß sie Ehefrau ist, nicht beschränkt*».[18]

Freiburger Hochzeitspaar um 1890: die Braut im traditionellen schwarzen Brautkleid

Das persönliche Vermögen des Mannes sowie das gemeinsame waren also vor dem alleinigen Zugriff der Frau gesetzlich geschützt. Zumindest eingeschränkt vor dem Zugriff des Mannes geschützt werden konnte das Vermögen der Frau durch den Abschluß eines Ehevertrages mit einer sogenannten «*Vermögensabsonderung*», bei der auch geregelt wurde, wer wieviel zum Lebensunterhalt beizutragen hatte. An ihrem Besitz konnte die Frau volles Eigentümerrecht behalten. Dies scheint deshalb unumgänglich geworden zu sein, weil viele Frauen erwerbstätig waren und einen eigenen Verdienst oder, wie Elise Schneckenburger, geerbt hatten.[19] Allerdings tangierte dies nicht die Notwendigkeit einer ehemännlichen «*Ermächtigung*», beispielsweise bei der Veräußerung eines Grundstückes.*

So sehr sich die Gleichheit und die Freiheit des Individuums im Badischen Landrecht in erster Linie auf die Männer bezog, bedeutete es doch in den hier angesprochenen Bereichen einen, wenn auch minimalen, Fortschritt auf dem Weg zur gesetzlichen Verankerung der Gleichstellung von Mann und Frau. Unter gewissen Umständen konnten Frauen Vormund ihrer Kinder sein – als Witwen oder als Unverheiratete. Sie konnten als Unverheiratete ihr eigenes Vermögen verwalten, als Ehefrauen in beschränktem Maß. Sie waren in der Ehe durch das Eherecht vor Gewalttätigkeiten ihrer Männer geschützt. Wie das in der Praxis aussah, ist eine andere Frage. Sie hatten das Recht, ohne gesetzlichen Vormund eine Scheidung zu beantragen und zu erlangen, wobei die Gründe für ein Scheidungsbegehren gesetzlich geregelt waren. An diesem Punkt kollidierten kirchliches und weltliches Eherecht, denn für die katholische Kirche war und ist eine Ehe unauflöslich. Hier wird auch in besonderem Maße klar, in welchem Zwiespalt sich Frauen, sicherlich oft auch Männer, befunden haben müssen, die in einer unerträglich gewordenen Ehe entweder nach kirchlichem Recht aneinander gekettet bleiben mußten oder in diesem Leben gesellschaftliche Ausgrenzung und in jenem Höllenstrafen zu gewärtigen hatten.

---

* Die Wahrung patriarchalischen Mannesrechts drückte sich ebenfalls in den Regelungen aus, die das Verhältnis von Eltern zu ihren Kindern beschrieben. «*Die Pflicht zu erziehen und damit zugleich den Unterhalt zu gewähren liegt zunächst den Eltern gegenüber ihren Kindern ob*», besagte es zwar, und: «*Die Bestimmung über die Art der Erziehung, insbesondere auch die Wahl des Lebensberufs für das Kind ist den Eltern anheimgestellt*», doch wurde dies im folgenden insofern modifiziert, als es, wie auch in den anderen Rechtsverhältnissen, nicht die Eheleute gemeinsam waren, sondern die Ehefrau auf den allenfalls zweiten Platz verwiesen wurde. «*Die elterliche Gewalt ist ein Recht beider Eltern, allein sie kann während der Ehe nur von dem Vater, als dem Haupte der Familie, ausgeübt werden.*» Nur wenn der Vater ausfiel, trat die Mutter an seine Stelle (Behaghel 1866, S. 190).

Um einen kleinen Einblick in das Leben von Freiburger Frauen im 19. Jahrhundert zu bekommen, haben wir uns 35 Ehescheidungsakten aus den Jahren 1830–1898 angesehen. Es liegt im Wesen dieser Akten, daß wir aus ihnen nichts erfahren über Frauen, deren Ehen Bestand hatten; nichts darüber, wie es zu der Heirat gekommen war, ob sie selbst oder ihre Eltern den zukünftigen Gatten gewählt hatten, welche Gefühle die Partner füreinander hegten, welche Hoffnungen und Pläne sie hatten und wie ihr Alltag aussah. Nichts über die Frauen, die vielleicht mit der Wahl zufrieden blieben, ihre Kinder großzogen und als Großmütter stolz auf ihre Enkelschar blickten, deren Mann sie nicht prügelte oder betrog, mit dem ein gutes Auskommen war.

Ferner versteht sich von selbst, daß wir aus solchen Akten nur wenig über das Zusammenlebens eines Paares erfahren, bevor es zu entscheidenden Zerwürfnissen kam. Auch sie müssen doch zunächst in dem Glauben gelebt haben, die Ehe könne gutgehen. Wir wissen nicht, was sie bereit waren zu tun, um ihre Ehe zu retten. Wenn eine Frau schließlich die Scheidung einreichte, mag schon jede Mühe vergeblich und jede Hoffnung aufgegeben gewesen sein. Die Scheidung an sich hat ja zwei Seiten: Einerseits beendet sie eine langjährige und nahe Vertrautheit, in dieser Hinsicht ist sie beklagenswert. Andererseits setzt sie einer quälenden und unerträglichen Beziehung ein Ende und schafft Platz für Neues, in dieser Hinsicht ist sie positiv. In den Scheidungsakten erscheint nur der Teil, der für die erstrebte Trennung gerichtlich relevant ist. Alles andere ist für die Richter nicht von Belang.

Wir erfahren auch nichts darüber, was nach der Scheidung aus einer Frau wurde. War ihre materielle Situation schlechter als vorher? Hielt sich ihr Mann an die gerichtlichen Abmachungen? Wurde sie als eine «*Geschiedene*» von den Nachbarinnen geschnitten, in der Kirche schief angesehen? Kehrte sie in ihr Elternhaus zurück? Lebte sie alleine oder heiratete sie wieder? Das sind alles Fragen, die die Scheidungsakten nicht beantworten. In manchen Fällen haben wir allerdings die Möglichkeit, Schlüsse zu ziehen. Wir können uns vorstellen, wie einer Frau zumute gewesen sein mag, von deren vier Kindern eines im Waisenhaus untergebracht wurde, zwei Söhne bei dem Vater blieben und sie nur die jüngste Tochter bei sich behalten konnte. Auch Elises Situation können wir uns ausmalen. Selbst wenn sie gewollt hätten, hätten sie und der Vater ihres Kindes nicht heiraten dürfen. Da hätte ihr auch ein Übertritt zur evangelischen Kirche nichts genützt. In seltenen Fällen erfahren wir an der richterlichen Fragestellung vorbei persönlich etwas von Frauen, für die eine Scheidung große Erleichterung bedeutet haben muß. In diesem Sinne äußerte sich eine Frau in einem Brief an ihren Mann 1897: *«Größeres Unglück kann nicht über mich mehr kommen als es kam. Eine unglückliche Ehe ist mehr als ein Verbrechen. Ich lasse mich im Leben nie mehr von einem Manne beherrschen, da ich jetzt kennen lernte, was das Leben allein ist.»*[20]

Die Scheidungsrichter stellten nur die Fragen, die rechtlich relevant waren und zum Ziel hatten, zu klären, ob die gesetzlichen Vorgaben für eine Scheidung erfüllt waren oder nicht. Beipielsweise wird nicht die Frage gestellt, ob eine Frau von ihrem Ehemann vergewaltigt wurde, solange dies kein gesetzlicher Scheidungsgrund ist. So stereotyp die Fragen sind, so stereotyp sind auch die Antworten. Für Gründe, die eine Ehe unerträglich machen, die aber durch das Raster der Gesetze fallen, müssen möglicherweise andere angegeben werden.

Nun muß allerdings hervorgehoben werden, daß es nach dem Badischen Landrecht die Möglichkeit gab, sich in beiderseitigem Einverständnis zu scheiden. Eine solche Scheidung konnten Paare beantragen, denen *«das Beysammen-Leben unerträglich»* geworden war.[21] Diese Regelung war durch etliche Auflagen eingeschränkt: Die Eheleute mußten zwei Jahre verheiratet gewesen sein, brauchten die Zustimmung der Eltern und das Zeugnis von *«je zwei achtbaren Freunden»*, die aber wenigstens 50 Jahre alt sein mußten. War die Ehefrau älter als 45 Jahre oder das Paar länger als 20 Jahre verheiratet, so hatte es keinen Anspruch mehr darauf, einvernehmlich geschieden zu werden. Daß diese Regelung für die Zeit im

Grunde zu freizügig war, ergibt sich aus einem Kommentar zum Gesetz, in dem erklärt wird, *«das Spielen mit der Scheidung hieße sein Spiel mit der Ehe treiben»*, weswegen es besser sei, die Scheidungswilligen *«mürbe zu machen»*, um sie von ihrem Vorhaben abzubringen.[22] Möglicherweise hatten solche Vorschläge Erfolg, denn wir haben in Freiburg nur zwei Paare gefunden, die sich gütlich trennten, eines 1868, das andere 1880.[23]

Die Sorge des Kommentators war nicht unbegründet. Was heißt es für die Auffassung von der Ehe, wenn man sich scheiden lassen kann, weil einem das Zusammenleben unerträglich geworden ist?

Die Literatur des 18. Jahrhunderts hatte die romantische Liebe propagiert. Der Ehe war sie eher abgeneigt. Für das Bürgertum kam das eine ohne das andere nicht in Frage. Die bürgerliche Ehe konnte eine «Liebesehe» sein, doch wurde sie auch auf andere Weise zusammengehalten. Die Revolution hatte eine neue Freiheit verkündet, eine Freiheit für die Männer, vor allem für die jungen Männer, die politische Rechte forderten und sich dennoch ungebunden fühlen wollten. Eheschließung war Verbürgerlichung, also Bindung. Eine Gesellschaft, die diese Bindung romantisch verbrämen und als Liebesehe schmackhaft machen wollte, übernahm die Verantwortung für ihr Gelingen. Sie mußte also nicht nur Rezepte für die gute Ehe entwickeln, sondern auch Lösungen für ihr etwaiges Mißlingen anbieten. Daß ein Mißlingen überhaupt denkbar war, erklärt sich aus der «Verstaatlichung» der Ehe. Die neue Ehe, die *«Zivilehe»*, wurde weder im Himmel noch beim Notar geschlossen. Sie sollte im Interesse der aufstrebenden Staatsgewalt alle Bevölkerungsschichten erfassen, nicht nur die Katholiken und die gutsituierten Bürger, die ja schon genügend Gründe hatten zu heiraten. Rechtsgrund für die Ehe war der freie Wille beider Partner, von daher ist die besagte Einführung der einvernehmlichen Scheidung nur folgerichtig. Immerhin erlaubte sich die Gesellschaft, das Scheidungsmotiv zu prüfen: Die Ehe war gescheitert, wenn das Zusammenleben unerträglich geworden war. Man könnte auch sagen, wenn nicht genügend Wohlwollen oder Liebe vorhanden war, um mit schwierigen persönlichen oder materiellen Verhältnissen zurechtzukommen.

Wer vor allem dieses Wohlwollen und diese Liebe aufbringen sollte, wenn der Ehealltag erst einmal angefangen hatte, ist offensichtlich: die Frauen. Die Liebesehe versprach persönliches Glück, Solidarität, Gemeinschaft freier Individuen, Verständnis und Geborgenheit; blieben diese aus, wurden nicht die gesellschaftlichen Gründe, sondern die Leistungen der Frauen hinterfragt. Sie waren es, die die Last des Erfolgszwanges zu tragen hatten. Weder das bürgerliche Eheideal noch das Selbstbild der jungen Männer konnten es dabei zulassen, daß die Frauen in der Ehe «gleichberechtigt» waren. Sie mochten aus freiem Willen heiraten, mit dem Jawort aber wurden sie dem Manne «untertan» – auch nach zivilem Eherecht. Zwar konnten erwachsene, ledige Frauen im 19. Jahrhundert durchaus selbständig, also ohne väterliche oder andere männliche Aufsicht, leben und wirtschaften, undenkbar war es jedoch, daß sie diese Freiheit mit in die Ehe nahmen. So wurden denn auch die Frauen viel mehr als die Männer weiterhin in hergebrachte religiöse Weltsichten eingebunden, die den bürgerlich-patriarchalischen Strukturen als Legitimation dienten.

War dann aber eine Ehe mißlungen, wurde das Bedürfnis, Ersatz für entgangenes Glück und für unerfüllte Wünsche zu erlangen, nach außen projiziert. Man wollte sich schadlos halten und versuchte, Gerechtigkeit zu erzwingen, wo es keine Gerechtigkeit geben kann. Dafür mußte ein Schuldiger oder eine Schuldige gefunden werden. Wäre es nicht ein allgemeines Phänomen, Erhofftes und Einklagbares, emotionalen Anspruch und äußeres Wohlverhalten zu verwechseln, wären die Paare möglicherweise in der Lage gewesen, friedlich auseinanderzugehen und sich in gegenseitigem Einverständnis, das hieß gleichzeitig, in beiderseitigem Verschulden, scheiden zu lassen und alle äußeren Streitpunkte wie Vermögensaufteilung und Sorge für die Kinder außergerichtlich zu klären. Daß sie es nicht waren, sondern sich alles andere als gütlich trennten, zeigen die Scheidungsprozesse.

Im Jahr 1838 wohnte in der Webergasse 46 Anna Maria Meisberger mit ihrem Mann Alois, einem Maurermeister. Sie waren seit 11 Jahren verheiratet und hatten einen 9jährigen Sohn, ein etwas kränkliches Kind. Bei ihnen lebten außerdem Josepha, eine erwachsene Tochter aus Alois' erster Ehe, und zwei Dienstmägde. Daß sich Anna Maria mit ihrer Stieftochter nicht vertrug, ist noch gelinde ausgedrückt. Nicht nur, daß diese sich ständig mit Unterstützung ihres Vaters besserwisserisch in ihre Haushaltsführung einmischte und sie bei den Dienstboten schlecht zu machen versuchte, jetzt teilte sie auch das Schlafzimmer mit ihrem Vater. Ja, Anna Maria hatte sich schon lange geweigert, mit ihrem Mann in einem Zimmer zu schlafen. Schon wenige Jahre nach ihrer Heirat hatte er begonnen, sie zu schlagen und zu beschimpfen, besonders wenn er betrunken aus der Wirtschaft kam. Wenn sie sich wehrte, schlug er um so heftiger zu. Mehrere Male warf er sie die Treppe hinunter und zum Haus hinaus, wo ihr dann Nachbarinnen zu Hilfe kommen konnten. Auch wenn sie schwanger war, minderte das nicht seine Wut, so daß sie als Folge seiner Gewalttätigkeiten im Lauf der Jahre vier Fehlgeburten gehabt hatte. Sie aber hörte nicht auf, sich zu wehren.[24]

Schon 1834 hatte sie einen Rechtsanwalt aufgesucht und versucht, sich scheiden zu lassen. Aber die Klage war abgewiesen worden. Anna Maria hatte ihre Unterschrift unter den richterlichen Beschluß, der sie zwang, bei ihrem Mann zu bleiben, verweigert und *«sich unter Schreien und Toben aus der Kanzlei entfernt»*, was ihr keine Freunde unter den Rechtsanwälten eingetragen hatte. Auch das Familienleben hatte sich danach nicht verbessert, im Gegenteil. Josepha beschnitt ihr zunehmend ihre Rechte als Hausfrau. Einmal trafen sich die beiden Frauen beim Wäscheaufhängen auf dem Speicher. Josepha piesackte und provozierte Anna Maria so lange, bis letzterer der Kragen platzte und sie ihrer Stieftochter eine Ohrfeige verpaßte. Daraufhin war Josepha nicht mehr zu halten: Sie *«packte sie an den Haaren, riß sie zu Boden, setzte sich auf sie, schlug sie mit Fäusten.»* Als Alois am Abend davon hörte, sagte er, es sei ihr nur recht geschehen.

Kurz darauf ertappte sie ihren Ehemann, wie er in der Scheune das 16jährige Dienstmädchen Magdalene küßte. Sie schrie ihn an, was denn in ihn gefahren sei. Aber er brummte nur etwas von der *«Natur des Mannes»*, und sie solle ihn doch in Ruhe lassen, er könne tun, was er wolle. Magdalene war eigentlich ein liebes Mädchen – Anna Maria ließ sie oft bei sich im Zimmer schlafen, wenn sie fürchtete, ihr Mann wolle sie nach seinen nächtlichen Saufzügen noch heimsuchen. Aber Magdalene hatte Angst, sich gegen Meisberger zu wehren und laut zu schreien, er drohte, sie heute noch auf die Straße zu setzen, wenn sie ihm nicht zu Willen sei, und alle wußten ja, wie schrecklich er sein konnte, wenn er wütend war. Und alle wußten auch, daß Dienstherren sich an Dienstmädchen vergriffen und man nichts dagegen tun konnte.

Nach der letzten Prügelei rieten die Nachbarinnen Anna Maria, zur Polizei zu gehen. Mit blaugeschlagenem Auge, einen Arm in der Schlinge, zeigte sie ihren Mann an und setzte durch, daß er für zwei Tage ins Gefängnis mußte. *«Wegen dir!»*, schrie er, *«du Hure, du Luder! Wenn ich eingesperrt werde, gehörst du auch eingesperrt!»* Dann *«sperrte er mich in ein Zimmer, schlug einige Globen in die Wand vor dem einzigen Fenster, hob eine Gangthüre aus und hing sie vor dieses Fenster, so daß ich auch das Gespött der Nachbarsleute wurde»*, berichtete Anna Maria später vor Gericht. Er kam etwas ruhiger zurück, doch die Ruhe währte nicht lang. Seit sie ihm gedroht hatte, ihn zu verlassen, ließ er sie nicht mehr aus den Augen. Eines Nachts, als er betrunken schnarchte, packte sie ihr Bettzeug und einige Kleider zusammen, kletterte mit Magdalenes Hilfe aus dem Fenster und flüchtete zu ihrer Schwester Luise. Diese lebte seit dem Tod ihres Mannes allein in einer geräumigen Wohnung in Freiburg und hatte ihr schon mehrmals Unterschlupf angeboten.

Von hier aus unternahm Anna Maria einen zweiten Versuch, sich von ihrem Mann scheiden zu lassen. Die Verfahrensweise kannte sie ja schon. Als erstes brauchte sie einen Meldschein vom Pfarrer, der bestätigte, daß die Ehe nicht mehr versöhnt werden konnte. Zum Pfarrer mußte sie in seiner Funktion eines Standesbeamten. Er aber verstand sich als Mann seiner Kirche und sah es als seine Aufgabe, Ehen zu retten, nicht zu trennen. Beim letzten Mal hatte er ihr große Schwierigkeiten gemacht: ihr ausgemalt, daß sie von der Kirche verstoßen würde und welche Folgen dies für ihren kleinen Knaben und für ihr Seelenheil haben würde. Sie müsse bei ihrem Mann ausharren und sich in Demut üben. Ein zweites Mal würde sie sich aber nicht abbringen lassen, er mußte ihr einfach den Meldschein ausstellen.

Nachdem sie den Pfarrer wochenlang wieder und wieder bekniet hatte, bekam sie ihn endlich. Er lautete:

«Zwischen dem hiesigen Bürger und Maurermeister Alois Meisberger und seiner Ehefrau Anna Maria geborene Löffler sind seit längerer Zeit Ehestreitigkeiten ausgebrochen, welche das Pfarramt durch mehrere Versöhnungsversuche beizulegen bemüht war. In der letzten Zeit haben sich diese Streitigkeiten unter den genannten Eheleuten so vermehrt, daß fast täglich der eine oder der andere Eheteil gegen den anderen Klage vor uns erhoben hat. Da die gesetzlichen Versöhnungsversuche zwischen den obigen Eheleuten von uns geschehen, aber fruchtlos geblieben sind und heute die Ehefrau wiederholt klagend gegen ihren Ehemann vor dem Pfarramte erscheint und die Aussage macht, daß es ihr unmöglich ist mit ihrem Ehemann ferner beisammen zu leben, und auch wir die Überzeugung haben, daß eine Aussöhnung zwischen den Genannten, wegen der Trunksucht des Mannes, abermals fruchtlos und von keinem Bestand sein wird, so stellen wir gegenwärtiges als Meldschein der klagenden Ehefrau zu Händen um ihre Klage vor die richterliche Behörde bringen zu können.»[25]

Was Anna Maria dann auch tat. Sobald Meisberger davon erfuhr, beriet er sich mit einem Advokaten und erhob Gegenklage wegen *«heimlicher Entweichung aus dem Eheverband»*, denn einer Ehefrau war es nicht erlaubt, die gemeinschaftliche Wohnung zu verlassen. Schließlich galt *«das Recht, daß die Frau dem Mann gehorsam sei, bei ihm wohne und allenthalben hin folge, wo er sich aufzuhalten gut findet.»*[26] Sie sei von ihren Geschwistern angestiftet worden, behauptete er, habe *«sein Vaterherz gekränkt und gequält, seine Behausung verlassen und nächtlicher Weile sein Weißzeug verschleppt»*. Dadurch *«leide seine Haushaltung den größten Nachtheil»*. Er verlangte nicht nur, daß sie zu ihm zurückzukehren habe, sondern auch, daß ihr der Umgang mit ihren Geschwistern verboten werde, um so in seinem Haus *«wieder Ruhe und Einigkeit zu pflegen»*.

Anna Maria wurde gerichtlich aufgefordert, binnen 8 Tagen in die *«Wohnung ihres Mannes zurückzukehren und mit demselben zu leben, widrigenfalls sie durch Zwangsmittel dazu verhalten würde»*. Sie wußte jedoch zu genau, was sie dort erwartete, und war nicht mehr bereit, sich von ihrem Entschluß abbringen zu lassen. Trotz Meisbergers Versprechungen, sich zu bessern und sogar die Tochter wegzuschicken, weigerte sie sich beharrlich und blieb bei ihrer Schwester, zog sogar mit ihr nach Unterlinden 127 um.

Inwieweit die angedrohten Zwangsmittel eingesetzt wurden, wissen wir nicht. Wir wissen aber, daß Anna Maria sich mehrmals weigerte, der Aufforderung nachzukommen, und endlich bei ihrer Schwester bleiben durfte. Auch das Sorgerecht für ihren Sohn mußte sie mühsam durchsetzen, denn *«die einstweilige Obsorge über die Kinder bleibt dem Mann, er sey in der Ehescheidungs-Sache Kläger oder Beklagter»*, wie das Landrecht verfügte.[27] Dabei wurde ihr Mann auch verpflichtet, so lange für ihren Unterhalt und den des Sohnes aufzukommen, bis die Scheidungsangelegenheit endgültig geklärt sei.

Nach langen Verhandlungen und Zeugenvernehmungen wurde die Ehe der Meisbergers 1840 auf Verschulden des Mannes geschieden.* Das Gericht schenkte den Aussagen Anna Marias Glauben und betonte die Schwere der erlittenen Mißhandlungen angesichts ihres schwächlichen Zustandes. Wir wissen nichts darüber, wie es ihr weiter erging, ob sie bei ihrer Schwester wohnen blieb und wovon sie lebte, da Meisberger nur säumig den Unterhalt bezahlte. Wir wissen auch nicht, wie sie mit ihrem Gewissen zurechtkam. Vielleicht dachte sie wie jene Frau, die 1897 schreiben sollte: *«Habe in Allem es mir richtig überlegt und weiß daß ich von der Kirche ausgeschieden werde, jedoch die Kinder nicht, die behalten ihren Glauben bei, ich glaube deswegen gerade so an Gott wenn ich auch keine Kirche*

* Magdalene, das Dienstmädchen, war dabei nicht angehört worden, denn Dienstboten durften nicht gegen ihre Dienstherren aussagen.

mehr habe. ... Dann ist das ja heutzutage kein Verbrechen mehr, wenn man voneinander geht, das passiert ja 1000 mal des Tages.»[28]

Tausendmal wohl nicht, aber Anna Maria Meisberger war kein Einzelfall. Auch nicht die Zustände, die zu ihrer Scheidung geführt hatten. Als Scheidungsgründe anerkannt wurden folgende: Zum ersten Ehebruch, der allerdings für Mann und Frau unterschiedlich definiert wurde: Die Frau beging ihn *«durch jeden einzelnen Beischlaf mit einem anderen Manne als ihrem Ehegatten»*, der Mann nur, wenn er *«eine Concubine (eine eigentliche Beischläferin) in der gemeinsamen Wohnung hält.»*[29] Das heißt, den Männern wurden außereheliche Verhältnisse verziehen, für eine Frau war es unverzeihlich. *«Die Bedeutung der Frau liegt hauptsächlich in der sittlichen und geschlechtlichen Reinheit, und mit dem Verlust derselben ist die Würde des Weibes, so wie der eheliche und häusliche Friede vernichtet, die Erziehung der Kinder preisgegeben. [...] Der Ehebruch des Mannes wird in sehr vielen Fällen die Ehre und den Frieden des Hauses nicht untergraben, und der momentane Fehltritt des Mannes wird leichter verziehen und gesühnt werden können»*, begründete Savigny, der deutsche Jurist, diese Ungleichbewertung.[30] In Fortsetzung dieser Institutionalisierung der bürgerlichen Doppelmoral wurde eine wegen Ehebruchs schuldig geschiedene Frau wie beispielsweise Elise Schneckenburger zu mindestens drei Monaten, höchstens zwei Jahren Gefängnis oder Arbeitshaus verurteilt.

Als weiterer Scheidungsgrund galten, wie bei den Meisbergers, *«Lebensgefährlichkeit, harte Mißhandlungen oder grobe Verunglimpfungen des Einen Gegen den Andern»*.[31] In allen von Frauen gegen ihre Männer angestrengten Scheidungprozessen, die wir gefunden haben, ist von Mißhandlungen die Rede. *«Verunglimpfungen»* dagegen waren ein gegenseitiger Vorwurf. Definiert wurden sie als *«schwere Verletzungen des Ehrgefühls, ohne Rücksicht darauf, ob sie strafrechtlich als Ehrenkränkung erscheinen oder nicht»*.[32]

Weitere Gründe waren: die Verurteilung zu einer entehrenden Strafe (bis 1871), Verschollenheit, Landflüchtigkeit oder Wahnsinn.[33] Nicht mehr als Scheidungsgrund anerkannt, aber als harte Mißhandlung interpretiert werden konnte die *«Herzenshärtigkeit»*.

Als solche wurde «*die ohne Grund über 3 Jahre fortgesetzte hartnäckige Verweigerung der ehelichen Pflicht*», d.h. des Beischlafs, bezeichnet. Unter diesem Begriff rangierte auch die Impotenz des Mannes.

Sie duldete und schwieg

Nicht alle Frauen schafften es, ein Scheidungsverfahren überhaupt durchzustehen. Magdalena Kraus beispielsweise gelang es nicht.[34] Sie heiratete 1842 mit 30 Jahren den 6 Jahre jüngeren Gastwirt Johann Freund und bekam vier Kinder. Die Familie wohnte in der Kaiserstraße, später in der Schiffgasse. Ihre Konfession kennen wir nicht. Magdalena Kraus war eine vermögende Frau, sie brachte 10000 Gulden in die Ehe, die «*eine glückliche hätte sein können, wenn die Aufführung und das Betragen von Johann Freund so gewesen wäre, wie es einem ordentlichen Ehemann und Familienvater zusteht*». Das jedenfalls behauptete Magdalena. Schon in den ersten Jahren wurde sie von ihrem Mann, einem notorischen Trinker, auf das Übelste mißhandelt und geschlagen. Er «*hat sie unter wüsten Schimpfreden in der Küche auf den Boden geworfen, mißhandelt und mit dem Besenstiel auf den Kopf geschlagen, daß sie blutete*», berichteten ihre beiden Mägde. Weiter «*trat er sie mit Füßen, speite ihr ins Gesicht und schüttete über sie und die Kinder Wasser aus*». Aussagen vor dem Scheidungsrichter wie: «*Er überfiel sie im Bett*» oder «*Er drang in das Schlafzimmer ein und warf die beiden Näherinnen zur Thür hinaus*» lassen vermuten, daß er sie häufig vergewaltigte. Deutlich gesagt wurde dies nicht, denn Vergewaltigung in der Ehe war weder Scheidungsgrund noch Straftat. Einmal «*stach er mit dem Tischmesser nach seiner Frau*» – die damalige Schnürmode rettete ihr das Leben: «*Die Klinge drang durch das Kleid und dessen Futter und prallte an dem Schnürleib ab.*» Auch dem Hausgesinde spielte er übel mit. Ein Dienstmädchen «*verfolgte er ungescheut in Zimmer und Keller, um sie zu seinen Lüsten zu haben*»- so lange, bis diese das Haus verließ.

Magdalena *«duldete und schwieg»* 11 Jahre lang. 1853 endlich entschloß sie sich, sich scheiden zu lassen. Nach Meldschein und mehreren Zeugenvernehmungen aber versöhnte sie sich vor Gericht mit ihrem Mann.

«Der Friede war jedoch von kurzer Dauer», es änderte sich nichts. Er beschimpfte sie, auch in der Öffentlichkeit, mit Worten wie *«du Hure, du Canaille, du faules Mensch»*. Ein Jahr später stellte sie fest, daß zu alledem ihr Mann dabei war, das gesamte Vermögen durchzubringen. So entschloß sie sich, wenigstens zu versuchen, eine Gütertrennung zu erwirken. Das versetzte ihren Mann in noch größere Wut, ja, er drohte, sie totzuschlagen. Für kurze Zeit floh sie aus dem Haus und beantragte abermals die Scheidung. Dabei ging es ihr vor allem um die gerichtliche Erlaubnis, die eheliche Wohnung verlassen zu dürfen, und um die Klärung der finanziellen Situation, denn in der gegenwärtigen – er weigerte sich, ihr Geld zu geben – konnte sie sich und die Kinder nicht versorgen. Anders als Anna Maria Meisberger hatte sie offensichtlich keine Schwester oder Freundin, bei der sie unterschlüpfen konnte, oder aber sie wagte es nicht. Da keine akzeptable Lösung für die Kinder gefunden wurde, scheiterte auch dieser zweite Versuch, denn sie hatte nicht genug Geld, um sie selbst zu ernähren, und Johann Freund war nicht zu Unterhaltszahlungen verpflichtet worden, weil er angeboten hatte, die Kinder zu sich zu nehmen – das aber kam für Magdalena nicht in Frage. So blieb ihr nur die Rückkehr ins unglückliche Heim.

Sieben Jahre später: Magdalena Freund ist inzwischen 49 Jahre alt, ihre Kinder sind 17, 16, 14 und 10 Jahre. Die Mißhandlungen und Todesdrohungen sind noch schlimmer geworden, das Vermögen durchgebracht, die Kinder zeitweise bei Verwandten. Für ihren dritten Versuch muß Magdalena Armenrecht beantragen. Ihr Anwalt beurteilte die Situation folgendermaßen:

«Alles […] läßt keinen Augenblick mehr Zweifel darüber, daß es die höchste Zeit für die Ehefrau ist, aus dem ehelichen Zusammenleben für immer heraus zu treten […] aus einem Leben, welches schon längst die Grenze erreicht hat, wo nicht bloß die Selbsterhaltung dieser armen Frau, sondern auch die öffentliche Sittlichkeit und Ordnung eine solche Tren-

nung gebieterisch verlangt […] Wer kann dafür stehen, daß ein solcher unsinniger Säufer nicht einmal seiner Frau eine Verletzung beybringt, der sie unterliegen muß? Es wäre dieses, in ähnlichen Verhältnißen, nicht der erste Fall wo man zu späth erkannte, was früher hätte geschehen sollen.»

Das Gutachten des Anwalts läßt schließen, daß es nicht nur um das persönliche Wohlbefinden einer Ehefrau gehen konnte und durfte. Zustände wie im Hause Freund bedeuteten, wenn sie an die Öffentlichkeit gelangten, eine Gefahr für die «*Sittlichkeit*». Würden sie nicht unterbunden, wären sie ein sichtbares Zeichen dafür, daß ein System an diesem Punkt nicht funktionierte. Ein staatliches Eingreifen sei notwendig, so der Anwalt, nicht um primär die Frau, sondern um die Institution Ehe zu schützen.

Aber alle diese Argumente genügten Magdalena nicht. Trotz Gewalttätigkeit und Todesdrohungen, trotz Zerfalls der Familie und Verlust des Vermögens «versöhnte» sich Magdalena Freund mit ihrem Mann und lebte weiter mit ihm. Sie mag Gründe dafür gehabt haben, die in den Scheidungsverfahren niemals zur Sprache gekommen waren. Möglicherweise aber hatte sie mehr Angst vor einem Leben als geschiedene Frau als vor einem Verharren im Üblen, aber Bekannten und daher Handhabbaren.

Im April 1862 erklärte Johann Freund vor Gericht: «*Wir wollen aber gemeinschaftlich in dem Hause wohnen bleiben, in welchem wir wohnen, und suchen ein Leben zu führen, wie es christlichen Eheleuten ziemt.*» Ob er das selber glaubte? Magdalena Freund erklärte jedenfalls: «*Ich bin mit der Erklärung meines Mannes zufrieden gestellt, versöhne mich mit ihm und nehme die erhobene Klage unbedingt zurück.*»

Männerehre und Frauenehre

Von den Scheidungsklagen, die wir gefunden haben, wurden etwa doppelt so viele von Frauen eingereicht wie von Männern. Der Leidensdruck einer schlechten, unglücklichen Ehe scheint für Frauen weit größer gewesen zu sein als für Männer. Alle klagten wegen harter Mißhandlung, grober Verunglimpfung und gar *«Lebensgefährlichkeit»*,[35] nur manche von ihnen zusätzlich wegen Ehebruchs. Letzteres hängt damit zusammen, daß Ehebruch bei Männern schwerer zu beweisen war und vor allem damit, daß er, wie erwähnt, anders bewertet wurde als bei Frauen. Unter den klagenden Männern war nur einer, der nicht wegen Ehebruchs seiner Frau klagte, sondern wegen *«Verunglimpfung»*.[36] Aber auch er betonte, daß sie seine *«Ehre»* öffentlich in den Schmutz gezogen habe.

Die Ehre der Frauen wurde zuallererst sexuell definiert. Ehrbar war nur eine Frau, die sexuell unberührt oder verheiratet war, d.h. die sexuell nur einem Mann, ihrem Ehemann, der ein «Recht» darauf hat, zur Verfügung stand. Verletzte sie diesen Kodex, verletzte sie damit in erster Linie die Ehre des Mannes und dann erst ihre eigene. Ihre verletzte Ehre konnte nicht durch sie selbst wiederhergestellt werden, sondern nur durch den Mann, beispielsweise, indem er die Frau heiratete.[37] Eine *«gefallene Frau»* war eine, die sich sexuell außerhalb der Ehe einem Mann «hingab», ob freiwillig oder gezwungen, machte keinen Unterschied.* Die Ehre des Mannes wurde nicht verletzt durch sexuellen Umgang mit einer Frau, die ihm nicht angetraut war. Im Gegenteil, das steigerte sein Ansehen «unter Männern». Es bedeutete Machtzuwachs, während gleiches Verhalten von Frauen Machtverlust der Männer in sich barg und deshalb inakzeptabel war. Hier lagen die Gründe für die unterschiedliche Bestrafung sexueller Verfehlungen, die auch außerhalb von Scheidungsprozessen praktiziert wurde.

Ein Beispiel dafür mag der Fall der Anna Karolina Koch sein.[38]

In der Sedanstr. 10 lebte 1899 der 34jährige Johann Wagenhäuser mit seiner Frau. Er betrieb ein Spezerei- und Flaschenbiergeschäft. Mit zum Haushalt gehörte die zweite Frau seines verstorbenen Vaters, Anna Karolina, 59 Jahre alt. Wie das Leben, oder vielleicht die Liebe, so spielt: Die beiden fanden Gefallen aneinander, *«hatten Spaß»*, wie er sagte. Jedenfalls zog er es vor, bei seiner Stiefmutter anstatt bei seiner Frau zu schlafen, wenn auch angeb-

* Ein Mann dagegen *«fiel»*, indem er im Krieg sein Leben verlor.

lich auf dem *«Sopha»*. Selbstverständlich waren das unhaltbare Verhältnisse. Die Ehefrau zeigte die Ehebrecher, die noch dazu blutschänderisch handelten, an. Anna Karolina Koch wurde für 3 Monate ins Gefängnis geworfen und bekam die bürgerlichen Ehrenrechte für 3 Jahre aberkannt. Über seine Strafe wissen wir nichts, aber die mehrmaligen Betonungen, daß sie die Verführerin gewesen sei, lassen schließen, daß sie bedeutend niedriger ausfiel. Als strafverschärfend war für die Frau ihr hohes Alter und ihr *«fortgesetztes schamloses Treiben»* in Betracht gezogen worden, *«Ausdruck roher, zügelloser Sinnlichkeit»*.

Hier kamen Aspekte zusammen, die die männliche Dominanz in Frage stellen konnten: die Verführung des Mannes durch *«rohe Leidenschaft»* und noch dazu durch eine Frau, die älter war als er. Ihre Fortsetzung fand diese Angst vor der «Leidenschaft» in dem Verbot, den am Ehebruch Beteiligten zu heiraten. Denn *«es sei zu befürchten, daß eine während bestehender Ehe vorhandene sträfliche Leidenschaft eine nur allzu gefährliche Nahrung in der Aussicht auf eine spätere Verbindung fände»*.[39] Dafür wurde in Kauf genommen, daß aus solchen Beziehungen hervorgegangene Kinder nie legitimiert werden konnten.

Um als *«Hure»* beschimpft zu werden, mußte eine Frau nicht tatsächlich eine sexuelle «Verfehlung» begangen haben. Die Herren Meisberger und Freund waren nicht die einzigen, die ihre Frauen *«Hurenweib»* betitelten, sie des Umgangs mit anderen Männern beschuldigten oder ihre Vaterschaft an den gemeinsamen Kindern anzweifelten. Solche Beschuldigungen finden sich gerade auch in den Prozessen, die Frauen gegen ihre Männer anstrengten.

Dabei konnte das männliche Machtgefühl absurd anmutende Ausmaße annehmen: Otto Grimmer war ein Trinker und Betrüger, der seine Frau regelmäßig mißhandelte, ihr Vermögen versoff und sie endlich mittellos mit vier Kindern sitzenließ. 1862 reichte sie die Scheidung ein.[40] Kurze Zeit später verfiel er auf die Idee, ein Geschäft zu eröffnen, und besann sich in diesem Zusammenhang darauf, daß er größten Wert darauf lege, *«seine Ehre gewahrt zu wissen»*. Er machte ganz ernsthaft das Angebot: *«Wenn meine Frau gut ist und ihre Pflichten erfüllt und ihre Fehler bereut, so bin ich bereit, ihr zu verzeihen und sie wieder zu mir aufzunehmen.»* Auch er beschuldigte seine Frau grundlos, ein Verhältnis zu haben. Louise Grimmer wurde gerichtlich aufgefordert, das eheliche Leben wieder aufzunehmen, weigerte sich jedoch. Sie glaubte seinen Versprechungen nicht und setzte die Scheidung durch. Ebenfalls sein Ehrgefühl verletzt sah ein Oberamtsrichter, dessen Frau durch den Kauf schlechter Lebensmittel *«den Namen und das Ansehen ihres Ehemannes»* schädigte, wie es hieß.[41]

Die Ehre des Mannes war eine nach außen gerichtete und stützte sich auf ein Konstrukt von Macht und Unterdrückung, materieller und emotionaler Abhängigkeit der Frau. Das Verhalten eines Mannes innerhalb seiner Familie war gesellschaftlich nicht relevant, während eine Ehefrau daran gemessen wurde. Erkauft wurde die Abhängigkeit mit der Versicherung von Privilegien an die Frauen: Der Ehemann war verpflichtet, seine Frau zu *«beschützen und zu verteidigen»*, für sie und die Kinder zu sorgen. Sie sollte sich nicht in der wilden Welt außerhalb der Familie abplagen müssen (und dürfen); es wurden ihr bestimmte Rechte als Hausfrau zuerkannt, beispielsweise Schlüsselgewalt, eigene Verwaltung des Haushaltsgeldes, Einstellung von Dienstboten für den Haushalt. Diese Rechte waren keine eigenständigen, sondern sozusagen durch den Ehemann eingeräumte und als solche Teil des gesellschaftlichen Machtgefüges. Sie waren demnach auch nicht einklagbar, ihre Mißachtung oder Beschneidung konnte bei einem Scheidungsprozeß nur als seelische Mißhandlung in die Waagschale geworfen werden. Die Ehre der Frau bestand in ihrer Sittsamkeit und in ihrer öffentlichen Anerkennung als gute Hausfrau, das heißt, in Ordnungsliebe und Sparsamkeit. Dies zu beurteilen, oblag dem Mann.

Ihr Mann räume ihr ihre Rechte als Hausfrau nicht ein, indem er die Tagelöhnerin, die sie angestellt hatte, eigenmächtig wieder wegschickte, klagte Magdalena Freund, die Frau des Wirtes. Auch Anna Maria Meisberger sah sich *«jede[r] Befugnis im Haushalt entzogen»*. Ehrverletzend für Frauen wurde dies dann, wenn dadurch ihr *«guter Ruf»* in der Öffentlichkeit geschädigt wurde. So sehr Öffentlichkeit die Frauen vor gewalttätigen Ehemännern schützen konnte, indem sie Dienstbotinnen oder Freundinnen zu Hilfe riefen, so sehr wurde sie bedrohlich, wenn sie sich durch schlechten Ruf in ihrer Ehre gekränkt fühlen mußten.

Eine geschlechtsspezifische Gesetzgebung, die Frauen und Männern in der Ehe unterschiedliche Rechte und Pflichten zuschreibt und als Scheidungsgründe unterschiedliches Fehlverhalten geltend macht, wirkt sich aus auf das Bewußtsein der Menschen und reglementiert ihr Verhalten im Alltag. Für eine Frau beispielsweise, deren Mann die Dienstmädchen zu belästigen pflegte oder der sie mit anderen Frauen betrog, gab es keine Möglichkeit, mit dieser Begründung ihre Ehe auf Verschulden des Mannes zu beendigen. Zudem konnte ein Mann immer noch behaupten, er habe die Frau bezahlt – womit er sie zur Prostituierten stempelte –, und Umgang mit Prostituierten galt nicht als Ehebruch. Umgekehrt gab jedes sexuelle Fehlverhalten der Ehefrau, und sei es nur ein *«einmaliger Fehltritt»*, einem Mann die Möglichkeit, schuldlos geschieden zu werden. Nur eine der klagenden Frauen führte als Scheidungsgrund ausschließlich Ehebruch des Mannes an.[42] Die Beweisführung war für die Ehefrauen so schwierig, daß sie meistens davon Abstand nahmen und auf andere «Gründe» auswichen. Andererseits gab es einige Frauen, die trotz gesetzlichen Verbotes unter dem Druck einer unerträglichen Ehe aus der gemeinsamen Wohnung auszogen und mit einem anderen Mann lebten. Dafür nahmen sie in Kauf, wegen Ehebruchs schuldig geschieden zu werden – mag davor gewesen sein – was wolle, und das Recht auf ihre Kinder und den Unterhalt zu verlieren.[43]

Das Bewußtsein des Rechthabens, geprägt auch durch Gesetze, zeigt sich deutlich in dem folgenden Brief. Johanna Meyer hatte 1898 gegen ihren Mann wegen grober Verunglimpfung und Ehebruchs geklagt. Nachdem ihr gemeinsames Wohnen nicht mehr zuzumuten und sie ausgezogen war, brach er mehrmals bei ihr ein und versuchte, sie dazu zu zwingen, mit ihm zu schlafen. Wäre sie *«ihm zu Willen»* gewesen, hätte das höchstwahrscheinlich vor Gericht als *«Versöhnung»* interpretiert werden können und damit ihre Klage unwirksam gemacht.[44] Er schrieb an seine Frau:

«Liebe Frau! [...] Wenn ich bis Samstag Abend keine Nachricht habe wie oder wann, so kannst du dich darauf verlassen, daß ich bis höchstens 8 Uhr selber komme. Aber nicht als reuiger Sünder, das bild dir ja nicht ein. Wenn ich wieder da bin dann wollen wir mal schauen wer gut muß thun ich oder andere. Ich bin fest überzeugt, daß du nachher auch mal nach meiner Pfeife tanzest. So lange wir nicht geschieden sind bist du immer noch meine Frau, werde auch als Mann von meinem Recht Gebrauch machen. [...] Finde es auch nicht nothwendig mich bei fremden Leuten herum zu treiben, da ich eine Frau und ein starkes Recht auf das Haus habe.»

Das «Recht» des Mannes war ein sehr fragiles und leicht verletzbares. Es wurde schon tangiert, wenn eine Ehefrau mit nicht akzeptablen Leuten Umgang hatte, ihre Zeit nach ihrem Gusto verbrachte, sich mit Männern unterhielt, ihre Kinder nicht genügend bemutterte, den Haushalt vernachlässigte, nicht sparsam genug einkaufte oder sich bei anderen über ihren Mann beklagte. Um das «Recht» einer Frau zu verletzen, bedurfte es weit härterer Angriffe: Entweder mußte der Mann nachweislich und fortgesetzt Ehebruch im Sinne des Gesetzes begangen oder seine Frau schwer mißhandelt oder verlassen haben. Die Gründe in den Akten spiegeln dies wider. Alle (außer den verlassenen) Frauen klagten wegen Mißhandlung und Verunglimpfung, kein Mann klagte wegen Mißhandlung. Körperliche Gewaltanwendung war die Waffe der Männer. Obwohl den Ehemännern gesetzlich verboten war, ihre Frauen zu schlagen, war es oft genug entschuldbar, denn sie hatten ihren «Grund». Die Frau *«habe sie gereizt»*, hieß es oft, oder, der Mann habe das *«fortwährende Gehetze und Geschimpfe»* so lange ausgehalten, *«als er konnte, da die Frau aber nicht aufhörte, so fing er an, den Spiegel, Stühle etc. zu zertrümmern und als nichts mehr zu zertrümmern war, nahm er manchmal einen Stock und schlug damit auf seine Frau»*.[45] Auf Vorwürfe «reagierten» die Männer vielfach mit Schlägen. Reagieren heißt, die eigentliche Ursache wurde den Frauen zugeschoben, nach dem Prinzip: Weil Frauen schimpfen, können Männer nicht anders als schlagen. Die scheidungsbegehrenden Frauen sind von ihren Männern nicht *«einmal auf die Backe geschlagen»*, sondern schwer mißhandelt worden.

Als Waffen der Frauen gegen den Ehemann wurden *«schimpfen, schelten, hetzen und piesacken»* gesehen. Ein Beklagter fühlte sich *«schwer gereizt»* durch die Verdächtigung seiner Frau, er habe die eheliche Treue gebrochen, ein anderer quittierte die Titulierung *«Drecksau»* mit Schlägen. *«Ein einziges Mal habe ich meine Frau geschüttelt, weil sie mir nicht zu essen gab»*, läßt auf heftige Auseinandersetzungen schließen.[46] Ein Korbmacher begründete seinen Wunsch, sich von seiner Frau scheiden zu lassen, folgendermaßen: *«Meine Frau hält mihr seit 14 Jahren imer vor, ich sollte mit anderen Frauen bekantschaft haben, welches von Warheit keine Spuhr hatte. Vor zwei Jahren hate sihe mich beim Bürgermeister in W. angeklagt. Ich solle mit der Verheiratheten Katharina M. Umgang gehabt haben. Als der Bürgermeister dießen Auftrag an die Oefendlichkeit brachte da habe ich meiner Frau eine an den Baken geschlagen um sihe doch zuletzt zurecht zu weißen. Da hatte sihe mich verlaßen und ist nicht mehr zu mihr gekomen.»*[47] Nicht viel anders argumentierte der Oberamtsrichter, indem er schrieb: *«Ich teile Ihnen offen mit, daß ich sie, als sie mich «Schuft» nannte und meine Familie ein gemeines, verkommenes Chor, links und rechts beohrfeigte und ihr erklärte, ich werde ihr keine Beschimpfung mehr ungestraft vorbeigehen lassen, wie seit drei Jahren, sondern sie dafür züchtigen.»*[48] Sie alle fühlten sich im Recht. Wenn auch den Frauen zugeschrieben, war das Schimpfen und Schelten sicherlich nicht auf sie beschränkt, nur konnte im umgekehrten Fall die Deutung Ursache/Reizen – Wirkung/Schlagen nicht greifen. Nicht vorstellbar in einem Scheidungsprozeß des 19. Jahrhunderts war, daß ein Mann wegen körperlicher Mißhandlung klagte, die Frau aber mit der Begründung widersprach, er habe sie schließlich gereizt.

Die Erwartungen

In den Scheidungsklagen zeigt sich, daß, wenn die Ehepartner sich in ihren gegenseitigen Erwartungen enttäuscht sahen, eine Ehe als unerträglich empfunden wurde und das Bedürfnis wuchs,

Freiburger Ehepaar, 1884

sie aufzulösen. Die Erwartungen waren nur teilweise definiert – ein Mann sollte seine Frau nicht mißhandeln, eine Frau ihren Mann nicht betrügen. Sie sollte eine *«ordentliche und sparsame Hausfrau»*, er ein *«ordentlicher Ehemann und Familienvater»* sein. Er sollte für das materielle, sie für das emotionale Wohl der Familie sorgen. Sie sollten zusammenpassen, nicht nur in ihrem gesellschaftlichen Stand, sondern auch in ihrer Wesensart und in ihren Ansprüchen. Dahinter steckten jedoch Wünsche, die meist unausgesprochen blieben und weder gesetzlich definiert waren, noch eingeklagt werden konnten. Feststellungen wie *«Die Ehe war von Anfang an eine unglückliche»*, wie wir sie in fast allen Akten finden, sagen nicht viel darüber aus, wo denn eigentlich die Gründe für die Zerwürfnisse lagen. Nur aus den gegenseitigen Vorwürfen können wir erkennen, daß es enttäuschte Erwartungen, zerstörte Hoffnungen und gebrochene Versprechungen gab. *«Still und schüchtern»* habe die Frau des Oberamtsrichters gewirkt, als er sie heiratete; nun klagte er, weil sie es nicht war. Oder der gesellschaftliche Aufstieg blieb aus, wie beispielsweise bei Elise Schnekkenburger oder Klara Hellige, von der eine Zeugin sagte, *«daß diese manches vermisse, was sie gehofft habe, in der Ehe finden zu können, insbesondere eine gewisse gesellschaftliche Rolle zu spielen»*.[49] Die nicht erfüllten oder nicht erfüllbaren Wünsche führten zu Zerwürfnissen. Wenn der Wunsch nach einem besseren Leben endgültig enttäuscht war, mußten äußere Gründe gefunden werden, die Ehe aufzulösen. Unglücklich dabei waren sicher nicht nur die Frauen (obwohl wir nur einen «unglücklichen» Mann gefunden haben: *«Dein unglücklicher Mann»*, unterschrieb Otto Grimmer den Brief an seine Frau, in dem er sie einige Zeilen vorher bedroht hatte.). Nur sie aber sprachen andeutungsweise von ihrer Enttäuschung, nicht geliebt zu werden. *«Du warst als Bräutigam oft so kalt gegen mich, von dir dachte ich mich nicht geliebt»*, schrieb Elise Schneckenburger ihrem Mann, und weiter: *«Alle von meinen Freundinnen sind glücklich verheiratet und denen ihre Männer halten fest zu ihren Frauen.» «Zum ehelich zusammen leben gehört ein andere Liebe als die welche bei uns da war»*, erkannte sie, nur welche? Trotz der widrigsten Umstände erhoffte sie sich immer noch Glück. *«Ich liebe den Leutnant»*, bekannte nur eine Frau ohne Rücksicht darauf, daß dies richterlich zu ihren Ungunsten ausgelegt werden konnte. Der Grund dafür, daß so wenig von Liebe die Rede ist, liegt darin, daß Liebe zwar erwartet und erhofft wurde, ihre Nichterfüllung aber kein rechtliches Thema sein konnte. Dennoch scheint hier die Erklärung dafür zu liegen, daß vor Gericht regelrechte Schlammschlachten mit gegenseitigen Beschuldigungen und Verteidigungen ausgetragen wurden.

In allen diesen Fällen – außer den erwähnten Scheidungen in beiderseitigem Einverständnis – hatten die Richter die Schuldfrage zu klären und damit Schuld oder Unschuld zuzuweisen. Auffallend dabei ist, daß die Ehefrauen sehr viel genauer unter die Lupe genommen wurden als die Männer, gleichgültig, ob sie Kläger oder Beklagte waren. Was das Benehmen der Männer betraf, wurden Zeugen nur über die Punkte befragt, die auch in der Anklage zur Sprache kamen, nicht aber, wie sie sich beispielsweise im Berufsleben verhielten. Bei Frauen dagegen wurde, selbst wenn sie entweder Klägerin oder dies kein Klagepunkt war, ausführlich darüber recherchiert, ob und wie weit sie ihre hausfraulichen Pflichten erfüllten. *«Das Zimmer war immer ordentlich aufgeräumt»*, erwähnte eine Zeugin im Prozeß gegen einen gewalttätigen Mann.[50] Auch die Frau des Wirtes Freund betonte, daß sie immer eine gute Hausfrau gewesen sei. Wurde über eine Frau ausgesagt, *«das Essen sei erbärmlich schlecht und ekelhaft»* oder *«generell sei ihre Haushaltsführung unreinlich gewesen»*, so konnte dies unter Umständen die Prügel des Mannes entschuldigen. In ihrem Zuständigkeitsbereich Haus waren die Frauen die Verantwortlichen für ein harmonisches Familienleben. War das zerstört oder nicht vorhanden, fiel der Argwohn als erstes auf die Frau.

Um die Schuldfrage wurde auch deshalb so erbittert gekämpft, weil sie Konsequenzen für das spätere Leben der Geschiedenen hatte. Von ihr war abhängig, wer wem Unterhalt zu zahlen hatte und wo die Kinder bleiben konnten. Eine schuldig Geschiedene hatte weder Anspruch auf Unterhalt noch auf ihre Kinder. Wir können uns auch vorstellen, daß ihr öffentlicher Ruf bedeutend mehr litt. Unter Umständen mußten Frauen auch für ihre beim Mann verbliebenen Kinder Unterhalt bezahlen. Maria Brenner ist dafür ein Beispiel.[51] Ihre Ehe war 1880 wegen *«fortgesetzten Ehebruchs der Frau»* geschieden worden. Sie hatte sechs Kinder, ging mit den beiden kleinsten nach Basel und arbeitete dort als Wäscherin und Putzerin. Mit Unterstützung seiner Heimatgemeinde, die befürchtete, die Familie könne der Armenkasse zu Last fallen, erstritt ihr Mann, ein Landwirt, von ihr Zahlungen *«zur Erziehung der Kinder»*.

Wir wissen kaum etwas darüber, was aus den Freiburger Frauen nach ihrer Scheidung wurde. Wir fanden manches über ihre Wünsche und Vorstellungen, fast nichts über deren Verwirklichung und ihr zukünftiges Leben. Eine Tagelöhnerin erwähnte zumindest, daß *«es ihr ohne ihren Mann besser gehe als mit ihm»*.[52] Wieviel besser, blieb ungesagt. Gestorbene Hoffnungen, verletzte Gefühle, unverwirklichte Pläne mögen dahinterstecken, aber wenigstens keine täglichen Zerfleischungen und keine Prügel mehr. Wir können versuchen, uns Elises weiteren Weg vorzustellen: Sie wird weiter herumgeschubst worden sein, ohne Chance, ihr Leben selbstverantwortlich in die Hand zu nehmen. Sie hatte, als äußere Brandmarkung, den Ehenamen ablegen müssen.

Eine zweite Ehe planten, ja wünschten viele nicht: *«Ich will nicht zum zweiten Mal in ein Unglück»*, sagte eine. *«Nehmen Sie Ihre Tochter zurück und recht bald»*, hatte der Oberamtsrichter seine Schwiegermutter gebeten, und wahrscheinlich zog die Frau nach der Scheidung tatsächlich zu ihrer Mutter. Eine andere kehrte zwar auch zurück zu ihren Eltern, plante allerdings, nach England zu gehen, wo sie eine Stelle als Gouvernante annehmen wollte. Frau Meisberger lebte wohl mit ihrer verwitweten Schwester und mit ihren Kindern, Frau Grimmer führte ihre eigene Buchbinderei mit Gehilfen. Andere erhofften sich neues Eheglück. Ob Frau Hellige es mit dem Leutnant, für den sie *«heftige Leidenschaft»* empfand, gefunden hat? Vielleicht erlaubte er ihr gar, im Gegensatz zu ihrem ersten Mann, ihr Pensionat im Hause weiterzuführen. Wir wissen es nicht.

Das Ehe- und Scheidungsrecht als Teil des Badischen Landrechts entlarvte die Idee von *«Freiheit und Gleichheit»* als Farce. Brüderlichkeit mag angestrebt worden sein, Schwesterlichkeit nicht. Die Trennung von «weiblich» und «männlich» wurde weiter ausgebaut aufgrund der ihnen zugeschriebenen «Natur» und Funktion. Dadurch wurde die Macht der Männer gestärkt, während die Frauen in neue Abhängigkeiten gezwungen (und auf ihre

«Mütterlichkeit» reduziert) wurden. Luise Otto-Peters erkannte deutlich:

«Die Würde der Frauen ist keine innere, die überall sich gleich bleibt, sie ist nur eine äußere, an die niemand mehr glaubt, sobald der für ihre Aufrechterhaltung nöthige Apparat: häuslicher Herd, Familie und Geschlechtsgenossinnen nicht mehr an ihrer Seite ist!

Die gerühmte Sittsamkeit der deutschen Mädchen und Hausfrauen erscheint sonach als nichts Anderes als das Resultat eines stets auferlegten Zwanges – im schlimmeren das erzwungene Produkt einer fast unerträglich befundenen Sklaverei.»[53]

Der Schutz, den das Gesetz den Frauen angedeihen ließ, bestand auf der minimalen Ebene körperlicher Unversehrtheit. Der Schutz der Familie lag im Interesse des Staates, nicht der Schutz des Individuums, wenn dieses eine Frau war. Die Fortsetzung fand dies 1900 im BGB. Obwohl sich in der Vergangenheit gezeigt hatte, daß die Befürchtung, die Menschen könnten *«mit der Ehe spielen»* und in der Lage sein, sich in gegenseitigem Einvernehmen zu scheiden, nicht bewahrheitet hatte, wurde die einverständliche Scheidung abgeschafft. Der Mann blieb das leitende Oberhaupt der Familie, ihm wurden weitergehende Rechte am Vermögen der Frau zugestanden. Vom Fortschritt in den Rechtsreformen wurden Frauen damit weiter ausgenommen.

Vergebens hatten deutsche Frauenrechtlerinnen empört reagiert und heftig dagegen protestiert. Eine von ihnen, die Juristin Anita Augspurg, vertrat folgerichtig – wie viele ihrer Mitstreiterinnen – die Meinung:

«Für eine Frau von Selbstachtung, welche die gesetzlichen Wirkungen der bürgerlichen Eheschließung kennt, ist es nach meiner Überzeugung unmöglich, eine legitime Heirat einzugehen: ihr Selbsterhaltungstrieb, die Achtung vor sich selbst und ihr Anspruch auf die Achtung ihres Mannes läßt ihr nur die Möglichkeit einer freien Ehe offen. […] So halte ich es nicht nur für ratsam, nicht nur für das gute Recht, sondern sogar für die Pflicht der sittlich hochstehenden Frau, die freie Ehe zu wählen und durch ihr Vorbild den Weg zu bahnen zu einer würdigeren Gestaltung der Ehegesetze, als wir sie heute besitzen.»[54]

DIE HEBAMMEN

«dienstwillig, thätig, vorsichtig, sanftmüthig und verschwiegen»

Im September 1890 eröffnete Frau Marie Meyer, eine reiche Witwe aus Hamburg, in einem Haus in der Hauptstraße 17b in Herdern ein *Heim für gefallene Mädchen*.* Für Umbau, Einrichtung und Personalkosten des Heimes hatte sie 500000 Mark aufgewendet. Mit dem Zufluchtsort wollte sie *«das nackte Leben armer und zugleich unehelicher Kinder beschützen und erhalten und so lange behüten, bis die Mutter oder die beiden Gotten, oder Verwandte oder mildthätige Menschen sie der Aufgabe entbinden, oder aber bis das Kind in Stand gesetzt ist, für sich selbst zu sorgen, indem es einem Broderwerbe nachzugehen im Stande ist. Dieser Zweck kann und sollte nicht ohne Mitwirkung der Mutter erstrebt werden, und deshalb kümmert die Anstalt sich auch um diese. Das Muttergefühl soll durch zeitweiliges Verweilen der Mutter mit dem Kind in der Anstalt geweckt werden, damit sie mit Freuden für ihr Kind arbeitet und darbt, und damit sie darnach strebt, einstens mit ihm sich zu vereinigen, denn die Mutter soll ihre Pflicht – soweit wir das erreichen können – gegen ihr Kind erfüllen, ob sie es in oder außerhalb der Ehe geboren hat. […] Jedenfalls soll das Mädchen durch die Opfer, die es bringen muß, nicht zu dem Glauben kommen können, daß hier dem Leichtsinn Gelegenheit geboten werde, sich ungestraft gegen die Gesetze zu vergehen.»*[1]

* Sie selber war im Jahr zuvor nach Freiburg gezogen und wohnte in einer Villa in der Mozartstraße 5 (Freiburger Adreßbuch 1889, 1890 und folgende).

Laut einer Beschreibung, mit der Marie Meyer ihr Projekt der Freiburger Öffentlichkeit vorstellte, sollten «*Mädchen aller Stände und Confessionen*», die zum ersten Mal «*gefallen*» waren, aufgenommen werden, und auch das nur, wenn sie ein «*ordentliches Vorleben*» nachweisen konnten. «*Die Anstalt soll den Mädchen, die in der Stellung, welche sie innehaben, von dem Augenblicke an, wo ihre Mutterschaft offenkundig wird, nicht länger verbleiben können, eine Zufluchtsstätte bieten. Das niedrige Publikum und alle diejenigen, die nicht zum ersten Male in diese Lage kommen, sind ausgeschlossen.*» Mittellose Mädchen sollten umsonst aufgenommen werden, die anderen ein ihren Verhältnissen entsprechendes Kostgeld entrichten. Damit sie in Ruhe, Abgeschiedenheit und bei guter Verpflegung gesunde Kinder zur Welt brächten, sollten die jungen Frauen nicht erst kurz vor der Geburt, sondern möglichst einige Monate vorher in das Haus kommen und mindestens so lange bleiben, wie sie stillen konnten, denn das Stillen sei unerläßlich für die «*Entwicklung eines gesunden Muttergefühls*». «*Kann sie nicht stillen, so verbleibt sie so lange, bis sie sich so weit gekräftigt hat, um ihrem Berufe wieder nachgehen zu können*».

Da es unter den damaligen Verhältnissen kaum eine Möglichkeit gab, daß die unehelichen Kinder dauerhaft bei ihren Müttern bleiben konnten, und auch das Heim ja kein Kinderheim war, mußten nach der Geburt «*möglichst frühzeitig Ziehmütter auf dem Lande*» gefunden werden. Die Mütter sollten in ihre alte Stellung zurückkehren oder aber, «*wenn sie empfehlenswerth sind*», «*in guten Häusern für gute Bezahlung ein Unterkommen finden*».

Um etwaige Vorbehalte von vornherein zu entkräften, betonte Marie Meyer, daß «*leichtsinnige Mädchen, die auch schon gekommen seien*», schnell ausschieden. Mit dem «*niedrigen Publikum*», das sie ausgeschlossen wissen wollte, meinte sie Prostituierte und andere Frauen mit schlechtem Ruf. Außerdem versicherte sie nachdrücklich, daß die Frauen nicht bei ihr ihre Kinder zur Welt bringen sollten, sondern daß sie sie in die nahegelege Universitäts-Entbindungsklinik schicken werde.

Nach einem knappen Jahr jedoch änderte sie ihre Meinung, fand, daß die Frauen in ihrem Haus entbinden können sollten, und bemühte sich um eine entsprechende Genehmigung der Stadt. Was waren ihre Gründe?

Mindestens zwei der bei ihr wohnenden Schwangeren hatten sich geweigert, zur Entbindung in die Klinik zu gehen. Daraufhin hatte sich Marie Meyer beim Standesamt kundig gemacht und erfahren, daß im selben Jahr von 228 unehelichen Geburten 82 nicht in der Klinik stattgefunden hatten. Die Frauen hatten stattdessen *«bei Hebammen oder anderen Frauen»* ein Zimmer gemietet und dort unter oft schlechten Bedingungen in der Illegalität ihre Kinder zur Welt gebracht. Sie wollten vermeiden, daß ihr «Fall» bekannt werde, und fürchteten mit Recht, daß das in der Klinik nicht möglich sein würde. Marie Meyer befand sich in einer fatalen Lage. Wohin sonst konnte sie die Frauen schicken? Den Hebammen war es offiziell verboten, bei sich zu Hause zu entbinden, in Marie Meyers Versorgungshaus war es ebenfalls nicht erlaubt. Also änderte sie ihr Konzept und beantragte, ihr Haus als Entbindungshaus betreiben zu dürfen.

Den Stadtoberen war das Ansinnen nicht geheuer. Man glaubte, weder ihre Vergangenheit noch ihre Absichten genau genug beurteilen zu können. Deshalb wurde als erstes ihre persönliche Integrität überprüft. Zu diesem Zweck ließ Stadtrat Hugo Ficke über einen Vetter in Hamburg ein *«Detektivbureau»* damit beauftragen, unauffällig Erkundigungen einzuholen. Diese bestätigten, daß sie wohlhabend und wohltätig gewesen sei, und ergaben nichts Nachteiliges. Zwar gelte sie *«für etwas unruhigen Geistes, ist aber sehr unternehmend und hat wiederholt gemeinnützige Anstalten mit großen Geldopfern ins Leben gerufen. Ihre Persönlichkeit sowie ihre Familien- und Vermögensverhältnisse bieten keinen Grund, ehrlichen Bestrebungen in Freiburg entgegenzutreten. […] Ihre persönliche Ehrenhaftigkeit ist außer Zweifel»*, wurde berichtet.

Die Zweifel der Stadtoberen waren damit nicht ausgeräumt. Um eine kompetente Stimme zu hören, beauftragten sie Professor Hegar, der als Leiter der Universitäts-Frauenklinik und als Oberhebarzt die Aufsicht über das Entbindungswesen innehatte, mit einem Gutachten. Dieses Gutachten ist ein Paradestück «wissenschaftlicher» Scheinargumentation. Am Anfang benennt es unverhohlen die Interessenkollision, um die es geht, um sie anschließend mit medizinischen und moralischen «Begründungen» wieder zu verschleiern:

«Die Universität hat ein Interesse daran, daß keine Privatentbindungsanstalt in hiesiger Stadt entsteht. Die Zahl der in der Klinik niederkommenden Personen ist, in Betracht der zahlreichen Schüler und Hebammenschülerinnen eine geringe. Eine weitere Herabdrückung könnte weniger Studierende nach Freiburg kommen lassen. Auch eine vielleicht nicht große Zahl der bei Frau Meyer aufgenommenen Schwangeren kommt in Betracht.

Solche Institute wirken nachteilig in gesundheitlicher und sittlicher Beziehung: Sie geben leicht zur Entstehung infectiöser Krankheiten Anlaß.

Die Einrichtungen sind meist nicht der Art, daß septische Infectionen während Schwangerschaft, Geburt und Wochenbett mit der großen Sicherheit vermieden werden können, wie dies in Staatsinstituten möglich und thatsächlich durchgeführt ist.

Man hat auch an anderen Orten die Beobachtung gemacht, daß, wenn einmal in einer Stadt der Anfang mit einer solchen Privat-Entbindungsanstalt gemacht worden ist, oft meist von auswärts her Personen zum Zweck der Niederkunft kommen. Finden sie keine Aufnahme in der einen erlaubten Anstalt, so suchen sie sich irgendwo anders in der Stadt einen Unterschlupf und solche heimlichen Niederkünfte in Privathäusern sind schwer zu verbieten. Diese Personen sind häufig auch nicht gerade durch einen besonders moralischen Lebenswandel ausgezeichnet, so daß vielfach durch sie zur Vermehrung der Prostitution Anlaß gegeben wird.

Außerdem schadet auch das Beispiel. Noch andere solche Gelegenheiten zum Niederkommen werden sich finden, wie denn schon jetzt trotz des Verbotes nicht ganz wenige Geburten bei Hebammen stattfinden, und wir stets von Zeit zu Zeit Großherzogliches Bezirksamt um Maaßgabe dagegen ersuchen müssen.»

Daß Schwangere aus «*Schamhaftigkeit*» nicht in die Klinik wollten, sei abwegig, wenn auch zugestandenermaßen «*ganz Unbemit-*

telte, welche umsonst verpflegt werden, von den Studierenden untersucht» würden. Das aber wäre aufgrund der *«neuen antiseptischen Prinzipien sehr in den Hintergrund getreten und überhaupt weniger geübt, als in früherer Zeit.»* Die zahlenden Patientinnen würden gar nicht von Studenten untersucht, und sie hätten *«eine geburtshilfliche Kunsthilfe zur Verfügung, wie sie sich reiche Privatpersonen in ihrer Wohnung nur schwierig zu verschaffen vermögen»*, wobei zudem die *«Kunsthilfe»* im *«Chloroformschlaf»* stattfände. *«Ganz gut Situierte»* könnten *«mit dem Luxus und Comfort einer besseren Privatwohnung versehen»* werden.

Hegar beschloß sein Gutachten mit der Feststellung, daß er sich die Einrichtung einer Privatentbindungsanstalt zwar vorstellen könne, aber nur, wenn sie *«aufs sorgfältigste eingerichtet»* würde *«und einen in Geburtshilfe durchaus tüchtigen und erfahrenen Arzt als Leiter, und zwar in selbständiger Stellung»* hätte. Kein Wunder, plante er doch wohl schon zu diesem Zeitpunkt eine eigene private Entbindungsklinik.

Dennoch hatte die heftige Ablehnung von Marie Meyers Plänen nicht nur mit den persönlichen Interessen Hegars zu tun, sondern auch mit der Entwicklung der Medizin im allgemeinen, der Geburtshilfe und des Hebammenberufes im besonderen, und es lohnt sich, seine Argumente genauer zu betrachten.

In Betracht der zahlreichen Hebammenschülerinnen

Zuerst die Prüfung, dann die Ausbildung ihrer eigenen Berufsnachfolgerinnen war den Hebammen schon lange aus den Händen genommen worden. Bis etwa Ende des 15. Jahrhunderts waren die Hebammen und die weisen Frauen in der Frauenheilkunde und Geburtshilfe autonom. Danach waren sie mehr und mehr der Aufsicht des Stadtarztes unterstellt worden. Geprüft wurden sie zunächst von sogenannten *«Obfrauen»*, selber Hebammen, dann von den Stadtärzten.[2] 1754 schließlich wurde die Geburtshilfe zu einem akademischen Lehrfach, das heißt, Studenten der Medizin konnten nicht nur an der Universität die theoretische, sondern auch in *«Gebärhäusern»* praktische Geburtshilfe erlernen.

1793 regelte die *«Instruction für die Hebammen»* der Vorderösterreichischen Regierung, zu deren Zuständigkeitsbereich Freiburg gehörte, daß nur mehr solche Hebammen zugelassen waren, die von einem *«Magister in Arte obstetricia»*, das heißt einem ärztlichen Geburtshelfer, oder einem *«Land oder Stadt-Physicus»*, vergleichbar dem Amtsarzt, *«examinieret»* und vereidigt waren. Fortan durften auch diese nur noch «natürliche», komplikationslose Entbindungen alleine durchführen. In allen anderen Fällen mußten sie einen Arzt hinzuziehen. Ihm war alle *«Kunsthilfe»* vorbehalten: Der Gebrauch von Zangen, das Wenden des Kindes, das Lösen der Plazenta und jegliche andere *«curierende Anwendung»*. Gleichzeitig wurde den Hebammen verboten, sich Gehilfinnen zu halten, die sie mitnehmen und denen sie ihr Wissen weiterreichen konnten.[3] Falls eine es dennoch tat, drohten ihr strenge Geldstrafen und Berufsverbot. Für die Ausbildung der Hebammen war nur noch der *«Kreis-Ober-Hebarzt»* zuständig, dessen akademischer Titel sich im gleichen Maße verlängerte, wie die Kompetenzen und Wirkungsbereiche der Hebammen verkürzt wurden. *«Kaiserlich-Königlicher Kreis-Ober-Heb-Arzt und Direktor des Hebammen-Instituts, Medizinalrat Professor Dr. Schwörer»* hieß er 1832 in Freiburg.

1834 – Freiburg hatte zu dieser Zeit 13000 Einwohner und neun zugelassene Hebammen –, bildete Schwörer die zukünftigen Hebammen in 7-8 Wochen dauernden Kursen aus – eine auch für damalige Verhältnisse sehr kurz bemessene Zeit, um eine *«brauchbare Hebamme zu liefern»*, wie er einräumte, *«weshalb bei der Wahl derselben auf deren Verstand geachtet werden solle»*. Auswärtige Schülerinnen mußten schriftlich versichern, daß sie ihren zukünftigen Beruf nicht in Freiburg ausüben würden. So sollte die Zahl der hiesigen Hebammen gering gehalten werden. Die Schülerinnen sollten *«in der Nähe der Entbindungsanstalt, und zwar möglichst beisammen wohnen, damit sie jeden Augenblick ohne Zeitaufwand zur Beobachtung von Geburtsfällen herbeigerufen werden können»*. Mitgebrachte eigene Kinder wären dabei nur hinderlich, *«indem dadurch ihr eigener Fleiß gehemmt und die Kosten vermehrt»* würden.[4]

Diese Bedingungen schränkten den Kreis der Schülerinnen erheblich ein: Da sie in der Nähe ihres Ausbildungsplatzes wohnen sollten, mußten sie unter Umständen ihren Wohnort und ihre Familie verlassen und eine Unterkunft finden. Zimmer, die von der Klinik zur Verfügung gestellt wurden, gab es nicht. Früher mußten Hebammen verheiratet sein. Jetzt konnten sie es zwar sein, für vorhandene Kinder aber war während des Kurses kein Platz.

Während der achtwöchigen Ausbildung waren die Schülerinnen nicht viel mehr als Beobachterinnen und billiges Pflege- und Putzpersonal, worüber sie heftig klagten. Auch war die Ausbildung recht teuer: 1836 kostete der Kurs 10 fl. für Unterricht und 62 fl. für die Verpflegung in der Klinik; diese Zahlung war verpflichtend, das heißt, es war den Frauen nicht möglich, etwas einzusparen, indem sie woanders aßen.

30 Jahre später hatte Freiburg 20000 Einwohner und einschließlich der Entbindungsanstalt 13 Hebammen. Inzwischen war die Ausbildung auf 3 Monate verlängert und kostete 108 fl., die vor Beginn zu bezahlen waren. Einige mittellose Frauen beantragten einen Zuschuß von der Stadt. Er wurde keiner einzigen gewährt.[5]

Mit der grossen Sicherheit, wie dies in Staatsinstituten möglich ist

«Die Unerfahrenheit der Hebammen hat dem Staate schon so oft den Verlust mancher Mitbürger gekostet»,[6] das war noch eine der harmloseren Schmähungen, mit denen die Hebammen bedacht wurden, um ihre Ablösung durch die Ärzte am Wochenbett zu legitimieren. Sie wurden von diesen als *«alte Hexen»* diffamiert, die die Frauen zur Frühgeburt antrieben und Neugeborene mordeten. Sicher ist, daß sie Mittel zur Verhütung und zur Abtreibung kannten und natürliche, wirksame Hilfen für die Geburt: Zum Eröffnen des Muttermundes verordneten sie warme Dämpfe, bei Wehenschwäche gaben sie Mutterkorn, zur Wehenhemmung wandten sie Kälte und Hochlegen des Beckens an; auch kannten sie schon die innere Wendung des Kindes. Wie erfolgreich ihre Anwendungen, Heilmittel und Rituale waren, läßt sich heute nur schwer beurteilen. Ein Beispiel für vergessenes Hebammen-Wissen mag die

Der Sefelbaum

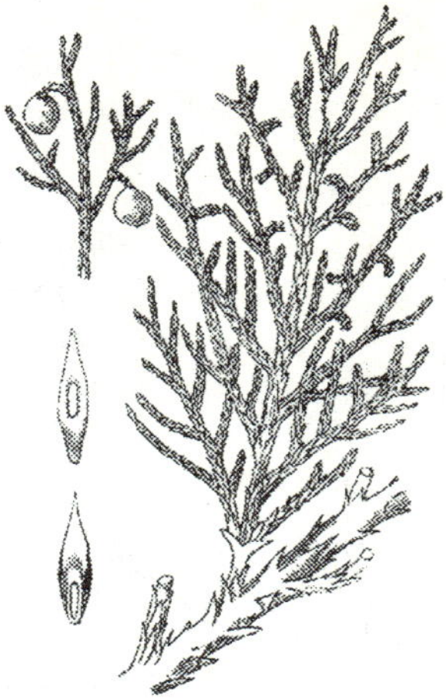

Juniperus sabina.

Verwendung eines Sudes aus den Blättern des Sefelbaumes sein: Dieser Baum, Juniperus Sabina, auch Sadebaum oder Stinkwacholder genannt, stand angeblich noch im 19. Jahrhundert in einer Ecke jedes bäuerlichen Obstgartens. Sein Extrakt wurde unter anderem für Abtreibungen verwendet. Deshalb hieß er, ironisch, auch «Jungfer-Rosmarin». Echter Rosmarin wurde einer Braut bei der Hochzeit als Fruchtbarkeitssymbol überreicht. Die Fruchtbarkeit einer *«Jungfer»*, einer ledigen Frau, war jedoch offensichtlich, wenn sie die Blätter des Sefelbaumes brauchte.*[7]

Die Gründe dafür, daß die Hebammen vom Wochenbett vertrieben werden sollten, lagen weder in ihrer Erfolglosigkeit noch in ihrer angeblichen Unerfahrenheit, die Mütter und Kindern das Leben gekostet haben soll. Diese Beschuldigungen dienten als Vorwand, die Kontrolle über das Gebären, die menschliche Reproduktion dem weiblichen Einfluß zu entziehen – ein Prozeß, der zu

---

* Daß dieser Baum und seine Verwendung auch in Freiburg bekannt waren, wissen wir aus einem Vaterschaftsprozeß von 1901. Der angebliche Vater eines unehelichen Kindes hatte sich zu Beginn der Schwangerschaft einer jungen Frau bei einer alten Frau erkundigt, wo der Sefelbaum stünde; der sei aber verdorrt gewesen (StaAFr Amtsgericht Fr Abl.1957/13 ZR 0226 Nr.165).

Anfang des 19. Jahrhunderts weitgehend abgeschlossen war. Für die Verbesserung der von ihnen selber als so bedrohlich und fürchterlich dargestellten Mißstände versprach die Ärzteschaft zu sorgen. Allerdings hatten diese Ärzte noch im frühen 19. Jahrhundert im Bereich der Geburtshilfe keine besseren medizinischen Kenntnisse als die Hebammen.[8] Dennoch durften Hebammen nur noch «normale» Entbindungen machen. An normalen Entbindungen waren die Ärzte wenig interessiert, denn diese boten ihnen nicht die Möglichkeit, ihre neuerworbenen Errungenschaften und Hilfsmittel auszuprobieren: Zangen, Sägen, Haken und andere Werkzeuge, mit denen *«Kunsthilfe»* geleistet wurde. Mit der Errichtung von Entbindungsanstalten wurden die Orte für die praktische Anwendung der Wissenschaften geschaffen. In der Folge stiegen in den Städten die angeblichen Komplikationen bei Geburten, die damit in den Kompetenzbereich von Ärzten fielen, sprunghaft an, während sie auf dem Land stagnierten. In den Kliniken waren insbesondere arme Frauen Untersuchungs-, Experimentier- und Lernobjekte für Ärzte und Studenten – unzählige Säuglinge und Mütter bezahlten das mit ihrem Leben. Kein Wunder, wenn sich Frauen scheuten, in Kliniken zu gehen. Einen Beleg dafür, welche gesundheitlichen Risiken damit verbunden waren, bietet das Aufflammen des Kindbettfiebers. Diese größte Geißel gebärender Frauen im 19. Jahrhundert war mit der Errichtung von Kliniken in schrecklichem Maße zum Ausbruch gebracht worden. Zwar kam das Kindbettfieber auch bei Hausgeburten vor, nicht aber in dieser Häufigkeit, da die gebärenden Frauen nur mit ihren eigenen Keimen in Berührung kamen, gegen die sie weitgehend resistent waren.[9] In Kliniken jedoch wurden die Keime von den Ärzten und Studenten auf die Frauen und von einer zur anderen übertragen.*

Die Angst vor dem Kindbettfieber war Ende des 19. Jahrhunderts sicherlich nicht vergessen. Hegar wußte, daß die Befürchtungen der Frauen auch in diese Richtung zielten, und betonte deshalb, daß *«die innere Untersuchung nach unseren neuen antiseptischen Principien sehr in den Hintergrund getreten»* und viel weniger geübt würde *«als in früherer Zeit.»*

Finden sie keine Aufnahme ..., so suchen sie sich irgendwo anders in der Stadt einen Unterschlupf

Ursprünglich hatte Marie Meyer ausdrücklich zugesichert, *«von der Errichtung einer Entbindungsanstalt abzusehen»*. An Hegar hatte sie geschrieben: *«Die Mädchen, die ich vor der Entbindung aufnehme, werde ich mir erlauben in die Anstalt* [die Klinik] *zu schicken, oder, wenn sie sich dafür nicht eigenen sollten, werden Sie zu entscheiden haben, wenn Sie Ihre Güte soweit ausdehnen wollen, woselbst dies vor sich gehen soll.»*

Mit der Güte scheint es dann doch nicht allzuweit her gewesen zu sein, denn einen Alternativvorschlag machte Hegar nicht. Marie Meyer aber hatte die schwangeren Frauen in ihrem Haus, die – aus Gründen der Diskretion und anderen, *«die [sie] sehr ungern aussprechen würde»* – nicht in die Klinik konnten und wollten. Was tun? Die Zeit drängte. So versuchte sie, eine Hebamme zu finden, die Geburtshilfe leisten würde – entweder im Heim oder aber bei sich zu Hause, die Kosten würde Marie Meyer übernehmen. Beides war verboten, es sei denn, Marie Meyer bekäme die Erlaubnis, in ihrem *Heim für gefallene Mädchen* entbinden zu lassen. Sie fand die Hebamme Gutmann, die sich bereit erklärte, ihr zu helfen, falls sie die Genehmigung bekäme.

---

* Wir haben keine Zahlen über die Todesfälle durch Kindbettfieber in Freiburg, wissen jedoch, daß in der Gebärklinik in Wien 1847 in der Abteilung für Ärzte 11,4 Prozent, dagegen in der Abteilung für Hebammen nur 2,7 Prozent der Wöchnerinnen an Kindbettfieber starben. Ein damaliger Assistenzarzt an besagter Klinik, Dr. Ignaz Semmelweis, erkannte als erster die Ursachen: Ein Kollege, der während einer Leichensektion von einem Schüler mit dem Messer am Finger verletzt worden war, zeigte die gleichen «Kindbettfieber»-Symptome wie die sterbenden Wöchnerinnen und starb ebenfalls. Semmelweis stellte fest, daß Professoren, Assistenten und Schüler, die zuvor Leichen seziert hatten oder auf andere Weise mit «Kadaverteilen» in Berührung gekommen waren, Frauen innerlich untersuchten und sie so infizierten. Durch normales Händewaschen mit Seife konnte das nicht verhindert werden. Nachdem Semmelweis Händewaschen mit Chlorkalk durchgesetzt hatte, sank die Sterblichkeit von 12 auf 1,27 Prozent, nämlich auf 45 von 3556 Wöchnerinnen. Dennoch sollte es noch mehr als 20 Jahre dauern, bis sich seine Erkenntnisse auch nur einigermaßen durchgesetzt hatten. Ironischerweise starb er selbst an der Krankheit, deren Ursache er entdeckt hatte: Blutvergiftung (Gubalke 1964, S. 96 f.).

Eine fatale Situation, die auch Herrn Hegar nicht verborgen blieb. Sofort knöpfte er sich die Hebamme Gutmann vor und stellte sie «*in seiner Eigenschaft als Kreisoberhebarzt*» zur Rede und verwarnte sie eindringlich, «*nicht ohne Concession gegen die gesetzliche Bestimmung Schwangere zum Zwecke der Entbindung in ihrer Wohnung aufzunehmen.*»

Die Konzession aber konnte es nur mit seiner Zustimmung geben, und er war nicht willens, sie zu erteilen.

Auf Druck von Professor Hegar hielt die Hebamme Gutmann ihre Zusage nicht aufrecht. Im Februar 1892 zog Marie Meyer ihr Gesuch zurück. Die unliebsame Konkurrenz war ausgeschaltet.

Ausserdem schadet auch das Beispiel

Marie Meyers Haus hätte zum Präzedenzfall werden können. Schon 1875 war es einmal einer Hebamme in Freiburg gelungen, die «*Konzession zur Aufnahme von Wöchnerinnen*» zu erlangen, wenn auch nur für kurze Zeit. Obwohl die Direktion der Entbindungsanstalt auch in diesem Fall ein negatives Gutachten verfaßt hatte, wurde am 26. Mai 1875 Frau Agathe Knöbel die Genehmigung für eine «Private Entbindungsanstalt» in ihrer Mietwohnung in der Schusterstraße Nr. 48 erteilt, allerdings unter Bedingungen, die «*heimliche Geburten*» unmöglich machen sollten: Sie mußte ein Verzeichnis der aufgenommenen Frauen anlegen und der Polizei Namen, Zivilstand, Alter, Heimatangehörigkeit und letzten Aufenthaltsort ihrer Klientinnen angeben. Jede Krankheit mußte dem Bezirksarzt gemeldet werden, der, wie auch die Polizei, jederzeit Zutritt zu den Räumen hatte. Zuwiderhandlungen sollten streng bestraft werden.[10] Ungewöhnlich waren diese Vorschriften (außer dem Zutrittsrecht der Polizei) nicht. Sowohl das Tagebuch der Hebammen, von dem noch die Rede sein wird, als auch das Meldesystem der Kliniken machten unbemerkte Geburten genausowenig möglich wie heute. Hatte eine ledige Frau in der Klinik entbunden, wurde ihrer Heimatgemeinde mit einem «*Entlassungs-Schein*» gemeldet, in welchem Gesundheitszustand

Entlassungs-Schein.

Nro. 56, Franziska Hetzel von Freiburg wurde den 14. Juni 1849 in die Entbindungs-Anstalt aufgenommen, den 14. Juni von einem Knaben entbunden, und den 23. m. ejusd. aus der Anstalt entlassen.

Dieselbe hat sich während ihrer Anwesenheit in der Entbindungs-Anstalt so benommen, daß ihr das Zeugniß guter Aufführung pflichtmäßig ertheilt werden kann.

Die F. Hetzel ist gesonnen das Kind bei ihren Eltern in Freiburg in Kost und Pflege zu geben.

Wir ertheilen hiervon dem Großherzoglichen Stadtamte in Folge einer höchsten Verfügung des Großh. Ministeriums des Innern vom 24. Juni 1833, Nro. 7239 und hierauf bezüglichen Erlasses der hohen Regierung des Oberrhein-Kreises vom 30. Juli 1833, Nro. 270 zum Behufe der nöthigen Beaufsichtigung und zur Verhinderung des etwaigen Versuches der Aussetzung oder heimlicher Tödtung des Pfleglings pflichtgemäße Nachricht.

Die Obgenannte hat die diesseitige Weisung sich nach ihrer Ankunft in sogleich der wohllöblichen Behörde zu stellen; sollte dieselbe binnen Tagen von heute an nicht erscheinen, so wolle hievon bei Großherzoglichem Bezirksamte Anzeige gemacht werden.

Bemerkungen. Mutter und Kind sind bei ihrer Entlassung vollkommen gesund.

Ausgestellt an der Entbindungs-Anstalt zu Freiburg den 23. Juni 1849.

Die Direction.

[illegible]

[illegible]

Amtlicher «Entlassungsschein»,
den jede ledige Mutter von der Entbindungsanstalt erhielt.

und mit welchem Ziel sie mit ihrem Kind die Klinik verlassen hatte. Vermerkt war auch, wie sie sich in der Klinik *«aufgeführt»* hatte und was sie in Zukunft zu tun gedachte: Sich beispielsweise als *«Säugamme»* oder als Dienstbotin verdingen, das Kind mitnehmen oder in Pflege geben... Eventuell wurde sie zur *«Verhinderung des etwaigen Versuchs der heimlichen Tödtung»* des Kindes amtlich beaufsichtigt. Traf eine Frau nicht innerhalb von 3 Tagen in der angegebenen Gemeinde ein, wurde nach ihr gefahndet. Auch wenn sie ihr Kind zu Pflegeeltern gab, konnte das zu Hause nicht gänzlich verborgen bleiben, denn Pfarramt oder Stadtamt erhielten in jedem Fall eine Meldung.[11]

Wie lange die Private Entbindungsanstalt Agathe Knöbels existiert hat, wissen wir nicht. Die Gründe für seine Auflösung liegen im Dunkeln. 1880 jedenfalls gab sie ihren Beruf *«wegen familiärer Verhältnisse»* auf. Die Rede war von einer Anschuldigung, die sie aber als unwahr zurückwies. Ihre Verbitterung mag daran abzulesen sein, daß sie auswandern wollte, was aber an Geldmangel scheiterte. 1882 wollte sie ihren Beruf wieder ausüben, wollte auch *«von sämtlichen Frauen Zeugnisse vorlegen»* und kündigte an, daß *«wohl alle Ärzte ihr Gutachten geben werden, daß besagte Anschuldigung [...] unwahr gewesen sei»*. Nichtsdestotrotz sah sich der Stadtrat *«nicht in der Lage»*, ihr die Ausübung ihres Hebammenberufs wieder zu gestatten.

Von seiten Agathe Knöbels ein teuer bezahlter Versuch, sollte dies die einzige private Entbindungsanstalt einer Frau in Freiburg bleiben. Weitere Anträge wurden allesamt abgelehnt.

Einige Jahre später, etwa ab 1900, erlebten private Heilanstalten in Freiburg einen regelrechten Boom; es entstand ein Genesungsheim am Lorettoberg, ein Privatkrankenhaus in der Katharinenstraße, eine «Lichtheilanstalt» in der Friedrichstraße, ein «Luft- und Sonnenbad» in der Mercystraße, Sanatorien, Privatkliniken verschiedenster Art, die Aufzählung ließe sich fortsetzen.

Gutachter war immer Herr Hegar, der sämtliche befürwortete. Schließlich auch 1908 die «Privatklinik Dr. Bulius», *«vorausgesetzt natürlich, daß es keine Entbindungsanstalt wird»*. Was sie später doch wurde. Aber Dr. Bulius war weder Hebamme noch Ärztin, sondern Arzt.

Am 26.10.1911 erhielt Professor Dr. Hegar, seit 40 Jahren Ordinarius der Universitäts-Frauenklinik Freiburg, die Genehmigung zur *«Errichtung und Betrieb einer Privat-Entbindungsanstalt»* in der Wilhelmstraße 10. Er eröffnete sein Haus 1912, zusammen mit seinem Sohn, Professor Karl Hegar.

Gemeindehebammen und Freie

Die Gesetzgebung des Großherzogtums Baden 1806 hatte für die Hebammen in Freiburg keine wesentlichen Neuerungen gebracht. Ausgebildet wurden sie in der Entbindungsanstalt. Nach bestandener Prüfung und einer Vereidigung, bei der sie schworen, sich an die Gesetze zu halten, durften sie unter den schon bekannten Bedingungen praktizieren: Sie mußten bei Geburtskomplikationen einen Arzt zuziehen, mußten uneheliche Geburten, Abtreibung, Kindsmord, Mißbildungen melden und ein sogenanntes *«Tagebuch»* führen, in dem der Verlauf der Geburten aufgezeichnet wurde. Sie sollten *«in ihren Verrichtungen dienstwillig, thätig, vorsichtig, sanftmüthig und verschwiegen sein»* und sich *«aller abergläubischen Reden und Handlungen enthalten»*. Es ist zu vermuten, daß in diese Rubrik all jene Handhabungen fielen, die zwar überliefert, jedoch nicht im *Hebammenlehrbuch* verzeichnet waren. Alle Hebammen waren grundsätzlich verpflichtet, den Gebärenden beizustehen, zu denen sie gerufen wurden, und diese auch nicht wegen einer anderen, unter Umständen lukrativeren Geburt frühzeitig zu verlassen. An mechanischen Hilfsmitteln wurde ihnen ein Gebärstuhl, eine *«Geburts-Klystierspritze»* und eine Schere für die Nabelschnur zugestanden, andere Hilfsmittel waren wie vordem den ärztlichen Geburtshelfern vorbehalten. Bei Übertretung der Vorschriften drohten ihnen Geld- oder *«Leibes»*-Strafen, welch letzteres Gefängnis oder Berufsverbot bedeutete.[12]

Eine Sonderstellung unter den Hebammen bezogen die sogenannten Gemeindehebammen, die eingesetzt waren, um eine ausreichende geburtshilfliche Versorgung zu gewährleisten. Sie bekamen von der Gemeinde einen geringen Grundlohn, das *«Wartgeld»*, und waren mit ihrer Familie von der Steuer befreit. Wie auch Pfarrer und Lehrer bekamen sie freies Brennholz geschlagen und geliefert – ein nicht zu unterschätzender Faktor in Zeiten, in denen jede Familie ihr Heizmaterial selber schlagen und bezahlen mußte. Dies und die Steuerbefreiung bedeuteten nicht nur Geldersparnis, sondern waren auch Ausdruck einer besonderen Anerkennung und Auszeichnung.

Für die Entbindungen wurden alle Hebammen, also auch die Gemeindehebammen, in der Regel von den jeweiligen Familien entlohnt. Frauen, die es vorzogen, nicht die Gemeindehebamme, sondern eine andere oder keine zu konsultieren – *«eigensinnige Weiber»* nannte sie der Gesetzgeber –, mußten dennoch die Gemeindehebamme entlohnen. Auch diese Geburten mußten in das Tagebuch der Gemeindehebamme eingetragen werden. Für arme Leute allerdings war die Gemeinde verpflichtet zu zahlen.

Nicht nur wegen des relativ gesicherten Einkommens waren die Stellen als Gemeindehebammen sehr begehrt, sondern auch deshalb, weil die Frauen, wenn sie aus Krankheits- oder Altersgründen nicht mehr arbeiten konnten, ihr – wenn auch geringes – Wartgeld und Holz bis zu ihrem Tod als eine Art Rente weiterbezogen.

Außer den Gemeindehebammen gab es auch Freie Hebammen, die jedoch ebenfalls nur mit behördlicher Genehmigung und Prüfung praktizieren durften. Sie bezogen kein Wartgeld.

Die dörflichen Gemeindehebammen wurden üblicherweise von den verheirateten und verwitweten Frauen mit Bürgerrecht gewählt und vom Pfarrer und Physikus bestätigt.

Wie eine Hebammenwahl vor sich ging, können wir am Beispiel Herdern sehen:

Wir zählen das Jahr 1828. Der Pfarrer von Herdern schrieb an das *Physikat*, gewissermaßen das «Gesundheitsamt» und zuständig für die Hebammen der Stadt und des Kreises, die Gemeinde hätte keine Hebamme, bräuchte aber dringend eine, denn:

Herdern zu Anfang des Jahrhunderts. In den dörflichen Gemeinden waren Gemeindehebammen bis in die 20er Jahre tätig.

«1. Zählt das Pfarramt gegenwärtig bei 120 Familien. Geburten hatte es 41 im letzten Jahr. 2. hat jedes Dorf von solcher Familien Zahl nicht nur eine, sondern meist zwey Hebammen. 3. Haben sich schon öfters Geburten zugetragen ohne Beiziehung einer Hebamme. Die Hebamme in der Stadt habe nicht abkommen können. Oft auch Lügen vorgebracht, weil sie Kosten ersparten. 4. Erkante mir erst kürzlich eine Frau, der ihr Kind, das sie ohne Hebamme geboren, gestorben ist, daß sie sich selbst überlassen gewesen ist und da ihr Mann im Felde war niemanden gehabt, um nach der Hebamme in der Stadt zu schicken, weil sie kein Kind in die Stadt nach ihr schicken konnte. 5. […] verstreicht eine Stunde bevor sie eintrifft. Die Sache ist zu wichtig als daß das Pfarramt gleichgültig zusehen könnte.»[13]

Daraufhin ließ der Magistrat von Freiburg durch einen Magistratskommissär die Wahl vornehmen. Wahlberechtigt und aufgefordert waren alle verheirateten Frauen der Gemeinde. Die zu wählende zukünftige Hebamme sollte *«in gutem sittlichen Ruf stehen, natürlichen gesunden Verstandes, guter Leibes-Constitution, nicht über 30 Jahre alt und des Lesens und Schreibens wohl erfahren»* sein.

Mehrere Frauen stellten sich zur Wahl. Gewählt wurde Kreszentia Keller; sie war verheiratet, 27 Jahre alt und erfüllte offensichtlich alle Bedingungen, das heißt, sie hatte einen guten Leumund, war gesund und konnte lesen und schreiben. Über ihre Ausbildung ist in den Akten nichts vermerkt. Auch nichts darüber, wann sie ihre Prüfung ablegte oder warum die Frauen gerade sie wählten. Sie wurde am 22.5.1829 als Gemeindehebamme eidlich verpflichtet und bekam 26 fl. Wartgeld im Jahr.

33 Jahre lang versah sie ihren Dienst in Herdern. Wie vielen Kindern sie auf die Welt geholfen, wie vielen Frauen sie beigestanden hat, können wir nicht mehr in Erfahrung bringen, sicherlich an die Tausend.

1862 war Kreszentia Keller 60 Jahre alt. Sie fühlte sich oft krank und wollte ihre Verpflichtung als Gemeindehebamme gerne abgeben. So sollte im März eine neue Hebamme gewählt werden. Zu dieser Wahl erschienen 54 Frauen, die 10 Kandidatinnen vorschlugen, um sich für eine zu entscheiden.

Die Wahl fiel auf die ledige Amalia Keller. Wußten die Frauen nicht, daß es ungeschriebenes Gesetz war, daß nur Verheiratete die Hebammenkunst ausüben durften? So war 1816 einer ledigen Hebamme die Berufsausübung in Freiburg mit der Begründung untersagt worden: *«Da [...] nach dem Berichte des Stadtraths diese Kunst seit undenklichen Zeiten von verheiratheten Bürgerinnen ausgeübt worden, so kann der ehemaligen Putzmacherin Demmer die Ausübung der Hebammenkunst in hiesiger Stadt nicht gestattet werden, und wird daher ihre Verpflichtung abgelehnt.»* [14]

Obwohl Amalia Keller die meisten Stimmen bekommen hatte, wurde Katharina Keller geb. Lang mit 2 Stimmen weniger zur achtwöchigen Ausbildung in die Klinik nach Freiburg geschickt. Aus unbekannten Gründen erschien sie dort jedoch nie. Schließlich teilte der für die Hebammenausbildung zuständige Großherzogliche Amtsarzt, der offenbar mit ihr gesprochen hatte, dem

Bürgermeisteramt mit, sie sei *«nicht mehr geneigt, sich dem Unterricht im Spital zu unterziehen»*. Notgedrungen mußte daraufhin eine Neuwahl stattfinden.

Ein anderes Beispiel, 47 Jahre später: Die Gemeindehebamme in Betzenhausen, Ludwika Vonderstraß, kündigte 1909 *«wegen Geisteskrankheit ihres Ehemannes»*. Nachdem der Bezirksarzt den Bedarf überprüft und bestätigt hatte, wurde die Stelle ausgeschrieben. Keine Frau bewarb sich. Die Arbeit der Hebamme aus der Nachbargemeinde Lehen zusätzlich aufzuhalsen, erwies sich als nicht durchführbar. Sie war zu alt, um noch mehr Entbindungen zu übernehmen. So wurde beschlossen, eine eingesessene Betzenhauserin auf Kosten der Stadt – inzwischen dauerte die Ausbildung 6 Monate und kostete 384 Mark – ausbilden zu lassen. Gegen Übernahme dieser Kosten und 100 Mark Wartgeld pro Jahr verpflichtete sich Mathilde Eckmann, sich für mindestens 5 Jahre in Betzenhausen als Hebamme niederzulassen.

Anders als Katharina Keller fand sie sich zwar in der Klinik ein, brach aber nach einigen Wochen die Ausbildung ab. Sie begründete dies damit, daß sie die 34,30 Mark, die sie für Berufskleidung selber aufbringen müßte, nicht bezahlen könne und keine Möglichkeit gefunden hätte, ihre Kinder für die Zeit ihrer Abwesenheit unterzubringen. *«Ohne Geld behält niemand die Kinder»*, fügte sie hinzu.[15]

Eine zweite Frau wurde gefunden, die sich bereit erklärte, die Ausbildung zur Hebamme zu absolvieren: Elisabeth Böttger, die Frau des früheren Schutzmannes. Man kam überein, nachdem über ihn, nicht etwa über sie, befriedigende Erkundigungen eingeholt worden waren. Also trat sie die Ausbildung an, aber auch sie verließ nach nur 5 Tagen ohne Erklärung die Klinik, die sich nun ihrerseits weigerte, einen Versuch mit einer dritten Kandidatin zu wagen. Sogar das Stadtamt mußte feststellen: *«Über der Hebammenfrage in Betzenhausen schwebt ein Unstern.»* Nach den Gründen dafür wurde nicht gesucht, sondern Martha Baumgartner gefunden, *«die gerade auf eigene Kosten die Ausbildung macht, die man dann in Raten zurückzahlen könnte»*. Sie aber wollte nicht nach Betzenhausen.

Erst zwei Jahr später, im Juli 1911, kam Betzenhausen wieder zu einer Gemeindehebamme, besagter Elisabeth Böttger. Sie hatte nach der abgebrochenen Ausbildung in Freiburg ihre Lizenz in Donaueschingen erworben.

Ab 1829 wurden die Hebammenschülerinnen in Freiburg ausschließlich im neuerrichteten Klinikum mit Gebäranstalt unterrichtet. Obwohl sich die Ausbildung für berufswillige Frauen wie die Betzenhauserinnen oft als Stolperstein erwies, gab es wohl genügend lizensierte Hebammen, die entweder in der Klinik arbeiteten oder aber als freie Hebammen mit den Gemeindehebammen um die Hausgeburten konkurrierten. Im Laufe der Zeit veränderte das erheblich den Status der Gemeindehebammen. Da sie weniger Entbindungen zu machen hatten und der Bedarf durch die Freien gedeckt werden konnte, sah die Stadt immer weniger eine Notwendigkeit, für sie zu bezahlen. Vakante Stellen wurden nicht mehr besetzt, eine nach der anderen sollten sie abgeschafft werden. So beschloß im Jahr 1862 der Ober-Hebarzt, daß die Gemeindehebamme Josepha Himmelsbach wegen ihres hohen Alters dienstuntauglich sei. Er forderte, daß die Stadt dafür sorge, daß sie, mit *«kleiner Anerkennung und angemessenem Ruhegehalt»*, ihres Amtes enthoben werde. Eine neue Hebamme an ihrer Statt sei unnötig.

Josepha Himmelsbach wollte sich das nicht gefallen lassen und schrieb folgenden Brief an das Bürgermeisteramt:

«Ich wurde auf Antrag des Kreisoberhebarztes Spiegelberg Altershalber pensioniert und zugleich wurde mir die Lizenz zu praktizieren genommen, welches letztere von unserem gerechten Ministerium abgeändert wurde, daß hinfort keiner Hebamme mehr die Lizenz zu nehmen sei, wenn sie sich nicht Kunstfehler zu Schulden kommen lassen und so erhielt ich denn die Lizenz wieder.

Hier in Freiburg bestand bisher der Usus, daß keine Hebamme pensioniert wurde und daß von den hier praktizierenden Hebammen allzeit die 4 an Dienstjahren Ältesten von der Stadt 30fl erhielten und diese 30 fl auch bis zu ihrem Tode fortbezogen haben. Die letzte Hebamme, welche im Jahre 1853 gestorben ist, war die Madame Demmer, diese nicht einmal bürgerlich hier, wurde wegen Alter und Blindheit in das hiesige Spital aufgenommen, wo sie Wohnung, Kost und Pflege hatte und dennoch bezog sie in dieser Versorgungsanstalt noch ihre 30fl bis zu ihrem Tode fort. In Landgemeinden und kleinen Städten wählen die Frauen die Hebammen, ist nun eine solche alt, gebrechlich und kann sie ihrem Geschäfte nicht mehr vorstehen, so wird eine jüngere gewählt und bezahlt, aber in der Regel gibt die Gemeinde der alten ihre paar Gulden jährlich fort, wie früher wo sie den Dienst allein versehen hat.

Hier in Freiburg wird und wurde keine Hebamme gewählt, jede lernt dieses Geschäft aus eigenem Antrieb und eigenen Kosten und praktiziert fort, bis sie durch ihre Dienstjahr in die Reihe der nächsten tritt und jährlich 30fl von der Stadtgemeinde erhält. Keine der jüngeren Hebammen hier, deren Anzahl keine kleine ist, hat je eine der 4 ältesten um die 30 fl beneidet, weil sie sich in der Hoffnung trägt, auch in den Besitz derselben in höherem Alter zu kommen und darin zu verbleiben.

Ich bin 53 Jahre lang Hebamme und beziehe seit dem Jahr 1833 die bekannten 30fl. Wäre ich bei einer Herrschaft 53 Jahre in Diensten gestanden und hätte dort meine Pflichten erfüllt, wie ich es als Hebamme für die Stadt gethan, denn niemals lief eine Klage gegen mich bei dem Physikate ein, auch habe ich in dieser langen Reihe von Jahren mancher armen Freiburger Wöchnerin in meinen sehr beschränkten Vermögensverhältnissen von meiner eigenen Mittagssuppe mitgetheilt und für andere bei guten Menschen gebettelt usw, so hätte man mich gewiß nicht aus dem Hause mit 10fl gehen lassen.

Auf meine vielen Dienstjahre und Pflichterfüllung mich stützend erlaube ich mir die unterthänigste Bitte an ein wohllöbliches Bürgermeisteramt mir wie allen meinen Vorgängerinnen im Hebammendienste die benannten 30 fl hinfort zukommen zu lassen.
In Hochachtung zeichnet Josepha Himmelsbach Hebamme
Freiburg, 6. November 1862»[16]

Mit ihrem Brief hatte Josepha Himmelsbach Erfolg. Bis zu ihrem Tod zwei Jahre später bekam sie ihre 30fl weiterbezahlt. Der Abbau der Gemeindehebammen aber war nicht mehr aufzuhalten.

In den umliegenden und später eingemeindeten Dörfern wie Betzenhausen, Lehen, Herdern und Günterstal wurden die Gemeindehebammen bis etwa 1862 von den Frauen gewählt. Sie arbeiteten, so lange sie konnten. Waren sie zu alt und gebrechlich, wurde eine neue gewählt. Die alte erhielt ihre kleine Rente, Steuerbefreiung und freies Holz bis zu ihrem Lebensende.

In der Stadt war das anders: Vom Bezirksamt wurde auf Begutachtung und Anraten des Physikats und des Ober-Hebarztes ab Anfang des Jahrhunderts festgesetzt, wieviele Gemeindehebammen in Freiburg nötig seien, um eine minimale geburtshilfliche Betreuung der Bevölkerung zu gewährleisten. Die Quote wurde also ganz direkt von den Medizinern bestimmt. Diese wenigen Hebammen wurden, wie auf dem Land, von der Stadt dafür bezahlt, daß sie den Wöchnerinnen jederzeit zur Verfügung standen. Die Geburtshilfe entlohnte die jeweilige Familie, bei armen Leuten die Stadt. Um diese Armenentbindungen gab es ständige Auseinandersetzungen zwischen den Hebammen und der Stadt: Sie waren ganz besonders unbeliebt, da die Stadt oft nur zögerlich oder gar nicht bezahlte, wenn nicht, wie es teilweise der Fall war, die Gemeindehebammen sowieso dazu verpflichtet waren, die Armen kostenlos zu entbinden. Das hieß, daß die Gemeindehebammen an solchen Fällen nichts verdienten. Und die freien Hebammen weigerten sich natürlich, ohne Bezahlung zu arbeiten. Ab 1830 wurde damit begonnen, die Frauen, die kein Geld für eine Entbindung hatten, in die Kliniken zu verweisen; die Kosten trug die Armenkasse.

Schied eine Gemeindehebamme aus ihrem Dienst aus, dann rückte die dienstälteste freie Hebamme aus der Stadt nach. Es ist kein Fall bekannt, daß eine Hebamme dieses Amt abgelehnt hätte, denn immerhin boten das Wartgeld und die anderen Vergünstigungen eine wenn auch geringe Sicherheit und Verdienstgarantie. Durch die Beschneidung der Kompetenzen und die schlechte Bezahlung aber bedeutete das noch lange kein ausreichendes und regelmäßiges Auskommen. Das mußte in erbittertem Konkurrenzkampf besonders um die Entbindungen bei wohlhabenderen Bürgerinnen erstritten werden. Um eine andere auszustechen, schreckten die Hebammen dabei auch nicht vor Denunziationen zurück, besonders dann, wenn eine Zugereiste sich niederzulassen und ihre Kreise zu stören drohte. Eifersüchtig achteten sie darauf, daß sich keine Unerwünschte in ihre Reihen drängte, wie es beispielsweise Elisabetha Voigtin versucht hatte. Die wollte 1795 in Freiburg ihr Recht wahrnehmen, sich als Hebamme niederzulassen, rechnete dabei aber nicht mit ihren Kolleginnen. Drei Gemeindehebammen nämlich, Magdalena Schermännin, Walburga Amreinin und Franciska Schwarzin, schrieben im Namen der insgesamt 7 Hebammen in der Stadt einen Brief an den Magistrat und beschwerten sich über Elisabetha Voigtin:

«Diese hat unter dem Vorgeben, als suche sie zu Ehingen in ihrem Vaterort als Hebamme anzukommen, diese Kunst dahier in Freyburg gelernt, da sie sich nun aber hier mit dem [...] Tanzmeister Fay verheiratet, so sucht sie sich bald bey allen schwangeren Weibern zu ihren Geburten einzubetteln. [...] Unterzeichnete glauben nicht, daß [sie] das Recht habe, [den] in Aussicht ihrer Anzahl ohnehin geringen Verdienst vom Mund wegnehmen zu dürfen. [Es] dürfte noch erwogen werden, daß eine solche Übersetzung mit Hebammen nothwendig Verwirrung, Unordnung, auch heimlich Unterkunft von fremden schwangeren Weibspersonen nach sich ziehen dürfte, welches bey bürgerlichen [d.h. einheimischen] *Hebammen nicht zu befürchten ist, weil diese besondere Pflichten von Einem Wohllöblichen Magistrat haben, desgleichen Sachen sorgfältig zu verhüten, und wenn sie was solches entdecket, pflichtgemäß anzuzeigen.»*[17]

Bezeichnenderweise argumentierten die drei Gemeindehebammen nicht nur mit der Überbesetzung, sondern, ganz ähnlich wie Hegar 100 Jahre später, damit, daß Elisabetha Voigtin vielleicht heimlich Schwangere bei sich zur Entbindung aufnehmen könnte. In Verfolgung ihrer eigenen Interessen legten sie dem Magistrat nahe, daß seine beeinträchtigt werden könnten, und das mit Erfolg: Elisabetha Voigtin wurde prompt die Ausübung ihres Berufes in Freiburg *«gänzlich untersagt»*, da sie hier *«weder als Hebamme angestellt noch verpflichtet sei»*.

Doch Elisabetha Voigtin wollte das so nicht hinnehmen, holte sich Rat bei Experten und formulierte einen wohlbegründeten Gegenbrief an den Magistrat. Es half alles nichts: Obwohl sie *«von der hiesigen medicinischen Facultät scharf geprüft und approbiert worden»* und sich dadurch «*als eine geprüfte, approbierte und beeidigte Hebamme hinlänglich legitimiert*» hatte, obwohl ihre Befähigung «*nach dem eigenen Geständniß des wohllöblichen Stadtmagistrats außer allen Zweifel gestellt*» war, wurde ihr nur wiederum «*alle Praxis in der Hebammenkunst gänzlich und durchaus untersagt*».

Die Visitationen

Wie schon unter österreichischer Herrschaft, mußten sich in Freiburg auch nach 1806 unter der Zugehörigkeit zum Großherzogtum Baden alle Hebammen einmal im Jahr zu einer Prüfung einfinden, die «*Hebammen-Visitation*» genannt wurde. Prüfer waren die Hebärzte der Stadt unter Leitung des Oberhebarztes. Bei diesen Visitationen wurden zuerst einmal die pfarramtlich beglaubigten Tagebücher geprüft, die jede Hebamme zu führen hatte. Anzugeben war:

> *«Ob und welche besondere Kunsthülfe, und von wem dieselbe geleistet worden?*
> *Ob und welche Zufälle nach der Entbindung eingetreten?*
> *Erfolg für: Die Mutter, das Kind?*
> *Jahr und Tag der Geburt.*
> *Name und Alter der Gebärenden.*
> *Ob sie vorher geboren habe, und wie viel.*
> *Ob besondere widrige Zufälle statt gehabt, und welche.»*

Das Tagebuch diente als Geburtsnachweis vor dem pfarramtlichen Melderegister und mußte somit zwangsläufig mit diesem deckungsgleich sein. Auch sollte damit sichergestellt werden, daß sich die Hebamme an ihre Vorschriften gehalten und weder unberechtigterweise «*Kunsthilfe*» angewendet noch versäumt hatte, bei Komplikationen einen «*Medicus*» herbeizurufen. Nach dem Tagebuch wurde der Inhalt des Hebammenkorbes, später des Hebammenkoffers, und sein ordnungsgemäßer Zustand in Augenschein genommen: Zu Nabelschnurklemme und Schere kamen ab etwa

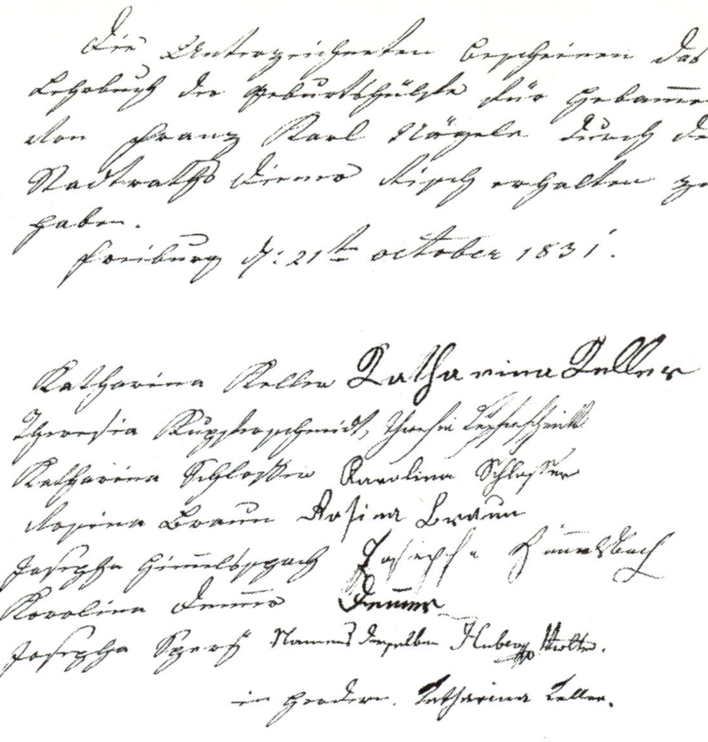
Die Unterzeichneten bescheinen das Lehrbuch der Geburtshülfe für Hebammen von Franz Karl Nägele durch den Stadtrath Herrn Kipfh erhalten zu haben.
Freiburg d: 21ten october 1831.

1831 bestätigen 7 Freiburger Hebammen, das «Lehrbuch der Geburtshülfe» erhalten zu haben.

1879 noch Carbolöl, Carbolwasser und Bürste zur Reinigung der Hände und Fingernägel, andere Reinigungsmittel, Watte und Schere, später ein Thermometer. Den eventuell vorhandenen Gebärstuhl durften die Hebammen ausdrücklich zu Hause lassen: Sein Transport wäre wohl zu aufwendig gewesen.[18]

Als Ïetztes ging es um das theoretische Wissen der Frauen. Geprüft wurden ihre Kenntnisse anhand des *Lehrbuchs der Geburtshilfe für Hebammen*, verfaßt von «*Franz Karl Nägele, der Weltweisheit, der Arzneiwissenschaft und Wundarzneikunst Doktor, Großherzoglich*

Badischem Geheimem Hofrate, öffentlichem ordentlichen Professor der Medizin und Geburtshülfe an der Universität zu Heidelberg, Direktor der Entbindungsanstalt daselbst, Mitglied mehrerer gelehrten Gesellschaften usw.»

Ob sie es tatsächlich alle gelesen haben, wissen wir nicht. Das Buch enthält detaillierte Anweisungen und Erklärungen zu Untersuchungen, Geburtshilfe und Gesundheitsmaßnahmen für Schwangere, auch der «*Kenntnis des Baues und der Verrichtungen des menschlichen Körpers überhaupt*». Es wiederholte aber auch alle Reglementierungen und Einschränkungen, denen die Hebammen unterworfen waren.[19]

Wie unbeliebt die jährlichen Visitationen waren, zeigt die Tatsache, daß die Frauen oft unpünktlich oder gar nicht erschienen. Dafür angedrohte Strafen nützten wenig. Erst als die Ladung zur Prüfung schriftlich bestätigt werden mußte und die außerhalb der Stadt wohnenden Hebammen kostenlos abgeholt und zurückgebracht wurden, wurde ihr Erscheinen unumgänglich.

Wie die Gemeindehebammen verschwanden

Mit der Verschlechterung ihrer Berufssituation im Laufe des 19. Jahrhunderts häuften sich die Klagen der Gemeindehebammen über unbezahlte Geburten, über austehende Wart- und Rentgelder. Die Frauen wurden zu Bittstellerinnen für etwas, das ihnen von Rechts wegen eigentlich zustand. Aber weil es genügend Hebammen gab, die sich um die «Normalgeburten» streiten mußten, sah die Stadt keine Veranlassung mehr, Geld für die Deckung eines Bedarfs auszugeben, der nicht mehr vorhanden war. Und der auch dann noch Geld kostete, wenn die Hebammen aus Altersgründen nichts mehr leisteten. Ab 1865 wurde die Einsetzung von Gemeindehebammen dem Ermessen der Städte überlassen.[20] Still und leise sollten sie abgeschafft werden. 1868 bat Josepha Dreyer, seit 34 Jahren als Hebamme tätig und 1864 als älteste Hebamme der Stadt in das Alters-Ruhegehalt nachgerückt, um ihre Rente, die ihr das Rentamt seit einem Jahr ohne Begründung verweigerte. Sie war 68 Jahre alt, litt an Rheuma und Schwindel und konnte seit einem Jahr das Haus nicht mehr verlassen. Auf Anraten des Medizinalrats Dr. von Wäucker, der, da sie ja nicht mehr arbeitete, keinen Grund zu weiterer Bezahlung sah, wurde ihr zwar *«in Anerkennung ihrer früheren Hebammendienstleistungen»* das Gehalt für das vergangene Jahr noch ausbezahlt, dann aber eingestellt.[21]

Indem vakante Plätze nicht mehr besetzt worden waren, gab es in Freiburg spätestens seit 1898 keine besoldeten Stadthebammen mehr, wohl aber in den eingemeindeten Dörfern Betzenhausen, Günterstal, Haslach, Littenweiler und Zähringen. Doch auch sie hatten keine Zukunft mehr: 1894 war die Gemeindehebamme in Güntersthal, Frau Rees, 68 Jahre alt und seit 38 Jahren im Dienst. Als sie zu einer Geburt gerufen wurde, konnte sie die Entbindung nicht vornehmen, den sie litt *«an Influenza und lag im Schweiße»*. Drei andere Hebammen weigerten sich zu kommen, da sie nicht zuständig wären. Die Stadt wollte daraufhin Frau Rees kündigen, unterließ es aber auf Anraten des Stadtrats Eschbacher, der es für dienlicher hielt, für Krankheitsfälle Vertretungen zu verpflichten. Als sich später herausstellte, daß dennoch eine neue Hebamme benötigt wurde, bewarb sich im Mai 1901 Herr Joseph Wais im Namen seiner 20jährigen Tochter Josephine, die eben ihr Hebammenexamen bestanden hatte. Frau Rees wurden 27 Mark Wartgeld von der Armenkasse der Stadt versprochen, Josephine Wais wurden 100 Mark angeboten. *«Joseph Wais als Vormund»* nahm die Stelle an.*

---

* Bald schon versuchte Josephine Wais, sich zeitgemäß zu verändern. Schon 6 Monate nach ihrer Verpflichtung kündigte sie. Der Grund: Sie hatte ein Angebot von Professor Sellheim und Dr. Hegar, eine Stelle in der Entbindungsklinik. *«In Anbetracht dieser verlockenden Auszeichnung glaube ich diesem Verlangen nicht widerstehen zu können»*, begründete sie ihren Rücktritt. 4 Wochen später zog sie ihre Kündigung wieder zurück, die Ärzte brauchten sie doch nicht. Sie trat ihre Stelle an, heiratete 1903 den Straßenbahnschaffner Berny und zog in die Lorettostraße, versah aber weiterhin ihren Dienst in Günterstal. 1928 tauchte sie nochmal in den Akten auf: Wie viele ihrer Kolleginnen seit 1890 wurde sie mit einer Ehrennadel und einem kleinen Geldbetrag für 25jährige Berufsausübung geehrt (StAFr C3 522/4 und C4 XII/10/12).
Übrigens: Straßenbahnen fuhren in Freiburg ab 1901.

Als Frau Rees daraufhin wieder gekündigt werden sollte, setzte sich diesmal der Bezirksarzt für sie ein: Sie habe *«in der letzten Hebammenprüfung gezeigt, daß sie in theoretischer Ausbildung hinter den jüngeren Hebammen nicht zurücksteht. [...] Wir können der bisher braven alten Frau die fernere Ausübung ihres Berufes nicht verbieten, solange keine Unzulänglichkeiten dadurch entstehen. Wie es scheint, hält eine feste kleine Klientel zu der alten Hebamme.»* In gönnerhaftem Ton plädierte er dafür, ihr jährlich 50 Mark als Pension zuzugestehen, *«die es dem alten Klapperstorche ermöglicht, den kurzen Rest seines Daseins behaglich im Neste zu bleiben.»* Tatsächlich erhielt Frau Rees diese 50 Mark jährlich, wofür sie sich allerdings verpflichtete, arme Frauen kostenlos zu entbinden. Sie blieb jedoch ein Einzelfall: Längst schon bekamen Gemeindehebammen im Alter ihr Wartgeld entzogen, allenfalls als Almosen und nach Ermessen der Stadt wurde es weiter gewährt.[22] Bis 1928 sollten sich die Gemeindehebammen in den Vororten noch halten können, dann legten die verbliebenen ihr Amt nieder oder wurden gekündigt. Die letzte von ihnen war wahrscheinlich Luise Emilie Koch, die noch 1938 in St. Georgen Lohn und freies Holz bezog.[23]

Im Jahr 1800 hatten in Freiburg neun Hebammen für 9050 Menschen gearbeitet.[24] 1864, bei inzwischen mehr als 20000 Einwohnern, rieten der Kreisarzt und der Oberhebarzt dem Stadtamt, die Gesamtzahl der Hebammen in Freiburg von derzeit zwölf um vier zu reduzieren. *«Das Bedürfnis ist mit 8 Hebammen vollkommen befriedigt»*, meinten sie. Sie konnten zwar aus rechtlichen Gründen den Hebammen ihre Lizenz nicht entziehen, hätten das aber gern getan. Der Gemeinderat verwahrte sich nachdrücklich dagegen und befand: *«Wir vermögen nicht einzusehen, warum für die Ausübung der Hebammenkunst auf einmal ganz andere Grundsätze in Geltung kommen sollen, die den bisherigen Verhältnissen, welche durchaus keine bedeutenden Mißstände ergeben haben, so ganz entgegengesetzt sind, andere Grundlagen sagen wir, als sie bei Ausübung der Kunst der ärztlichen Geburtshilfe, der inneren Heilkunde und der Wundarzneiwissenschaft, welche der Hebammenkunst mehr oder weniger gleich beziehungsweise nahestehen, längst anerkannte, unbestrittene Berechtigung erlangt haben. [...] Aus der Concurrenz erwächst dem Publikum kein*

Der zusammenklappbare Gebärstuhl einer elsässischen Hebamme von 1831. Im 19. Jahrhundert setzte sich die Entbindung in Rückenlage durch, die eine Arbeitserleichterung für die Ärzte bedeutete.

Nachtheil, beim ärztlichen Beruf, der noch zugleich wichtiger und welcher desungeachtet wie bekannt völlig frei gegeben ist, verhält sich's so und es wird gewiß bei der Hebammenkunst Gleiches der Fall sein. [...] Man sollte, wie wir glauben, die Freiheit des Einzelnen und seines Erwerbes ohne die triftigsten Gründe um so weniger einschränken jetzt den Versuch machen, wo man bestrebt ist, auf allen Gebieten menschlicher Fähigkeit zu deren größtmöglicher Entfaltung alle mit dem Gemeinwohl nur immer vereinbarliche freie Regung zu gestatten.»[25]

Dies bedeutete zwar, daß die freie Berufsausübung der Hebammen nicht beschnitten wurde, führte aber letztlich zum Verschwinden der Gemeindehebammen. Die freie Konkurrenz trieb sie in die Existenznot. Nachdem noch dazu die Bestellung von Gemeindehebammen seit 1865 der Stadt freigestellt war, waren sie nach anfänglicher Unsicherheit und regem Erfahrungsaustausch über die Handhabung dieser Frage zwischen den badischen Städten immer mehr reduziert und auf ländliche Gebiete beschränkt worden.[26] Die indifferent und unsicher anmutende Haltung der Stadt in der zweiten Hälfte des 19. Jahrhunderts – das säumige Bezahlen der Wartgelder, Verschleppen der Ruhegelder, Rateinholen bei der Ärzteschaft – scheint darauf zurückzuführen zu sein, daß man noch keine rechte Erfahrung damit hatte, welche Folgen es nach sich ziehen würde, wenn man die Regelung der Anzahl der Hebammen sich selbst überließe. Die Hebammen selber hatten keine Lobby und keine Organisation, um sich erfolgversprechend gegen die Verschlechterung der Arbeitsbedingungen zur Wehr zu setzen.

Durch sinkende Geburtenraten Ende des 19. und Anfang des 20. Jahrhunderts wuchs ihre materielle Not, besonders in der Stadt. Sie verschärfte sich noch dadurch, daß etwa ab der Jahrhundertwende immer mehr Frauen ihre Kinder in den von Ärzten geleiteten Gebärkliniken zur Welt brachten. Der Hebammenstand war nunmehr ein Gewerbezweig wie andere auch. Einen Mindestlohn oder eine verpflichtende Regelung für Armenentbindungen gab es nicht mehr. Um die gleiche Zeit aber entwickelten die Frauen im Zuge der «Alten Frauenbewegung» auch ein stärkeres Bewußtsein für ihre Lage und gründeten berufsständische Organisationen. So auch die Freiburger Hebammen, die, um gegen Mißstände in ihrem Beruf anzugehen, 1906 den Freiburger Hebammenverein gründeten, der dem schon 1885 in Berlin unter Leitung von Olga Gebauer gegründeten Hebammenverband angeschlossen wurde. Sie forderten Regelung und Verlängerung der Ausbildungszeit, bezahlte Fortbildung, genaue Wartgeld-Regelungen, Versicherung für den Krankheitsfall, Altersrente, Regelung der Bezahlung für Armenentbindungen und eine Ausweitung ihrer Kompetenzen auf die Säuglingsfürsorge. In Freiburg wehrten sie sich zudem gegen die sogenannten *«Fortbildungskurse»* in der Klinik, zu denen alle Hebammen in bestimmten Abständen verpflichtet waren. Wie auch während der Ausbildung wurden sie dabei kaum fachlich weitergebildet, sondern in erster Linie als *«Mägdepersonal»* benutzt – sie mußten scheuern, aufwaschen, putzen und Nachtwachen ableisten. Abgesehen von den Verdiensteinbußen während dieser Zeit mußten sie die Kurse auch noch selber bezahlen.[27]

Im Jahre 1906 – Freiburg hatte mittlerweile etwa 65000 Einwohner – wurden mit Hilfe von 32 Hebammen 1718 Kinder geboren. Gemeindehebammen gab es nur noch in Günterstal, Haslach und Zähringen. In der Stadt praktizierten zwar genügend Hebammen, die aber, je nach Vermögenslage der Bewohner, ungleich auf die Stadtteile verteilt waren. So kamen z.B. auf den Stühlinger mit 14000 Einwohnern nur vier Hebammen. Aus diesem Grund erwog die Stadt, in den ärmeren Stadtteilen wie dem Stühlinger wieder Hebammen anzustellen, die dazu verpflichtet sein sollten, Arme kostenlos zu entbinden. Ein Plan, der am Widerstand der Hebammen scheiterte: Frau Küchlin, die damalige Vorsitzende des Hebammenvereins, stellte fest, daß *«sich keine besondere Geneigtheit [zeigte], die z.Zt. bestehende Freiheit in der Ausübung des Berufs gegen ein angemessenes Entgelt aufzugeben»*. Die Frauen fürchteten, *«die bessere Kundschaft zu verlieren»*. Sie sähen angestellte Hebammen als minderwertig und die Nachteile größer als die Vorteile an. *«Zur eigentlichen Armenhebamme würde sich von meinen Kolleginnen nach allem, was ich von ihnen gehört habe, überhaupt niemand hergeben»*, teilte sie abschließend mit.[28]

Erst 1938 trat das so lange geforderte «Reichs-Hebammengesetz» in Kraft. Es hob den Hebammenstand als Gewerbe auf und verlieh ihm öffentlich-rechtlichen Status. Die Niederlassungs-Erlaubnis erstreckte sich auf das ganze Reich. Die 3jährige Ausbildung und die Fortbildung wurden genauestens geregelt. Es garantierte jeder Frau umfassende Betreuung vor, während und nach der Geburt und den Hebammen ein Mindesteinkommen, Kranken- und Invalidenversicherung. Die Konzession erlosch mit der Altersgrenze von 70 Jahren, durch die Aufnahme in die Angestelltenversicherung war die Altersversorgung jedoch gesichert.

Heute liegen Schwangerschaft und Geburt weitgehend in den Händen von Gynäkologen. Wenn sich auch in den letzten Jahren immer mehr Frauen dazu entschließen, ihre Kinder zu Hause zur

Welt zu bringen, finden doch die weitaus meisten Geburten in Kliniken statt, unter Leitung von Ärzten und mit Hilfe von Hebammen. 1994 wurden in Freiburg 4020 Kinder geboren, nur etwa 60 von ihnen zu Hause.[29]

Geblieben ist trotz einiger erfogloser Versuche, sie abzuschaffen, die gesetzliche «*Zuziehungspflicht*». Sie besagt, daß eine Hebamme ohne Arzt entbinden darf, nicht aber umgekehrt: Ein Arzt ist verpflichtet, bei jeder Entbindung eine Hebamme zuzuziehen.

ALFRED HEGAR

Alfred Hegar wurde 1830 in Darmstadt als Sohn eines Mediziners geboren. Schon mit 22 Jahren ließ er sich in seiner Heimatstadt als Militärarzt und praktischer Arzt nieder und machte erste Erfahrungen in der Geburtshilfe. Nach mehreren wissenschaftlichen Veröffentlichungen zu diesem Thema wurde er 1864 auf den Lehrstuhl für Geburtshilfe und Gynäkologie an die Freiburger Hochschule berufen und 1868 Leiter der neu eröffneten Universitäts-Frauenklinik. Er wurde beschrieben als ein Mann von kritischer Veranlagung, der wußte, worauf es ihm ankam, und der eine Sache, die er einmal für richtig erkannt hatte, rücksichtslos durchführte. Angriffe seiner Gegner soll er schlagfertig zu parieren verstanden und gelegentlich auch mit beißender Schärfe zu erwidern gewußt haben. In Fachkreisen wurde er schon bald durch seine Verfeinerung der Schwangerschafts-Frühdiagnose und der gynäkologischen Untersuchung bekannt.

Neben seinem Fachgebiet richtete Alfred Hegar sein besonderes Interesse auf die Vererbungslehre. Er war ein glühender Verfechter von *«Rassehygiene»* und Eugenik. In seinem 1894 erschienen Buch *Der Geschlechtstrieb* legte er die angeblich drohende Gefährdung der *«gesunden Erbmasse»* der Bevölkerung durch die vermehrte *«Fortpflanzung von ethisch Minderwertigen»* dar. Als deren *«Degenerationszeichen»* erachtete er *«Idiotie, Irrsinn, Epilepsie, angeborene Taubstummheit, Blindheit und instinctives Verbrechertum»*. Auch Personen mit *«mangelhafter Körperentwicklung»* fielen in diese Kategorie, unter anderem *«Mädchen»* mit *«allgemeiner Körperschwäche»*, die laut Hegar an *«Neigung zu Blutleere und Bleichsucht»*, *«geringer Leistungsfähigkeit und Widerstandskraft»* und *«leichten Bildungsfehlern»* litten, erkennbar an einem ganzen Katalog von Anzeichen: asymmetrischer Schädel, enges Becken, schlaffe Muskulatur, kleine Brüste, dazu *«geringe Intelligenz, wenig Willenskraft und Charakterfestigkeit»*. Solche Frauen sollten, wie andere *«Minderwerti-*

ge» auch, zum Zweck der *«Volksgesundheit»* keine Nachkommen in die Welt setzen. Im Bestreben, *«die nächsten Generationen zu verbessern, eine kräftige und edle Rasse zu schaffen»*, forderte er eine *«methodische Zuchtwahl»*. Dabei sollte zuerst einmal der *«Instinct»* der Menschen *«in richtigere Bahnen gelenkt»* werden, denn dann würde beispielsweise ein Mann nicht nur eine *«genetisch defekte»* Frau ablehnen, sondern auch *«schwerlich ein im Gymnasium unterrichtetes, gelehrtes, für männliche Obliegenheiten erzogenes Mädchen»* zur Frau wählen. Doch bei bloßen Empfehlungen wollte es Hegar nicht belassen. Er verlangte staatliche Eheverbote für *«minder Taugliche»*, später auch die Zwangssterilisation von Frauen mit *«moralischen und intellektuellen Defekten»* und von Frauen, bei denen zu erwarten sei, daß die Familie weitere Kinder nicht ernähren könne, weiter die Zwangskastration von *«Trägern minderwertiger Erbmasse»* und die Tötung *«unbekehrbarer und gemeingefährlicher Krimineller»*. Derlei Aufzählungen ließen sich fortsetzen.

Schon in den vorangegangenen Jahrzehnten hatte Alfred Hegar in der Gynäkologie große Erfahrungen gesammelt. Wissenschaftlichen Ruhm erntete er mit der nach ihm benannten *«Hegarschen Operation»*, bei der Frauen gesunde Eierstöcke operativ entfernt wurden. Als erster Arzt in Deutschland hatte Hegar 1872 mit dieser Methode begonnen, die er selber als *«Castration»* bezeichnete. Sie wurde sofort ein Erfolg und in unzähligen Fällen angewendet. Wohlgemerkt war hier nicht die Rede von erkrankten oder krebsbefallenen Ovarien. Ziel der Operationen war, sogenannte *«Weiblichkeitsstörungen»* zu kurieren. Als solche wurden *«Geisteskrankheiten während der Fortpflanzungsvorgänge beim Weibe»*, *«Hysterie»* und exzessive sexuelle Begierden erachtet, die man als *«Nymphomanie»* bezeichnete, aber auch Beschwerden körperlich schmerzhafter Art, deren Ursache man nicht finden konnte. Zwar war die Medizin nicht mehr, wie noch 40 Jahre zuvor, der Ansicht, daß die Eierstöcke *«die Frau zur Frau machen»*, doch sah man in ihnen die Ursache von sogenannten *«Verhaltenspathologien»*.

Zwar wußte die Medizin zu diesem Zeitpunkt fast nichts über die Bedeutung der Eierstöcke für den weiblichen Organismus, ebenfalls nichts über den Zusammenhang zwischen Ovulation und Menstruation, doch schrieb man diesem Organ eine lebensbestimmende Rolle zu, die man zu definieren allerdings nicht in der Lage war. Hegar war der Ansicht, daß die von ihm entfernten Eierstöcke zwar als *«gesund»* betrachtet werden könnten, doch sei ein *«Leiden»* der Patientinnen unbestreibar, verursacht eben durch die Eierstöcke, solange nicht das Gegenteil bewiesen sei. Das Wesentliche daran ist, daß Hegar von einer nicht bewiesenen Annahme ausging, mit der er die Operationen rechtfertigte, um dann mit diesen wiederum die Annahme zu beweisen. Ohne zu wissen, welche langfristigen Folgen die Entfernung der Eierstöcke für die Frauen haben würde, schuf er durch diese *«gerechtfertigten»* Kastrationen den experimentellen Rahmen für wissenschaftliche Feststellungen. Man stellte fest, daß sie die Frauen «männlicher» machten: Die Menstruation blieb aus, die Brüste bildeten sich zurück, weitere sekundäre Geschlechtsmerkmale veränderten sich. Gleichzeitig machten sie Frauen aber auch *«weiblicher»*, *«normalisierte»* sich die *«gestörte Weiblichkeit»* – das heißt, in dem Sinn, in dem nach Ansicht Hegars und anderer Befürworter «weibliches» Verhalten zu bestehen hatte.

Alfred Hegar war nicht der einzige Mediziner, der solche Operationen verbrach. Sie wurden gleichzeitig seit Ende des 19. Jahrhunderts in mehreren europäischen Ländern und in Amerika entwickelt und durchgeführt. Unzählige Frauen wurden Opfer von medizinischem Wissensdrang und Fortschrittsglauben. Die moderne Gynäkologie kann nicht gedacht werden ohne die Geschichte solcher Methoden, die eine grausame Verstümmelung für die Frauen bedeuteten.

Alfred Hegar, der wichtigste europäische Befürworter der *«Castration des Weibes»*, starb 1914, 84jährig, auf seinem Landsitz, dem «Schirkenhof» bei Oberried.[1]

DIE SEIDENSPINNEREI MEZ

«Während der Arbeit ist Plaudern nicht, aber anständiges Singen erlaubt.»

«*Bei unsrem hiesigen Beginnen erkannten wir bald, daß wir hier zu unsrem Seidenzwirngeschäft [...] nur Mädchen verwenden könnten, und daß wir auch fremde herbeiziehen müßten, wenn wir die zu einem größeren Geschäft notwendige Arbeitskraft haben wollten.*

Unser Bestreben war von Anfang an dahin gerichtet, die sittliche Gefahr zu vermeiden, welche für die Mädchen darin besteht, daß sie von ihrer Heimat entfernt [...] sind. Dies ist aber der Fall, wenn Mädchen [...] nur während der Arbeit [...] beaufsichtigt und dagegen die Abend-, Nacht- und Sonntagszeit sich selbst überlassen bleiben [...]. Uns schien es, daß Fabriken in gewisser Beziehung Erziehungsanstalten der Armen werden könnten. Wenn sie diesen höhern Zweck nicht erreichen, so sollten sie zum wenigsten als Bewahranstalten dienen. Solches Ziel muß gesteckt werden, wenn etwas Größeres erreicht werden soll, als nur ökonomische Vorteile, welche von sehr zweifelhaftem Wert sind, wenn die Sittlichkeit dabei Not leidet.»[1]

So äußerte sich 1867 der Freiburger Fabrikant Carl Mez in einer Denkschrift, die anläßlich der Pariser Weltausstellung herausgegeben wurde, auf der auch die Seidenspinnerei *Mez & Söhne* bei der Präsentation der Industrie des Großherzogtums Baden vertreten war. Über Baden hinaus galt die Firma Mez als mustergültig für ihr Konzept der Arbeiterinnenfürsorge. Neben dem Hauptwerk in Freiburg unterhielt sie Filialbetriebe in kleinen Landgemeinden, unter anderem in Umkirch, in Untermünstertal und in

Endingen. Carl Mez, der 1834 die Seidenzwirnerei in Freiburg aufgebaut hatte, versuchte, seine Interessen als Unternehmer mit seinen sozialpolitischen Bestrebungen in Einklang zu bringen. Er war Mitglied der *Liberalen Volkspartei* und gehörte zu den badischen Abgeordneten in der Frankfurter Nationalversammlung von 1848. Als Pietist sah sich er sich sowohl als Politiker als auch als Privatmann seinem Glauben verpflichtet. Seine Überlegungen, wie der Betrieb organisiert sein müßte, um ein beredtes Zeugnis seiner religiösen Grundsätze ablegen zu können, richteten sich dabei zuerst auf die Arbeiterinnen, die in seiner Fabrik ein nützliches und gottgefälliges Leben zugleich führen sollten.

«In den Klöstern wurde schließlich nur noch gebetet, aber nicht mehr gearbeitet; darum sind sie zerfallen. Den Fabriken wird es nicht besser ergehen, wenn man darin nur arbeitet, aber nicht betet»[2], soll er sich gegenüber einem Freund geäußert haben. Mez, der 1848 in einer Parlamentsrede zur sozialen Frage gefordert hatte, es müsse bei einer Reform des Armenwesens *«wieder mehr patriarchalischer Geist in die Gemeinden kommen»*[3], hatte eben diesen Geist beim Aufbau der Seidenindustrie walten lassen. In seinen Fabriken sollten die Arbeiterinnen einer lückenlosen *«väterlichen Beaufsichtigung»* unterstehen, um vor dem gefahrvollen Leben in der Stadt behütet zu werden. Unter den Mädchen, die vom Land *«um Arbeit und Brot»* in die Stadt kämen, gebe es manche, die *«aus Leichtsinn»* die Fabrikarbeit einer häuslichen Dienststelle vorzögen, *«um ein ungebundenes Leben zu führen, und solche rennen dann ins Verderben.»* Ein *«gewissenhafter Arbeitgeber»* müsse deshalb dafür sorgen, seine Arbeiterinnen so unterzubringen, als hätte er sie in die eigene Familie aufgenommen.[4] So richtete Mez auf dem Fabrikhof der Freiburger Seidenzwirnerei eine *«Logieranstalt»* für hundert Arbeiterinnen ein. Die erste Hausmutter, die hier den hauswirtschaftlichen Betrieb leitete und die Aufsicht über die Mädchen führte, war Elisabeth Freudenberg, eine nahe Verwandte der Familie.

Das Mezsche Arbeiterinnenheim war wie ein Mädcheninternat organisiert, mit dem Unterschied allerdings, daß die jungen Frauen nicht in die Schule, sondern jeden Werktag für 12 Stunden in die Fabrik gingen. Sie hatten sich einer strengen Disziplin unter-

Die Seidenzwirnerei Carl Mez & Söhne in der Kartäuserstraße zu Anfang dieses Jahrhunderts

zuordnen. «*Während der Arbeit ist Plaudern nicht, aber anständiges Singen erlaubt,*» lautete eine der Arbeitsregeln, und der Katalog an Tugenden, auf die sich die Arbeiterinnen während der Einstellung verpflichten mußten, war lang: «*[...] guter sittlicher Wandel, Fleiß, Pünktlichkeit, Ordnung, Reinlichkeit im Anzug, Gehorsam und Treue in und außer dem Hause. Stilles Kommen und Gehen, Friedfertigkeit, ehrbarer Wandel [...]*».[5]

Vom Lohn wurde den Arbeiterinnen ein kleiner Teil für ein «*Krankenabonnement*» einbehalten, das ihnen Pflege im Hospital zusicherte. Die restlichen 40% dieser Krankenversicherung übernahm der Betrieb. Außerdem mußte jede Arbeiterin mindestens 6 Kreuzer ihres Wochenlohnes in die betriebseigene Sparkasse einbezahlen, die ihr Guthaben zu günstigen Bedingungen verzinste. Weitere 9 Kreuzer wöchentlich waren für die Kost aufzubringen, denn auch die Arbeiterinnen, die nicht auf dem Fabrikgelände wohnten, mußten die Pausenmahlzeiten in der Speiseanstalt des Fabrikheims einnehmen. Ein unkontrolliertes «*Hin- und Hergehen in den Ruhestunden*» konnte auf diese Weise unterbunden werden.

Zwar betonte Mez in seiner Denkschrift, daß der «*Mädchenhaushalt*» des Fabrikheims insofern «*ihr eigener Haushalt*» wäre, als den Arbeiterinnen ein Mitspracherecht darüber eingeräumt würde, wie hoch das Kostgeld veranschlagt werden sollte. Allerdings nahm er persönlich Einfluß darauf, was in der Werksküche gekocht wurde. So hat Mez, der Gegner des Tabak- und Alkoholgenusses und außerdem Anhänger des «*Vegetarismus*» war, die Hausmutter in einem Brief eigens angewiesen, in dieser Frage «*nicht nach dem Geschmack der Mädchen*» zu gehen, sondern sich von den «*richtigen Grundsätzen*» leiten zu lassen. So weit als möglich sollte auf die Zubereitung von Fleisch verzichtet werden.*[6]

Auch die Feierabendstunden der Frauen, die im Wohnheim lebten, waren «*durch Arbeiten ausgefüllt*». Abwechselnd mußten sie die Schlafsäle reinigen, die Wäsche besorgen und flicken und sie waren angehalten, im Garten zu arbeiten. In den späteren Abendstunden durften sie in Gruppen beisammen sitzen, aus einem «*guten Buch*» vorlesen, Handarbeiten für den eigenen Bedarf erledigen oder «*Lieder von ernstem, erbaulichem Inhalt [...] singen*». So würden sie, wie Mez betonte, ihrem «*eigentlichen Berufe*» nicht entfremdet, weil sie alle für den Haushalt notwendigen Arbeiten er-

* Gegenüber der Hausmutter zählte Mez an erster Stelle «*Hülsenfrüchte, Obst, Kartoffeln*» zu den «*dienlichen*» Speisen. Gerade weil seinen Ernährungsregeln in unserer Zeit eine Seligsprechung widerfahren ist, soll hier darauf aufmerksam gemacht werden, daß vor dem Zeitalter der industriellen Nahrungsmittelproduktion die fleischlose Kost nicht umsonst als Fastenopfer angesehen wurde. Besonders Bohnen, Erbsen, Linsen, von Mez als «*wohlfeiler*» und «*gesunder*» Ersatz für Fleisch gepriesen, waren im 19. Jahrhundert ausgesprochen unbeliebte Speisen. Selbst in der Armenküche des Freiburger *Heiliggeistspitals* wurde viermal in der Woche Fleisch gereicht. Wiederholt berichtete der Spitalverwalter über gescheiterte Versuche, einen Fleischtag einzusparen. Die Leute hatten sich schlicht geweigert, einen Tag mehr Hülsenfrüchte oder Kartoffeln zu essen. So war die Küchenvorsteherin, eine Schwester vom Orden der Vinzentinerinnen, schließlich dazu übergegangen, Mehl- und Eiergerichte auf den Speisezettel zu setzen, was kaum billiger kam als eine Armensuppe mit Fleischeinlage. Auch ärztliche Ratschläge zur Ernährung konzentrierten sich im 19. Jahrhundert nicht auf die Frage, was gesund, sondern was genießbar war. Hülsenfrüchte, aber auch Kartoffeln wurden als Speisen angesehen, die bei häufigem Verzehr Ekel hervorriefen (StAFr, C3 634.7: Hausgesetze für die Spitalanstalten).

lernen könnten, und wären daher bei ihrem Austritt aus der Fabrik gut für den Ehestand vorbereitet.

Natürlich sollte die strenge Anstaltsordnung die Arbeiterinnen vor allem auch vor der «*Geschlechtssünde*» bewahren. Um diese «*Hauptgefahr für unsere Mädchen*» abzuwenden, sollte die Hausmutter «*sobald es dunkel wird, die Mädchen zuhause beisammen [...] halten, keinerlei Unkeuschheit dulden, damit unverdorbene Mädchen nicht angesteckt werden; genaue eifrige, mütterliche Aufsicht führen, auch auf die Schlafsäle und was darin vorgeht*». Auch am Tage waren «*gefährliche Orte*» – Tanzböden, Wirtshäuser, das Theater und die Wachtparade zu meiden.[7]

Wiederholt betonte Mez, daß sich diese Betriebspolitik positiv auf den Ertrag auswirkte. Größere finanzielle Opfer außer der Aufwendungen für die fabrikeigenen Einrichtungen wären nicht nötig und durch den guten Ruf bei Eltern und Behörden ein «*ausreichender Stand der besten Arbeitskräfte*» gesichert, unter denen größte «*Ordnung und Stetigkeit*» herrsche. Er hob hervor, daß in seinem Betrieb nur die üblichen Löhne gezahlt wurden.[8]

Auch wenn die Arbeiterinnen der Mez sicherlich besser gestellt waren als in den meisten Industriebetrieben des 19. Jahrhunderts, so wiesen die sozialpolitischen Vorstellungen von Karl Mez doch nicht über seine Zeit hinaus. Von seinem Biographen wurde er als «*Vorkämpfer für christlichen Sozialismus*» bezeichnet, aber indem er die Fabriken als «*Erziehungsanstalten der Armen*», als «*Ableiter des Müßiggangs*» ansah, sprach er der Arbeit eben jenen moralischen Wert zu, der auch in der Armenfürsorge zur Richtschnur des Handelns geworden war. Er setzte ein patronales Verhältnis zu seinen «*Fabriktöchtern*» voraus, aus dem sie nicht in die Selbständigkeit, sondern möglichst erst dann entlassen werden sollten, wenn sie in ihre Familie zurückkehrten oder heirateten. Eine Arbeiterin, die nach zehn Arbeitsjahren mit ihren Ersparnissen einen Teil ihrer Aussteuer bestreiten konnte, verdankte dies nicht der eigenen Sorge um die Zukunft, sondern den Vorkehrungen, die ihr Fabrikherr für sie getroffen hatte.

Auch bei anderen sozialen Einrichtungen der Mez war gewährleistet, daß die «*väterliche Hand*» in das private Leben der Ar-

Ein Fahrradausflug der Familie Julius Mez 1898 in Günterstal

beiterinnen und Arbeiter hineinreichte. So mußten sich Familien, damit sie in einer der Werkswohnungen in der Oberau billig zur Miete wohnen konnten, bereit erklären, mindestens ein Zimmer an eine Gruppe von *«Fabrikmädchen»* unterzuvermieten. In den Mezschen Mietshäusern herrschte Rauchverbot und das Gebot, Wirtshäuser zu meiden. Mez ließ es sich nicht nehmen, den Lebenswandel seiner Werksfamilien persönlich zu kontrollieren und hielt zu diesem Zweck regelmäßig Besprechungen mit den Mietern ab. Die Arbeit in der Fabrik begann morgens mit einer kurzen Andacht, die er nicht selten nutzte, um erbauliche Worte religiösen und moralischen Inhalts an seine Arbeiterinnen zu richten.[9]

Im Jahr 1909 wurde das Arbeiterinnenheim auf dem Werksgelände aufgelöst. Über die Gründe wird in der Firmenchronik nichts erwähnt.[10] Doch offenkundig hatte sich die Betriebspolitik verändert. Im 20. Jahrhundert scheint vom Ruf der *Mez* als Musterbetrieb einer liberalen Arbeiterinnenfürsorge nichts mehr geblieben zu sein. Nach der sozialdemokratischen Tageszeitung *Volkswacht* zu schließen, die regelmäßig über die Zustände bei der Mez unter dem Titel *«Von der Freiburger Elendsindustrie»* berichtete, hatte vor allem ein Grundsatz des Gründervaters Bestand – die Löhne lagen niemals über den üblichen Tarifen. In der Weimarer Republik wurden die Mezschen Betriebe gar als die ärgsten Lohndrücker in Freiburg gehandelt, die tarifliche Lohnanpassungen bis zum letztmöglichen Zeitpunkt hinauszögerten.[11] Als 1921, während des Streiks in der badischen Textilindustrie, auch die Arbeiterinnen und Arbeiter der Mez zum ersten Mal in der Betriebsgeschichte in den Ausstand traten, veröffentlichte die *Volkswacht* den

Leserbrief einer älteren Freiburgerin «*aus bürgerlichen Kreisen*». Sie solidarisierte sich mit den Streikenden und schrieb: «*Als Kind ging ich öfters mit Erwachsenen nach St. Ottilien wallfahrten. Der Weg führte uns durch die Kartäuserstraße. Bei dieser Gelegenheit fiel mir an einem Hause (der Firma Mez. Red.) der schöne Spruch auf: ‹Himmelan strebe du!› Älter geworden, hörte ich oft den Zusatz: ‹Und drück den Armen den Kragen zu!› Heute erinnere ich mich wieder jener Zeiten und denke daran, daß die Lohnverhältnisse bei der Mez auch heute noch so himmelschreiend schlechte sind wie damals. Die Inhaber der beiden Textilfabriken verdanken ihre Millionen all den braven Arbeiterinnen und Arbeitern, die seit Jahrzehnten trotz Not und Entkräftung mit eiserner Willensstärke fortarbeiteten. […] Diese niedergedrückten Menschen konnten unter den obwaltenden Umständen nicht ‹himmelan streben›.*»[12]

Daß die Verhältnisse in der Textilindustrie auch gegen Ende der Weimarer Republik katastrophal waren, verdeutlicht eine Eingabe des Freiburger Fürsorgedirektors an den Oberbürgermeister. Er kritisierte 1929 die Löhne in der Kunstseidenfabrik *Rhodiaseta*. Obwohl die Stadt erhebliche finanzielle Vorleistungen aufgebracht hätte, um die Ansiedlung dieses Großbetriebes in Freiburg zu erreichen, würde sich nun zeigen, daß viele der Arbeiterinnen auf lange Sicht durch die städtische Fürsorge unterstützt werden müßten. Schon die Löhne der Textilarbeiter stünden «*allgemein in keinem recht bemessenen Verhältnis zum unbedingten Lebensaufwand*». Bei einem Stundenlohn von 62 Pf, der auf ein Monatskommen von 103 RM hinauslaufe, müßte zum Beispiel ein Familienvater mit zwei Kindern allein 35 RM für Miete, 3 RM für Zeitung, 8 RM für öffentliche Gebühren aufbringen, so daß nur 53 RM für alle übrigen Ausgaben blieben. Alleinstehende Arbeiterinnen, die im Alter von 21 Jahren zum Beispiel nur 32 Pf in der Stunde verdienten, könnten mit diesem «*absolut unzureichenden*» Lohn «*überhaupt nicht auskommen*».[13]

Neben der Textilindustrie war im 19. und 20. Jahrhundert die Nahrungs- und Genußmittelindustrie in Freiburg die Branche, in der überwiegend Frauen arbeiteten. Typische Frauenarbeitsplätze fanden sich darüber hinaus in der Papier- und Druckindustrie, wo sie Hilfsarbeiten verrichteten, und im Apparatebau, wo sie für die

Feinmontage eingesetzt wurden. In die Fabrik zu gehen, bedeutet noch heute für die Mehrheit der Frauen, für einen Lohn zu arbeiten, der sie tatsächlich nicht ernähren kann. Wie in anderen sogenannten *«Frauenberufen»* auch, können sie mit ihrer Arbeit lediglich zum zusätzlichen Einkommen der Familie beitragen. Schon 1906 kam die Sozialwissenschaftlerin Dr. Marie Baum* zu dem Ergebnis, daß solange der Lohnarbeit von Frauen volkswirtschaftlich die Bedeutung von Nebenerwerbsarbeit zugewiesen werde, die Ursachen für ihre unterprivilegierte Stellung im Beruf, für ihre schlechte Bezahlung und ihre geringen Chancen auf Qualifizierung nicht zu beseitigen seien.[14]

---

* Marie Baum war von 1902 bis 1907 Fabrikinspektorin im Großherzogtum Baden und in dieser Eigenschaft verantwortlich für die Gewerbeaufsicht in allen Industriebetrieben, die Frauen beschäftigten. 1906 veröffentlichte sie eine Untersuchung über die Lohnarbeiterinnen der Stadt Karlsruhe, eine der ersten sozialwissenschaftlichen Arbeiten zur Frauenlohnarbeit in Deutschland (Baum, 1906).

ST. VALENTIN

Unterthänigste Bitte der Ehefrau des Försters Schulz zu St. Vallentin, das Ausschenken von Wein in Sommerszeit betreffend.[1]

Wohllöblicher Gemeinderath!

Nachdem mich meine bisherige Erfahrung genügend überzeugte, daß immerhin in schönen Sommertagen verschiedenartige Leute von Freiburg hieher nach St. Vallentin, schon oft in aller Früh sich einfinden, und so entweder nach Bier, Kaffee, Milch, Butter und dergleichen verlangen, jedoch immerhin ich mich mit Abgabe solcher Gegenstände niemals abgegeben habe, weil ich wußte, daß solche Umtriebe als Wirthschaft und dergleichen ohnehin schon ein absolutes Verboth für mich sind hinsichtlich des Dienstes wegen von meinem Mann, und anderntheils durfte ich es auch nicht und wollte es nicht thun, weil ich sonsten gänzlich gegen den Willen meines Mannes würde gehandelt haben.

Da aber die Fälle nicht minder des Sommers durch sind, daß ganze Familien, Herren und Damen jeden Standes öfters mich besuchen, und so auch Bier, Kaffee, Milch, Butter und was man vielleicht an einem so abgelegenen Ort wie St. Valentin könnte haben, zuvor aber nicht hatte, so verschaffte ich solches jedesmal, jedoch nahm ich besonders Bier bei einem Wirthschafts-Berechtigten in Günthersthal.

Weil ich aber durch dieses hin und her laufen und tragen von Bier und dergleichen, was ich eigentlich solchen Leuten die durch Spaziergänge und um Luftveränderung machen zu wollen hierher kommen, zur Gefälligkeit that, sehr viele Zeit versäumte, was auch ganz natürlich ist, somit auch mit diesem Zeit-Verlust an meinen häuslichen Geschäften zurückgehalten (wurde) und Schaden hatte, so habe ich den Entschluß gefaßt, meinen Mann hierüber zu ersuchen, daß er mir erlaube, Wohllöblichem Gemeinderath eine Bitte vorlegen zu dürfen, daß ich im Sommer eigenes Bier halte und ausschenken dürfe.

St. Valentin 1908

Mein Vorhaben wurde mir von Seiten meines Mannes gewährt mit dem Zusatze, ich könne thun wie ich wolle, so bin ich demnach so frey und erlaube mir unterthänigst, Wohllöblichen Gemeinderath gehorsamst zu bitten, Wohlderselbe wolle mir gnädigst erlauben, daß ich im Sommer Bier halten und ausschenken darf.

Weil mir nun bekannt ist, daß diese Befugnis von der Gnade Seines Wohllöblichen Gemeinderaths abhängt, und nach § 5 des Forst-

gesetzes von Seinem Wohllöblichen Gemeinderath Erlaubnißt hiezu ertheilt werden kann, so sehe ich um so mehr dieser gnädigen Begünstigung entgegen, indem es ja immerhin nur bloses Geschäft [= Arbeit, d. V.] für mich sein wird, und daß ich dadurch in den Stand gesetzt werde, meine übrige Milch, Butter und dergleichen besser verwerthen zu können, indem es ja ohnehin zu beschwerlich ist, die Milch nach Freiburg zu bringen, um dort solche verkaufen zu können, und weil mein Bestreben immer nur dahin geht, durch Bemühung und Häuslichkeit einen Sparpfenning für spätere Tage zu gewinnen, so könnte ich dadurch nemlich hinsichtlich meiner unterthänigsten Bitte hiezu in den besseren Stand gesetzt werden.

Ich wiederhole daher meine unterthänigst gehorsamste Bitte und bitte seine Wohllöblichen Gemeinderath, Wohlderselbe wolle mir gnädigst meine Bitte willfahren, daß ich im Sommer Bier halten und ausschenken darf.

St. Vallentin den 12. April 1845

Anna Schulz

DIE PROSTITUIERTEN

«Freudenmädchen und sittlich brüchige Frauenspersonen»

Ein *«Ärgernis erregendes Treiben anzuzeigen»*, sah sich der Waldhüter Siebold im September 1868 bemüßigt. Sichtlich erbost beschwerte er sich bei der Freiburger Bezirksforstei: *«Ich habe beobachtet, daß die Wache bei den Schießständen am Mooswald Weibsbilder (dem Anschein nach rechte Dirnen) bei sich auf dem Posten und im Wald haben. Wie das, am Donnerstag auf Freitag den 3ten auf den 4ten d.M. vorgekommen, so habe ich dieses früher wahrgenommen nur es war zu dieser Zeit gerade der Nämliche Gefreite als Wachcomandant auf dem Posten, er war das erste Mal die ganze Wache einige hundert Schritte vom Posten entfernt mit den Weibsbildern am Waltrante, und gaben an, sie suchen nur Haselnüsse, die Soldaten nahmen hernach die Dirnen auf das Wachhäusle, wo sie ihre Zöpfe flochten.*

Da ich von dem Gefreiten das erstemal sowie am 3ten Abends, auf mein Vorstellen der Unstatthaftigkeit ihres Treiben's von dem Gefreiten die Antwort erhielt, daß er sich schon verantworten könne und aber von dem Begleiter desselben mit massiv grober Geberdung abgewiesen wurde und im Weggehen noch hören mußte, ich könne melden was ich wolle, nur ihr Wort gelte, so ersuche ich wohll. Städt. Bezirksforstei in Anbetracht, daß an der Wache sich ein vom Publikum stark benützter Wald- und Feldweg durchführt, dieses Ärgernißerregende Treiben, Einer der Wache zuständigen Militair Behörde anzuzeigen.»[1]

Diese Anzeige war kein Einzelfall. Meistens gingen Beschuldigungen anonymer Sittenwächter ein, aufgrund derer dann die Polizei *«zur genaueren Erforschung»* angewiesen wurde, ob Frauen *«ärgerlichen Umgang pflegten»* oder in ihrem Haus *«Unzucht trieben»*.[2]

Im Jahr 1880 hatte Freiburg etwa 35000 Einwohner. Seit den 60er Jahren war durch die Expandierung der Industrie, durch Zuzüge und Eingemeindungen die Bevölkerungszahl sprunghaft angestiegen. Freiburg war zusehends städtisch geworden, obwohl es nach wie vor seinen Ruf als Idylle pflegte.[3] Ein dunkler Punkt in dieser Idylle war das damit verbundene Anwachsen der Prostitution. Laut §361 des «Strafgesetzbuches des Deutschen Reiches» von 1871 war sie zwar geduldet, doch mußten sich die Prostituierten rigiden polizeilichen Vorschriften unterwerfen. Wöchentliche Gesundheitsuntersuchungen sollten verhindern, daß sich die in den letzten Jahren vermehrt auftretenden Geschlechtskrankheiten, besonders die Syphilis, weiter ausbreiteten. Dazu kamen massive Einschränkungen ihrer Bewegungsfreiheit. In Freiburg wohnten die *«eingeschriebenen Dirnen»*, das heißt die registrierten Prostituierten, nicht in Bordellen, sondern einzeln oder zu mehreren in gemieteten Wohnungen, meist in der Adelhauser Straße, der Gerberau oder der Fischerau. Im Sommer nach 10, im Winter nach 9 Uhr durften sie nicht mehr aus dem Haus, Fenster und Türen mußten verschlossen und mit Fensterläden oder undurchsichtigen Vorhängen uneinsehbar gehalten werden. *«Erleuchten, lautes Singen und musicieren sowie das Anlocken von Mannspersonen»* war streng untersagt. Auch tagsüber sollten sie sich in der Stadt kaum blicken lassen, nur kurz und ohne *«zweckloses Herumstehen»* ihre Einkäufe erledigen. Weder eine Wirtschaft noch das Theater durften sie besuchen, nicht am Lorettoberg, am Schloßberg, im Sternwald oder Stadtgarten spazieren – und das auch «privat», denn eine Hure blieb eine Hure auch dann, wenn sie nicht ihrem *«schmachvollen Gewerbe»*[4] nachging. Wurde sie erwischt, drohten Haftstrafen oder Ausweisung aus der Stadt.[5]

Auch wenn sich diese Vorschriften gegen die Prostituierten richteten, so reglementierten sie doch das Verhalten aller Frauen mit. Auch ihr Bewegungsraum wurde beschränkt, nämlich umgekehrt auf die Orte, die den *«Dirnen»* verboten waren. Und die Freiburgerinnen wußten sehr wohl, daß sie sich an diese Regeln zu halten hatten, wollten sie nicht in Gefahr geraten, als Prostituierte verdächtigt oder gar aufgegriffen und in der Klinik zwangsuntersucht zu werden. Auch schon *«unanständiges»* oder *«auffallendes»* Benehmen, beispielsweise das Verlassen der Spazierwege in den städtischen Anlagen mit oder ohne männliche Begleitung oder eine Unterhaltung mit einem Soldaten, konnte dazu führen. Wir wissen nicht, wie oft es in Freiburg tatsächlich vorgekommen ist, daß Frauen etwa bei einem abendlichen Spaziergang in die Hände der Sittenpolizei fielen. Daß jedoch die Möglichkeit bestand, hatte Konsequenzen für ihr tägliches Leben, grenzte gleichzeitig «anständige» von «unanständigen» Frauen ab und Prostituierte vollständig aus.

Wie viele Frauen in Freiburg der Prostitution nachgingen, ist ebenso schwer festzustellen. Waren in den sechziger Jahren 10-15 Frauen registriert, so standen 1876 schon 37 Frauen in den amtlichen Listen. Bis zur Jahrhundertwende wuchs ihre Zahl auf 110.[6] Die Dunkelziffer scheint jedoch hoch gewesen zu sein, bemühten sie sich doch nach Kräften, ihr «Gewerbe» heimlich zu betreiben. Die Registrierung brachte ihnen nämlich nur Nachteile: Zu der öffentlichen Ächtung kam, daß sie die Kosten für die Gesundheitsuntersuchungen wie auch den Klinikaufenthalt, falls eine Geschlechtskrankheit entdeckt wurde, selber tragen mußten. Skrupel, die aufkamen, weil man die Besteuerung des anerkannten Gewerbes moralisch rechtfertigte, wurden von den Behörden mit Leichtigkeit ausgeräumt. *«Wenn geltend gemacht wird, daß es der Behörde nicht zieme, auf so ehrlose Weise verdientes Geld einzuziehen, so ist dies ein verkehrter sentimentaler Standpunkt, denn andernfalls müßten die ehrlichen Steuerzahler die Beträge aufbringen und den Dirnen blieben sie belassen, um verjubelt zu werden»*, befand der Freiburger Gemeinderat 1881.[7]

Eine mit Syphilis infizierte Frau befand sich damals in einer schier ausweglosen Situation, denn vor der Entdeckung des Penicillins war die Krankheit nicht zuverlässig heilbar. Erschwerend kam hinzu, daß bis 1918 Geschlechtskranke laut Krankenkassengesetz vom Krankengeld ausgeschlossen waren.[8] Einmal registriert oder gar geschlechtskrank, war es einer Prostituierten kaum möglich, aus dem Teufelskreis auszubrechen: Konnte sie keine «ordentliche» Arbeit nachweisen, wurde sie nicht aus der Registrierung entlassen, Arbeit bekam sie aber nicht, solange sie registriert war.

Galten die Gesundheitsuntersuchungen auch offiziell als wichtigste Vorsorgemaßnahme gegen die Ausbreitung der Geschlechtskrankheiten, scheinen sie doch von seiten der Stadt nicht allzu ernst genommen worden zu sein. Alles weist darauf hin, daß sie – angeblich mangels geeigneter Räumlichkeiten – oft gar nicht stattfanden, so in den siebziger und achtziger Jahren und während des Ersten Weltkrieges. Geschah dies doch, dann entweder in einem Zimmer des Rathauses oder in einer ungeheizten Abstellkammer des Notspitals, «Blatternhaus» genannt, das dieses nur widerwillig zur Verfügung stellte.[9]

Wann und wo auch immer Prostituierte sich zeigten, erregten sie den Unmut der Bürger. Besonders Frauen und Kinder sollten vor ihrem Anblick geschützt werden. Daß sogenannte *«Dirnentransporte»*, bei denen Prostituierte auf offenem Wagen vom Gefängnis zu den Untersuchungsorten durch die Stadt gekarrt wurden, die Kaiserstraße *«unbedingt vermeiden»* mußten, bedurfte keiner weiteren Begründung, denn sie war die Parade- und Vorzeigestraße Freiburgs. Daß aber der Weg an der Höheren Mädchenschule und an der Komturplatzschule vorbeiführte, wurde zum Stein des Anstoßes. Einerseits bemängelten Anwohner, die Transportierten befänden sich in einem *«zerlumpten Zustand»* und würden sich *«durch freches Benehmen bemerkbar machen»*, andererseits, im Widerspruch dazu, sie könnten durch ihre elegante und teure Kleidung den Neid ärmerer Kinder erregen.[10] Die zahlreichen Beschwerden zeitigten Erfolg. Auf Druck der Moralhüter wurden die Prostituierten 1892 aus der Innenstadt vertrieben und an den damaligen Stadtrand gedrängt, nämlich in die Hochbergstraße auf der anderen Seite der Bahnlinie im noch jungen und schnell wachsenden Stadtteil Stühlinger, wo ein *«Dirnenhalter»* ein Bordell gebaut hatte.[11] Damit waren die Ärgernisse jedoch nicht aus der

Welt, sondern nur über die Bahn geschafft. Im selben Jahr nämlich gründete sich der *Lokalverein Stühlinger*, der sich die Aufgabe gestellt hatte, *«alle materiellen Fragen lokaler Natur des über der Bahn gelegenen westlichen Stadtteils zu fördern»*. Die Ansiedlung der Prostituierten empfanden die Mitglieder des Vereins in dieser Hinsicht besonders hinderlich, schmälerten doch gerade sie das eh schon nicht besonders gute Ansehen des Stadtteils. *«Kommen uns noch die Dirnen auf den Hals, dann ist seine Entwicklungsfähigkeit gestört, seine Zukunft ernstlich in Frage gestellt, die Wohnungen entleeren sich, die Häuser sinken in ihrem Werte, der Stadtteil wird boykottiert»*, fürchteten sie. Als ganz besonders unerträglich wurde die Tatsache gewertet, daß das Bordell von den Bahnreisenden im Vorüberfahren gesehen werden konnte. Dies führte soweit, daß die Staatseisenbahn Klage *«auf Unterlassung des unsittlichen Gewerbes»* erwog.[12]

Zunächst aber hatten die Proteste keinen Erfolg. Im Gegenteil: Kurz nach der Jahrhundertwende wurden in der Weißstraße und der Grenzstraße neue Bordelle eröffnet. Erbauer und Betreiber der Häuser waren Emil Hoog und Albert Schönberger. Ein lukratives Geschäft, mußten die bei ihnen wohnenden und arbeitenden Frauen doch horrende Mieten zahlen. Die Gesundheitskontrollen fanden nunmehr – gegen Mietgebühr – in einem der Bordelle statt, was die Stadtherren einer Sorge enthob und den Eigentümern Vorteile brachte.

Für die *«Dirnen»* bedeuteten diese Neuregelungen keine Verbesserung ihrer Lebenssituation, sondern eine erneute Verschärfung der Vorschriften. Auf ihrem Weg in die Stadt durften sie weder die Weißstraße noch die Blaue Brücke benutzen, sondern sie mußten die Dreisam entlang gehen. Zur medizinischen Kontrolluntersuchung waren sie nun wöchentlich zweimal verpflichtet. In einigen Fällen wurden erkrankten Frauen ohne erkennbaren Grund vom Spital Aufnahme und Behandlung verweigert. Weil die Untersuchungen inzwischen in einem der Bordelle stattfanden, mußten sich auch die Prostituierten, die noch selbständig wohnten, dort hinbegeben. Damit bot sich den *«Dirnenhaltern»* die Gelegenheit, die Prostituierten unter Druck zu setzen, für sie zu arbeiten.

In all den Quellen, die wir eingesehen haben, fand sich keine Frau, die sich beschwert oder Veränderungen eingeklagt hätte, was nicht verwundert, waren Prostituierte doch tatsächlich machtlos, rechtlos, schutzlos, ausgegrenzt und der Willkür ihrer Zuhälter und Behörden ausgeliefert.

Die Frage, wie Frauen dazu kommen, als Prostituierte zu arbeiten, wurde um die Jahrhundertwende sehr kontrovers diskutiert. Eine führende Rolle dabei spielten die Theorien Cesare Lombrosos, eines italienischen Mediziners und Anthropologen, der behauptete, daß die Bereitschaft zur Prostitution aus erblichen physiopsychologischen Anomalien erwachse. In seinem 1894 in Deutschland erschienenen Buch *Das Weib als Verbrecherin und Prostituirte* vertrat er die Ansicht, die Prostitution sei «*die weibliche Erscheinungsform der Kriminalität*», und sie habe ihre Ursachen in «*angeborener Dirnennatur*», «*ethischer Idiotie und angeborener Monstrosität*» und führe zu «*frühzeitiger Bosheit, Eifersucht, schonungsloser Rachsucht*». Wie viele seiner Zeitgenossen meinte er: «*Für ein echtes Weib ist Mutter zu werden ein physiologisches Bedürfnis, und seine Nichtbefriedigung bedingt ein physisches und psychisches tiefes Unbehagen, das um jeden Preis nach Befriedigung strebt.*» Und weiter: «*Ein leidenschaftliches Weib, das aus Liebe einen Fehltritt begeht und dann treulos verlassen wird, ergibt sich nicht der Prostitution, sondern begeht Selbstmord*». Prostituierte dagegen seien «*sittlich idiotische Weiber*», *[...]* «*die aus perverser Freude am Laster in Schmach und Schande schwelgen*».[13]

Dem stellten sich um die Jahrhundertwende die Theorien sozialpolitisch engagierter Kreise gegenüber, die die Prostitution entweder sozialökonomisch oder durch «*Milieuschäden*» zu erklären versuchten und damit eher den Kern der Dinge trafen. Die Prostitutionsfrage wurde zu einem Brennpunkt der Diskussionen der Frauenrechtlerinnen. Sie prangerten die bürgerliche Doppelmoral an, die alle Frauen polizeilicher Willkür und Schikane aussetzte, die Prostituierten reglementierte und kasernierte und dennoch ungeniert die Inanspruchnahme ihrer Dienste dem Mann zugestand. Die Abolitionistinnen (Abolitionismus = Abschaffung) unter ihnen forderten ein gänzliches Verbot der reglementierten

Prostitution, während die sogenannten Reglementaristinnen für strengste Kasernierung plädierten. Was sie einte war, daß sie aus dem Schweigen heraustraten und die verlogene patriarchale Moral mit ihrer Gegenüberstellung von «anständiger Frau» – Prostituierte, Ehe – Prostitution öffentlich thematisierten. Besonders die Abolitionistinnen beschäftigten sich mit den sozialen Zusammenhängen und wiesen nach, daß Geldnot, Stellungslosigkeit und die Notwendigkeit, Angehörige und Kinder zu ernähren, Frauen so in die Enge drängten, daß sie sich prostituieren mußten – meist in der trügerischen Hoffnung, wieder aussteigen zu können, wenn

Prostituierte 1885

sie genügend Geld beisammen hätten. Weitere Gründe waren Verführung, Verkuppelung, Überredung oder *«weil (sie] vom Geliebten verlassen»* worden waren.[14]

Fast alle Prostituierten hatten zuvor in anderen Berufen gearbeitet. Aus einer Statistik aus Freiburg geht hervor, daß von 37 Frauen 19 ehemals Dienstmägde waren, sechs Fabrikarbeiterinnen, vier Näherinnen, zwei Tagelöhnerinnen, zwei Büglerinnen, eine Kellnerin. Drei kamen von auswärts.[15] Wie auch in anderen Städten standen die Dienstbotinnen an erster Stelle. Sie zählten wie Ehefrauen und Kinder zu den vom Haushaltsvorstand Abhängigen, waren aber keine Familienmitglieder und konnten schnell und einfach gekündigt werden. Sexuelle Übergriffe ihrer Brotgeber und derer Söhne waren an der Tagesordnung, und sie hatten faktisch kaum eine Möglichkeit, sich dagegen zur Wehr zu setzen. Der von den Statistikerinnen daraus gezogene Schluß, Dienstbotinnen seien mehr als andere Frauen *«prostitutionsanfällig»*,[16] erweist sich jedoch als Trugschluß – der prozentuale Anteil der Dienstbotinnen unter den arbeitenden Frauen war ebenso groß wie der unter den Prostituierten.[17]

Wie eine Frau in die Prostitution geraten konnte, wie sie Arbeit und Unterkunft verlieren und vor sich und der Welt als gefallen gelten konnte, das zeigt der Fall der Dienstmagd Anna Hetzel aus Freiburg. Schwanger von ihrem Dienstherrn, berichtete sie, sie hätte *«aus Furcht vor Mißhandlung seinen Wünschen»* nachgegeben. Dies sei so zustandegekommen:

«An Michaeli kam ich zu dem Johann Hornecker in Dienst, wo ich zum Schuhbendeln und Flicken verwendet wurde, auch die Achtung und Liebe von meinem Herrn und der Frau mir erwarb. Der Meister war mir immer sehr zugetan, und besonders, wenn seine Frau abwesend war, kam er mir mit allerlei Schmeicheleien entgegen, dem ich jedesmal nach Kräften auswich, ihm vorhielt, daß er verehelicht, und er mich doch um alles in der Welt mit Liebesanträgen verschonen möge. Häufig war ich willens dies der Frau anzuzeigen, allein die Furcht vor Dienstentlassung, und die daraus entspringenden bösen Folgen hielten mich davon ab. In der letzten Zeit bestürmte er mich häufiger als je, und gerade in der Zeit, wo seine Frau nicht zu Hause war, geschah es, daß ich durch seine Zudring-

lichkeit, indem ich ohnehin von ganz kleiner Statur, sehr schwach und kaum 21 Jahre alt war, fallen mußte, Niemand sonst als der Beklagte hat mich gestürzt, ich war ja vor dieser Sache noch ganz unbewußt, und so war es ein Leichtes, mich um meine Unschuld zu bringen.[18]

Obwohl die Abolitionistinnen im ganzen Reich nie mehr als 1000 Mitglieder hatten, verbreiteten sich doch ihre Ideen.[19] Ihre Forderungen nach Aufhebung der Bordelle, Aufklärung der Bevölkerung und sozialen Reformen fanden auch in Freiburg ein breites Echo. Hatte sich noch 1882 der *Rettungsverein und Schutzverein* – eine Unterabteilung des *Badischen Frauenvereins* – darauf beschränkt, den im Spital liegenden Prostituierten «*behufs deren Zerknirschung religiöse Ansprachen zu halten*»,[20] so beteiligte sich 1908 eine große Zahl Freiburger Vereine an einer Petition an die beiden Badischen Kammern, in der die Abschaffung der Reglementierung, Verbot der Prostitution, ärztliche Meldepflicht für beide Geschlechter und eine weibliche Sittenpolizei gefordert wurden. Unterzeichnet war die Petition unter anderen vom *Hausfrauenbund, Badischen Frauenverein, Frauen-Vinzentius-Verein, Elisabethen-Verein* und vom Verein *Frauenbildung-Frauenstudium*; eine ähnliche Petition schickten der *Lokalverein Stühlinger*, der *Katholische Volksverein* und der *Verein evangelischer Männer* nach Karlsruhe. Die Bewohner der Fischerau, Gerberau und Adelhauserstraße fürchteten dagegen, daß bei Schließung der Bordelle die Prostituierten wieder in der Innenstadt auftauchen würden. Deshalb formulierten sie eine Gegenpetition und drohten mit Klage.[21] Dies alles läßt in etwa erahnen, wie sehr das Thema die Gemüter erhitzte. Die Bemühungen der Abolitionistinnen hatten insoweit Erfolg, als die Badische Landesregierung noch im selben Jahr die Schließung der öffentlichen Häuser anordnete.

Das aber bewirkte nicht viel und war nicht von Dauer. Zunächst allerdings mußten die Bordelle im Stühlinger aufgegeben werden. Wo die Frauen hinzogen, wissen wir nicht. Es ist anzunehmen, daß einige von ihnen Freiburg verließen oder versuchten, hier in die Illegalität abzutauchen, denn jetzt waren registrierte Prostituierte verpflichtet, täglich ihren Wohnort nachzuweisen. Amtlicherseits stellte man fest, daß nur zwei eine neue Unterkunft fanden. Wie schwierig das gewesen sein muß, läßt sich daran ermessen, daß eine der beiden innerhalb von 7 Wochen fünfmal umzuziehen gezwungen war.[22] Bis 1910 sank die Zahl der gemeldeten Prostituierten auf zehn und dann auf fünf. Gleichzeitig wurde eine Zunahme der Geschlechtskrankheiten konstatiert: Die Hautklinik war so überfüllt, daß einige Kranke *«auf dem Boden liegen»* mußten. Daraus läßt sich schließen, daß es nicht etwa weniger Prostituierte, sondern mehr illegale gab.[23] Von seiten der Stadt wurde die Aufhebung der Bordellierung insoweit boykottiert, als sie keine Alternative entwickelte und Teillösungen hintertrieb. So weigerte sie sich, die von der Hautklinik eingerichtete kostenlose Sprechstunde für Geschlechtskranke zu finanzieren. Auch die Einrichtung eines sogenannten *«Dirnenquartiers»*, d.h. eines Sperrgebiets, lehnte sie wegen zu erwartender Anwohnerproteste ab. Von einer Lösung der Prostitutionsfrage konnte also keine Rede sein.

So wurde schon 1909 die erneute Einrichtung von Bordellen erwogen. Vorangegangen waren mehrere Anfragen der ehemaligen Bordellbetreiber, deren Einkommensquelle geschwunden war, und die nun scheinheilig ein Eingreifen der Stadtbehörde aus Gründen der Gesundheitsfürsorge forderten. Schönberger, der in der Grenzstraße zwischen Freiburg und Betzenhausen wieder ein *«öffentliches Haus»* einrichten wollte, bat den Oberbürgermeister um Genehmigung und führte an, daß dort *«keine Beschwörde zu befürchten sind als wie Thenenbacherstr. Nr 5 wie-sa-wie dem Realgimnasium sowie Baslerstr. wo z.Zt. eingeschriebene Dirne wohnen und die Nachbarschaft sehr unzufrieden ist»*. Er wie auch sein Konkurrent Hoog, der in der Neunlindenstraße ein Freudenhaus bauen wollte, boten der Stadt im Falle der Genehmigung Räume für polizeiliche und ärztliche Untersuchungen an. Die Stadt beschloß denn auch 1910, gegen die Neueinrichtungen nichts zu unternehmen, mietete 1911 einen Untersuchungsraum in einem der Bordelle, und so war alles beim alten. Die Bordelle waren zwar aufgehoben, existierten jedoch halblegal weiter, da städtischerseits geduldet. 1911 waren es wieder 20 Frauen, die in Freiburg als Prostituierte registriert waren.

Der Stadtgarten um 1900:
ein für Prostituierte verbotener Ort

Halblegale Bordelle – eine für Freiburg auch deshalb praktikable Lösung, als die Freiburger Bevölkerung noch weniger als die anderer Städte gewillt gewesen zu sein scheint, selbständige Prostituierte zu dulden. Der großherzogliche Bezirksarzt Becker, der es 1911 für eine «*einfache Sache*» hielt, solche Frauen unter polizeiliche Zwangskontrolle zu stellen und «*nach Belieben*» in bestimmten, nicht in allen Stadtteilen wohnen zu lassen, führte das Scheitern dieser Pläne darauf zurück, daß «*gegen die Dirne und ihren Vermieter das reinste Haberfeldtreiben beginnt, wenn sie sich irgendwo eingemietet hat*», und daß «*neben den Leuten, die ihrer «sittlichen Entrüstung» Ausdruck geben, sich dann die Gesellschaft all jener befindet, die eine Entwertung ihres Besitzes befürchten.*»[24] Wieder beschränkte sich die Stadt darauf, keinen Standpunkt zu beziehen. Stattdessen verschärfte sie 1912 die «*Dirnenordnung*». Zu den schon seit langem verbotenen Plätzen kamen neue – der Bahnhof, die Wege längs der Dreisam, Colombi- und Alleegarten, auch die *«Kinematographen»* sowie Tribüne und Wagenplätze bei Pferderennen. Bemerkenswert ist ein neues Verbot: Prostituierte dürfen keine *«obdachlosen Personen oder Frauenzimmer»* beherbergen. Offensichtlich fanden die Frauen beieinander Unterschlupf und halfen sich gegenseitig, dem Auge der Polizei zu entgehen.[25]

Mag es auch so aussehen, als hätten die Bemühungen der Abolitionistinnen keine Früchte getragen, so haben sie doch einige wichtige Änderungen bewirkt. Mit Sicherheit ist auf sie zurückzuführen, daß die Übergriffe der Sittenpolizei angeprangert wurden und zurückgingen. Des Weiteren setzten sie durch, daß Polizeipflegerinnen und Fürsorgerinnen eingestellt wurden. Das Wichtigste aber war, daß Frauen – und Männer – begannen, die Doppelmoral aufzudecken, anzuprangern und sich mit dem ihr innewohnenden Konfliktstoff auseinanderzusetzen. Laut und unüberhörbar wiesen sie auf die Diskriminierung von Frauen hin.

Eine Gesetzesänderung, die diesen Diskussionen Rechnung trug, erfolgte allerdings erst 1927. Das «Reichsgesetz zur Bekämpfung der Geschlechtskrankheiten» vom 1. Oktober 1927 beseitigte die Reglementierung der Prostitution, löste die Sittenpolizei auf und hob einen Großteil der polizeilichen Vorschriften auf. Wohnungsbeschränkungen, Bordelle und Zuhälterei wurden verboten. An die Stelle der Sittenpolizei traten einerseits die Gesundheitsbehörden, um die Prostituierten gesundheitlich zu überwachen, andererseits die öffentliche Fürsorge, um sie sozial zu betreuen. Am Tag der Verabschiedung dieses Gesetzes lud in Freiburg die *Arbeitsgemeinschaft zur sozialen Bekämpfung der Prostitution* zu einem öffentlichen Vortrag im Rathaussaal ein. Das Thema lautete: *«Das Prostitutionsproblem von der fürsorgerischen Seite aus gesehen»*. Der Referent vertrat keine besonders fortschrittliche Position. Er teilte die Prostituierten in drei Typen und empfahl dementsprechende Maßnahmen: Bei den *«Schwachsinnigen»* sei Heimerziehung und Verwahrung nicht zu umgehen, bei den *«Intellektuellen»* sei die Berufsfrage zu lösen und die *«Einfachen»* sollten zu Hausfrauen erzogen werden. Zur Mitarbeit rief er Familie, Schule,

Filmankündigung von 1930 für das «Casino» in der Belfortstraße 3

Frauenverbände, Kirche, Staat, karitative Verbände, Ärzte und kommunale Fürsorge auf.[26] Die wohlmeinenden Pläne entbehrten jedoch jeden realistischen Konzeptes. Denn in Freiburg wurde nichts dafür getan, daß die durch die Schließung der Bordelle obdachlos gewordenen Frauen Wohnung und Arbeit erhielten – wie es etwa in Leipzig der Fall war.[27] Hatten Frauen das Glück unterzukommen, entkamen sie dennoch nicht ihrer anrüchigen Vergangenheit; beispielsweise wurde 1928 zwei Frauen, die in der Rhodiaseta arbeiteten, fristlos gekündigt, als bekannt wurde, daß sie in einem zu Wohnungen umgewandelten ehemaligen Freudenhaus wohnten.[28]

Das Ziel des Gesetzes, auch illegalen Prostituierten medizinische Hilfe zukommen zu lassen, scheint insofern erreicht worden zu sein, als die Behandlung von Geschlechtskrankheiten tatsächlich zunahm. Frauen, die aus Angst vor einer Registrierung vorher nicht gewagt hatten, zum Arzt zu gehen, mußten sich nun nicht mehr verstecken.

1932 zählte die Polizeioberfürsorgerin in Freiburg 200 «*Dirnen*», die dafür verantwortlich seien, daß «*viele Frauen und Kinder Not leiden, weil der Mann sie mit verhält*». Da «*die Allgemeinheit, die Familie ein Recht auf Schutz*» vor Prostituierten hätte, drängte sie, wie viele Politiker, auf Änderung der gesetzlichen Vorschriften. Die brachte das Jahr 1933. Fortan sollten «*Arbeitsscheue, Trinker und Prostituierte, die Parasiten an unserem Volkskörper sind, in Arbeitshäusern und ähnlichen Anstalten (Arbeitslager)*» untergebracht werden. Im Dezember 1933 konnte die Polizeioberfürsorgerin aus Freiburg berichten: «*Unsere Straßen sind sauber.*»[29]

DER ERSTE WELTKRIEG

*«Heute in Wittnau gewesen
um unser Pfündchen Butter»*

«Im Jahre 1905 erhielt ich die Aufforderung, in der Zentrale Stuttgart Mitglied der* Deutschen Friedensgesellschaft *zu werden. Ich wußte gar nicht, daß es so etwas gibt. Natürlich meldete ich mich und die Meinen an. 1905 war auch der* Weltfriedenskongreß *in Luzern, bei welchem ich zum erstenmal Bertha v. Suttner hörte. Ihre Worte begeisterten mich so, daß ich mir fest vornahm, in Freiburg eine Ortsgruppe zu gründen.*

Vierzehn Tage später bat ich den Friedensredner Richard Feldhaus um einen Lichtbildervortrag über ‹Die Greuel des russisch-japanischen Krieges›. Ich sollte wegen der Bildervorführung einen Saal mit elektrischem Licht besorgen. Bedenken Sie – 1905! Nur die neue Gewerbeschule hatte einen Saal mit elektrischem Licht, den mir der Stadtrat, nachdem ich ihn mündlich und schriftlich gebeten hatte, freundlichst verweigerte. Schließlich stieg der Vortrag im Harmoniesaal mit Azewtonbeleuchtung. Herr Ruckmich übernahm die Billette und die Inseratenverteilung. 180 Personen waren erschienen. Vorn saßen einige Offiziere tief ergriffen. Ob die Schlachtenbilder sie im Jahre 1914 auch noch so ergriffen?»[1]

Mit diesen Worten schilderte im Dezember 1930 Adina Flemmich die Anfänge der *Deutschen Friedensgesellschaft* in Freiburg. Zu ihrem 25jährigen Jubiläum würdigte die Sozialdemokratin Käthe Vortriede die Gründerin als eine Idealistin, die *«ihr ganzes Leben, Zeit und Geld der Friedensbewegung geopfert»* habe, ohne dafür eine öffentliche Anerkennung zu empfangen. *«Wie würde sie erschrekken, wenn man ihr den Ehrendoktorhut brächte, wenn man eine Adina-*

Flemmich-Straße errichtete! Sie paßt nicht in die heutige Zeit der Technik. Die schöne, feine, alte Dame paßt in ein stilles Zimmer, das von geistreicher Unterhaltung und Lavendelduft durchzogen ist und in dem die höchsten Ideale der Menschheit gefordert werden.»

Alles ist begeistert und zuversichtlich

Am 28. Juli 1914, am Tag der Kriegserklärung Österreichs an Serbien, riefen die Freiburger Sozialdemokraten zu einer «*Protestversammlung gegen die Kriegsgefahr*» auf. Schon in den vergangenen Tagen hatte der drohende Krieg das öffentliche Leben in der Stadt bestimmt. Hunderte von Menschen versammelten sich in den Straßen, in den Gast- und Kaffeehäusern und diskutierten über die politische Lage. Es herrschte vaterländische Aufbruchstimmung – auch in Freiburg demonstrierte die Mehrheit ihre Bereitschaft zum Krieg. In spontanen Aufmärschen zogen Studenten fahnenschwingend und zackige Lieder singend durch die Innenstadt. Eine Friedensdemonstration, die im Anschluß an die Protestversammlung der SPD geplant war, wurde von der Polizei im «*Interesse der öffentlichen Sicherheit*» verboten. Doch schon auch auf der Veranstaltung selbst kam es zu handgreiflichen Auseinandersetzungen mit «*patriotischen Studenten*».[2]

Es sollte für lange Zeit die letzte öffentliche Friedenskundgebung in Freiburg bleiben. Wenige Tage später reihte sich die Fraktion der SPD im Reichstag mit der Bewilligung der Kriegskredite ein in die patriotische Front. Der «*Verteidigungskrieg des Vaterlandes*» wurde über alle Parteien hinweg als unausweichliche Notwendigkeit betrachtet, hinter der alle innenpolitischen Differenzen zurückzutreten hatten.

«*Auf den Straßen, in den öffentlichen Lokalen war nur die Rede von dem bevorstehenden Kriege. Ein großer Menschenstrom bevölkerte die Kaiserstraße. Die Stimmung war ernst und gedrückt. Mehr und mehr dringt nun der von unserer Partei immer propagierte Friedensgedanke auch in bürgerliche Kreise ein und allenthalben hofft man auf eine baldige Beendigung dieses furchtbar drohenden Krieges*», beschrieb die sozialdemokratische Tageszeitung *Volkswacht* am 3. August 1914 den ersten Kriegssonntag in Freiburg. Ob aber tatsächlich Friedenshoffnungen die allgemeine Kriegsbegeisterung überwogen, ist mehr als zweifelhaft. Allein in der ersten Augustwoche meldeten sich 3000 junge Freiburger als Freiwillige zum Heer.[3]

«Alles ist begeistert und zuversichtlich, denn alles funktioniert so tadellos wie ein aufgezogenes Räderwerk. Die Civilbevölkerung stellt sich den Behörden zu allen möglichen Dienstleistungen zur Verfügung. Buben von zehn Jahren aufwärts helfen als Boten in der Stadt», notierte die Freiburgerin Hermine Paufler im August 1914 in ihr Tagebuch.[4] Hermine Paufler lebte mit ihrem Mann Max, Lektor an der Freiburger Universität, und ihren zwei Kindern in der Unterwiehre. In ihrem *«Kriegstagebuch»* hielt sie ihre Eindrücke und Erlebnisse fest. Im ersten Kriegsjahr äußerte sie sich vor allem begeistert über die Veränderungen im alltäglichen Leben, von Besorgnis und Schwierigkeiten ist noch nicht die Rede. *«Abends hörten wir, daß die erste große Schlacht bei Metz gewonnen wurde. Schnell gehen wir mit den Kindern in die reich beflaggte Stadt, um uns an dem allgemeinen Jubel zu beteiligen. Bei der Hildaschule, die jetzt Lazarett ist, sehen wir Großherzogin Hilda, die eben die Verwundeten besuchte.»*[5]

Mit der Kriegserklärung an Frankreich am 3. August 1914 war Freiburg zur Frontstadt geworden. Damit änderte sich schlagartig das alltägliche Leben. Die Garnisonsstadt Freiburg wurde zum Truppenstandort. Hier sammelten sich Tausende von Soldaten, um an die Front gebracht zu werden, von hier wurde die Versorgung der Truppen organisiert. Die Festhalle im Stadtgarten und Schulen wurden als Lazarette umgerüstet. Aus dem Elsaß kamen Flüchtlinge, die in Notunterkünften untergebracht werden mußten. Was dies für die Bevölkerung bedeutete, läßt sich an den Bekanntmachungen in den Freiburger Tageszeitungen nachvollziehen. Da wurde die Einwohnerschaft aufgerufen, *«ruhiges Blut»* zu bewahren und sich *«opfersinnig»* zu zeigen. Käufer wie Verkäufer sollten sich *«in der Versorgung mit Lebensmitteln größter Besonnenheit»* befleißigen, damit die Versorgungslage nicht durch überstürzte Hamsterkäufe gefährdet wurde. Das Arbeitsamt forderte Arbeitslose auf, sich freiwillig zum Einsatz in der Ernte zu melden. Man suchte Quartiergeber für die Soldaten. Das *Rote Kreuz* bat um Geldspenden für die Einrichtung von Lazaretten, der Stadtrat um *«Liebesgaben»* für die durchreisenden Truppen und um Spenden für *«bedürftige Frauen und Kinder unserer Krieger»*. In einem Aufruf des *Evangelischen Jugendverbandes* vom 8. August 1914 hieß es: *«Die große Stunde ist da! Ihr Jungen, die ihr 17 Jahre alt seid, meldet euch sofort zum freiwilligen Dienst unter den deutschen Fahnen. Ihr anderen helft den Bauern die Ernte heimbringen, damit der Soldat und Bürger zu essen habe. [...] Das Vaterland braucht jetzt viel Hände, die sich mit Freuden regen.*

Ihr Mädchen, ihr könnt Binden nähen für die Verwundeten oder für die Kinder sorgen, deren Väter ins Feld und deren Mütter an die Arbeit müssen. Ihr könnt armen alten Müttern, deren Söhne für uns kämpfen, durch liebende Pflege viel Freude bereiten. Schaut überall, wo Not ist und greift dann zu! Helft alle mit!»[6]

Tatsächlich leisteten viele Freiburgerinnen und Freiburger ihren freiwilligen Beitrag für die Heimatfront, die von den verschiedenen Vereinen organisiert wurde. Die Leitung der zahlreichen zivilen Hilfsdienste übernahm der *Ortsausschuß des Roten Kreuzes*, der eng mit dem Stadtrat zusammenarbeitete. Der *Badische Frauenverein*, der dem *Roten Kreuz* als Hilfsverband angeschlossen war, koordinierte die *«Liebestätigkeit»* der Frauen. Während auf dem Hauptbahnhof die abreisenden Soldaten versorgt wurden – Mädchen und Jungen verabschiedeten sie mit Brot, Kuchen, Zigarren und Limonade – kamen auf dem Güterbahnhof die ersten Transporte mit Verletzten an. Schon in der dritten Kriegswoche hatte Freiburg 2000 verwundete Soldaten zu versorgen. In jedem der *«Hilfslazarette»* war eine *«leitende Dame»* verantwortlich für die Ausstattung und die Lazarettküche, in der freiwillige Helferinnen arbeiteten. Verschiedene Frauenvereine organisierten Nähstuben, in denen in ehrenamtlicher Arbeit Verbandsstoffe und Wäsche für die Verwundeten aufgearbeitet wurden. Der *Badische Frauenverein* leitete außerdem die Sammelstelle für *«Liebesgaben»* an die Soldaten, die in privater Initiative hergestellt wurden. So erließ eine Angestellte des Theaters im Oktober 1914 folgenden Aufruf an ihre Kolleginnen: *«Vom Hauptausschuß des Roten Kreuzes ist mir eine gro-*

Das ehemalige Stadttheater im Augustinerkloster als Kartoffellager

ße Partie Wolle zur Verfügung gestellt worden, um für unsere Soldaten im Feld Strümpfe und wärmende Unterkleider daraus anzufertigen. Ich bitte alle Damen der Oper, des Schauspiels, des Chors und Balletts, sowie die übrigen im Theater angestellten Frauen, mir dabei zu helfen.»[7]

Darüber hinaus organisierten die Vereine Hilfsleistungen für Familien, die durch den Krieg in Not geraten waren. Denn die knapp bemessene staatliche Unterstützung für die Angehörigen der Soldaten reichte Familien, die nicht auf Ersparnisse zurückgreifen konnten, auch nicht annähernd zum Leben. Viele Frauen und Männer waren arbeitslos geworden, weil einige Industriebetriebe zu Beginn des Krieges den Betrieb ganz oder teilweise einstellen mußten. Auch etliche Verkäuferinnen und Kellnerinnen verloren ihre Stellung, ebenso Dienstbotinnen, deren Herrschaften sich zu vorsorglichen Sparmaßnahmen genötigt sahen. Außerdem verschärfte die sofort einsetzende Teuerung der Grundlebensmittel die wirtschaftliche Situation.

Die Bessergestellten wurden aufgerufen, sich in freiwilligem Verzicht zu üben und durch Spenden der ärgsten Not entgegenzutreten. Außerdem sollten sie in ihrem Auftreten der bedrängten Lage der Mehrheit Rechnung tragen. So prangerte die *Freiburger Zeitung* an, daß in der Stadt «*noch immer Damen […] in luxuriöser und auffallender Kleidung*» zu sehen waren. «*Das wirkt in schwerer Zeit nicht bloß peinlich auf jedermann, sondern auf die Minderbemittelten sogar aufreizend. Es zeigt wenig Gefühl für weibliche Würde und völligen Mangel menschlichen und vaterländischen Sinnes, jetzt […] die persönliche Eitelkeit spazieren zu führen.*»[8]

Anfang August 1914 wurde ein *Kriegsfürsorgeausschuß* gebildet, in dem Stadträte und Vertreter der konfessionellen und freien Wohltätigkeitsvereine zusammenkamen, um die Verteilung der Spenden zu koordinieren. «*Für die Familien daheim zu sorgen, ist nicht nur eine selbstverständliche Dankespflicht gegen die für uns Kämpfenden, deren Ausdauer und Kampfesfreudigkeit überdies gehoben wird durch das Bewußtsein: für die Unseren daheim wird gesorgt! Es ist auch vaterländisches Selbsterhaltungsgebot, denn Familie und Friedensberuf des Kriegers sind die Keimstätten, aus denen nach Friedensschluß wieder neues Glück und neuer Wohlstand für den einzelnen und damit für das ganze Vaterland ersprießen muß*», so der Vorsitzende des *Kriegsfürsorgeausschusses*, Professor Dr. Heffter, in einem Spendenappell zum Frühjahr 1915.[9]

Durch die freiwillige Kriegsfürsorge erhielten Bedürftige regelmäßige Geld- und Naturalunterstützungen. Sie bekamen außerdem verbilligte Lebensmittel, die in den städtischen Verkaufsstellen am Münsterplatz, im Kornhaus und im Kaufhaus ausgegeben wurden – Hilfen, die im Laufe des Krieges von immer mehr Menschen in Anspruch genommen werden mußten. Schon Ende 1916 hatte über die Hälfte der Freiburger Bevölkerung die blaue Ausweiskarte, die zum Kauf von subventionierten Lebensmitteln berechtigte.[10]

Wie in den meisten deutschen Städten schlossen sich auch in Freiburg zu Beginn des Krieges verschiedene Frauenvereine zum *Nationalen Frauendienst* zusammen, um die Aufgaben an der Heimatfront gemeinsam zu bewältigen. Vor allem die Vereine der bürgerlichen Frauenbewegung ergriffen hier die Initiative. Elisabeth Lessing, die Präsidentin des Vereins *Frauenbildung-Frauenstudium* übernahm den Vorsitz des *Nationalen Frauendienstes* in Freiburg. Diese Hilfsarbeit galt vor allem den Frauen. So konzentrierten sich die Vereine der Frauenbildungsbewegung auf die Probleme der erwerbstätigen Soldatenfrauen. Im *Freiburger Frauenklub* richtete die *Rechtsberatungsstelle* des Vereins *Frauenbildung-Frauenstudium* eine Kriegsberatungsstelle für Frauen ein. Das Stellenvermittlungsbüro des *Vereins der weiblichen Angestellten* legte seinen Schwerpunkt auf die Vermittlung von Soldatenfrauen. Der *Frauenklub* stellte seine Räume für die Betreuung von Kindern zur Verfügung, deren Mütter nun arbeiten mußten. Studentinnen und Schülerinnen übernahmen diese Aufgabe.

Daneben befaßte sich der *Freiburger Hausfrauenbund** mit Fragen der Lebensmittelversorgung und der kriegsgemäßen Hauswirtschaft. Er sollte innerhalb des *Nationalen Frauendienstes* zur einflußreichsten Organisation werden und entwickelte sich während des Krieges zur maßgeblichen Interessenvertretung der bürgerlichen Frauenvereine.[11]

Die Angestellten des Freiburger Lebensmittelamtes, 1915

Während des Krieges schrieb Edwine Eschle an ihre Tochter Sofie Bechtold in Freiburg (siehe auch die weiteren Briefauszüge, die als Zeitbilder in diesem Kapitel immer wieder eingeblendet werden).[12] Edwine Eschle, die als Witwe in Gütenbach alleine lebte, schilderte die alltäglichen Nöte und Sorgen des Krieges auf dem Land, wo die Verhältnisse kaum besser waren als in der Stadt. Am 17.1.1915 beglückwünschte sie ihre Tochter zur Geburt des vierten Kindes:

«Meine Lieben!
Den Brief habe ich erhalten, ich gratuliere Euch zu diesem jungen Krieger, aber wie man jetzt muß zusehen, wie die jungen Leute zusammen geschossen werden, so kann mann keine Freude mehr haben wenn ein Bube zur Welt kommt. Wenn jetzt nur alles gesund bleibt, daß ist die Hauptsache, und mit diesem jetzt Schluß wäre, 4 Stück […] wäre gerade genug, es ist keine Kleinigkeit, bei dieser teuren Zeit, eine so schaar Kinder, meine Sache wäre das nicht, nun Ihr seit jung und ich bin alt, ich bin launisch, um mich sollt alles still und ruhig sein, die Katze sollte nicht einmal miau machen und die Geis nicht mekeln.[…]

Wenn es dir möglich ist in deinem Bette, so bete auch, das der Bechtold [Edwine Eschles Schwiegersohn] *nicht noch fort muß, die armen Soldaten was müssen diese nicht mitmachen, der Wolf ist auch in den Schützengräben in den Vogesen, und müssen den ganzen Tag drinnen bleiben, nur nachts können sie Essen holen, wenn sie raus gehen, so kommen von einem Berg herunter schon Granaten,*

---

* (vorige Seite) Der *Freiburger Hausfrauenbund* war im Frühjahr 1914 auf Initiative von *Frauenbildung-Frauenstudium* gegründet worden. Er verstand sich als Berufsorganisation der Hausfrauen und nicht zuletzt auch als Arbeitgeberinnenverband gegenüber den Dienstbotinnen. Die Gründerinnen beabsichtigten außerdem, mit dem *Hausfrauenbund* einen übergreifenden Ortsverband der Freiburger Frauenvereine zu schaffen. Obwohl insgesamt 30 Frauenvereine als korporatives Mitglied beitraten, gelang dies jedoch nur zum Teil, denn einzelne der angeschlossenen Vereine, zum Beispiel der *Katholische Frauenbund*, bestanden auf ihrer Unabhängigkeit und betrachteten sich durch den *Hausfrauenbund* nicht ausreichend repräsentiert (Borgmann 1973, S. 41; StAFr, C3 768.7: Ausschuß zur Bekämpfung übermäßiger Preissteigerungen).

er schreibt sie fechten immer heftig. Er hat geschrieben: O, liebe Frau, wenn du auch nur in diesen schrecklichen Krieg könntest schauen, O seliger Schwarzwald, wie schön habt auch ihr. [...]»

Wer uns das in Friedenszeiten vorgesetzt hätte!

Schon in den ersten Wochen des Krieges waren die Versorgungsschwierigkeiten an der enormen Teuerung spürbar. Sie wurden im wesentlichen durch die ausbleibenden Importe verursacht. Anfang 1915 begann die Rationierung der Lebensmittel. Im März 1915 gab es Brot nicht mehr im freien Verkauf; nach und nach waren auch weitere Grundnahrungsmittel nur noch auf Bezugskarten zu erhalten. Um die Frauen auf die Rationierung vorzubereiten, führte das badische Kriegsministerium eine Aufklärungskampagne durch. In den Läden lag nun das «*Badische Kriegskochbüchlein*» von Emma Wundt aus. Zwar betonte die Herausgeberin im Vorwort, daß bei der Auswahl der Rezepte die Vorlieben der süddeutschen Küche berücksichtigt worden seien. Tatsächlich aber mußten sich die Frauen darein finden, auf die gewohnten Mehlspeisen zu verzichten. *«Bei der Zusammenstellung der vorliegenden Kochregeln, welche jeweils für 6 Personen berechnet sind, ging man von der Absicht aus, den badischen Hausfrauen einen Fingerzeig zu geben, wie die sonst übliche Kochweise für die Jetztzeit geändert und wie das Mehl durch Kartoffeln ersetzt werden kann. Nach Aussprache bekannter Nationalökonomen müssen wir, um mit den vorhandenen Vorräten bis zur nächsten Ernte haushalten zu können, an Stelle von einem Teil Mehl, Fleisch und Fett täglich 400 gr Kartoffeln pro Kopf treten lassen.»*[13]

Im März 1915 gründete sich als Untergruppe des *Nationalen Frauendienstes* ein *Frauenarbeitsausschuß für Fragen der Kriegsernährung*, dem sich neben dem *Freiburger Hausfrauenbund* auch der *Katholische Frauenbund* und die *Sozialdemokratische Frauensektion* anschlossen. Die Leitung übernahm Maria Deufel, Oberlehrerin an der Frauenfortbildungsschule. Sie war in Karlsruhe auf einer Schulung für diese Aufgabe vorbereitet worden. Mit Aufklärungsveranstaltungen und Vorführungen in den Lehrküchen der Mädchenschulen sollten den Frauen die Rezepte der Kriegsküche nahegebracht werden.

«An unsern sechs kleinen Herden werden jedesmal 15 bis 18 verschiedene Kriegsspeisen zubereitet. Vor dem praktischen Kochen gebe ich theoretische Belehrungen, und dann bereiten die Frauen mit Hilfe und unter Anleitung der Fortbildungslehrerinnen die Speisen zu, nach der Zubereitung werden die Gerichte von allen Teilnehmerinnen versucht», berichtete Maria Deufel.[14] Außerdem eröffnete der *Freiburger Hausfrauenbund* in den Stadtteilen Beratungsstellen für *«alle mit der Kriegsernährung zusammenhängenden Fragen»*. Dort konnte auch die *«Kriegskochkiste»* gekauft werden, eine mit Papier und Holzwolle isolierte Holzkiste, die zum Ausgaren der Speisen diente und dabei keinen Brennstoff verbrauchte.

Als Maria Deufel im Herbst 1915 eine Bilanz der Aufklärungsarbeit zog, mußte sie ein eher geringes Interesse der Frauen konstatieren. Sie beklagte, daß besonders Frauen *«aus den unteren Bevölkerungsschichten [...] trotz aller Bemühungen»* nicht erreicht würden. Nach den Gründen für das in ihren Augen *«völlige Versagen»* weiter Bevölkerungskreise fragte Maria Deufel nicht. Offenbar konnte sie sich nicht vorstellen, daß Familien, die auf die Erwerbsarbeit der Mutter und der älteren Kinder angewiesen waren, wahrscheinlich andere Sorgen hatten, als unter fachkundiger Anleitung eine neue, auf den Krieg zugeschnittene Kochkunst zu erlernen. Wo selbst für die notwendigsten Arbeiten zu Hause die Zeit fehlte, da war kein Platz für wohlmeinende Ratschläge, wie der ordentliche Kriegshaushalt zu führen wäre. Maria Deufels Schlußfolgerung, daß langfristig auf *«sparsames Wirtschaften der breiteren Volkskreise»* nicht gebaut werden könne, ging an der Realität all der Frauen vorbei, die schlicht die Not zu äußerster Einschränkung zwang.

«Ich benützte den Nachmittag zu einem kleinen Separat-Ausflug und erholte mich in göttlicher Ruhe im Waldsee von den Strapatzen des

Plakat des Nationalen Frauendienstes

Haushalts respektive von der ständigen Jagd nach Lebensmitteln, denn jetzt ist die Knappheit so groß geworden, daß man den Gedanken daran nicht abwenden kann, daß wir eigentlich eine halbe Hungersnot durchmachen. Gestern zu Mittag hatten wir Kartoffelsuppe (endlich gibt es wieder diese unentbehrliche ‹Knollenfrucht› wie sie im ‹Bettelstudent› genannt wird) und dann als Hauptspeise gelbe Rüben und Salzkartoffel, Salat. Wer uns das in Friedenszeiten vorgesetzt hätte! Man verhungert dabei schließlich noch nicht, aber es ist niederdrückend, wenn man aus jedem Laden hinaus geht und nichts bekommen hat, keinen Käse, kein Salz, keine Haferflocken, keine Hülsenfrüchte, keinen Reis, Fleisch nur einmal die Woche, die Lebensmittelkarte ist aufgebraucht, am 1. September kommt erst die neue.

Für abends habe ich zu den üblichen Kartoffeln einen Rollmops zu 30 Pfg und einen Bismarckhering zu 30 Pfg gekauft, die sonst nur 12-15 Pfg das Stück kosteten. Alles wird ständig teurer», notierte Hermine Paufler am 25. August 1916 in ihrem Tagebuch.

«Gütenbach, 21.6.16

Meine Lieben!

Hier schicke ich Ihnen, was ich entbehren kann Ziegenfleisch, wenn bei euch eine Fleischnot ist, wie bei uns, so glaube ich, ist es auch angewendet. Jetzt haben wir Krieg, 6 Tage hatten wir kein Stücklein Brod kein Mehl kein Zucker. Sonntag morgen gehen die Leute um 4 Uhr in die Metz, aber die Hälfte können leer abgehen, die Metzger hätten Vieh genug zu metzgen aber dürfen absolut nichts metzgen, so haben wir einen Amtmann, ein Stellvertreter, der andere hat müssen in Krieg, der Ort wo er vorher war, wünschen uns die Leute Glück zu diesem verrückten Kerl. Karten haben wir genug, aber bekommen nichts. Der Johann hat dürfen am letzten Samstag ein Schäflein metzgen und Edmund ein Kalb, was ist das schon für so viele Leute, auf Frohleichnamstag gibt es gar nichts. […] Jetzt sind die Leute bald zähe, Eier haben die Leute auch keine zum abliefern, die Leute bekommen die Eier nicht wo ihnen zugesagt sind auf der Karte.

Sofie schicke mir doch das Rockmuster ich bezahle dir gerne die Hälfte daran, das war so die mittlere Weite, wie ich gerne habe, wenn du mir den Gefallen nicht thust, dann schicke ich dir ganz gewiß nichts mehr. […]»

Je länger der Krieg dauerte, desto drastischer wurde der Mangel an allen Grundmitteln des täglichen Bedarfs. Obskure Artikel kamen auf den Markt, wie «*Salino*», ein Salatölersatzpulver, das lediglich aus einem Dickungsmittel, Kochsalz und Farbe bestand.[15] War noch im ersten Kriegsjahr die Kartoffel als Ersatz für Mehl und Fleisch gepriesen worden, mußten schließlich Kohlrüben die Kartoffel ersetzen.

«Ich erinnere mich zwar noch sehr genau aus meiner Jugend, daß es immer unzufriedene Gesichter gab, wenn die Mutter Kohlrüben auf den Tisch brachte. Dabei war das Gericht damals noch geschmalzen und auch ein Stückchen Fleisch konnte mit einigem Glück darin entdeckt werden. Heute ist nichts an den Kohlrüben geschmalzen, außer dem Preis für das Fett, das man daran geben muß, wenn man es hat. Aber es ist einmal so bestimmt. Wir haben in diesem Krieg schon viel geschluckt und schon an anderen Bissen gewürgt, so daß die Kohlrüben wirklich nicht das ärgste sind», kommentierte ein Redakteur der *Volkswacht* im «*Kohlrübenwinter*» 1917 eine Veranstaltung des *Freiburger Hausfrauenbundes*, auf der die vielseitige Verwendbarkeit der Kohlrübe demonstriert

Der Kartoffelersatz im vierten Kriegswinter: Kohlrüben

werden sollte. «*Man kann sehr verschiedene Gerichte auf den Tisch bringen: einen Tag Kartoffel und Kohlrüben und den andern Tag Kohlrüben und Kartoffel. Also ihr Hausfrauen, sorgt für Abwechslung in der Kohlrübenzubereitung, dann geht es schon.*»[16]

Die Tageszeitungen vermitteln einen Eindruck davon, wie drängend die Versorgung im Zentrum aller Überlegungen stand. Kaum eine Ausgabe, in der nicht über den Mangel geklagt wurde. Auch von «*unliebsamen Zwischenfällen auf dem Wochenmarkt*» wurde immer wieder berichtet. So schilderte die *Volkswacht* einen Streit wegen einer Erdkohlrabe, für die die Händlerin 40 Pfennig verlangt hatte. Die empörte Kundin holte den Marktaufseher herbei, der feststellte, daß der zulässige Höchstpreis bei 12 Pfennigen gelegen hätte. «*Nun geriet aber das verärgerte Weib* [die Marktfrau] *erst recht in Harnisch und ließ dem Gehege ihrer Zähne einige Bemerkungen entschlüpfen, die keineswegs dem Gefühl der Nächstenliebe entsprangen. ‹Ich bringe nichts mehr in die Stadt, die Städter sollen sehen, wo sie etwas zu fressen bekommen› – so ungefähr machte die Bäuerin ihrem Ärger Luft. Derartige schnoddrige Bemerkungen muß man nun bald jeden Tag auf dem Wochenmarkt in Kauf nehmen. Bauer und Händler wissen, was sie heute dem Publikum bieten dürfen! Leider!*»[17]

Solche Auseinandersetzungen waren keine Ausnahme. Auch bei Sonderverkäufen verbilligter Lebensmittel in den städtischen Ausgabestellen waren es häufig nicht die Ersten, sondern die Stärksten, die schließlich zum Zuge kamen. So klagte die Schlachthofdirektion im Dezember 1915 über die Verhältnisse in der städtischen Freibank: «*Während ein geringer Teil des Publikums sich anständig benimmt, läßt das Betragen des größeren Teils vielfach zu wünschen übrig. Ist es doch beim Verkaufen der Würste zum Handgemenge unter einem Teil der Frauen gekommen, so daß sich die Frauen wegen des Vortritts an den Haaren faßten und sich diese ausrissen. Ein anderer Teil der soeben an der Freibank eintreffenden Frauen kam trotz Verbotes zur Ausgangstüre wiederholt herein und verweigerte auf Aufforderung des aushauenden Metzgers, sich zu entfernen und den übrigen Käufern an der Eingangstüre sich anzuschließen.*»[18]

Vor allem forderte die alltägliche «*Jagd nach Lebensmitteln*» Geduld von den Frauen, wenn auch im vierten und fünften Laden

Der Markt auf dem Münsterplatz zur Zeit des Ersten Weltkriegs

nichts zu bekommen, wenn nach langem Warten das Ersehnte schließlich ausverkauft war. Als im Nomvember 1916 der anhaltende Buttermangel dazu führte, daß selbst die wenigen Gramm, die laut Lebensmittelkarte jeder zustanden, nirgends zu erhalten waren, kam es mehrfach zu spontanen Protestdemonstrationen. Seit Tagen schon hatten viele Frauen stundenlang vor den Geschäften gestanden, um schließlich unverrichteter Dinge wieder nach Hause gehen zu müssen. Unter dem Titel «*Die Frauen treten auf den Plan*» berichtete die *Volkswacht* am 23. November 1916: «*Gestern nachmittag fanden sich vor den hiesigen größeren Buttergeschäften wieder mehrere hundert Frauen ein, die beharrlich darauf bestanden, Butter zu erhalten. Derartige Butterpolonäsen sind gegenwärtig an der Tagesordnung und bei dem chronischen Fettmangel nur zu verständlich. Die Menge zog schließlich in größeren Trupps vor das Rathaus und beauftragte einige Frauen, beim Oberbürgermeister wegen des anhaltenden Fettmangels vorstellig zu werden. Das Stadtoberhaupt soll den Frauen die Versicherung gegeben haben, daß die Fettversorgung im kommenden Monat besser werde.*»[19]

Die Kriegswurstküche im städtischen Schlachthof, Faulerstraße 1

Dieser entschiedene Protest führte dazu, daß Kundenlisten eingeführt wurden. Die Frauen konnten jetzt nur noch in dem Laden Butter bekommen, wo sie als Kundinnen eingetragen waren. Wenn das wenige schon nicht zu mehren war, so wollte man immerhin eine gerechtere Verteilung erreichen. Gleichzeitig sollten damit große Aufläufe vor einzelnen Geschäften, die zu weiteren Tumulten hätten führen können, verhindert werden. Die Maßnahme erwies sich als erfolgreich, und kurz darauf konnten auch Kartoffeln nur noch im Stammladen gekauft werden. Schließlich galt auch für Obst und Gemüse diese Regelung.

Von einer gleichmäßigen Versorgung konnte jedoch trotz aller amtlichen Überwachungsmaßnahmen nicht die Rede sein. Denn jenseits des rationierten Handels blühte der Schwarzmarkt, auf dem Land und in der Stadt. «*Heute in Wittnau gewesen um unser Pfündchen Butter. Den Heimweg unter dem Klange der Siegesglocke zurückgelegt. Man erzählte uns, daß die erste rumänische Festung gefallen sei und über 20000 Gefangene gemacht wurden*», ist nur eine der Tagebucheintragungen, mit denen Hermine Paufler die regelmäßigen Ausflüge ihrer Familie aufs Land festhielt.[20] Wer es sich leisten konnte, die gepfefferten Preise zu bezahlen, fand auch in der Stadt einiges, was nur unter dem Ladentisch verkauft wurde. Und für die Reichen schließlich gab es auch legale Möglichkeiten, der schmalen Kriegssuppe zu entkommen. «*Zur Erleichterung des Durchhaltens sind in den besseren Hotels allenthalben Einrichtungen getroffen, die sich die Wohlhabenden zunutze machen können. So inseriert ein hiesiges Hotel-Restaurant u. a.: ‹Reichhaltige Abendkarte (auch ohne Fleischmarken), u. a. Bachforellen, Caviar, Orig. Gänseleberterrinen› und sonstige Delikatessen. Wer sich solche Abendplatten leisten kann, wird zweifellos mit Leichtigkeit durchhalten können. Aber über Moneten muß er verfügen!*» kritisierte die *Volkswacht* im März 1917.[21]

Immer wieder wurden notwendige Gebrauchsgegenstände aus Metall, aber auch Fahrradreifen zum Beispiel, beschlagnahmt, um Rohstoffe für die Rüstungsindustrie zu gewinnen. So beklagte Edwine Eschle am 20.2.1916 den Verlust ihres kupfernen Ofenschiffs – ein Kesselbehälter, der im Küchenherd als Warmwasserspeicher eingelassen war: «*Meine Lieben! Ich will nur ein paar Zeilen an Euch richten und fragen, was Sie auch machen, bis 17. März sollten wir die Schiffe und das Metall abliefern. Jetzt habe ich nur eine einzige Messingfanne, wo ich alle Morgen die Milch darin koche und muß diese noch hergeben und erst das Schiff wie kränkt mich das meiner Lebtag komme ich zu keinem Kupferschiff mehr, daß ist doch ein ewiges Ding und doch schade dafür, diese zu verschmelzen, der […] Krieg könnte einmal aufhören und bekommen thut man fast nichts dafür und ohne Schiff tut es doch nicht. Was kauft auch Ihr für eines. Die Blechschiff sind doch rein gar nichts und so ein Email, ich habe genug Hafen und Fannen herumfahren, die nur ein Löchlein haben und sonst noch so schön sind und was sie noch kosten, jetzt muß alles Schiffe haben, dann können sie sich bereichern mit, es tut doch alles in dem Krieg.*»

Aufruf von 1918.
Frauenhaar wurde als Rohstoff für Filz und Isoliermaterial verwendet.

Die beiden Heringe zum Beispiel, die Hermine Paufler im August 1916 für ihren Abendbrottisch erstanden hatte, kosteten den halben Tageslohn einer Fabrikarbeiterin. Arbeitenden Frauen fehlte nicht nur das Geld, um bezugsfreie Waren zu kaufen oder sich gar auf dem Schwarzmarkt einzudecken. Es fehlte ihnen auch die Zeit, um im richtigen Moment in der richtigen Schlange zu stehen.

Die städtischen Behörden versuchten mit wenig Erfolg, den Schwarzhandel durch polizeiliche Kontrollen zu unterbinden. Im Herbst 1915 wurde ein stadträtlicher Ausschuß gebildet, der wenigstens auf dem offenen Markt die Einhaltung der amtlichen Höchstpreise überwachen sollte. Anfangs gehörten dieser Kommission ausschließlich Herren an. Doch in beharrlichen Verhandlungen erreichte der *Freiburger Hausfrauenbund*, daß Ende 1915 auch eine Vertreterin der Frauenvereine in die Preisprüfungsstelle berufen wurde. Diesen Erfolg verdankten sie allerdings nicht der Einsicht des Stadtrats, sondern einem Erlaß des Kriegsministeriums, nach dem in allen Fragen der kommunalen Lebensmittelversorgung mit den Hausfrauenverbänden zusammengearbeitet werden sollte.[22]

Im November 1916 nahmen zwei Vertreterinnen des *Freiburger Hausfrauenbundes* an einer Konferenz in Karlsruhe teil, zu der das badische Innenministerium eingeladen hatte. Hier verständigten sich Frauen aus verschiedenen Städten über Möglichkeiten, die Versorgungslage zu verbessern. Die Konferenz führte zu einer Empfehlung an die Gemeinden, die Frauenvereine stärker als bisher in die Arbeit einzubeziehen. Unter Leitung des *Hausfrauenbundes* gründete sich auch in Freiburg eine *Landwirtschaftliche Hausfrauenvereinigung*, die sich zum Ziel setzte, einen Direkthandel vom Land in die Stadt aufzubauen.[23] Durch vereinseigene Verkaufsstellen, in denen Produkte zu einem für Erzeuger und Käufer gleichermaßen günstigen Preis vertrieben würden, erhoffte man, eine wesentliche Verhinderung des sogenannten *«wilden Aufkaufens von Nahrungsmitteln»* zu erreichen. Mithilfe einer *«freiwilligen Einwirkung von Frau zu Frau»* – denn die landwirtschaftliche Produktion liege ja jetzt vor allem in den Händen der Bäuerin – sollte ein versöhnlicheres Verhältnis zwischen Stadt und Land geschaffen werden. Im Dezember 1916 eröffnete die *Landwirtschaftliche Hausfrauenvereinigung* einen Laden in der Bertoldstraße 28. Abgesehen von einer Verkäuferin wurde das Unternehmen durch ehrenamtliche Arbeit der Freiburger Frauenvereine betrieben. Vertreterinnen der Landfrauenvereine übernahmen den Ankauf bei den Bäuerinnen. Bis zum Frühjahr 1918 blieb diese offene Verkaufsstelle bestehen.

Die Hausfrauenvereinigung des *Nationalen Frauendienstes* richtete außerdem eine zentrale Einmachküche ein. Schon im Spätsommer 1915 waren Vertreterinnen des *Hausfrauenbundes* mit diesem Projekt an den Stadtrat herangetreten. Mithilfe eines Darlehens aus der Stadtkasse konnten sie ein größeres Kontingent an Obst und Gemüse kaufen. Verschiedene Frauenvereine übernahmen es, die Früchte in der städtischen Volksküche Weberstraße zu verarbeiten. Die Konserven sollten später zu einem günstigen Preis an die Bevölkerung verkauft werden. Auf diese Weise sollte eine sachgemäße und sparsame Verwertung gewährleistet sein. Im Sommer 1916, als Zucker so knapp geworden war, daß das Projekt der Frauenvereine zu scheitern drohte, entschied der Stadtrat, einen größeren Teil der Sonderrationen, die für die Einmachzeit ausgegeben wurden, der zentralen Einmachküche zur Verfügung zu stellen. Das bedeutete jedoch, daß die Zuteilung für die Privathaushalte entsprechend gekürzt wurde, so daß sogar Familien mit eigenem Obstgarten in diesem Jahr der Zucker zum Einkochen fehlte.[24]

Erst im Mai 1917 wurde die *«Kriegsmarmelade»* der *Hausfrauenvereinigung* im städtischen Kaufhaus am Münsterplatz ausgegeben. Dieser Sonderverkauf erregte einige Empörung, denn ein Pfund, das nur dem Namen nach Marmelade war, kostete zwischen 90 Pf und 1,20 RM – das entsprach in etwa dem Tageslohn

Händlerinnen holen ihre Zuteilung an Milch im zentralen Milchhof in der Katharinenstraße 16.

einer Fabrikarbeiterin. Es wurde berichtet, daß ein Teil des Zwetschgenmuses ausgesprochen widerlich schmeckte, weil es angebrannt war. Besondere Erbitterung löste schließlich die Empfehlung aus, die Marmelade vor dem Verzehr noch einmal mit Zucker aufzukochen, um sie schmackhafter und haltbarer zu machen. «*Die Erfahrungen, die unsere Hausfrauen mit den bisher zur Ausgabe gelangten Kriegsmarmeladen gemacht haben, lassen es erklärlich erscheinen, wenn sie fast allgemein die Forderung erheben, man möchte ihnen in Zukunft das Einmachen selbst überlassen*», unterstützte die *Volkswacht* einen Antrag der *Sozialdemokratischen Frauensektion*, im kommenden Sommer die privaten Zuteilungen an Zucker zu erhöhen.[25]

So notwendig die ehrenamtliche Arbeit der bürgerlichen Frauenvereine auch war, zeigte sich in einigen ihrer Maßnahmen doch einmal mehr ihre privilegierte Stellung gegenüber den Frauen, denen ihre Bemühungen galten. Während sich die einen wohltätig um das Vaterland verdient machten, fehlte Frauen, die arbeiten gehen mußten, an allen Enden die Zeit. *«Von dem Raubbau, der an Frauenkraft […] getrieben wird, macht sich wohl kaum ein Mann die richtige Vorstellung. Wie ausgeleert kommt sich die Frau am Abend nach getaner Arbeit selbst vor. Und was hat die Erschöpfte geleistet? Die Mahlzeiten sind schlecht und fünfmal so teuer, die Zusammenstellung der Gerichte ist unsinnig, hängt sie doch ganz vom Zufall ab, in der Wirtschaft klappt nichts, ist nichts ordentlich gemacht, die Kleider sind nachlässig gehalten und jeder kleinste Zwischenfall wird zur Katastrophe. […] Sie müssen herumlaufen, suchen, bitten, überreden, müssen ihre Gedanken ein- und ausschließlich darauf konzentrieren, wo sie um Gottes willen nun morgen Kriegsseife beschaffen oder Essig holen werden. Der ganze endlose Kampf ist so ermüdend und so unbeschreiblich niederdrückend, weil er meistens um ein Nichts geführt wird.»*[26]

Um zur Schlagfertigkeit unseres Heeres beizutragen

Bereits im zweiten Kriegsjahr war die Frauenarbeit zur wirtschaftlichen Notwendigkeit geworden. Je mehr Soldaten dieser Krieg forderte, desto mehr mußte ihre Arbeitskraft von Frauen ersetzt werden. Schon sehr bald arbeiteten sie in Berufen, zu denen ihnen bislang der Zugang verwehrt worden war.

Anfang 1915 hatte der Personalmangel im Straßenbahndienst in Freiburg so drastische Formen angenommen, daß das Elektrizitätswerk einige Strecken stillegen mußte. Im März 1915 waren von 130 Schaffnern und Wagenführern nur noch 14 im Dienst. Nach sorgfältigen Erkundigungen in anderen Städten entschloß man sich auch in Freiburg, *«einen Versuch mit der Verwendung von Frauen als Schaffnern zu machen. Bewerbungen erbeten»* – so die Annonce des E-Werks im März 1915.[27] Dieser Versuch erwies sich als so erfolgreich, daß die Direktion des E-Werks im Dezember 1915 erwog, nun auch einige der Schaffnerinnen zu Wagenführerinnen auszubilden. Doch noch bevor in Freiburg die erste Frau am Steuer einer Straßenbahn zu sehen war, regte sich Protest. Ältere, *«gesunde und kräftige Arbeiter»* würden zurückgewiesen, als ob ein Mann mit grauen Haaren *«ein so abschreckendes Bild»* abgebe, daß er als Wagenführer nicht in Frage käme, klagte man. Die Direktion des E-Werks beeilte sich zu versichern, daß nur Männer, die aufgrund ihres Alters den Anforderungen des Führerdienstes nicht mehr gewachsen wären, abgelehnt worden wären, ansonsten jedoch *«brauchbare männliche Kräfte»* bei der Einstellung bevorzugt würden.

Das Höchstgehalt bei der Straßenbahn lag für Frauen bei 4 RM am Tag, während ihre männlichen Kollegen 4,80 RM verdienten. Frauen bekamen außerdem keine Kinderzulage, auch andere Sozialleistungen wurden ihnen nicht zugestanden. Als die Bediensteten des E-Werks Anfang 1916 eine Teuerungszulage von 10 Pf die Stunde erhielten, waren Frauen davon zunächst ausgenommen, mit der Begründung, daß ihr Verdienst schon jetzt *«recht ansehnlich»* sei und den Neid der übrigen städtischen Arbeiter errege. *«Beziehen doch die* höchstentlohnten *Schlosser unseres Betriebes, wenn sie eine Frau und 3 Kinder haben nur etwa 2650 M im Jahr, während das Einkommen jener Kriegerfrauen [...] sich auf 3240 und 3552 M beläuft.»*

Von den 58 Frauen bei der Straßenbahn waren annähernd die Hälfte Mütter. Sie arbeiteten im 9-Stunden-Tag, und laut Tarif stand ihnen nur alle 9 Tage ein freier Tag zu. Die Forderung der Frauen, man möge ihnen einen zusätzlichen freien Tag für die Erledigung dringender Hausarbeiten zugestehen, blieb bis zum Kriegsende ohne Erfolg, obwohl sogar der Stadtrat mehrmals in dieser Sache intervenierte. Die Frauen müßten an ihrem freien Tag *«schaffen und sich abmühen um den Haushalt einigermaßen zu pflegen. Ein Ausruhen [sei] dabei nicht möglich»*, befürwortete man das Anliegen der Schaffnerinnen im Sommer 1918. Aber die Direktion des E-Werks zeigte sich ausgesprochen uneinsichtig. *«Auf die besonderen Verhältnisse dieser Bediensteten [...] wird und kann [...] keine Rücksicht genommen werden [...]»*, lautete die knappe Antwort. *«Wir möchten hier aber auch bemerken, daß das weibliche Personal mit seinen Wünschen keinesfalls zurückhält und vielfach sogar recht unbescheiden und rücksichtslos ist»*. So würden die Frauen häufig mit der Entschuldigung, kranke Angehörige pflegen zu müssen, nicht zum Dienst erscheinen. Letztlich gab der Stadtrat nach und entschied im November 1918, daß *«im Hinblick auf die [...] zu befürchtende Unzufriedenheit beim übrigen Personal»* von der Gewährung eines weiteren freien Tages abzusehen sei.

Doch hatten sich die Stadträte bezüglich der Schaffnerinnen noch mit einem anderen und – nach dem umfangreichen Schriftwechsel zu schließen – außerordentlich heiklen Problem auseinanderzusetzen: Wo sollten die Frauen während des Dienstes ihre Notdurft verrichten? Galt es bei ihren männlichen Kollegen als selbstverständlich, daß sie ihr Wasser in der freien Natur abschlugen, erregte ein entsprechendes Verhalten, zu dem sich manche Frau mangels anderer Möglichkeiten genötigt sah, öffentliches Ärgernis. *«Ferner wäre Fräulein Spitzmüller* während des Aufenthaltes in Haslach öfters auf die Leiste der Perrontüre gesessen. Dieses wird auch vom Wagenführer der Linie 1, welcher in Haslach wohnt, bestätigt mit dem Bemerken, einmal wäre dies in Gegenwart einer Frau geschehen, welche im Wagen saß»*, wußte die Straßenbahndirektion 1915 über einen Fall solch ungebührlichen Verhaltens zu berichten. Es sollte noch einiges Papier in Anspruch nehmen, bis diesem Mißstand endlich abgeholfen wurde. Erst im November 1917 forderte der Stadtrat die Straßenbahndirektion auf, Vereinbarungen mit nahegelegenen Gaststätten zu treffen, um *«den Schaffnerinnen die Möglichkeit zu geben, an den Endstationen [...] auszutreten»*.

Die weiblichen Bediensteten der Straßenbahn nahmen zwar nicht gegenüber ihren männlichen Kollegen, wohl aber im Vergleich zu den meisten erwerbstätigen Frauen eine privilegierte Stellung ein. So verdiente eine jugendliche Arbeiterin in der Kartonagenfabrik Strohm Ende 1916 am Tag 90 Pf, noch nicht einmal ein Viertel dessen, was die Schaffnerinnen erhielten. Auch Arbeiterinnen in der Textilindustrie, die nach Akkord bezahlt wurden, kamen, wie zum Beispiel in den Mez-Werken, noch Ende 1917 auf Tageslöhne von 1,30 RM bis höchstens 1,80 RM.[28] Obwohl selbst die Reichsregierung 1916 den Arbeitgebern nahegelegt hatte, angesichts der drastischen Teuerung die Löhne zu erhöhen, lagen sie bei der Mez noch im vierten Kriegsjahr auf dem Niveau der Vor-

* Name geändert.

kriegszeit. Aus diesem Grund waren viele Mez-Arbeiterinnen auf zusätzliche Unterstützung durch die Kriegsfürsorge angewiesen.*[29] Während Arbeiterinnen der Brezelfabrik *Baader* im Frühjahr 1917 durch einen gemeinsamen Protest erreichten, daß ihre Löhne um 10% angehoben wurden, weigerte sich die Geschäftsführung der Mez sogar, auf ein Schlichtungsangebot des Oberbürgermeisters einzugehen, der von der Belegschaft im Januar 1917 als Vermittler angerufen worden war. Erst nachdem sich ein Ausschuß von Arbeiterinnen und Arbeitern im Januar 1918 an das *Kriegsamt* gewandt hatte, wurden die Löhne erhöht. Eine Untersuchung der Textilarbeitergewerkschaft im April 1918 zeigte jedoch, daß die Tageslöhne nach wie vor um 50 Pf unter dem amtlichen Mindestlohn lagen.[30]

Zwar herrschte bereits wenige Monate nach Kriegsbeginn in einigen Branchen ein großer Mangel an Arbeitskräften, doch blieb es für Frauen zunächst schwer, eine Stellung zu finden. Während besonders im Metall- und Baugewerbe Arbeiter dringend benötigt wurden, konnten noch 1916 nur die Hälfte aller stellensuchenden Frauen vermittelt werden. Vor allem im Handels- und Dienstleistungsgewerbe blieb die Situation schlecht. Die größten Probleme hatten berufsunerfahrene Frauen, die jetzt auf eigenen Verdienst angewiesen waren.[31] Erst Ende 1916 meldete das Freiburger Arbeitsamt auch einen Mangel an weiblichen Arbeitskräften in allen Berufsgruppen. «*Die gewaltige Ausdehnung, die der Krieg genommen hat und die lange Dauer desselben, die nicht vorauszusehen war, machten immer größere Anstrengungen erforderlich, um den Riesenbedarf an Kriegsmaterial zu befriedigen*» so daß die einzelnen Betriebe dazu übergehen mußten, «*die Frauenarbeitskraft in ausgedehntem Maße nutzbar*» zu machen.[32]

---

* Der Monatslohn einer erwachsenen Mez-Arbeiterin lag noch im April 1918 zwischen 56 und 83 RM. Demgegenüber veranschlagte der Freiburger *Kriegsfürsorgeausschuß* im Oktober 1918 den Mindest-Lebensbedarf einer alleinstehenden Frau für Nahrung, Kleidung, Strom- und Heizkosten – also ohne Miete – auf 74 RM (VW, 8.4.1918; StAFr, C3 773.5, a.a.O.; siehe auch Kapitel: «Die Seidenspinnerei Mez in Freiburg», S. 188ff.).

Die Wagenführerin Sophie Wohnhaas mit ihrem Kollegen Matthias Böcherer 1916 an der Endstation Günterstal

Im dritten Kriegsjahr wurde schließlich die «*Nutzbarmachung der Frauenarbeitskraft*» planmäßig angegangen. Als Hindenburg im Spätsommer 1916 das oberste Heereskommando übernahm, wurde die Rekrutierung von Arbeitskräften zur Sache des Militärs erklärt. Neueinstellungen und Stellenausschreibungen unterlagen nun den Kriegsämtern. In Freiburg wurde Anfang 1917 das städtische Arbeitsamt dem *Vaterländischen Hilfsdienst*, der Außenstelle des Kriegsamtes Karlsruhe, unterstellt. Für die «*planmäßige Organisation, Rekrutierung und Verwendung*» von Frauen suchten die Militärbehörden von Anfang an die Zusammenarbeit mit den Frauenverbänden. Sie richteten in jedem Kriegsamt ein Frauenreferat ein, das in Karlsruhe Sofie Bassermann vom *Badischen Frauenverein* und Clara Siebert als Vertreterin der katholischen Frauenvereine leiteten.[*33]

In Freiburg, wie auch in anderen Städten, standen Frauen aus der bürgerlichen und katholischen Frauenbewegung in vorderster

«Gütenbach, 21.9.16

«[...] Des Post Klärlein Hochzeit ist auch gewessen am 11. September, eine Kriegshochzeit, es war Samstag, um 5 Uhr gingen sie miteinander aufs Rathaus zum Bürgermeister [...] und hatten sie daheim ein besseres Nachtessen das war alles, die ganze Zeremonie, in keine Kirche und hatte kein Schleier und kein Hochzeitskleid gekauft. [...] an der Post ist ein fremdes Post Fräulein. Der Krieg hört noch lange nicht auf, ich habe gestern mit einem Soldat gesprochen er glaubt erst, wenn einmal das Geld ausgeht, die Franzmänner wären zu fest. [...]»

Front, als es um die Mobilisierung der Frauen ging. Schon in den vergangenen Jahren hatten sie ihre Anstrengungen vor allem darauf ausgerichtet, Frauen die Berufsarbeit zu ermöglichen. Im August 1914 richtete Helene Pfeiffer, Direktorin einer privaten Töchterschule in der Wilhelmstraße 26, einen Kinderhort in ihrem Institut ein. 75 Kinder von «*Kriegerfrauen*» wurden hier ganztägig von Schülerinnen und «*einer Anzahl Freiburger Damen [...] mit Spielen und leichten Handarbeiten für das Rote Kreuz beschäftigt*» und im Hort auch unentgeltlich verköstigt. Auf Initiative anderer Frauenvereine entstanden mehrere solcher *Kriegskinderhorte* in der Stadt. In ehrenamtlicher Mitarbeit unterstützten die Vereine die städtischen *Kriegsvolksküchen*. Hier konnten Angehörige berufstätiger Frauen täglich eine warme Mahlzeit bekommen.[34]

Als im März 1917 auf Initiative von Hindenburg an alle «*Dienstherrschaften*» die Aufforderung erging, ihre Dienstbotinnen «*zur Landwirtschaft zu beurlauben*», übernahm in Freiburg der *Nationale Frauendienst* die Rekrutierung. Mit Hilfe der Adreßkartei der Ortskrankenkasse schrieben sie die Dienstherrschaften an und baten sie, ihre Angestellten dem *Vaterländischen Hilfsdienst* zur Ver-

---

* (vorige Seite) Adelheid Steinmann, die als Vorsitzende des Vereins *Frauenbildung-Frauenstudium* 1899 in Freiburg die Zulassung der Studentinnen zur Freiburger Universität erkämpft hatte, übernahm Ende 1916 die Leitung des Frauenreferats im Kriegsamt Bonn (Borgmann 1973, S.46).

fügung zu stellen. Eine öffentliche Versammlung im Kornhaussaal am 2. April 1917 sollte diesem Appell den entsprechenden Nachdruck geben.[35] Diese Kampagne macht unmißverständlich deutlich, wie unterschiedlich in diesem Krieg die Lasten verteilt waren. Während die einen ihre Arbeitskraft einsetzen mußten, erbat man von den anderen den Verzicht auf ihre Arbeitskräfte. *«Es berührt mich recht eigenartig, daß die Dienstherrschaft und nicht die Dienstboten selbst darüber befragt werden, ob sich die letzteren für die landwirtschaftlichen Arbeiten eignen»*, kritisierte denn auch eine betroffene Dienstbotin die *«geehrten Damen der betreffenden Organisationen. [...] Die Art und Weise, wie hier von Damen, die [...] selbst jedenfalls auch wenig Neigung haben, landwirtschaftliche Arbeiten zu verrichten, versucht wird, die Dienstmädchen als Arbeitskräfte auf das Land zu bringen, muß die Dienstboten aufs tiefste verletzen. [...] Es war von vielen Damen nicht vaterländisch gehandelt, als sie nach Kriegsausbruch gleich einen Teil ihrer Dienstboten auf die Straße setzten, den übrigen Lohnabzüge machten und von ein oder zwei Mädchen die Arbeit für drei oder vier verrichten ließen. Es ist auch leider Tatsache, daß es neben Herrschaften, die in dieser schweren Zeit die vorhandenen Lebensmittel rechtschaffen mit den Dienstboten teilen, auch solche gibt, die sich nicht scheuen, die dem Mädchen zustehenden Marken für Butter und andere Lebensmittel für sich in Anspruch zu nehmen. Wo sollen diese Dienstmädchen die Kraft hernehmen zur schweren Landarbeit? [...] Und schließlich würde es auch mancher Dame durchaus nichts schaden, wenn sie selbst ein bißchen in der Landwirtschaft mithelfen würde. Zum Verfügen über uns Dienstboten wie über Leibeigene sind sie weder berufen noch berechtigt.»*[36]

Der Staat aber nahm sich dieses Verfügungsrecht. Wenig später konnten Dienstbotinnen auch gegen ihren Willen und den ihrer Arbeitgeberinnen in der Landwirtschaft eingesetzt werden.*

---

* In einer Unterredung mit dem Freiburger Stadtrat setzte sich die Referentin des Kriegsamtes Karlsruhe, Sofie Bassermann, eigens für die Interessen der *«Dienstherrschaften»* ein. Sie regte an, unqualifizierte Frauen, die nun vom Arbeitsamt herangezogen würden, vor allem in häusliche Dienste zu vermitteln, um dem *«vorhandenen starken Mangel»* entgegenzusteuern (StAFr, C3 780.1.5: Errichtung einer Fürsorgevermittlungsstelle für weibliche Arbeitskräfte).

Auf Veranlassung des Frauenreferats im Karlsruher Kriegsamt richtete das Arbeitsamt Freiburg im Mai 1917 eine Rekrutierungsstelle ein, die auf den schönen Namen *Fürsorgevermittlungs- und Berufsberatungsstelle für weibliche Arbeitskräfte* getauft wurde. Die Leitung übernahmen ehrenamtliche Berufsberaterinnen des Vereins *Frauenbildung-Frauenstudium* und des *Katholischen Frauenbundes*, die beide seit Jahren eigene Beratungsstellen für Mädchen unterhielten. «*Es ist ein Gebot der Stunde, Frauen und Mädchen aller Stände zur Übernahme einer Arbeit [...] zu bewegen. [...] Pflicht einer jeden deutschen Frau und eines jeden deutschen Mädchens ist es, hier im Vaterland Arbeit zu tun, um zur Schlagfertigkeit und zum Durchhalten unseres Heeres beizutragen*», umriß Sofie Bassermann im November 1917 die Aufgaben der Vermittlungsstelle. Die Hände in den Schoß zu legen, bedeute «*nahezu dasselbe [...] wie Vaterlandsverrat*». Allerdings traf die Pflicht zur Arbeit nach wie vor nicht alle Frauen. So war es Aufgabe der Vermittlungsstelle, vorzugsweise Soldatenfrauen, die staatliche Unterstützung erhielten, Arbeit zu verschaffen. Ihrer Arbeitswilligkeit sollte gegebenenfalls mit dem Entzug des Familienunterhalts nachgeholfen werden. Allein im September 1918 wurden 165 Freiburgerinnen als Arbeitskräfte in Rüstungsbetrieben und für den Dienst in der Etappe angeworben.[37] Bessergestellte Frauen und Mädchen waren allerdings kaum darunter. «*Wenn schon, denn schon! [...] Auf der Kaiserstraße und in den Cafés kann man immer noch Dämchen genug spazieren gehen und flirten sehen, die vor Langeweile nicht wissen, wie sie den Tag totschlagen sollen. Werden die Arbeiterfrauen durch Höherhängen des Brotkorbes zur Arbeitsleistung gezwungen, dann keine Ausnahmen gemacht, sondern* alle *herangeholt und alle fühlen gelassen, wie anstrengend Arbeit schmeckt*», kritisierte die *Volkswacht* im November 1917 die einseitige Mobilisierung der Frauen.[38]

Doch wurden zu dieser Zeit nun auch die Studentinnen für einen Arbeitseinsatz in der Rüstungsindustrie erfaßt. Zu diesem Zweck hatte der erste Studientag im Wintersemester 1917/18 mit einer Vollversammlung der Studentinnen begonnen, auf der zwei Mitarbeiterinnen des Karlsruher Kriegsamtes sprachen. Gut ein Drittel, nämlich 29 der eingeschriebenen Studentinnen meldeten

Das städtische Kartoffellager am Güterbahnhof

sich freiwillig, weitere sollten folgen. «*Unsere Studentinnen aber ziehen, soweit sie nicht kurz vor dem Examen stehen, mehr und mehr ab, um in der Munitionsarbeit zu helfen, und wir sind stolz auf diese weitere rühmliche Verödung unserer Hörsäle!*», schrieb der Prorektor der Freiburger Universität, Professor Heffter, Ende 1917 in seinem «*Weihnachtsbrief an die Kommilitonen im Felde*».[39]

Über die Arbeitsvermittlung hinaus bemühte sich das Frauenreferat im Kriegsamt auch, eine angemessene Betreuung der berufstätigen Frauen in die Wege zu leiten – «*Fürsorgemaßnahmen, die unerläßlich sind, um Arbeitsleistung, Arbeitswilligkeit und Arbeitsfähigkeit der arbeitenden Frauen aufrecht zu erhalten und ihnen die Ausübung ihrer häuslichen und ihrer Mutterpflichten, die sie neben ihrer Tagesarbeit noch zu erfüllen haben, zu erleichtern.*»[40] Die meisten Vorschläge in dieser Richtung scheiterten in Freiburg jedoch am Widerstand des Stadtrates, der es etwa ablehnte, die Ausgabe von Lebensmittelkarten an arbeitende Frauen zu vereinfachen. Mehr Erfolg hatten die Frauen mit eigenen Projekten. Beispielsweise richteten sie Pausenheime für berufstätige Frauen ein. Im Januar 1918 eröffnete der *Katholische Mädchenschutzverein* in der Rosastraße ein Tagesheim für Frauen, die als Hilfskräfte bei den Militärdienststellen beschäftigt waren. Ein weiteres Heim in der Gauchstraße für Arbeiterinnen der Bahn, Post und Straßenbahn folgte wenig später: «*Das Heim ist geöffnet von morgens 7 Uhr bis abends 10 Uhr. Gegen Abgabe der entsprechenden Karten wird Mittag- und Abendessen verabreicht und auch Tee, Kaffee und Limonade werden auf Wunsch abgegeben. Zeitungen, Zeitschriften und Bücher sind ausgelegt und ist Gelegenheit zum Schreiben geboten. Auch eine Nähmaschine ist vorhanden. Den verheirateten Arbeiterinnen sei ausdrücklich zugesichert, daß sie ihre Kinder mitbringen können.*»[41]

Zugleich ein Dienst am Vaterland

«*Die Frauen sind durch den Krieg ungleich selbständiger geworden. Sei es, daß sie als Ehefrauen das Geschäft ihres Mannes weitergeführt haben, sei es, daß sie durch anderen Erwerb selbst den Unterhalt der Familie bestritten haben, sei es, daß sie unverheiratet in einem Beruf standen, sie haben an Unabhängigkeit, an Lebenserfahrung und Welterkenntnis ungeheuer gewonnen. Dies ist ein persönlicher Vorteil für sie. Er sollte auch zum Vorteil und zur Bereicherung ihrer Ehe werden. Ob er dazu dient, wird in erster Linie von den Frauen selbst abhängen.*

Und die Männer kommen aus einer ganz anderen Welt, an der die Frauen keinen Anteil hatten, von Erlebnissen, die trotz allen Gedankenaustausches den Frauen verschlossen bleiben […]. Sie kehren zurück mit der Sehnsucht nach Ruhe, Ordnung, Liebe und Fürsorge und mit dem sehr berechtigten Anspruch, ein geordnetes Familienleben nach ihren Wünschen und Bedürfnissen zu führen, so wie es ihnen vorgeschwebt hat in manchen Stunden einsamer Sehnsucht.»[42]

Dieses Fazit zog Adelheid Steinmann im Jahrbuch des *Bundes Deutscher Frauenvereine* von 1918. In ihrem Aufsatz «*Die Frau in der Familie*» erörterte sie die Veränderungen im Verhältnis der Geschlechter, die der Krieg verursacht hatte. Dabei trat sie entschieden dafür ein, daß sich die Frauen nun rückbesinnen müßten auf ihre *«angestammte Aufgabe»*. Dieser Dienst der Frauen *«an der Familie [sei] zugleich ein Dienst am Vaterland»*, da *«die Erneuerung unseres Volkslebens nach dem Kriege»* von der Familie ausgehen müsse. Damit redete sie als Vertreterin der Frauenbewegung einer Rückkehr der Frauen an den Herd das Wort und stützte damit ausgerechnet diejenigen, die vehement forderten, im Arbeitsleben die Verhältnisse der Vorkriegszeit unverzüglich wiederherzustellen. *«400 und mehr kaufmännische Angestellte sind in Freiburg zurzeit stellenlos. Im Interesse dieser Leute, die zum größten Teile aus dem Felde heimgekehrt sind, ist es notwendig, daß sofort für Brot und Verdienst derselben gesorgt wird, sollen sie nicht mit ihren Familien in schwere Not geraten. Man staunt, beim hiesigen Arbeitsamt zu hören, daß dort zurzeit 300 Stellen im Haushalt und dergleichen mehr für weibliche Personen zu vergeben sind, aber fast keine Nachfrage hierfür besteht»*, empörte sich ein Vertreter der kaufmännischen Angestellten im Dezember 1918 und forderte, alle Frauen, die durch den Verdienst des Ehemannes oder anderweitig versorgt seien, und alle angelernten weiblichen Angestellten zu entlassen. *«Es wäre eine Dankesschuld den Leuten gegenüber, die 4 1/2 Jahre hindurch in Not und Tod die Heimat vor den Schrecken des Krieges behütet haben.»*[43]

Ein Protest, der tatsächlich nicht mehr nötig war. Zur selben Zeit hatte der Stadtrat die städtischen Ämter angewiesen, alle dort während des Krieges beschäftigten Aushilfskräfte zu entlassen. Anfang 1919 wurde auf Anordnung des Arbeitsministeriums auch in Freiburg ein *Demobilmachungsausschuß* eingesetzt, der seinen Einfluß in der Arbeitsvermittlung geltend machte. An erster Stelle sollten ehemalige Soldaten in Stellung gebracht werden. Aber auch bei arbeitslosen Zivilpersonen wurde eine Reihenfolge festgelegt, die in jedem Fall die Frauen benachteiligte. Erst nach den verheirateten Männern sollten Frauen berücksichtigt werden, die für ihre Familie aufkommen mußten. Ledige Männer noch hatten Vorrang gegenüber Frauen, die Angehörige mitversorgen mußten. Alleinstehende Frauen sollten vorerst gar nicht vermittelt werden.[44]

Dieses *«terroristische Vorgehen der Männer»*, wie die badische *Frauenabteilung der Deutschen Demokratischen Partei* die Handhabung der Demobilmachungsbeschlüsse bezeichnete,[45] traf auch in Freiburg auf Kritik. So bat der Freiburger *Arbeiterrat* im Mai 1919 den Stadtrat, bei der Entlassung von Frauen aus dem städtischen Dienst um die Beachtung von «*sozialen und humanen Gesichtspunkte[n], [...] damit nicht berechtigte Mißstimmung unter der Bevölkerung hervorgerufen*» werde.[46] Und manche Straßenbahnschaffnerin und -wagenführerin wehrte sich so energisch gegen ihre Entlassung, daß die Direktion im Mai 1919 feststellen mußte: «*Obwohl man uns früher immer darauf aufmerksam gemacht hat, daß der Dienst bei der Straßenbahn für Frauen ganz ungeeignet ist, so wollen diese letzteren ihren Dienst bei uns doch nicht freiwillig verlassen.*»

«An alle Friedensfreunde in Stadt und Land

‹Seid umschlungen, Millionen!
Diesen Kuß der ganzen Welt!›
Keine haßentbrannten Zonen
Mehr, kein blutig Schlachtenfeld!

Nehmt die Schwerter, Bajonette,
Schmiedet sie zur Pflugschar um!
Grünen, blühen soll die Stätte
Für ein höh'res Menschentum.

Liebe mög' auf Erden wohnen,
Tut dies allen Brüdern kund!
Seid umschlungen, Millionen!
Gebet Raum dem Völkerbund!»[47]

Dieses Gedicht «*einer Pazifistin*» veröffentlichte die *Volkswacht* im November 1918. Drei Monate später hielt die Ortsgruppe der *Freiburger Friedensgesellschaft* im Gartensaal des Kaffeehauses «Zum Kopf» in der Engelstraße die erste öffentliche Versammlung seit 1914 ab. Während des Krieges hatten sich die wenigen «*treuen Mitglieder nur im Geheimen*» treffen können.[48]

Es ist heute so gut wie vergessen, daß es unmittelbar nach Kriegsende vor allem Frauen waren, die nach Möglichkeiten einer internationalen Verständigung suchten. Während des Krieges waren auch innerhalb der Frauenbewegung die entschiedenen Pazifistinnen in der Minderheit gewesen. Im Frühjahr 1915 hatten zwei internationale Frauenkongresse stattgefunden, die *Sozialistische Frauenkonferenz* in Bern und ein Kongreß von Pazifistinnen in Den Haag. Aus letzterem heraus gründete sich der *Internationale Frauenausschuß für den dauernden Frieden*. Beide Versammlungen forderten, Friedensverhandlungen aufzunehmen und den Krieg zu beenden. Danach war ein öffentliches Eintreten für den Frieden nicht mehr möglich, waren Pazifistinnen und Pazifisten in den kriegsführenden Ländern als «*Hochverräter*» der politischen Verfolgung ausgesetzt. Innerhalb der bürgerlichen Frauenbewegung gehörten die Kriegsgegnerinnen fast ohne Ausnahme dem radikalen Flügel an. Nachdem sich im Mai 1919 auf dem ersten internationalen Frauenfriedenskongreß der Nachkriegszeit in Zürich die *Internationale Frauenliga für Frieden und Freiheit (IFFF)* gegründet hatte, entstand auch in Deutschland ein Zweigverein unter dem Vorsitz von Lida Gustava Heymann und Anita Augspurg[49]. Spätestens seit 1921 gab es in Freiburg eine Ortsgruppe der *IFFF*, die mit den Frauen der *Deutschen Friedensgesellschaft*, des *Friedensbundes deutscher Katholiken* und Sozialdemokratinnen zusammenarbeitete. Obwohl es keine Informationen darüber gibt, welche Freiburgerinnen sich in der *IFFF* engagierten, stand die Gründung der Ortsgruppe vermutlich im Zusammenhang mit dem *Frauenkomitee* um Margarethe Braun[50]. Ein weiterer Impuls ging wahrscheinlich von den amerikanischen *Quäkern* aus, die 1920 in Freiburg, wie in vielen anderen deutschen und europäischen Städten Kinderspeisungen durchführten. Zwei Jahre lang erhielten über 2000 Freiburger Schulkinder tägliche eine Mahlzeit, die vom Kinderhilfswerk der *Quäker* finanziert und durch die ehrenamtliche Hilfsarbeit von Freiburgerinnen ermöglicht wurde. Im Januar 1921 lud die Ortsgruppe der *IFFF* Morgan French, eine Vertreterin des amerikanischen Zweigvereins der *IFFF*, zu einem Vortrag nach Freiburg ein. Morgan French, die im Kinderhilfswerk der *Quäker* arbeitete, sprach in der Aula der Höheren Mädchenschule über *«Das Kind als Bindeglied der Nationen»*:

«Wir Frauen und Mütter sollten in die Herzen der Kinder die Liebe zur Menschheit pflanzen – ihnen nicht Haß, sondern Achtung für andere Völker beibringen. [...] Wir Frauen hätten die Pflicht, beim Neuaufbau zielbewußt die Wege der Liebe und des Verständnisses zu gehen, dann könnte ein dauernder Völkerfrieden herbeigeführt werden.»[51]

DER FREIBURGER FRAUENKLUB

«Der alleinstehenden Frau ein Heim zu bereiten»

Für mehr als zwanzig Jahre, von 1907 bis 1928, gab es in Freiburg einen Klub für Frauen. Nach der Jahrhundertwende gründeten Frauen in verschiedenen Städten des Deutschen Reiches solche Einrichtungen, die sich an den bereits bestehenden Frauenklubs in England und den USA orientierten. Auch in Freiburg war der *Frauenklub* ein Projekt der bürgerlichen Frauenbewegung. Vertreterinnen verschiedener Frauenvereine, unter anderem von *Frauenbildung-Frauenstudium* und dem *Kaufmännischen Verband weiblicher Angestellter*, setzten sich 1906 zusammen und gründeten einen Trägerverein, der zunächst das notwendige Kapital für ihr Vorhaben aufbringen sollte. Es gelang, weitere Frauenvereine zu gewinnen, die sowohl um Mitgliedsfrauen als auch um Spenden warben. So war es bereits Anfang 1907 möglich, im zweiten Stock der Eisenbahnstraße 33, dem heutigen Rotteckhaus in der Rathausgasse, repräsentable Räume anzumieten.

Hier bot der Frauenklub all die Annehmlichkeiten, die auch vergleichbare Herrenklubs auszeichneten. Den Mitgliedsfrauen stand ein Lesezimmer mit verschiedenen Zeitschriften und zahlreichen Büchern zur Verfügung. Täglich wurde ein preiswerter Mittags- und Abendtisch angeboten, zu dem auch Gäste willkommen waren. Im dritten Stock unterhielt der Klub vierzehn Pensionszimmer, in denen sich Freiburgerinnen langfristig einmieten konnten, die aber auch als Logis für auswärtige Frauen gedacht waren.

Der *Frauenklub* verstand sich ausdrücklich als eine soziale Einrichtung, die vor allem berufstätigen, alleinstehenden Frauen als Ort der Begegnung und des Austausches zur Verfügung stehen sollte. Ihnen wollte der Klub in seinen Räumen *«ein Heim bereiten»*. Besonders *«die von auswärts kommenden studierenden Damen»* waren aufgefordert, den *Frauenklub* zu nutzen. In einem Aufruf wurde darauf hingewiesen, daß der Klub *«seinerzeit für sie ins Leben gerufen»* worden war. Schließlich lag es im Gründungsjahr gerade einmal sieben Jahre zurück, daß die Frauen sich den Zugang zur Universität Freiburg erkämpft hatten. Gerade sie sollten diesen Ort für eine Begegnung unter Gleichgesinnten, für eine selbstbewußte intellektuelle Auseinandersetzung unter Frauen nutzen können. Tatsächlich war der *Frauenklub* Vereinslokal des *Freiburger Studentinnenvereins*, der in enger Verbindung zu *Frauenbildung-Frauenstudium* stand.

Zweifellos kamen in diesen Räumen nur Frauen mit entsprechender Bildung zusammen – neben Akademikerinnen und bessergestellten Ehefrauen waren dies auch Frauen, die in einem sogenannten *«bürgerlichen Beruf»* arbeiteten – als Verkäuferin, Kontoristin, Erzieherin oder Sozialbeamtin. Dienstbotinnen jedoch verkehrten hier allenfalls als Angestellte für den Küchen- und Pensionsbetrieb.

An dem Ziel, Räume für eine eigenständige Frauenkultur zu schaffen, orientierten sich auch die Veranstaltungen des *Frauenklubs*. *«Damen, die literarisch oder musikalisch ihre Kräfte zur Verfügung stellen wollen»*, waren aufgefordert, hier aufzutreten. Im März 1919 las die Freiburger Schriftstellerin Eva Hermine Peter, die unter dem Pseudonym Hero Max veröffentlichte, aus ihren Gedichten und ihrer Novelle *«Die Günderode»*. Kammerkonzerte und Klavierabende mit Solistinnen gehörten ebenso zum Programm wie Vorträge. So gab Frau Dr. Schultze-Wegscheider im November 1907 *«an der Hand großer farbiger Fotografien eine Schilderung des japanischen Frauenlebens nach eigener Anschauung»*.

Eine feste wöchentliche Einrichtung waren Sprachnachmittage, an denen die Frauen unter fachlicher Leitung englische und französische Konversation pflegten. Jeden Dienstag

Museumssaal Freiburg i. Br.

Morgen Samstag 8 Uhr:

Konzert

zu Gunsten des Freiburger Frauen-Klubs

veranstaltet von

Frau **Ludmilla Schulze-von Korff**

mit ihren Schülerinnen

unter gütiger Mitwirkung von

Frau **Irma Bernoulli** (Gesang)

Frau **Elisabeth Plaskuda** (Violine)

Fräulein **Jenny Schmitt** (Klavier)

und 4408

Herrn Kapellmeister **Friedrich Munter**

(Leitung der Chöre).

Frauenchöre von **Gretschaninow, Thuille, Chaminade,** Lieder von **Mozart, Wolf, Brahms, Tschaikowsky**. Violin-Soli von **Tartini, Reger.**

Konzertflügel **Bechstein, Berlin,** aus dem Hofpianohause **Mohr & Schlander.**

Eintrittspreise: Numerierter Platz M. 3.— (Mitglieder M. 2.50), offener Sitzplatz M. 2.— (Mitglieder M. 1.50), Stehplatz M. 1.—.

Kartenverkauf in **C. Troemers Universitäts-Buchhandlung (Ernst Harms),** Bertholdstrasse 21 und 23 (Fernsprech-Anschluss 439) und an der Abendkasse.

Nach d. Konzert gemütl. Beisammensein im klein. Saal.

Wohltätigkeitskonzert für den Freiburger Frauenklub, November 1913 wurde ein offener *«Tee- und Spielnachmittag»* angeboten, der alle Mitglieder zur zwanglosen Geselligkeit einlud. *«Manch alleinstehendes Menschenkind hat ein Herz zur Aussprache dort gefunden»*, hieß es 1916 in einem Werbetext des Trägervereins, der sich einmal mehr an die *«Frauenwelt der Stadt [...], die ein behagliches Heim und eine mit Sorgfalt gedeckte Tafel auch in dieser Zeit ihr eigen nennt»* mit der Bitte um Beitritt wandte.

Der *Freiburger Frauenklub* war dem *Kartell der Deutschen Frauenklubs* angeschlossen. Damit hatten alle Mitgliedsfrauen kostenlosen Zugang zu anderen Frauenklubs, in Bremen, Köln, Berlin, Frankfurt und Berlin zum Beispiel.

Ausdrücklich stand es allen Freiburger Frauenvereinen offen, die Klubräume für ihre Aktivitäten zu nutzen. Doch wurde dieses Angebot in erster Linie von Vereinen der Frauenbewegung in Anspruch genommen. So hielt der *Freiburger Hausfrauenbund* hier seine Versammlungen ab. Der *Kaufmännische Verein weiblicher Angestellter* richtete ein eigenes Stellenvermittlungsbüro für Stenotypistinnen, Kontoristinnen und Verkäuferinnen ein, und *Frauenbildung-Frauenstudium* eröffnete eine Berufsberatungstelle für Schülerinnen.

Es ist nicht ganz klar, warum der *Frauenklub* 1928 aufgelöst wurde.* Wiederholte Appelle für eine Fördermitgliedschaft und Wohltätigkeitskonzerte zugunsten des Trägervereins sprechen jedoch dafür, daß er Zeit seines Bestehens mit finanziellen Schwierigkeiten zu kämpfen hatte. Immer wieder machte der Verein darauf aufmerksam, daß der größere Teil der Frauen, die den Klub besuchten, nur wenig vermögend waren, weshalb der Klubbeitrag, der zu Anfang bei 10 RM im Jahr lag, nicht drastisch erhöht werden konnte. Vermutlich führte ein stetiger Schwund an zahlungskräftigen Mitgliedsfrauen 1928 zum Ende. War der *Frauenklub* während der Auf-

* In jüngster Zeit gründete sich der Freiburger Frauenklub neu. Die Vereinsräume liegen in der Innenstadt, Kaiser-Joseph-Straße 243 an der Ecke zur Gerberau.

bruchsjahre der Frauenbewegung gegründet worden, so fiel seine Auflösung in eine Zeit der Stagnation und Krise. Wo gerade die Verständigung zwischen Frauen verschiedener Generationen und divergierender politischer Interessen immer schwieriger geworden war, hatte auch dieser Ort der Begegnung an Bedeutung verloren.[1]

Der Frauenklub

hat wieder wie vor dem Krieg seine Sprachen-mittage aufgenommen. Jeden **Donnerstag** von 4—½5 Uhr wird Englisch getrieben. Lesen und Unterhaltung unter Leitung von Frau Landgerichtsrat Göbel (Colmar). Mitglieder und Nichtmitglieder ladet zu reger Beteiligung ein 129C4

Der Vorstand.

Anzeige des Freiburger Frauenklubs, November 1919

FRAUENSTIMMRECHT UND FRAUENPOLITIK

«jetzt, in der Geburtsstunde unserer heißersehnten politischen Rechtsstellung»

«*In keinem Lande der Erde ist den Frauen das Wahlrecht so unvorbereitet und plötzlich übertragen wie in Deutschland. [...] Es ist gut und schlecht, daß das Frauenwahlrecht in so entscheidungsvoller Zeit verwirklicht wird. Gut, weil dadurch alle und alle geweckt werden. [...] Ruhigere Zeiten würden vielleicht viele Frauen gleichgültig gelassen haben [...]. Aber es ist auch schlimm, daß so schwere Verantwortung so Unvorbereiteten auferlegt wird. Von Frauenvereinen, Parteien und jedem, der lebendig genug ist, um andere beeinflussen zu können, muß in der nächsten Zeit eine Riesenarbeit geleistet werden, um die Frauen zu politischem Interesse zu erwecken und ihnen die Wege zu weisen.*» Diesen Kommentar zu «*Frauenwahlrecht und Frauenpolitik*» von Gertrud Bäumer, der Präsidentin des *Bundes Deutscher Frauenvereine* (BDF), veröffentlichte die *Freiburger Zeitung* am 30. November 1918 anläßlich einer Frauenversammlung, die am selben Abend im Paulussaal stattfinden sollte. «*Frauen und Mädchen aller Stände*» waren aufgerufen, sich hier über «*Die politischen Rechte und Pflichten der deutschen Frau in der Gegenwart*» Aufklärung zu verschaffen.

Ende Oktober 1918 hatte mit der Meuterei der Marinesoldaten in Wilhelmshaven die Revolution begonnen. Im ganzen deutschen Reich schlossen sich Soldaten, Arbeiter und Arbeiterinnen dem Aufstand an. Sie forderten den sofortigen Waffenstillstand und die Abdankung des Kaisers. Am 9. November 1918, als in Berlin die Republik ausgerufen wurde, gründete sich auch in Freiburg ein Soldatenrat. Den ganzen Tag über zogen demonstrierende Soldaten durch die Stadt. Am Abend versammelten sich die Freiburger Sozialdemokraten und wählten aus ihren Reihen einen Arbeiterrat, neben 15 Männern auch eine Frau, Marie Haack, die Vorsitzende der *Sozialdemokratischen Frauensektion*. Am folgenden Tag akzeptierte ein Ausschuß des Freiburger Stadtrats den Arbeiter- und Soldatenrat als gleichberechtigtes politisches Gremium. «*In fieberhafter Arbeit wurde der Organisationsapparat geschaffen, der die Aufrechterhaltung von Ruhe und Ordnung und ein Weiterfunktionieren der behördlichen Verwaltungsorgane sicherte*», beschrieb ein Jahr später die sozialdemokratische Zeitung *Volkswacht* die ersten nachrevolutionären Tage in Freiburg.

Am 12. November 1918 verkündete der *Rat der Volksbeauftragten* in Berlin das allgemeine und gleiche Wahlrecht. Damit waren die Frauen nun endlich in den Stand politischer Bürgerinnen gesetzt worden.

Einladung zur Frauenwahlversammlung am 30.11.1918 im Paulussaal

Während Lörracher Sozialdemokratinnen schon im November 1918 einen *Frauenrat* bildeten, kam es in Freiburg zunächst zu keiner vergleichbaren Initiative. Immerhin schlossen sich Frauen aus verschiedenen politischen Lagern zu einem *Vorbereitenden Frauenausschuß* zusammen, der seine Aufgabe darin sah, die Freiburgerinnen unabhängig von Parteiinteressen über ihre neuen Rechte zu informieren.[1] Die Veranstaltung des Frauenausschusses am 30. November 1918 im Paulussaal war sehr gut besucht. *«Bis zum letzten Stehplätzchen»* sei der Raum besetzt gewesen, vermerkte die *Freiburger Zeitung* anerkennend. Als Hauptrednerin sprach Febronia Rommel, eine Straßburgerin, die das Kriegsende nach Freiburg gebracht hatte. Febronia Rommel war während des Krieges Vorsitzende des Frauenverbandes von Elsaß-Lothringen gewesen und Delegierte im erweiterten Bundesvorstand des BDF. Wahrscheinlich war letzteres der Grund dafür, daß ihr und nicht einer Vertreterin der Freiburger Frauenbewegung das Wort erteilt wurde. Von ihrer Rede ist – das gilt im übrigen auch für alle anderen Stellungnahmen von Freiburgerinnen im Wahlkampf von 1918 / 19 – nur das überliefert, was die Berichterstatter der Presse für wesentlich befanden.[2] *«Ein neuer Geschichtstag für Deutschland und ein tief eingreifendes Ereignis für die Frauenwelt sei herangebrochen. Dazu müsse man sich im Denken und Wollen vorbereiten. Mann und Frau müßten jetzt Seite an Seite ihre Entschließungen treffen. Die Rednerin streifte kurz den Kampf um das Frauenstimmrecht seit 1848 und zeigte, wie die besonders durch den Krieg hervorgerufene Betätigung der Frau als Arbeiterin und in der sozialen Fürsorge das Frauenstimmrecht fordere. Man wünsche die politische Mündigkeit. Dann sucht sie die Bedenken zu zerstreuen, als ob dadurch das Familienleben gestört würde. Die Frau sollte sich mit Maß und Würde am politischen Leben beteiligen, das beeinträchtige in keiner Weise ihre Hauptaufgabe. Auch habe der Krieg die Frau gezwungen, sich mit politischen und wirtschaftlichen Fragen zu befassen. Nur im Wasser lerne der Fisch schwimmen. Man müsse die Zeitung auch jetzt in der Hand behalten und durch Beitritt in eine politische Partei als Mitarbeiterin seinen Bestrebungen Einfluß zu sichern suchen.»*[3]

Es ist deutlich, daß Febronia Rommel nicht davon ausging, die Frauen hätten die politische Mündigkeit tatsächlich schon erreicht. Vielmehr mußte das gerade erst zugestandene Recht auch den Frauen gegenüber erst noch gerechtfertigt und erklärt werden. Einzig mit dem Hinweis auf den *«Kampf um das Frauenstimmrecht seit 1848»* erinnerte sie daran, daß das Wahlrecht nicht allein von den Männern gewährt, sondern von der Frauenbewegung schon lange gefordert worden war.

Im Anschluß an ihren Vortrag übernahm es Dr. Otto Bielefeld, der Vorsitzende des Freiburger Bürgerrates*, die Frauen *«in klaren, allgemein verständlichen Darlegungen [...] mit dem Wesen und der Technik der Wahl bekannt»* zu machen. Es folgte eine *«rege freie Aussprache»*, die mit dem Appell beschlossen wurde, die Frauen sollten *«durch Anschluß an eine Partei sich an den politischen Fragen der Gegenwart Aufklärung und Anteil am politischen Leben [...] verschaffen.»*

Diese erste Frauenversammlung war die Auftaktveranstaltung für einen Wahlkampf, in dem die Parteien zum ersten Mal um Frauen als Wählerinnen warben. Und dies taten sie ebenso ausgiebig wie unverzüglich. Drei Wahlen standen in den kommenden Wochen und Monaten an – im Januar zur Deutschen Nationalversammlung, zur Badischen Nationalversammlung und die Gemeindewahlen im Mai 1919. Es mutet schon fast komisch an, wie sich in den nächsten Tagen auch die bürgerlichen Parteien – völlig ungeachtet der Tatsache, daß sie bisher gegen die Sozialdemokratie das Wahlrecht als Privileg der Männer verteidigt hatten – mit eigenen Frauenversammlungen um Wählerinnen bemühten. Nicht weniger als sechs verschiedene Wahlveranstaltungen für Frauen wurden in der ersten Dezemberwoche in Freiburg abgehalten.

Hinein in den frischen, fröhlichen Wahlkampf

Angesichts der alltäglichen Not, die auch nach dem Krieg die Zeit und Energie der Frauen forderte, war es wohl kaum einer Frau möglich, all diese Veranstaltungen zu besuchen. Doch einfach einmal angenommen, es hätte die eine oder andere gegeben,

* Als politisches Gegengewicht zum Arbeiter- und Soldatenrat gründete sich in Freiburg am 17. November 1918 ein *Bürgerrat*, auf Initiative des Verlegers Dr. Otto Bielefeld. Daß er und nicht ein Vertreter des Arbeiterrates auf der Frauenversammlung sprach, deutet daraufhin, daß diese Initiative wohl vor allem von bürgerlichen Frauen ausgegangen war (Haumann/Schadek 1992, S. 269 ff.).

die außer Zeit auch genügend Interesse aufbrachte, um Abend für Abend die ermahnenden und belehrenden Reden durchzustehen …

Es hätte zum Beispiel eine Studentin unter ihnen sein können. Sie studierte vielleicht Medizin, im 7. Semester. Als Mitglied des *Freiburger Studentinnenvereins* hatte sie sich in den letzten Jahren in der Kriegsfürsorge des *Nationalen Frauendienstes* engagiert. Jetzt arbeitete sie ehrenamtlich in der städtischen Verwaltung und erledigte mit anderen Kommilitoninnen im Büro des Arbeiterrates all die Kleinigkeiten, die es den Herren ermöglichte, sich mit gewichtigeren Aufgaben zu befassen. Vielleicht erstellte sie ein Verzeichnis der wenigen noch verfügbaren Unterkünfte in der Stadt, oder sie protokollierte Unterredungen, bei denen es um die Verteilung der knappen Lebensmittel ging. Und vielleicht fiel ihr auf, daß in all den Reden von der «*Neuen Zeit*», die nun angebrochen sei, vom republikanischen Geist, der die Herzen der Menschen bewegen sollte, es nach wie vor in erster Linie Männer waren, die dieser Zeit ihre Richtung zu geben versuchten. Eine einzige Frau, die Schauspielerin Helene Richers, hatte auf der ersten öffentlichen Versammlung des Arbeiterrates am 16. November 1918 das Wort ergriffen und die neue Regierung begrüßt, die den Frauen die politische Gleichberechtigung bringen wollte. Doch was besagte dies in Wirklichkeit? Von einer Verbesserung der Berufsmöglichkeiten für Frauen zum Beispiel war nirgends die Rede, im Gegenteil forderte jetzt auch der Arbeiterrat die Entlassung aller Frauen, die im Krieg in sogenannten «*Männerberufen*» gearbeitet hatten.[4]

Wahrscheinlich war auch Margarethe Braun eine der Wahlkampfbeobachterinnen. Sie war vor 6 Jahren als geschiedene Frau Ritzmann nach Freiburg gekommen. Als Lehrerin für Heilgymnastik hatte sie hier eine Praxis für «*naturgemäße Lebens- und Heilweise*» eröffnet. Es war ihr nicht leicht gefallen, in der Stadt Fuß zu fassen – sechs Mal war sie in den letzten Jahren umgezogen, weil entweder sie nicht zu den Nachbarinnen oder die Nachbarn nicht zu ihr gepaßt hatten. Jetzt wohnte sie mit Max Braun, ihrem zweiten Ehemann, und dessen verwitweter Schwägerin in der Reiterstraße. Als Sozialdemokratin arbeitete Margarethe Braun seit Jahren in der Frauensektion ihrer Partei, doch wurde sie auch hier als Außenseiterin betrachtet. Gleichgesinnte fand sie eher unter den Jüngeren, die offen waren für die Gedanken der Lebensreform, die keine Vorurteile hegten gegen die «*vegetarianische*» Lebensweise und gegen eine Körperkultur, die das Ende der Prüderie zwischen den Geschlechtern anstrebte. Wie skandalös viele der alteingesessenen Genossen und Genossinnen schon allein die Tatsache empfanden, daß sie vor kurzem, mit 44 Jahren, wieder geheiratet hatte, dazu einen Mann, der fast zwanzig Jahre jünger war! Auch wenn die politische Gleichstellung der Frauen zu den Forderungen ihrer Partei gehörte, so hatte sie dennoch immer wieder die Erfahrung machen müssen, daß sich viele Genossen mit der Frauenfrage mehr als schwer taten.[5]

Den Vorstellungsreigen der Parteien eröffnete das *Zentrum*, das am 1. Dezember 1918 zu einer Frauenwahlversammlung im Katholischen Vereinshaus in der Karlstraße aufrief. Auch diese Veranstaltung war außerordentlich gut besucht. Für die *Zentrums*-Frauen sprach Mathilde Otto, Freiburger Kandidatin für die Badische Nationalversammlung: «*Nun ist inmitten der schwersten Stunden den Frauen das Frauenstimmrecht gegeben worden. Überraschend über Nacht ist es gekommen. Die einen standen mit Staunen, die anderen zunächst ablehnend, wieder andere noch verständnislos dem fremden Ding gegenüber. Andere lächelten vergnügt bei dem Gedanken, daß es jetzt mit hineingeht in den frischen fröhlichen Wahlkampf. […] Allmählich ist dann der ganze Ernst allen klar geworden und sie erkannten: das Frauenstimmrecht ist uns als eine reife Frucht zuteil geworden, die wir uns verdient haben in vier Jahre langen Opfern und Kriegsleistungen.*»[6] Als engagierte Sozialfürsorgerin und Referentin für die katholischen Frauenvereine im *Deutschen Caritasverband* hatte Mathilde Otto bereits einen Namen. Nun forderte sie die Frauen auf, «*mit Herz und Seele […] den Friedensaufgaben*» entgegenzutreten. Die Teilnahme an den Friedensverhandlungen, den Einsatz für den Völkerbund und die Mitarbeit an der neuen Verfassung sah sie als wichtigste politische Aufgaben der Frauen an. Um die Grundlagen eines «*neuen, […] wiedererstehenden Deutschlands*» zu schaffen, brauche es «*mütterlichen Sinn*» und nicht nur «*die starke Hand des*

Vaters». Frauen sollten sich besonders dort einsetzen, wo Fraueninteressen zur Debatte stünden, für die Interessen der erwerbstätigen Frauen, in Fragen der Kinder- und Jugendfürsorge, für eine Verbesserung der Mädchenbildung.

Vernünftige Forderungen, dachte die Studentin, die von den deutlichen Worten der Rednerin beeindruckt war. Gerade auf der Versammlung des *Zentrums* hatte sie nicht erwartet, eine so klare Stellungnahme für die politischen Rechte der Frauen zu hören. Und dazu von einer Frau, deren Entschlossenheit außer Frage stand.

Margarethe Braun aber horchte auf, als Mathilde Otto *«Ansichten gewisser Frauenrechtlerinnen»* zu Ehe und Mutterschaft kritisierte, die in ihrer Verwirklichung zur einer Erniedrigung der Frauen führen müßten. Ebenso entschieden stellte sie sich gegen einen *«aus dem Materialismus der Zeit heraus erwachsenen Sozialismus»* und eine *«Volksregierung im Sinne Liebknechts»*, die mit einer Vergesellschaftung der Familie die Frauen von ihrer *«Pflicht zur Mütterlichkeit»* entbinden wolle. Dennoch kam auch Margarethe Braun nicht umhin, der Rednerin Respekt zu zollen. Zwar belustigten sie die wortgewaltigen Versuche, mit denen jetzt der ehemalige Reichstagspräsident Fehrenbach anhob zu erklären, warum das *Zentrum* in der Vergangenheit gegen das Frauenstimmrecht eingetreten sei, es dabei jedoch eigentlich schon immer befürwortet hätte. Aber angesichts von Positionen ihrer eigenen Partei konnte sie darüber keine Genugtuung empfinden. Es war ein Freiburger Genosse, der erst jüngst gefordert hatte, das Wahlalter für Frauen auf 25 Jahre hochzusetzen, da 20jährige Frauen, im Unterschied zu den Männern, *«die Bedeutung der politischen Fragen»* nicht *«im vollen Umfang»* erkennen könnten und befürchtet werden müsse, daß sie sich *«von der Reaktion […] zur Bekämpfung aller freiheitlichen Bestrebungen mißbrauchen»* ließen.[7]

Immerhin hatten zwei Tage später, am 3. Dezember, auf der Wahlversammlung der SPD im *Kolloseum* in der Belfortstraße, die Frauen das Wort. Auch hier sprachen die Rednerinnen, Marie Haack und Marie Marztloff, beide langjährige Vorsitzende der Sozialdemokatischen Frauensektion in Freiburg, vor überfülltem

Mathilde Otto, Landtagsabgeordnete, Stadträtin und Stadtverordnete des Zentrums, 1919

Saal. Sie konnten sich auf die lange Tradition berufen, in der ihre Partei für das Frauenstimmrecht eingetreten war. Nicht erst der Krieg, so Marie Haack, habe den Beweis für die politische Mündigkeit der Frau erbracht. *«Die Industrialisierung Deutschlands hat die Forderung des Frauenstimmrechts populär gemacht, da die Frauenarbeit immer größeren Umfang annahm. Auch in der Gemeinde tauchten viele Probleme auf, die mit dem Wirken und der Arbeit der Frau zusammenhängen.»*[8] Das politische Interesse der Frauen richte sich besonders auf den Gesundheits- und Säuglingsschutz, auf bevölkerungspolitische Fragen und das Ehe- und Versorgungsrecht der Frauen, nicht zuletzt auf die *«Gestaltung des Schicksals der Kriegerwitwen und -waisen»*. Hätten die Frauen zu entscheiden gehabt, so *«wäre der Weltkrieg sicher nicht entstanden»*. Auch Marie Martzloff betonte, daß die Frauen nun in der verfassungsgebenden Versammlung ihre Stimme geltend machen müßten. Bisher hätten *«die Männer für sie die Gesetze gemacht; das soll anders werden!»*

Marie Marztloff, Stadtverordnete der SPD, mit ihrer Familie, 1912

Beide Wahlkampfbeobachterinnen waren den Ausführungen an diesem Abend interessiert gefolgt. Die Studentin hatte allerdings Zweifel, ob sich die Forderungen der Sozialdemokratinnen innerhalb der Partei wirklich durchsetzen ließen. Hatte doch schon das Schlußwort des Vorsitzenden des Freiburger Arbeiterrates, Wilhelm Engler, einen recht gönnerhaften Beigeschmack: *«Wir Männer urteilen verstandesmäßig, die Frauen gefühlsmäßig, das gibt einen guten Ausgleich in der Politik».*

In der anschließenden Diskussion meldete sich Margarethe Braun zu Wort. Dabei stellte sie sich grundsätzlich hinter die sozialdemokratische Liste, denn gerade in der Sozialpolitik hätte sich gezeigt, daß *«die gebildeten und besitzenden Frauen [...] nie das Leben und Leiden einer Arbeiterfrau verstehen könnten»*. Aber es wäre nicht damit getan, die Frauen als Wählerinnen zu gewinnen. Vielmehr müßten sie auch fordern, daß sie als Kandidatinnen auf die Wählerliste gesetzt würden. *«Manche Gesetze sähen anders aus, wenn Frauen bei ihrer Abfassung mitgewirkt hätten; denn in ethischen und sittlichen Empfindungen unterscheide[t] sich die Frau wesentlich vom Manne.»*

Zur Frauenversammlung der *Deutschen Nationalliberalen Volkspartei,* die tags darauf, am 4. Dezember 1918, stattfand, ging Margarethe Braun nicht hin. Auch beim besten Willen konnte sie sich keine Gemeinsamkeiten mit den vaterländischen Frauen vorstellen, die noch kurz vor Kriegsende, am 5. November, großspurig im Namen von *«10000 Frauen Freiburgs [...] gegen einen Frieden, der die Ehre des Vaterlandes angreift»* protestiert hatten und die Frauen aufgerufen hatten, *«auch ferner auf ihrem Posten auszuharren».*[9]

Auch die Studentin, die mit Mühe einen Platz im überfüllten Paulussaal gefunden hatte, konnte wenig anfangen mit den getragenen Worten der Eingangsrednerin. Frau Hinsberg, Vorsitzende des Vereins *Frauenbildung-Frauenstudium,* rief die Frauen unter der Parole *«Das Vaterland ist in Gefahr!»* zu den Wahlurnen. *«Um Sein oder Nichtsein des Staates»* gehe es und um die Bewahrung der *«deutschen Kulturgüter».*[10] Die Studentin wartete vergeblich darauf, daß an diesem Abend Frauenbelange zur Sprache kamen.

Von der Frauenversammlung der *Deutschen Demokratischen Partei,* die für den 7. Dezember angekündigt war, versprachen sich beide Wahlkampfbeobachterinnen schon mehr. Denn die DDP war die Partei der bürgerlichen Frauenbewegung. Mitglieder waren unter anderen Lina Wäldin, die Vorsitzende des hiesigen *Vereins für Frauenstimmrecht,* die Lehrerin Dr. Johanna Kohlund und die Ärztin Dr. Else Liefmann, die letzteren beiden streitbare Verfechterinnen einer Gleichstellung der Frauen in Ausbildung und Beruf.

Um so ernüchternder war es, daß nach einer kurzen Begrüßung der Vorsitzenden der Frauenabteilung dem ehemaligen Landtagsabgeordneten Muser aus Offenburg das Wort erteilt wurde. Immerhin gehörte er zu den liberalen Politikern, die bereits in der Vorkriegszeit das Frauenwahlrecht befürwortet hatten. So begrüßte er die politische Mitarbeit der Frau, auch wenn sie *«noch nicht völlig reif für ihre neue Aufgabe»* sei und erst *«in sie hineinwachsen»* müsse. *«Wir brauchen den denkenden Kopf, aber auch das mitfühlende Herz, die Sympathie und den starken sozialen Willen der Frau.»*[11]

Warum aber nahm hier keine Vertreterin der Freiburger Frauenbewegung Stellung?

Wieder ergriff Margarethe Braun in der *«freien Aussprache»* das Wort und forderte konkrete Aussagen über die Haltung der DDP zur Republik, zu Abrüstung und Völkerbund. Als sie jedoch den versammelten Frauen vorwarf, daß sie sich in ihren Stellungnahmen zu diesen politischen Fragen allenfalls auf einer belanglosen, oberflächlichen Ebene bewegten, ging ihr Beitrag in einem Proteststurm unter.[12]

Nach all diesen Versammlungen schwirrte der Studentin der Kopf. Es fiel ihr schwer, aus den verschiedenen Beiträgen die Unterschiede herauszufiltern. Sicher gab es politische Differenzen unter den Parteien, aber was hatten diese mit den Frauen zu tun? Und eine Möglichkeit, sich über die Stimmabgabe hinaus politisch zu beteiligen, hatte sich schon gar nicht eröffnet. Im Gegenteil hatte sie den Eindruck, daß in allen Parteien die wenigen Plätze, die den Frauen eingeräumt wurden, schon längst reserviert waren.

Auch Margarethe Braun war alles andere als zuversichtlich. Auch sie vermißte entschiedene Stellungnahmen, die einen Aufbruch der Frauen in das politische Leben zum Ausdruck gebracht hätten. Sollte der lange Kampf um das Stimmrecht sich darin erschöpfen, daß die Frauen einwilligten, mit Ernst und Fleiß die ihnen von den Männern eingeräumte Verantwortung zu übernehmen? Fraueninteressen zu vertreten, das konnte nicht allein den Parteien überlassen werden, dessen war sie sich sicher.

Stimmrechtsweiber und Wahlkampfamazonen

Im Vergleich zum Kampf der Freiburger Frauenbewegung für eine bessere Mädchenbildung, den Zugang zur Universität und die Aufwertung der Berufsarbeit, hat die Forderung nach politischer Gleichberechtigung in Freiburg eine eher geringe Rolle gespielt. Obwohl Frauen in Baden, im Unterschied zu den meisten deutschen Ländern, schon vor der Jahrhundertwende in Parteien eintreten durften und politische Frauenvereine nicht verboten wa-

Johanna Kohlund, langjährige Vorsitzende des Freiburger Vereins Frauenbildung-Frauenstudium, um 1960

ren, gab es keine starke Bewegung für das Wahlrecht der Frauen. So ist über die Freiburger Ortsgruppe des *Vereins für Frauenstimmrecht* nur bekannt, daß sie 1907 gegründet wurde und im ersten Jahr 67 Mitglieder hatte, unter ihnen auch 4 Männer.[13] Mit Sicherheit gab es enge Verbindungen zum Verein *Frauenbildung-Frauenstudium*, der in sein Vorlesungsprogramm für Frauen hin und wieder auch politikwissenschaftliche Vorträge nahm. Anna Lambeck, die Schriftführerin von *Frauenbildung-Frauenstudium* beklagte jedoch 1912, daß Themen wie «*Die Grundlage der modernen Staatenwelt*» oder «*Die politischen Parteien Deutschlands*» – die, nebenbei bemerkt, Universitätsprofessoren vortrugen – nur schwaches Interesse bei den Freiburgerinnen erregten.[14] Damit unterschied sich die Situation hier kaum von der im Deutschen Reich. Innerhalb der deutschen bürgerlichen Frauenbewegung spielte die Forderung nach politischer Emanzipation gegenüber der Bildungsfrage noch nach der Jahrhundertwende nur eine Nebenrolle.

Auch in der Arbeiterbewegung war es um die politische Beteiligung von Frauen kaum besser bestellt. Zwar gründete sich in Freiburg schon 1890, unmittelbar nach der Aufhebung des Verbots der sozialistischen Vereine, ein *Arbeiterinnenverein*, der im ersten Jahr immerhin 110 Mitglieder verzeichnete. Doch ging er schon Ende 1892, als die Mitgliedszahl auf 25 zurückgegangen war, wieder ein.[15]

Eine Frauenabteilung innerhalb der sozialdemokratischen Partei entstand in Freiburg relativ spät. Erst 1909, nachdem reichsweit das Verbot gegen Frauen, sich politisch zu organisieren, gefallen war, gründete der Freiburger Ortsverein der SPD eine *Frauensektion* und folgte damit dem Beispiel von Mannheim und Karlsruhe, wo bereits seit einigen Jahren sozialdemokratische Frauenorganisationen bestanden.[16]

Es waren vor allem die Ehefrauen von Mitgliedern, die der *Frauensektion* beitraten. Auch den Vorsitz übernahmen jene Frauen, deren Ehemänner eine führende Stellung in der Partei einnahmen. So war die langjährige Vorsitzende Marie Martzloff, die noch bis in die Weimarer Republik im Amt blieb, die Gattin von Philipp Marztloff, dem Vorsitzenden des *Freien Gewerkschaftskartells*.

Die Freiburger Tageszeitung *Volkswacht*, zugleich Parteiorgan der SPD, berichtete regelmäßig über die monatlichen Versammlungen der Frauen, die im Nebenzimmer des *Goldenen Apfel** stattfanden. Ein Bericht vom Juli 1911 kann für viele stehen. Der Landtagsabgeordnete Ernst Kräuter hielt ein Referat zu Erziehungsfragen und die Frauen *«folgten aufmerksam den gründlichen Darlegungen des Referenten, der sich vor allem auch gegen die Erziehung mittels Prügeln wandte. – Eine Diskussion fand nicht statt.»*[17] Nachdem ein Genosse die Frauen ermahnt hatte, fleißig Leserinnen für die *Volkswacht* zu werben, schloß Marie Martzloff die Sitzung. Der Berichterstatter vermerkte stolz, daß immerhin 138 Frauen auf dieser

Versammlung gezählt wurden. *«Das ist eine ansehnliche Zahl, wenn man der vielerlei Schwierigkeiten gedenkt, die in Freiburg der Ausbreitung des Organisationsgedankens bei den Arbeiterfrauen und -mädchen im Wege stehen.»*

Um diesen Schwierigkeiten entgegenzutreten – gerade in Freiburg war die christliche Gewerkschaftsbewegung, die schon vor der Jahrhundertwende begonnen hatte, Einrichtungen und Vereine für Frauen aufzubauen, ein starker Gegner – wurde im Herbst 1911 eine Arbeitskommission eingesetzt, die eine wirksamere Agitation der Frauen in Angriff nahm.

Dazu gehörte auch die Forderung nach dem Frauenwahlrecht. So setzte sich im November 1911 die Dresdner Genossin Mackwitz auf einer Frauenversammlung in der «Sinnerhalle» in der Bertoldstraße 44 entschieden für die politische Gleichstellung ein. Unmittelbarer Anlaß dieser Veranstaltung war allerdings nicht eine größer angelegte Wahlrechtskampagne, sondern die bevorstehende Reichstagswahl. *«Sind die Frauen auch nicht wahlberechtigt, so können sie doch durch fleißige Wahlarbeit helfen, daß am 12. Januar der Sozialdemokratie der Sieg zufällt»*, hieß es in der *Volkswacht*.[18] Eine Haltung, wie sie auch Männer anderer Parteien einnahmen. So richtete sich der *Freiburger Bote*, die zentrumsnahe Tageszeitung, schon 1890 anläßlich der Gemeindewahlen an alle *«Damen, deren Gatte, Vater, Bruder, Sohn oder Bräutigam wahlberechtigt»* war, durch *«liebenswürdige Mahnung dem Wahlvorschlage des Zentrums zum Siege zu verhelfen»*.[19]

---

* Der «Goldene Apfel» an der Ecke Nußmann- / Kaiserstraße war eine der ersten alkoholfreien Gaststätten in Freiburg. Im Obergeschoß hatte der *Verein für Mäßigkeit und Volkswohl*, der Abstinenzverein der Arbeiterbewegung, sein Lokal. Es gab in Freiburg verschiedene Vereine gegen den Alkoholkonsum, die nicht zuletzt die Abschaffung des Trinkzwangs forderten, der in den meisten Wirtshäusern herrschte. Nach und nach eröffneten einige alkoholfreie Gaststätten in Freiburg, so das «Centralkaffee Frey» am Münsterplatz 21, das von Frieda Frey geführt wurde, das vegetarische «Reformspeisehaus Früchtekranz» von Frieda Bruns in der Friedrichstraße 33, das «Reformrestaurant Sanitas» von Josefine Dirrler in der Gerberau 44. Auch «St. Valentin» war einige Jahre ein alkoholfreies Ausflugslokal. Sicherlich gehörten diese Örtlichkeiten zu den bevorzugten Treffpunkten von Frauen, wo sie unbehelligt von Bierdunst und Stammtisch mit Freundinnen verkehren konnten.

Der *Internationale Frauentag*, den die proletarische Frauenbewegung vor allem als Kampftag für das Wahlrecht begriff, wurde in Freiburg zum ersten Mal am 8. März 1914 begangen, zu einem Zeitpunkt, als seine Tage bereits gezählt waren. Nicht nur machte der Ausbruch des Ersten Weltkriegs dem *Internationalen Frauentag* ein Ende, sondern auch ein interner Parteibeschluß der Sozialdemokraten, die abweichlerische, feministische Tendenzen ihrer Frauenorganisation befürchteten. Dabei hatte für die Freiburger Sozialdemokratinnen die Forderung nach politischer Emanzipation gar nicht an erster Stelle gestanden. Themen wie eine gerechtere Sozial- und Rentengesetzgebung zum Beispiel oder die Bekämpfung des Wohnungselends waren ihnen wichtiger gewesen.

Innerhalb der Partei wurde nicht nur den Frauenforderungen, sondern auch den Frauen selbst nur wenig Bedeutung beigemessen. Wenn die *Volkswacht* über Versammlungen der *Frauensektion* berichtete, dann verband sie auch noch die kleinste Anregung eines Mannes mit dessen Namen, bei den Rednerinnen aber schien dies überflüssig. Mit Ausnahme der Vorsitzenden blieben die Sozialdemokratinnen der Vorkriegsjahre namenlose «*Genossinnen*». Vieles spricht dafür, daß die Sozialdemokratinnen vor 1918 eher von den Männern der Partei organisiert wurden, als daß sich die Frauen selbst organisierten.

Ab wann in Freiburg in den liberalen Parteien Frauen zugelassen wurden, ist unklar. Zwar hatte der Ortsverband der *Nationalliberalen Partei* spätestens 1913 einige weibliche Mitglieder, doch ihre Namen sind nicht bekannt. Es lassen sich allenfalls Rückschlüsse aus der Tatsache ziehen, daß sie sich 1918, nach der Spaltung der Nationalliberalen, mehrheitlich der DDP anschlossen. In dieser Partei, der auch Gertrud Bäumer angehörte, hatte sich ein Teil der Nationalliberalen mit der *Fortschrittlichen Volkspartei* vereinigt. Besonders in den ersten Jahren der Republik engagierten sich einige führende Vertreterinnen der Freiburger Frauenbewegung – Lina Wäldin, Else Liefmann, Johanna Kohlund und Frieda Zeh – in der DDP.[20]

Für alle Parteien gilt, daß den Frauen, solange sie weder Wählerinnen noch wählbar waren, auf der politischen Bühne noch nicht einmal Nebenrollen zugestanden wurden. Entsprechend wenig ist aus dieser Zeit über ihre politischen Forderungen überliefert.

Ein Streiflicht auf die Verhältnisse in Freiburg vor 1918 werfen jedoch die Wahlen zur Ortskrankenkasse von 1913. Hier waren zum ersten Mal alle lohnabhängigen, pflichtversicherten Frauen zur Wahl zugelassen. Vergleichbar mit der heutigen Sozialwahl, ging es um die Kammer der Ortskrankenkasse, ein Kontrollgremium, das einen wenn auch begrenzten Einfluß auf die Höhe und Art der Leistungen hatte. Als 1913 mit der Reform der gesetzlichen Krankenkassen die Pflichtversicherung für häusliche Dienstbotinnen eingeführt worden war, konnte man den vielen weiblichen Versicherten das Recht, ihre Interessensvertretung zu wählen, nicht länger vorenthalten. In Freiburg stellten sich die Liste der *Freien Gewerkschaften* und die des zentrumsnahen *Christlichen Gewerkschaftskartells*, das ein Bündnis mit den nationalliberalen Angestelltenvereinen geschlossen hatte, zur Wahl.

Die in der bürgerlichen Frauenbewegung engagierten Frauen diskutierten zunächst die Möglichkeit, eine eigene Frauenliste für die Wahl aufzustellen. Als sich jedoch abzeichnete, daß die katholischen Frauenvereine sich dazu nicht bereit finden würden, wurde beschlossen, wenigstens gemeinsam dafür zu kämpfen, daß auf der Liste der christlich-nationalen Vereinigung einige Frauen auf aussichtsreichen Plätzen kandidierten.

Auf den ersten Blick erscheint dieses Bündnis nicht ganz nachvollziehbar. Die christliche Gewerkschaftsbewegung hatte jedoch in Freiburg, das nicht nur Erzdiözese, sondern auch Hauptsitz des *Caritasverbandes* war, gerade unter den erwerbstätigen Frauen eine starke Basis. Schon 1881 war unter dem Patronat des Erzbischofs der *Katholische Dienstmagdverein* gegründet worden, 1899 folgte der *Katholische Ladnerinnenverein*, in dem unter der Leitung von Fürsorgerinnen die weiblichen Handelsangestellten organisiert waren. 1908, noch vor der Gründung der *Sozialdemokratischen Frauensektion*, entstand unter dem Dach der *Caritas* der *Katholische Arbeiterinnenverein*. Seit 1912 hatten diese katholischen Frauenvereine im *St. Anna Stift* am Holzmarktplatz eigene Räume. Auch wenn sich die katholischen Berufsverbände, «*Kongregationen*» genannt, in erster Linie als Fürsorgevereine verstanden, unter deren Obhut junge Frauen im religiösen Zusammenhalt vor sittlichen Gefahren bewahrt werden sollten, gab es durchaus Gemeinsamkeiten mit den Berufsvereinen der bürgerlichen Frauenbewegung. Während es im *St. Anna Stift* ein Stellenvermittlungsbüro für katholische Angestellte gab, richtete der *Kaufmännische Verein weiblicher Angestellter* einen Stellennachweis für Handelsangestellte im *Frauenklub** in der Eisenbahnstraße ein. Beide Vereine veranstalteten berufliche Fortbildungskurse, und sowohl im *St. Anna Stift*, als auch im *Frauenklub* hatten ortsfremde Frauen, die auf Stellensuche in die Stadt kamen, eine Übernachtungsmöglichkeit. Auch in Fragen der Arbeitsschutzgesetzgebung und in ihren Bestrebungen, für ledige, berufstätige Frauen Orte der Begegnung und eigenständigen Freizeitkultur zu schaffen, verbanden die katholische und die bürgerliche Frauenbewegung durchaus gemeinsame Interessen. Eine Zusammenarbeit mit dem *Freien Gewerkschaftskartell* stand dagegen überhaupt nicht zur Diskussion. Die gemeinsame Forderung nach politischer Gleichberechtigung allein konnte den Klassengegensatz zwischen der bürgerlichen Frauenbewegung und den organisierten Arbeiterinnen nicht überbrücken.[21]

Im November 1913 riefen die Vereine *Frauenstimmrecht*, *Frauenbildung-Frauenstudium* und der *Kaufmännische Verein weiblicher Angestellter* zusammen mit den Katholischen Frauenvereinen die in der Ortskrankenkasse versicherten Frauen auf, für die Liste der christlich-nationalen Vereinigung zu stimmen. Fünf Frauen kandidierten hier auf aussichtsreichen Listenplätzen. «*Von allen Parteien ist es bekanntlich nur die Sozialdemokratie, die energisch für die Gleichberechtigung der Frau und für deren passives und aktives Wahlrecht [...] eintritt. Das hindert aber in Freiburg die bürgerlichen Frauenrechtlerinnen nicht, die größten Feinde der Frauenemanzipation, die Zentrumschristen, durch Wahlhilfe zu unterstützen. Darnach muß auch der Wert ihres Kampfes für die Frauenrechte eingeschätzt werden*» entrüstete sich die *Volkswacht*. Schließlich habe eine zentrumsnahe Zeitung

---

* Zum Freiburger Frauenklub siehe S. 247ff.

Zur Freiburger Ortskrankenkassen-Wahl.

Weibliche Versicherte! Frauen und Mädchen!

Auch ihr habt das Recht, an der nächsten Sonntag, den 30. November, stattfindenden Wahl des Ausschusses zur Freiburger Ortskrankenkasse teilzunehmen.

Dieses Recht legt gleichzeitig allen versicherten Mädchen und Frauen, soweit sie wahlberechtigt sind, die Pflicht auf, unter allen Umständen das Wahlrecht auch auszuüben.

Wahlberechtigt sind alle 21 Jahre alten weiblichen und männlichen Kassenmitglieder.

Wer wählen will, muß im Besitze einer Legitimationskarte und eines Wahlzettels sein. Legitimationskarten sind vom 24. November ab bei der Ortskrankenkasse sowie an folgenden Stellen erhältlich: Volksvereinssekretariat, Moltkestraße 6, Arbeitersekretariat, Belfortstraße 20, Christliches Gewerkschaftskartell, Emmendingerstraße Nr. 27, Evangelisches Vereinshaus, Hermannstraße 7, St. Annastift, Holzmarktplatz, Marienhaus, Talstraße Nr. 31.

Diese Karte muß mit zur Wahl gebracht werden, da sie als Ausweis dient. Wo und wann gewählt wird, ergibt sich aus dem Wahlzettel, auf dem sowohl die Zeit, wie das Wahllokal angegeben ist.

Die Wahl findet nach dem Verhältniswahlsystem statt. Jede Stimme vermehrt den Erfolg.

Gewählt sollte und darf von Frauen und Mädchen nur mit dem Wahlzettel der Christlich-nationalen Vereinigung werden.

Nur dieser Wahlzettel kann das Vertrauen der weiblichen Versicherten beanspruchen.

Nur auf diesem Wahlvorschlag, der vom Ausschuß der christlich-nationalen Vereinigung zusammengestellt wurde, unter Mitwirkung der berufenen weiblichen Vereine von evangelischer sowie katholischer Seite sind die weiblichen Versicherten als Kandidaten gebührend mit an erster und aussichtsreicher Stelle berücksichtigt.

Auf dem Wahlzettel unserer Vereinigung erscheint schon an der 6. Stelle der Name der ersten weiblichen Versicherten Anna Zimmermann, Kontoristin, als Kandidatin und an 8. Stelle der Name Anna Steidle, Dienstmädchen und an 14. Stelle der Name Rosa Ganter, Dienstmädchen. An 18. und 22. Stelle folgen noch zwei weibliche Vertreterinnen. Diese fünf allein schon haben die sicherste Aussicht, gewählt zu werden.

Wie stehts aber in Bezug auf die weiblichen Versicherten mit dem sozialdemokratischen Wahlvorschlag aus? Dort erscheinen die ersten weiblichen Kandidatinnen (eine Putzfrau und ein Dienstmädchen) an 28. und 39. Stelle. Die erstere, die Putzfrau, hat wenig Aussicht gewählt zu werden und die zweite Versicherte, das Dienstmädchen wird, das kann jetzt schon mit ziemlicher Bestimmtheit gesagt werden, überhaupt nicht gewählt.

Der Wahlvorschlag von sozialdemokratischer Seite kommt deswegen einer Zurücksetzung der weiblichen Versicherten, der vielen Geschäftsgehilfinnen, Arbeiterinnen, besonders auch der Dienstmädchen gleich.

Welche weibliche Versicherte wird unter diesen Umständen den sozialdemokratischen Wahlzettel abgeben wollen? Eine denkende, es mit ihrem Stand und ihren Kolleginnen gutmeinende Versicherte, kann das nicht tun. Für alle ist es nicht nur Ehrensache, sondern auch eine Standessache, eine Standespflicht, den Wahlzettel der christlich-nationalen Vereinigung in die Urne zu legen. Mit ihm geben die weiblichen Versicherten nicht nur ihrem prinzipiellen Standpunkt Ausdruck, sondern auch für eine würdige und kräftige Vertretung ihrer Angelegenheiten in der Kassenverwaltung.

Frauen und Mädchen!

Wollt Ihr bei dieser so wichtigen Wahl zurückstehen und zusehen, wie nur die Männer ihr Wahlrecht ausüben?

Das wäre rückständig, das wäre unverzeihlich. Als Versicherte habt Ihr ein Wort mitzureden, wo es gilt, Eure Interessen und die der Angehörigen zu wahren und zur Geltung zu bringen. Da ihr Pflichten habt, eure Beiträge zahlen müßt, übt auch euer Wahlrecht aus.

Wählt Personen Eures Vertrauens in die Verwaltung der Kasse.

Wählerinnen!

Diese Wahl ist außerordentlich bedeutungsvoll!

Es wird die Entscheidung fallen, wer die Interessen der Mitglieder der Freiburger Ortskrankenkasse, die in Zukunft ca. 25 000 Mitglieder zählen wird, in den nächsten 4 Jahren wahrnehmen soll. In den Händen der Tausende von wahlberechtigten Frauen und Mädchen liegt die Entscheidung.

Von dem Ausgang der Wahl wird es abhängen, welcher Geist in Zukunft in der Kasse herrschen wird.

Von der Wahl wird es abhängen, ob die Kasse frei von allen ungehörigen parteipolitischen Einflüssen, wie sie sich vielfach anderwärts gezeigt haben, nur dem Wohle der Mitglieder dienen wird.

Von der Wahl wird es abhängen, wie die Leistungen der Kasse in Zukunft gestaltet werden.

Die zu wählenden Vertreter und Vertreterinnen haben äußerst wichtige Rechte und Funktionen. Da darf es nicht gleichgültig sein, welche Vertreter und Vertreterinnen in der Kasse tätig sind!

Kassenwählerinnen! Frauen und Mädchen! In dieser Stunde treten wir vor Euch hin und rufen Euch zu: Beachtet das Wohl eurer Kasse! Wählt befähigte Vertreter!

Wählt nur solche Vertreter, nur solche Frauen und Männer, denen das Wohl der Kasse und deren Mitglieder über Alles geht, die gewissenhaft ihre Pflicht erfüllen und bestrebt sind, auch die Wünsche und berechtigten Forderungen der weiblichen Versicherten mit allem Wohlwollen zu behandeln.

Solche Vertreter findet ihr nur auf dem Wahlzettel der christlich-nationalen Vereinigung.

Christlich-nationale Wählerinnen! Gehet alle, aber auch alle zur Wahl! Keine Wählerin darf den Gang zum Wahllokal scheuen. Wo so wichtige Interessen auf dem Spiele stehen, muß alle Lauheit weichen! Kommt alle zur Wahl und stärkt die Freunde der sozialen Gesetzgebung.

Wohlan denn, Kassenwählerinnen! Zeigt, daß Ihr noch von echtem christlichem und nationalem Geiste beseelt seid!

Weite Kreise schauen in diesen Tagen auf euch! Wahret Euren guten Ruf! Wählt christlich-national!

Frauen und Mädchen! So seid denn am Sonntag, 30. November, auf dem Posten. Achtet vor allem auf den richtigen Stimmzettel. Der Stimmzettel der christlich-nationalen Vereinigung beginnt mit dem Namen Hausenbaur Johann (Schreiner) und endet mit Haag Josef (Maler). Die Wahl ist geheim. Der Stimmzettel muß in ein Kuvert gesteckt werden, das euch im Wahllokal übergeben wird. Es darf nur ein einziger Stimmzettel in das Kuvert gesteckt werden, und zwar kann und muß man von den Frauen und Mädchen verlangen, daß sie nur den Wahlzettel der „christlich-nationalen Vereinigung" abgeben.

Wohlan denn, Frauen und Mädchen! Agitiert unter den Kolleginnen! Bringt die Lauen und Saumseligen mit! Seid auf dem Posten und erscheint geschlossen zur Wahl!

Nieder mit der Sozialdemokratie!

Hoch die christlich-nationale Vereinigung!

Appell des christlich-nationalen Bündnisses an die Wählerinnen, November 1913 erst kürzlich die *«nach Gleichberechtigung strebenden Frauen»* als *«Stimmrechtsweiber und Wahlkampfamazonen»* diffamiert.[22] Allerdings konnte die hier bekundete *«Solidarität»* mit den Feministinnen nicht wettmachen, daß auf der Liste der *Freien Gewerkschaften* lediglich zwei Frauen zu finden waren, verbannt auf die hintersten Plätze, so daß sie nur geringe Chancen hatten, gewählt zu werden. Bei der Zusammenstellung habe man sich auf Männer verlassen, die längst bewiesen hätten, *«daß sie die Rechte aller Versicherten, ohne Unterschied des Geschlechts [...] mit Nachdruck und Erfolg [...] vertreten»*, rechtfertigte die *Volkswacht* den Ausschluß der Frauen. Da verlegten sich die Genossen schon lieber darauf, die Wählerinnen zu schmähen. *«Freiburgs Pflaster»* werde *«am Sonntag erdröhnen vom Massentritt der weiblichen Wahlberechtigten in den zentrumschristlichen Organisationen»*, hieß es, und man unterstellte den Frauen, sie würden brennen *«vor Begierde, um mit dem Stimmzettel Vaterland und Religion vor den bösen Sozialdemokraten zu verteidigen»*.

Die Liste der christlich-nationalen Vereinigung gewann die Wahl, mit 28 Männern und 5 Frauen, die in die Kammer einrückten. Das *Freie Gewerkschaftskartell* errang 27 Sitze. Die erste Frau auf dieser Liste, eine Dienstbotin, hatte auf Platz 28 kandidiert.

Schon vor 1918 war die Freiburger Frauenbewegung zu taktischen Bündnissen mit den bürgerlichen Parteien bereit, die ihrerseits keineswegs grundsätzlich hinter den Forderungen der Frauen standen. Dieser Pragmatismus, der nach der Durchsetzung der politischen Emanzipation den Weg für eine Parteipolitik ebnete, die die Frauenfrage ohne Haken und Ösen integrieren konnte, spiegelt sich auch in den Argumenten, mit denen Vertreterinnen sowohl der bürgerlichen wie der proletarischen Frauenbewegung vor 1914 für das Wahlrecht stritten. Sie hoben die besonderen Leistungen der Frau für das *«Vaterland»* hervor, im Beruf, in der ehrenamtlichen sozialen Fürsorge, vor allem aber die der Mütter. Diese stünden *«bei der Geburt eines Kindes [...] dem Tode ebenso nahe [...] wie ein in den Krieg ziehender Soldat»*[23], betonte zum Beispiel im März 1914 eine Sozialdemokratin in ihrer Rede zum *Internationalen Frauentag* in Freiburg. Die *«Kriegsopfer»*, die Frauen während des Krieges gebracht hatten, standen denn auch bei den Wahlkampfreden von 1918 im Vordergrund. Diesem Selbstverständnis folgend hatte weniger die Revolution, sondern der Krieg den Frauen das Stimmrecht gebracht, das in erster Linie als eine Pflicht begriffen wurde, der sich die Frauen nun zu stellen hätten. Und es schien außer Frage, daß dies nur innerhalb der bestehenden Parteien geschehen könne. Weil sie sich aus den Parteien heraus an die Freiburgerinnen wandten, traten Fraueninteressen und Frauenforderungen, die die ersten Freiburger Politikerinnen hätten verbinden können, im Wahlkampf von 1918/19 in den Hintergrund.

Dass wir uns nicht auf den Mann verlassen können

Es war Margarethe Braun, die Ende 1918 versuchte, die Frauen an diese gemeinsamen Interessen zu erinnern. Aus eigener Initiative rief sie die Freiburger Frauenöffentlichkeit zu einer Versammlung auf, die kurz nach den Weihnachtsfeiertagen, am 28. Dezember 1918, im Gartensaal des *Kaffeehauses zum Kopf* in der Engelstraße stattfand. Ihr Aufruf, der in allen Tageszeitungen erschien, richtete sich an «*Frauen aller Stände*». «*Abseits der Parteien*» wollte sie zu «*Revolution und Frauenstimmrecht*» ein «*freies Wort an die deutsche Frau*» richten.[24]

Margarethe Brauns Rede, in der sie die «*nachweislichen Ungerechtigkeiten, welche gedankenlose und egoistische Männer, gestützt auf das Gesetz, an der wehrlosen Frau verüben [...], nüchterner und scharfer Kritik*» unterzog, fand offensichtlich große Zustimmung. «*Aus der Vergangenheit müßten die Frauen notwendig den Schluß ziehen, daß jetzt, in der Geburtsstunde ihrer heißersehnten politischen Rechtsstellung sie* in geschlossener Einheit *ihre Rechte und Forderungen* gegenüber den Parteien *zu stellen und nötigenfalls durchzusetzen haben werden.*» [Hervorh. B.H.][25] Auf ihren Vorschlag, ein überparteiliches Frauenbündnis für die Wahlen zu gründen, beschlossen die Teilnehmerinnen, zu diesem Zweck eine zweite Versammlung einzuberufen.

Schon kurz darauf, am 2. Januar 1919, drei Tage vor den Wahlen zur Badischen Nationalversammlung, kamen die Frauen im Saal der «Harmonie» in der Grünwälderstraße wieder zusammen. Ein *«provisorisches Komitee»* leitete diese Sitzung. Nach einer einführenden Rede stellte Margarethe Braun ein Programm vor, in welchem *«die hauptsächlichen Forderungen der Frauen auf dem Gebiete des öffentlichen Lebens und der Kultur»* zusammengefaßt waren. Diesen Katalog, der in der Versammlung diskutiert und erweitert worden war, veröffentlichte die *Freiburger Zeitung* unter dem Titel *«Frauenforderungen»* ohne weiteren Kommentar.

«Eine aus allen Berufsständen und Parteien am 2. Januar in Freiburg einberufene Frauenversammlung hält folgende Forderungen für in erster Linie erstrebenswert und bittet die bestehenden Parteien, sich zu diesen Forderungen klar und unzweideutig zu äußern.

1. *Eine Vertretung durch Frauen, die der Zahl der wahlberechtigten Frauen entspricht, in allen sie unmittelbar berührenden Frauenfragen (Ehe, Beruf usw.) und in den sie mittelbar interessierenden Kulturfragen der angeführten Art.*

2. *Eine allmähliche Erziehung und Hinzuziehung der Frau zu den gesetzgebenden Körperschaften bei der Entscheidung über die großen, die ganze Nation berührenden Fragen wirtschaftlicher, sozialer und politischer Natur.*

3. *Die Mitwirkung der Frauen bei der Aufstellung der Wählerlisten.*

4. *Die Mitwirkung eines Frauenausschusses für die Friedensverhandlungen.*

5. *Völlige Gleichstellung der Geschlechter in der Ausbildung und Zulassung zu allen Ämtern, Berufen und Hantierungen.*

6. *Umgestaltung der Ehegesetzgebung unter Mitwirkung von Frauen mit der in Punkt 1 geforderten Vertreterzahl, Eherecht, gesetzlicher Schutz gegen Vergewaltigung und Mißbrauch jeder Art der Frau in der Ehe. Güterrecht. Ehescheidung.*

7. *Ausreichender Mütter- und Wöchnerinnenschutz, sowie Wahrung der Mutterrechte in und außer der Ehe.*

8. *Hebung der gefallenen Frauen durch Frauen seitens der Gemeinde und des Staates.*

9. *Schaffung der Möglichkeit zur Eheschließung der Beamtinnen aller Berufe.*

Von der Äußerung der Parteien zu diesen Forderungen machen die zu unserer Bewegung stehenden Frauen ihre Wahlentscheidung abhängig. Die Nichtberücksichtigung dieser Forderungen durch die bestehenden Parteien würde den einmütigen Zusammenschluß der Frauen notwendig machen zur Erreichung ihrer Ziele.»[26]

Wie die Frauen des Komitees sich die «*Frauenvertretungen*» konkret vorstellten, wird nicht ganz klar. Vermutlich dachten sie an Frauenräte, die unabhängig von den Parteien Fraueninteressen durchsetzen und sowohl in den Friedensverhandlungen als auch in der gesetzgebenden Versammlung repräsentieren sollten. Als notwendige Reform auf rechtlichem Gebiet führten sie die *«völlige Gleichstellung der Geschlechter»* in Ausbildung und Beruf an. So hatten Frauen noch 1919 keinen Zugang zu juristischen Berufen. Erst 1921 wurden sie schließlich zum Richteramt und als Rechtsanwältinnen zugelassen. Schwer benachteiligt waren auch Frauen, die im Schuldienst, bei der Post und in anderen Bereichen der staatlichen Verwaltung arbeiteten. Bis 1922 waren sie Beamtinnen nur dem Namen nach, von den meisten Vergünstigungen dieses Berufsstandes ausgeschlossen. Dafür aber mußten sie zölibatär leben, denn alle Beamtinnen wurden entlassen, wenn sie heirateten.[27] Im Hinblick auf die Revision des Eherechts verlangte das Frauenkomitee bemerkenswerterweise auch einen *«gesetzlichen Schutz gegen Vergewaltigung und Mißbrauch jeder Art [...] in der Ehe»*. Es ist der Initiative um Margarethe Braun und der vergleichsweise großen Aufmerksamkeit, die vor den Wahlen von 1919 der Frauenfrage gespendet wurde, zu verdanken, daß in Freiburg auch die radikalen Feministinnen für kurze Zeit öffentlich zu Wort kamen. Wenn das Komitee eine *«Wahrung der Mutterrechte»* forderte, dann stimmte es auch hier mit Positionen der radikalen Frauenbewegung überein, die seit langem gegen die *«Ächtung der gefallenen Frauen»* – wie ledige Mütter genannt wurden – kämpften.*

Das Programm des Freiburger Komitees war von der Mehrheit der versammelten Frauen durch ihre Unterschrift unterstützt worden. Noch vor den Wahlen sollte eine Stellungnahme der Parteien eingeholt, der Forderungskatalog außerdem der Badischen Nationalversammlung als Petition eingereicht werden. Den *«einmütigen Zusammenschluß der zu unserer Bewegung stehenden Frauen»*, der folgen sollte, falls ihre Forderungen nicht berücksichtigt würden, interpretierte die *Volkswacht* als Ankündigung, eine *«Frauenpartei»* zu gründen, ein Unterfangen, das nach Ansicht der Redaktion von vornherein als *«aussichtslos»* eingeschätzt werden müßte.[28]

Im *Freiburger Boten*, der Zeitung des *Zentrums*, wurde das Freiburger Frauenkomitee schon nach der ersten Versammlung von der Vorsitzenden des Frauenausschusses im *Zentrum*, Frau Sieglitz, heftig angegriffen. Es waren vor allem Margarethe Brauns kritische Äußerungen zu Kirche und Moral, die ihre Empörung erregten. Die «*sexuelle Frage*» hätte Frau Braun «*mit einer Gründlichkeit*» behandelt, «*wie es sich tatsächlich vor einer Versammlung von Männern und Frauen nicht geziemt[e]*».[29] Nach der Gründung des Frauenkomitees spöttelte sie über dessen Ziele: «*Frau Braun, die* ‹Idealistin von der Fußsohle bis zum Scheitel› *(um ihre eigenen Worte zu gebrauchen), wird* ‹radikal auf ihr Ziel losgehen›. *In Freiburg sei nun schon der Samen der das All umschattenden Ideen gesät. Wanderredner und Wanderrednerinnen, kleine 10 Pfennig-Broschüren werden für dessen Ausbreitung sorgen. Diese, von Frau Braun ausgehende Frauenbewegung, […] die sie als großartige weltumspannende* ‹Wellenbewegung› *qualifiziert, wird überall den* ‹Kampf der Frau um Freiheit aus der bisherigen *(angeblichen)* Knechtschaft› *hervorrufen*».[30]

Als Antwort auf diesen Angriff veröffentlichte die *Volkswacht* die Zuschrift einer Leserin, die sich dagegen wandte, das Freiburger Frauenkomitee als «*untergeordnetes Werkzeug der Frau Braun*»

* Pazifistinnen, die schon während des Krieges gegen die Mehrheit der Frauenbewegung für eine «*völkerversöhnende Zusammenarbeit*» zwischen den Frauen der kriegsführenden Länder eingetreten waren, gründeten zusammen mit Vertreterinnen der radikalen Stimmrechtsbewegung um Lida Gustava Heymann und Anita Augspurg im Juli 1919 den deutschen Zweig der *Internationalen Frauenliga für Frieden und Freiheit (IFFF)*. Innenpolitisch appellierte die *IFFF* an die Frauen, sich über die Parteien hinweg auf ihre gemeinsamen Interessen zu besinnen. Die Frauenbewegung hätte «*bei der Revolution, die die Frauen politisch befreite, nicht den befreienden Aufschwung*» gefunden, «*der ihr die Möglichkeit gegeben hätte, aus eigener Kraft den Frauen einen ungeheuren Einfluß zu sichern*», konstatierte Lida Gustava Heymann im März 1919. Das Ergebnis dieser Politik zeige sich nun in der «*völligen Aufsaugung der Frauen in den Parteien der Männer und ihrer Entlohnung durch ganze 36 Sitze [von 421] in der deutschen Nationalversammlung*». So forderte die *IFFF*, bei den nächsten Wahlen mit Frauenlisten anzutreten, auf denen Kandidatinnen aller Parteien gemeinsam für die Stimmen der Wählerinnen werben sollten. Ob das Freiburger Frauenkomitee Verbindung zur *IFFF* aufnahm, ist unklar. Zwar gab es hier spätestens 1921 eine Ortsgruppe der *IFFF*, aber die Namen der Mitglieder sind ebenso unbekannt wie die der Frauen des Komitees von 1919 (Heymann 1919. In: *Die Frau im Staat*, H2,3 / 1919. Baer 1919. In: *Die Frau im Staat*, H6,7 / 1919).

anzusehen. «*Daß wir uns nicht auf den Mann verlassen können, das haben wir zu unserem Schaden, der bis zur völligen Entrechtung geführt hat, einsehen müssen. [...] Zum Frauenwahlrecht gehört auch eine Vertretung durch Frauen, sonst hat unsere Beteiligung an der Wahl gar keinen Zweck. Nur Frauen können die Interessen der Frau wahrnehmen aus ihrem innersten Verstehen heraus. Diese Notwendigkeit zu beleuchten war der Zweck der Vorträge und ihre praktische Durchführung ist die Aufgabe des zusammengetretenen Komitees.*»[31]

Was das Komitee an weiteren Schritten unternahm, bleibt leider völlig im Dunkeln. Keine Freiburger Zeitung berichtete weiter darüber. Ob es länger bestand und sich auch in den folgenden Wahlkämpfen einmischte oder ob es bei einem kurzlebigen Aufbruch blieb, kann deshalb nicht geklärt werden. Auch die Namen der Mitstreiterinnen Margarethe Brauns ließen sich nicht herausfinden, so daß dahingestellt bleiben muß, wie partei- und ständeübergreifend das Frauenkomitee tatsächlich war. Es gehört zu den Widrigkeiten der Recherche, daß häufig gerade dann, wenn es spannend wird, die Informationen abreißen. Margarethe Braun zog schon 1919 mit Max in die Schweiz, womit sich leider ihre Spuren verlieren.

Die Wahlergebnisse sollten ihren Forderungen mehr als recht geben. Nur zwei Frauen, Luise Kräuter für die SPD und Mathilde Otto für das *Zentrum*, kamen als Abgeordnete des Freiburger Wahlkreises in den Landtag, die Badische Nationalversammlung. Insgesamt sahen sich dort 9 Frauen 98 männlichen Abgeordneten gegenüber. Nicht eine Freiburgerin wurde in die Deutsche Nationalversammlung gewählt, wo nur 8,5% der Abgeordneten Frauen waren. Im Freiburger Stadtparlament von 1919 lag der Anteil der Frauen mit 14 von 96 immerhin bei 15%, ein Verhältnis, das im Vergleich zu späteren Wahlen als günstig bezeichnet werden muß. Während der Weimarer Republik ging der Frauenanteil im Freiburger Bürgerrat kontinuierlich zurück und erst 1946, bei den ersten Gemeindewahlen der Nachkriegszeit, sollten diese 15% wieder erreicht werden.*[32]

Drum rückwärts im Galoppele, ich bin und bleib der Bobbele[33]

Luise Kräuter, die Delegierte der SPD im Landtag von 1919, leitete in Freiburg ein Filialgeschäft des *Lebensbedürfnis- und Produktivvereins*, einer Konsumgenossenschaft der Arbeiterbewegung. Ihr Ehemann war vierzehn Jahre zuvor als erster Sozialdemokrat für Freiburg in den Landtag gewählt worden.[34]

Mathilde Otto, die Abgeordnete des *Zentrums*, war 1875 als Tochter einer Holz- und Zigarrenfabrikantenfamilie in Oberweier bei Lahr geboren und hatte auf katholischen Internaten eine höhere Schulbildung erhalten. 1910, nachdem sie die Höhere Lehrerinnenprüfung abgelegt hatte, wurde sie als Jugendsekretärin für die katholischen Mädchenvereine der Erzdiözese Freiburg angestellt. In dieser Position leitete sie soziale Kurse für Frauen, die in der karitativen Arbeit engagiert waren, und übernahm als Vorsitzende der *St. Elisabeth-Vereine* die Aufgabe, die ehrenamtliche Familienfürsorge innerhalb des *Caritasverbandes* aufzubauen.[35]

Luise Kräuter legte schon 1919 ihr Mandat im Landtag nieder. Als Grund für ihren Rücktritt erklärte die *Volkswacht*, daß ihr neben ihrer beruflichen Arbeit und *«neben den Arbeiten in der Familie für die Ausübung des Landtagsmandats nicht genügend Zeit»* blieb.[36]

Ähnliche Gründe bewogen wohl Mathilde Otto, im Januar 1920 ihren Sitz an einen männlichen Fraktionskollegen abzugeben. In dem einen Jahr, in dem sie dem Landtag angehörte, hat sie nur ein einziges Mal das Wort ergriffen, als im Parlament Maßnahmen zur Linderung der Wohnungsnot debattiert wurden. In ihrer Rede setzte sie sich dafür ein, die Finanzierung repräsentativer Regierungsbauten zugunsten des Wohnungsbaus zurückzustellen, denn die rasche Beseitigung des Wohnungselends sei unum-

---

* Es sollte bis in die 70er Jahre dauern, daß Frauen im Freiburger Stadtrat besser vertreten waren. Die Forderung von 1919, daß der Anteil der Parlamentarierinnen dem der Wählerinnen entsprechen müßte, ist jedoch auch in Freiburg noch immer offen. Bei den Gemeindewahlen von 1994 wurden 21 Frauen und 27 Männer in den Stadtrat gewählt.

Die Zentrumsfraktion im Badischen Landtag von 1919: in der hinteren Reihe die vier weiblichen Abgeordneten, rechts außen Mathilde Otto

gänglich, um dem gesundheitlichen und sittlichen Elend der Nachkriegszeit entgegenzutreten.[37]

Seit 1919 war Mathilde Otto außerdem *Zentrums-A*bgeordnete im Freiburger Bürgerausschuß. Im Unterschied zur Arbeit im Landtag scheint sie in diesem Gremium größere Einflußmöglichkeiten gesehen zu haben, denn hier engagierte sie sich lange Zeit. 1922 wurde sie für vier Jahre in den Stadtrat gewählt. Die 18 Stadträte, die zusammen mit den Bürgermeistern die eigentliche Stadtregierung bildeten, wurden vom Bürgerausschuß ernannt, der in etwa dem heutigen Stadtrat entspricht. Während der Weimarer Republik blieb Mathilde Otto die einzige Frau, die für eine Amtsperiode als Stadträtin arbeitete.

Von den vierzehn weiblichen Stadtverordneten im Bürgerausschuß von 1919 gehörten sechs der Fraktion des *Zentrums*, fünf der SPD, zwei der DDP und eine der DNVP an. Im Verhältnis zur Fraktionsstärke waren die Frauen bei der SPD am besten vertreten; sie hatten 20% aller Sitze, bei den anderen Parteien lag ihr Anteil um die 15%.*

«Der Eintritt der Frauen gibt dem neuen Bürgerausschuß sein besonderes Gepräge. An Zahl sind sie noch schwach und wie stark sie durch überragenden Geist der Gemeindepolitik ihren Stempel aufzudrücken vermögen, wird abzuwarten sein»[38] , schrieb die *Volkswacht* im Juli 1919 zur eröffnenden Sitzung des Bürgerausschusses. Daß die bürgerlichen Tageszeitungen in ihren Berichten die weiblichen

* Die weiblichen Stadtverordneten von 1919 waren: Marie Jehle, Ehefrau eines Kaufmanns; Dr. Anna Marbe, Lehrerin; Mathilde Otto, Armenpflegerin; Henriette Schatz, Lehrerin; Anna Schweiß, Ehefrau eines Arztes; Johanna Wertheimer, Arbeiterin, für das *Zentrum*. Hermine Forsthuber, Ehefrau eines Schneiders; Marie Haack, Ehefrau eines Kaufmanns; Dr. Dora Landé, Schriftstellerin; Anna Schenk, Beamtenwitwe; Rosa Zinserling, Damenschneiderin, für die SPD. Dr. Else Liefmann, Kinderärztin, und Lina Wäldin für die DDP und Berta Fleming, Buchhändlerwitwe für die DNVP. Die wenigen Frauen, die für mehrere Legislaturperioden, zum Teil während der ganzen Weimarer Republik, im Amt blieben, kamen vor allem aus dem *Zentrum*: Mathilde Otto, Dr. Anna Marbe, Henriette Schatz, Marie Jehle und die Kontoristin Ernestine Zeiser, die 1922 in den Bürgerausschuß gewählt wurde. Die Sozialdemokratin Marie Haack schied 1924 auf eigenen Wunsch aus. Für die SPD waren die Witwe Melanie Mörber und Amalie Ziller, beide 1926 gewählt, lange Jahre im Bürgerausschuß.

Stadtverordneten keiner Erwähnung würdig befanden, mag damit zusammenhängen, daß nur eine, die Sozialdemokratin Lina Haack, in dieser Sitzung das Wort ergriff.

Ob der Redakteur der *Volkswacht* mit seiner markigen Aufforderung, der Kommunalpolitik nun einen weiblichen Stempel aufzudrücken, die angemessenen Worte gefunden hatte, soll einmal dahingestellt bleiben. Sicherlich waren jedoch die Voraussetzungen für ein solch selbstbewußtes Auftreten alles andere als günstig. Im eingesessenen Machtgefüge des Bürgerausschusses waren die ersten Politikerinnen von Anfang an auf die hinteren Ränge verwiesen. Von seiten der männlichen Öffentlichkeit konnten sie allenfalls wohlwollende Geringschätzung erwarten.

Nur in Ausnahmefällen führte eine Frau einen Antrag, den der Bürgerausschuß an den Stadtrat stellte. Über alle Legislaturperioden hinweg sprach keine einzige Frau in der Generaldebatte zum städtischen Haushalt, die den jährlichen Höhepunkt auf der politischen Bühne darstellte. Während in allen Fraktionen die altgedienten Wortführer ihre Paradeplätze in aller Selbstverständlichkeit behaupteten, nahmen die Frauen nur in Ausnahmefällen als Hauptrednerinnen zu einem Punkt der Tagesordnung Stellung. In der Regel ergänzten sie gegen Ende der Debatte die Ausführungen ihrer männlichen Fraktionskollegen. Dies hatte zur Folge, daß die Redebeiträge der weiblichen Stadtverordneten nur selten an die Öffentlichkeit gelangten, denn die Freiburger Tageszeitungen beschränkten sich zumeist darauf, über den ersten Schlagabtausch in der Debatte zu berichten. Das bedeutet auch, daß von ihrer Arbeit nur wenig überliefert ist, da die Debatten im Bürgerausschuß nur durch die Zeitungen nachzuvollziehen sind. In den Ratsbüchern der Stadt wurden lediglich die Tagesordnung und die Redefolge der Sitzungen protokolliert.[39]

Daß es den Frauen dennoch gelang, sich hin und wieder im Stadtparlament Gehör zu verschaffen, verdankten sie zuletzt ihren Parteikollegen, die noch die letzte Gelegenheit verstreichen ließen, sich in solidarischer Zurückhaltung zu üben. Wenn eine Stadtverordnete in der Versammlung mit einem Antrag hervortrat, wenn sie in der Debatte das Wort ergriff, dann stützte sie sich

Deutsche Demokrat. Partei.
Verein Freiburg.
Rednerkurs für Frauen.
Dienstag, den 22. Juli, abends 8 Uhr im Parteibüro, Haus Kayserer, Kaiserstraße 89. 4. St. unter Leitung des Herrn Prof. Kantorowicz.
Schriftliche oder mündliche Anmeldungen an das Parteisekretariat, Kaiserstraße 89. 4. St.

Anzeige der DDP, Juli 1919

in den meisten Fällen auf die Frauen der anderen Fraktionen. Besonders in den ersten Jahren der Weimarer Republik läßt sich in ihren politischen Stellungnahmen eine bemerkenswerte Einigkeit feststellen.

So stellten die elf weiblichen Stadtverordneten des *Zentrums* und der SPD im Mai 1921 den interfraktionellen Antrag, bei der Ortspolizei endlich ausgebildete Fürsorgerinnen anzustellen, die im Jugendschutz und bei der Sittenpolizei eingesetzt werden sollten. Gleichzeitig forderten sie, daß auch in der geschlossenen Jugendfürsorge eine *«sozialfürsorgerisch und pädagogisch erfahrene Sozialbeamtin»* tätig werden müßte. Die Lehrerin Henriette Schatz vom *Zentrum* und die Politikwissenschaftlerin Dora Landé von der SPD übernahmen es, den gemeinsamen Antrag zu begründen.[40]

Als Mathilde Otto in der Debatte zum Haushalt von 1921 vorschlug, ein städtisches Altersheim für bedürftige, alleinstehende Frauen einzurichten, unterstützte sie die Sozialdemokratin Marie Haack. Entgegen der grundsätzlichen Position ihrer Partei sprach sie sich aus Kostengründen dafür aus, das Heim unter die Leitung von Ordensschwestern zu stellen. Als in einer der nächsten Sitzungen erneut über ein Fürsorgehaus für Frauen debattiert wurde, übernahm es nun Marie Haack, das Projekt zu vertreten. *«Die Rednerin spricht namens aller weiblichen Mitglieder des Kollegiums»*, bemerkte die *Freiburger Zeitung* in ihrem Sitzungsbericht.[41]

Einig waren sich die Gemeindepolitikerinnen auch in der Forderung, daß die Freiburgerinnen in den bürgerschaftlichen Organen des Fürsorgewesens angemessen vertreten sein müßten. In einer gemeinsamen Intervention veranlaßten sie den Stadtrat im April 1920, eine Arbeitskommission damit zu beauftragen, das städtische Fürsorgestatut in diesem Sinn zu reformieren. Es war Mathilde Otto, der es dann als Stadträtin übertragen wurde, die Vorschläge der Arbeitskommission umzusetzen. Im Juli wurde das neue Fürsorgestatut schließlich verabschiedet. In diesem Text waren nun alle Ämter, zum Beispiel die *«Armenbezirksvorsteher(innen)»* ausdrücklich in männlicher und weiblicher Form angegeben.[42]

Offenbar erschien es den ersten Kommunalpolitikerinnen selbstverständlich, daß sie im Stadtparlament vor allem Fraueninteressen zu vertreten hatten. Schließlich hatten sie schon während des Krieges in bestimmten Fragen über die politischen Lager hinweg zusammengearbeitet. Und außerdem verband sie das gemeinsame Interesse an der städtischen Sozialpolitik.

Es war eine Sozialdemokratin, die Damenschneiderin Rosa Zinserling, die 1920 *«unter dem Beifall des Kollegiums»* zum sogenannten *«Kinounwesen»* Stellung nahm. Sie forderte die Kinobesitzer auf, *«weniger Detektivfilme zu bringen, da sehr viele junge Leute in diesen Vorführungen zu Verbrechen angereitzt werden»*. Sie bezog sich dabei auf eine Petition, in der sämtliche Freiburger Frauenvereine den Bürgerausschuß aufgefordert hatten, eine städtische Zensurkommission aus *«Volkserziehern und Frauen»* einzusetzen. *«Die vorgeführten Filme verderben unsere Jugend und unser Volk. In immer neuen, raffiniert ausgesonnenen Bildern wird ihnen ein Leben großer Nerven- und Sinneserregung vor Augen geführt. In tausend Beispielen wird ihre Neugier auf die Frau gelenkt, die immer als Genußobjekt für den Mann dargestellt ist, die meist in kostbaren, eleganten Kleidern steckt und stets mehr oder weniger Dirne ist. Wir Frauen sind empört über diese Entwürdigung unseres Frauentums»*.[43]

In derselben Sitzung des Bürgerausschusses forderte Mathilde Otto eine einheitliche Beerdigung für alle Bürgerinnen und Bürger, mit Argumenten, die auch eine Sozialdemokratin hätte anführen können. «*Die Klassenbeerdigungen passen nicht in unsere Zeit. Es ist erschütternd, sehen zu müssen, daß arme Frauen ihre Kinder der Anatomie überlassen müssen. Daß jemand in anderer Weise beerdigt wird, weil er mehr Geld hat, ist verletzend.*»[44]

Auch wenn die Bereitschaft zur interfraktionellen Zusammenarbeit über die ganze Weimarer Zeit bestand, ging die politische Beteiligung der weiblichen Stadtverordneten in den folgenden Legislaturperioden immer mehr zurück. Bei den Wahlen von 1922 zählte der Freiburger Bürgerausschuß nur noch 9 weibliche Mitglieder. Schon in dieser Wahlperiode ergriffen die Frauen deutlich seltener das Wort.

Marie Moritz, Stadtverordnete der KPD, ein Polizeifoto, 1924 zu den Akten genommen

Eine Ausnahme in dieser Hinsicht war Marie Moritz, die als Stadtverordnete der KPD von 1923 bis 1927 dem Bürgerausschuß angehörte. Marie Oettl, 1892 geboren und aufgewachsen in Hohenburg in der Oberpfalz, kam wahrscheinlich 1911 nach Freiburg. Ausgebildete Verkäuferin, arbeitete sie als Hausangestellte. 1912 bekam sie ihr erstes Kind und heiratete ein Jahr später den Vater, den Bankbuchhalter Wilhelm Moritz. Er starb 1918 und

Marie Moritz mußte nun als Witwe für ihre beiden kleinen Söhne aufkommen. Nach der Novemberrevolution schloß sie sich dem *Spartakusbund* an und gründete mit anderen 1919 die südbadische KPD. 1923 übernahm sie die Leitung in der Sämerei des *Lebensbedürfnis- und Produktivvereins* in Freiburg und wurde im gleichen Jahr in den Bürgerausschuß gewählt.[45]

«Die Moritz ist eine durchaus rührige Agitatorin und Führerin der hiesigen kommunistischen Partei. [...] Ihre Wohnung dient häufig als Absteigequartier der hier verkehrenden auswärtigen Kommunisten. Sie reist viel im badischen Oberland umher und agititiert für die kommunistische Bewegung», hieß es 1924 in einem Bericht der politischen Polizei zu ihrer Person.[46]

In der Weimarer Republik war Marie Moritz die einzige Kommunalpolitikerin, die sich nicht in erster Linie als Vertreterin von Fraueninteressen verstand, sondern zu allen politischen Fragen Stellung bezog, zur Tarifpolitik im städtischen Dienst ebenso, wie zum Bau der Schauinslandbahn, zum Polizeiwesen oder zu den städtischen Müllgebühren. In der Haushaltsdebatte von 1926 bemerkte sie zum Etat des Stadttheaters: *«Für proletarische Kunst [hat] man wenig Verständnis, das hat unter anderem das Verbot des Potemkinfilms erwiesen. Das Leben [muß] doch einen Sinn haben, auch in der Kunst.»*[47] Ihre schlagfertigen Kommentare erregten oftmals Aufsehen und wurden mit Heiterkeit quittiert, wenn sie zum Beispiel in der Debatte um einen Sportplatz für die Universität die Hoffnung äußerte, *«daß die Akademiker sich auf den Sportplätzen besser benehmen werden als sonst.»**[48]

Ohne ihre unüberhörbare Präsenz hätten die Protokolle des Freiburger Bürgerausschusses schon ab 1924 nur in Ausnahmefällen eine Frau in der Redeliste zu verzeichnen gehabt. Denn ihre

---

* Marie Moritz zog 1927, nach der Geburt ihrer Tochter, nach Frankfurt. Die *Volkswacht* verabschiedete sie als *«eine der wenigen sympathischen Persönlichkeiten der Freiburger Kommunisten»*, die im Bürgerausschuß als gewandte und sachliche Rednerin geachtet worden sei. In Frankfurt leitete Marie Moritz eine Gruppe der *Internationalen Arbeiterhilfe*. Sie kam 1935 in Haft und wurde 1936 wegen *«Vorberreitung zum Hochverrat»* zu fünf Jahren Zuchthaus verurteilt. Vier Jahre davon verbrachte sie in Einzelhaft. 1946 war Marie Moritz als Abgeordnete der KPD im Hessischen Landtag (Siehe Anm. 48, Sander).

Kolleginnen äußerten sich nurmehr ein-, zweimal im Jahr, zumeist in Schulfragen und überließen sogar in der Debatte um den Fürsorgehaushalt den Männern das Wort. Einzig Mathilde Otto stritt noch 1927, nach ihrer Rückkehr in das Stadtparlament, entschieden gegen die Kürzung der Fürsorgeleistungen. Doch mußte sie sich wenig später aufgrund einer schweren Krankheit aus der politischen Arbeit zurückziehen.

Von der Aufbruchsstimmung der ersten Jahren war gegen Ende der Weimarer Republik wenig geblieben – die Gemeindepolitikerinnen waren nun auch zur schweigenden Minderheit geworden. Nach der Machtübernahme der Nationalsozialisten wurde der Bürgerausschuß seiner Aufgaben enthoben. Frauen waren erneut aus der Politik ausgeschlossen. Doch fast hat es den Anschein, als hätten die Freiburgerinnen schon vor 1933 ihren Auszug aus dem Stadtparlament selbst vorweggenommen.

DER KAMPFAUSSCHUSS GEGEN DEN § 218 WÄHREND DER WEIMARER REPUBLIK

Universalzwangsinstrument der Bourgeoisie

Im November 1931 ermittelte die Freiburger Staatsanwaltschaft gegen Mitglieder der KPD. Anlaß war ein Flugblatt, das in Freiburg an Polizeibeamte verschickt worden war und die *«Proletarier im Waffenrock»* aufgefordert hatte, den Dienst zu verweigern und sich der kommunistischen Bewegung anzuschließen. Mit diesem Aufruf sah die politische Polizei den Tatbestand der *«Vorbereitung zum Hochverrat»* erfüllt. Einige Mitglieder der Freiburger KPD kamen in Untersuchungshaft. Ihre Wohnungen wurden durchsucht, Flugschriften, Zeitungen und persönliche Unterlagen beschlagnahmt. Dieses Beweismaterial[1] gibt heute Hinweise auf die Aktivitäten von Freiburger Kommunistinnen während der letzten Jahren der Weimarer Republik.

Eine der Festgenommenen war Emilie Wagner, Stadtverordnete der KPD im Freiburger Bürgerausschuß. Die Polizei fand bei ihr verschiedene Manuskripte, unter anderem auch eines für die Rede *«Der § 218 und die werktätige Frau»*. Darin bezog sich Emilie Wagner auf das Strafverfahren gegen die Stuttgarter Ärztin Else Kienle und den Arzt Friedrich Wolf, die im Februar 1931 unter dem Vorwurf, illegale Abtreibungen vorgenommen zu haben, verhaftet worden waren. In einer bislang beispiellosen Ermittlung hatte die Stuttgarter Justizbehörde insgesamt 300 Patientinnen vernehmen lassen, wobei die Zeuginnen erheblich unter Druck gesetzt worden waren. Diese Verfolgung löste eine großangelegte Kampagne gegen den *«Klassenparagraphen»* aus. In vielen Städten der Republik gründeten sich *«Kampfausschüsse gegen den Paragraph § 218 und für die Verteidigung Else Kienles und Friedrich Wolfs»*. Sie forderten die Aufhebung des § 218, die Einstellung der laufenden Strafverfahren und eine Generalamnestie für alle bereits Verurteilten. «*Auf dem Felde des Klassenkampfes hat sich in den letzten Wochen das Ringen um den Mordparagraphen 218 in den Vordergrund geschoben. […] Er ist, kurz gesagt, das Universalzwangsinstrument, mit dem die Bourgeoisie das Bevölkerungs- und Gebärproblem so gelöst sehen will, wie es in ihrem Interesse notwendig erscheint. Unter Androhung schwerster Strafen zwingt sie Arbeiterfrauen, immer neue Heere von Arbeitssklaven zu gebären […], die auch zur Verfolgung ihrer wirtschaftlichen und politischen imperialistischen Ziele als Kanonenfutter in einem kommenden Kriege zu benützen sind. […] Lassen wir einmal einige Zahlen sprechen: jährlich finden 1,2 Mill. Abtreibungen statt, jährlich sterben 20000 Frauen an Pfuschaborten und 10000 Frauen werden siech und krank und über 8000 Frauen wandern in die Zuchthäuser, der größte Teil dieser Frauen sind Arbeiterfrauen. […] Alle Parteien […] sind für die Beibehaltung des Paragraphen, die Nazis wollen sogar noch eine Verschärfung […]. Bei diesen Jüngern des III. Reiches soll die Frau nur Magd, Dienerin und Gebärmaschine sein. Die SPD ist nur für die Milderung des Paragraphen. […] Statt vom Zuchthaus, können die proletarischen Frauen jetzt vom Gefängnis aus zusehen, wie die sogenannte* ‹Heiligkeit› *der Familie zerfällt, wie ihre Kinder verhungern und verkümmern. […] Der § 218 und seine Verteidigerin, die Kirche, sind Glieder der Ausbeutergesellschaft, darum heraus aus der Kirche, Sturz des kapitalistischen Systems und Errichtung eines freien sozialistischen Deutschlandes!*» hieß es in Emilie Wagners Redemanuskript.

Auch die Medizinstudentin Regina Hohmann* gehörte zu den Festgenommenen. Sie war aktiv in der *Roten Studentengruppe*, die im Sommersemester 1931 an der Universität Freiburg gegründet worden war. Bei der Durchsuchung ihres Zimmers wurde ein Brief ihres Vaters, eines Marineadmirals, gefunden, den der ermittelnde Polizeibeamte zu den Akten

* Name geändert.

gab. *«Von fremden Leuten haben wir endlich die Wahrheit über Dich erfahren, die Du zu feige bist uns mitzuteilen, die Freiburger Studentenzeitung bestätigt sie. Du bist aktiv in der kommunistischen Partei tätig. Die vaterländischen Kreise in Freiburg sind darüber empört. Mich zwingst du, meinen Abschied einzureichen. Für deine Geschwister sind die Konsequenzen unübersehbar. Das hat das Band zwischen uns zerrissen. Ich weiß, daß es nur eine Episode in Deinem Leben sein kann. Komme wieder, wenn Du Dich zurückgefunden hast. Dein Vater».*

Es gelang der politischen Polizei nicht, die Schreibmaschine ausfindig zu machen, auf der das inkriminierte Flugblatt getippt worden war, und es konnten auch keine anderen belastenden Beweise vorgebracht werden. Alle Festgenommenen kamen frei.

OBDACHLOSE FRAUEN

«lauter Frauen,
die in Not und Elend sind»

Erstmals im Frühjahr 1919 wurde in Freiburg ein städtisches Notasyl für obdachlose Frauen eröffnet. Diese Maßnahme war eine Reaktion auf die Wohnungsnot, die schon während des Krieges spürbar, nach Kriegsende aber zum drastischen Notstand geworden war. Innerhalb weniger Monate schnellte die Einwohnerzahl Freiburgs in die Höhe. Nicht nur die Soldaten, die den Krieg überlebt hatten, kehrten zurück, sondern auch viele, die das frontnahe Freiburg verlassen hatten. Wieder einmal war Freiburg zur Grenzstadt geworden und mußte Flüchtlinge aus dem Elsaß aufnehmen. Dazu kamen in Not geratene, arbeitssuchende Männer und Frauen, die hofften, hier bessere Lebensbedingungen als in ihrem Heimatort vorzufinden.

Im März 1919 warnte der Stadtrat in den Tageszeitungen vor dem Zuzug nach Freiburg, da jede und jeder Gefahr liefe, *«kein Unterkommen zu finden»*. Um wenigstens dem grassierenden Mietwucher beizusteuern, beantragte der Stadtrat beim Landesministerium, vorläufig keine Zwangsräumungen zu vollstrecken. Denn einige Hauswirte hatten sich auf Kündigungen verlegt, um dann die Wohnungen an die Meistbietenden loszuschlagen. Für die Wohnungslosen wurden Notunterkünfte in ehemaligen Kasernen und Hotels eingerichtet und Baracken aufgestellt, unter anderem im Schulhof der Hildamädchenschule in der Rheinstraße.[1]

Auch das städtische Obdachlosenasyl für Frauen befand sich in einem ehemaligen Militärquartier, der sogenannten «Lederkaserne» an der Mattenstraße. In demselben Gebäude waren außerdem kinderreiche Familien in behelfsmäßigen Zwei-Zimmer-Wohnungen untergebracht. Bis dahin hatte es in Freiburg lediglich eine städtische Schlafstelle für Frauen gegeben, ein kleines Zimmer im *Heiliggeistspital* in der Gauchstraße, das vor allem einheimische Frauen vorrübergehend aufnahm. Waren alle Betten belegt, dann war ihnen bisher nur der Schlafsaal der Heilsarmee in der Löwenstraße geblieben. Denn in den Pensionen, die das Fürsorgeamt als Notquartiere angemietet hatte, konnten nur Männer übernachten. Zwar gab es in Freiburg einige konfessionelle Mädchenheime, doch nahmen sie keine Ehefrauen und Mütter auf, da sie sich als Einrichtungen für ledige, ortsfremde Frauen verstanden.

Die neue Herberge in der Mattenstraße war ausgesprochen kärglich eingerichtet. Sie bestand aus zwei kleinen Räumen, in denen bis zu zwanzig Frauen leben sollten. Im Schlafraum befand sich eine kleine Kochnische. Es gab kein Bad, keine Möglichkeit, die Kleider zu waschen, und nur das zweite, sehr kleine Zimmer, das als Aufenthaltsraum für den Tag gedacht war, konnte geheizt werden. Die Aufsicht des Heimes unterstand der Frau des Hausmeisters, die mit ihrem Mann gleichzeitig auch für die Wartung der ganzen Lederkaserne zuständig war. Sie führte das Belegbuch und hatte alle neuankommenden Frauen auf Ungeziefer zu untersuchen. Die Hausordnung verpflichtete die Frauen, im Heim Ruhe und ihr Bett reinlich zu halten. Um 10 Uhr abends wurde die Tür geschlossen.[2]

Im Unterschied zu den konfessionellen Mädchenheimen in Freiburg, die als straff geführte Häuser seit Jahrzehnten bestanden, war das Notasyl nur als provisorische Einrichtung gedacht, als schnelle Antwort auf die Not der Zeit. Doch tatsächlich sollte das Asyl zehn Jahre lang, bis Ende 1929 in dieser wenig organisierten Form weitergeführt werden. Wohnungsnot und Obdachlosigkeit blieben kein kurzfristiges Problem der Nachkriegszeit, sondern wurden während der Weimarer Republik zur allgegenwärtigen Erscheinung des sozialen Elends.

Für viele Familien begann der Weg in die Wohnungslosigkeit mit der Zwangsräumung, die meist dann angeordnet wurde,

Das Barackenlazarett in Herdern wurde nach dem Krieg Notunterkunft für wohnungslose Familien.

wenn sie die Miete nicht mehr aufbringen konnten. Anfang 1921 zählte das städtische Wohnungsamt 2700 Wohnungssuchende.[3] Längst nicht alle konnten in den Behelfswohnungen untergebracht werden. «*Die Familien, die noch schlimmer dran sind, sitzen irgendwo in einem möblierten Zimmer und ihre Wohnungseinrichtung verdirbt irgendwo in einem Keller oder ist bei Mengler gelagert. Die Kinder sind vielfach in Waisenhäusern oder Anstalten untergebracht, die Familie also aufgelöst. Wie unsagbar traurig ist doch dieses Dasein.*»[4] Immer wieder berichtete die sozialdemokratische Tageszeitung *Volkswacht* über besonders krasse Fälle des «*Wohnungselends*». So auch über die Situation einer Familie in Haslach, die im Juni 1925 «*durch den Betreibungsbeamten [...] aus der Wohnung verwiesen worden*» war und nun seit einem Jahr auf der Straße lebte. «*Das Fürsorgeamt [...] machte den Vorschlag, daß es den Vater in der Sonne (so heißt ironischerweise das Gasthaus für obdachlose Familienväter), die Mutter im Stift und die Kinder im Waisenhaus unterbringen wolle. Die Familie dagegen erklärte, sie lehne es unter allen Umständen ab, sich auseinan-*

derreißen zu lassen und nächtigte teilweise im Freien, teilweise in einem […] Stall.»[5]

Die Fürsorge unterschied zwischen ortsfremden und ortsansässigen Obdachlosen, denn nur für die Einheimischen mußte das städtische Fürsorgeamt aufkommen. Für die auswärtigen sogenannten «*Wanderer*» war das Land zuständig. Wer nach Freiburg kam, mußte sich bei der Polizei melden und bekam dort eine Schlafstelle in einer der Notunterkünfte zugewiesen. Diese wurden vorwiegend von der städtischen Fürsorgekasse oder von karitativen Vereinen unterhalten, weil sich das Land lange Zeit seiner Verpflichtung entzog, die Kosten zu tragen.[6] Für die Gemeinden aber waren all die Menschen, die Arbeitslosigkeit und Not auf die Straße gebracht hatte, die auf der Suche nach Auskommen von Stadt zu Stadt zogen, ein soziales Problem, an dem sie nicht vorbeikamen. So drängte das Bahnhofsamt Freiburg im November 1923 den Stadtrat, weitere Notunterkünfte für Obdachlose einzurichten, um «*der Unsicherheit am Hauptbahnhof*» endlich Herr zu werden. Immer wieder würden Personen in abgestellten Eisenbahnwaggons nächtigen und dabei erheblichen Schaden anrichten. «*Außerdem findet sich tagtäglich im Wartesaal 3. Klasse eine ganze Schar von Leuten um sich zu wärmen ein, die nicht mit den Zügen abreisen oder jemanden abholen wollen. […] Um sich ein Nachtquartier zu verschaffen, lösen manche Fahrkarten nach Freiburg-Wiehre, St. Georgen, in der Hoffnung, sie würden dadurch der Ausweisung aus den Wartesälen entgehen.*»[7]

Im Unterschied zu den Männern wurden die meisten wandernden Frauen von der Fürsorgeobrigkeit nicht als umherziehende Vagabundinnen eingestuft. Man ging davon aus, daß sie gezielt in die Stadt kamen, um hier Arbeit zu finden und zu bleiben. «*Die Arbeitslosigkeit nimmt nicht nur unter den Fabrikarbeiterinnen, sondern auch unter den Dienstboten zu und von überall her strömen die Obdachlosen nach Freiburg zu, dessen Mädchenheime weit und breit als gut bekannt sind*», berichtete Fürsorgedirektor Kopp im Mai 1926. «*Meist sind diese Mädchen mittellos und wären ohne unsere Fürsorge direkt dem Dirnentum ausgeliefert.*»[8]

Wenn sich der Fürsorgedirketor auf die guten Mädchenheime in Freiburg berief, dann meinte er nicht die städtischen Unterkünfte, sondern von kirchlichen Frauenvereinen getragene Einrichtungen, die sich der wandernden Frauen annahmen.

Fast oder ganz ohne Mittel und Rat

In der zweiten Hälfte des 19. Jahrhunderts hatten evangelische Frauen damit begonnen, ein Fürsorgenetz für junge Arbeitsmigrantinnen aufzubauen. In verschiedenen Städten entstanden Anlaufstellen für Frauen, die unterwegs und ohne Unterkunft waren. Selbst im katholischen Freiburg war im evangelischen Stift in der Hermannstraße die erste Einrichtung dieser Art entstanden. Hier eröffneten Diakonissen 1876 die Mägdeherberge «Zur Heimat». Einige Jahre später errichtete auch der *Katholische Dienstmagdverein* ein Übernachtungsheim für auswärtige Frauen, das «Marienhaus» in der Talstraße. Das große Haus mit 200 Schlafplätzen bot gleichzeitig den Schülerinnen der *Heranbildungsanstalt für junge Dienstboten St. Agnes* Unterkunft. Es stand unter dem Protektorat des Erzbischofs und wurde von Ordensschwestern geleitet, den Barmherzigen Schwestern vom Heiligen St. Vinzenz zum Paul.9

Mit diesen Einrichtungen reagierten die konfessionellen Frauenvereine auf die gesellschaftlichen Folgen der Industrialisierung. Ihre Fürsorge galt besonders den jungen Frauen vom Land, die auf Arbeitssuche in die Stadt kamen und völlig unerfahren waren. Von seiten der Behörden wurde für diese Frauen nichts getan. Wenn sie sich der Begleitung von Männern anvertrauten, die ihre Lage auszunutzen wußten, dann drohte ihnen allenfalls, von Polizisten aufgegriffen und der Prostitution verdächtigt zu werden. Frauenrechtlerinnen forderten als erste einen Schutz der Arbeitsmigrantinnen vor Zuhältern und «*Mädchenhändlern*». 1877 gründete sich von evangelischer Seite der *Verein der Freundinnen junger Mädchen*. Die Frauen versuchten zunächst auf privater Basis, aufklärend zu wirken. Broschüren warnten vor gefährlichen, vermeintlichen Hilfsangeboten in der Fremde und empfahlen den

Frauen, sich möglichst an eines der Mädchenheime zu wenden. Die *Freundinnen* veröffentlichten außerdem Adressen von Frauen, die sich am Ort als Ratgeberinnen zur Verfügung stellten.

Erst zu Anfang des 20. Jahrhunderts, als in verschiedenen Großstädten die *Bahnhofsmission* als feste Anlaufstelle für reisende Frauen eingerichtet wurde, organisierte sich auch die katholische Mädchenschutzbewegung. Die Freiburger *Bahnhofsmission* entstand 1904. Eine katholische und eine evangelische *Bahnhofsmissionarin*, beide ehrenamtlich tätig, wechselten sich im Dienst ab. Sie sprachen offensichtlich alleinreisende Frauen und Mädchen an und boten ihnen Unterstützung an. Durchreisenden Frauen, die in Schwierigkeiten geraten waren, bezahlten sie in Notfällen eine Fahrkarte oder Übernachtung. Arbeitssuchende vermittelten sie an die konfessionellen Mädchenheime, oder sie empfahlen zuverlässige Privatunterkünfte.

«*Freiburg hat vielleicht mehr als andere, selbst größere Städte einen starken Zustrom auswärtiger, zumeist arbeitssuchender weiblicher Personen; namentlich kommen auch sehr viele Jugendliche dieser Art hierher, oft von den Eltern geschickt, die sich immer noch nicht von der Vorkriegsvorstellung losgemacht haben, daß in der Stadt für Jedermann Arbeit zu finden sei [...]. Alle diese Personen, oder doch weitaus die Mehrzahl davon sind in ihrer Unkenntnis der Verhältnisse, fast oder ganz ohne Mittel und Rat, am meisten am Bahnhofe, ihrem Eingang in die Stadt, wohin sie auch vielfach, wenn sie kein Obdach gefunden haben, zurückkehren, der Verführung durch Don Juane der übelsten Sorte ausgesetzt. [...] Wenn sie nun hier durch erfahrene Persönlichkeiten [...] geleitet werden, so werden sie in den meisten Fällen vor dem größten leiblichen und geistigen Elend bewahrt, nicht minder werden der öffentlichen Hand dadurch Unterstützungskosten und andere Lasten – man denke nur an die Geschlechtskrankheiten – erspart. [...] Da [... nachts] die Heime und Fürsorgestellen geschlossen sind, sind die spät ankommenden weiblichen Personen entweder gezwungen, ihre geringen Mittel zu unverhältnismäßig teurer Gasthofübernachtung auszugeben und daher umso hilfloser und gefährdeter dazustehen, oder aber sich unterkunftslos die ganze Nacht herumzutreiben, wobei sie naturgemäß den erwähnten dunklen Elementen fast unfehlbar zur Beute fallen müssen, zu-*

mal Müdigkeit und das Gefühl der Hilflosigkeit ihre Widerstandskraft schwinden machen.»[10] Mit diesen Argumenten unterstützte die Freiburger Polizeidirektion 1926 das Gesuch der *Bahnhofsmission* um einen städtischen Zuschuß. Die Mission hatte in diesem Jahr einen durchgehenden Nachtdienst und eine kleine Schlafstelle für spätankommende Frauen eingerichtet.

Nach dem Konzept der Mädchenschutzvereine sollte jeder unbehütete Schritt der alleinreisenden Frauen möglichst unterbunden werden. Schon im Heimatort sollten Vertreterinnen der Vereine vor der Abwanderung in die Stadt und den möglichen Folgen warnen. Im Idealfall meldeten sie die Ankunft im voraus der zuständigen *Bahnhofsmissionarin*, damit sie sie in Empfang nehmen und an das örtliche Dienstbotinnenheim weitervermitteln konnte.

Die Heime der Mädchenschutzbewegung boten billige Unterkunft und Verpflegung. Allerdings mußten sich die Frauen einer strengen Hausordnung unterwerfen. Um sie vor den sittlichen Gefahren in der Stadt zu bewahren, war ihr Ausgang reglementiert. Sie sollten sich in der Anstalt beschäftigen, häusliche Arbeiten verrichten und auch ihre Freizeit nützlich und nicht auf der Straße verbringen. Gemeinsame religiöse Andachtsübungen gehörten ebenso zum Alltag wie gesellige Zusammenkünfte, bei denen die Frauen handarbeiteten und *«erbauliche Schriften»* lasen. Schließlich sollte eine hauseigene Stellenvermittlung gewährleisten, daß die Frauen bei einer Familie ihrer Konfession in Stellung kamen.

So verstanden sich die Heime nicht allein als Herbergen, sondern zugleich als Erziehungsinstitute, in denen die *«Gefährdeten»* auf dem rechten Weg begleitet werden sollten. Dazu gehörte auch, einer *«Entfremdung vom Glauben»* entgegenzuarbeiten. So wurden die Frauen angehalten, einem konfessionellen Dienstbotinnenverein beizutreten. All diese Maßnahmen und Empfehlungen gründeten auf der Vorstellung, daß ein wirksamer Schutz der Frauen nur über Beeinflussung und Beaufsichtung zu erreichen sei. Dem Wunsch nach einem freien und ungebundenen Leben, für viele Frauen auch ein Beweggrund, in der Stadt Arbeit zu suchen, mußten Grenzen gesetzt werden, sollten sie vor dem *«Fall»* bewahrt werden.*

Seit 1913 gab es in Freiburg ein sogenanntes «*Rettungshaus*», das *Augustinusheim für gefallene Mädchen.*[11] Es lag in der Katharinenstraße, in unmittelbarer Nähe der Universitätsfrauenklinik. Auch diese Anstalt wurde von einem katholischen Frauenverein, dem *Fürsorgeverein für Mädchen, Frauen und Kinder,* getragen und von Vinzentinerinnen geleitet. Das *Augustinusheim* war in erster Linie für ledige Mütter gedacht, die keine Möglichkeit sahen, ihre Kinder alleine durchzubringen. Es bot ledigen Wöchnerinnen Unterkunft und sorgte in den ersten Wochen nach der Geburt für Mutter und Kind. Die Vinzentinerinnen versuchten, die Säuglinge in eine Pflegefamilie zu vermitteln und die Frauen in häuslichen Diensten unterzubringen. Auf diese Weise sollte den «*gefallenen*» Frauen die Möglichkeit gegeben werden, ihr Auskommen zu finden, wofür allerdings die Bereitschaft zur reuigen Umkehr Voraussetzung war. Das Fürsorgekonzept des Hauses fußte auf Arbeitserziehung und religiöser Unterweisung. In der Weimarer Republik übernahmen Schwestern des Ordens St. Lioba* die Leitung des Hauses. Nun weitete das *Augustinusheim* seine Aufgaben auf

---

* (vorige Seite) Ein eindrückliches Beispiel für die Haltung des *Katholischen Mädchenschutzvereins* ist dessen Position zum Tarifvertrag der Hausangestellten. So wandte sich der Freiburger Hofkaplan Helm 1926 entschieden gegen die Forderung der *Sozialdemokratischen Dienstmädchen-Organisation* nach einer Arbeitszeitregelung für Dienstbotinnen, in der die «*Erlaubnis zum Ausgang auch während der Nachtzeit*» festgeschrieben werden sollte. Eine Ausdehnung der Freizeit bedeute in jedem Fall eine sittliche Gefährdung der Mädchen, eine Untergrabung von «*Pflichttreue, Opfersinn und Eifer im religiösen Leben*», die «*gerade bei den Dienstmädchen, Gott sei Dank, noch sehr häufig zu finden*» sei (Diözesanpräses Helm: Mädchenschutz in der Erzdiözese. In: Mädchenschutz, a.a.O.).

* *St. Lioba* war ein moderner Frauenorden, der Anfang der 20er Jahre entstanden war. Er ging hervor aus einem Kreis von Kinderpflegerinnen, die im Freiburger *St. Hedwighaus* in der Stadtstraße arbeiteten, einem Tagesheim des *Caritasverbandes* für Säuglinge und Kleinkinder. Die Frauen schlossen sich 1920 zu einer religiösen Gemeinschaft zusammen, für die sie eine vorläufige Erlaubnis des Erzbischofs erhielten. 1927 wurde *St. Lioba* als Orden der Benediktinerinnen anerkannt und zog in das heutige Mutterhaus, die ehemalige *Villa Wohlgemut* in Freiburg-Günterstal. Im Unterschied zu den *Vinzentinerinnen,* die seit der Mitte des 19. Jahrhunderts in der Erzdiözese vor allem in pflegerischen Berufen tätig waren, arbeiteten die Schwestern von St. Lioba in der Jugend- und Frauenfürsorge. Die meisten von ihnen waren sozialpädagogisch ausgebildet (St. Lioba 1953).

die Fürsorgeerziehung aus. Jugendliche Streunerinnen, Mädchen, die unter dem Verdacht der Prostitution von der Polizei aufgegriffen worden waren, konnten auf Anordnung des Jugendgerichts hier eingewiesen werden.

Was sich hier an Menschenmaterial zusammenfindet

Im Unterschied zu diesen Einrichtungen lag dem städtischen Frauenasyl in der Mattenstraße kein Fürsorgekonzept zugrunde. Hier wurden die Frauen weder betreut, noch ein geordneter Tagesablauf zur Aufnahmebedingung gemacht. Es wurde lediglich als kurzfristige Einrichtung ohne weiteren fürsorgerischen Anspruch betrachtet. Von Anfang an betonte Fürsorgedirektor Kopp, daß größere finanzielle Aufwendungen der Stadt in diesem Bereich nicht möglich wären. Das Heim sollte allenfalls den Zweck erfüllen, Randexistenzen von der Straße zu halten. Frauen also, die er als potentielle Straßenmädchen ansah, weshalb er im Oktober 1919 vorschlug, jede vor ihrer Aufnahme durch den Amtsarzt auf etwaige Geschlechtskrankheiten untersuchen zu lassen. Der Stadtarzt wies dieses Ansinnen jedoch entschieden zurück. «*Wenn auch viele der Mädchen moralisch nicht besonders hoch stehen, so darf man ihnen doch nicht den letzten Rest der Scham nehmen und ihnen ohne irgend welchen Verdacht eine Untersuchung zumuten, welche sonst nur von eingeschriebenen Dirnen verlangt wird.*»[12]

Als die Verhältnisse im städtischen Frauenasyl an die Öffentlichkeit gerieten und heftig kritisiert wurden, sollte der Fürsorgedirektor die Einrichtung mit dem Argument rechtfertigen, daß sie vor allem von «*asozialen Elementen*» in Anspruch genommen würde, die weder eine bessere Betreuung duldeten, noch bereit wären, sich in eine Heimordnung zu fügen.

«*Das Heim hatte und hat nicht den Zweck, Dauermieter unterzubringen, sondern es soll obdachlosen Frauen und Mädchen Gelegenheit bieten, von der Straße wegzukommen. Und was sich hier an Menschenmaterial zusammenfindet, ist meist wenig Gutes. [...] Zur näheren Illustration der Bewohner des Heimes möchten wir doch noch anfügen, daß sie aus Elementen bestehen, die von allen anderen Fürsorgeheimen abgelehnt werden. Anfangs hatten wir die Übung eingeführt, daß jeden Tag ein anderes Mädchen das Heim zu reinigen und dafür kein Schlafgeld zu zahlen hatte; der Zustand war aber in wenigen Tagen so, daß die Mädchen sich vor der Arbeit drückten und anscheinend im Schmutz sehr wohl befanden. [...] Wir geben ohne weiteres zu, daß die ganze Einrichtung ungenügend ist, aber wir sehen keinen Weg zur Änderung. Die anfänglich nur für kurze Zeit bestimmte Anlage ist eben durch unsere allgemeine Verelendung zu einer Dauereinrichtung geworden, am allerwenigsten zu unserer Freude*», so Kopp im Sommer 1923 auf eine Anfrage des Stadtrates.[13] Es war Mathilde Otto, die Stadträtin der Zentrumsfraktion, die diese Intervention veranlaßt hatte. Nach einem Besuch der Lederkaserne hatte sie einen geharnischten Bericht geschrieben und das Frauenasyl als «*einen Schandfleck für die Stadtverwaltung*» bezeichnet. Laut Auskunft des Hausmeisters machten «*anständige Mädchen*», daß sie schleunigst aus der Mattenstraße herauskämen, was angesichts der Zustände nicht weiter verwunderlich sei. Es herrsche dort ein ungeheurer Schmutz und die aufsichtsführende Hausmeisterin sei ihrer Aufgabe offensichtlich nicht gewachsen. Eine Delegation des Stadtrats, die daraufhin das Asyl inspizierte, bestätigte diese Feststellungen und forderte die Anstellung einer Fürsorgerin, die «*mit der Eigenart [...] obdachloser Mädchen besser vertraut ist und soziales Verständnis dafür besitzt.*» Langfristig solle nach einer besseren Unterkunft gesucht werden, möglichst unter der Leitung von Ordensschwestern.

Zwar räumte auch Fürsorgedirektor Kopp ein, daß die Unterbringung in der Lederkaserene mehr als ungenügend sei - eine bessere Lösung aber würde an den Bewohnerinnen selbst scheitern. Auch «*sozial höher denkende[n] Aufsichtspersonen*» würde es wohl kaum gelingen, «*einen bestimmten Einfluß auf die Moral der Mädchen*» auszuüben. In die Herberge kämen vor allem Frauen und Mädchen, die «*entweder aus psychischen Gründen oder infolge der sozialen Entwicklung aus der geordneten Bahn geschleudert wurde[n]*» und die ohne diese Möglichkeit gezwungen wären, «*das Straßendirnentum in seiner ekelhaftesten Form zu kultivieren. Früher rutschten diese Frauen von einer Männerschlafstelle in die andere, ver-*

breiteten Krankheiten und Parasiten und waren eine große Plage der öffentlichen Behörden. Die Einrichtung dieser Mädchenherberge hat uns die Unterbringung ähnlicher Elemente möglich gemacht, die sich aus der Schweiz, dem Elsaß und zum Teil noch aus Österreich in Freiburg einfinden und leider nicht mehr wegzubringen sind.» Zudem seien die Verhältnisse in der ständig überfüllten städtischen Männerherberge in der Turmstraße ebenso prekär. Dringender noch als ein neues Frauenasyl benötige Freiburg eine zweites Heim für wandernde Männer. Da jedoch vor allem Auswärtige diese Einrichtungen

Wohnungselend in der Turmstraße, um 1925

in Anspruch nähmen, könnte die Stadt die zusätzlichen Kosten nur dann auf sich nehmen, wenn sich das Land und der Kreis beteiligten. Der Stadtrat beantragte daraufhin beim Landesministerium und Kreisrat entsprechende Mittel, die jedoch abgelehnt wurden.

Zwei Jahre nach dieser Auseinandersetzung, im Sommer 1925, entschied der städtische Fürsorgeausschuß, das Frauenheim in der Mattenstraße zu schließen. Die Räumlichkeiten wären mittlerweile in einem solchen Zustand, daß sie nicht länger benützt werden könnten, hieß es lapidar in der Begründung. Im übrigen hätten alle derzeitigen Bewohnerinnen einen «*geordneten Verdienst*», so daß sie auf die billige Unterkunft nicht länger angewiesen wären.

Einzig Marie Moritz, die Stadtverordnete der KPD, kritisierte diese Entscheidung im Bürgerausschuß. Sie beantragte, im Fürsorgehaushalt Mittel für ein modernes Obdachlosenasyl zur Verfügung zu stellen, mit jeweils einer Abteilung für Frauen und Männer. «*Durch die anderweitige Unterbringung der bisherigen Insassen ist meines Erachtens das Problem nur für den Augenblick gelöst. Was soll in Zukunft mit obdachlosen Frauen und Mädchen geschehen?*» Die allgemeine Not, «*im Verein mit großer Arbeitslosigkeit*» werde spätestens im kommenden Winter «*eine große Anzahl Frauen und Mädchen zur Prostitution treiben. Will die Kommune nur halbwegs helfend eingreifen, so muß ein Frauenheim hergerichtet werden.*»

Die Wirklichkeit sollte Marie Moritz rechtgeben. Schon einige Monate später sah sich das Fürsorgeamt genötigt, eine zusätzliche Schlafstelle für obdachlose Frauen zu schaffen. Nicht nur der Übernachtungsraum im Heiliggeistspital in der Gauchstraße, sondern auch die konfessionellen Mädchenheime waren ständig überfüllt. «*Es kamen im letzten Jahre in den verschiedenen Monaten [...] täglich gegen 100 arbeitssuchende Mädchen auf das Arbeitsamt, von denen höchstens 20-30 Arbeit jeweils fanden. Eine Folge dieses unhaltbaren Zustandes war wohl auch die polizeiliche Einlieferung von 5-10 Mädchen täglich wegen Gewerbsunzucht*», charakterisierte die Leitung des *Augustinusheims* Ende 1925 die Situation.[14] Selbst obdachlose Freiburgerinnen, für die das Fürsorgeamt einen Platz suchte, konnten nirgends mehr aufgenommen werden. Als im Frühjahr 1926 im Spital in der Gauchstraße Räume frei wurden, richtete man dort einen Schlafsaal für Frauen ein. Doch auch dies war nur eine vorübergehende Lösung, denn der Eigentümer, die Allgemeine Stiftungsverwaltung, drängte darauf, die Räume möglichst bald wieder freizumachen. Schließlich schlug das Fürsorgeamt im Sommer 1926 vor, das Frauenasyl in der Lederkaserne wieder zu eröffnen. Mit Vorbedacht wurde diesmal eine Wohnung gewählt, die zum Hof lag. «*Wir ersuchen Sie, darauf zu achten, daß Männerbesuche in der Frauenherberge unter allen Umständen unterbleiben, ebenso das Herumstehen [...] vor dem Hause. Gegen die Frauen und Mädchen, die sich in dieser Beziehung nicht fügen, wollen Sie beim Fürsorgeamt jeweils sofortige Ausweisung aus der Herberge beantragen*», hieß es in der Anordnung an die Hausmeisterin.[15]

Zwei Jahre lang blieb es still um die städtische Obdachlosenfürsorge für Frauen. Daß die Verhältnisse kaum besser geworden waren, wird deutlich an einem Bittbrief, den einige Bewohnerinnen des Asyls im Februar 1928 an Bürgermeister Riedel richteten. Nachdem sich die Hausmeisterin krank gemeldet und mitgeteilt hatte, sie wäre nicht in der Lage, die ständigen Händel unter den Frauen zu schlichten, hatte das Fürsorgeamt kurzerhand entschieden, das Heim tagsüber zu schließen. «*Die Unterzeichneten des Frauenheims Mattenstraße 1a möchten Sie bitten, daß wir wieder die Zeit, wie vorher, zu Hause aufhalten können. Die beiden, die sich damals streiten, sind jetzt draußen. Warum sollen wir büßen, was andere verschulden? Wir sind bereits lauter Frauen, die in Not und Elend sind, deren Kinder die Stadt verhalten muß, betreffs Wohnungsmangel, und wir alle von morgens 9 Uhr bis abends 7 Uhr nur auf der Straße herumtreiben sollen, da das Heim um diese Zeit geschlossen ist. Wir bitten sie höflichst Herr Riedel die Sache in die Hand zu nehmen.*»[16] Einen Monat später nahm der Fürsorgeausschuß die Anordnung zurück.

Als im Sommer 1928 die Nachbarwohnung zum Frauenasyl freiwurde, beantragte das Fürsorgeamt, diese Gelegenheit zu nutzen und das Heim endlich zu erweitern. Die zuständigen Ausschüsse des Stadtrates stimmten dieser Lösung, die ohne größere Kosten hätte verwirklicht werden können, mehrheitlich zu. Doch legte Oberbürgermeister Dr. Bender sein Veto ein. Die Stadt sei nicht dazu da, «*obdachlosen Elementen*», die sich nicht in die Ordnung eines konfessionellen Heimes fügen wollten, eine Unterkunft zu besorgen, argumentierte er. Um eine Übernachtungsgelegenheit für «*Straßendirnen oder ähnliche Subjekte*» zu schaffen, wolle man «*Familien eine Wohnung*» versagen.[17] Er verwies die Entscheidung an den Fürsorgeausschuß zurück, mit der Auflage, die anfallenden Kosten genau zu berechnen und zu überprüfen, ob eine Erweiterung tatsächlich als Angelegenheit des öffentlichen Interesses zu beurteilen sei.

Noch bevor über die Zukunft des Heimes endgültig entschieden wurde, wandten sich im Dezember 1928 Vertreterinnen verschiedener Frauenvereine mit einer Eingabe an den Stadtrat. Sie machten auf die langjährigen Mißstände in der städtischen Fürsorge über gefährdete Frauen aufmerksam und kritisierten, daß in Freiburg bisher keine Anstalten getroffen worden waren, die Reform des *Gesetzes zur Bekämpfung der Geschlechtskrankheiten* umzusetzen.* In diesem Zusammenhang verlangten sie außerdem «*die Erstellung eines geeigneten Zufluchtsheims*», dessen Träger entweder die Stadt oder «*Organisationen der freien Liebestätigkeit*» sein sollten. In jedem Fall müßte mindestens eine ausgebildete Fürsorgerin mit der Leitung des Hauses betraut werden. «*Es bedarf keines Beweises*», schrieben sie, «*daß der Zustand des städtischen Obdachlosenheims […] ein unwürdiger und unhygienischer ist*». Schon allein durch das enge Zusammenleben seien die Frauen von Geschlechtskrankheiten bedroht. «*Es versteht sich wohl auch, daß die Gefahr einer solchen Ansteckung dadurch vermehrt wird, daß den ohnehin zu leichtfertigem Leben geneigten Mädchen und Frauen fast nichts anderes übrig bleibt, als sich einen großen Teil des Tages auf der Straße herum zu treiben, da ein einigermaßen anständiger Aufenthaltsraum im Heim nicht vorhanden ist*».

---

* Mit dieser Gesetzesreform war 1927 der langjährigen Forderung der Frauenbewegung nach einer Entkriminalisierung der Prostitution entsprochen worden. Die Kontrolle der Prostituierten war nun nicht länger Sache der Sittenpolizei, sondern des Gesundheitsamtes. Das Gesetz legte nahe, in diesem Bereich Sozialfürsorgerinnen einzusetzen. Sie sollten vor allem in der Grauzone der Gelegenheitsprostitution präventiv tätig werden.

Fürsorgedirektor Kopp wies die Forderungen der Frauenvereine als zu weitgehend zurück. Er betrachtete ein reines Übernachtungsheim in städtischer Trägerschaft als die bessere Lösung. Ein Fürsorgehaus einzurichten, das eher den Charakter eines «*Dauerheims*» für gefährdete Frauen hätte, läge nicht im städtischen Interesse. Mit diesem Argument lehnte er auch die Anstellung einer Fürsorgerin ab. «*Die einfache, aber saubere Hausmeisterin, die noch jung und elastisch ist, besorgt den Dienst in genügender Weise*».

Als im Januar 1929 der Fürsorgeausschuß erneut die Erweiterung des Asyls in der Mattenstraße befürwortete, war es wieder Oberbürgermeister Bender, der sich dagegen stellte. «*Auch Herr Direktor Kopp*» hätte «*eine Reihe von Fragen*» nicht zufriedenstellend beantworten können, gab er zu Protokoll. Schließlich zitierte er die zuständige Familienfürsorgerin des Jugendamtes zu einer Besprechung – eine ausgesprochen ungewöhnliche Vorgehensweise und eine deutliche Rüge an die Adresse des Fürsorgedirektors.

Die Fürsorgerin setzte sich gegenüber dem Oberbürgermeister für die Forderungen der Frauenvereine ein. Das städtische Heim könne seiner «*fürsorgerischen Aufgabe*» mit einer bloßen Verbesserung der Räumlichkeiten nicht gerecht werden. Vielmehr wäre eine professionelle Betreuung notwendig, durch eine «*Hausmutter […], die bereit sei, in jedem einzelnen Falle liebevolle, nachgehende Fürsorge für die einzelnen Frauen und Mädchen zu betätigen*». Eine Aufgabe, die aber besser «*auf religiöser Basis von der freiwilligen Caritas übernommen werden*» solle. Nun habe der Direktor der evangelischen Stadtmission den Frauenvereinen bereits signalisiert, daß ihn das Projekt interessiere. Mit ihren Argumenten lief die Fürsorgerin offene Türen ein. Oberbürgermeister Bender stimmte ihr in allen Punkten zu und versicherte, die Angelegenheit nun voranzutreiben.

Allerdings richtete sich sein Interesse vornehmlich darauf, der Fürsorgekasse zusätzliche Kosten zu ersparen, auch wenn er gegenüber der Öffentlichkeit die Argumentation der Frauenvereine anführte, so im Juni 1929 in der Haushaltsdebatte des Bürgerausschusses: «*Wer sind die Frauen, die im Heim unterkommen? Zum Teil Frauen, die sich nirgends unterordnen können, die mal auf 14 Tage ver-*

schwinden und dann 4 Wochen wieder untergebracht sein wollen. Für die anständigen Frauen und Mädchen, die das Heim zu benützen gezwungen sind, ist das Zusammenleben mit solchen Elementen eine Qual. Das Frauenheim muß aufgehoben werden und seine bisherigen Aufgaben der freiwilligen Charitas überwiesen werden.»

Aufruf!

An alle Freunde und Gönner!

Eine große, brennende Aufgabe — die wir nicht gesucht — wurde vor unsere Füße gelegt. Diese will aber nicht bloß beschaut sein, sondern sie verlangt energisches Angreifen und sie will gelöst sein.

Diese Aufgabe ist: Errichtung eines Frauen- und Mädchenheimes — und Einrichtung der Schwesternstation.

Nun sinnen wir nach Wegen hierfür, die erforderlichen Mittel zusammenzubringen. Wir wissen, daß manche unserer Freunde schon bis zur Grenze des Möglichen unser Werk unterstützen und mittragen helfen. Aber es gibt gewiß noch viele, die trotz der allgemeinen, wirtschaftlichen Notlage noch etwas übrig haben für ein dringendes und notwendiges Liebeswerk.

Wir denken uns die Sache so, daß man uns eine freiwillige Gabe gebe — oder uns ein Darlehen von Mk. 10.— an unverzinslich zur Verfügung stelle — und zwar unkündbar für mindestens zwei Jahre. Das einzige Opfer, das wir erwarten, wäre der Verzicht auf Zinsen. Auf diese Weise kämen wir am leichtesten und schnellsten zum Ziele.

Nun liebe Freunde

Auf zur Tat!

Gott der Herr, der reichlich Zinsen gibt, wird allen diesen Dienst der Liebe an unserm Werk der Stadtmission vergelten.

Mit herzlichem Dank im voraus

Namens der Ev. Stadtmission:

Isler, Insp.

NB. Spenden und Darlehen können direkt auf unserm Büro, Adelhauserstraße 27, abgegeben — oder an die Dresdner Bank, Kaiserstraße 166 und Bankhaus Trautwein, Friedrichstraße 24 einbezahlt — oder auf unser Postscheckkonto 37050 Karlsruhe überwiesen werden, jeweils mit dem Vermerk: Spende oder Darlehen der Ev. Stadtmission.

Spendenaufruf der Evangelischen Stadtmission für das Frauenasyl, November 1929

Sowohl die *Evangelische Stadtmission*, als auch der *Katholische Fürsorgeverein für Mädchen, Frauen und Kinder* hatten sich bereiterklärt, ihre Einrichtungen um ein Fürsorgehaus für obdachlose Frauen zu erweitern. Doch setzten beide Träger voraus, daß sich die Stadt mit einem Zuschuß an den Kosten beteiligen würde.* Im evangelischen Stadtmissionsheim in der Adelhauserstraße und im *Augustinusheim für gefallene Mädchen* sollte jeweils ein Frauenasyl eröffnet werden. Der *Katholische Fürsorgeverein* orientierte sich an Häusern, wie sie in Karlsruhe und Mannheim bereits bestanden. Im Gegensatz zu dem geschlossenen Heim für ledige Mütter und Fürsorgezöglinge sollte es eher den Charakter einer offenen Anlaufstelle haben. Allerdings sollten die Frauen auch hier möglichst eng an das Haus gebunden werden. «*Die Erfahrung lehrt uns, daß die Sorge für die Obdachlosen am wohltuendsten und segenvollsten von Menschen durchgeführt wird, die sich nicht damit begnügen, den obdachlos Gewordenen eine Herberge zu gewähren, die vielmehr seiner ganzen Not zu steuern suchen und sich bemühen, den von solch hartem Geschick Betroffenen gesund dem Leben zurückzugeben.*»[18]

Die Frauen mußten vor ihrer Aufnahme baden und wurden von einer Schwester untersucht. Wenn eine ihr «*gesundheitlich nicht ganz einwandfrei*» zu sein schien, kam sie zunächst auf die Beobachtungstation, um nötigenfalls medizinisch versorgt zu werden. Die Bewohnerinnen sollten regelmäßig zu den Mahlzeiten erscheinen, den Schlafsaal putzen und auch andere Hausarbeiten erledigen. Und die Schwestern versuchten, sie über die hauseigene Stellenvermittlung in Arbeit zu bringen.

---

* Anfang 1930, nachdem beide kirchlichen Frauenasyle eröffnet worden waren, sollte es noch ein peinliches Nachspiel geben, das sich an der Frage einer städtischen Unterstützung entzündete. Obwohl von Oberbürgermeister Bender im Vorfeld zugesagt, weigerte sich die Stadtverwaltung nun, einen Zuschuß zu geben. Stattdessen überließ man den konfessionellen Heimen das Inventar der Mattenstraße – Betten, «*die in einer ganz unglaublichen Weise verwanzt*» waren, und Wäsche, die nur noch aus Flicken bestand. Schließlich willigte die Stadt ein, beiden Trägern einen einmaligen Betrag von je 2500 RM zu zahlen. Die Kosten, die ursprünglich für die Erweiterung des städtischen Asyls in der Lederkaserne veranschlagt worden waren, hatten bei 6000 RM gelegen.

Im August 1929 meldete Fürsorgedirektor Kopp, daß das Asyl in der Lederkaserne nunmehr geschlossen werden konnte. Zwar waren die neuen Heime noch nicht eröffnet, doch war das Fürsorgeamt dazu übergegangen, obdachsuchende Frauen an das *Evangelische Stift* und das *Marienhaus* zu verweisen, wo sie vorrübergehend Aufnahme fanden. Einzelne, die dort nicht unterkämen, könnten sich Zimmer suchen und die «*wenigen* ganz *unbotmäßigen Frauen (meist geistig schwache Menschen)*» würden in die *Kreispflegeanstalt* im Stühlinger eingewiesen. Ende des Jahres nahmen die Obdachlosenheime der kirchlichen Frauenvereine ihre Arbeit auf.

FAMILIENFÜRSORGE UND EUGENIK

«daß ich unfruchtbar gemacht werden soll»

Der 15. Januar 1935 war nationaler Feiertag. Auch in Freiburg wurde die Volksabstimmung im Saarland, bei der die Mehrheit für den Anschluß an das nationalsozialistische Reich votiert hatte, mit einem Festakt begangen.

Bereits am Mittag war die Stadt beflaggt. Nachdem von allen Kirchen langes Glockengeläut das Wahlergebnis verkündet hatte, übertrugen Lautsprecher in der ganzen Stadt die Rede Adolf Hitlers. Abends versammelten sich Tausende von Freiburger Bürgerinnen und Bürgern auf dem Münsterplatz, um einer Zeremonie beizuwohnen, die ganz den Ritualen der Zeit entsprach.

«Wer zählte die Menschenmassen, die sich gestern in spontaner, heiliger Begeisterung auf dem Münsterplatz zusammengefunden hatten? Keine zwanzig Menschen mehr hätten Platz gehabt. Kopf an Kopf stand die Menge bis weit in den Münsterplatz hinein, als unter den Klängen des Präsentiermarsches vor dem Rappen die sieghafte Fahne der Bewegung am Mast in die Höhe gezogen wurde. […] Sieghaft brausten das Deutschland- und das Horst-Wessel-Lied aus zehntausenden Herzen hinaus in die kalte Winternacht, hinauf zu der im Lichte der Scheinwerfer aufglühenden Pyramide des Münsters, das in den letzten Monaten so manches Mal schon Zeuge begeisterter Stunden gewesen war», huldigte die nationalsozialistische Tageszeitung *Der Alemanne* am Tag darauf der Veranstaltung.[1]

Allerdings war die *«spontane, heilige Begeisterung»* der Bevölkerung organisiert und in geordnete Bahnen gelenkt worden. Schon der Aufmarsch zum Münsterplatz vollzog sich in Reih und Glied, nach einer Marschordnung, die von vergleichbaren Anlässen her längst geläufig war: Voran die Blocks der SA- und SS-Männer, gefolgt vom *Kraftfahrkorps* der NSDAP, das die Ehrengäste geleitete, dahinter zu Fuß die Parteigenossen und -genossinnen, die *Hitlerjugend* und schließlich die verschiedenen Berufsgruppen der *Deutschen Arbeitsfront.* Eine jede Abteilung nach Geschlecht und Rang sortiert, zogen sie in geschlossener Formation auf den Münsterplatz.

In der dichtgedrängten Menschenmenge stand auch die neunzehnjährige Dienstmagd Maria Ringwald.* Seit einigen Tagen war sie zu Besuch bei ihrer Schwester, die in Kirchzarten verheiratet war. Zusammen waren sie nach Freiburg geradelt, um den Aufmarsch und die Feier mitzuerleben. Aufgeregt war Maria, angesteckt von der hitzigen Feierlichkeit, die sich auf dem Platz zusammenbraute. Und immer dichter drückten sich die Menschen um sie herum zusammen. Ganz plötzlich wurde ihr übel und noch bevor sie aus der Menge herauskommen konnte, verlor sie das Bewußtsein.

Als Maria Ringwald wieder zu sich kam, lag sie auf einer Krankentrage, und ein Sanitäter erklärte ihr ohne Umschweife, daß sie einen krampfartigen Anfall gehabt hätte und man sie mit dem Krankenauto in die Universitätsklinik bringen müsse. Da sich Maria Ringwald bei ihrem Sturz nicht verletzt hatte und eigentlich schon bei der Ankunft in der Klinik wieder bei Kräften war, entließ man sie bereits am nächsten Morgen wieder. Einen Arzt hatte sie nur bei der Aufnahme gesehen. Er hatte ihr ein paar Fragen gestellt und sich besonders dafür interessiert, daß sie als junges Mädchen schon ähnliche Anfälle gehabt hatte.

Kurze Zeit später erhielt Maria Ringwald ein Schreiben des Freiburger Gesundheitsamtes, das sie aufforderte, vor dem Bezirksarzt zu einer amtsärztlichen Untersuchung zu erscheinen. Ohne die Gründe zu kennen, kam sie der Vorladung des Gesundheitsamtes nach.

---

* Name und Ort geändert.

1. Mai-Feier auf dem Münsterplatz, wahrscheinlich 1935

Ein Herr, der sich als Dr. Haßmann, Medizinalrat, vorstellte, erklärte ihr dort in knappen Worten, daß Meldung eingegangen sei über ihren Anfall während einer öffentlichen Veranstaltung, der Anlaß zu weiteren Untersuchungen gebe. Und er begann, sie in barschem Ton auszufragen: Wie groß, schwer, alt sie sei – ob sie Geschwister habe und wieviele – welche Krankheiten sie gehabt habe – wie oft und seit wann diese Anfälle auftraten – ob Angehörige dasselbe Leiden hätten – ob sie in der Schule gut vorangekommen wäre?

Je länger die Befragung dauerte, desto zaghafter antwortete Maria. Wo sie in den letzten Jahren in Stellung gewesen sei und warum sie gewechselt habe, wollte er wissen. Ob sie verlobt sei, bereits geschlechtlichen Umgang gehabt habe? Über all das machte er auf einem bereitgelegten Bogen ausführliche Notizen.

Und plötzlich sprach er davon, daß sie wohl keine Kinder werde bekommen können – erklärte, daß ihre Ohnmachtsanfälle als eine Erbkrankheit, als erbliche Fallsucht anzusehen wären – daß sie sich daher einer Operation unterziehen müsse, bei der sie unfruchtbar gemacht würde. Ein ungefährlicher Eingriff sei das, zu dem alle Erbkranken jetzt gesetzlich verpflichtet wären. Dann legte er ein Formular vor sie hin: Besser sie unterschreibe jetzt gleich bei ihm, ansonsten müsse die Polizei in dieser Sache bei ihr vorsprechen! Maria Ringwald unterschrieb.

Wie folgenschwer diese Unterschrift für ihr Leben sein sollte, darüber hatte der Medizinalrat nichts gesagt. Mit ihr hatte Maria Ringwald beim «Erbgesundheitsgericht Freiburg» beantragt, «*auf eigenen Wunsch*» sterilisiert zu werden. Schon nach wenigen Wochen erhielt sie die gerichtliche Anordnung. Ohne daß sie selbst oder eine ihrer Angehörigen in der Verhandlung gehört worden waren, hatte das Gericht entschieden, daß sie sich nach dem *Gesetz zur Verhütung erbkranken Nachwuchses* der Sterilisierung zu unterziehen habe. Zwar legte ihre Mutter gegen das Urteil Beschwerde ein, doch blieb diese ohne Erfolg. Am 15. April 1935, genau 3 Monate nach ihrer Ohnmacht auf dem Münsterplatz, wurde Maria Ringwald in der Universitätsfrauenklinik in Freiburg sterilisiert.[2]

Maria Ringwald war eine von 266 Frauen und 284 Männern, die das Erbgesundheitsgericht Freiburg allein 1935 zu diesem Zwangseingriff verurteilte.[3] Für Frauen waren die Universitätsfrauenklinik, das Diakonissenhaus und die Hegarklinik berechtigt, die Sterilisationen durchzuführen, für Männer die Chirurgische Klinik der Universität.

Was Maria Ringwald widerfuhr, legitimierte das *Gesetz zur Verhütung erbkranken Nachwuchses*, das Anfang 1934 in Deutschland rechtsgültig geworden war. Mit diesem Gesetz hatte der nationalsozialistische Staat einer Forderung entsprochen, die in den vergangenen Jahrzehnten besonders von Medizinern, aber auch von Sozial- und Rechtswissenschaftlern immer wieder erhoben worden war. Der Staat konnte nun gegen den Willen der Betroffenen die Unfruchtbarmachung von Menschen erzwingen, die nach damaligem medizinischem Dafürhalten als sogenannte «*Erbkranke*» eingestuft worden waren.

Das Sterilisationsgesetz ließ den Betroffen so gut wie keine Möglichkeit, sich gegenüber dem Gericht zu verteidigen. Für diese Verfahren wurden eigene Kammern eingerichtet, die dem jeweiligen Amtsgericht unterstellt waren. Ein Amtsrichter, ein staatlicher Amtsarzt und ein weiterer ärztlicher Beisitzer entschieden auf der Grundlage von Akten, die zumeist derselbe Amtsarzt zusammengestellt hatte. Das Gericht konnte weitgehend unbehelligt vom Recht auf Verteidigung entscheiden, denn in der Regel wurden weder die Betroffenen noch deren gesetzliche Vertreter in den Verfahren angehört. Das Urteil war rechtskräftig, wenn nicht innerhalb von vier Wochen Einspruch dagegen eingelegt worden war. 1935 wurde diese Frist sogar auf zwei Wochen verkürzt.

Am Sterilisationsverfahren gegen Maria Ringwald wird deutlich, wie schnell die Gerichte arbeiteten. Noch nicht einmal drei Monate verstrichen zwischen der Anzeige des Gesundheitsamtes und ihrer Zwangssterilisierung. In ihrem Fall war es besonders aussichtslos, das Urteil anzufechten, denn formal hatte sie selbst, mit der ihr abgenötigten Unterschrift, den Antrag beim Erbgesundheitsgericht gestellt. Doch auch wenn das Gericht gegen den ausdrücklichen Willen der Betroffenen entschied, wurde das erstinstanzliche Urteil nur sehr selten revidiert.

Mit einer Tabelle, in der die abgeschlossenen Verfahren aufgelistet waren, legte das Erbgesundheitsgericht Freiburg vierteljährlich dem badischen Innenministerium Rechenschaft über seine Arbeit ab. Von Anfang 1934 bis Ende 1937 hatte es 1909 Frauen und Männer daraufhin begutachtet, ob ihnen die Möglichkeit genommen werden sollte, Kinder zu bekommen. Nur in 109 Fällen entschied das Gericht gegen den Antrag des Gesundheitsamtes, 1800mal wurde die Zwangssterilisierung angeordnet. Lediglich 181 der betroffenen Männer und 107 der Frauen legten gegen das Urteil Beschwerde ein. Doch nur 21 Mal, bei 15 Männern und 7 Frauen, wurde ihr stattgegeben.

Die Massensterilisationen in den Vorkriegsjahren des nationalsozialistischen Deutschland setzten voraus, daß entsprechende Anzeigen beim Amtsarzt eingingen, wie beispielsweise durch den Arzt der Freiburger Universitätsklinik, der Maria Ringwalds Krankengeschichte weitergegeben hatte. Er handelte dabei ganz im Sinne des *Gesetzes zur Verhütung erbkranken Nachwuchses*, das

Ärzte und Ärztinnen verpflichtete, «*unverzüglich Anzeige zu erstatten*», wenn sie eine «*Erbkrankheit*» oder «*schweren Alkoholismus*» diagnostizierten. Doch Ärzte, die eine einschlägige Schrift als «*heroische biologische Soldaten*»[4] bezeichnete, waren nicht die einzigen Zuträger des rassehygienischen Fahndungsapparates. Auch Leiter von geschlossenen Pflege- oder Strafanstalten, auch Sozialbeamte, Familienfürsorgerinnen, Angestellte der freien Wohlfahrtsorganisationen, selbst Lehrerinnen und Lehrer waren aufgerufen, sich in den Dienst der «*Aufartung des Volkskörpers*» zu stellen und ihren Beitrag an der «*bevölkerungshygienischen Durchforstung*» zu leisten.

Im März 1934 legte Amtsgerichtsrat Hochreuther, der Vorsitzende des Freiburger Erbgesundheitsgerichts, dem badischen Innenminister Rechenschaft über die geleistete Arbeit ab. Obwohl schon drei Monate nach dem Inkrafttreten des Gesetzes in Freiburg 127 Verfahren anhängig waren, kritisierte er, daß die meisten Anzeigen aus den geschlossenen Anstalten eingegangen wären. Die Amtsärzte dagegen hätten bislang «*außerordentlich wenig Anträge*» gestellt. «*Dabei wäre gerade die Behandlung dieser Fälle weit dringlicher als die der Anstaltsinsassen, bei denen nach Art und Schwere des Leidens eine Fortpflanzung oft wenig wahrscheinlich ist, während die nicht unter Aufsicht befindlichen geistig oder moralisch Schwachsinnigen leichten und mittleren Grades ruhig für zahlreichen Nachwuchs besorgt sein könnten. Die rasche und intensive Erfassung dieser Kategorie sollte unbedingt erstrebt und die dazu nötigen Mittel aufgebracht werden, was sich sicher rentieren würde.*»[5]

Auf Verlangen des französischen Militärgouvernements wurde nach dem Krieg eine Übersicht erstellt, aus der hervorgeht, mit welchen Begründungen das Erbgesundheitsgericht Freiburg gegen die Betroffenen entschieden hatte. Fast die Hälfte aller Frauen und Männer, die im Landkreis Freiburg sterilisiert worden waren, fielen unter eben jene «*Kategorie*», deren «*rasche und intensive Erfassung*» Amtsgerichtsrat Hofreuther gefordert hatte: Bei 1024 von 2201 Menschen war als Begründung «*angeborener Schwachsinn*» angegeben worden.

«Die pflichtvergessene Mutter hat vor ihrer Verehelichung 1935 sich jahrelang arbeitslos herumgetrieben, konnte aber wegen Unterhaltsverletzung oder Arbeitsverweigerung nicht bestraft werden, weil ihr in der Zeit der großen Arbeitslosigkeit nicht nachgewiesen werden konnte, daß sie bewußt jeder Arbeit aus dem Wege ging. [...] Es kann auch jetzt nicht strafend gegen sie eingeschritten werden, weil sie arbeitet und nicht den Lohn bezieht, daß sie gesetzlich zu Unterhaltsleistungen angehalten werden kann. Bei der Veranlagung der Nehrlinger ist damit zu rechnen, daß sie sich weiter in gewissenloser Weise mit Männern abgibt und die aus diesen Beziehungen hervorgehenden Kinder nach wie vor der Fürsorge überlassen wird. Ich frage deshalb an, ob vorliegenden Falls nicht Unfruchtbarmachung eingeleitet werden kann.»*[6]

Mit diesem Schreiben veranlaßte der Fürsorgedirektor der Stadt Lörrach im Juni 1940, daß gegen Elisabeth Nehrlinger ein Zwangssterilisierungsverfahren angestrengt wurde. Tatsächlich beantragte kurze Zeit später der Lörracher Amtsarzt beim Erbgesundheitsgericht Freiburg die Unfruchtbarmachung wegen «*angeborenen Schwachsinns (Moraldefect)*». Diese Diagnose begründete er allein mit der Lebensführung der betroffenen Frau. Elisabeth Nehrlinger war geschieden und Mutter von fünf unehelichen und einem ehelichen Kind. Wie der Fürsorgedirektor, so lastete ihr auch der Amtsarzt an, daß sie als ungelernte Fabrikarbeiterin ihre Kinder nicht alleine versorgen konnte: Drei Kinder seien auf öffentliche Kosten in Heimen untergebracht, eines lebe bei dem geschiedenen Ehemann, zwei würden von den Großeltern versorgt, führte er in seinem Gutachten aus. Auch er betonte, daß Elisabeth Nehrlinger diese Situation selbst verschuldet habe. Ihre «*jahrelange Arbeitslosigkeit, immer wiederkehrenden Schwangerschaften*» und ihr aktenkundiges «*Vagabundieren*» begutachtete er als Symptome eines «*haltlosen Charakters*», der auf die «*Veranlagung*» der Frau zurückzuführen wäre. Nachforschungen über die Familie Nehrlinger hätten ergeben, daß zwei von Elisabeths Geschwistern vorbestraft waren, ein Bruder hätte die Hilfsschule besucht. «*Es muß da-*

* Name geändert.

her minderwertige Erbmasse in der elterlichen Sippe angenommen werden», folgerte er.

Auch wenn es letztlich dem Medizinalbeamten zustand, Elisabeth Nehrlinger als «*Erbkranke*» zu definieren, hatte es die Fürsorgebehörde übernommen, das notwendige Beweismaterial für seine Diagnose zusammenzutragen. Auf einem «*Sippebogen*» hatte eine Fürsorgerin persönliche Daten ihrer Eltern und Geschwister festgehalten, die zum Nachweis einer «*erblichen Belastung*» dienen sollten. Lehrerinnen und Lehrer waren über ihre Kinder befragt worden. Aktenstück um Aktenstück wurde so ihre «*Krankhaftigkeit*» festgeschrieben, die allein auf der Tatsache fußte, daß sie der städtischen Fürsorge seit Jahren Kosten verursacht hatte.

Elisabeth Nehrlinger kann stellvertretend für Hunderte von Frauen und Männern stehen, die das Erbgesundheitsgericht Freiburg wegen angeblich «*angeborenen Schwachsinns*» zur Zwangssterilisierung verurteilte. In vielen Fällen hatte die Fürsorgebehörde das Verfahren veranlaßt. Alleinstehende, die über lange Zeit Fürsorgehilfe bezogen hatten, oder Familien, die in der Kartei als «*asoziale Großfamilien*» geführt wurden, liefen jetzt Gefahr, als «*Erbkranke*» angezeigt zu werden, besonders dann, wenn ihre Situation als selbstverschuldet beurteilt wurde. Frauen unterstellte man dabei häufig «*unsittlichen Lebenswandel*», der als zentrales Indiz für ihre «*Krankhaftigkeit*» angesehen wurde. In dieser Hinsicht auffällig waren ledige Mütter, Frauen, bei denen eine Geschlechtskrankheit aktenkundig war, oder solche, die als Gelegenheitsprostituierte aufgegriffen worden waren.[7]

Daß abweichendes, gemeinhin als «*asozial*» bezeichnetes Verhalten mit Hilfe der medizinischen Wissenschaft pathologisiert wurde, ist kein Phänomen des Nationalsozialismus. Auf dem Sozialdarwinismus des 19. Jahrhunderts, der die imperialistischen Ansprüche der Kolonialmächte nach außen legitimierte, fußten auch jene Maximen, aus denen die Medizin Kategorien für eine Wertprüfung der eigenen Bevölkerung entwickelte. Es war eine zentrale Forderung der «*Rassenhygiene*», daß in der Reproduktion die persönlichen Interessen der Einzelnen hinter denen des Staates zurückzutreten hätten. Bevölkerungspolitische Maßnahmen, die auf eine Steigerung der Geburtenziffer zielten, waren schon im ausgehenden 19. Jahrhundert immer verknüpft mit eugenischen Forderungen. Mit dem Gebärgebot für die sogenannten «*Erbgesunden*» ging ein Fortpflanzungsverbot gegen sogenannte «*minderwertige Erbträger*» einher. Schon vor dem ersten Weltkrieg diskutierte die Wissenschaft bevölkerungspolitische Möglichkeiten der «*Auslese*» und «*Ausmerze*», die nicht allein in Deutschland in entsprechende Gesetzesentwürfe mündeten. «*Die Freigabe der Vernichtung lebensunwerten Lebens*» – unter diesem Titel veröffentlichten 1920 der Freiburger Psychiater Alfred Hoche und der Rechtswissenschaftler Karl Binding eine Streitschrift, die nicht nur ein Sterilisierungsgesetz, sondern auch die Tötung schwerbehinderter Menschen erörterte.

In der Weimarer Republik rückten eugenische Forderungen schließlich mehr und mehr in den Blick der modernen Sozialfür-

Vortragsreihe im Januar 1922

sorge. Wenn der vorsitzende Richter des Freiburger Erbgesundheitsgerichts 1934 die Kosten einer systematischen «*Erfassung der geistig und moralisch Schwachsinnigen*» als bevölkerungspolitische Investition betrachtete, bediente er sich eines längst geläufigen Arguments. Schon vor 1933 wurden Behinderte als «*leere Menschenhülsen*», Langzeitarbeitslose, deren Familie von Fürsorgeunterstützung leben mußte, als «*Ballastmenschen*» bezeichnet. In der ausgehenden Weimarer Republik war die Ausgrenzung derjenigen, die öffentlicher Hilfe «*unwert*» erklärt wurden, zu einer fürsorgepolitischen Maxime geworden, der nur wenige öffentlich widersprachen.[8]

IST ALLGEMEIN ALS SEHR ARBEITSSCHEU BEKANNT

Anfang 1929 erörterte der Freiburger Stadtrat, ob man dem Beispiel der Stadt Karlsruhe folgen sollte, wo Familien ab der Geburt des siebenten Kindes eine städtische «*Ehrenprämie*» in Form eines einmaligen Geldgeschenkes erhielten. In dieser Debatte wurden Bedenken laut, daß eine solche Maßnahme gerade jenen zugute kommen könnte, deren Kinderreichtum aus der Sicht der Fürsorge alles andere als erwünscht war. «*Es liegt keineswegs im Interesse eines geistig und körperlich gesunden Nachwuchses* allgemein *eine so hohe Kindererzeugung zu fördern. In überzeugender Weise begründet dies unsere Feststellung, daß unter den 37 Fällen, welche im Jahr zurückgerechnet hier in Betracht kommen würden, 19 Trinker sich befinden*», äußerte sich zum Beispiel Wunderle, der Leiter des städtischen Jugendamtes.[9] In der Akte, die diese politische Auseinandersetzung dokumentiert, ist obenauf eine kurze Zeitungsnotiz abgelegt, in der berichtet wird, daß der Schweizer Kanton Waadt im März 1928 ein Gesetz erlassen hatte, nach dem es möglich wurde, Geisteskranke auf amtliche Verfügung zu sterilisieren. Diesen Zeitungsausschnitt hatte Bürgermeister Riedel mit dem Betreff «*Gewährung von Ehrenprämien für kinderreiche Familien*» abgezeichnet. Nichts könnte eindrücklicher belegen, daß eine eigentlich geburtenfördernde Maßnahme von Anfang an auch in umgekehrter Richtung gedacht wurde.

Als die Ehrenprämie im April 1929 eingeführt wurde, machte der Stadtrat dem Jugendamt zur Auflage, in jedem einzelnen Fall zu überprüfen, ob die Familie dieser Anerkennung auch «*würdig*» sei. Es ging um 50 RM, einen allenfalls symbolischen Betrag, der die wirtschaftlichen Probleme einer Familie wohl kaum erleichtern konnte. Doch Amtsleiter Wunderle versicherte dem Oberbürgermeister, daß von seiner Seite alles getan werde, «*die Gewährung einer Beihilfe an die Asozialen und dergleichen*» auszuschließen.

Es war die Aufgabe der Familienfürsorgerinnen, die in Frage kommenden Familien zu besuchen und ihre Verhältnisse zu überprüfen. Anfänglich folgten ihre Gutachten nur dem Grundsatz, die Bedürftigkeit festzustellen. «*Haussmann* ist Zimmermann […] mit 60 M Wochenlohn, sein Sohn Alfons ist ebenfalls hier beschäftigt mit durchschnittlich 14 M Wochenlohn, wovon er aber das Schulgeld mit 17 M pro Quartal bezahlen muß. Rosa ist Verkäuferin […] mit 67 M monatlich. Dieses Geld bleibt immer stehen, weil sich die Familie dafür mit Waren (Wäsche und sonst. Stoffe) deckt. Hilde hilft der Mutter im Haus, 2 Kinder besuchen die Schule, die andern 4 sind noch kleiner. Vom Fürsorgeamt erhält die Familie seit Mai 1928 keinerlei Unterstützung.*» lautete beispielsweise das nüchterne Protokoll einer Fürsorgerin vom Juli 1929.[10]

Schon wenige Monate später aber gingen die Fürsorgerinnen dazu über, sich auch zur Lebensführung der Eltern zu äußern. Dies geschah auf Veranlassung des Amtsleiters, der jetzt alle Gutachten auf seinen Schreibtisch verlangte. Zunächst allerdings fielen diese Leumundszeugnisse durchweg positiv aus. «*Fischer* ist Notstandsarbeiter, ein achtbarer und fleißiger Mann. Die Frau obwohl vollständig taub, eine ordentliche Hausfrau und rechte Mutter. Die Familie lebt in den ärmlichsten Verhältnissen, besonders seit häufiger Erwerbslosigkeit des nicht mehr jungen Mannes*», schrieb eine Fürsorgerin im März 1930.

---

* Name geändert.

Im Mai 1930 empfahl Jugendamtsleiter Wunderle dem Stadtrat zum ersten Mal, einer Familie die «*Ehrengabe*» zu verweigern. Er konnte sich auf das Gutachten der Fürsorgerin berufen, die festgehalten hatte: «*Ketterer* hat lange Jahre im Militärdienst gearbeitet, hatte dann eine gute Portiersstelle, wo er sich nur kurze Zeit halten konnte; auch eine Stelle als Diener in einem Studentenhaus mußte er wegen Unordentlichkeit aufgeben; seit 1923 wohnt die Familie in den Baracken. Ketterer ist allgemein als sehr arbeitsscheu bekannt. Er versucht immer wieder auf alle mögliche Art Kriegsbeschädigten- und Hinterbliebenenrente zu bekommen und wird fast ununterbrochen vom Fürsorgeamt unterstützt. Die Eheleute sind als arbeitsscheue Menschen nicht der städtischen Beihilfe würdig. Die monatlichen Aufwendungen des Fürsorgeamtes für die Familie übersteigen bei weitem die einmalige städtische Beihilfe.*» Innerhalb eines knappen Jahres hatte sich der Ton deutlich geändert. Die Notsituation der Familie kehrte sich nun gegen sie und wurde dem «*arbeitsscheuen*» Charakter und «*unordentlichen*» Lebenswandel der Eltern angelastet. Die Fürsorgerin äußerte hier eine Sichtweise, die sich auf dem Höhepunkt der Weltwirtschaftskrise gegenüber den Erwerbslosen mehr und mehr durchsetzte. Je größer die Not der Zeit, je knapper die Mittel der städtischen Fürsorge waren, desto mehr fahndete sie nach dem persönlichen Verschulden der Betroffenen, vor allem dann, wenn diese seit langer Zeit auf Unterstützung angewiesen waren. Immer noch aber stand lediglich die Lebensführung der Eltern zur Beurteilung.

In einem Gutachten vom Mai 1932 ist schließlich der Kinderreichtum selbst in den Blickwinkel gerückt. «*Unseres Erachtens erfolgt aber die Kindervermehrung seitens des Schwehrers* ohne die Verantwortung zu spüren, für Verpflegung und Erziehung aufzukommen. Es scheint daher auch kein Anlaß vorzuliegen, dieselbe durch eine städtische Beihilfe besonders zu würdigen.*» Noch drei Jahre zuvor, bei der Geburt des achten Kindes im Mai 1929, hatte diese Familie die Geldprämie ohne Anstände erhalten. In einer anderen Stellungnahme war zur gleichen Zeit von Eltern die Rede, die «*verantwortungslos Kinder in die Welt setzen*». Bemerkenswerterweise kritisier-

* Name geändert.

te der Freiburger Fürsorgedirektor Kopp diese Anmaßung, mit der über «*werten*» und «*unwerten*» Kinderreichtum geurteilt wurde. «*Uns ist nicht bekannt, ob die Gewährung einer Kinderbeihilfe an die Erfüllung von Bedingungen in Bezug auf Würdigkeit geknüpft ist. Jedenfalls muß unseres Erachtens die Prüfung des Verantwortungsgefühls des Vaters bei der Zeugung für die Behörden ausscheiden*», gab er im Februar 1932 zu bedenken. Doch sollte sein Einwand wirkungslos bleiben. «*Es liegt ein typischer Fall vor, in dem ein Mann verantwortungslos Kinder erzeugt, die eine Schädigung der Gesellschaft bedeuten, ohne daß diese sich davor schützen kann*», hieß es schließlich in einem Gutachten vom November 1932, das nicht länger allein die Eltern beurteilte. Hier waren es zum ersten Mal auch die Kinder selbst, die als «*eine Schädigung der Gesellschaft*» bezeichnet wurden.

Ein Jahr später, Anfang 1934, stand der Fürsorgebehörde das *Gesetz zur Verhütung erbkranken Nachwuchses* zur Verfügung. Auch wenn die einschlägigen Akten des Freiburger Fürsorgeamtes nicht mehr vorhanden sind, kann davon ausgegangen werden, daß nun gegen viele der Familien, die schon vor 1934 einer amtlichen Begutachtung unterzogen worden waren, eine erbbiologische Untersuchung beantragt wurde. Die Fürsorgerinnen dürften es wohl kaum versäumt haben, die Tatsache, daß in einer Familie der Vater als «*Trinker*» oder die Mutter als «*vollständig taub*» geführt wurde, daß eines der Kinder als «*minderbegabt*» galt, ihrem Dienstvorstand zu melden.

«*Über die Familie Hermann Friedrich Becker* ist folgendes zu sagen: Die Kinder sind während der Ehe der jetzigen Frau Becker mit dem schwachsinnigen Walter Rieder* geboren, doch wird bezweifelt, ob Rieder der Vater aller Kinder ist. Frau Becker galt als moralisch minderwertig. Sie hat in früheren Jahren junge Burschen eingezogen und mit Bekker, den sie später geheiratet hat, die Ehe gebrochen.*

Der Vater der Kinder wurde [...] entmündigt und 1934 unfruchtbar gemacht. [...] Nachteiliges ist inzwischen nicht über sie [Frau Becker] bekannt geworden. Die Wohnung wird sauber gehalten und die Kinder ordentlich versorgt. [...] Da Riedel erheblich schwachsinnig ist, sollte auf

* Name geändert.

alle Fälle ein Gutachten des Staatl. Gesundheitsamtes eingeholt werden über den Gesundheits- und Geisteszustand ihrer Kinder», protokollierte im September 1941 eine Freiburger Fürsorgerin ihren Hausbesuch bei einer Familie, die städtische Beihilfe für Kinderreiche beantragt hatte.[11]

Was sie zu beurteilen hatten, mußte den Fürsorgerinnen nicht unmenschlich erscheinen. Sie konnten die zwangsweise Sterilisierung als folgerichtige Konsequenz jener Grundsätze betrachten, die sie sich in ihrer Arbeit längst zu eigen gemacht hatten. Wie heute die pränatale Begutachtung des Fötus auf seine etwaige Erbgesundheit zur selbstverständlichen Prozedur einer Schwangerschaft wird, so konnten sie die erbbiologische Überprüfung einer von ihnen betreuten Familie als vernünftige fürsorgerische Maßnahme ansehen.

Volkswohlfahrt – Die Gleichschaltung des städtischen Fürsorgewesens

Nach der Machtübernahme erfuhr das Fürsorgewesen in Freiburg eine weitergehende Neuordnung, als das in anderen Bereichen der städtischen Verwaltung der Fall war. Ob die Fürsorgerinnen die Gleichschaltung als deutlichen Einschnitt in ihrer Arbeit erlebten, muß offen bleiben, denn selbst indirekte Stellungnahmen hierzu waren in den Quellen nicht zu finden.* Während die meisten Amtsleiter der Stadtverwaltung auch unter dem nationalsozialistischen Oberbürgermeister ihre Stellung behielten, schickte man Fürsorgedirektor Kopp im April 1933 in den vorzeitigen Ruhestand und ersetzte ihn durch einen Parteigenossen. Dr. Walter Müller-Guiscard, der neue kommissarische Direktor des Fürsorgeamtes, war gleichzeitig Kreisleiter der NS-Volkswohlfahrt, der nationalsozialistischen Wohlfahrtsorganisation.

Im Mai 1933 wurden alle parlamentarischen Ausschüsse aufgelöst, die bislang die städtische Fürsorgepolitik wesentlich mitgetragen hatten. Der Fürsorgebeauftrage des Stadtrats, August Hofheinz, wurde seines Amtes ebenso enthoben wie die ehrenamtlichen Fürsorgerinnen und Fürsorger, die bisher in den einzelnen Stadtbezirken für die Unterstützungsbedürftigen zuständig gewesen waren.

Es läßt sich heute nur schwer nachvollziehen, was diese Entmachtung, die nach 1945 nicht mehr rückgängig gemacht wurde, bedeutete. Man entledigte sich hier eines Prinzips, auf das seit mehr als hundert Jahren das städtische Fürsorgewesen aufgebaut war. Auch wenn sich nach der Jahrhundertwende die Kompetenz der Fürsorgebehörde beständig erweitert hatte, so hatte noch 1933 die freiwillige soziale Arbeit eine so große Bedeutung, daß die ehrenamtlichen Kräfte in ihren Befugnissen den professionellen Fürsorgerinnen und Fürsorgern gleichgestellt waren. In keinem Bereich der städtischen Verwaltung hatten die Bürger und Bürgerinnen ein so weitgehendes und direktes Mitspracherecht. In der Tuberkulosenfürsorge zum Beispiel arbeitete 1925 eine besoldete Fürsorgerin mit acht ehrenamtlichen «*Fürsorgedamen*» aus den örtlichen Frauenvereinen zusammen. Bis 1933 waren es nicht städtische Beamte, sondern die gewählten Armenpfleger und Armenpflegerinnen, die in ihrem Stadtbezirk Unterstützungsgesuche überprüften und im Namen der Fürsorgebedürftigen Hilfen beantragten.

---

* Zwar äußerten sich die Fürsorgerinnen nach dem Krieg, anläßlich ihrer Entnazifizierungsverfahren, zu den Verhältnissen im Jugendamt. Doch bleiben ihre Aussagen so allgemein, daß nicht nachzuvollziehen ist, inwieweit sie seinerzeit die Maßgaben des neuen Fürsorgedirektors begrüßten oder sich dagegen wehrten. Der größte Teil der Akten des Wohlfahrtsamtes verbrannte beim Angriff im November 1944, so daß nur sehr wenige Einzelgutachten von Fürsorgerinnen, aus denen sich wenigstens indirekt ihre Haltung herauslesen ließe, überliefert sind. In den Akten des städtischen Personalamtes findet sich ein Beispiel für solch indirekte Kritik gegenüber einer Anweisung des nationalsozialistischen Oberbürgermeisters. Als 1935 auch an die freie Wirtschaft der Appell erging, Frauen zu entlassen, damit arbeitslose Männer an ihre Stelle treten konnten, ordnete Kerber an, eine Liste von Frauen im städtischen Dienst zusammenzustellen, die zur Entlassung vorgeschlagen werden könnten. Der Leiter des Personalamtes schönte die Zahlen, so daß an die hundert weibliche Bedienstete in seiner Liste erst gar nicht auftauchten. Und die einzige Frau, bei der er dem Oberbürgermeister die Entlassung anheimstellte, «*falls eine geeignete [männliche Kraft] zur Verfügung*» stünde, war die Harfenistin des städtischen Orchesters (StaAFr, DNZ (Entnazifizierungsakten); StAFr, D.Pe. 41.3: Austausch von Arbeitskräften).

Das Fürsorgewesen war außerdem der Bereich, in dem Frauen lange vor ihrer politischen Gleichstellung das Recht auf ein öffentliches Amt zugestanden worden war. Schon 1904 nahmen Vertreterinnen der Frauenvereine an den Sitzungen des Armenrates teil und arbeiteten als Armenvorsteherinnen neben ihren männlichen Kollegen in der freiwilligen Familienfürsorge.[12]

Die Aufgaben der ehrenamtlichen Kräfte wurden 1933 ausschließlich Männern übertragen. Die neuen «*Fürsorger*» waren Erwerbslose, deren Stellen über das staatliche Arbeitsbeschaffungsprogramm bezahlt wurden, laut Müller-Guiscard «*meistens alte SA- und SS-Leute und gute Garanten für treue und gewissenhafte Pflichterfüllung*».[13] «*Im alten System war die Verabfolgung von Unterstützungen die wesentliche Aufgabe der Fürsorge, während heute die Arbeitsbeschaffung und die schärfere Kontrolle der Hilfsbedürftigen zu den wichtigsten Aufgaben des Wohlfahrtsamtes gehören*», umriß Müller-Guiscard 1934 die neuen Grundsätze der städtischen Fürsorge.[14] Abgesehen von den Arbeitsbeschaffungsprogrammen, mit denen die Nationalsozialisten die Politik der ausgehenden Weimarer Republik fortsetzten, Erwerbslose einer Arbeitspflicht zu unterwerfen, wurde die Gewährung von Fürsorgeunterstützung auch vom politischen und sozialen Wohlverhalten abhängig gemacht.

«*Auf Anordnung des Herrn Kommissars dürfen Familien, die uns als Kommunisten bekannt sind, von heute ab bis auf Weiteres nicht mehr unterstützt werden [...]. Die Karteien sind für den Herrn Kommissar aus den Kästen zu nehmen und bereit zu halten*», lautete eine Dienstanweisung vom Juni 1933.*[15] Der Fürsorgedirektor verfügte außerdem, mißliebige Personen in einen sogenannten «*besonderen Arbeitsdienst*» einzuweisen. Im September 1933 ordnete er an, alle Frauen und Männer, die «*wegen selbstverschuldeter Geschlechtskrankheit*» auf Kosten des Fürsorgeamtes behandelt worden wa-

* Diese Anordung richtete sich besonders gegen Familien, deren Angehörige politisch verfolgt wurden. Da die Selbsthilfeorganisationen der Arbeiterbewegung verboten worden waren, mußte die Unterstützung von Familien, in denen der Vater im KZ oder geflohen war, im Untergrund organisiert werden. Die illegale *Rote Hilfe* wurde vor allem von Genossinnen getragen – ein Widerstand, der heute so gut wie vergessen ist (VVN/BdA Freiburg 1989, S. 119ff.).

ren, in ein sogenanntes «*Arbeitserziehungslager*» einzuweisen. Männer kamen nach Kiechlingsgrund, einem Zwangsarbeitslager in der Nähe von Freiburg-Günterstal, Frauen wurden in der *Mädchenanstalt* Bretten bei Karlsruhe gedrillt.[16]

Als die Gleichschaltung des Fürsorgeamtes Ende 1933 vollzogen war, teilte Müller-Guiscard dem Oberbürgermeister mit, daß nun die Umgestaltung des Jugendamtes in Angriff genommen und «*sowohl vom bevölkerungspolitischen als auch vom rassehygienischen Standpunkt aus*» angegangen werden müßte.[17] Im Januar 1934 löste er das bis dahin eigenständige Jugendamt auf und vereinigte es mit dem Fürsorgeamt zum neuen *Wohlfahrtsamt*. Zwar konnten die Familienfürsorgerinnen nicht einfach entlassen werden, da sie zumeist seit Jahren in städtischen Diensten standen, doch verlegte sich der Fürsorgekommissar darauf, ihnen ehrenamtliche Helferinnen der *NS-Frauenschaft* zur Seite zu stellen. Auf längere Sicht beabsichtigte Müller-Guiscard, die städtische Kinder- und Jugendfürsorge ganz aufzulösen. Die Behörde sollte vollständig in die Hände der sogenannten «*privaten Fürsorge*» übergehen. Damit war nichts anderes als die *NS-Volkswohlfahrt* gemeint, deren Geschäfte Müller-Guiscard gleichzeitig führte.*

Als im Juli 1934 in der Kreiszentrale der *NS-Volkswohlfahrt* in der Albertstraße das *Haus für Mutter und Kind* eröffnet wurde, war der erste Schritt in diese Richtung getan. Kurz vor der Einweihung schrieb *Der Alemanne* über die Einrichtung: «*Binnen kurzem wird in unserer Stadt [...] eine Zentrale für Mütterfürsorge geschaffen, die sich sehen lassen kann. Von der Erkenntnis ausgehend, daß die gesunde Mutter eine Hauptvoraussetzung für den Aufbau eines gesunden Volkes ist, daß aber auch die Frau meistens infolge ihrer natürlichen Hemmungen bei Behörden usw. die Benachteiligte ist, übernimmt hier die N.S.-Volks-*

* Es kann hier nicht ausführlich auf die Gleichschaltung der freien Fürsorgeverbände eingegangen werden, die Müller-Guiscard nicht weniger zielstrebig in Angriff nahm. Ende 1933 waren die städtischen Zuschüsse für die bürgerlichen und kirchlichen Wohlfahrtsvereine, deren Auflösung auf längere Sicht beabsichtigt war, fast ohne Ausnahme zugunsten der *NS-Volkswohlfahrt* gestrichen worden. Die *NS-Volkswohlfahrt* übernahm auch die Leitung des *Winterhilfswerks*, unter dessen Dach die Arbeit der privaten Fürsorgevereine zusammengeschlossen und kontrolliert wurde.

wohlfahrt die Führung. [...] Der Frau wird eine Beschützerin zur Seite gestellt, die alles unternimmt, um der Frau zu helfen. [...] Sie besorgt die Gewährung von Milchzulage, von Bädern, sie hilft der Frau im Haushalt, sie schafft alle möglichen Voraussetzungen einer gefahrlosen Geburt und ersten Erziehung. [...] Wenn eine solche Frau sich meldet und erholungsbedürftig ist, dann kommt sie ohne weiteres für das Müttererholungsheim in Frage. [...] Auch die Männer werden erfaßt. Sie werden es sich gefallen lassen müssen, belehrt zu werden, welche Rücksichten sie gegenüber der schwangeren Frau nehmen müssen. Die Frage der Kinderbetreuung wird geregelt, der Arzt wird zur Verfügung stehen, ohne langes Warten und Anstehen. Kurz und gut, es wird in Freiburg eine Einrichtung geschaffen, für die die Mutter nicht eine Nummer ist, sondern die Trägerin deutscher Zukunft.»[18]

Was *Der Alemanne* hier als Errungenschaft der nationalsozialistischen Mütterfürsorge feierte, war in Wirklichkeit das Resultat einer zwangsweisen Vereinigung verschiedener Einrichtungen der Säuglings- und Mütterfürsorge, die seit Anfang des 20. Jahrhunderts in Freiburg nach und nach entstanden waren und weit über die Region hinaus als vorbildlich galten: In der Universitätskinderklinik gab es seit 1918 eine offene Sprechstunde für Mütter. Hier wurden Säuglinge und Kleinkinder in regelmäßigen Abständen kostenlos untersucht, und hier bekamen die Mütter das Stillgeld, eine städtische Hilfe, die es den Frauen ermöglichen sollte, die Säuglinge ausreichend lang zu stillen. Die Hebammen waren bislang dafür zuständig gewesen, für bedürftige Mütter einen Antrag auf Wochenhilfe zu stellen. Erholungsheime für Mütter wurden seit Jahrzehnten von verschiedenen Frauenvereinen betrieben, und die Stadt Freiburg hatte in der Weimarer Republik ein eigenes Kurheim für Mutter und Kind im Friedrichshof bei Günterstal eingerichtet. Das Jugendamt bot kostenlose Säuglingspflegekurse für junge Frauen an. Waren diese Hilfen bisher bewußt auf verschiedene Träger verteilt gewesen, um möglichst viele Frauen zu erreichen, so kontrollierten ab 1934 all diese Leistungen Frauen der *NS-Volkswohlfahrt* und des *Mütterdienstwerkes*, einer Unterorganisation der *NS-Frauenschaft*. Die offene Sprechstunde wurde jetzt im *Haus für Mutter und Kind* unter Leitung der *NS-Ärzteschaft* abge-

Werbung der NSV im Freiburger Adreßbuch von 1938

halten. Zwei Familienfürsorgerinnen stellte das Jugendamt der *NS-Volkswohlfahrt* für die Mütterschule zur Verfügung. Jetzt entschieden Parteigenossinnen, ob eine Mutter als *«Trägerin deutscher Zukunft»* anzusehen war, oder ob ihr aus *«rassischen»* Gründen jegliche Unterstützung verweigert werden sollte. Obwohl das *Haus für Mutter und Kind* als Einrichtung der NSDAP gefeiert wurde, mußte, nach einem Erlaß des badischen Innenministeriums, der Hauptteil der Kosten vom städtischen Fürsorgehaushalt übernommen werden.[19]

Im Dezember 1934, kurz vor der Eröffnung des *Hauses für Mutter und Kind*, teilte Fürsorgekommissar Müller-Guiscard Oberbürgermeister Kerber mit, daß er die Diensträume der Fürsorgerinnen im Jugendamt aufgelöst hätte. *«Um schon jetzt ein enges Zusammenarbeiten zwischen der öffentlichen Familienfürsorge und der N.S.-Volkswohlfahrt zu erreichen»*, hätten die Fürsorgerinnen ab sofort einen Raum in den einzelnen Stadtteilbüros der *NS-Volkswohlfahrt* bezogen.[20]

Zwar veränderten sich die Aufgaben der Familienfürsorgerinnen durch diesen Umzug nicht. Doch wenn sie jetzt die häuslichen Verhältnisse von Familien überprüften, die ein Pflegekind versorgten oder eine Beihilfe für die Wochen- und Stillzeit der Mutter beantragt hatten, wenn sie Mütter in Erziehungsfragen berieten oder entschieden, daß Eltern das Sorgerecht entzogen werden sollte, dann handelten sie nicht mehr allein im Auftrag des städtischen Jugendamtes, sondern auch im Namen der *NS-Volkswohlfahrt*. Das ersparte es dem NS-Wohlfahrtsverband, eigene Fachkräfte einzustellen, da nicht nur der Lohn, sondern auch die Miete für die Diensträume weiter vom Wohlfahrtsamt bezahlt wurde. Wo die Fürsorgerinnen bisher mit den ehrenamtlichen Mitarbeiterinnen der verschiedenen Frauenvereine zusammengearbeitet hatten, da unterstanden sie jetzt dem jeweiligen *Ortsgruppenführer* und der *Ortswalterin* der Partei. Es spricht für sich, daß 1934 alle Familienfürsorgerinnen in die *NS-Frauenschaft* eintraten. Denn dieser war ein Mitspracherecht bei Neueinstellungen und Beförderungen eingeräumt worden. Die Mitgliedschaft verpflichtete die Fürsorgerinnen, regelmäßig an den Schulungen der *NS-Frau-*

enschaft teilzunehmen und ihre Gemeinschaftsabende zu besuchen.[21]

Briefkopf der NSV 1933

Nachdem man ihm die Veruntreuung von städtischen Geldern nachgewiesen hatte, wurde Fürsorgekommissar Müller-Guiscard im Sommer 1935 seiner Posten enthoben.* Obwohl nach seiner Amtszeit die Personalunion zwischen dem Wohlfahrtsamt und der *NS-Volkswohlfahrt* auseinanderfiel, wurde die Einordnung der städtischen Familienfürsorge in die *NS-Volkswohlfahrt* nicht rückgängig gemacht. Erst der Krieg sollte die alten Verhältnisse wiederherstellen: Als die Fürsorgerinnen in erster Linie die Unterstützungsanträge von Soldatenfamilien zu bearbeiten hatten, versetzte man sie zurück in die Diensträume des Wohlfahrtsamtes in der ehemaligen Karlskaserne am Siegesdenkmal.

---

* Genaueres über die Gründe, die zur Entlassung Müller-Guiscards führten, ist nur der *Basler Arbeiterzeitung* zu entnehmen. «*Man erinnert sich vielleicht noch jenes famosen Dr. Müller-Guiscard, der vor etlicher Zeit plötzlich verschwinden mußte, weil allerhand merkwürdige Dinge in der Kasse des Fürsorgeamtes passiert waren. Er blieb und blieb verschwunden. […] es kam zu keinem Prozeß, weil unser Ortsgewaltiger, Pg. Oberbürgermeister Dr. Kerber, seine schützende Hand über ihn hielt. Sein Gehalt im Betrage von monatlich 650 Reichsmark wurde ihm unverändert weitergezahlt*», schrieb ein Freiburger Gewährsmann im September 1937, der außerdem zu berichten wußte, daß Müller-Guiscard «*nun als stiller Arbeiter im statistischen Amt […] eine im ganzen ungefährliche Tätigkeit*» verrichtete. Die kommissarische Leitung des Wohlfahrtsamtes übernahmen im Mai 1935 die Amtmänner Böhm und Karle. Kreisleiter der NS-Volkswohlfahrt wurde Hermann Becker (Basler Arbeiterzeitung, 6.9.1937: StAFr, C4 XVII 19.15: Schwesternschaft der NS-Frauenschaft).

Anfang 1934 wies Müller-Guiscard alle Angestellten des Wohlfahrtsamtes an, im Sinne des *Gesetzes zur Verhütung erbkranken Nachwuchses* mit dem Gesundheitsamt zusammenzuarbeiten. Im Juni 1934 konnte er Oberbürgermeister Kerber mitteilen, daß von seinem Amt alle «*in der öffentlichen Fürsorge stehenden Personen, in deren Familien Erbkrankheiten bekannt geworden sind, dem Stadtarzt namhaft gemacht*» worden waren. Auch das Gesundheitsamt habe alle «*Fälle aufgegriffen*», die in den letzten 10 Jahren durch eine stadtärztliche Untersuchung auffällig geworden seien. «*Der Kreis der von dem Wohlfahrtsamt und dem Gesundheitsamt erfaßten Erbkranken ist aber nicht erschöpfend, da diejenigen Personen, die weder mit dem Wohlfahrtsamt noch mit dem Gesundheitsamt in Berührung kommen, diesen Stellen unbekannt bleiben. Es ist deshalb die Aufgabe der NS-Volkswohlfahrt, […] bekannt werdende Fälle von Erbkrankheiten zu melden*»[22], gab er zu Bedenken. In einem Rundschreiben forderte er deshalb die Funktionsträger der NSDAP bis hinunter zum Blockwart auf, ihren Beitrag für eine restlose «*Erfassung erbranker Familien*» zu leisten. Einmal mehr war die Volksgemeinschaft aufgerufen, sich durch Schnüffelei und Denunziation als Rassegemeinschaft auszuzeichnen. Es braucht nicht viel, um sich vorzustellen, was dies zum Beispiel für eine Familie bedeutete, die ein behindertes Kind versorgte.

Auch Frauen und Männer, die bislang amtlich nicht aktenkundig waren, konnten ohne weiteres einer erbbiologischen Prüfung ausgesetzt werden. So mußte sich jedes junge Ehepaar einer amtsärztlichen Untersuchung unterziehen, wenn es ein Ehestandsdarlehen in Anspruch nehmen wollte.* Für diese staatliche Vergünstigung hatten die Paare nicht nur ein Leumundszeugnis der Partei beizubringen und ihre «*rein arische*» Abstammung nachzuweisen.

* Die Ehestandsdarlehen waren im Sommer 1933, im Rahmen des *Gesetzes zur Verminderung der Arbeitslosigkeit* eingeführt worden. Mit dieser Maßnahme sollten junge Ehefrauen dazu bewegt werden, ihren Beruf aufzugeben. Für dieses zinsgünstige Darlehen mußte sich die Ehefrau verpflichten, bis zu dessen Tilgung keine Erwerbstätigkeit auszuüben.

Das Darlehen wurde auch davon abhängig gemacht, ob beide frei waren von «*vererblichen geistigen oder körperlichen Gebrechen, die eine Eheschließung als nicht im Interesse der Volksgemeinschaft liegend erscheinen lassen.*»[23]

Stadtarzt Dr. Pflüger führte 1934 im Jahresbericht des Freiburger Gesundheitsamtes 1003 Frauen und Männer auf, die aus diesem Grund im vergangenen Jahr auf ihre gesundheitliche Tauglichkeit geprüft worden waren. Wegen «*körperlicher Mängel*» hatte das Gesundheitsamt 5% der Gesuche negativ beschieden. Auch alle Arbeitslosen, die auf ihre Arbeitsfähigkeit gemustert wurden, bevor das Wohlfahrtsamt sie zu *Notstandsarbeiten* abkommandierte, alle Jugendlichen, die sich zum *Freiwilligen Arbeitsdienst* gemeldet hatten, waren 1933 durch Dr. Pflüger und die Schulärztin Dr. Helene Forschner untersucht worden. Diese weitgreifende «*gesundheitliche Durchmusterung*» der Freiburger Bevölkerung sollte nach Ansicht von Dr. Pflüger langfristig für die «*Erbgesundheitspolitik*» verwertet werden. Da auch die Aufzeichnungen aus den jährlichen Reihenuntersuchungen in Schulen und Kindergärten dem Gesundheitsamt zur Verfügung standen, schlug er vor, mit Hilfe all dieser Daten ein «*Erbkataster*» anzulegen, «*das Material über wertvolle und minderwertige Erbstämme sammelt und dadurch sich zu orientieren in der Lage ist, in welchen Familien fortlaufende minderwertige Erbanlagen erzeugt werden*» oder – wie er in einem Nachsatz deutlicher formulierte – «*welche minderwertigen Familien seit Generationen den Gemeinden zur Last fallen*».[24]

Auch wenn Dr. Pflüger als städtischer Beamter nicht selbst die Zwangssterilisierung beantragen konnte – dies lag ausschließlich in der Kompetenz des staatlichen Bezirksarztes – so übernahm seine Behörde die «*Sammlung und Vorprüfung der in Frage kommenden Fälle.*»[25] Ohne Zweifel gehörte er, der das *Gesetz zur Verhütung erbkranken Nachwuchses* als «*Markstein in der Bevölkerungshygiene*» bezeichnete, zu den enthusiastischen Befürwortern der nationalsozialistischen «*Erbgesundheitspolitik*». Wenn er betonte, daß nun «*auf bevölkerungspolitischem Gebiet viele Wünsche, die seit Jahren im Kreis der Fürsorgeärzte als notwendige Maßnahmen empfohlen werden*» erfüllt werden könnten, dann sprach er nicht als Mann der Partei, sondern als Medizinalbeamter, der schon in der Weimarer Republik für eine eugenische Gesundheitsfürsorge eingetreten war. Allerdings war die Neuordnung des Gesundheitswesens, obwohl in seinem Sinne, seinem persönlichen Fortkommen nicht dienlich. Als im Jahr 1935 das städtische Gesundheitsamt in der Milchstraße aufgelöst wurde und seine Aufgaben an das nun staatliche Gesundheitsamt übergingen, wurde nicht er, sondern der staatliche Medizinalrat Dr. Haßmann zum Leiter bestellt.*

«*Die neuen Gesundheitsämter gehören in erster Linie zu den Vollstreckern des staatspolitischen Willens des Führers, der in der Gesundung des deutschen Volkes sein höchstes Ziel erblickt. Es gilt hier, den ehernen Gesetzen der Natur wieder Geltung zu verschaffen, eine Aufgabe, mit deren Lösung Aufstieg, Macht und kultureller Fortschritt im Gesetz der Verbundenheit mit Blut und Boden verknüpft [ist]*», zitierte die *Freiburger Zeitung* aus der Antrittsrede von Dr. Haßmann.[26] Die Opfer, die für die «*rassische Reinigung*» zu bringen waren, wurden dem Volk keineswegs verschwiegen. Als *Der Alemanne* im September 1934 über die Arbeit des Erbgesundheitsgerichtes berichtete, begrüßte man, daß «*Baden mit der Durchführung dieser Maßnahme an der Spitze aller Länder*» stünde.[27]

---

* Als zum Beispiel 1928 Vertreterinnen der Frauenbewegung beantragten, in Freiburg eine Eheberatungsstelle einzurichten, warnte Dr. Pflüger davor, eine «*Sexualberatungsstelle*» nach dem Vorbild anderer Städte zu eröffnen, die in der Hauptsache für «*Maßnahmen zur Geburtenverhinderung*» aufgesucht werde. Aber er setzte sich für eine eugenische Beratungsstelle ein, mit der wirksamer als bisher das «*Gesundheitsgewissen des breiten Publikums*» geschärft werden könne. Ein Merkblatt auf dem Standesamt forderte Brautleute auf, sich vor der Ehe ärztlich auf ihre «*Tauglichkeit*» prüfen zu lassen. Das Gesundheitsamt bot entsprechende Beratungen an.
Bis 1936 blieb Dr. Pflüger in untergeordneter Stellung im Gesundheitsamt und wechselte dann in die Heil- und Pflegeanstalt Emmendingen, wo er als Oberarzt bis 1946 blieb. Dort wurde er schließlich Zeuge des letzten «*Marksteines in der Bevölkerungshygiene*», als im Sommer 1944 Hunderte von Patientinnen und Patienten aus der Emmendinger Anstalt abgeholt und in der Gaskammer der Vernichtungsanstalt Grafeneck ermordet wurden. 1947 berief man Dr. Pflüger zum Leiter des Gesundheitsamtes in Emmendingen (StAFr, C4 XVII 13.8: Eheberatung; D.Ge.4.10: Eheberatungsstelle. StaAFr, Staatsanwaltschaft Freiburg, Zugang 1982/74, P7, 1 Js 233/48).

Es läßt sich nur schwer ermessen, was dieser Zwangseingriff für die Betroffenen bedeutete. Von seiten des Staates wurden sie als «*Minderwertige*» behandelt, die von allen Vergünstigungen ausgeschlossen wurden. Schließlich sprach man ihnen 1935 auch noch das Recht ab, ihren Ehepartner frei zu wählen, denn nun durften sie nur noch Menschen heiraten, die ebenfalls als «*Erbkranke*» galten. Jedes Aufgebot wurde dem Gesundheitsamt zugeleitet, das überprüfte, ob keine «*Ehehinderungsgründe*» vorlagen. Außerdem mußten nach dem *Ehegesundheitsgesetz* alle Brautleute beim Aufgebotsgespräch vor dem Standesbeamten beeiden, daß sie nicht unfruchtbar gemacht worden waren und an keiner «*Erbkrankheit*» litten.[28]

Im November 1939 heiratete Maria Ringwald den Schreiner Wilhelm Franz.* Die beiden hatten sich im September 1939 verlobt, kurz bevor Wilhelm an die Westfront mußte. Als Wilhelm Heiratsurlaub bekam, hielten sie in Freiburg Kriegstrauung.[29] Damit der Bräutigam nicht ein zweites Mal Fronturlaub beantragen mußte, waren solche Eheschließungen vereinfacht worden. Das Aufgebotsgespräch wurde kurz vor der Trauung geführt und das Gesundheitsamt überprüfte erst nachträglich die Unterlagen des Standesamtes.

Zwei Wochen nach der Hochzeit erhielt Maria Franz eine Vorladung der Freiburger Gestapo. Das Gesundheitsamt hatte bei der Staatsanwaltschaft beantragt, die Kriegstrauung der Eheleute Franz für nichtig zu erklären, weil Maria Franz im April 1935 «*wegen erblicher Fallsucht unfruchtbar gemacht*» worden war. Der Amtsarzt brachte außerdem die eidliche Falschaussage zur Anzeige.

Bei der Vernehmung gab Maria Franz zu, daß sie dem Standesbeamten die Sterilisierung verschwiegen hatte, und daß auch ihr Mann vor der Ehe «*über diese Sache genau Bescheid*» gewußt habe. Eine folgenschwere Aussage, denn das Gericht konnte eine Ehe nur dann annullieren, wenn beiden Partnern nachgewiesen wurde, daß sie wissentlich gegen das Gesetz verstoßen hatten.

---

* Name geändert.

Im Unterschied zu Maria aber erklärte Wilhelm Franz, daß er nichts davon gewußt habe, daß seine Frau unfruchtbar gemacht worden war. Er war an der Front von einem Gerichtsoffzier vernommen worden, der seine Aussage zu Protokoll genommen hatte: *«Ich kenne meine Frau seit etwas über 3 Jahren. Seit etwa 2 Jahren hatten wir bereits miteinander Geschlechtsverkehr ausgeübt, wobei meine Frau und ich jeweils darauf achteten, ob die Periode wieder eingetreten ist, da wir, solange wir noch nicht verheiratet waren, noch kein Kind wollten. Meine Frau hatte in dieser Hinsicht besonders immer dann Angst, wenn die Periode verspätet eintrat, was ab und zu vorkam. Jedenfalls hatte ich nie den Eindruck, daß meine Frau mir etwas vorgemacht hat.*

Im Sommer des Jahres 1939 beschlossen wir im Herbst 1939 zu heiraten. Durch den Kriegsausbruch war das nicht möglich, sodaß wir uns zunächst im September verlobten. Einige Wochen darauf, als ich wieder einmal Urlaub hatte, sagte mir meine Frau, sie werde voraussichtlich keine Kinder bekommen können. Als Grund gab sie mir an, sie sei einmal in ihrer Stelle als Hausgehilfin umgefallen, sie sei dann operiert worden, und der Arzt habe ihr gesagt, voraussichtlich würde sie keine Kinder bekommen können.

Nach den Angaben meiner Frau hatte ich bisher angenommen, daß sich die durch die Operation eingetretenen Folgen in einigen Jahren wieder beheben würden. [...]

Daß meine Frau tatsächlich unfruchtbar gemacht wurde, wußte ich nicht. Ich habe dies jetzt erst durch die Vernehmung erfahren. Ich bin auch der festen Überzeugung, daß meine Frau ursprünglich auch der Meinung war, daß die Folgen der Operation später wieder weggingen. Vielleicht hat sie den Arzt nicht richtig verstanden, als er ihr die Sache schonend beibringen wollte.

[...] ich wollte, weil wir uns gern hatten die Ehe schließen, wenn auch zunächst keine Kinder zu erwarten waren. Denn meine Frau hatte mir gesagt, und ich bin der festen Überzeugung, daß sie wenigstens das auch glaubte, daß es nicht ausgeschlossen ist, daß sie doch Kinder bekommen könne.»

Vielleicht hatte Wilhelm Franz einen Rat bekommen, wie er sich und Maria entlasten konnte. Doch sollte seine Schilderung nicht einfach als erfunden abgetan werden. Als Maria einige Wochen später vom Staatsanwalt ein zweites Mal verhört wurde, bestätigte sie seine Aussage und beschrieb auf eindringliche Weise, wie sie das Erbgesundheitsverfahren damals erlebt hatte: «*[...] Bald darauf wurde ich zum Amtsarzt Dr. Haßmann vorgeladen, welcher mich ausfragte und zum Schluß sagte, ich sei erblich belastet, ich müsse operiert werden und könne dann keine Kinder mehr bekommen. Ich mußte dann auch etwas unterschreiben. Ich weiß aber nicht mehr genau, was es war. Insbesondere weiß ich nicht mehr, daß ich durch meine Unterschrift selbst die Unfruchtbarmachung wegen erblicher Fallsucht beantragt habe. Es ist mir so vielerlei gesagt worden, und auch mit der Polizei gedroht worden, daß ich ganz verängstigt war. Ich schrieb an meine Mutter über den Vorgang und diese erhob schriftlich Einspruch beim Erbgesundheitsgericht. Im Verfahren vor dem Erbgesundheitsgericht wurde ich nicht persönlich vorgeladen. An unseren Hausarzt wandte ich mich in dieser ganzen Zeit nicht, auch nicht, als ich die Vorladung in die Frauenklinik zur Unfruchtbarmachung erhielt. Der Arzt, welcher die Operation durchführte, sagte mir, ich werde jetzt wohl keine Kinder bekommen, weil ich aber noch jung sei, sei es doch nicht ausgeschlossen, daß ich einmal ein Kind bekomme. [...]*

In meiner ersten Kindheit hatte ich nie Anfälle von Bewußtlosigkeit. Zum ersten Mal wurde ich während der Fortbildungsschule im Kochunterricht ohnmächtig. Daran war ein Reisbrei schuld gewesen. Später war ich zwei Jahre lang in Kirchzarten in Stellung. Während dieser Zeit wurde ich wieder zwei Mal ohnmächtig. [...] Seit dem Anfall auf dem Münsterplatz hatte ich nur noch einmal eine Ohnmacht. [...] Unser Hausarzt meinte, es seien nur Wachstumsstörungen gewesen. In unserer ganzen Familie habe doch niemand ein derartiges Leiden.

[...] Davon, daß ich wegen der Unfruchtbarmachung nicht heiraten dürfe, war mir von keiner amtlichen Stelle etwas gesagt worden. [...] Bei der Stellung des Aufgebotsantrags auf dem Standesamt wurden uns zahlreiche Fragen zur Beantwortung unter eidesstattlicher Versicherung der Richtigkeit vorgelesen, und wir mußten auch unterschreiben. [...] An das Wort Unfruchtbarmachung kann ich mich in diesem Zusammenhang nicht erinnern. Die einzelnen Fragen wurden nicht näher erläutert, sondern nur ziemlich rasch abgelesen. Ich war auch durch die Andro-

hung von Bestrafung bei unrichtigen Angaben etwas aufgeregt. Ich habe von diesen Fragen immer nur das Wort ‹Erbkrankheit› in Erinnerung. Da ich mich nicht für erbkrank hielt, habe ich tatsächlich mit meiner Unterschrift wissentlich nichts Unrichtiges versichert.»

Der Richter verstand ihre Aussage nicht nur als Ausflucht, sondern veranlaßte ein erneutes ärztliches Gutachten über Maria Franz. Tatsächlich kamen die Ärzte der psychiatrischen Universitätsklinik Freiburg jetzt zu dem Ergebnis, daß in ihrem Fall «*erbliche Fallsucht*» nicht mit Sicherheit zu diagnostizieren sei. Ein Gutachten, das für Maria Franz fünf Jahre zu spät kam.

Im November 1941, zwei Jahre nach ihrer Hochzeit, stellte das Freiburger Amtsgericht das Verfahren auf Annullierung der Ehe ein. Maria Franz wurde wegen falscher eidesstattlicher Versicherung zu drei Monaten Gefängnis verurteilt. Ihr Rechtsanwalt beantragte mit Erfolg, die Strafe zur Bewährung auszusetzen. In seiner Begründung schrieb er: «*Auch der Herr Staatsanwalt, der die Sache bearbeitet hat, sieht in der ganzen Angelegenheit eine gewisse tragische Verwicklung.*»

EIN ZWISCHENFALL AUF DEM FREIBURGER JUGENDAMT

Im Juli 1944 beauftragte die Oberfürsorgerin des Freiburger Jugendamtes die Praktikantin Klara Blum*, den Transport eines behinderten Kindes in die Heil- und Pflegeanstalt Kaufbeuren vorzubereiten. Klara Blum war eine von vier Schülerinnen der katholischen *Sozialen Frauenschule*, die zu dieser Zeit ihr praktisches Jahr im städtischen Jugendamt machten. Sie erledigte auch die notwendigen Formalitäten für die Einweisung des Kindes. Doch ging sie noch am selben Tag zu ihrer Vorgesetzten und bat darum, jemand anderen dafür zu bestimmen, das Kind auf der Fahrt zu begleiten. Sie gab der Oberfürsorgerin zu verstehen, ihr sei bekannt, «*daß in Kaufbeuren Dinge passieren, die mit [ihrer] Überzeugung im schroffsten Gegensatz stünden*».[1] Die Oberfürsorgerin ging auf diesen deutlichen Hinweis jedoch nicht ein und drohte Klara Blum, ihre Weigerung dem Dienstvorstand zu melden. Einige Tage später ließ sie alle vier Praktikantinnen der katholischen *Sozialen Frauenschule* auf ihr Zimmer rufen und stellte jede vor die Alternative, den Transport des Kindes durchzuführen oder aber die Konsequenzen einer Dienstpflichtverletzung auf sich zu nehmen. «*Daraufhin haben wir geschlossen abgelehnt, da wir in der Zwischenzeit erfahren hatten, daß in Kaufbeuren die Patienten beseitigt würden. Wir haben immer wieder darum gebeten, den Transport nicht tun zu müssen, um einem dienstlichen Auftrag zu entgehen*» berichtete eine der Schülerinnen nach dem Krieg. Eine andere erklärte, es sei ein «*offenes Geheimnis*» gewesen, daß Kaufbeuren eine Vernichtungsanstalt war. Bevor sie sich entschlossen, die Anordnung der Oberfürsorgerin zurückzuweisen, hatten sich die Schülerinnen bei einem Mitarbeiter des Caritasver-

* Name geändert.

bandes erkundigt, ob dem Kind in Kaufbeuren etwas geschehen könnte. Er hatte ihnen ihre Befürchtung bestätigt.

Bis zum Ende des Krieges wurden in der bayrischen Heil- und Pflegeanstalt Kaufbeuren Kinder unter ärztlicher Anleitung umgebracht. In Kaufbeuren-Irrsee befand sich eine der sogenannten «*Kinderfachabteilungen*», in denen weiter gemordet wurde, auch noch nachdem die sogenannte *Aktion T4*, die systematische Vernichtung behinderter und geisteskranker Menschen, vorerst eingestellt worden war.

Über 70000 Menschen aus staatlichen und privaten Pflegeanstalten starben 1940 und 1941 in den Gaskammern der Vernichtungsanstalten, unter anderen Grafeneck im Schwäbischen Jura, Hadamar bei Limburg, Hartheim bei Linz und Pirna in Sachsen. Es war in Deutschland sehr wohl bekannt, was den Insassen aus Psychiatrischen Anstalten und Krüppelheimen angetan worden war. So wußten viele Freiburgerinnen und Freiburger, daß die Menschen umgekommen waren, die man 1940 und 1941 aus der Heil- und Pflegeanstalt Emmendingen und der Kreispflegeanstalt im Stühlinger* abgeholt hatte. Sie erfuhren es von den Angehörigen der Ermordeten oder von einem Friedhofsgärtner, der über die große Zahl von Urnen aus Grafeneck erzählte. Noch heute sind in Emmendingen die «*Grauen Wagen*», mit denen die Menschen in die Gaskammer von Grafeneck transportiert wurden, ein Begriff.

Nach dem Krieg berichtete eine Schwester der Kreispflegeanstalt im Stühlinger, daß Patienten während ihres Ausgangs in der Stadt zu hören bekamen, daß auch sie bald abgeholt und verbrannt werden würden. Sie schilderte außerdem, wie verzweifelt sich die Betroffenen wehrten, im vollen Wissen, was ihnen bevorstand, als im Oktober 1940 der zweite Trans-

---

* Die Freiburger Kreispflegeanstalt befand sich im Stühlinger, an der Escholz- und Engelbergerstraße. Sie war 1877 gegründet worden als Anstalt für pflegebedürftige, verarmte Menschen aus der Stadt und dem Landkreis.

port aus der Kreispflegeanstalt nach Grafeneck ging: «*Über die Grauenhaftigkeit dieser Szene brauche ich nur zu sagen, daß sich die einzelnen Patienten in ihrer Verzweiflung an mich klammerten, so daß sie mir förmlich vom Leibe weggerissen werden mußten, wobei auch meine Kleider zerrissen. Eine ältere Patientin klammerte sich in ihrer Todesangst schreiend an die Dachsparren auf dem Speicher und mußte von fünf Leuten runtergeholt und in den Wagen gebracht werden.*»[2]

Ein öffentlicher Protest gegen die sogenannte «*Vernichtung lebensunwerten Lebens*» blieb in Deutschland lange aus, bis schließlich der Bischof von Münster, August Graf von Galen, im Sommer 1941 dagegen predigte. Kurz danach kam die Anordnung, die *Aktion T4* einzustellen. Von einem Ende der Massenvernichtung kann jedoch nicht die Rede sein. Zu dieser Zeit hatte bereits der Aufbau der Vernichtungslager in den besetzten Gebieten Polens und der Sowjetunion begonnen. Die Männer und Frauen dieser «*Sonderkommandos*» rekrutierten sich zu einem wesentlichen Teil aus dem Personal der *Aktion T4*.

Auch der Mord an Behinderten und Geisteskranken im nationalsozialistischen Deutschland wurde in Wirklichkeit nie beendet. Bis zum Ende des Krieges gab es in mindestens 21 Anstalten sogenannte «*Kinderfachabteilungen*», in denen vor allem behinderte Kinder, aber auch Erwachsene zu Tode gebracht wurden. Sie wurden vergiftet, zum Beispiel mit Luminal, das künstlich eine Lungenentzündung herbeiführt. In einigen dieser «*Sonderanstalten*» starben die Kinder aufgrund einer systematischen Unterernährung.[3]

So war im Juni 1944 auch der Oberfürsorgerin des Freiburger Jugendamtes sehr wohl bewußt, was hinter der Weigerung der vier Praktikantinnen stand. Doch obwohl die Schülerinnen ausdrücklich darum baten, von dieser Aufgabe entbunden zu werden, sah sie keinen Anlaß, auf ihre Befürchtungen näher einzugehen oder wenigstens ihre Haltung zu respektieren. Sie betrachtete ihr Verhalten als Disziplinlosigkeit, wenn nicht gar als gezielte Sabotage. Gegenüber dem Amtsleiter beharrte sie so sehr auf einer Meldung, daß er sich schließlich genötigt sah, Oberbürgermeister Kerber zu informieren. Dieser ordnete nicht nur die sofortige Entlassung der vier Schülerinnen an, sondern zeigte sie außerdem wegen *«Dienstpflichtverweigerung»* bei der Gestapo an. Der zuständige Gestapobeamte brachte die Angelegenheit jedoch nicht zur Strafanzeige, sondern beließ es bei einer Verwarnung. Vielleicht war dies seinen persönlichen Bemühungen zu verdanken, die Angelegenheit herunterzuspielen. Aber auch in vergleichbaren Fällen, bei offenherzigen Äußerungen zur sogenannten *«Euthanasie»*, hielt sich die Gestapo mit Verfolgungsmaßnahmen zurück, weil ein Gerede in der Bevölkerung tunlichst vermieden werden sollte.

Dieser Vorfall erregte nicht nur im Jugendamt, sondern auch im Gesundheitsamt erhebliches Aufsehen und war nach dem Krieg noch in deutlicher Erinnerung. Er gab daher 1947 Anlaß zu Ermittlungen gegen die ehemalige Oberfürsorgerin und den Leiter des Jugendamtes sowie gegen zwei Ärzte des Freiburger Gesundheitsamtes. Die französische Strafkammer für Kriegsverbrechen untersuchte, ob die Beschuldigten in ihrer Position angeordnet, beziehungsweise wissentlich geduldet hatten, *«daß geisteskranke oder geistesschwache Kinder aus Freiburg und Umgebung nach Kaufbeuren oder ähnliche Anstalten verbracht und dort gewaltsam getötet wurden [...]»*.

Zu Anfang des Krieges war ein Geheimerlaß des Reichsinnenministeriums herausgekommen, der die Gesundheitsämter anwies, behinderte Säuglinge und Kleinkinder an eine Zentralstelle in Berlin zu melden. Von dieser Stelle erhielten die betroffenen Eltern dann die Aufforderung, ihr Kind in eine *«Spezialanstalt»* zu geben, mit der Zusicherung, daß es dort die bestmögliche Pflege und Therapie bekommen würde. Dr. Walter Füsslin, Leiter der Abteilung für *«Erb- und Rassenpflege»* im Freiburger Gesundheitsamt, sagte 1947 aus, daß diese Meldungen zunächst auch abgegeben wurden. Spätstens 1940 aber habe man der Sache mißtraut und vermutet, daß die Berliner Zentralstelle *«mit der Vernichtungsaktion gegen die Geisteskranken zusammengekoppelt sei»*. Daher wären behinderte Kinder vom Freiburger Gesundheitsamt nicht mehr gemeldet worden. Auch wenn er versicherte, ihm sei 1944 nicht bekannt gewesen, daß Kaufbeuren eine der *«Kindereuthanasieanstalten»* war, so waren sich die Amtsärzte der grundsätzlichen Gefahr einer Einweisung sehr bewußt. Daher empfahl man ratsuchenden Eltern, überhaupt allen Angehörigen von pflegebedürftigen Menschen dringend, ihr Kind nicht in eine Anstalt zu geben, sondern wenn irgend möglich, bis zum Kriegsende zu Hause zu versorgen.

Tatsächlich kam bei der gerichtlichen Untersuchung heraus, daß die Einweisung jenes Kindes auf ausdrücklichen Wunsch der Eltern angeordnet worden war. Die Mutter hatte im Gesundheitsamt mit der Bitte vorgesprochen, *«man möge [dem Kind] doch eine Spritze geben, denn sie habe gehört, man könne derartige Kinder jetzt beseitigen»*.

So konnte auch die mutige Haltung der Fürsorgepraktikantinnen nicht verhindern, daß das Kind, ein vierjähriger Junge, im Juli 1944 in die Anstalt Kaufbeuren gebracht wurde. Zwei Schülerinnen der evangelischen *Sozialen Frauenschule*, die in dieser Zeit auf dem Jugendamt lediglich für einige Wochen hospitierten, begleiteten es auf der Zugfahrt. Im Dezember 1944 teilte die Anstalt den Eltern den Tod ihres Kindes mit.

NATIONALSOZIALISMUS UND ZWEITER WELTKRIEG

«eine viel zu gute Nationalsozialistin»

«*In den Fahnen rauscht es, in den Waffen klingts, aus Wallhalls Gefilden schwirrts …*» Beim Durchblättern eines Schulheftes von 1933/34 erzählt Gretel Bechtold aus ihren Erinnerungen an die Schulzeit im Nationalsozialismus.[1] 1933 war Gretel Bechtold zehn Jahre alt, die jüngste von fünf Geschwistern. Sie ging in die dritte Klasse der Volksschule in Freiburg-Haslach, wo ihr Vater als Lehrer angestellt war. Als einzige ihrer Klasse besuchte sie später auf den Rat ihres Lehrers die Höhere Schule, das *Katholische Institut* der Ursulinen in der Eisenbahnstraße. Als den Beamten 1938 verboten wurde, ihre Kinder auf eine konfessionelle Schule zu schikken, mußte sie an das städtische Hindenburggymnasium für Mädchen am Holzmarktplatz wechseln. Ende 1941, nach der Auflösung und Enteignung des «*Katholischen Instituts*», eröffnete man an seiner statt in der Eisenbahnstraße ein zweites städtisches Mädchengymnasium, die *Emil-Strauß-Schule*. Dort machte Gretel Bechtold im Frühjahr 1944 ihr Abitur.

Sie gehöre zu der Generation, bemerkt Gretel Bechtold, die volle zwölf Jahre in den «*Genuß*» kam, nach nationalsozialistischem Lehrplan erzogen zu werden. Ein Jahresheft der dritten Volksschulklasse, das ihr Vater wie alle Lehrer führen mußte, ist mit dem Hakenkreuz «*verziert*».

«*Diese dauernde Infiltration von Nationalem – das war eine Dauerberieselung, die mir zum Hals rausgehängt ist. Völlig unter jedem Ni-*

veau, so müssen Sie sich das vorstellen. Das war ein Banausentum ersten Grades, sonst nichts.

Und in allem war ein Hochstilisieren von einer Morbidität – so seh ich das heute. Wir haben als Kinder unentwegt den Tod vor Augen geführt gekriegt und wie schön das ist, man stirbt für Hitler und das Vaterland. So ist das nachher nahtlos in den Krieg übergegangen. Das war sicher schon Vorbereitung, eine seelische Vorbereitung. Hier, dieses Gedicht – es fängt ganz schön an, aber immer ist das dabei: ‹[...] dann steig ich nieder, tret ins Glied und schwing mein Schwert und sing mein Lied›.

Schulkinder empfangen eine Parteigröße am Rathausplatz, um 1934.

Am Anfang der Woche hat es immer einen Spruch gegeben, als Parole vorangestellt, das mußten wir aufschreiben, zum Beispiel dieses: ‹Hört auf unsres Blutes Mahnen, das uns niemals trüben wird. Auf den Wegen seiner Ahnen hat sich noch kein Volk verirrt.› Jede Woche so ein Spruch! Oder dieses Lied, das ich in meiner ganzen Schulzeit, auch im Gymnasium noch singen mußte: ‹Erde, du bist das Korn und das Brot und die Traube. Du bist der Leib und der Geist und der Glaube. Du bist unser

Väter Arbeit und Blut, deutsche Erde …› – Ich kann dieses Pathos nicht hören. Es ist etwas Grauenhaftes da drin – auf marschiert!

Marschieren – ein Schulausflug zum Gerstenhalm, der hat natürlich ‹Marsch› geheißen. Auch im Turnen sind wir praktisch nur marschiert. Die Lehrerin stand immer hin, machte den Hitlergruß und schrie: ‹Riege›! – dann mußten wir alle rasen und uns aufstellen. ‹Rechtsum, Riege!› So ging das die ganze Sportstunde. Immer: geradeaus, rechtsum, linksum. Das war eigentlich der Sport in der Volksschule.

Aufsatzthema: ‹Wie wir den ersten Mai feierten› – auch das hieß Antreten. Antreten im Schulhaus, mit marsch, marsch. Wir mußten dann erst auf den Stühlinger Kirchplatz und von dort, etappenweise von Schule zu Schule, auf den Meßplatz. Das war von Haslach aus ganz schön weit zu laufen. Und da oben etwa drei Stunden die Reden anhören. Zum Teil hat man das von Berlin aus übertragen. Wir haben natürlich nicht zugehört, was der da jetzt durch das Radio grölt, das hat uns überhaupt nicht interessiert.»

Ob wir lernen, Krieg und Frieden gleich wünschenswert zu erachten

Am Abend des 25. November 1936 wurde in Freiburg der Luftkrieg geprobt. Punkt 19 Uhr herrschte in der ganzen Stadt völlige Dunkelheit. Für zwei Stunden war die Straßenbeleuchtung abgeschaltet, auch in allen öffentlichen Gebäuden gingen die Lichter aus. Menschen, die während der Verdunkelungsübung mit dem Auto oder Fahrrad unterwegs waren, mußten die Lampen abschirmen, so daß sie aus größerer Entfernung nicht mehr gesehen werden konnten. Auch aus den Wohnhäusern durfte kein Lichtschein nach außen dringen. Die privaten Haushalte hatten schon im Oktober, in «*Teilverdunkelungsübungen*» unter Beweis stellen müssen, daß sie für den sogenannten «*Ernstfall*» gerüstet waren.

Die Teilnahme an Luftschutzübungen war alles andere als freiwillig. Das *Reichsluftschutzgesetz* bevollmächtigte die örtliche Polizei, solche Übungen anzusetzen und den ordnungsgemäßen Ablauf zu überwachen. Wer sich gegenüber den zivilen Kriegsmanövern nicht *«verständnisvoll und pflichtbewußt»* zeigte, dem drohte eine Geldstrafe. *«Es sollte jedoch Ehrenpflicht eines jeden Deutschen sein, die Bestimmungen auszuführen, ohne dabei an den gesetzlichen Zwang zu denken»*, betonte die nationalsozialistische Tageszeitung *Der Alemanne* in einem Artikel, der sich ausführlich ausließ zu den Vorbereitungen, die Hausfrauen und Familienväter für die Aufrüstung ihrer Wohnstuben zu treffen hatten. So riet man zur Sparsamkeit bei der Auswahl des Materials – wer sich lichtdichte Stoffvorhänge oder Rolläden nicht leisten konnte, sollte mit schwarzem Papier die Fenster vernageln, mit Stoffresten Abblendungsschirme für Lampen basteln oder gar alte Teppiche, Decken, Bretter und Pappkartons für diesen Zweck wiederverwerten.[2]

Einem etwa mangelnden Wehrwillen entgegenzutreten, dafür standen vor Ort die Gewährsleute des *Reichsluftschutzbundes*. Der *Luftschutzwart* überprüfte, ob in seiner Nachbarschaft vorschriftsgemäß verdunkelt wurde, und erteilte gegebenenfalls einschlägige Nachhilfe. Schon seit dem Herbst 1933 hatte der Ortsverein des *Reichsluftschutzbundes* mit der *«luftschutzgemäßen»* Durchschulung der Bevölkerung begonnen. Der *Luftschutzwart* müsse ein *«energischer und umsichtiger Mann mit Führereigenschaften sein»*, hieß es in einem Aufruf von 1933. Doch wurden von Anfang an auch Frauen für diesen Posten vorgesehen, *«die sich durchaus für dieses Amt eignen können»*. So hatten rund 2000 Männer und Frauen in Freiburg Anfang 1934 einen Luftschutzkurs absolviert.

Bürgerinnen und Bürger gewöhnten sich daran, daß die Luftschutzpolizei befugt war, sich in ihre privaten Angelegenheiten einzumischen. Im Herbst 1934 mußten in allen Wohnhäusern die Dachspeicher geräumt werden; Brennbares durfte dort nicht mehr gelagert werden. Unterstützt von Hitlerjungen kontrollierten die *Luftschutzwarte*, ob die Entrümpelung ordnungsgemäß befolgt worden war.[3]

Daß der Luftkrieg als strategische Größe des modernen Krieges eingeschätzt und gegenüber der Zivilbevölkerung als berechenbare Gefahr *«künftiger kriegerischer Auseinandersetzungen»* dargestellt wurde, war nichts Neues. Schon in den letzten Jahren der Weimarer Republik hatte sich die politische Debatte über den

Zivilschutz in entsprechenden Gesetzen niedergeschlagen. Auch das badische Innenministerium brachte 1932 eine Verordnung zum «*Luft- und Gasschutz*» heraus, die den Gemeinden vorschrieb, Luftschutzbeiräte zu bilden, in denen Vertreter der Verwaltung, der Wirtschaft und der Vereine zusammenarbeiten sollten. Doch vor 1933 waren es vor allem private Organisationen, die die zivile Verteidigungsbereitschaft zu ihrer Sache machten. Gegen Ende der 20er Jahre entstanden in England, Frankreich und Deutschland Luftschutzvereine. Zur gleichen Zeit stellte sich auch das Rote Kreuz auf die neuen Aufgaben des zivilen Kriegsdienstes ein und begann, seine Mitglieder in entsprechenden Kursen zu schulen.

Anfang 1933 lud der Freiburger *Luisenfrauenverein*, in dem die ehrenamtlichen Helferinnen des Roten Kreuzes organisiert waren, zu einer Veranstaltung unter dem Thema «*Der Luftschutz und die Frauen*» ein. Der Redner hielt den Frauen ihre «*soziale und nationale Pflicht*» in der «*zivilen Wehr*» vor Augen und betonte, daß ein wirksamer Schutz der Zivilbevölkerung nur in einem wiederbewaffneten Deutschland erreicht werden könnte. Da Deutschland durch den Versailler Vertrag aller «*Wehrmittel beraubt*» worden sei, käme der Heimatfront bei «*zukünftigen Ereignissen*» eine «*kriegsentscheidende Rolle*» zu: «*Schlagkraft und Angriffswille der Armee, Wehrkraft und Wehrwille der Zivilbevölkerung werden zu gleichen Teilen die Wehrfähigkeit eines Landes bestimmen*».[4]

Von seiten der Friedensbewegung wurde diese Ausrichtung der zivilen Hilfsorganisationen während der Weimarer Republik kritisiert und immer wieder betont, daß Appelle an die passive Verteidigungsbereitschaft untrennbar mit der Forderung verbunden waren, für den nächsten Krieg zu rüsten. Im Januar 1933 hieß es in einem Aufruf der *Internationalen Frauenliga für Frieden und Freiheit*: «*Deutsche und französische Frauen erheben scharfen Protest gegen die gewissenlose Luftmanöver- und Luftschutzpropaganda, welche den Kassen gewisser Industrien große Erfolge sichert, die Völker aber, trotzdem es keine Sicherheit gibt, mit neuer Kriegspsychose und mit einem gefährlichen Sicherheitsgefühl erfüllt*».[5] Eine Position, die in Freiburg von seiten der Stadtverwaltung durchaus geteilt wurde. So empfahl Bürgermeister Hölzl 1928 Zurückhaltung gegenüber den Bestrebungen der Luftschutzvereine, die nach seiner Einschätzung *«nur schlecht zu dem allseits bekundeten Friedenswillen»* paßten. Vielmehr könne daraus *«der Vorwurf konstruiert werden, daß Deutschland insgeheim aufrüste»*, ganz abgesehen davon, daß sich die Schutzmaßnahmen *«im Ernstfalle doch als völlig veraltet und unzureichend erweisen»* müßten.[6] Während in anderen Städten die Luftschutzvereine erste Verdunkelungsübungen durchführten und den *«Gasarlarm»* exerzierten, blieb die Freiburger Verwaltung noch 1932, als auch hier nach den Vorschriften der badischen Luftschutzverordnung ein Luftschutzbeirat gegründet werden mußte, bei ihrer Einschätzung. *«Man sei allgemein der Ansicht, daß kriegerische Angriffe dieser Art für uns als einem wehrlosen Volk überhaupt nicht in Betracht kämen»*, notierte das Protokoll der ersten Beiratssitzung.*[7]

Nachdem Nationalsozialisten im Rathaus die Macht übernommen hatten, wurde diese Position unverzüglich revidiert. *«Ob wir wollen oder nicht, unsere Geschicke werden wesentlich davon abhängen, ob wir lernen, Krieg und Frieden gleich wünschenswert zu erachten.»* Mit diesen Worten hatte der Ortsverein des *Reichsluftschutzbundes* schon Ende 1932 die *«Friedens»*ideale des nationalsozialistischen Deutschland zum Ausdruck gebracht.[8] Von einem soldatischen Frieden war jetzt die Rede, der dem *«pazifistischen Geist»* der Weimarer Republik den Kampf ansagte. Die Aufrüstung, unter offenem Bruch des Versailler Vertrags betrieben, wurde als Wiederherstellung der Verteidigungsbereitschaft für einen dauerhaften Frieden propagiert. Die *«Volksgemeinschaft»* hatte sich in diesem *«Frieden»* als Wehrgemeinschaft zu begreifen. Wo Arbeitslose zu *«opferbereiten Soldaten der Arbeit»* formiert worden waren, die mit dem Spaten bewehrt in die *«Arbeitsschlacht»* zogen, wo die aufgelösten Gewerkschaften durch eine Parteiorganisation ersetzt wurden, die sich *«Deutsche Arbeitsfront»* nannte, da konnten sich auch großan-

---

* Für die Haltung der Freiburger Stadtverwaltung spielte es sicherlich eine Rolle, daß Freiburg schon während des 1. Weltkrieges bombardiert worden war und man sich eine deutliche Vorstellung davon machen konnte, wie hilflos die Bevölkerung gegen Angriffe aus der Luft war.

gelegte Wehrübungen wie selbstverständlich in den Alltag einfügen.

Die «*Wehrhaftigkeit*» der Frauen allerdings hatte sich einmal mehr am eigenen Herd zu beweisen. «*Kauft deutsches Obst*» und «*Kampf dem Verderb*» – mit solchen Parolen wurden sie aufgefordert, in der Hauswirtschaft zur «*Erstarkung*» der deutschen Wirtschaft beizutragen. 1937 kam eine Verordnung heraus, nach der es den Bäckern verboten war, frisches Brot zu verkaufen. «*Ganz abgesehen davon, daß das frische Brot sehr schwer verdaulich ist, ist dessen Verzehr wirtschaftlich eine Verschwendung, denn man ißt im Verhältnis mehr davon. Es ‹schneidet sich im Nu weg›*», begründete man diese Maßnahme. Vielen Frauen dürfte diese Empfehlung noch aus der Kriegsküche in deutlicher Erinnerung gewesen sein.[9]

Das erste große Manöver der zivilen Verteidigung am 25. November 1936 propagierte *Der Alemanne* als eine Bewährungsprobe für die Volksgemeinschaft: «*Jetzt wird es wahr! Freiburg steht vor der* totalen *Verdunkelung! Jeder Bewohner Freiburgs weiß*, was *dies bedeutet und* wie *er sich zu verhalten hat. […] Die Freiburger Bevölkerung muß wie* ein Mann dastehen *und sich in die tiefste Finsternis hüllen. […] Von oben gesehen, muß Freiburg als Stadt aufgehört haben zu existieren! Freiburg – ein dunkler Fleck, das ist alles, so muß es heißen*», propagierte *Der Alemanne* am Vortag des 25. November 1936 das erste große Manöver der zivilen Verteidigung.*[10]

Tags darauf wurde das Ereignis in einem Bericht des *Alemannen* als Gemeinschaftserlebnis gefeiert, dem sogar eine romantische Seite abzugewinnen war. So ließ sich der Reporter über Liebespaare aus, die «*an manchen Straßenecken in Reihen*» gestanden

* In den nächsten Jahren sollten weitere Luftkriegsplanspiele folgen. So fand im März 1937 der erste Fliegerprobealarm in Freiburg statt. Männer des Luftschutzbundes gingen mit Handsirenen durch die Straßen, um den Beginn der Übung zu signalisieren. Unverzüglich mußten sich alle Einwohner in Deckung begeben, sich im Luftschutzkeller ihres Wohnhauses oder, wenn dieser fehlte, im Hausflur versammeln. Passanten hatten den nächsten «*Sammelschutzraum*» aufzusuchen und bis zur Entwarnung dort zu bleiben. Da es 1937 in Freiburg noch keine öffentlichen Luftschutzkeller gab, wurden Schulen, Turnhallen und Säle von Gaststätten für diese Proben entsprechend gekennzeichnet (AL, 24.3.1937. In: StAFr, C4. XXI 29.4, a.a.O.).

haben sollen, *«umschlungen und erfreut über die Dunkelheit»*, und schwärmte über den *«zauberhaften»* Anblick, den die Stadt bei der Wiederbeleuchtung bot.[11]

Die Finsternis, in die sich die Freiburger Bevölkerung an diesem Tag gehüllt hatte, sollte drei Jahre später zur Alltäglichkeit werden. Schon am 1. September 1939, als nach dem Angriff deutscher Truppen auf Polen der längst erwartete Krieg begann, wurde im Stadtgebiet Freiburgs eine Verdunkelungsübung abgehalten, die ohne Unterbrechung bis zum Ende des Krieges andauerte.* Und acht Jahre später, fast auf das Datum dieses ersten Luftschutzmanövers, sollten die markigen Worte, mit denen *Der Alemanne* zur Verdunkelung gerufen hatte, Wirklichkeit werden: Nach dem Luftangriff vom 27. November 1944 hatten große Teile der Stadt *«von oben gesehen [...] aufgehört [...] zu existieren»*.

Auch der Nationalsozialismus war hier gemütlich

Es ist Gretel Bechtold wichtig zu betonen, daß sie die Vorkriegszeit, das, was sie in der Schule lernte, nicht erst im Nachhinein als bedrohlich empfand. Schon 1937, mit 14 Jahren, malte sie Bilder, in denen ihre Angst vor dem Krieg zum Ausdruck kommt, Bilder von Menschen im Luftschutzkeller, von der brennenden Stadt. Gretel Bechtold war nicht im BDM, auch später nicht, als es eigentlich für alle Mädchen Pflicht wurde. Ihr Vater sei aus politischen Gründen dagegen gewesen, ihre Mutter aus moralischen. Sie hätte zum Beispiel nicht gewollt, daß ihre Tochter auf Zeltlager ging. Gerade darum hätte sie ihre Klassenkameradinnen als junges Mädchen beneidet, denn gerne wäre sie mit den andern auf Wanderfahrt gegangen. Als Oberschülerin aber sei sie froh dar-

---

* Wie einschneidend die nächtliche Dunkelheit das Lebensgefühl in der Stadt veränderte, wird deutlich an der Schilderung einer Augenzeugin des Luftangriffs vom 27.11.1944. Sie beschreibt den nachhaltigen Eindruck, den die sogenannten *«Christbäume»* – Markierungsraketen, die vor den Bomben abgeworfen wurden – bei ihr hinterließen: *«Die Stadt war taghell erleuchtet – nach jahrelanger totaler Verdunkelung ein ergreifender Anblick»* (Märgen Stieler: Erinnerungen an den Abend des 27.11.1944. In: Vetter 1982, S.23).

über gewesen, daß niemandem in der Schule auffiel, daß sie nicht in den BDM ging. Doch sei ihr damals nicht bewußt gewesen, wie anders die Mehrheit ihrer Altergenossinnen eingestellt war. «*In der Familie, im engsten Kreis habe ich immer nur erlebt, daß man dagegen ist und nach außen, da konnte man ja nicht feststellen, wer so ist und so. Man hat wohl in der Klasse gemerkt, mit der kann man ein bissel mehr reden, auch bei den Lehrern hat man schon gespürt, wer dafür und dagegen ist. Aber man hat ja von klein auf gewußt, daß man nichts sagen soll und darf, daß das gefährlich ist. So hat man sich immerzu nur in dem engen Kreis bewegt. Auch bei meinen Eltern blieb das privat, das war nicht politisch organisiert, nicht im Widerstand, sondern einfach ein tägliches Dagegensein.*

Es gab nur wenige, die offen protestierten. Einmal, am Tag nach dem Synagogenbrand, habe ich es erlebt. Ich kam mittags aus der Schule und ging zur Haltestelle am Bahnhof, zum Tram Nr. 5 nach Haslach. Fräulein Zeiser, eine Bekannte von meinen Eltern, sie arbeitete als Verkäuferin in der Stadt, begann vor den zahlreichen Wartenden zu schreien: ‹Was hier bei uns heute geschieht, ist eine Kulturschande. Vor der ganzen Welt müssen wir Deutsche uns schämen!› Auch im vollen Tram schimpfte sie laut weiter. Alles schwieg, die Männer schauten betreten auf den Boden. Ich wußte, daß das sehr gefährlich war und dachte, daß man sie festnehmen würde. Aber nichts geschah. Ich habe noch heute die größte Achtung vor dieser Frau, bei einem Mann habe ich soviel Schneid nie erlebt.*»

Tatsächlich sei ihr erst lange nach dem Krieg, erst in den letzten Jahren, über die Auseinandersetzung mit der Nazizeit klar geworden, «*daß Deutschland wirklich für Hitler war*». Einige ihrer Mitschülerinnen zum Beispiel meinten noch heute, es wäre alles nicht so schlimm gewesen. «*Von meiner Oberschulklasse – wir treffen uns ab zu – da gibt es ein paar, die sagen, ach, wir haben ja eigentlich nichts mitgekriegt und außerdem waren wir ja noch Kinder. Das ist mir vollkommen unbegreiflich, ich weiß nicht, wo die gelebt haben. Manche Leute ha-*

---

* Die Kontoristin Ernestine Zeiser war über zwei Legislaturperioden, bis zum Ende der Weimarer Republik, Stadtverordnete des *Zentrums*. Zur gleichen Zeit war sie Vorsitzende des *Treubund*, des katholischen Berufsverbandes für «*kaufmännische Gehilfinnen und Beamtinnen*».

«Freiburg, ein Jahr nach dem nächsten Krieg»,
dieses Bild malte Gretel Bechtold mit 14 Jahren, 1937.

ben anscheinend eine glückliche Begabung und vergessen das alles. Ja, die haben in den Tag reingelebt, sind in den BDM und sind marschiert und haben gesungen. Ein paar bei uns in der Klasse haben gemeint, ha, das war doch schön, wir sind gewandert und waren lustig und das andere haben wir nicht mitgekriegt. Obwohl sie aus unserer Klasse auch Jüdinnen rausgeholt haben, das hat die nicht betrübt. Auf unserem letzten Klassentreffen haben wir darüber geredet. Da hat dann eine von uns, die damals furchtbar begeistert, sehr nazisch war, gleich gesagt: ‹Ach, das war so ein guter Kamerad, die Renate!› Dreimal hintereinander hat sie das gesagt und ich hab gedacht, jetzt hat sie es zweimal zuviel gesagt. Und ich weiß noch gut, daß eine andere damals dort gesagt hat, ‹so, endlich gehn sie ran an die Judenschweine, endlich holen sie sie raus›. Die sagt heute auch, sie wüßte eigentlich nicht mehr, wie das war.»

Wir haben mehrere Frauen darüber befragt, wie sie das Dritte Reich in Freiburg erlebten. Die meisten bestätigten in ihren Erzählungen die Erfahrung von Gretel Bechtold. In der Erinnerung hatte der Nationalsozialismus auf sie als Mädchen oder junge Frau keinen weiteren Einfluß. Der BDM erscheint als harmloser Mädchenhort. Einige betonten, wie wichtig dieser Freiraum für sie war, einmal in der Woche aus dem Haus zu kommen, weil ihre Eltern es nicht verbieten konnten. Viele meinten, daß Ideologie und Propaganda im BDM keine Rolle gespielt hätten. Als Mädchen wäre man eben nicht so wichtig gewesen und von der Politik viel mehr in Ruhe gelassen worden, so der fast schon stereotype Kommentar. Und schließlich sei in Freiburg ohnehin alles viel harmloser, seien selbst die Nazis zahmer gewesen.

«Ich war schon vorher, noch auf der Schule, Pfadfinderin, beim Bund deutscher Pfadfinderinnen. *Wir waren nicht weltanschaulich gebunden, sondern so die deutschnationale Richtung. Die bündische Jugend nach dem Krieg, die hatte ja eine unbestimmte Sehnsucht, daß Deutschland wieder auferstehen sollte und so weiter. Flamme empor – solche Lieder gab es ja massenhaft und man sehnte sich also, die Schmach des Versailler Vertrages wiedergutzumachen. Das hat ja Hitler versprochen. Und da ist man ja auch drauf reingefallen, denn das ging ja auch gleich los, Schlag auf Schlag wurde das ja abserviert, der ganze Versailler Vertrag zerpflückt. Das fand man ja – also sagen wir mal, meine ersten Bedenken, die sind mir eigentlich sehr viel später, erst '38 gekommen, als er dann in die Tschechei einmarschiert ist. Da hab ich gedacht, da stimmt was nicht, denn das ist ja nicht mehr deutsch. Bis dahin bin ich mitgegangen.*

Unser Bund wurde 1933 aufgelöst und in den BDM überführt. Da kam es nun sehr darauf an, wie das in den einzelnen Ortsgruppen passierte. Wir hatten insofern Glück, als damals die BDM-Führerin von Freiburg eine ausgesprochen nette war. Wir sind dort mit allen Ehren

Eine NS-Mädchengruppe vor 1933

empfangen worden, mit feierlicher Wimpelübergabe, das war ja wichtig für uns in diesem Alter, daß unser Wimpel geehrt wurde. Und jeder von uns Älteren hat sie dann auch Führungsaufgaben übertragen im BDM. Jede von uns hat eine Schar gekriegt und so waren wir ganz schnell integriert. Wir sind da also nicht frustriert worden, während ich von unserer Nachbargruppe in Karlsruhe später erfahren habe, daß die vom BDM saumäßig behandelt worden sind. Die waren nichts mehr wert dort und sind dann auch alle ausgetreten, es war ja am Anfang noch keinerlei Pflicht.»[12]

So beschreibt Christl Cranz im Rückblick den Eintritt ihrer Pfadfinderinnengruppe in den *Bund deutscher Mädel*. In Freiburg war der BDM vor 1933 eine erst im Aufbau begriffene Mädchengruppe, die innerhalb der bündischen Jugendbewegung nur wenig Bedeutung hatte. Daher war der hiesige *Bund Deutscher Pfadfinderinnen* hochwillkommen, die nationalsozialistische Mädchenbewegung mitaufzubauen.

Christl Cranz sollte 1936, als sie bei der Winterolympiade in Garmisch-Partenkirchen die Goldmedaille in der Skikombination gewann, zu einem prominenten BDM-Mädel werden, das weit über Freiburg hinaus als Vorbild verehrt wurde.

Als sie 1928 mit ihrer Familie nach Freiburg kam, war sie 13 Jahre alt. Sie war in Belgien geboren, wo ihr Großvater als Auslandsdeutscher ein Geschäft aufgebaut hatte. Bevor die Familie nach dem Ersten Weltkrieg Belgien verlassen mußte, war es ihm gelungen, einen Teil seines großen Vermögens in die Schweiz zu bringen. Dorthin, nach Interlaken, zog die Familie 1919. Nach dem Tod des Großvaters führte ihr Vater die Geschäfte mit wenig Erfolg weiter und ging 1928, im Vorbeben der Weltwirtschaftskrise, in den Bankrott. Als die Familie nach Freiburg zog, wo sie von der Schwester der Mutter aufgenommen wurde, hatte sie «*buchstäblich nichts mehr im Hintergrund*», erzählt Christl Cranz. Ihre Mutter sei es gewesen, die dann «*praktisch mit Null wieder aufgebaut*» und die Familie mit privatem Sprachunterricht durchgebracht hätte. Ihr Vater dagegen sah die Zukunft der Familie in Übersee und wanderte nach Kanada aus. Doch als es ihm gelungen war, dort Fuß zu fassen, wollten seine Kinder nicht mehr nachkommen, denn sie hatten zu dieser Zeit bereits ihre ersten Erfolge im Skirennsport.

Über einen Skiwettbewerb der Freiburger Schulen, bei dem Christl und ihr Bruder Rudi gut abschnitten, wurde der Skiclub Freiburg auf die Geschwister Cranz aufmerksam. Dort, in der Jugendmannschaft, hatte sie «*sportliches Skifahren*» gelernt. Nach dem Abitur, als sie über ihr Studium an der Berliner *Hochschule für Leibesübungen* die Möglichkeit bekam, gezielt für den Wettkampfsport zu trainieren, begann ihre eigentliche Karriere. Im Februar 1934 wurde sie deutsche Meisterin und errang ihren ersten Weltmeistertitel.

So zufällig ihre sportlichen Erfolge mit den ersten Jahren der nationalsozialistischen Herrschaft zusammenfielen, so fraglos wurde Christl Cranz als Symbolfigur der «*nationalen Revolution*» gefeiert, als Repräsentantin der deutschen Jugend herausgestellt. So berichtete die *Freiburger Zeitung* im Februar 1936 über ihren Olympiasieg: «*Und nun hat Christl* ihr Ziel erreicht! *Als beste Skiläuferin der Welt wurde sie Olympia-Siegerin. […] ihr wurde die große Ehre zuteil, die* erste Goldmedaille *[…] für Deutschland holen zu dürfen.*

Die Geschwister Christl (vorne) und Rudi Cranz

[...] Wenn heute Deutschland voll Stolz auf das tapfere, schneidige Sportmädel blickt, dann dürfen wir Freiburger *besonders freudig bewegt sein, denn Christl ist ja ein Kind unserer schönen Breisgau-Stadt. [...] Wir wissen, daß sie schlicht und still ihre Pflicht tat, daß rauschende Festlichkeiten ihr nicht liegen. Wir wissen aber auch, daß ihr, dem* treuen BDM-Mädel, *keine größere Freude hätte bereitet werden können als durch den Glückwunsch des* Führers, *der ihr ‹zu dem wunderbaren Siege die allerherzlichsten Glückwünsche› sandte [...].»*[13]

Bei ihrer Rückkehr nach Freiburg wurde Christl Cranz ein triumphaler Empfang bereitet. Ein Festzug geleitete sie vom Wiehrebahnhof zum Münsterplatz, wo eine Ehrenfeier im Kaufhaussaal abgehalten wurde. Mit dem Hakenkreuz und den Fahnen sämtlicher Sportvereine war die Stadt beflaggt, Martinstor und Kaufhaus festlich angestrahlt, auf dem Schloßberg brannte ein «*Olympiafeuer*». Als Zeichen der Anerkennung und des Dankes überreichte ihr Oberbürgermeister Kerber im Namen der Stadt einen DKW-Kleinwagen.[14] Keine Parteiveranstaltung habe je soviel Leute auf den Münsterplatz gebracht wie dieser Abend, kommentiert Christl Cranz ihren Empfang in Freiburg. Die Festreden wurden vom Kaufhaussaal über Lautsprecher nach draußen übertragen. Oberbürgermeister Kerber rühmte «*den deutschen Sport und den deutschen Sportgeist, wie er sich in Christl Cranz offenbart hat, als* Ausdruck der Lebenskraft einer wiedererstarkenden Nation». Seine Rede mündete im «*Dank an den Mann, der diesen Lebenswillen wieder befruchtet, [...] dem allein wir es zu verdanken haben, wenn wir heute wieder als freies deutsches Volk Sport treiben können*».[15]

Gern und ausführlich berichtet Christl Cranz über die Zeit ihrer sportlichen Erfolge, in Anekdoten, die sie sicher schon oft erzählt hat – zum Beispiel über den offiziellen Empfang bei Hitler nach ihrem Olympiasieg. Bei der Nachfrage, wie sie selbst ihre Rolle als heldisches deutsches Mädel empfunden hat, erklärt sie, daß damals eben alles «*ganz furchtbar edel abgehandelt*» worden sei. Sie sei angehimmelt worden, nicht anders als erfolgreiche Sportlerinnen heute. Sicherlich sei sie begeistert und mitgerissen von Hitler gewesen, doch als überzeugte Nationalsozialistin sieht sie sich nicht. Sportlerin sei sie gewesen, der es auch im Krieg, als sie am Sportinstitut der Universität Freiburg für die körperliche Ertüchtigung der Studierenden verantwortlich war, vor allem um den Sport gegangen sei. So betrachtet sie es als absurd, daß sie nach dem Krieg angezeigt und von den Franzosen interniert wurde, «*als ganz böser Nazi und Verbrecher*», wie sie ironisch anfügt. Auch wenn die Nazis den Sport für ihre Zwecke benutzten, hätte sie im privaten Leben mit Politik ebensowenig zu tun gehabt wie andere auch. Überhaupt sei im Alltag alles «*viel weniger aufregend gewesen*», als man sich das heute vorstellte. «*Freiburg war immer schon gemütlich, selbst der Nationalsozialismus, jedenfalls soweit ich ihn kennengelernt habe. Man hat sich gegenseitig irgendwie leben lassen. So habe ich nach dem Krieg das sichere Gefühl gehabt, daß ich nichts Un-*

rechtes getan habe, das habe ich heute noch. Mir war klar, daß wegen mir niemand umgekommen ist, auch kein Jude, schon allein deswegen, weil ich keinen gekannt habe. Und ich habe erst 1938 – da waren ja diese Synagogenverbrennungen – erst dadurch, daß die verbrannt worden ist, habe ich erfahren, daß wir eine hatten in Freiburg. Ich habe mir auch keine Gedanken gemacht warum. Ich habe gedacht, nu ja, jetzt ist sie weg.»

Die Bande des Blutes

Am 22. und 23. September 1934 richtete der Freiburger BDM den *Reichssporttag des deutschen Mädels* aus, der am gleichen Wochenende in über 60 deutschen Städten stattfand. An die 10000 Mädchen aus ganz Südbaden marschierten am Samstag Abend *«im gleichen Schritt und Tritt, in gleicher Tracht und mit der gleichen Begeisterung»* vom Sportstadion der Universität an der Dreisam in einem Fackelzug durch die Innenstadt bis auf den Stühlinger Kirchplatz. Am Sonntag demonstrierten die Mädchen in der *«Wettkampfarena der Universität»* das Trainingsprogramm des BDM: Volkstänze und Gruppenübungen im Bodenturnen, die *«Körperschule»* der Älteren und die *«Spielwiese der Jungmädel»*. Nachdem sie zum Abschluß einen *«Mannschaftsdreikampf der Untergaue»* ausgetragen hatten, sprach Friedhelm Kemper, der Gebietsführer der *Hitlerjugend*. Nicht um die Spitzenleistung einzelner, sondern um die *«zielbewußte Ertüchtigung»* und *«Heranbildung eines kraftvollen Geschlechts»* müsse es gehen, betonte er. Eine Aufgabe, der sich Mädchen wie Jungen gleichermaßen zu stellen hätten. *«Denn wir wissen, niemand ist so zur Trägerin und Erhalterin des deutschen Volkstums berufen, wie das deutsche Mädel und die deutsche Frau. […] Wenn heute voller Freude die Stadtmädels auf die bunten Trachten der Landmädels schauen, ist das ein anderes Gefühl als jenes, da die Stadtmädel darauf bedacht waren, in erster Linie jüdischen Pariser Modepuppen nachzuschauen. Überall in deutschen Gauen treten heute die Mädel wieder in ihren heimischen Trachten an, eine Generation, die hart auf dem Boden der Heimat erwächst, […] die gefestigt ist durch die Bande des Blutes und die Art des Blutes, das nie wieder durch fremde, egoistische Men-*

schen, durch Juden und ihre Abkömmlinge verseucht werden darf, das das deutsche Mädel vor allen Dingen artrein in die Zukunft tragen muß.»[16]

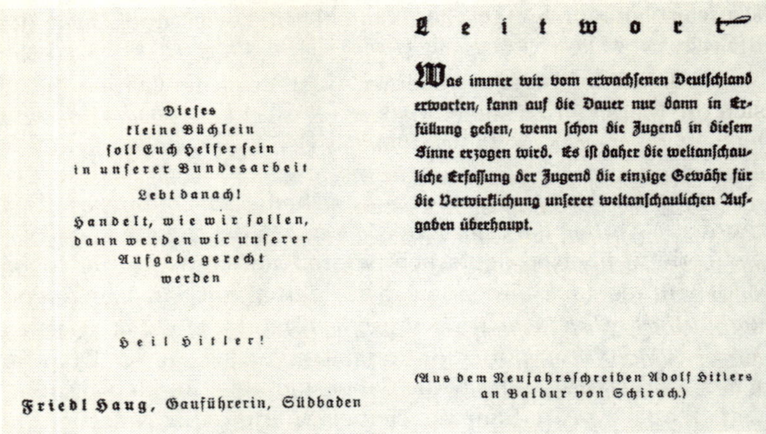
Dieses
kleine Büchlein
soll Euch Helfer sein
in unserer Bundesarbeit
Lebt danach!
Handelt, wie wir sollen,
dann werden wir unserer
Aufgabe gerecht
werden

Heil Hitler!

Friedl Haug, Gauführerin, Südbaden

Leitwort

Was immer wir vom erwachsenen Deutschland erwarten, kann auf die Dauer nur dann in Erfüllung gehen, wenn schon die Jugend in diesem Sinne erzogen wird. Es ist daher die weltanschauliche Erfassung der Jugend die einzige Gewähr für die Verwirklichung unserer weltanschaulichen Aufgaben überhaupt.

(Aus dem Neujahrsschreiben Adolf Hitlers an Baldur von Schirach.)

«Leitfaden des BDM, Untergau Südbaden» von 1934,
Titelseite

Es gibt keine Zahlen darüber, wieviele Freiburger Mädchen im BDM waren, bevor 1937 der Eintritt in die Hitlerjugend für alle Mädchen und Jungen zur Pflicht wurde. Immerhin gab es Anfang 1934 in den meisten Stadtteilen eine *Jungmädelschar* für die 10 bis 14jährigen. Mit 14 Jahren wurden die Mädchen dann in den BDM aufgenommen und konnten nun ein Amt ausüben, zum Beispiel als *Mädelscharführerin*. Alle BDM-Mädchen verpflichteten sich, regelmäßig zu den wöchentlichen «*Heimabenden*» zu kommen, die spätnachmittags in der nächstgelegenen Schule abgehalten wurden. Hier spielten und bastelten sie unter der Anleitung der *Scharführerin*, übten Volkstänze ein, machten gemeinsame Ausflüge. Darüber hinaus organisierte der *Untergau* des BDM Sportnachmittage, Wanderungen und Zeltlager.

Friedl Haug, Jahrgang 1900, eine Schneiderin aus Freiburg-Haslach, übernahm in den ersten Jahren die Führung des BDM im

Untergau Südbaden. Anfang 1934 brachte sie einen *Leitfaden* heraus, in dem die Grundsätze der Mädchenarbeit zusammengefaßt waren. Die kleine Fibel richtete sich vor allem an die *Scharführerinnen*, gab Anleitungen für die Durchführung der «*Heimabende*» und Hinweise zu den weltanschaulichen Grundsätzen und Zielen des BDM.[17]

Der Leitfaden beginnt mit einer Aufstellung der Gebote, denen sich die Mädchen zu stellen hatten: «*Das deutsche Mädel liebt Volk und Vaterland mehr als sich selbst und ist bereit, jedes notwendige Opfer dafür zu bringen. [...] Das deutsche Mädel liebt die Freude, die echt und rein, die deutsch ist, und kämpft gegen alles Unanständige und Undeutsche in Schrifttum, Lied und Tanz. [...] Das Deutsche Mädel weiß, daß aus den Mädeln von heute einst die Mütter des Volkes werden. Es hält daher sein Blut rein und frägt sich bei jeder kleinen oder großen Tat: Kann ich das verantworten vor Gott und meinem Volk*», lauteten drei dieser «*Zehn Gebote*», die, in deutlicher Anlehnung an katechetische Gewissensspiegel, zur prüfenden Selbsterziehung mahnten.

Die *Scharführerinnen* sollten diese Grundsätze nicht von oben herab vermitteln, sondern der Autorität von Schule und Elternhaus das gemeinschaftliche Erleben in «*froher und bewegter, [...] nicht disziplinloser Zusammenkunft*» gegenüberstellen, das getragen sein sollte von «*einer der Jugend entsprechenden Urwüchsigkeit und Ausdrucksstärke*». «*Ich zeige meinen Mädchen die Schönheiten ihrer Heimat, ich lehre sie sehen und verstehen, was an Überlieferungen zu finden ist in Sage und Geschichte. Sie sollen lernen, die Liebe zum Heimatboden mit dem gesunden Stolz auf unsere Rasse und Reinhaltung derselben mit der Ablehnung alles Artfremden in den Erscheinungen ihrer Umwelt zu verbinden.*»

Zur weltanschaulichen Erziehung der Mädchen gehörte auch eine entsprechende Unterweisung in «*deutscher Frauengeschichte*». Ein Aufsatz in der Schulungszeitschrift des BDM, «*Die deutsche Frau*» erörtert, wie mit Hilfe von Erzählungen, die der mittelalterlichen Heldenepik entlehnt sind, den Mädchen das «*Bild der deutschen Frau aus germanischem Wesen und germanischer verantwortlicher Sittlichkeit*» zu vermitteln sei. Der Aufsatz strotzt von Metaphern des Krieges, wenn vom «*fraulichen Heldentum*» in vorchrist-

Der Freiburger BDM in Formation während der 1. Mai-Feier 1939

licher Zeit die Rede ist und vom «*jahrhundertealten verborgenen Kampf gegen die Überfremdung*», den die «*deutsche Frau*» gegen die Lehren der römisch-katholischen Kirche, dieser «*aus dem Orient gekommenen Kultur*» durchgestanden hätte. Auf solche «*heldischen Traditionen*» sollten sich die Mädchen beziehen. Die Sittlichkeit der *«neuen Zeit»* fordere zum Beispiel, das Gebot der *«Fruchtbarkeit»* über das der *«Keuschheit»* zu stellen. Im *«Überlebenskampf der Art»* habe Treue gegenüber der *Rasse* mehr zu zählen als eheliche Treue.[18]

«Des Mannes Aufgabe ist der Kampf nach außen, der politische, wie die wehrhafte Verteidigung von Volk und Vaterland, Sippe und Scholle. Die Frau ist berufen zur Läuterung und Bewahrung des Volksgutes und der deutschen Lebenswerte. So müssen wir Mädels alle uns bewußt werden unserer ungeheuren Verantwortung als letzte Träger nordischen Blutes, müssen als erstes den Kampf gegen das Negative in uns selbst aufnehmen, erst dann werden wir auch gegen unsere Umwelt mit Erfolg kämpfen.»[19]

Opferbereitschaft gegenüber Führer und Vaterland, diesen Grundsatz sollten sich Jungen wie Mädchen zu eigen machen. Aber während sich der Hitlerjunge darin übte, einen stählernen Panzer gegen den äußeren Feind anzulegen, sollten die Mädchen den Kampf in ihrem Innersten austragen, gegen *«artfremde»* Wünsche, das *«Blut verseuchende»* Anfechtungen. Das *«Rassegewissen»* derjenigen Frauen auszubilden, die als *«reinblütig»* galten, der *«Kampf gegen die Überfremdung»* war zu einer öffentlichen Angelegenheit ersten Ranges geworden.

Siege musste das deutsche Volk haben

Auch in Freiburg standen am 1. April 1933 Männer der Partei Posten vor allen Ladengeschäften, die im Ruf standen, in *«jüdischem Besitz»* zu sein, und wachten darüber, daß Kundinnen und Kunden den reichsweiten Boykottaufruf gegen die *«Verjudung des deutschen Handels und des deutschen Handwerks»* auch befolgten. So erinnert sich Gretel Bechtold, daß ihr Lehrer an diesem Tag mit der Klasse in die Innenstadt zog. An jeder Straßenecke ließ er die Schulkinder Aufstellung nehmen und auf Kommando *«Juden raus»*, *«Nieder mit den Juden»* brüllen.

Schon im Frühjahr 1933 demonstrierte der nationalsozialistische Staat, daß der Antisemitismus nicht länger eine Frage der Gesinnung zu sein hatte, sondern in Erlassen und Gesetzen verankert werden sollte. Eine der ersten Verordnungen, die den Ausschluß der deutschen Jüdinnen und Juden aus der «*Volksgemeinschaft*» manifestierte, war im April 1933 das *Gesetz zur Wiederherstellung des Berufsbeamtentums*, das die Entlassung aller jüdischen Staatsbediensteten vorschrieb. Dieser sogenannte «*Arierparagraph*» betraf nicht nur Beamtinnen und Beamte, sondern auch städtische Angestellte und Universitätsangehörige. So wurde im Sommer 1933 auch der Dermatologin Berta Ottenstein, Privatdozentin an der medinzinischen Fakultät, die Lehrbefugnis entzogen. Damit entließ die Universität zugleich die einzige und erste habilitierte Wissenschaftlerin, die in Freiburg lehrte.[20]

Ab dem Sommersemester 1933 mußten sich jüdische Studentinnen und Studenten einem gesonderten Zulassungsverfahren unterziehen. Sie sollten in Zukunft höchstens 1% aller Studierenden ausmachen. Darüber hinaus wurde an der Freiburger Universität im Sommersemester 1933 auf studentische Initiative ein gelber Studentenausweis für jüdische Studierende eingeführt. Fünf Jahre, bevor alle deutschen Jüdinnen und Juden einen mit «*J*» gestempelten Ausweis mit sich tragen mußten, führte die Freiburger Studentenschaft die jüdische Identitätskarte ein und bewies sich damit als «*Avantgarde*» der «*nationalen Revolution*». Es war eben auch in Freiburg nicht überall so «gemütlich», wie viele es gerne erinnern möchten.[21]

Auch im bürgerschaftlichen Leben wurde unmittelbar nach der Machtübernahme der Ausschluß der jüdischen Bevölkerung betrieben. Im April 1933 benachrichtigte der neue Leiter des Freiburger Fürsorgeamtes die jüdischen Bürgerinnen, die im Auftrag der Frauenvereine ehrenamtlich in der städtischen Tuberkulosenfürsorge arbeiteten, daß auf ihre Tätigkeit «*infolge der Umstellungen*» in Zukunft verzichtet werden müßte.[22] Damit schloß man die in den Frauenvereinen tätigen Jüdinnen und den *Israelitischen Frauenverein* gerade aus dem Bereich aus, den Frauen seit Jahrzehnten als ihre wesentliche öffentliche Aufgabe begriffen hatten. Über einen Protest der Freiburger Frauenvereine gegen diese Anordnung ist nichts bekannt. Auch nach dem Krieg blieb eine öffentliche Erklärung über den Ausschluß der Jüdinnen aus.

Nur von einem Freiburger Frauenverein, dem *Deutschen Akademikerinnenbund*, sind die genaueren Umstände seiner Gleichschaltung bekannt, weil sie 1946 im Zusammenhang mit dem Entnazifizierungsverfahren der damaligen Vorsitzenden, Rechtsanwältin Dr. Maria Plum, zur Sprache kamen.[23]

Im Sommer 1933, nachdem sich der *Bund Deutscher Frauenvereine* selbst aufgelöst und den angeschlossenen Einzelverbänden anheim gestellt hatte, diesem Schritt zu folgen, entschied sich der *Deutsche Akademikerinnenbund*, einem Verbot zuvorzukommen. Er löste sich auf und schaltete sich unter neuer Leitung als *Reichsbund Deutscher Akademikerinnen* gleich. Obwohl hiermit eine «*rassische und politische Säuberung*» verbunden war, verbot man den Verein Anfang 1934, «*im Zusammenhang mit den nationalsozialistischen Strömungen gegen das Frauenstudium*», wie Maria Plum erklärte.

Die Freiburger Akademikerinnen ließen sich jedoch nicht beirren und arbeiteten als «*einzige Stadt in Deutschland*» illegal weiter. Ihre Versammlungen hielten sie nun «*als privates Zusammensein*» aufrecht. So unterstützten sie die Studentinnen an der Universität, die sich vor die Situation gestellt sahen, daß unter der neuen Regierung das Frauenstudium entschieden bekämpft wurde. Schon 1933 setzte der Freiburger *NS-Studentenbund* durch, daß Frauen in die freiwilligen *wissenschaftlichen Arbeitsgemeinschaften* der Fakultäten nicht mehr aufgenommen wurden. Als sich einige Studentinnen entschlossen, eigene Arbeitsgemeinschaften zu gründen, um «*ein Gegengewicht gegen die zweitklassige Beurteilung zu schaffen*», übernahm Maria Plum die Leitung des Arbeitskreises für Juristinnen.

1936 wurde der *Akademikerinnenbund* innerhalb des *Deutschen Frauenwerks*, der Massenorganisation der *NS-Frauenschaft*, in der die aufgelösten Frauenverbände gleichgeschaltet wurden, wieder zugelassen. Auch der Freiburger Ortsverband trat aus taktischen Erwägungen bei. «*Alle diese Vorgänge standen damals im Zeichen des Kampfes um die weitere Arbeit der Akademikerinnen in Deutschland*» begründete Maria Plum 1946 diese Entscheidung.*

Allerdings hielten die Freiburgerinnen sich nicht an die Maßgabe, daß neben dem Verein auch jede einzelne Mitgliedsfrau in das *Deutsche Frauenwerk* eintreten sollte. Selbst unter dem Dach der *NS-Frauenschaft* änderten sie nicht ihren Grundsatz, daß der Verein allen Frauen offenstehen müßte. «*Es ist Frau Dr. Plum zu unserer allseitigen Freude gelungen, […] das Zusammentreffen der bisherigen Mitglieder (einschließlich von ‹Mischlingen›) bis kurz vor der Besetzung [1945] durchzuführen*», berichtete 1946 Dr. Johanna Kohlund.* *[…] Wenn je […] eine ‹Kontrolle› kam, hat Frau Dr. Plum uns jeweils schon an der Türe gewarnt, damit wir unsere sonst sehr offenen Äußerungen unterließen.*»

Weil die Frauen nicht aus politischem, sondern aus wissenschaftlichem Interesse zusammenkamen, sei es möglich gewesen, die Arbeit im eigenen Sinn weiterzuführen, vermutete Maria Plum nach dem Krieg. Die Tatsache, daß keine Frau aus «*rassischen*» Gründen ausgeschlossen wurde, erschien ihr im nachhinein «*als selbstverständlicher menschlicher Anstand*», dem sie sich auch als Anwältin verpflichtet sah. Auf die Bitte von Freunden ermöglichte sie 1933 und 1934 zwei jüdischen Referendaren, «*die in*

---

* (vorige Seite) Gerade als Juristin mußte es ihr notwendig erscheinen, jede Möglichkeit einer Standesvertretung für Akademikerinnen wahrzunehmen. 1934 waren alle Richterinnen ihres Amtes enthoben worden und im Justizministerium erwog man offen, auch den Rechtsanwältinnen die Zulassung zu entziehen. Der Rechtsassessorin Dr. Karola Fettweis, die in der Kanzlei Maria Plums arbeitete, wurde 1937 die Zulassung zur Anwaltschaft verweigert, «*unter Berufung auf die nicht veröffentlichte Entscheidung Hitlers, mit Rücksicht darauf, daß ich eine Frau bin*», wie es Karola Fettweis 1945 formulierte. Maria Plum überzeugte sie, im Beruf zu bleiben und weiter als Assessorin bei ihr zu arbeiten, «*weil nach ihrer Auffassung eine derartige Regierung sich nicht allzu lange halten könne*». Während der 70er Jahre wurde Karola Fettweis in die Eherechtsreform-Kommission der Bundesregierung berufen und gestaltete dort die Grundlagen für das neue Eherecht von 1976 mit. In einem Gespräch mit uns wertete sie diese Arbeit als «*großes Vergnügen*» in ihrer Karriere als Rechtsanwältin.

* Dr. Johanna Kohlund war bis zu dessen Auflösung Vorsitzende des Ortsverbands des Vereins *Frauenbildung-Frauenstudium.* Sie arbeitete als Lehrerin an der Höheren Mädchenschule und wurde von der NSDAP als «*politisch unzuverlässig*» betrachtet, so daß sie eine Stelle als Direktorin des Mannheimer Mädchengymnasiums nicht übernehmen konnte. Nach dem Krieg gehörte Johanna Kohlund zu den Gründerinnen des *Deutschen Frauenrings* in Freiburg (StaAFr, Bestand DNZ, 21836).

keinem anderen Büro ankommen konnten», in ihrer Kanzlei die Ausbildung zu beenden. Sie gehörte zu den wenigen, die jüdische Mandantinnen und Mandanten weiterhin vertraten. Auf Wirtschaftsrecht spezialisiert, betreute sie viele Jüdinnen und Juden in sogenannten «*Auswanderungsangelegenheiten*». Zu den Freiburgern, für die Maria Plum nach Möglichkeiten suchte, wenigstens einen Teil ihres Vermögens vor der «*Arisierung*» und in die Emigration zu retten, gehörten unter vielen anderen das mit ihr befreundete Ehepaar Margrit und Dr. Robert Boehringer, ihre Freundin Niddy Impekoven, die weit über Freiburg hinaus als Tänzerin

Niddy Impekoven

bekannt war, und Professor Siegfried Thannhauser, der Leiter der medizinischen Universitätsklinik.

Für die Frauen, denen das Recht, am kulturellen Leben teilzuhaben, abgesprochen worden war, weil sie Jüdinnen waren, konnte diese «*Selbstverständlichkeit*» jedoch mehr als eine Geste bedeuten. Auch wenn vergleichbare Berichte über andere Vereine fehlen, so war die Haltung des Freiburger *Akademikerinnenbundes* sicherlich die Ausnahme. Im Gegenteil gewöhnten sich Frauen wie Männer daran, die Ausbürgerung und Entrechtung der jüdischen Deutschen als Selbstverständlichkeit zu akzeptieren.

Zum «*Schutz des deutschen Blutes und der deutschen Ehre*» schrieben die im September 1935 auf dem *Nürnberger Parteitag* verabschiedeten «*Rassegesetze*» fest, daß Jüdinnen und Juden in Zukunft nur noch als Staatsbürger minderen Rechts anzusehen waren. Unzählige Einzelverordnungen, die auf dieses Gesetz folgten, verankerten die Kriterien, nach denen zu bestimmen war, wer als «*arischer Vollbürger*», als «*Volljude*» oder als «*Mischling ersten und zweiten Grades*» galt. Mit den *Nürnberger Rassegesetzen* ermächtigte sich der Staat, auch die persönlichsten Entscheidungen der Bürgerinnen und Bürger seinen Interessen unterzuordnen. Eheschließungen und außereheliche Beziehungen zwischen Menschen sogenannten «*arischen und jüdischen Blutes*» wurden verboten und als «*Rassenschande*» unter Strafe gestellt.

Im Staatsarchiv Freiburg sind Akten über Strafprozesse einzusehen, in denen die Freiburger Staatsanwaltschaft wegen «*Rassenschande*» ermittelte.[24] Keines dieser Verfahren, die sich ausnahmslos gegen jüdische Männer richteten, endete mit einem Freispruch. Die Akten dokumentieren, wie Männer und Frauen dazu gebracht wurden, den Tatbestand des «*vollzogenen Geschlechtsverkehrs*» zu gestehen. «*Ich ließ mich von ihm gebrauchen*» heißt es stereotyp in den Zeugenaussagen der Frauen, «*ich habe sie gebraucht*» in den Geständnissen der Männer. Selbst wenn aus der Sicht der Beschuldigten ihre Liebesbeziehung unter Anklage stand, so ging es den Ermittlungsbeamten ausschließlich darum, den Geschlechtsverkehr zu beweisen, der seitens des jüdischen Mannes eine «*Verlet-*

zung des Volkskörpers», seitens der Frau die «*Entehrung ihrer Rasse*» darstellte. Gemäß dem Gesetz wurde nur der Mann, der die Frau «*gebraucht hatte*», nicht aber die Frau, die «*gebraucht worden*» war, der «*Rassenschande*» angeklagt. Als Akt einer möglichen Fortpflanzung war der Geschlechtsverkehr strafbar. Die Rechtslogik folgte hier der althergebrachten Vorstellung, nach der die Frau als «*Gefäß*» anzusehen war, das durch den Samen des falschen Mannes für immer «*gestempelt*» war. Nur der Mann konnte das «*deutsche Blut verunreinigen*» – umgekehrt undenkbar.

Auch wenn die Frauen strafrechtlich nicht belangt wurden, waren sie aber massiven Diffamierungen ausgesetzt. In seinen Prozeßberichten veröffentlichte *Der Alemanne* immer den vollen Namen der betroffenen Frau und des Mannes und bedauerte dabei ausdrücklich, «*daß die Frau, die in ihrer Ehrvergessenheit Volk und Familie preisgegeben*» habe, nicht auch bestraft werden konnte. Eine auf diese Weise angeprangerte Frau warf sich wenige Tage nach der Veröffentlichung vor einen Zug. Zuvor teilte sie dem Oberstaatsanwalt ihren Entschluß mit und schrieb: «*Ich habe diesen Mann lieb gehabt und kann nicht begreifen, wie Menschen so roh sein können und darauf so hart urteilen.*»[25]

Die meisten «*Rassenschandeverfahren*», die vor dem Freiburger Landgericht verhandelt wurden, waren durch eine Denunziation in Gang gesetzt worden. In einem Fall verriet ein Freiburger Arzt seinen Patienten, der ihn um Rat gebeten hatte, weil seine Geliebte schwanger war. Der Betroffene wurde vor Gericht gestellt und zu 2 1/2 Jahren Zuchthaus verurteilt. Vergleichsweise milde fiel das Urteil gegen einen anderen aus, der eine Prostituierte aufgesucht hatte. Ihr Untermieter hatte bei der Gestapo angezeigt, daß unter den regelmäßigen «*Herrenbesuchen*» seiner Wirtin ein Jude sei. «*Die Frau, in deren Person der Angeklagte die Reinhaltung des deutschen Blutes verletzt hat, ist eine Dirne und als solche für die Volksgemeinschaft ohne Wert*», begründete das Gericht das nach damaligen Verhältnissen niedrige Strafmaß von sechs Monaten.[26]

In ihrem autobiographischen Roman *Ich wurde vergessen*, der 1952 erschien, hat Lotte Paepcke* beschrieben, was es bedeutete, als Jüdin in Deutschland während des Krieges zu leben. Als Angehörige einer sogenannten *«privilegierten Mischehe»* war sie zunächst verschont von Ghettoisierung, Deportation und Ermordung. *«Das perfekte Kalkül des Hitlerrassismus hatte beschlossen, den* arischen *Mann einer jüdischen Frau und ihr* halbarisches Kind *dem germanischen Herrenvolk zu erhalten und daher die Frau, die für beide sorgte, leben zu lassen. [...] Das Leben war mir als Almosen gelassen, sein Recht und seine Menschenwürde genommen: eine subtile Art von Grausamkeit, durchdacht und perfekt.»*[27]

Lotte Paepcke entwickelt den inneren Zusammenhang zwischen den *«äußeren Kriegshandlungen»* und dem Krieg gegen die jüdische Bevölkerung, der lange vor 1939 begann. *«Äußere Siege verhießen relative Ruhe nach innen, denn die Gefühle des Volkes waren in befriedigender Weise auf freudige Ereignisse hingelenkt und saturiert im Bewußtsein eigener Macht. Äußere Mißerfolge aber oder Stillstand ließen die Kampfhandlungen auf dem inneren Kriegsschauplatz aufflammen, denn die Aggressionsenergien eines unterdrückten Volkes brauchten einen zu besiegenden Gegner. [...] Siege mußte das deutsche Volk haben, mochte man sie auflesen, wo es auch sei.»*[28]

Ein solch *«äußerer Sieg»* bedeutete für die badischen Jüdinnen und Juden, daß sie aus ihrer Heimat verschleppt wurden. Nach der Kapitulation Frankreichs im Herbst 1940 war die jüdische Bevölkerung aus dem vom Deutschen Reich annektierten Elsaß und Lothringen in den unbesetzten Teil Frankreichs *«abgeschoben»* worden. Wagner und Bürckel, die Gauleiter von Baden, Saarland

---

* (vorige Seite) Lotte Paepcke, Tochter von Olga und Max Mayer, wurde 1910 in Freiburg geboren und lebte hier bis 1933. Heiko Haumann hat ihre und die Geschichte der Familie Mayer ausführlich dargestellt. Sie selbst schildert in ihrem Roman *Ein kleiner Händler, der mein Vater war* die Lebensgeschichte ihrer Eltern, die 1939, einen Tag vor Kriegsbeginn, aus ihrer Heimatstadt flohen. Lotte Paepcke, die mit ihrem Mann Ernst und Sohn Peter zunächst in Köln, später in Leipzig wohnte, kehrte 1943, als sich die Warnzeichen verdichteten, daß auch die Jüdinnen und Juden in sogenannten *«Mischehen»* nicht länger geschützt waren, nach Freiburg zurück. Ein befreundetes Ehepaar, Grete und Karl Borgmann, vermittelte ihr sichere Unterkunft. Die letzten Kriegsmonate verbrachte sie im Kloster der Herz-Jesu-Priester bei Stegen (Haumann 1989; Paepcke 1972).

und Pfalz, veranlaßten, daß auch von hier die jüdische Bevölkerung nach Frankreich deportiert wurde. Mindestens 360 Menschen holte man an diesem Tag allein in Freiburg aus ihren Wohnungen. In ganz Baden, dem Saarland und der Pfalz wurden 6504 Jüdinnen und Juden nach Frankreich deportiert. Nach einer langen Irrfahrt durch das unbesetzte Frankreich brachte man die meisten von ihnen nach Gurs, einem Lager in den Pyrenäen, das ursprünglich für politische Flüchtlinge eingerichtet worden war. Die Zustände in diesem Lager waren entsetzlich. Viele starben, geschwächt durch Hunger und Kälte. Französische und Schweizer Hilfsorganisationen versuchten, mit der Entsendung von Hilfsgütern die schlimmste Not zu lindern. Sie bemühten sich auch darum, durch die Vermittlung von Visa wenigstens einigen Internierten die Zuflucht in ein Land zu ermöglichen, das bereit war, Asyl zu geben. So erhielten die Freiburger Geschwister Martha, Else und Robert Liefmann im Frühjahr 1941 die Ausreiseerlaubnis in die Schweiz. Für Robert Liefmann jedoch kam diese Hilfe zu spät. Er starb wenige Tage, bevor die Geschwister ausreisen konnten.* 1942 begannen von Gurs die Deportationen in die Vernichtungslager des besetzten Polen.[29]

Im Februar 1941 teilte der Kreisleiter der *NS-Volkswohlfahrt*, Hermann Becker, der Stadtverwaltung mit, daß er beabsichtige, in Freiburg ein Tagesheim für Säuglinge einzurichten. In Absprache mit dem städtischen Wohlfahrtsamt habe er bereits eine Vorauswahl geeigneter Räumlichkeiten getroffen, die von der Stadt angemietet werden könnten. So stünden einige «*geräumte*» Häuser «*zur Verfügung*», unter anderem die «*beiden Anwesen Goethestraße 33 (Besitzer: Jude Liefmann) und Schwaighofstraße 12 (Besitzer: Professor Böhm, Jude)*».[30]

---

* Die Kinderärztin Dr. Else Liefmann, die in der Weimarer Republik an der Universitätskinderklinik Freiburg arbeitete und maßgeblich am Aufbau einer medizinischen Säuglingsfürsorge beteiligt war, gehörte zu den ersten Frauen, die 1919 in das Freiburger Stadtparlament gewählt wurden. Sie veröffentlichte 1966 zusammen mit ihrer Schwester Dokumente und Erinnerungen an das Lager Gurs (Liefmann 1966. Siehe auch das Kapitel «Frauenstimmrecht und Frauenpolitik», S. 252 ff.).

Eine Antwort der Stadtverwaltung fehlt in den Akten. Doch als Säuglingshort sollte das Wohnhaus der Geschwister Liefmann nicht genutzt werden. Es wurde zur Dienststelle der örtlichen Gestapo. Heute befindet sich dort, in der Goethestraße 33, der Verkehrsdienst der Freiburger Polizei.

Unverzüglich dem Arbeitsamt namhaft gemacht werden

Die Überlegung, einen zusätzlichen Tageshort für Säuglinge und Krabbelkinder zu eröffnen, stand im Zusammenhang mit dem Arbeitseinsatz der Frauen im Krieg. Zunächst allerdings wurde das Projekt noch einmal zurückgestellt. Erst ab dem Frühsommer 1942 eröffnete die *NS-Volkswohlfahrt* in den einzelnen Stadtteilen sogenannte «*Hilfskindertagesstätten*», die zumeist in stillgelegten Gaststätten untergebracht waren.

Denn obwohl auch in Freiburg im Frühjahr 1941 die amtliche Heranziehung der Frauen zur Arbeit in kriegswichtigen Betrieben begonnen hatte, waren Frauen mit Kindern zunächst ausdrücklich davon ausgenommen. «*Frauen darf Erwerbstätigkeit nicht zugemutet werden, wenn dadurch die geordnete Erziehung ihrer Kinder gefährdet würde; auch sonst sind bei Frauen die Pflichten besonders zu berücksichtigen, die ihnen die Führung eines Haushaltes oder die Pflege von Angehörigen auferlegt*», hieß es im Gesetzestext über den «*Familienunterhalt*».[31] Anders als im Ersten Weltkrieg war die staatliche Unterstützung von Soldatenfamilien jetzt von vornherein besser geregelt. Der Unterhalt lag, je nachdem, wie viele Angehörige zu versorgen waren, bei bis zu 85% vom ursprünglichen Arbeitseinkommen des Mannes. Die Familie sollte ihren Lebensstandard weitgehend halten können, ohne daß die Mutter gezwungen war, arbeiten zu gehen. Das Gesetz sah sogar Lohnbeihilfen für Dienstbotinnen vor, für den Fall, daß «*der Ehefrau mit Rücksicht auf die Kinder die Entlassung nicht zugemutet werden kann*». Solange es wirtschaftlich tragbar war, sollte in diesem Krieg nicht noch einmal daran gerüttelt werden, daß der Ehemann, stellvertreten durch die staatliche Unterstützung, Haupternährer der Familie blieb. Familien mit geringen Einkommen wurden durch das Unterhaltsgesetz jedoch benachteiligt. Für Ehefrauen, die schon vor der Einberufung des Mannes gearbeitet hatten, hieß dies, daß sie nun erhebliche Einbußen ihres Lohnes hinnehmen mußten. Denn im ersten Kriegsjahr wurde der volle Lohn der Frau vom Unterstützungssatz abgezogen, was de facto bedeutete, daß sie durch ihre Arbeit die wirtschaftliche Situation ihrer Familie kaum verbessern konnte. Zwar änderte man dies im Sommer 1940 und rechnete nur noch ein Drittel des Arbeitseinkommens der Frau auf den Familienunterhalt an, doch immer noch empfanden viele diese Regelung als ungerecht. Einige Frauen beschwerten sich bei der zuständigen Behörde, dem städtischen Wohlfahrtsamt. So rechnete eine Frau, die im September 1940 eine Stelle beim Landratsamt angenommen hatte, vor, daß sie bisher 172 RM Familienunterhalt im Monat erhalten hatte. Seitdem sie 168 RM eigenen Verdienst bekam, war ihre Unterstützung um knapp ein Drittel, auf 112 RM gekürzt worden, was sie als Herabsetzung ihres Lohnes empfand. Dem Fürsorgebeamten warf sie «*kleinliche Rechnung*» vor und drohte damit, ihre Arbeit wieder aufzugeben. Der zuständige Beamte zeigte allerdings kein Verständnis für ihre Einwände. «*Sie müßte doch froh und dankbar sein, daß sie noch arbeiten und aktiv helfen kann im Existenzkampf Großdeutschlands. Damit bringt sie auch keine größeren Opfer, wie jeder deutsche Volksgenosse, der irgend ein Angehöriges in vorderster Kampffront hat, und sich trotzdem noch in der Heimat mit ganzer Kraft einsetzt*», entgegnete er empört.[32]

Auch andere Beamte des Freiburger Wohlfahrtsamtes zeigten kein Verständnis für die Beschwerden der Frauen. Stattdessen kritisierten sie, daß sich aufgrund des «*großzügigen Unterhalts*» nur wenig Frauen genötigt sähen, eine Arbeit anzunehmen. Der Kreisobmann der *Deutschen Arbeitsfront* machte Anfang 1941 die ausreichende Versorgung der Soldatenfrauen sogar verantwortlich für eine deutliche «*Lockerung der Arbeitsdisziplin*». Frauen hätten es oftmals nicht nötig, regelmäßig zur Arbeit zu erscheinen. Gerade aus Betrieben mit weiblichen Beschäftigten würde Meldung eingehen, daß viele «*Gefolgschaftsmitglieder*» tagelang ohne Entschuldigung fehlten.[33] Möglicherweise spricht aus dieser Beschwerde auch das Mißfallen darüber, daß Frauen in den ersten Kriegsjahren nicht demselben Druck ausgesetzt waren wie ihre männlichen Kollegen, die alles daran setzten, als «*unabkömmliche*» Arbeitskräfte von der Einberufung zurückgestellt zu werden.

Elisabeth Seitz, die schon vor dem Krieg bei der «Rhodiaseta» in Freiburg gearbeitet hatte, schilderte uns die Veränderungen in der Fabrik, nachdem die meisten Arbeiter eingezogen worden waren.[34] Als sie 1937 bei der Rhodia angefangen hatte, war sie 16 Jahre alt. Eigentlich hatte sie Kindergärtnerin werden wollen, nachdem sie mit 14 die Schule beendet hatte. Doch weil sie für diese Ausbildung noch zu jung war und ihre Familie den Verdienst der älteren Kinder brauchte, arbeitete sie zunächst als Laufmädchen in einer kleinen Zigarrenfabrik am Hohenzollernplatz. Schließlich bekam sie eine Stelle in der Chemiefaserfabrik Rhodiaseta. Kurz darauf verunglückte ihr Vater so schwer, daß er arbeitsunfähig wurde. Und so mußte Elisabeth, eine von acht Geschwistern, weiter in die Fabrik gehen. «*Da war natürlich mein Wunschtraum dann fertig. Die drei älteren waren schon aus dem Haus, meine nächstältere Schwester war so langsam am Gehen und da war ich halt diejenige, die das Geld heimgebracht hat. Die anderen zwei waren noch in der Schule, mein kleiner Bruder sowieso. Kindergärtnerin, der Traum war also aus, das war ganz klar – arbeiten gehen, Geld verdienen.*»

Wie hoch ihr Lohn bei der Rhodia war, daran erinnert sich Elisabeth Seitz nicht mehr genau, aber viel ist es nicht gewesen, was sie im Akkord verdiente. Vor dem Krieg arbeitete sie in der Zwirnerei der Kunstseidenabteilung der Rhodia, in Wechselschicht, von frühmorgens um 6 Uhr bis mittags um 2 Uhr oder von mittags bis abends um 10 Uhr. Die Zwirnerei und auch die anderen Abteilungen, in denen die Acetatfasern weiterverarbeitet wurden, waren typische Frauenarbeitsplätze, die meisten Kolleginnen jung. Die Aufsicht führten allerdings ausnahmslos männliche Vorarbeiter. Männer waren außerdem in der Spinnerei beschäftigt, wo die Grundfaser produziert wurde.

«*Die Spinnerei war eine ausgesprochene Männerabteilung, in der rund um die Uhr gearbeitet wurde. Schon allein wegen der Nachtschicht durften die Frauen dort nicht arbeiten. Im ersten Kriegsjahr schon wurde die Spinnerei ziemlich leer, weil die Männer alle eingezogen wurden. Dann ging man durch die Abteilungen und hat gefragt, wer von den Frauen freiwillig in die Spinnerei gehen will, besser gesagt von den Mädchen, die Frauen waren weniger interessiert daran.*

Da ich immer schon ein bissel abenteuerlustig war, gerne was neues sehen wollte, lernen wollte, hab ich mich dann auch gleich gemeldet und zwei von meinen näheren Kolleginnen sind mitgegangen. Dann ging es halt los mit Spätschicht, Frühschicht, Nachtschicht. Schon das war natürlich eine Umstellung, aber uns hat vor allem die Hitze zu schaffen gemacht.

Die Arbeit selbst war nicht so schwer, ähnlich wie schon in der Zwirnerei. Wir mußten die Maschinen garnieren, das heißt die großen Spulen wechseln, zu zweit mußte man das machen und neue auflegen. Nur eben die Hitze, die wahnsinnige Hitze, mindestens 30, 40, auch mal 45 Grad! Und wir hatten diese Drillichhosen und Jacken dazu, diese fürchterlich dicken Anzüge mußten wir tragen. Auf jeder Schicht waren wir jetzt zu vier Mädchen, sonst gab es dort nur noch ältere Meister, die nicht mehr eingezogen worden sind. Mir hat die neue Arbeit schon Spaß gemacht, nur die verfluchte Hitze. Da war man immer in Schweiß gebadet.»

Obwohl die Frauen nun die Arbeit der Männer machten, wurden sie nach ihrem alten Tarif bezahlt. Ungeachtet ihrer härteren Arbeitsbedingungen bekamen sie nicht die Vergünstigungen, die den Männern selbstverständlich zugestanden hatten. So durften sie nach wie vor nur jeden zweiten Tag duschen, so daß sich die Kolleginnen darauf einigten, lieber nur die halbe Zeit, dafür aber nach jeder Schicht zu duschen.

«Wir mußten sogar um die Milch kämpfen, die die Männer jeden Tag gekriegt haben. Uns aber hat man sie nicht geben wollen. Dann sind wir auf die Barrikaden, ich war da ein bissle vorne dran: ‹Wenn die Männer die Milch brauchen, dann brauchen wir sie ja wohl auch›. Nach einigen Wochen kam man dann dahinter, daß man sie uns auch geben muß. Mit dem Lohn ging es länger, das war nicht gut. Es gab keine Angleichung an den Männerlohn dort. So lang ich dabei war, haben wir, glaube ich, nicht mehr gekriegt wie vorher.

Aber mit den langen Hosen, da hatten wir noch einen kleinen Kampf. Unsere schweren Arbeitskleider, sogar mitten im Hochsommer, bei 50

Grad, waren ja völlig unsinnig. Die Männer, die hatten es einfach, die konnten in der Hitze ihr Hemd ausziehen. Ich hatte dann die Idee, die Hosen einfach abzuschneiden. ‹Das kannst du doch nicht machen›, haben meine Kolleginnen zuerst gemeint. Aber ich blieb dabei: ‹Ich schneid sie ab, über's Wochenende, im Bad rennt man doch auch mit kurzen Hosen rum!› ‹Also gut, machen wir es auch›, haben die anderen drei gemeint, ‹wir müssen ja miteinander kommen.›

Am Montag – wir haben uns immer auf dem Weg zur Schicht, auf der Brücke am Flugplatz, getroffen – haben wir uns gefragt: ‹Hosen abgeschnitten?› – ‹Ja!› Doch vorsichtshalber hatten wir die langen auch noch mitgenommen, ein bissel Kniezittern hatten wir schon. Dann haben wir uns umgezogen. Von der Garderobe ging eine große breite Treppe in den Maschinensaal und dort kamen wir dann runter, in unseren kurzen Hosen. Unten stand der Vorarbeiter, für unsere Begriffe war das damals schon ein alter Mann. – ‹Was macht denn ihr! Geht ja rauf und zieht euch um!› – ‹Wir haben keine andere Hose dabei›, haben wir ihm gesagt, ‹dann müssen wir wieder heim.› Das wollte er natürlich nicht, die haben uns ja dringend gebraucht.

So ist er dann zum Obermeister rauf, und nach einer halben Stunde mußten wir auch zu ihm. Der Obermeister war nun ein sehr interessanter Mann für uns, vor allem die Älteren haben alle für den geschwärmt, weil er ein gutaussehender, netter Mann war. Der guckte uns so an: ‹Tja, ich weiß ja auch nicht, ihr könnt nicht so arbeiten, das geht nicht!› – ‹Dann müssen wir eben zurück in die Zwirnerei›, haben wir gemeint.

Also gut, so konnten wir erstmal bleiben, er wollte gleich morgen zum Personalchef. Von dort sollte es dann zur Direktion, aber da wußten wir schon, damit war es gegessen, der Direktor hat sich nicht dafür interessiert. Das war das erste Mal, daß wir wirklich was durchgesetzt hatten, das war schon gut.

Wir haben ja gewußt, daß sie uns dringend brauchen, und wir waren sehr gute Arbeiterinnen, fix, in der Arbeit konnte man uns überhaupt nichts nachweisen. Das haben wir immer so ein bissel benutzt, wenn sie uns nicht geben wollten, was uns zugestanden ist. Dann haben wir gesagt: ‹Wir melden uns wieder zurück›. Denn das war uns versprochen worden, wenn wir es nicht aushalten in der Spinnerei, dann kommen wir wieder in die alte Abteilung zurück.

So hatten wir also die kurzen Hosen. Unser Meister hat noch gemeint: ‹Eins muß ich schon sagen, netter seht ihr mir ja aus, aber das geht nicht, unsere Männer werden da verrückt.› – ‹Wir sind zum Arbeiten da, nicht zum Männer verrückt machen›, haben wir ihm gesagt und unsere Arbeit gemacht. Die Frauen von den anderen Schichten haben es dann nachgemacht und auch kurze Hosen getragen. Aber wir haben es durchgesetzt.»

Im Rückblick sieht Elisabeth Seitz nicht nur die komische Seite dieses kleinen Kampfes um die kurzen Hosen. Noch später, nach dem Krieg, als sie in der Rhodia Betriebsrätin war, sei die Erfahrung der eigenen Stärke, die sie in diesen Auseinandersetzungen gemacht habe, sehr wichtig für sie gewesen. Ihr Selbstbewußtsein konnten die Arbeiterinnen damals aus der Gewißheit ziehen, daß sie nicht zu ersetzen waren und daß sie die Arbeit der Männer freiwillig übernommen hatten.

Bei dieser Freiwilligkeit sollte es nicht bleiben. Im Juli 1941 gab das Reichsarbeitsministerium einen Runderlaß heraus, der den Familienunterhalt neu regelte. Die berufstätigen Frauen bekamen

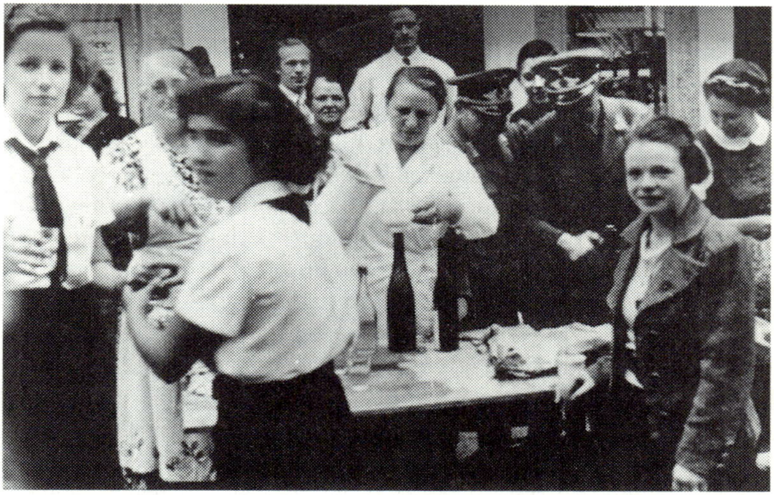

Die Freiburger NS-Frauenschaft versorgt 1940 durchziehende Soldaten.

jetzt unabhängig von ihrem eigenen Verdienst den vollen Unterstützungsatz ausbezahlt. Gleichzeitig wurden die Wohlfahrtsämter angewiesen zu überprüfen, welche der unterstützten Frauen zum Arbeitseinsatz einberufen werden könnten. Frauen ohne Kinder oder pflegebedürftige Angehörige sollten «*unverzüglich dem Arbeitsamt namhaft gemacht werden*». Weigerten sie sich auch nach mehrmaliger Vorladung, eine Arbeitsstelle anzunehmen, dann konnte ihnen der Familienunterhalt gekürzt werden.[35]

Obwohl diese Änderung zunächst nur Frauen betreffen sollte, die während des Krieges ihre Arbeitsstelle aufgegeben hatten, sah man sich in Freiburg genötigt, von Anfang an auch bisher nicht berufstätige Frauen zur Arbeit heranzuziehen. «*Es liegt gar keine Veranlassung vor, hier großherzig zu sein. Andere Städte verlangen den Arbeitseinsatz kinderloser Frauen ebenfalls und schon seit langem*», bemerkte Oberbürgermeister Kerber.[36]

Aus einzelnen Gutachten der Fürsorgerinnen und Beamten des Wohlfahrtsamtes wird deutlich, daß sie tatsächlich alles andere als Nachsicht übten, wenn eine Frau sich gegen die Arbeitsverpflichtung zu wehren versuchte. Die Gutachten zeigen aber auch, welche Mittel und Wege es dennoch gab. Die Frauen konnten durch ein ärztliches Attest die Heranziehung herauszögern, oder sie beriefen sich auf pflegebedürftige Angehörige. Einige veranlaßten ihre Ehemänner, daß deren vorgesetzter Offizier Beschwerde beim Wohlfahrtsamt einlegte. Eine Frau hatte Erfolg mit der Erklärung, sie würde ihren Lebensunterhalt durch das Sammeln von Beeren und Pilzen bestreiten. Um der Arbeit in einem kriegswichtigen Industriebetrieb zu entgehen, zog es schließlich manche Frau vor, sich für eine unbezahlte Hilfstätigkeit zu melden, zum Beispiel als ehrenamtliche Aushilfe in der Kartenausgabe des Lebensmittelamtes.[37]

Laut einer Statistik der *Kreiswaltung der Deutschen Arbeitsfront (DAF)* über den «*Arbeitseinsatz der Frau*» war bis zum Frühsommer 1941 die Zahl der erwerbstätigen Frauen im Kreisgebiet Freiburg deutlich gestiegen. Rund 1500 Frauen hatte man innerhalb von nur fünf Monaten neu in Arbeit gebracht. In einer zweiten Übersicht listete die DAF die «*ausländischen Arbeitskräfte*» im Kreisgebiet auf. Ihre Zahl war innerhalb desselben Zeitraums um über 3000 gestiegen. Fast ein Drittel waren französische und polnische Kriegsgefangene, die dem Kreis Freiburg als Zwangsarbeiter zugeteilt worden waren, die anderen zwei Drittel sogenannte «*Zivilarbeiter*» aus Polen. Viele von ihnen waren zwangsweise aus dem besetzten Polen hierher gebracht worden.

Leid, meine Geliebte, wie traurig ist unser Leben

2050 Polen und 64 Polinnen, die im Landkreis vor allem in der Landwirtschaft arbeiten mußten, zählte die DAF Freiburg im Juli 1941.[38] Die «*Zivilarbeiter und -arbeiterinnen polnischen Volkstums*», so die offizielle Bezeichnung des Reichsinnenministeriums, mußten in Deutschland unter Bedingungen leben, die sie zu Arbeitsgefangenen machten. Sie wurden einem Sonderrecht unterstellt. Nächtlicher Ausgang war ihnen ebenso verboten, wie ein Fahrrad oder öffentliche Verkehrsmittel zu benutzen. Die Kirche, Gaststätten und kulturelle Veranstaltungen durften sie nur besuchen, soweit keine Deutschen dort verkehrten. Sie sollten möglichst in geschlossenen Lagern untergebracht werden, damit ein privater Kontakt zu den Deutschen ausgeschlossen war.

Nach der Annektion des Elsaß, als Südbaden kein grenznahes Gebiet mehr war, wurden auch französische Kriegsgefangene hierher kommandiert. Sie sollten vor allem in der Industrie zum Einsatz kommen. Im Juli 1940 forderte die *Industrie- und Handelskammer Freiburg* die Firmenleiter im Kreisgebiet auf, unverzüglich ihre «*Bedarfsmeldungen auf Gefangene*» durchzugeben. Zu den ersten Freiburger Firmen, die dieses Angebot in Anspruch nahmen, gehörte die Rhodiaseta. Im Herbst 1940 kamen die ersten französischen Kriegsgefangenen in den Betrieb. Sie wurden in einem eigens für sie errichteten, bewachten Barackenlager auf dem Werksgelände untergebracht.[39]

Elisabeth Seitz, die 1941 bei der Rhodia aufhören mußte, weil sie die Arbeit körperlich nicht mehr durchstand, erinnert sich noch an die ersten französischen Kriegsgefangenen, die sie mit ihren Kolleginnen anlernte. «*Nach zwei Jahren in der Spinnerei bin ich immer dürrer geworden, die Nachtschicht hat mir zu schaffen gemacht. Dann war schon ständig Fliegeralarm nachts und so richtig zu essen haben wir da langsam auch nicht mehr gehabt. Der Arzt hat dann zu unserer Mutter gesagt: ‹Nehmen Sie das Mädle von der Arbeit weg, wenn Sie sie am Leben erhalten wollen, das geht da ein›.*

In meinem letzten Jahr bei der Rhodia kamen die Franzosen, die ersten Kriegsgefangenen, die haben wir dann noch einlernen müssen. Uns wurde gleich gesagt, daß wir mit denen nicht sprechen durften. Die durften überhaupt keinen Kontakt haben, sind morgens immer gebracht worden von ihrem Wärter und auch wieder abgeholt worden. Naja, sagen Sie denen mal, wo sie arbeiten sollen, wenn Sie nicht sprechen dürfen. Da haben wir uns eben mit Händ und Füß verständigt. Das hat auch sehr gut geklappt, mit denen war gut arbeiten. Und mit der Zeit hat sich niemand mehr drum gekümmert, wie das lief. Jede von uns hat so einen netten kleinen Schwarm gehabt. Franzosen, die Männer über dem Rhein, das waren ja für uns die *Männer, das ist ja heut' noch für manche so. Und das waren auch richtig nette Burschen, die auch alle nett geschafft haben mit uns, es war also ein sehr gutes Verhältnis.*»

Nicht immer konnten Frauen ein gutes Verhältnis zu den Kriegsgefangenen in so angenehmer Erinnerung behalten. Jedes private Gespräch, jede Unterhaltung, aus der sich eine freundschaftliche Beziehung hätte entwickeln können, war nicht nur verboten, sondern konnte eine Anzeige zur Folge haben, wenn sich ein Vorgesetzter, der Wachmann der Gefangenen oder auch nur eine Kollegin bemüßigt sah, dies bei der Betriebsleitung zu melden.

In den Rapportmeldungen, die aus einzelnen Betrieben an die DAF Freiburg gingen, klagten die *Obmänner* immer wieder darüber, daß sich die weiblichen «*Gefolgschaftsmitglieder*» mit französischen Kriegsgefangenen einließen, sie sogar nach der Arbeit am Lagerzaun besuchten. Sie forderten, mit Entschiedenheit diesem «*ehrvergessenen Verhalten*» Einhalt zu gebieten.[40]

"Da meine Entlassung gerade zwei Tage nach Weihnachten wäre, wäre ich Ihnen sehr dankbar, wenn ich ein Teil meiner Strafe geschenkt bekäme, damit ich Weihnachten bei meinen Angehörigen verbringen

könnte. Habe meine Tat schon sehr bereut, und verspreche Ihnen, wieder ein gutes, deutsches Mädchen zu sein.» Mit diesen Worten bat im November 1942 eine 24jährige Strafgefangene aus dem Gefängnis Hohenasperg um ihre vorzeitige Entlassung. Sie war vom Amtsgericht Freiburg zu vier Monaten Haft verurteilt worden, weil sie mit einem französischen Kriegsgefangenen «*vertraut geworden*» sei, ihn «*an einem nicht näher feststellbaren Tage im Waschraum des Betriebs geküßt*» habe.[41]

Der Tatbestand des «*Verbotenen Umgangs mit Kriegsgefangenen*» war zu Beginn des Krieges in die Strafvorschriften zum «*Schutze der Wehrkraft des Deutschen Volkes*» aufgenommen worden. Nach diesem Gesetz konnten deutsche Frauen und Männer zu Gefängnis oder Zuchthaus verurteilt werden, wenn sie « *mit einem Kriegsgefangenen in einer Weise Umgang*» gepflegt hatten, «*die das gesunde Volksempfinden gröblich verletzt*». Nicht allein Liebesbeziehungen, sondern schon ein freundschaftliches Verhalten gegenüber Kriegsgefangenen waren unter Strafe gestellt. Wer auf der Straße häufig mit Gefangenen sprach, wer ihre schlechte Behandlung offen kritisierte, wem gar vorgeworfen wurde, die Gefangenen aufgewiegelt und gegen den Dienstherren «*aufgehetzt*» zu haben, dem konnte eine Anzeige drohen. Es waren im Amtsgerichtsbezirk Freiburg auf deutscher Seite vor allem Frauen, die des «*verbotenen Umgangs mit Kriegsgefangenen*» angeklagt wurden.* In vielen dieser Prozesse wurde nicht über eine intime Beziehung verhandelt, sondern schon ein Kuß, ein freundliches Gespräch, eine kleine Hilfeleistung reichten aus, um die Angeklagte ins Gefängnis zu bringen. Die «*Wehrkraft*» des Volkes, insbesondere aber die deutsche Mannesehre, mußte sehr weiträumig geschützt werden.

* Im Staatsarchiv Freiburg sind 23 Prozeßakten des Amtsgerichts Freiburg in dieser Strafsache archiviert. Daß es wesentlich mehr Verfahren waren, zeigen Querverweise auf Prozesse, die jedoch nicht überliefert sind. In keinem Verfahren wurde einem deutschen Mann vorgeworfen, sich gegenüber Kriegsgefangenen «*ehrlos*» verhalten zu haben. Die drei Männer, die des «*verbotenen Umgangs*» angeklagt wurden, waren Elsässer, die der Fluchthilfe verdächtigt wurden, weil sie sich regelmäßig mit ihren gefangenen Landsleuten getroffen hatten.

In allen Prozessen lastete man den Frauen an, daß sie als Deutsche nicht die gebotene Zurückhaltung gezeigt und bewußt den Kontakt mit Kriegsgefangenen gesucht hatten. Auch wenn ihnen in dieser Richtung nichts nachzuweisen war, unterstellte man ihnen zumindest unterschwellig immer auch ein erotisches Interesse.

Welche Strafe den Kriegsgefangenen drohte, denen eine Liebesbeziehung mit einer Deutschen vorgeworfen wurde, hing von ihrer Nationalität ab. Franzosen stellte man in der Regel vor ein Kriegsgericht und verurteilte sie zu einer Gefängnisstrafe. Polnische Kriegsgefangene dagegen wurden aus der Gefangenschaft entlassen, um sie nach ihrem Status den polnischen Zwangsarbeitern gleichzustellen. Als Kriegsgefangene hätten sie unter dem Schutz der *Genfer Konvention* gestanden, als «*Zivilarbeiter polnischen Volkstums*» aber konnten sie an die Gestapo ausgeliefert und ohne Gerichtsverfahren abgeurteilt werden. Ein Sondererlaß ordnete die Todesstrafe gegen polnische Zwangsarbeiter an, «*die mit Deutschen Geschlechtsverkehr ausüben oder sich sonstige unsittliche Handlungen zuschulden kommen lassen*».[42]

Auch deutsche Frauen, denen ein Liebesverhältnis zu einem Polen nachgewiesen worden war, kamen ohne Gerichtsverfahren in «*Schutzhaft*». Bevor die Gestapo die Frauen in ein Konzentrationslager verschleppte, sollten sie in ihrem Heimatort an den Pranger gestellt, als Kahlgeschorene durch die Straßen geführt werden. Die Strafakten des Amtsgerichts Freiburg erteilen deshalb Auskunft nur über die Frauen, die wegen «*verbotenen Umgangs*» mit französischen Kriegsgefangenen belangt wurden. Sie hatten so gut wie keine Chance, freigesprochen zu werden. Nur in einem Verfahren wurde die Anklage fallengelassen, weil selbst der Ermittlungsbeamte der Gestapo den Belastungszeugen unglaubwürdig fand. Der Denunziant, der eine Bauerstochter zusammen mit einem Gefangenen im Gebüsch beobachtet haben wollte, sei in seinem Dorf als «*großer Dreckschwätzer*» bekannt, der sich «*viel mit Weiberklatschereien abgibt*», faßte er seine Ermittlungen zusammen.[43]

In allen anderen Fällen wurden die Frauen, selbst wenn sich die Anklage auf üble Nachrede stützte, zu mehreren Monaten Gefängnis verurteilt. In der Hälfte dieser Verfahren ging es um den Vorwurf einer intimen Liebesbeziehung. Zumeist waren diese durch Gerede in der Nachbarschaft ruchbar geworden, in einigen Fällen aber auch durch die Schwangerschaft der betroffenen Frau. Tatsächlich waren Schwangere vor Gericht in der besseren Lage. Während Frauen, deren «*ehrvergessene Triebhaftigkeit*» ohne Folgen geblieben war, fast ohne Ausnahme zu 1 1/2 Jahren Zuchthaus verurteilt wurden, bekamen diese eine kürzere Gefängnisstrafe. Denn nach «*rassischen*» Wertmaßstäben waren ihre Kinder nicht unerwünscht. Man gestand ihnen Haftaufschub für die Geburt und die Stillzeit zu. Außerdem ersparte man ihnen, in einem erniedrigenden Geständnis Einzelheiten ihrer Beziehung preiszugeben, weil dieser Beweis für den Prozeß nicht mehr notwendig war.

Zu Gefängnisstrafen zwischen 3 und 6 Monaten wurden Frauen verurteilt, denen man allenfalls eine Lappalie nachweisen konnte. Sie hatten zum Beispiel während der Arbeit mit einem der Gefangenen geflirtet oder sich am Lagerzaun unterhalten. Manchmal war ein abgefangener Liebesbrief die Grundlage für die Anklage.

«Ich danke dir sehr für deinen Brief, aber meine Liebling ich wünsche dir noch schönes Liebeswörter hören, mein Herz ist krank und brauch viel Trost. […] Kleine Püppchen heute Morgen habe ich dir nicht gesehen, trotz ich den ganzen Tag an Dir warte nur schaue am Fenster. Aber etwas im Herz sagt mich daß du vorbeigehst, und ich war heraus, und habe ich dir gesehen, aber du nicht!

Leid meine Geliebte wie traurig ist unser Leben![44]

[…] Du kannst nicht wissen wie ich dich verlange! *Ich möchte so gern deine Mund küssen und dir in meinen Arme drücken. Und wenn du nein sagst […] kann ich dir nichts antworten. Ich bin so Aufregen!! Ich bin wie ein Junge Mann 17 Jahre alt wenn er liebt für das erste Mal! […]*

Weißt du kleine Engel, es ist nicht so gefährlich wenn es dunkel ist, weil wir stehen zwischen 2 Türen […]. Und können wir, wenn wir in die

Mitte stehen, gut hören, wenn jemand kommt. Glaubst du nicht mein Liebling?

Oder kännst du einen andern Platz? Ich weiß daß wir sollen sehr vorsichtig sein, und deshalb verlange ich von dir nichts, ich bleibe mit meinem Unglück, und meinen Traurigkeit! [...]

Kleine Püppchen. Du kannst wenn du willst mich antworten, und dein Brief an meinen Kameraden, der da mit der Wagen von Färberei kommt geben. Tausende liebe Küsse. [...]»

Dieser Brief erreichte nicht die Empfängerin, sondern ein Wachmann fand ihn bei einer Routinedurchsuchung des Lagers. Weil der Gefangene darin auch um Hilfe bei einem «*Vorsatz*» gebeten hatte, zu dem er schrieb, noch «*auf einen Antwort von Elsaß*» zu warten, unterstellte man der Frau versuchte Beihilfe zur Flucht. Das Amtsgericht Freiburg verurteilte sie 1941 zu drei Monaten Gefängnis.[45]

Besonders in Landgemeinden lag der Anklage häufig dieser Verdacht zugrunde. Stellvertretend für ähnliche Verfahren soll hier ein Fall beschrieben werden, der sich 1942 in einem Dorf am Kaiserstuhl ereignete.[46]

Seit mehr als zwei Jahren arbeiteten hier französische Kriegsgefangene bei den Bauern. Sie waren im ehemaligen Armenhaus des Dorfes einquartiert und von einem Soldaten bewacht. Doch tagsüber, während der Arbeit auf den verschiedenen Höfen, konnten sie sich relativ frei bewegen.

Im März 1942 informierte nun der Wachsoldat den Bürgermeister des Dorfes, daß «*etwas vorliegen würde zwischen französischen Kriegsgefangenen und hiesigen Frauenspersonen*». Namentlich beschuldigte er allerdings nur eine Frau, Lina Hug,* die Tochter des Schmieds. Noch am selben Tag wurde sie auf Anordnung des Bürgermeisters ins Rathausgefängnis gebracht.

In Wirklichkeit war die Angelegenheit durch eine Nachbarin des Dorfschmieds in Gang gebracht worden. Schon lange hatte sie den Wachmann immer wieder darauf angesprochen, daß auffällig häufig Franzosen im Haus der Familie Hug verkehrten. Doch hat-

---

* Name geändert.

te dieser nichts weiter unternommen. So verlegte sich die Nachbarin darauf, Hugs eine Falle zu stellen. Den Gefangenen, der bei ihr zur Arbeit kommandiert war, schickte sie mit einem Auftrag zum Schmied nach nebenan und ließ währenddessen von einem Nachbarskind den Wachmann holen. Der sollte später aussagen, sogar kleine Kinder hätten ihm auf der Straße erzählt, «*daß gefangene Franzosen in das Haus der Lina Hug gehen*». Natürlich fand er den Gefangenen im Hof des Schmieds und konnte sich persönlich davon überzeugen, wie sich die Tochter des Hauses mit ihm auf französisch unterhielt, ihm auch ein paar Zigaretten zusteckte.

Die polizeiliche Untersuchung des Vorfalls übernahm die Freiburger Gestapo. Einer der Zeugen, die nun vernommen wurden, benannte sehr deutlich, was in Wirklichkeit hinter dem Gerede im Dorf steckte: «*In der letzten Zeit wurde allgemein darüber gesprochen, daß die französischen Kriegsgefangenen eines Tages durchgehen werden und wir dann keine Arbeitskräfte mehr hätten. Dieses Gespräch kam daher, weil man in der letzten Zeit die Wahrnehmung machte, beziehungsweise ein Gespräch im Dorf herumging, daß der Franzose Manchette* ab und zu mit der Lina Hug zusammenkommen soll.*»

Diese Befürchtungen hatten einen realen Hintergrund, denn in den vergangenen Jahren war es schon zweimal einer Gruppe gelungen, aus dem Lager zu entkommen und über das nahe Elsaß nach Frankreich zu flüchten.

Die Ermittlungen der Gestapo erbrachten zahlreiche Zeugenaussagen, die den Verdacht gegen Lina Hug erhärteten. Eine Nachbarin der Hugs wollte gehört haben, wie sich Lina mit einem Gefangenen darüber beriet, daß bei der Durchsuchung des Lagers eine Landkarte gefunden worden war. Eine andere wollte wissen, daß sie einem Gefangenen Zivilkleider besorgt hatte. Auch über die anderen Angehörigen der Familie Hug gab es Verdächtiges zu berichten. So hätte man dem Schmied «*seine Franzosen*» wieder weggenommen, weil sie dort so bevorzugt behandelt worden seien. Einem kranken Gefangenen hätten Lina und ihre Mutter sogar täglich das Essen ins Lager gebracht und ihn dort gesund gepflegt.

---

* Name geändert.

Am schwersten aber wog die Aussage der Tochter des Kolonialwarenhändlers, die zu Protokoll gab, daß Lina Hug bei ihr im Laden einige Male das Lagergeld der Franzosen in deutsches Geld getauscht hätte. Um eine Flucht zu erschweren, war es streng verboten, den Kriegsgefangenen Geld zu geben. Sie durften nur die Wertscheine besitzen, die das Lager für kleinere Einkäufe ausgab.

Lina Hug selbst bestritt all diese Vorwürfe entschieden. Sie gab nur zu, dem einen Gefangenen auf dem Hof Zigaretten geschenkt zu haben. Weil sie französisch spreche, wäre sie außerdem von den Dorfleuten für die verschiedensten Angelegenheiten als Dolmetscherin geholt worden. Für alle Hilfeleistungen konnte sie Erklärungen geben, mit denen die Vorwürfe entkräftet wurden. «*Ich bin mit keinem der französischen Kriegsgefangenen in näheren oder intimen Beziehungen gestanden. Ich sehe ein, daß ich mich gegenüber ihnen nicht so verhalten habe, wie mir das vorgeschrieben ist. Ich dachte aber auch nicht daran, daß ich wegen solcher Sachen ins Gefängnis komme. […] Ich bin während meiner dreijährigen Tätigkeit in Nordfrankreich als Kindergärtnerin in einer französischen Familie mit acht Kindern als Deutsche so gut behandelt worden und auch sehr geachtet gewesen. Ich kann sagen, daß ich das mir zur Last gelegte aus innerer Dankbarkeit heraus und nicht in einer bösen Absicht getan habe.*»

Obwohl ihr anderes nicht bewiesen werden konnte, erhob die Freiburger Staatsanwaltschaft Anklage und beantragte eine Gefängnisstrafe von 3 Monaten. Das Amtsgericht verurteilte sie zu 4 Monaten Gefängnis. Der Richter wertete den «*zahlreichen Verkehr der Angeklagten mit den Kriegsgefangenen*» als strafverschärfend. Sie habe «*ihr verwerfliches Verhalten nachdrücklich fortgesetzt*» und den Gefangenen «*geradezu [eine] Betreuung*» zukommen lassen.

Aus den umfangreichen Ermittlungsakten wird deutlich, warum gerade Lina Hug denunziert worden war. Tatsächlich konnte ihr nicht angelastet werden, daß schon zweimal Gefangenen die Flucht gelungen war. Als nämlich im Oktober 1940 die ersten entkamen, lebte sie überhaupt nicht im Dorf, sondern arbeitete als Kindergärtnerin im Elsaß. Erst im Sommer 1941 war sie wieder zu ihren Eltern gezogen, und zwar zufällig genau an dem Tag, an dem in der darauffolgenden Nacht wieder eine Gruppe floh. Auch diesmal aber konnte sie nicht geholfen haben, die Flucht vorzubereiten.

Lina Hug war mit 18 Jahren zum ersten Mal aus dem Dorf weggegangen. Sechs Jahre hatte sie als Kindermädchen in der Schweiz und in Frankreich gearbeitet. Erst 1934, mit 24 Jahren, kehrte sie zurück, um einen Mann aus dem Dorf zu heiraten. *«Es wurde aber nichts daraus, weil ich aus besonderen Gründen nicht heiraten wollte»*, wird sie später im Gestapoverhör zu den Umständen dieser Entlobung erklären. Nun spätestens war Lina in ihrem Dorf nicht gut angesehen. Als sie dort noch im selben Jahr, mit Unterstützung der *NS-Volkswohlfahrt* einen Kindergarten aufbaute, lehnte es der Gemeinderat ab, sie als Erzieherin einzustellen. So blieb Lina für einige Jahre zunächst zu Hause und arbeitete auf dem elterlichen Hof. Schließlich gründete sie 1937 im Dorf eine Ortsgruppe der *NS-Frauenschaft* und qualifizierte sich damit für eine Stelle als Kindergärtnerin im Nachbarort. 1938 verließ sie zum zweiten Mal ihren Heimatort, um weiter entfernt in ihrem Beruf zu arbeiten. Im Herbst 1940 übernahm sie eine Kindergartenstelle im elsässischen Mulhouse, das nun wieder Mühlhausen hieß. Erst als ihre Eltern sie darum baten, auf dem Hof auszuhelfen, kehrte sie 1941 nach Hause zurück.

Es braucht nicht viel sich vorzustellen, wie Lina in ihrem Dorf angesehen wurde. Argwöhnischer noch als eine ganz Fremde, hatte sie es doch vorgezogen, im Ausland zu leben, solange, daß ihr die Heirat mit einem Hiesigen nicht mehr gut genug war, sie am Ende vielleicht überhaupt von Männern nichts wollte. Lieber war sie noch immer, mit über dreißig Jahren, ein lediges Mädchen.

Nicht immer waren es Außenseiterinnen, die wegen verdächtigen Umgangs mit Gefangenen an die Polizei ausgeliefert wurden. Streitigkeiten zwischen Nachbarinnen, Mißgunst, Neid oder eine langanhaltende Fehde konnten in eine Denunziation münden. Ähnlich wie die Nachbarin der Lina Hug gingen die Denuziantinnen dabei oftmals sehr zielstrebig und mit Ausdauer und Zähigkeit vor, bis sie ihre Gegnerin ins Gefängnis gebracht hatten.

«Nun sitze ich schon annähernd drei Wochen hier, und warte täglich auf die Freiheit. Ich weiß nicht, ob das ein Mensch verstehen kann, von

den Kindern losgerissen zu werden, an denen ich mit Leib und Seele hänge, und ins Gefängnis gesperrt. Wenn es noch lange so weiter geht, gehe ich seelisch vollständig kaputt. […] Warum glaubt man denn nur jenen, die andere schlecht machen wollen? Wie oft hat diese Person […] schon gesagt, sie läßt keine Ruhe, bis ich drin sitze. Was hat's Leole erzählt, als er damals heimgekommen ist? Weiß er, wo seine Mutter ist? Wie oft fragt er am Tag nach mir?» schrieb eine 29jährige Frau im November 1943 aus dem Freiburger Gefängnis an ihren Vater, bei dem sie mit ihren beiden Kindern lebte.

«*Sie [Die Denunziantin] stellt sich vor unser Haus und schimpft, spricht vorübergehende Leute an, macht uns schlecht, wo sie nur kann. Vor meinem Haus hat sie geschrieen ‹ich bring sie nein› – meine Tochter nämlich – ‹wenn der Gendarm heute nicht kommt, wird sie morgen verhaftet›*», hatte der Vater vor Gericht beteuert. Es sollte nichts helfen. Die Angeklagte wurde zu 3 Monaten Gefängnis verurteilt, weil sie sich von ihrem Fenster aus mit einem französischen Gefangenen unterhalten, ihm eine Jacke geflickt und verschiedentlich Obst und Kuchen zugeworfen habe.[47]

Eine viel zu gute Nationalsozialistin

Eine der deprimierenden Einsichten beim Lesen der Freiburger Gerichtsakten aus der Nazizeit war, daß die meisten Strafverfahren nicht etwa durch eine gezielte Ermittlung der Gestapo in Gang gekommen sind. Dies gilt besonders für die Kriegszeit, für die unzähligen Prozesse vor dem Freiburger Sondergericht.* Hier wurden Frauen und Männer verurteilt, weil sie im Radio «*den Ausländer*» gehört hatten, weil sie sich defätistisch über den Verlauf des Krieges geäußert hatten oder mit einer Bemerkung wie «*Ich schiß bald auf's ganze Dritte Reich*» an die Falsche geraten waren. Ein Nachbar, die Kollegin, der Lehrer der Kinder oder einfach nur eine Bekannte hatte sich verpflichtet gesehen, als ehrenamtliche Geheimpolizei einzuschreiten. Mit einer gezielten Denunziation konnten festgefügte Hierarchien gesprengt werden, die Angestellte ihrer Vorgesetzten, der Mieter seiner Hauswirtin eine Gefahr sein. In einigen Fällen blieb der Verrat sogar in der Familie, wenn sich zum Beispiel auf diese Weise die Gelegenheit bot, eine unliebsame Schwägerin zu Schaden zu bringen.

In den letzten Kriegsjahren wurden zwei Freiburgerinnen vor dem *Volksgerichtshof* in Berlin angeklagt, weil das Reichsjustizministerium, das alle bei den *Sondergerichten* anhängigen Verfahren überprüfte, ihren Fall als schwerwiegenden, «*hochverräterischen*» Angriff auf den Staat beurteilte. Beide Frauen waren durch eine Denunziation ausgeliefert worden.

Im August 1943 zeigte die Freiburger Gestapo Margarethe Seitz wegen «*wehrkraftzersetzender Äußerungen*» an, strafbar nach § 5 der *Kriegssonderstrafverordnung*.[48] Oberstudienrat Dr. Hess, Ortsgruppenleiter der NSDAP Mittelwiehre, hatte der Gestapo mitgeteilt, daß sie «*in letzter Zeit in verschiedenen Geschäften beim Tätigen der Einkäufe mit anderen Volksgenossen Unterhaltungen mit stark abfälliger Kritik über die heutigen allgemeinen Verhältnisse*» geführt habe. Er benannte zwei ihrer Nachbarinnen als Zeuginnen.

Margarethe Kossmann war 1922, mit 42 Jahren, nach Freiburg gezogen, um hier den Konditor August Seitz zu heiraten. Sie war in der Pfalz aufgewachsen. Nach der Schule hatte sie in Pirmasens als Dienstbotin gearbeitet und mit 20 Jahren ein Kind bekommen, dessen Vater sie vier Jahre später heiratete. Der Mann trank, und die Ehe war so unglücklich, daß sie sich scheiden ließ. 1916 heira-

---

* Während es die Gestapo war, die in den ersten Jahren des Nationalsozialismus gezielt gegen politische Gegner vorging, vor allem gegen Männer und Frauen, die vor der Machtübernahme in der KPD oder SPD aktiv gewesen waren, wurden die meisten Verhaftungen während des Krieges durch eine Denunziation verursacht. Vor dem Krieg wurden die politischen Prozesse vor dem *Badischen Sondergericht* in Mannheim geführt. Mit der *Kriegssonderstrafverordnung*, die 1939 erlassen wurde, stieg die Zahl der Verfahren jedoch so an, daß in den Oberlandesgerichtsbezirken mehrere *Sondergerichte* eingesetzt wurden, so auch 1940 in Freiburg. Die *Sondergerichte* hatten den Charakter eines Standgerichts. Die Prozesse wurden ungeheuer schnell abgewickelt, die Angeklagten hatten keine Möglichkeit, Rechtsmittel gegen das Urteil einzulegen. Während des Krieges waren die *Sondergerichte* nicht mehr ausschließlich für politische Vergehen zuständig, auch die Aburteilung von Delikten wie Diebstahl, Schwarzhandel und Plünderung war ihnen übertragen.

tete sie zum zweiten Mal. Sie bekam eine Tochter, die kurz nach der Geburt starb. Auch ihr Mann starb zwei Jahre später.

In Freiburg wohnte sie mit August Seitz in der Brombergstraße. Als Kriegsinvalide bekam August eine kleine Rente, die beide durch selbst hergestellte Süßwaren aufbesserten. Margarethe verkaufte sie auf Festmärkten in der Umgebung und auf politischen Versammlungen. Obgleich kein Mitglied der KPD, war sie während der Weimarer Republik aktive Kommunistin. Sie arbeitete in der *Roten Hilfe* und trat 1932 in den *Kampfbund gegen den Faschismus* ein. Schon im September 1933 wurde sie von der Gestapo verwarnt, weil in ihrer Wohnung «*kommunistische Bücher*» gefunden worden waren. Im März 1935 verurteilte sie das *Badische Sondergericht* in Mannheim wegen «*Vorbereitung zum Hochverrat*» zu einer Gefängnisstrafe von 1 Jahr und 8 Monaten. Sie war aufgeflogen, als sie in Zell im Wiesental auf dem Fasnachtsmarkt illegale Flugblätter verteilt hatte, die in ihrem Verkaufswagen versteckt waren.

In der Unterwiehre war Margarethe Seitz bekannt für ihr «*freches Maul*». Auf der Straße, in den Läden verwickelte sie andere gern in politische Debatten und nahm dabei kein Blatt vor den Mund. So wird erzählt, daß sie in den letzten Wochen vor ihrer Verhaftung zu Arbeitern, die in der Brombergstraße einige Bäume fällten, gemeint hätte, sie sollten wenigstens einen stehen lassen, um Hitler daran aufzuhängen.

Fünf Frauen und einen Mann aus der Nachbarschaft lud die Gestapo zur Zeugenaussage vor. Nur eine Frau machte zurückhaltende Angaben, alle anderen belasteten sie schwer. Eine ihrer Nachbarinnen sagte aus, daß Margarethe Seitz ständig «*gegen den Staat hetzen*» würde, «*den Führer als Kriegsverbrecher*» bezeichnete und in ihren Reden die Russen verteidigte. «*Als der Duce zurücktrat, sagte sie im Laden von Hettigs: ‹Der Italiener hat jetzt kapituliert und der ist nicht so dumm und läßt sein Land zusammenschießen. […]› Mich hat es schon oft gewundert, daß hier noch niemand etwas gemacht hat, denn so wie es diese Frau treibt, ist unverschämt.*» Selbst ihr Sohn, der erst kürzlich auf Fronturlaub zu Hause gewesen wäre, hätte gemeint, «*solche Menschen gehören an die Wand gestellt, das wäre das Beste.*» Zwei Zeuginnen nannten außerdem die Namen von anderen, die mit der Beschuldigten befreundet wären und «*dieselbe Gesinnung zu haben*» schienen.

Erst auf «*ernstliche Vorhaltungen*», so das Protokoll des Gestapobeamten, gestand Margarethe Seitz im Verhör, «*in letzter Zeit da und dort geschimpft zu haben. [...] Schimpfen tut ja alles zur Zeit, und da habe ich auch mitgeschimpft.*» Doch bestritt sie die zitierten Äußerungen und bestand darauf, den Zeuginnen gegenübergestellt zu werden. Wahrscheinlich gab ihre Vorstrafe den Ausschlag, daß das Verfahren dem *Volksgerichtshof* übergeben wurde. Im November 1943 wurde Margarethe Seitz wegen der Verbreitung von «*Feindpropaganda*» und Unterstützung der «*hochverräterischen Ziele der KPD*» in Berlin zum Tode verurteilt und wenig später hingerichtet.

Als August Seitz 1951 einen Antrag auf Wiedergutmachung stellte, leitete die Staatsanwaltschaft Freiburg ein Ermittlungsverfahren ein, um festzustellen, wer seine Frau denunziert hatte. Die Untersuchung brachte aber nur heraus, daß eine oder zwei der späteren Belastungszeuginnen Margarethe Seitz beim Zellenleiter angezeigt hatten. Dieser hatte dann den Ortsgruppenleiter der Unterwiehre veranlaßt, die Angelegenheit der Gestapo zu melden. Genaueres ließ sich nicht feststellen, weil alle Zeuginnen sich darauf beriefen, daß sie zur Gestapo vorgeladen worden waren. «*Als ich die Aussage verweigern wollte, erklärte mir der Beamte, ich werde zu der Aussage gezwungen und zwar durch Ablegen eines Eides. Was blieb mir übrig? [...] Nach weiteren Wochen oder Monaten bekam ich eine Vorladung als Zeuge nach Berlin. Ich ging sofort zur Gestapo und bat flehentlich, mich von dieser Vorladung zu entbinden. Dabei wurde mir mit Gefängnis gedroht. [...] Ich hätte mir damals beinahe das Leben genommen, so sehr ging mir die ganze Sache zu Herzen. Wenn die Sache nochmals von neuem beginnt, so mache ich den Gashahn auf [...]. Bis heute habe ich nie richtig gewußt, daß die Ehefrau Seitz damals hingerichtet wurde*», sagte eine der Nachbarinnen aus.

Viele der Verfahren gegen Denunziantinnen und Denunzianten, die in den Nachkriegsjahren des «*Verbrechens gegen die Menschlichkeit*» beschuldigt wurden, verliefen mangels Beweisen im Sande. Anders war dies in dem Fall einer Ärztin an der Freiburger Kinderklinik, die eine ihrer Kolleginnen denunziert hatte.

Am Morgen des 21. Juli 1944, einen Tag nach dem gescheiterten Attentat auf Hitler, fuhr die Medizinstudentin Ingrid Renz* zur Arbeit. Sie war im Dezember 1942 nach Freiburg gekommen. Zuvor hatte sie zwei Jahre in München studiert. Jetzt stand sie kurz vor dem zweiten Staatsexamen und famulierte an der Universitätskinderklinik, die wegen der Luftgefahr in das städtische Waisenhaus in Günterstal verlegt worden war.

An der Endhaltestelle traf sie eine Kollegin, Dr. Waltraud Fischer.* Auf ihrem gemeinsamen Weg zur Arbeit unterhielten sich die beiden über das Attentat, unter anderem auch darüber, was der Tod Hitlers geändert hätte. Im Verlauf dieses Gesprächs sagte Ingrid Renz, «*daß es eigentlich Hitler ganz rechtgeschehen wäre, wenn er dem Attentat zum Opfer gefallen wäre, weil er so viel gesunde unschuldige Menschen unnütz in den Tod gehetzt hätte.*» Empört erklärte ihr die Ärtzin, sie sei eine «*viel zu gute Nationalsozialistin, als daß sie sich solche Reden anhören könnte*». Sie sei «*wohl zu lange in München gewesen*» und darum «*so abträglich eingestellt*». Ja, sie sei lange dort gewesen, antwortete Ingrid Renz, «*und in München sei die Stimmung gar nicht gut*».[49]

An diesem Tag arbeiteten die beiden nebeneinander, ohne ihre Unterhaltung noch einmal zu erwähnen. Am Nachmittag aber kamen Ingrid Renz Bedenken wegen ihrer unverblümten Äußerungen und sie versuchte, die Ärztin privat zu erreichen, um die Angelegenheit zurechtzurücken. Doch Waltraud Fischer war nicht zu Hause. Sie hatte sich mit einer guten Bekannten getroffen und ihrer Entrüstung über den Vorfall Luft gemacht. Diese Bekannte, eine «*Ortswalterin*» der *NS-Frauenschaft*, drängte sie, Anzeige zu erstatten. Nach dem Attentat war ein Aufruf an die Bevölkerung ergangen, wachsam zu sein und alle «*Zersetzungserscheinungen*» unnachsichtig zu bekämpfen.

Am nächsten Morgen wandte sich Waltraud Fischer an den *Ortsgruppenleiter* der Oberwiehre, der sie sofort telefonisch bei der

---

* Name geändert.

Gestapo anmeldete. Dort gab sie ihre Anzeige zu Protokoll und ging anschließend zur Arbeit. In der Klinik traf sie Ingrid Renz, die sich nun bei ihr entschuldigte. «*Daraufhin erwiderte Frau [Fischer] eigentlich gar nichts, sie sagte nur, es sei schon gut, und ich müsse bedenken, daß ihr Mann gefallen sei. [...] Wir haben dann noch in bester Eintracht miteinander zusammengearbeitet und Frau Dr. [Fischer] war an diesem Vormittag ungemein freundlich zu mir. [...] Besonders aufgefallen ist mir aber, daß Frau [Fischer] als sie wegging, nochmals zu mir kam und mir die Hand gab und mir sagte [...]: ‹Auf Wiedersehen Frl. [Renz], ich wünsche Ihnen ein angenehmes Wochenende.› Ich kann mich an diese Äußerung noch deshalb so gut erinnern, weil sie mir die ganze Zeit, die seither verstrichen ist, wie ein Hohn nachgegangen ist*», schilderte Ingrid Renz diese Begegnung.

Waltraud Fischer versuchte nach dem Krieg, ihre Handlung zu rechtfertigen. Die Äußerungen der Ingrid Renz hätten sie besonders empört, weil ihr Mann an der Front gefallen sei. «*Ich habe auch seinen Tod nur dadurch verwinden können, daß ich glaubte, daß er für ein besseres Deutschland gefallen sei. Ich habe es deshalb auch als eine grobe Taktlosigkeit betrachtet, daß man mir, als einer Kriegerwitwe erklärte, unsere Gefallenen seien ‹zu Tode gehetzt worden›. [...] Ich war erschrocken über diese Äusserung, weil Frl. [Renz] mir so etwas als einem ihr fast völlig fremden Menschen zu sagen wagte. Ich erblickte hierin doch schon eine weit vorgeschrittene Zersetzung.*»*

Noch am gleichen Nachmittag wurde Ingrid Renz verhaftet und einem stundenlangen Verhör ausgesetzt, bei dem die Gestapobeamten unter anderem versuchten, ihr Kontakte zur Widerstandgruppe der *Weißen Rose* in München nachzuweisen.

Nach diesem Verhör wurde Ingrid Renz nie wieder vernommen. Einen Monat später, im August 1944, erhob der *Volksgerichtshof* Anklage wegen «*Wehrkraftzersetzung und Feindbegünstigung*». Für Ingrid Renz begann eine schreckliche Odyssee durch verschiedene Gefängnisse.

---

* Einige Tage später wurde Waltraud Fischer von der Gestapo nochmals einbestellt, um zu bestätigen, daß sie auch unter Eid bei ihrer Aussage bleibe. Dies bejahte sie ausdrücklich, mit der Bemerkung «*auch wenn es Fräulein [Renz] den Kopf kostet*».

Zunächst kam sie nach Ostpommern in das Gerichtsgefängnis Meseritz. Ihre Angehörigen versuchten, das Verfahren möglichst bis zum Kriegsende zu verzögern, und hatten deshalb beantragt, sie auf ihren Geisteszustand untersuchen zu lassen. Sie wurde für sechs Wochen in die Heil- und Pflegeanstalt Meseritz-Obrawalde verlegt. Meseritz-Obrawalde war eine der Anstalten, in denen Geisteskranke systematisch ermordet wurden. «*Die Irren hatten Kenntnis von den zahlreichen Morden, die an ihnen verübt wurden [...] und ich habe selbst Beobachtungen hierüber gemacht. [...] Ich habe selbst beobachtet, wie die tödlichen Spritzen zubereitet wurden, wie die Leichen fortgeschafft wurden, und habe im Stationsbuch einmal unberechtigerweise die Einträge darüber mit eigenem Auge gelesen. Alle paar Tage sind in dem Wachsaal der Station [...] 4 Betten leer gewesen.*»

Als die Anstalt wegen der herannahenden Front Ende Januar aufgelöst wurde, brachte man die Häftlinge nach Berlin-Plötzensee. Von dort kam Ingrid Renz in das Frauengefängnis Moabit. Am 3. Februar 1945, eine Woche vor ihrem Prozeßtermin, wurde das Gebäude des *Volksgerichtshofes* durch einen Bombenangriff zerstört, und alle Akten verbrannten. «*Diesem Zufall habe ich es wohl zu verdanken, daß ich heute noch am Leben bin. Das Schicksal so vieler anderer Häftlinge des Volksgerichtshofes, die ich kannte [...] blieb mir erspart. [...] Während meines Aufenthalts in Moabit sollte ich zwei Mal mit je einem Transport auf Spreekähnen nach Gardelegen verbracht werden. [...] Meine Verlegung hat sich aber beide Male zerschlagen, [...] wahrscheinlich rechnete man damit, daß ich doch noch zur Verhandlung käme. Ich habe beide Transporte abgehen sehen und weiß daher, daß es sich insgesamt um mehrere hundert Häftlinge gehandelt hat. Inzwischen habe ich in amerikanischen Zeitungen gelesen, daß diese Häftlinge in Gardelegen in große Hallen verbracht und verbrannt worden sind*», berichtete Ingrid Renz. Am 3. Mai 1945 wurden die Gefangenen der Haftanstalt Dreibergen in Mecklenburg, wohin auch Ingrid Renz gebracht worden war, durch Soldaten der Roten Armee befreit.

Waltraud Fischer, die Denunziantin, stritt nach dem Krieg nicht ab, seinerzeit gewußt zu haben, daß ihre Anzeige schwerwiegende Folgen haben würde. «*Ich rechnete mit einem Strafverfahren [...], das mit einer schweren Freiheitsstrafe enden würde. Ich dachte mir, es fallen so viele wertvolle Menschen als Soldaten an der Front, daß unbedingt unterbunden werden muß, daß Leute in ihrer Heimat ihnen in den Rücken fallen.»* Im Juli 1946 wurde sie zu einer Gefängnisstrafe von 1 Jahr und 4 Monaten verurteilt. Obwohl das Freiburger Landgericht zu dem Schluß kam, daß *«nur eine Verkettung glücklicher Umstände»* die Studentin Ingrid Renz vor dem Tode bewahrt hatte, hielt man der Angeklagten zugute, daß sie nicht aus *«Selbstsucht, Haß [...] oder ähnlichen niedrigen Beweggründen, sondern aus ehrlicher politischer Überzeugung heraus»* gehandelt habe. Im März 1948, nach der Verbüßung ihrer Strafe, annullierte das französische *Tribunal Général* dieses Urteil als *«völlig unzulänglich»* und sprach eine 5jährige Gefängnisstrafe aus. Waltraud Fischer kam jedoch auf Bewährung frei.

Panzer- und Stalingradschichten

Während des Kriegs erstattete die Freiburger DAF der Gauleitung in Karlsruhe regelmäßig Bericht über die Situation in der südbadischen Industrie. Der Freiburger Kreisobmann gab hier auch Einschätzungen zur allgemeinen Lage und zur Stimmung in den Betrieben ab. So äußerte er sich offen über die Schwierigkeiten, die der *«Arbeitseinsatz der Frau»* mit sich brachte.[50] Auch wenn die Alltagsnot lange Zeit nicht annähernd so groß war wie im Ersten Weltkrieg, hatten sich die arbeitenden Frauen doch mit ähnlichen Problemen herumzuschlagen.

In vielen Einzelberichten gab Frieda Zeh*, die Leiterin des *Frauenamtes* in der DAF, Klagen der Frauen weiter, in denen eine

* Frieda Zeh war vor 1933 sowohl in der Frauenbewegung, als auch in der *Deutschen Demokratischen Partei* in Freiburg aktiv. Sie war Geschäftsführerin des *Verbandes der weiblichen Angestellten*, Vorstandsmitglied und Leiterin der Frauenabteilung in der Freiburger *DDP*. Von 1924 bis 1928 war sie Stadtverordnete. Frieda Zeh trat unmittelbar nach der Machtübernahme in die NSDAP ein, weil sie durch diesen Schritt hoffte, *«die von ihr aufgebaute Frauenarbeit weiterführen zu können»*. 1935 wurde sie Kreisfrauenwalterin der DAF und war in dieser Position unter anderem verantwortlich für Versicherungs- und Arbeitsrechtsfragen berufstätiger Frauen und während des Krieges schließlich für den *«Arbeitseinsatz der Frau»* (StaAFr, Bestand DNZ, 211.960).

Verkürzung der Arbeitszeit, Urlaubstage für die Pflege kranker Kinder, ein halber freier Tag in der Woche für die Erledigung dringender Hausarbeiten gefordert wurden. Selbst Kreisobmann Huber räumte die Benachteiligung der arbeitenden Frauen ein und verglich ihre Lage mit jener der bessergestellten Frauen, zu denen er vor allem auch die Studentinnen zählte. «*Der Markt z.B. wird morgens zwischen 7 und 8 Uhr beliefert. Werktätige Frauen, die einen Haushalt zu führen haben, stehen bereits ab 6 oder 7 Uhr in den Betrieben. Gegen 12 Uhr mittags ist der Markt abgewickelt und kaum noch Ware zu erhalten. […] Viele unserer arbeitenden Frauen sind erbost, daß verheiratete kinderlose Frauen […] infolge ihres guten Familienunterhalts ein sorgenloses Leben führen. […] Ein weiterer Umstand wirkt auf unsere arbeitende Bevölkerung wie das rote Tuch auf den Stier, daß die Studentinnen wochentags schon ab 3, 4 Uhr dem Reitsport und dem Tennissport sehr intensiv obliegen. […] Ich glaube, diese Sportarten kann unsere weibliche Jugend, die schon das Glück hat, daß ihre Eltern über einen größeren Geldbeutel als der Arbeiter verfügen, nach dem Kriege wieder treiben. […] All diese Momente sind einbegriffen in der zurzeit schlechten Stimmung*», schrieb er im Juli 1941.

Zugeständnisse an die arbeitenden Frauen bewirkten solche Einschätzungen allerdings nicht, im Gegenteil. Im Dezember 1941 schlug Frieda Zeh vor, eine Polizeiverordnung aufzuheben, die das Teppichklopfen nur am Morgen erlaubte, denn immer wieder würden Frauen mit dieser Begründung einen freien Vormittag verlangen. Auch als selbst einige Betriebsleiter 1943 empfahlen, den Arbeiterinnen einen halben Haushaltstag in der Woche zuzugestehen, lehnte Kreisobmann Huber diese Forderung ab.

Die Ursache für Arbeitsausfälle und schlechte Leistungen suchte die DAF zuerst in der mangelnden Einsatzbereitschaft der Frauen, der mit scharfer Kontrolle, repressiven Verordnungen und der Bestrafung einzelner «*Bummelanten*» entgegengetreten werden sollte. Allein im August 1942 stellte das Arbeitsamt Freiburg 26 Strafanträge wegen «*Arbeitsvertragsbruch*». Fehlen ohne ärztliches Attest galt zum Beispiel als «*böswilliges Verlassen des Arbeitsplatzes*». Doch auch Frauen, die einer Dienstverpflichtung des Arbeitsamtes nicht nachgekommen waren, ihre Stelle eigenmächtig gekündigt hatten oder ohne amtliche Erlaubnis den Arbeitsplatz wechselten, drohte eine Anzeige.

In größeren Betrieben wurden Werksärzte eingestellt, um Krankgemeldete zu kontrollieren. So vermerkte Kreisobmann Huber, daß bei der *Ramie* in Emmendingen der Krankenstand um 30% zurückgegangen wäre, seitdem dort Anfang 1944 ein «*betriebsärztlicher Revierdienst*» eingeführt worden war. Immer wieder beklagte er, daß Soldatenfrauen ohne Entschuldigung fehlten, wenn ihr Mann auf Fronturlaub zu Hause war. Nach seiner Ansicht müßte den Soldaten «*mit besonderem Nachdruck*» klargemacht werden, «*daß jetzt im totalen Krieg jegliche Gewährung von zusätzlichem Urlaub für die Frau zu unterbleiben hat*».

Die Werkfrauengruppe einer Textilfabrik in Ettlingen, um 1941

So zurückhaltend man auf der einen Seite war, Frauen, die ausreichend versorgt waren, zwangsweise zur Fabrikarbeit heranzuziehen, so drastisch hatte sich die Situation für die Arbeiterinnen verschärft. In den meisten «*kriegswichtigen*» Industriebetrieben waren 10-Stunden-Schichten die Regel, in einigen mußte zeitweise sogar 72 Stunden in der Woche gearbeitet werden. Zusätzlich verlangte man den Arbeiterinnen unbezahlte, sogenannte «*Panzer- und Stalingradschichten*» ab, die sie zugunsten des *Kriegswinterhilfswerks* leisten mußten. Nicht genug damit, organisierten die *Werkfrauengruppen* der DAF in den Betrieben *Feldpostaktionen*, die Arbeiterinnen veranlassen sollten, in ihrer spärlichen Freizeit Socken und Unterkleider für die Soldaten zu stricken.

Besonders im letzten Kriegsjahr bestimmte schließlich auch in Freiburg der Luftkrieg den Alltag. Wer die halbe Nacht im Luftschutzkeller verbracht hatte, kam entsprechend zur Arbeit. Schon im Sommer 1942 vermutete Kreisobmann Huber, daß die Luftangriffe in den Großstädten Nordbadens «*eine erhebliche Rolle*» bei den vielen «*Arbeitsvertragsbrüchen*» spielen dürften. Besonders Arbeiterinnen vom Land, die nach Freiburg abkommandiert waren, würden aus Angst nicht zur Arbeit erscheinen. Es war schließlich allen bekannt, daß Industriebetriebe zu den ersten Angriffszielen zählten.

Ab 1942 gab die Freiburger DAF keine Statistik über die Zahl der berufstätigen Frauen mehr heraus. Auf die erste Durchmusterung der weiblichen Bevölkerung im Frühjahr 1941 folgte keine zweite Kampagne dieser Art. In den letzten Kriegsjahren sollte die bessere Ausnutzung der weiblichen Arbeitskraft über eine Intensivierung der Arbeit erreicht werden. Es oblag dem Arbeitsamt, die Stellenzahl und Dauer der Arbeitszeit in den Betrieben festzulegen. Jeder Stellenwechsel mußte genehmigt werden. Dies traf zum Beispiel Frauen, die bisher nur im Nebenerwerb gearbeitet hatten und jetzt zur Ganztagsarbeit verpflichtet wurden. Auch Frauen, die während des Krieges nach Freiburg zogen, wurden automatisch vom Arbeitsamt erfaßt. So erzählte uns eine Frau, die 1943 nach Freiburg geheiratet hatte, daß ihre Zuzugsgenehmigung davon abhängig gemacht wurde, daß sie sich zur Fabrikarbeit verpflichtete. Eigentlich hatte sie in der Bäckerei ihrer Schwiegereltern aushelfen wollen, doch wurde ihr das nicht erlaubt.

Gleichzeitig rekrutierte man nun vor allem junge Frauen. Mädchen, die von der Schule abgingen und noch nicht in den Arbeitsdienst mußten, wurden dienstverpflichtet.* Auch Schülerinnen und Schüler mußten freiwillige Arbeitseinsätze leisten. Schon im

Pflichtpraktikum im Haslacher Kindergarten 1942.
Die zweite von links: Gretel Bechtold

ersten Kriegsjahr verbrachten die meisten der über 10jährigen Schulkinder Freiburgs einen Teil ihrer Sommerferien in der «*Erntehilfe*». Während die jüngeren tagsüber auf Höfen in der Nähe von Freiburg aushalfen, wurden Jugendliche ab 14 Jahren in sogenannte «*Erntelager*» der Hitlerjugend verfrachtet. Ab 1942, mit dem Reichserlaß «*über den Kriegseinsatz der Jugend zur Sicherung der Ernährung des deutschen Volkes*» sollten Schülerinnen und Schüler

* Der freiwillige Arbeitsdienst, der gegen Ende der Weimarer Republik als sozialpädagogische Maßnahme für jugendliche Arbeitslose eingeführt worden war, wurde von der NSDAP übernommen, um schließlich 1935 als *Reichsarbeitsdienst* zunächst für Jungen zur Pflicht zu werden. Die halbjährliche Dienstpflicht für Mädchen galt erst ab September 1939 und wurde während des Krieges nach und nach auf 1 Jahr verlängert. Die Lager des *weiblichen RAD* befanden sich vor allem in ländlichen Regionen, da die «*Arbeitsmaiden*» in erster Linie als Landhelferinnen eingesetzt werden sollten. Im Juli 1935 wurde auf dem Markenhof in Burg bei Kirchzarten ein *Arbeitsdienst für die weibliche Jugend* eingerichtet. Ende 1938 eröffnete auch in Freiburg ein Lager des *weiblichen Reichsarbeitsdienstes* im Mooswald an der Elsässerstraße (StAFr, C4 XVII 31.3 und 31.4: Freiwilliger Arbeitsdienst; 31.7: Arbeitslager Markenhof).

aus höheren Klassen von April bis November periodisch zur Arbeit in der Landwirtschaft abgestellt werden. Geschlossene Schulklassen wurden nun vom Unterricht beurlaubt und monateweise zum Ernteeinsatz herangezogen.[51]

Schülerinnen und Studentinnen arbeiteten außerdem in der Kinderbetreuung und ermöglichten damit, daß auch Mütter während der Sommermonate für Erntearbeiten zur Verfügung standen. So organisierte die *NS-Volkswohlfahrt* von Freiburg aus «*Erntelager für Mutter und Kind*» im Umland, in denen die Städterinnen während der Sommermonate arbeiteten.[52]

«Die letzten drei Schuljahre, von 1941 an, haben wir keine Ferien mehr gehabt. Da mußten wir Einsatz machen. Und zwar zuerst im Kindergarten, dann in einem Säuglingsheim, das dritte Jahr in der Erntehilfe. An und für sich hat das nichts geschadet, aber es war eben eine Dienstverpflichtung, wir haben nichts gekriegt dafür, nur schuften müssen. Es war Bedingung für alle, daß man überhaupt weiter das Gymnasium besuchen durfte. Es war aber auch einfach selbstverständlich, daß man für Führer, Volk und Vaterland den Einsatz leistet. Da hat niemand von Geld geredet. Wir waren ja Staatsjugend, des Führers liebste Kinder. Wir haben uns im Gegenteil noch wohlgefühlt, daß wir wenigstens zu Kindern durften und nicht gleich in die Fabrik gehen mußten. Nein, da hat man froh sein müssen, denn die Männer, die Buben in unserem Alter, waren ja schon zum großen Teil für den Krieg geholt, mit 17, 18, später sogar mit 16.

Wir mußten uns die Stelle in Freiburg selber suchen. Ich hab zuerst im ‹Haslacher Hof› nachgefragt. Die Wirtschaften waren dort ja meistens zu solchen Kinderschulen umgemodelt. Doch da hatten sie schon Leute genug, und so bin ich dann in den katholischen Kindergarten in Haslach, neben der Kirche. Die haben fürchterlich viele Kinder gehabt damals und wenig, sehr wenig Leute, eine Schwester und ein paar Mädchen. In Haslach hat ja praktisch die ganze Frauenbewegung geschafft damals, alle Frauen, die in dem Alter waren, mußten in die Fabrik. Und die Kinder sind dann dort betreut worden.

Die vielen, vielen Kinder, ganz kleine, zwei-, dreijährige und die fünf- und sechsjährigen, die haben dann dort ihren Brei gekriegt. Ich riech das heute noch, den Brei, denn der ist immer angebrannt. Da hat man ganz

Schulungslager des BDM für die südbadischen Abiturientinnen in der ehemaligen Heil- und Pflegeanstalt Illenau, im Herbst 1943

schön schuften müssen, die irrsinnig vielen Kinder, Hose aufmachen, Hose zumachen, Schlange stehen vor dem Klo. Dazwischen ein bissle spielen und was vespern und dann wieder Schlange stehen vor dem Klo, so ging der Morgen rum», schildert Gretel Bechtold ihren «*Ehrendienst*» als Oberstufenschülerin des *Emil-Strauß-Gymnasiums*.

Nicht nur Jungen, sondern auch viele Mädchen der Oberklassen verließen die Schule noch vor dem Abitur. So brachen 1940 über drei Viertel aller Primanerinnen des *Hindenburg-Gymnasiums* am Holzmarktplatz die Schule ab und meldeten sich freiwillig zum *Kriegshilfsdienst*.[53] Die meisten Mädchen übernahmen zivile Kriegsarbeiten – als Lazaretthelferinnen, als Hilfskräfte in Notunterkünften und Flüchtlingssammelstellen. «*Wehrmachtshelferinnen*» leisteten Dienst in der Etappe, und gegen Ende des Krieges wurden auch Mädchen als «*Flakhelferinnen*» an den Luftabwehrgeschützen ausgebildet.

Wehrmachtshelferinnen auf der Promenade, wahrscheinlich in Straßburg

Gretel Bechtold, deren Klasse im Frühjahr 1944, kurz bevor die Schulen geschlossen wurden, gerade noch das Abitur machen konnte, mußte mit ihrer Klasse im Herbst 1943 an einem Schulungslager des BDM teilnehmen, das in der ehemaligen Heil- und Pflegeanstalt Illenau bei Achern abgehalten wurde.

«Das war eine sehr große Anstalt, die Illenau, ein eigener ganzer Stadtteil, so wie in Emmendingen. Da stand nun alles leer. Wir haben gewußt, daß man alle Insassen dort umgebracht hat, das war uns bewußt vor dem Abitur. Ich weiß noch, daß wir einmal – wir sind da rumgerannt auf dem Gelände – in einen Raum gekommen sind, wo ein Ofen drin war. Und dann hat eine von uns gesagt, ‹komm, wir gehen raus, dort haben sie die alle verbrannt›. Auch wenn darüber nicht ausdrücklich geredet wurde, irgendeine von uns mußte davon gehört haben, daß man solche, daß man die verbrennt.

Diese Schulung kam mir wie Exerzitien vor, katholische Exerzitien. Nur mußten wir hier morgens nicht in den Gottesdienst, sondern wir mußten Flagge hissen. Im Hof antreten, alles im Karrée, militärisch.

Dann wurde das Ding hochgemacht, dann hat man diese blöden Lieder gesungen und dann kam der Tagesspruch. Und nachher war Unterricht, immer wieder Vorträge. Das alles wurde vom BDM-Stab geleitet, einer ganzen Horde von Damen, die eine wahnsinnige Einbildung hatten mit ihrem Amt. Da haben sie uns dann bearbeitet, daß wir uns einschreiben sollten als Offiziershelferinnen. Aber wir haben immer gesagt, daß wir wenigstens vorher noch das Abitur machen wollen.

Wir durften nicht raus dort die ganze Zeit, und das Essen war hundsmiserabel. Wir hätten eigentlich Ausgang gekriegt nach ein paar Tagen, aber wir bekamen ihn gesperrt – weil wir uns so renitent benommen hätten, wurde uns gesagt. Wir haben halt die Sachen hinterfragt, Fragen gestellt, die ihnen nicht genehm waren. Ich glaube, eine von uns hat sogar gefragt, was mit den Insassen dieser Illenau geschehen ist. Jedes Fabrikmädle wäre ihnen lieber als wir Abiturientinnen, das haben sie uns ein paar Mal gesagt. Obwohl wir damals wirklich noch zahm waren, gegenüber heute. Aber wir haben gefragt, das war nicht beliebt. Wir konnten eben noch zur Schule gehen und mußten nicht schon mit 13, 14 in die Mühle rein. Wir waren nicht produktiv, und Kinder hatten wir auch nicht. Wir wären ‹bevölkerungspolitische Blindgänger›, haben sie uns vorgehalten. Auch später, als ich mich eingeschrieben habe als Studentin, war das der gleiche Geist. Wir waren verhaßt, das wußten wir.»

Kameradschaftlichkeit ist nicht am Platze

«Ich wollte mich am Hauptbahnhof nach der Ankunft eines Zuges erkundigen, als ich in der Halle eine Gruppe von Frauen stehen sah, von Soldaten mit Gewehren bewacht. Es waren ungefähr 60 Frauen, auch junge Mädchen und sehr alte Frauen, einige hatten sogar Säuglinge und kleine Kinder dabei. Die Menschen machten einen stumpfsinnigen und erschöpften Eindruck. Sie waren total verdreckt, die Gruppe hat einen unbeschreiblichen Gestank abgegeben. Und sie sahen seltsam aus, mit ihren Kopftüchern, den Felljacken, viele haben auch Bindegamaschen um die Füße getragen. Ich bin überzeugt, daß die Frauen absichtlich dort zur Schau gestellt wurden, sie sollten einen abstoßenden Eindruck machen,

als Beispiel des ‹Untermenschen› ausgestellt werden. Stunden später, als ich am Abend zum Zug ging, standen sie immer noch da.

Es war eine junge Frau dabei, die ein gewickeltes Kind auf dem Arm hielt. Obwohl es ganz fest eingewickelt war, hatte das Kind den Kopf so seltsam nach hinten abgeknickt, als ob es tot wäre. Von dieser Frau mit dem Kind ist für mich ein Bild des unbeschreiblichen Leidens ausgegangen. Ich habe dann zuhause darüber erzählt, was ich gesehen habe. Aus dem, wie in meiner Familie darüber geredet wurde, wußte ich, daß diese Menschen aus ihrer Heimat verschleppt worden waren, und ich konnte mir vorstellen, daß sie auf dem Transport in unsere Stadt Unglaubliches durchmachen mußten.»[54]

So beschreibt Inge Kaufmann den Eindruck, den die erste Begegnung mit russischen Zwangsarbeiterinnen bei ihr hinterließ. Wenig später sollte sie die Frauen auf ihrem täglichen Weg zur Arbeit sehen, denn ihre Familie wohnte in der Nähe des sogenannten «*Ostarbeiterlagers*» an der heutigen Habsburgerstraße. Frühmorgens, noch in der Dämmerung, hätte man das Getrappel ihrer Holzpantinen hören und beobachten können, wie die Frauen auf dem Weg zur Arbeit in Gruppen vorbeizogen, viele von ihnen mit kleinen Kindern an der Hand.

Im Juni 1942 hatte im Haus der DAF am Schwabentorplatz eine Besprechung auf höchster Ebene stattgefunden. Betriebsführer aus 14 Freiburger Firmen, darunter die Rhodiaseta und die Mez AG, waren mit Vertretern der Behörden zusammengekommen, um über die «*Unterbringung ausländischer Arbeitskräfte aus den Ostgebieten*» zu beraten.[55] Wenige Tage zuvor war man in Kenntnis gesetzt worden, daß «*der deutschen Wirtschaft, insbesondere der Rüstungsindustrie [...] zur Zeit mehrere hunderttausend ausländische Zivilarbeiter (bis zu 1 1/2 Millionen) zugeführt*» werden sollten. Für die Freiburger Industrie kämen vorerst etwa 450 Arbeitskräfte in Betracht, erklärte der Kreisobmann der DAF den anwesenden Herren. Nach der Vorschrift des Reichsinnenministeriums müßten die «*Ostarbeiter*» in bewachten Lagern untergebracht werden, die einzurichten Sache der beteiligten Unternehmen wäre. «*Man müsse sich davor hüten, bei uns geläufige Maßstäbe in Bezug auf Behandlung und Verpflegung der Russen anzuwenden. [...] Kameradschaftlichkeit oder Vergleich mit deutschen Betriebsangehörigen seien nicht am Platze»*, betonte Huber gegenüber den Firmenleitern. Vor allem der «*Lagerführer*», der von den Betrieben für die Bewachung abgestellt würde, «*müsse ein ganzer Kerl sein, um die Russen als Hilfsvolk an ergiebige Arbeit und geordnete Verhältnisse zu gewöhnen.*»

Man kam überein, in Freiburg ein Lager zu errichten, das von den Unternehmen gemeinsam unterhalten werden sollte. Der Vertreter der *Mez* hatte angeboten, ein firmeneigenes, brachliegendes Gelände an der nördlichen Adolf-Hitler-Straße* zur Verfügung zu stellen.

Ab dem Sommer 1942 kamen in Freiburg zeitweise mehrmals in der Woche Güterzüge mit Männern, Frauen und Kindern aus der Sowjetunion an. Viele, wenn nicht sogar die Mehrheit der «*Ostarbeiter*», die bis 1944 nach Freiburg geschafft wurden, waren Frauen. Die meisten von ihnen waren auf brutale Weise von sogenannten «*Anwerbekommandos*» zwangsrekrutiert worden. In einigen Gebieten der besetzten Sowjetunion wurden ganze Dörfer zusammengetrieben, die Menschen als Arbeitsgefangene nach Deutschland verschleppt, über 2000 innerhalb eines Jahres allein nach Freiburg. Sie wurden von hier auf die Betriebe im Landkreis verteilt.**

Obwohl die Freiburger Stadtverwaltung im Sommer 1943 festgelegt hatte, daß in der «*Gemeinschaftsunterkunft*» der «*Ostarbeiter*» an der Adolf-Hitler-Straße höchstens 300 Personen untergebracht werden könnten, waren es schließlich über 500, die hier auf engstem Raum zusammengepfercht leben mußten. Dabei hatte der Freiburger Amtsarzt, der im August 1942 das Lager inspiziert hatte, schon damals, als dort erst 160 Menschen untergebracht waren, von einem «*unmöglichen Zustand*» gesprochen. Sie mußten mit zwei Sickerklosetts auskommen und konnten sich nur im vorbei-

---

* Während des Nationalsozialismus wurde die Nord-Süd-Verbindungsachse, von der Günterstal- über die Kaiser- bis zur Zähringerstraße in Adolf-Hitler-Straße umbenannt. Das sogenannte «*Russenlager*» lag am nördlichen Ende der heutigen Habsburgerstraße, in Höhe des Rennwegs.

fließenden Gewerbekanal waschen. Die meisten besäßen nur die Kleider, die sie auf dem Leib trügen, auch nachts, weil es nicht genügend Decken gebe.[56] In den anderen Lagern sah es nicht besser aus.

Die Rhodia hatte auf dem Werksgelände an der Engesserstraße eine eigene Baracke für die «*Ostarbeiter*» – es waren ausschließlich Frauen – gebaut. Ein ehemaliger Betriebsangehöriger, der eine Zeitlang die Aufgabe hatte, sie während der Schicht zu beaufsichtigen, schätzt ihre Zahl auf 80 bis 90. Die Frauen seien sehr schlecht behandelt worden, erinnert er sich, hätten die härtesten Arbeiten verrichten müssen und am wenigsten zu essen bekommen. Auch nach der Arbeit seien sie von einem Angestellten der Firma beaufsichtigt worden. Es sei im Betrieb herumgegangen, daß dieser Aufseher die Frauen geschlagen hätte. Und er erinnert sich daran, wie einer der leitenden Angestellten einmal in die Werkshalle kam, um die Frauen bei der Arbeit zu beobachten. Das seien keine Arbeiter, keine Menschen, die müßte man behandeln wie Tiere, habe dieser zu ihm gesagt.[57]

Die ausländischen Zwangsarbeiter in Deutschland wurden vom Reichsarbeitsministerium je nach Nationalität verschiedenen

** (vorige Seite) Zu den Freiburger Firmen, die sowjetische Zwangsarbeiterinnen und Zwangsarbeiter angefordert hatten, gehörten die Rhodiaseta und die Mez AG, die Chemiefaserfabrik Spohn & Knoll, die Wego Kondensatorenwerke, die Rheinische Tachometergesellschaft, die Freiburger Maschinenfabrik Grether & Cie. an der Faulerstraße, die Schlösserfabrik Kromer, Fortschritt Büroeinrichtungen, die städtischen Gaswerke und die Reichsbahn. Diese Aufzählung ist sicher nicht vollständig, denn es gibt in den Akten keine Liste der Freiburger Unternehmen, die Zwangsarbeiterinnen und Zwangsarbeiter einsetzten. Bei der Rhodiaseta arbeiteten ungefähr 80 bis 90 Frauen, eine ähnliche Zahl wahrscheinlich in der Mez AG, wo Zwangsarbeiterinnen sowohl in der Spinnerei als auch in der Bürstenfabrik arbeiteten. Die Betriebe hatten ihre Produktion auf die Rüstung umgestellt, so daß die Firmenbezeichnungen keine Auskunft darüber geben, was dort in den letzten Kriegsjahren tatsächlich hergestellt wurde. Einige dieser Firmen hatten auf ihrem Werksgelände eigene Lager eingerichtet, so die Rhodia, Spohn & Knoll und die Reichsbahn, was allein schon dafür spricht, daß hier eine größere Zahl von Zwangsarbeiterinnen und -arbeitern eingesetzt wurden (siehe Anm. 59; StAFr, D.Qua 38: Benützung der Emil-Thoma-Schule; C4 XVII 10.1: Ärztliche Betreuung ausländischer Arbeiter; C4 IX 17.7: Bereitstellung von Arbeitskräften zur Durchführung öffentlicher Arbeiten; BAK, NS 5I/58 und 60, a.a.O.).

Kategorien zugeordnet, nach denen die Unterbringung, die Zuteilung von Nahrungsmitteln und die Freiheitsbeschränkungen festgelegt waren. Die Lebensmittelrationen für Zwangsarbeiterinnen aus der Sowjetunion waren so niedrig bemessen, daß auf längere Zeit keine hätte überleben können. Während zum Beispiel zwangsweise verpflichtete Arbeiter aus Frankreich zusammen mit den deutschen Betriebsangehörigen in der Kantine essen konnten, bekamen die sowjetischen Zwangsarbeiterinnen ihr Essen ausschließlich über das Lager in der Adolf-Hitler-Straße.

Besorgt um den möglichen Verlust ihrer Arbeitskräfte, kritisierten diese unterschiedliche Behandlung sogar die Unternehmen. «*Unsere Ostarbeiter sind willig und fleißig. Die Verpflegung, die sie vom Lager erhalten, besteht aus einer Suppe. Dieselbe ist* dünn *und* unzureichend. *Die Franzosen haben dieselbe Kost wie unsere Gefolgschaft. Ein Teil davon leistet aber nicht das, was unsere Ostarbeiter leisten. Eine* Besserung *der Verpflegung ist unbedingt notwendig, sonst ist die Leistung der Ostarbeiter gefährdet*», betonte zum Beispiel der Obmann der Firma *Fortschritt* im April 1944.[58]

Zwar befürchtete auch Kreisobmann Huber, daß die Arbeitsleistung der Zwangsarbeiterinnen beeinträchtigt werden könnte, doch hinderte ihn das nicht, seine Parteigenossen aufzurufen, «*mit aller Schärfe*» gegen das Betteln vorzugehen. Immer wieder werde beobachtet, «*daß Ostarbeiter [...] es fertig bringen, von [...] deutscher Bevölkerung [...] Lebensmittel zu erbetteln. Teilweise stellen sie sich sogar vor Bäckereien und Metzgereien auf und sprechen dort einkaufende Hausfrauen an*», die sich «*durch falsches Mitleid erweichen*» ließen.

Was er als «*falsches Mitleid*» denunzierte, war tatsächlich Hilfe zum Überleben. Inge Kaufmann erzählte, daß es das sichtbare Elend, besonders das der Kinder war, das ihre Familie dazu bewog zu helfen.

«*Es war vor allem meine Mutter, die sich von innen heraus genötigt sah, etwas zu tun. Eines Abends, als eine Gruppe von Frauen auf ihrem Rückweg ins Lager bei uns vorbeikam, ging sie mitten in die Gruppe hinein und ließ eine große Tasche mit Äpfeln umfallen. Die Frauen waren aber so furchtbar anständig und sammelten die Äpfel auch noch auf, um sie meiner Mutter zurückzugeben, die dann erst recht ihre Mühe hatte,*

Die russischen Zwangsarbeiterinnen der Rhodia

ihnen die Äpfel unauffällig zuzustecken. Aber von da ab haben die Frauen meine Mutter gekannt und wußten, daß sie ihnen gut gesonnen war. Wir haben dann auch Kleider genäht, vor allem warme Überwürfe für die Kinder. Mein Vater hatte alte Wehrmachtsdecken aufgetrieben, und die hab ich dann mit meiner Mutter verschnitten und mit Wolle umhäkelt. Wir haben die Sachen in den Rabatten vor dem Haus versteckt, in Zeitungspapier eingewickelt. Denn man mußte darauf achten, daß es niemandem zugeordnet werden konnte, falls mal eine Kontrolle gekommen wäre. Man konnte diese Hilfe nicht organisieren, das mußte im engsten Familienkreis geschehen, es durfte keine Zeugen geben.

Nach dem Krieg hab ich dann von einer Kollegin erfahren, daß auch in ihrem Betrieb, in der Schloßfabrik Kromer, Russinnen gearbeitet haben. Sie hat dort zusammen mit dem Prokuristen der Firma immer mal wieder einen Korb Äpfel oder eine Schüssel gekochte Kartoffeln in die Ecke gestellt, wo die Russinnen arbeiten mußten. Die beiden haben das so gemacht, daß niemand nachweisen konnte, von wem die Sachen kamen.»

Diese Kollegin bestätigte Inge Kaufmann auch, daß die Frauen ihre Kinder frühmorgens mit in den Betrieb nahmen. Bei der Firma *Kromer* zum Beispiel wurden sie in einer Ecke im Kantinenraum in einen Laufstall gesteckt, wo sie alleine blieben, während ihre Mütter arbeiten mußten. Auch in anderen Betrieben wurden Kinder auf diese Weise verwahrt. Das geht aus Berichten der Freiburger DAF hervor, in denen es stets als lästiger Umstand konstatiert wurde, daß «*Ostarbeiterinnen*» kleine Kinder hätten oder gar schwanger wären und dann der Produktion für einige Wochen nicht mehr zur Verfügung stünden. Es war der blanke Hohn, daß die DAF in diesem Zusammenhang von firmeneigenen «*Kinderkrippen*» sprach, die eingerichtet worden seien, «*damit die Arbeitskräfte [...] erhalten*» blieben.[59]

Schließlich ging man dazu über, die «*Kinderfrage*» von «*Ostarbeiterfamilien*» auf dem Verordnungsweg zu lösen. Im April 1944 meldete Kreisobmann Huber, daß derzeit «*fünf schwangere Ostarbeiterinnen*» im Lager Adolf-Hitler-Straße namhaft gemacht worden seien. «*In den übrigen Lagern sind keine Schwangerschaftsausfälle zu verzeichnen. Die Schwangerschaften werden wie bisher nach den ergangenen Bestimmungen in der Universitätsfrauenklinik unterbrochen.*»[60]

Zwangsarbeiterinnen aus der Sowjetunion wurden nicht nur in der Industrie eingesetzt. Darüber hinaus arbeiteten sie in der städtischen Volksküche und als Dienstbotinnen in deutschen Familien, denen eine solche Vergünstigung parteiamtlich genehmigt worden war. Auch die ersten «*Trümmerfrauen*» in Freiburg waren russische Zwangsarbeiterinnen. Nach dem Bombenangriff vom November 1944 stellten die Betriebe einen Teil ihrer Arbeitsgefangenen dem städtischen *Amt für bauliche Sofortmaßnahmen* zur Verfügung. So berichtete der Amtsleiter im Dezember 1944, daß die Firma Rhodia insgesamt 70 «*ausländische Arbeitskräfte*» zur Enttrümmerung abgestellt habe, unter ihnen «*25 Arbeiterinnen*», die «*in den nördlichen Stadtteilen als Handlanger eingesetzt*» würden.[61] Bis heute haben die Frauen und Männer, die zur Zwangsarbeit nach Deutschland verschleppt wurden, keine angemessene Entschädigung erhalten.

Am 1. Mai 1944 informierte Parteigenosse Stein, Propagandaleiter der Freiburger NSDAP, über die Vorbereitungen zur Feier des *Muttertags*. Wie in den vergangenen Jahren, sollten am vorletzten Maisonntag Frauen mit mindestens vier Kindern in einer öffentlichen Feierstunde mit dem *Mutterkreuz* geehrt werden. In diesem Jahr sollte die Feier außerdem als Weihestunde für die Kriegsopfer der Frauen gestaltet werden. Als Ehrengäste geladen waren alle Mütter, die im letzten Jahr ein Kind geboren oder aber den Mann beziehungsweise einen Sohn verloren hatten. Die Einladungen hätten durch die *Ortsgruppenleiter* in persönlichen Hausbesuchen zu erfolgen, ordnete Stein an, «*in besonders taktvoller Weise*», mit einem Blumenstrauß und der Denkschrift des Führers «*Den Müttern und Frauen unserer Gefallenen*».[62] Auch am Arbeitsplatz sollten Frauen, «*die in diesem Krieg ihr höchstes Opfer gebracht*» hatten, mit Blumen geehrt werden.[63]

Viele Frauen waren schon Witwe geworden, bevor sie überhaupt eine wirkliche Ehe hatten führen können. In den letzten Jahren des Krieges war das standesamtliche Verfahren vereinfacht worden, damit das Paar während des kurzen «*Heiratsurlaubs*» des Bräutigams getraut werden konnte. Auch eine Ferntrauung war möglich, bei der die Braut vor dem Standesbeamten, der Bräutigam vor einem Offizier das Jawort gaben. Während dieser Zeremonie sollte ein Stahlhelm auf dem Tisch des Standesbeamten, den abwesenden Mann symbolträchtig vertreten.

Zuletzt war es sogar gestattet, einen toten Soldaten zu heiraten. Daß eine solche Eheschließung, die als «*Gnadenerweis des Führers*» an die Frauen ausgegeben wurde, keineswegs von allen als bittere Groteske empfunden wurde, dafür stehen die 52 Frauen, die beim Freiburger Standesamt zwischen 1942 und 1945 einen Antrag auf «*nachträgliche Eheschließung*» stellten.[64]

Bevor allerdings eine Totentrauung genehmigt wurde, hatte der Standesbeamte zu überprüfen, «*ob nachweisbar die ernstliche Absicht, die Ehe einzugehen*» bestanden hatte. Die Braut mußte möglichst viele Papiere vorlegen, etwa die Heiratserlaubnis der Truppe, die letzten Feldpostbriefe ihres Verlobten oder die schriftliche Zeugenaussage eines vorgesetzten Offiziers. Außerdem wurde sie einer «*charakterlichen Beurteilung*» unterzogen. Auch wenn der Freiburger Standesbeamte sich im allgemeinen wohlwollend äußerte, so meldete er doch bei einigen Bedenken an: «*Wesen und Charakter der Braut ist ziemlich kühl und oberflächlich*», gab er dann zu Protokoll oder bescheinigte «*eine gewisse Verschlagenheit und Durchtriebenheit*». Abgelehnt wurde ein Heiratsgesuch besonders dann, wenn man der Frau unterstellte, trotz ihrer Verlobung ein «*leichtes Leben*» geführt zu haben. So wurde einer Frau die nachträgliche Heirat verweigert, obwohl sie ein Kind mit dem Verstorbenen hatte, weil sie «*bei der hiesigen Polizeibehörde als Dirne geführt*» und «*als solche nicht würdig für den Gnadenerweis*» wäre.

In den Erinnerungen der Freiburgerinnen, mit denen wir sprachen, waren diese Kriegshochzeiten, die gerade zu jener Zeit geschlossen wurden, als die Männer zum Sterben zurück an die Front mußten, ein immer wiederkehrendes Thema. Eine Frau schilderte uns, daß sie eben noch hatte heiraten können, bevor ihr Mann vermißt gemeldet wurde, eine andere zeigte uns den letzten Brief ihres Verlobten, in dem er ihr mitteilte, daß er nun wohl Heiratsurlaub bekommen würde.

«*Es gab sehr viele in meinem Alter, die geheiratet haben, Kriegstrauung, Ferntrauung, das konnte man alles machen. Und viele haben Kinder gekriegt, das ist auch gefördert worden, man mußte ja wieder welche da haben. Für Frauen mit kleinen Kindern haben sie sehr viel getan, auch ganz am Schluß noch. Aber ich hab, nicht wirklich verstandesmäßig, aber gefühlsmäßig, mir das nicht vorstellen können. Mir hat's gegraust, ich hätte nie heiraten können in diesen Zuständen. Ich hätte immer nur Angst gehabt, daß man alles verliert, daß auch das gleich wieder aufhört. Weil überall der Tod war, so ungefähr kann man das vielleicht sagen. Vielleicht auch wegen meinem Bruder, der gleich am Anfang, 1940, gefallen ist. Aber viele haben das gemacht. Eine Freundin von mir, die hat geheiratet, er hat Urlaub gekriegt dafür. Das waren ein paar Tage, dann war der Fall erledigt, dann ist er in Rußland gewesen und war weg*», berichtet Gretel Bechtold.

Die Todesnachricht kam mit der Post. In den letzten Kriegsjahren arbeitete Elisabeth Seitz in Freiburg als Briefträgerin. Nachdem sie 1941 bei der Rhodia aufgehört hatte, ging sie zunächst als «*Pflichtjahrmädel*»* nach Bayern. 1942 kehrte sie nach Freiburg zurück und wurde vom Arbeitsamt dienstverpflichtet.

«Ich kam also an die Post, das war mir auch recht, die Arbeit hat mir Spaß gemacht. Ich war Briefträger im Stühlinger, im Viertel hinter der Kirche. Aber ein Honigschlecken war das nicht, die Arbeit war sehr anstrengend. Man hat ja noch zweimal die Post gebracht, vormittags und nachmittags. Die schwere Tasche schleppen – ich hab in der Zeit eine Figur von unter einem Zentner gehabt. Wir hatten viele Feldpostpäckle, denn bei uns hatten viele die Männer in Dänemark, und die haben ja einen Haufen Päckle gekriegt.

Doch dann hatte ich das Pech – was heißt Pech, für mich war das, auf später gesehen, auch eine Bereicherung für mein Leben – daß gerade im hinteren Stühlinger viele Männer in Rußland drin waren. Dann kam das Jahr '42, '43, der furchtbar kalte Winter, wo da drinnen so viele Soldaten erfroren sind. Dann war Stalingrad zu. Zu Anfang hat noch der Ortsgruppenleiter den Leuten die Todesmeldung gebracht, doch als es nachher so unheimlich viele wurden, mußten wir sie bringen. Mit Einschreiben, das konnte man also nicht einfach in den Briefkasten werfen. Aber die Leute haben sowieso schon immer gewartet und sind gekommen, haben gefragt, ob die anderen auch keine Post gekriegt haben. Ich mußte immer trösten und sagen – ‹nein, die haben auch noch nichts, die aber haben jetzt wieder und Sie kriegen auch wieder›.

Ich war also in der Zeit mehr Tröster wie Briefträger. Und ich war ja selber noch ein Mädle, grad 24 Jahr. Manchmal hab ich auch versucht, denn aus dem Weg zu gehen, wenn jemand ganz lang keine Post mehr gekriegt hat, da hab ich es mir schon gedacht. Das Heulen, das konnte man nicht jeden Tag ertragen. Wenn ich eine Todesmeldung hatte und heim-

---

* Das «*hauswirtschaftliche Pflichtjahr*», im Frühjahr 1938 eingeführt, machte berufstätigen Frauen unter 25 Jahren ein hauswirtschaftliches Berufsjahr zur Auflage, besonders denjenigen, die im öffentlichen Dienst arbeiteten. Damit sollte zum einen dem Mangel an Dienstbotinnen entgegengewirkt werden, vor allem aber verstand sich diese Verordnung als erzieherische Maßnahme, um die jungen Frauen auf ihren «*eigentlichen Beruf*» vorzubereiten.

gekommen bin, hat mir meine Mutter das gleich angesehen. Hattest du wieder Todesmeldungen dabei, hat sie dann gefragt. Damit mußte man fertig werden, man hat ja über die ganzen Verhältnisse der Leute Bescheid gewußt. In der Stühlingerstraße hatte ich eine Frau, die hat ihren Mann und zwei Söhne verloren, innerhalb von 1 1/2 Jahren. Das war nun so ein ganz kleines Fraule. Und die stand immer da – ‹hen Sie mir kei Poscht, Mädle hesch mir kei Poscht›. Wo sollt ich's derre hernehmen, das war schwer. Ich hab sehr viele, unheimlich viele Todesmeldungen gehabt. Und Vermißtenmeldungen. Das war noch schlimmer, denn wenn jemand vermißt wurde, dann hat man noch Hoffnung gehabt, dann haben sie gewartet und gewartet und immer gehofft, daß sie noch leben.»

Eine Freiburgerin zeigte uns das Schreiben, mit dem ihr im März 1943 die Vermißtmeldung ihres Mannes mitgeteilt wurde. «*Ihr Gatte […] war bis zum 26. Januar 1943 Angehöriger unserer Feldeinheit. Im Verlaufe der zu diesem Zeitpunkt einsetzenden Winterschlacht und der damit verbundenen Absetzung vom Gegner wurde Ihr Gatte mit mehreren anderen Angehörigen der Einheit von unserer Kampfgruppe getrennt. Ob er sich heute bei einem anderen Verbande befindet, oder ob ihm irgend ein Mißgeschick zugestoßen ist, kann Ihnen die Einheit vorerst leider nicht mit Genauigkeit sagen. […] Wir verstehen, daß diese Nachricht für Sie nicht gerade eine Beruhigung bedeutet, sondern zu neuer Sorge Anlaß gibt. Aber die Möglichkeit eines guten Ausgangs steht ja noch immer offen.*» Ein Vierteljahr später folgte die Mitteilung, man müsse nun annehmen, daß ihr Mann gefallen oder in russische Gefangenschaft geraten sei. «*Die Kompanie wünscht wie Sie, daß letztes der Fall sei und Ihr Mann nach Kriegsende gesund wiederkehren möge*», schrieb der Offizier. Zwölf Jahre nach dieser Nachricht beantragte die Frau beim Amtsgericht Freiburg, ihren Mann für tot zu erklären.[65]

Während sich der Offizier in seinem Schreiben sichtlich bemühte, behutsame Worte zu finden, war den Angehörigen auch zu Hause der Tod längst nicht mehr fern. Selbst in Freiburg, das lange Zeit eine vergleichsweise sichere Stadt gewesen war, gehörte vom Sommer 1944 an der ständige Fliegeralarm zum Alltag. Seit der erfolgreichen Invasion der Alliierten in Nordfrankreich war die Stadt Einflugschneise geworden für Bombengeschwader, die Angriffe auf Süddeutschland flogen.[66]

Ein grosser Herbst und man kann ihn nicht holen

«Man hat halt gewartet ob ebbes kommt oder nicht». Mit diesen Worten beschreibt Elisabeth Seitz das Lebensgefühl im letzten Kriegsjahr. *«Wenn's passieren muß, dann passiert's halt, so hat man gedacht. Man hat da gar nicht mehr so – also ich stand auf dem Standpunkt, es hat soviel Menschen gekostet, es zu nehmen wie es kommt. Anders hätte man sich auch verrückt gemacht, das hätte keinen Wert gehabt.»* Sie erzählt, wie einmal eine Bombe in den Hof der Post einschlug, als sie gerade dabei war, hinauszugehen. Plötzlich hätte es *«gescheppert»* und alle wären wieder runter in den Keller des Paulussaals gesprungen, denn dorthin war die Briefpost verlegt worden, nachdem ein Teil des Hauptpostgebäudes an der Eisenbahnstraße zerstört worden war. *«Aber damals haben wir das nicht mehr so genommen, wenn dort jemand umgekommen ist, wir waren ja mitten drin gesteckt. Das hat nichts damit zu tun, daß man das nicht schlimm findet, daß man die Leute nicht bedauert. Aber es war ja an jedem Eck was los, kaum war das eine erledigt, ist schon das nächste gekommen. Als die Bombe dort runter ist, haben auch verschiedene von uns gesagt, da geh ich nie mehr rein. Aber was soll's, es hätte ja irgendwo anders auch passieren können.*

Ein Gutes hat die ganze Sache gehabt. Wenn wir bei Fliegeralarm unterwegs waren zum Austragen, dann durften wir ja nicht weiterlaufen und mußten gucken, wo wir eine Weile unterstehen können. Und da war auf der Kaiserstraße der Friedrichsbau, das einzige Kino, das einen fliegersicheren Keller gehabt hat. Da sind wir dann rein und haben uns einen Film angeschaut, morgens oder am Nachmittag, wenn man mit der zweiten Post fertig war und grad Alarm kam. Der hat immer den ganzen Tag Kino gespielt und das hat dort nicht viel gekostet. Das war dann der Ausgleich, ein kleines Vergnügen nebenher.»

Auch Gretel Bechtold erinnert sich an Unternehmungen, von denen man heute den Eindruck haben könnte, *«wir hätten gelebt, als wenn gar kein Krieg wäre. Wir haben zum Beispiel noch Ausflüge gemacht, sind wandern gegangen. Wir hatten einen Garten in St. Georgen, dort sind wir immer hingelaufen, von Haslach aus. Einmal waren da Luftkämpfe, ganz in der Nähe, da haben wir die Idee gehabt, man könnte eigentlich auf den Schönberg gehen, wandern. Meine Mutter, meine Schwester und ich sind dann hinauf und haben von oben aus den Luftkämpfen zugeguckt. Ich denke heute, wir haben gesponnen. Aber wir hatten das Gefühl, da oben sicher zu sein.*

Aber man konnte ja sonst nirgends mehr hin. Es gab keinerlei Vergnügen, gut ins Kino ist man viel gegangen, bis zum Schluß noch. Ein paarmal, kurz vor dem Abitur, sind wir auch noch in den Friedrichsbau, abends. Das war verrucht, also allein wär man da nicht hingegangen – alles war duster und es sind viele Soldaten drin gewesen. Es gab sogar noch einen Geiger und Pianisten, und ich glaube, es war auch Tanzen. Aber ich kann mich nicht entsinnen, daß ich getanzt habe. Doch allein, daß wir uns zu vier, fünf Freundinnen dort getroffen haben, am Tisch gesessen sind, das war irgendwie große Welt für uns.»

Im Herbst 1944, nach einem kurzen Sommersemester an der Universität Freiburg, kam Gretel Bechtold als Kriegsdienstpflichtige auf einen Gutshof bei Überlingen. In dieser Zeit schilderte ihr die Mutter in langen Briefen die Situation in Freiburg, die nun ausschließlich vom Krieg bestimmt war. Im September und Oktober, als die Stadt immer wieder einzelnen Angriffen ausgesetzt war, durch Bomben, die auf Industrieanlagen und die Bahnlinien zielten, durch Jagdbomber, die im Tiefflug die Stadt beschossen, schrieb sie fast täglich an ihre Tochter.

«10.9.1944. Meine liebe Gretel! Gestern schloß ich meinen Brief mit der Bemerkung ‹Entwarnung›, das dauerte 10 Minuten zum Vollalarm, wurden Verbände gemeldet und über uns Jäger noch 1/2 Stunde. Vorentwarnung, 5 Minuten darauf stürzten sich 3 Jäger auf den Flugplatz und beschossen ihn mit Bordwaffen, da wurde durchgesagt: ‹Luftschutzmäßiges Verhalten›, es wird kein Vollalarm gegeben bei Jägern, dann ging's so fort, in einer Stunde stürzten sie sich etwa 5 mal herunter und beschossen verschiedene Ziele, meist Flugplatz mit Bordkanönchen, das hat ordentlich gerauscht – auch die Flak schoß jedesmal fest, es wird sogar behauptet, die Freiburger Flak hätte 3 abgeschossen, von einem weiß ich's

sicher, der stürzte brennend zwischen Haslach und Betzenhausen ab, da roch ich die Rauchwolken [...] als ich zum Metzger ging. [...] Um 2 1/2 Uhr war Entwarnung, 1/4 Stunde drauf wieder Alarm. [...] Im Keller Vater und ich in der Küche, plötzlich stürzte einer in allernächster Nähe herunter und schoß, was das Zeug hält. Vater und ich lagen unter dem Küchentisch [...]. So ging es weiter bis abends 3/4 8 Uhr von morgens 1/2 9 Uhr. [...] Heute ging alles in die 7 Uhr Messe von wegen und tatsächlich, um 8 Uhr war Voralarm, jetzt ist's fast 11 Uhr und dasselbe Bild wie gestern, man hört sie immer wieder über den Tuniberg fliegen, die Meldungen sind dieselben, nur, daß Waldkirch noch getroffen wird. Gestern und besonders heute nacht hörte man in der Ferne das dumpfe Dröhnen schwerer Geschütze, bei Besançon sind heftige Kämpfe, daher auch diese Störungen sämtlicher Bahnlinien. [...]

Eben wird angesagt, ein Kampfverband im Anflug über Zabern, weiterhin laufend Feindtätigkeit in unserem Warngebiet, 1/2 12 Uhr Vollalarm, man hört im Norden landeinwärts fliegen, jetzt habt ihr wahrscheinlich auch Alarm. [...]

Der Tag wird wieder ganz mit Alarm rumgehen, die Straßen sind leer, der Bahnhof abgeschlossen untertags. Nur die Elektrische und merkwürdig, jedesmal kommen und gehen Leute mit. Eben ein gar mächtiger Bumser von Westen, jetzt wieder alles still.[...]»[67]

Am 4. September 1944 wurde die Bevölkerung aufgerufen, sich zum «*allgemeinen Volksaufgebot am Oberrhein*» zu stellen. Frauen und Mädchen ab 16, Männer und Jungen ab 14 Jahren mußten am Kaiserstuhl und Tuniberg Schützen- und Panzergräben gegen die nahende Front ausheben. Die Ortsgruppenleiter und NS-Frauenschaftsleiterinnen überwachten, daß dieser Verpflichtung nachgekommen wurde. Auch Kriegsgefangene und Zwangsarbeiterinnen mußten am Westwall schanzen, in abgesonderten Gruppen, damit sie «*mit der einheimischen Bevölkerung keinesfalls in Berührung*» kamen.[68]

11. und 12.9.44: «*Um 8 Uhr fuhr der erste [Zug] mit Schanzern, die machen jetzt Nachtschicht. Ida muß morgen auch wieder gehen. [...] Es wird in 5 Schichten gearbeitet. 2500 Mann, das heißt auch Frauen und Mädel. [...]*

Ellen ist ganz kaputt. Sie freute sich aufs Gehen, aber heute abend gestand sie ihrer Mutter, sie hätte geweint und gebetet vor Angst. Sie geht so ungern morgen.

Sie mußten von 7 Uhr früh bis 4 Uhr nachmittags schippen. Jabos stürzten dauernd auf sie herunter, dauernd mußten sie sich hinlegen. Dann mußten sie von Ihringen heimlaufen. Abends um 1/2 9 Uhr kam sie heim. Über ihnen platzten die Schrappnell von der Flak Breisach. Ein Zug fuhr nicht, es könne 10 Uhr abends werden.

Und du schreibst noch, du würdest lieber schanzen, ich glaube, dir ist nicht ganz gut, derweil ich dem lieben Gott danke, daß du nicht dabei bist. [...]

Die Trauben sind schon süß, fangen aber auch schon an zu faulen. Aber wenn's bis da nicht anders ist, kann man ja nicht herbsten, höchstens Nachts mit der Taschenlampe ‹laut Prophezeiung›. Ein großer Herbst und man kann ihn nicht holen.»

Ungeachtet dessen, daß sich viele der Sinnlosigkeit bewußt waren, mit Hacke und Schaufel im Graben zu liegen, bewertete der Freiburger Propagandaleiter der NSDAP die Wirkung dieses Massenaufgebotes durchaus positiv. An den «*Hauptdurchmarschstraßen*» der Schanzkommandos ließ er anspornende Parolen anbringen: «*Auf zum heiligen Volkskrieg! Für die deutsche Heimat und unsere Zukunft!*» Nach seiner Einschätzung hätten Tausende von Freiburgern dem Aufruf des Gauleiters freudig Folge geleistet. «*Es wäre in hunderten von Versammlungen nicht möglich gewesen, all diese Menschen führungsmäßig so in die Hand zu bekommen, wie dies jetzt der Fall ist. [...] Die Ortsgruppenleiter haben nun die Möglichkeit, durch [...] gänzlich unaufdringliche Propagandamethoden [...] diese [...] Menschen so zu formen, daß sie für alle Zukunft zu entschiedenen Willensträgern der nationalsozialistischen Bewegung werden.*»[69]

Wenige Tage vor dieser enthusiastischen Bilanz war bei Hugstetten ein «*Schippezug*» von Tieffliegern beschossen worden. 2.10.44: «*Der Lokomotivführer und ein Fräulein waren gleich tot, ein Fräulein starb auf dem Transport, außerdem gab es 27 Verletzte. [...] Ellen, Frl. Winterhalter, Rita Meier und noch viele andere, die dabei waren, gingen seither nicht mehr, es war zu schrecklich.*»

Familie Bechtold erlebte das Kriegsende nicht in Freiburg. Am Morgen des 28. November 1944, einen Tag nach dem schweren Bombenangriff, waren sie aus der Stadt geflohen. Getrieben von der Angst vor einem zweiten Angriff versuchten Zehntausende, aus der Stadt heraus und auf dem Land unterzukommen, selbst dann, wenn ihr Haus unversehrt geblieben war. Mit ihren Eltern und ihrer Schwester zog Gretel Bechtold in einem dreitägigen Fußmarsch über den Schauinsland bis nach Faulenfürst, einem Dorf oberhalb des Schluchsees. Dort wurden sie von befreundeten Bauern aufgenommen. Der Vater, der nun im Dorf als Lehrer arbeitete, ging oft nach Freiburg hinunter, um nach dem Haus zu sehen. Gretel Bechtold wurde in den letzten Kriegsmonaten als Flakhelferin verpflichtet. Sie war Wäscherin für eine *Volkssturmeinheit*, die in Seebrugg zur Luftabwehr eingesetzt war.

An die letzten Tage des Krieges hat Gretel Bechtold groteske Erinnerungen. «*Das war ein Zustand, den kann man kaum beschreiben. Man ist in ein tiefes, schwarzes Loch gefallen, obwohl man sich heimlich wahnsinnig gefreut hat, daß der Krieg, die Misere bald rum ist, hat man fürchterliche Angst gehabt. Vor allem die Männer waren ganz konfus. Das war ein ganz wahnsinniger Zwischenzustand. Man hat eigentlich tagelang nichts geschafft, immer nur rumgehorcht. Es hat geschossen, dort oben, das war grauenhaft. Der Schwarzwald war ja im Kessel. Man wußte ja – vom Schweizer Sender – daß hinten, am Bodensee, schon alles zu war, laufend hieß es: der Schwarzwaldkessel wird immer enger. Und wir waren mittendrin.*»

Ein paar Tage vor der Kapitulation rückten in Faulenfürst die letzten Wehrmachtssoldaten ein, Österreicher, die hier oben die Front halten sollten. Gretel Bechtold war in der Nähe, als der befehlshabende Offizier ankündigte, das Dorf müsse «*bis zum Letzten*» verteidigt werden. Sie wagte, ihm zu widersprechen. «*Leider erinnere ich mich nicht mehr genau, was ich gesagt habe – ‹der Krieg ist doch rum›, oder so ähnlich. ‹Weiß die nicht, daß Standrecht ist, ich kann sie erschießen oder am nächsten Baum aufhängen›, sagt der daraufhin zum Dorfwirt. Der Wirt hat ihm beigepflichtet. Er war befreundet mit uns, aber ich glaube, der hätte zugeguckt, wenn die mich erschossen hätten. Dabei hat doch jedes Rindvieh gewußt, daß es vorbei ist.*»

Ein paar Stunden später, nach einem Tieffliegerangriff auf Faulenfürst, ließ sich der derselbe Offizier vom Dorfwirt Pferd und Wagen und Zivilkleider geben und machte sich davon. Es war dann ihr Vater, der in der Wirtsstube mit den zurückgelassenen Papieren den Soldaten ihren Entlassungsschein stempelte.

«Kinder im 20. Jahrhundert», *Zeichnung von Gretel Bechtold 1945*

Im Namen aller anständigen Frauen Freiburgs

Wie jede andere Stadt sollte auch Freiburg *«bis zur letzten Patrone verteidigt werden»*, obwohl den Verantwortlichen die Aussichtslosigkeit der Lage durchaus bewußt war. Generalmajor Rudolf Bader, dem in den letzten Wochen des Krieges die Kampfkommandatur übertragen war, standen für die Ortsverteidigung keine Truppen zur Verfügung. Im April befahl er deshalb, alle unbewaffneten Männer des *Volkssturms* nach Hause zu schicken. Während selbst Oberbürgermeister Kerber in den letzten Tagen vor der Kapitulation dem Kommandaten nahelegte, die Stadt vor einem sinnlosen Kampf zu bewahren, war der Bevölkerung über diese

Einschätzung nichts bekannt. Noch Ende März hatte Kerber in einer Ratssitzung an den «*Frontgeist der Freiburger Bevölkerung appelliert*».[70]

Die Freiburgerin Philomene Steiger erfuhr Anfang April von einem Ratsherren, daß nun entschieden worden sei, die Stadt zu verteidigen. Philomene Steiger* wohnte in Herdern und führte dort ein Weißwarengeschäft. Als Katholikin war sie entschieden gegen die Nazis eingestellt. Sie hörte im Laden von der geplanten Verteidigung der Stadt und beschloß, dies nicht einfach hinzunehmen. Beharrlich versuchte sie, den Oberbürgermeister und den Kreisleiter der NSDAP persönlich zur Rede zu stellen. Erst am 20. April gelang es ihr, zum Oberbürgermeister vorgelassen zu werden. Im Namen «*aller anständigen Frauen Freiburgs*» protestierte sie gegen die Anordnung, daß «*jedes Haus, jeder Busch und jedes Dach verteidigt werden*» sollte. «*Wir Frauen [...] verbitten uns, daß man uns zu Heckenschützen und Partisanen stempelt. [...] Wir Frauen sind ja gar nicht gefragt worden, wie wir uns dazu stellen. Wir lassen nicht über unsere Köpfe hinweg verfügen über uns. Wo sind die Damen der Partei? Abgehüpft mit Sack und Pack und wir Zurückgebliebenen sollen verteidigen bis zuletzt?*» schrieb Philomene Steiger im Juli 1945 den Wortlaut ihrer Rede aus der Erinnerung nieder.[71] Der Oberbürgermeister verwies sie an den Kampfkommandanten, bei dem die Entscheidungsgewalt läge. So suchte Philomene Steiger am nächsten Tag, nachdem sie zufällig erfahren hatte, daß die Kommandatur im «Jägerhäusle» oberhalb von Herdern untergekommen war, auch Generalmajor Bader auf und trug ihm dieselbe dringliche Bitte im Namen der Freiburger Frauen vor. Sie verließ ihn mit der Zusicherung, daß es zu keinen weiteren Kampfhandlungen kommen werden. «*Es war die größte Stunde meines ganzen Lebens; ich rief*

---

* Mit Johanna Kohlund und Grete Borgmann gehörte Philomene Steiger zu den Freiburgerinnen, die in den Nachkriegsjahren im *Frauenring* aktiv wurden. Der *Frauenring* verstand sich als Versuch, von seiten der Frauenbewegung einen politischen Neuanfang zu machen. Hier sollten Frauen unabhängig von Partei und Konfession zusammenarbeiten. Philomene Steiger hielt die Eröffnungsrede auf der ersten öffentlichen Versammlung des *Freiburger Frauenrings* am 19. April 1947 im Saal der «Harmonie» (Borgmann 1973, S. 58f.).

der Stadt zu den Weg hinunter: ‹Nun bist du gerettet. Und wenn Dein Schaden durch den Terror auch groß ist, wir werden opfern und schaffen, und Du wirst wieder aufgebaut werden.»[72]

HILFE FÜR DIE VERFOLGTEN JÜDINNEN UND JUDEN

«Heraus aus diesem Lande!»

«Ich möchte gern mit Ihnen sprechen. Wirklich, sehr gern. Worüber? Am liebsten einfach über das Wetter, wenn ich ehrlich sein soll. ‹Was soll das?›, denken Sie jetzt. ‹Gespräche über das Wetter sind doch meist nur Ausreden, wenn man nichts Eigentliches zu sagen hat.›*

Ja, Sie haben recht. Ich möchte über irgend etwas mit Ihnen sprechen können, was ganz unverfänglich ist. Irgend etwas ganz Gleichgültiges würde mir gut tun – und auch Ihnen, uns Beiden!

Denn in Wirklichkeit, wenn wir uns so gegenüberstehen, sagen unsere Stimmen unhörbar etwas ganz Anderes.

Sie sagen: ‹Ach so, Sie sind übriggeblieben›. Meine Stimme sagt: ‹Ja, ich bin übriggeblieben. Nur meine Familie ist umgekommen.› Dann sagt Ihre Stimme: ‹Aber glauben Sie mir: ich habe niemanden von Ihnen getötet›. Und ich sage: ‹Oh, ich glaube es Ihnen. Wir wollen ja doch auch gar nicht mehr von all dem Vergangenen sprechen, sondern mit einander zur Tagesordnung übergehen.›

Und dann versuchen wir es beide mit dem Wetter. Aber es will uns nicht glücken. Unsere Stimmen, die da mit einander sprechen, klingen belegt. Und möglichst schnell gehen wir wieder auseinander.»[1]

Dies schrieb Lotte Paepcke im Oktober 1959, für einen Rundfunkbeitrag über «*Das heutige Deutschland und die Juden*». Die Kriegsjahre hatte Lotte Paepcke im Versteck überlebt. Sie war 1943 in ihre Heimatstadt Freiburg zurückgekommen, denn hier kannte sie Menschen, die versuchten, bedrohte Jüdinnen und Juden zu schützen. Ihre Freundin Grete Borgmann, die in Freiburg zu einem solchen Unterstützerkreis gehörte, vermittelte ihr eine sichere Unterkunft.

Es war Gertrud Luckner, eine Mitarbeiterin des Deutschen Caritasverbandes, die gleich nach der Machtübernahme begonnen hatte, von Freiburg aus ein Netz der Hilfe zu organisieren, insbesondere für Menschen, die aus *«rassischen»* Gründen der Verfolgung ausgesetzt waren.

Gertrud Luckner war 1900 in Liverpool geboren und von dem deutschen Ehepaar Luckner in Pflege genommen worden, das sie später adoptierte.[2] Als sie sechs Jahre alt war, zog sie mit ihren Eltern nach Deutschland. Weil häufige Wohnungswechsel der Familie, eine längere Krankheit und schließlich der Krieg ihre Schulzeit immer wieder unterbrachen, machte sie erst mit 25 Jahren das Abitur. Danach begann sie in Königsberg das Studium der Volkswirtschaft, wobei sie sich auf die sozialwissenschaftliche Richtung spezialisierte. Schon während ihrer Oberschulzeit in Königsberg hatte sie als Praktikantin in der städtischen Familienfürsorge gearbeitet. 1927 erhielt sie ein einjähriges Stipendium in Großbritannien, am Quäkercollege für soziale Arbeit, *Woodbrooke Settlement*, in der Nähe von Birmingham. *Woodbrooke* verstand sich nicht allein als Hochschule für Fürsorgearbeit, sondern gleichzeitig als Ort der internationalen Begegnung. Über das fachliche Interesse hinaus verband die Studentinnen der Gedanke der Völkerverständigung. Die meisten von ihnen, so auch Gertrud Luckner, waren in der Friedensbewegung engagiert.*

Nach diesem Aufenthalt ging sie nach Frankfurt und beendete dort 1930 ihr Studium. Anschließend verbrachte sie noch einmal ein Jahr in England, wo sie unter anderem ihre Doktorarbeit über die Selbsthilfebewegung der Arbeitslosen in England und Wales vorbereitete. Im April 1931 zog sie nach Freiburg, vermutlich, weil sie hier die Möglichkeit sah, ihr wissenschaftliches Interesse mit ihrem Wunsch nach praktischer sozialer Arbeit zu verbinden. In Freiburg, dem Hauptsitz des Deutschen Caritasverbandes, war nämlich 1925 an der Theologischen Fakultät der Universität das *Institut für Caritaswissenschaft* gegründet worden. Hier wurde der Versuch unternommen, die Methoden und Ansätze der modernen

Sozialfürsorge wissenschaftlich aufzuarbeiten und Handlungsmaximen für die soziale Arbeit aus moraltheologischer Sicht zu entwickeln.

In einem Rückblick schilderte Gertrud Luckner 1985, wie sie die letzten Jahre der Weimarer Republik erlebt hat. «*Schon früh habe ich das Unheil kommen sehen. Schon in den zwanziger Jahren. Ich hatte keine Illusionen. Mir war klar, was auf uns zukam. Nach [...] einen Aufenthalt von einem Jahr in England kam ich im Frühjahr 1931 nach Freiburg. Ich war hier ganz fremd, und ich war sehr betroffen über das, was sich inzwischen hier zusammengebraut hatte.*»[3] Gerade an der Universität war die Veränderung des politischen Klimas deutlich. Gemeinsam mit gleichgesinnten Studentinnen und Studenten engagierte sich Gertrud Luckner im *Friedensbund Deutscher Katholiken*. Doch während sie für eine Gemeinschaft der Völker eintraten, waren sie konfrontiert mit Studentengruppen, die sich auf die deutsche Volksgemeinschaft einschworen, darunter der *Nationalsozialistische Studentenbund*, der sich besonders hervortat in aggressiver Hetze gegen jüdische Studierende.*

Um der völkischen Ideologie, die nicht zuletzt unter den Jugendlichen Gefolgschaft fand, praktisch entgegenzuarbeiten,

---

* (vorige Seite) Die Studentinnen, die in ihren jeweiligen Ländern von einem Auswahlkomitee der Quäker vorgeschlagen wurden, mußten selbst keine Quäker sein, um das Stipendium zu erhalten. «*Die weltanschauliche Spanne reichte von Atheisten bis zu dogmatisch gebundenen Christen*», beschreibt eine Studienkollegin, die zusammen mit Gertrud Luckner nach Woodbrooke kam, die Atmosphäre am College (Otto 1972, S. 275).
Die *Gesellschaft der Freunde*, so der Name, den sich die Quäker selbst gaben, ist vor allem in den angelsächsischen Ländern verbreitet. Die Quäker sind eine kommunitäre christliche Glaubensgemeinschaft, die sich auf die Prinzipien der Gleichheit und Brüderlichkeit und auf unbedingte Gewaltlosigkeit beruft. Während des Ersten Weltkriegs entstanden in Deutschland über die Friedensbewegung erste Verbindungen zu den englischen Quäkern. Der Mehrheit der Deutschen wurden die Quäker erst Anfang der 20er Jahre durch ihr Kinderhilfswerk bekannt, das sie als konkreten Beitrag zur Völkerversöhnung verstanden.
Wahrscheinlich schloß sich Gertrud Luckner während ihres Studienjahrs in *Woodbrooke* den Quäkern an. Als sie später, in ihrer Freiburger Zeit, zum Katholizismus konvertierte, blieb sie in der *Gesellschaft der Freunde* und hielt zu ihnen weiterhin engste Verbindung (Otto 1972, S. 342ff; Fuchs 1968, S. 51. Zur Friedensbewegung siehe auch das Kapitel «Der Erste Weltkrieg, S. 213ff.).

gründete Gertrud Luckner 1932 für Primanerinnen und Primaner einen kostenlosen Diskussionskreis in englischer Sprache. «*[Ich] gab ihnen Material, das die Nazis propagierten, und Gegenmaterial. Über diese Beziehung kamen einige Juden zu mir mit der Frage: ‹Was tun?› Ich riet: ‹Heraus aus diesem Lande.› Aber wie und wohin? Wegen der in den angelsächsischen Ländern herrschenden Arbeitslosigkeit brauchte man Freunde.*»[4]

Im Frühjahr 1933 begann Gertrud Luckner mit der aktiven Unterstützung. Eine der ersten, der sie zur Flucht nach Frankreich verhalf, war Ruth von Schulze-Gaevernitz, die Tochter ihres Doktorvaters. «*Ich erinnere mich, als ob es heute wäre, an jenen Sommertag, als die Nachricht mich eben erreicht hatte, daß ich sofort aus Freiburg fliehen sollte wegen meiner Anti-Hitler-Tätigkeit in Berlin: Ich sauste mit dem Fahrrad zu Deinem kleinen Fensterlein. Ich rief. Du kamst herunter, Du wußtest alles. Du halfst mir, zu Hause alle meine Papiere zu verbrennen (außer den griechischen) – und meinen Plan zu machen. Am dritten Morgen vor der Nacht meiner Flucht fuhrst Du für mich im Schwarzwald-Autobus zu einem hoch gelegenen Kurort hinauf. Und dort im Dorf, von dem Postamt, kabeltest Du mein Telegramm an meinen Freund Béla in Frankreich, [...] ihn informierend, daß ich in dem und dem elsässischen Städtchen, um die und die Stunde, ungefähr mittags, mit dem Lokalzug von Straßburg eintreffen würde – mit Gottes Hilfe!*»,[5]

---

* (vorige Seite) Im Februar 1932 verabschiedete der *Asta* der Universität Freiburg mit großer Mehrheit eine Resolution, die der *NS-Studentenbund* eingebracht hatte. Der *Asta* begrüßte eine Entschließung der Österreichischen Studentenschaft, die den «*ostjüdischen Studierenden*» die Mitgliedschaft in ihrer Organisation verbot, und forderte, «*daß die Aufnahme einer solchen Bestimmung der deutschen Studentenschaft ebenfalls bald möglich wird*». In einem Bericht über einen Schulungsabend des *NS-Studentenbundes* vom Juni 1932 heißt es: «*Mit der Bejahung des Antisemitismus halten wir Nationalsozialisten ein sehr scharfes und energisches Vorgehen gegen eine immerhin nicht unbeträchtliche Anzahl von Menschen, die in unserem Vaterlande heute leben, für berechtigt. Diese Bejahung des Antisemitismus geht vom Gefühl aus. [...] Es soll weiter der Antisemitismus als eine praktische Notwendigkeit aus unserer Weltanschauung gefolgert werden.*»
Die nazistischen Frauen waren an der Freiburger Universität seit 1931 in der *Arbeitsgemeinschaft der Nationalsozialistischen Studentinnen* organisiert. Sie veranstalteten Vorträge und Schulungen, so zum Beispiel über «*Rassehygiene und Rasse*» oder zu den Aufgaben der «*deutsche[n] Frau in der heutigen Zeit*» (AL, 2.2.1932; 11.6.1932; 7.11.1931; 14.6.1932).

beschrieb Ruth von Schulze-Gaevernitz 1960 die Umstände ihrer Flucht.

So selbstverständlich viele eine innere Gleichschaltung vollzogen und ihren Kontakt zu Freundinnen und Bekannten einfroren, als die Ausbürgerung und Verfolgung der deutschen Jüdinnen und Juden begann, so selbstverständlich nutzte Gertrud Luckner ihre Verbindungen ins Ausland, um Mittel und Wege der Hilfe zu finden. Briefe, die Asylangelegenheiten betrafen, ließ sie über eine befreundete Familie in Basel laufen, die sie 1932 auf einem Friedenscamp des Dreiländerecks kennengelernt hatte. «*Auf der Suche nach Möglichkeiten einer Einwanderung für solche, für die ein Bleiben hierzulande nicht ratsam schien, konnte ich solche Bitten Briefen von Basel aus anvertrauen, ohne den deutschen Zensor zu bemühen. [...] So entwickelte sich mit Hilfe der Schweizer Freunde hilfreicher Briefverkehr, besonders also nach England und in die USA. Daraus erwuchs ständig mehr Hilfstätigkeit in einer so persönlichen Art und Weise. [...] Diese Hilfsarbeit entwickelte sich allmählich mit der sich zuspitzenden Lage, als die Verfolgung stärker und ausgedehnter wurde.*»[6] So konnte durch die Vermittlung einer Au-Pair-Stelle jungen Frauen auf schnellem Weg eine Aufenthaltserlaubnis für Großbritannien verschafft werden. Für jüdische Kinder wurden Pflegeeltern gesucht. Ein befreundetes Ehepaar in Leeds, das für Jugendliche Wanderreisen organisierte, bot Gertrud Luckner an, daß Gruppen, die im Schwarzwald Ferien machten, Kurierdienste übernahmen. Über diese «*International Tramping Tours*» kamen nun regelmäßig aus England Nachrichten von den Flüchtlingen und ihnen konnten notwendige Dokumente und Päckchen mitgegeben werden.

Außer der *Reichsvertretung der Juden in Deutschland* versuchten auch christliche Verbände, Flüchtlinge zu unterstützen. Von evangelischer Seite richtete der Berliner Pfarrer Grüber ein Hilfsbüro ein und der katholische *St. Raphaelsverein*, der bislang Auswandernde betreut hatte, beriet nun in erster Linie Menschen, die versuchten, aus Deutschland herauszukommen. Die Anlaufstellen der Quäker wurden besonders für konfessionslose Jüdinnen und Juden wichtig, da sie als erste aus diesem Hilfsnetz herausfielen. Denn die kirchlichen Vermittlungsbüros unterstützten vor allem

Jüdinnen und Juden ihrer Konfession, und zwar schon bevor ihnen das im Zuge der restriktiven Emigrationspolitik des nationalsozialistischen Staates zur Auflage gemacht wurde.

Gertrud Luckner arbeitete mit diesen Hilfsstellen zusammen, die einige Male mit schwierigen Fällen an sie herantraten. Sie wollte sich nicht auf eine Gruppe von Verfolgten beschränken. Gerade weil sie in den ersten Jahren in eigener Initiative tätig war, gelang es ihr, nach und nach Menschen zusammenzubringen, *«die bereit waren, irgend eine Hilfe zu leisten, [...] ohne Rücksicht auf Konfession oder sonstige nationale, ‹rassische› Unterschiede oder politische Bekenntnisse»*.[7]

Im Dezember 1938, nachdem sie ihre Promotion abgeschlossen hatte, wurde Gertrud Luckner hauptamtliche Mitarbeiterin in der Zentrale des Deutschen Caritasverbandes. Bis dahin hatte sie sich als Werkstudentin mit wissenschaftlichen Hilfsarbeiten für ihren Professor, mit Privatunterricht und einer Auftragsarbeit für einen Fachverband der Caritas über die Runden gebracht. Zunächst hatte ihre Arbeit im Caritasverband – sie stellte Bücherlisten für die Bibliotheken von Einrichtungen des Verbandes zusammen – noch nichts mit ihrer Unterstützung für Flüchtlinge und Verfolgte zu tun.

Angesichts der politischen Situation aber war diese Hilfe zugleich notwendiger und schwieriger geworden. Das organisierte Pogrom vom 9. November 1938 veranlaßte viele Betroffene, die bis dahin noch auf eine Beruhigung der Verhältnisse gehofft hatten, sich nun doch zur Flucht zu entschließen. Dabei hatten sich die Aussichten, alle bürokratischen Hindernisse zu überwinden, außerordentlich verschlechtert.*

Kein öffentlicher Protest erhob sich in Deutschland nach dem 9. November 1938, auch die katholische und die evangelische Kir-

* Auf der einen Seite weigerten sich die Gastländer, die Verfolgung aus *«rassischen»* Gründen für die Gewährung von Asyl anzuerkennen. Ein reguläres Visum für die Einreise zu erhalten, erwies sich als ebenso schwierig. Gleichzeitig ließen die deutsche Devisengesetzgebung und ein besonderes Steuerrecht gegen Jüdinnen und Juden den Flüchtlingen so gut wie keine Möglichkeit, ihr Vermögen für die Emigration freizubekommen.

che schwiegen zum Brand der Synagogen. Ein unmißverständlicheres Zeichen für die Isolierung der jüdischen Bevölkerung konnte es nicht geben.

«Wir standen, das war Gertrud Luckner ebenso klar wie mir, auf verlorenem Posten, und unsere Insel würde, das wußten wir genau, über kurz oder lang überschwemmt werden. Aber wir waren, vorerst wenigstens, willens, zum Nachbarinselchen zu schwimmen und vielleicht auch noch einem der dem Ertrinken Nahen einen Rettungsring zuzuwerfen – zum Weiterschwimmen von Insel zu Insel.»[8] versuchte Dr. Karl Bader rückblickend die Situation in Worte zu fassen. Karl Bader, ein Freiburger Rechtsanwalt, vertrat im Unterschied zur Mehrheit seiner Kollegen nach wie vor jüdische Mandantinnen und Mandanten. Ebenso wie die Kanzlei der Anwältin Dr. Maria Plum war sein Büro über Freiburg hinaus eine Anlaufstelle für Menschen, die rechtlichen Beistand in Angelegenheiten suchten, für die sie vor 1933 keinen Anwalt benötigt hätten: Flüchtlinge zum Beispiel, die an den strikten Beschränkungen vorbei ihr Vermögen ins Ausland zu transferieren suchten; oder Ehefrauen, deren «*arischer*» Gatte sich zur Scheidung genötigt sah, weil er es mit seiner gesellschaftlichen Stellung nicht vereinbaren konnte, mit einer Frau, die jetzt als «*fremdblütig*» galt, verheiratet zu bleiben.[9]

Ein vielmaschiges Netz von Helfern

Nachdem am 1. September 1939 mit dem Überfall deutscher Truppen auf Polen der Krieg begonnen hatte, war Auswanderung auf legalem Weg so gut wie unmöglich geworden. Die Grenzen waren gesperrt. Schon für eine Fahrt von Freiburg nach Basel benötigten Zivilpersonen eine Sondergenehmigung und ein Visum, was nur mit einer triftigen Begründung zu bekommen war.

Nun wechselte Gertrud Luckner innerhalb des Caritasverbandes in die «*Kirchliche Kriegshilfsstelle*», wo sie die Betreuung von Kriegsgefangenen übernahm, die in Deutschland interniert waren. Auch hier arbeitete sie mit internationalen Hilfswerken zusammen. Denn diese konnten aufgrund der Schutzbestimmungen der *Genfer Konvention* die Lager aufsuchen und so beispielsweise die Namen einzelner Gefangener weitergeben, die bereit waren, Hilfsgüter an die Mitgefangenen zu verteilen.

Als im Februar 1940 die Deportationen begannen, als 8000 Juden und Jüdinnen aus Stettin und anderen Orten in Vorpommern in das besetzte Polen verschleppt wurden, ergriff die Jüdische Gemeinde in München die Initiative für eine Hilfsaktion. Die Deportierten waren in kleine Orte in der Nähe von Lublin gekommen, zwangseinquartiert bei den dort lebenden jüdischen Familien, die kurz zuvor in Ghettos zusammengedrängt worden waren. Obwohl es den jüdischen Gemeinden in Deutschland strikt verboten war, mit den Deportierten Verbindung aufzunehmen, organisierte die Sozialistin Else Rosenfeld, die bei der Jüdischen Gemeinde in München als Fürsorgerin tätig war, eine Paketaktion, um wenigstens der größten Not entgegenzutreten. «*Viele von ihnen besaßen, wie wir erfuhren, bei ihrer Ankunft nur noch das, was sie auf dem Leib trugen, alles andere Gepäck war ihnen schon zu Beginn des Transports abgenommen worden.*

Wir schickten ihnen Zwei-Kilo-Päckchchen. Diese schienen uns weniger auffällig, schon weil sie keine Paketkarten brauchten. Aber aus den Eingangsbestätigungen sahen wir, daß sämtliche neu und gut aussehenden Sachen herausgenommen worden waren. So sagten wir uns, daß alles offenbar gebraucht und unansehnlich erscheinen müsse, um in die Hände der Deportierten zu gelangen. Wintermäntel wurden also auseinandergerissen, die Teile in drei oder gar vier verschiedenen Päckchen versandt, ähnlich wurde mit anderen Kleidungsstücken verfahren. Medizinische Instrumente wurden auseinandergenommen, die Teile unauffällig mit Nummern versehen, die verklausuliert im Brief oder auf einer Karte erklärt wurden. […] Medikamente und Stärkungsmittel, vor allem Glukose, wurden aus den Originalverpackungen in kleine Tüten oder Leinenbeutel umgefüllt.»[10]

Die Paketaktion konnte nur wirksam sein, wenn sich viele daran beteiligten, wenn sich vor allem auch nichtjüdische Unterstützerinnen und Freunde fanden, die bereit waren, Hilfsgüter auf ihren Bezugsschein einzukaufen und als Absender der einzelnen Päckchen zu fungieren. Gertrud Luckner, die Else Rosenfeld in

München kennengelernt hatte, baute von Freiburg aus ein Netz von Unterstützerinnen auf. Dabei war den Frauen bewußt, daß es bei diesen ersten Deportationen nicht bleiben würde. Als im Oktober 1940 die jüdische Bevölkerung aus Baden, der Pfalz und dem Saarland in den unbesetzten Teil Frankreichs verschleppt wurde, organisierten in Mannheim die Quäker Eva und Karl Hermann eine Pakethilfe für Gurs, das Lager in den Pyrenäen, in dem die meisten interniert waren. Im Januar 1941 erfuhr Gertrud Luckner bei einem Besuch der Jüdischen Gemeinde in München, daß dort Listen von Wiener Jüdinnen und Juden, die sich in München aufhielten, zusammengestellt werden mußten. Sie reiste sofort weiter nach Wien und wurde Zeugin der dort beginnenden Deportationen. Von da an führte sie die Pakethilfe von Baden aus weiter, denn es hatte sich gezeigt, daß Postämter im Heimatort der Deportierten keine Sendungen in das besetzte Polen annahmen. Aus Baden aber konnten ohne weiteres Päckchen abgesandt werden.

Gertrud Luckners Arbeit in der Kriegshilfsstelle der Caritas richtete sich mehr und mehr auf die Unterstützung verfolgter Jüdinnen und Juden. Allerdings konnte sie diese Aufgabe nicht offiziell übernehmen, auch wenn ihr verschiedene Mitarbeiter und Mitarbeiterinnen Rückendeckung gaben. Denn allen noch bestehenden Fürsorgeverbänden, auch der Caritas, war jede Betreuung sogenannter «*Nichtarier*» untersagt. Sie riskierten, die Anerkennung der Gemeinnützigkeit zu verlieren, mußten schließlich auch die Auflösung des Verbandes befürchten. Um diese Gefahr zu umgehen, übernahm das Erzbischöfliche Ordinariat die Verantwortung für Gerturd Luckners Hilfstätigkeit. Zwar blieb sie nominell Angestellte des Caritasverbandes, tatsächlich aber arbeitete sie nun im Sonderauftrag des Freiburger Erzbischofs Conrad Gröber, der ihr nicht nur die volle Unterstützung für ihre Arbeit gab, sondern auch die notwendigen finanziellen Mittel zur Verfügung stellte.[11] Diese Lösung verschaffte Gertrud Luckner außerdem einen recht großen Spielraum, da sie so aus dem Caritasverband heraus und dennoch unabhängig arbeiten konnte.

«*Seit dem Beginn der Deportationen blieb nur noch die Hilfe von Mensch zu Mensch. Ich suchte sie durch eine ununterbrochene Wander-*

tätigkeit im damaligen ‹Groß-Deutschland› zu organisieren. Dabei halfen die mannigfachen Beziehungen und Kontakte mit den verschiedenen Kreisen der Verfolgten und der Helfer. Es war die Zeit der Ökumene, in der sich alle Gutwilligen, ohne Unterschied religiöser und sonstiger Anschauungen, zur Hilfe Verfolgter zusammenfanden. Hinzu kam eine hilfreiche Kuriermöglichkeit durch die ohnehin ständig reisenden Referenten der Caritaszentrale. Die weitverzweigten Verbindungen der Caritas boten auch Möglichkeiten, um vor Ort Helfer zu finden, die eine stille Verbindung, sei es zu den Betroffenen oder zu Hilfsbereiten anderer Konfessionen, insbesondere von der ‹Bekennenden Kirche›, den Quäkern oder sonstiger Anschauungen hielten. So entstand ein vielmaschiges Netz von Helfern über das ganze Land hinweg. [...]»[12] «*Durch die unmittelbare Kenntnis von Verfolgung und Not von Ort zu Ort erspürte man, welche Maßnahmen staatlicherseits im Gange waren [...]. Handelte es sich um einen Alterstransport, so half zuweilen und an manchen Orten zunächst noch ein Attest, das freilich auch vom Gesundheitsamt den Stempel bedurfte, handelte es sich um einen Arbeitstransport, so galt es angesichts der unmittelbar bevorstehenden Deportation noch einen Industriellen zu finden, der für seinen kriegswichtigen Betrieb, nicht nur nicht einen einzigen jüdischen Arbeiter entbehren konnte, sondern auch noch bereit war für einen gerade ‹dringend kriegswichtigen Auftrag› noch weitere bestimmte jüdische Arbeiter zu reklamieren.*»[13]

Um genaueres über die Lage in den einzelnen Städten zu erfahren, besprach sich Gertrud Luckner vor Ort mit Vertrauensleuten der Jüdischen Gemeinde. Sie hatte mit Leo Baeck, dem Präsidenten der «Reichsvertretung der Juden in Deutschland», ein Kennwort vereinbart, das ihr auch dort, wo sie unbekannt war, den Kontakt ermöglichte.

Regelmäßiges Ziel ihrer Dienstreisen war Berlin. Hier, in der Stadt mit der größten jüdischen Gemeinde in Deutschland, befanden sich die meisten Hilfsstellen. Im Winter 1940 traf sie Bernhard Lichtenberg*, den Leiter des «Hilfswerks beim Bischöflichen Ordinariat Berlin». Dieser Hilfsfond war 1933 für verfolgte Katholiken gegründet worden. Durch Lichtenberg lernte sie Margarethe Sommer kennen, die im Bistum als Referentin für Frauenseelsorge die Betreuung von Jüdinnen und Juden katholischen Glaubens übernommen hatte. Sie sollte 1941 Leiterin der Berliner Hilfsstelle werden. Zwischen den beiden Frauen entwickelte sich in den folgenden Jahren eine enge Zusammenarbeit.[14]

Wir haben erlebt, dass alle am Leben geblieben sind

Als im Spätsommer 1941 in ganz Deutschland die Deportationen begannen, mußte es vor allem darum gehen, nach Möglichkeiten zum Untertauchen zu suchen. Anfang 1942 erreichten die Berliner Hilfsstelle Nachrichten aus dem besetzten Polen, daß Tausende der verschleppten Menschen in den Ghettos ermordet wurden. So informierte Margarethe Sommer die katholischen Bischöfe im Februar 1942 über den Bericht eines zuverlässigen Zeugen, der in Kowno von Massenerschießungen durch die SS erfahren hatte.[15]

Ein Berliner Jude, der zusammen mit seiner Frau zwei Jahre lang von einer befreundeten Familie versteckt wurde, berichtete nach dem Krieg, daß allein in Berlin einige tausend Menschen versucht haben, sich zu verstecken. Sehr viele von ihnen wurden entdeckt. «*Meist auf der Straße, aber auch durch Verrat. Viele irrten ja ohne festes Obdach umher, nächtigten im Freien, unter Brückenbogen oder in den Wäldern. Manche fuhren bis Betriebsschluß mit der Stadtbahn herum und suchten dann die Wartesäle oder die Toilettenräume der Bahnhöfe auf, wo sie nächtigten. Oder sie liefen wahllos in den Straßen herum, um dann tagsüber bei einem Bekannten zu schlafen. Über Nacht wurde man nur ungern längere Zeit behalten, es war den Hausbewohnern gegenüber zu gefährlich, besonders später, bei Luftangriffen. Aber auch die-*

* (vorige Seite) Prälat Lichtenberg, Dompropst von St. Hedwig in Berlin, war einer der wenigen katholischen Priester, der öffentlich gegen die Judenverfolgung protestierte. In seinen Gottesdiensten schloß er die Juden und alle, die in Konzentrationslagern saßen, in die Fürbitte ein. Im Oktober 1941 wurde Bernhard Lichtenberg verhaftet und in einem Sondergerichtsverfahren 1942 wegen «*Kanzelmißbrauchs und Vergehens gegen das Heimtücke-Gesetz*» zu zwei Jahren Gefängnis verurteilt. Nach dem Ende seiner Haftzeit sollte er ins Konzentrationslager Dachau eingewiesen werden, doch starb er schon auf dem Transport, am 5. November 1943 (FrR 1965, S. 43 ff.).

jenigen, die das Glück hatten, ein festes Obdach zu finden, hielten es meist nicht lange in ihren vier Wänden aus; sie gingen auf die Straße oder in ein Café oder Kino, und dort wurden sie dann meistens erkannt oder bei Kontrollen geschnappt.»[16]

Kurz nach dem Krieg, auf einer Versammlung im Gemeindesaal Maria Hilf, schilderte der Freiburger Mathematikprofessor Paul Salomon, wie der durch den Einsatz einer einzelnen Frau überleben konnte. Ende 1943, als sich die Zeichen verdichteten, daß auch diejenigen Jüdinnen und Juden, die bisher durch ihre Ehe mit sogenannten «*Deutschblütigen*» geschützt waren, von der Deportation bedroht waren, hatte er sich entschlossen unterzutauchen. In dieser Situation kam ihm Carola Kistner, eine Kommunistin, die bei Salomons als Stundenfrau arbeitete, zu Hilfe. Als geschiedene Frau, die allein für ihre drei Kinder aufkommen mußte, bestritt Carola Kistner den Lebensunterhalt unter anderem mit dem Sammeln von Beeren und Pilzen, von Tannenreisern und Kräutersträußen, die sie auf dem Münstermarkt verkaufte. Aus diesem Grund hatte sie auf dem Schauinsland eine Waldarbeiterhütte gemietet und ausgebaut, so daß sie dort auch über Nacht bleiben konnte. In dieser Hütte beherbergte sie Paul Salomon und versorgte ihn die ganze Zeit mit Lebensmitteln. Auf dieselbe Weise half sie gegen Ende des Krieges einer Gruppe von Jungen, die zum Volkssturm eingezogen worden waren und sich im Schwarzwald von der Truppe abgesetzt hatten. Sie entdeckte die Jungen, die sich in selbstgegrabenen Erdhöhlen versteckt hielten, beim Sammeln im Wald und brachte sie in ihrer Hütte unter.[17]

Zumeist aber waren die Umstände sehr viel schwieriger. Oft gab es nur die Möglichkeit, die Flüchtlinge in der eigenen Wohnung aufzunehmen, was sich auch mit größter Vorsicht auf die Dauer vor den übrigen Hausbewohnern, vor Nachbarinnen und Bekannten kaum verbergen ließ. Außerdem mußten Mitwissende gefunden werden, die bereit waren, ihre Lebensmittelkarten zu teilen oder ihre Wohnung vorübergehend als Ausweichquartier zur Verfügung zu stellen; die falsche Papiere beschaffen konnten oder zu helfen wußten, wenn eine Razzia drohte oder ein Flüchtling erkrankt war.

Selbst in Freiburg, wo es nicht weiter ungewöhnlich war, Bekannte und Verwandte aus bombengefährdeten Gebieten aufzunehmen, konnte ein Gast für längere Zeit nicht bleiben, ohne daß Nachfragen kamen. Denn auch in privaten Unterkünften mußten Besuche polizeilich gemeldet werden. Deshalb war es für die Untergetauchten am sichersten, nach kurzem Aufenthalt weiterzuziehen, wobei sie innerhalb des Hilfsnetzes von einer zum anderen weitervermittelt wurden.

Grete und Karl Borgmann* gehörten in Freiburg zu denen, die regelmäßig Flüchtlinge in ihrer Wohnung beherbergten. «*Man schickte sich gegenseitig verfolgte Juden zu, die eine Woche lang oder vierzehn Tage in einer Wohnung untertauchten. Wir hatten immer einzelne Juden, meist waren es Frauen, auf unserer Mansarde wohnen. Vierzehn Tage lang, dann mußten sie weiter. Wir haben erlebt, daß alle diese Juden, die bei uns Unterkunft haben finden können, daß sie alle am Leben geblieben sind.*»[18]

So kümmerte sich Grete Borgmann zum Beispiel darum, eine Pflegemöglichkeit für ihre erkrankte Freundin Lotte Paepcke zu finden. Sie wandte sich mit diesem Problem an Adelheid Testa und den Kamillianerpater Reinartz, die Lotte Paepcke im Haus der Barmherzigen Schwestern unterbrachten. «*Wir wußten vorher, daß wir ganz offen sein konnten, denn die Adelheid Testa hatte uns bereits gebeten, ob wir eine Frau aus Mühlheim aufnehmen konnten, die Jüdin war und nicht wußte wohin, und die hat dann vierzehn Tage bei uns gewohnt, oben auf der Mansarde, bis der Hauswirt uns einen Zettel in*

* Nach dem Krieg engagierte sich Grete Borgmann in der katholischen Friedensbewegung und in der Frauenbewegung. Sie schloß sich dem Ortverband des *Deutschen Frauenrings* an, der 1947 begann, von seiten der Frauenbewegung den politischen Wiederaufbau anzugehen. Grete Borgmann, die als Journalistin für Presse und Rundfunk arbeitete, setzte sich besonders mit Fragen der Bildung und Erziehung auseinander. Sie hatte kurz nach Kriegsende Brieffreundschaften zwischen Freiburger Jugendlichen mit Schülerinnen und Schülern aus Großbritannien, Frankreich und den USA vermittelt und war Mitbegründerin eines internationalen Studentenheims in Freiburg. Langjährige Vorsitzende des Freiburger *Frauenrings*, wurde sie 1973 in den Vorstand des *Frauenrings* der Bundesrepublik gewählt. In den 70er Jahren begann auch ihre Arbeit in internationalen Verbänden, in der Erziehungskommission der *Internationalen Frauenallianz* und der *Unesco*.

den Briefkasten gelegt hat: Sie haben jemanden, der nicht bei der Polizei angemeldet ist, das muß bis morgen geregelt sein. Dann haben wir jedenfalls erreicht, daß die Frau in der Albertus-Burse unterkam.»[19]

Es muß in Freiburg einige solcher Hilfsnetze gegeben haben. Auch wenn es sicherlich Verbindungen zwischen ihnen gab, so läßt sich heute nicht mehr entwirren, auf welche Weise die oppositionellen Gruppen der Arbeiterbewegung, der Kirchen und antinazistische Kreise an der Universität miteinander verflochten waren.[20] Gertrud Luckner äußerte nach dem Krieg ihre Genugtuung darüber, daß dieser Widerstand für die Gestapo, die nach einer in sich geschlossenen Organisation fahndete, nicht faßbar war. «*Wie ich in neunwöchigen Gestapoverhören feststellte, schien eine solche Hilfe von Mensch zu Mensch das Begriffsvermögen der Gestapo zu übersteigen. Gestapoleute konnten sich schwer vorstellen, daß für derartig Gefährdete sich Hilfsbereite mit eigener Initiative, ohne dahinterstehende Interessensgruppen und gesteuerte Opposition, einzusetzen vermochten.*»[21] Ein durchstrukturiertes Hilfswerk, dessen Aufbau von der Gestapo hätte nachvollzogen werden können, hätte nach ihrem Verständnis gegen die «*immer lückenloser organisierte, systematisch geplante Vernichtung menschlichen Lebens*»[22] noch weniger ausrichten können, als es den kleinen Gruppen möglich war.

Die Geschichte von Else Rosenfeld ist ein Beispiel dafür, wie die Hilfsnetze auch von Stadt zu Stadt zusammenarbeiteten.[23] Im Sommer 1941 hatte Else Rosenfeld in München die Betreuung der Jüdinnen und Juden übernommen, die in einem Sammelager, der sogenannten «Heimanlage für Juden in Berg am Laim», ghettoisiert waren. Monat für Monat erlebte sie dort, wie hunderte von Frauen, Männern und Kindern abtransportiert wurden. Im August 1942 entschloß sie sich zur Flucht und tauchte zunächst in Berlin bei Verwandten unter. Doch zeigte sich schon bald, daß sie dort nicht bleiben konnte. Eine Berliner Quäkerin, die durch eine Münchener Freundin über ihre Lage informiert worden war, nahm Verbindung zu ihr auf und brachte sie als Haushälterin bei einem alleinstehenden Fabrikanten unter. Ein anderer Quäker besorgte ihr falsche Papiere und nahm sie schließlich in die Wohnung seiner Eltern auf, die schon einige Flüchtlinge versteckt hatten. Doch Else Rosenfeld erschien es nun sicherer, aus Berlin zu verschwinden, wenn möglich, einen Fluchtweg aus Deutschland heraus zu finden. So wandten sich die Berliner über ihre Freundin in München an Bekannte in Freiburg, die sich bereiterklärten, Else Rosenfeld zu beherbergen. Als es ihr gelang, einen Postausweis auf ihren gefälschten Namen zu bekommen – ein Dokument, das als Identitätsnachweis amtlich anerkannt wurde – konnte sie die Zugreise nach Freiburg riskieren.

«Seit zehn Tagen bin ich hier, in der von Dir so besonders geliebten Stadt, und noch muß ich oft fragen, ob es Wirklichkeit oder ein schöner Traum ist! […] Und hier, wo mich außer meinen Gastgebern niemand von früher her kennt, kann ich auch wieder Spaziergänge und Ausflüge unternehmen, ohne wie in Berlin ständig fürchten zu müssen, erkannt und ausgeliefert zu werden»[24], schrieb sie im Juni 1943 an ihren Mann. Er war zusammen mit den Kindern kurz vor Kriegsbeginn nach Großbritannien geflohen. Fast ein Jahr lebte sie in Freiburg bei Lotte und Edmund Goldschagg, bevor ihr im April 1944 in der Nähe von Singen die Flucht über die grüne Grenze in die Schweiz glückte.

Verschiedene Zeitzeugen haben nach dem Krieg darüber berichtet, daß es von Freiburg aus direkte Verbindungen zu Fluchthilferingen gab und einige Freiburger und Freiburgerinnen Flüchtlingen über die Grenze halfen.[25] Auch wenn sie sich öffentlich hierzu nie geäußert hat, so spricht doch einiges dafür, daß auch Gertrud Luckner eine dieser Grenzgängerinnen war. In jedem Fall bemühte sie sich darum, die Verbindungswege in die Schweiz offenzuhalten. Ein Berliner Quäker berichtete nach dem Krieg, daß regelmäßig Flüchtlinge von Berlin über Heidelberg nach Freiburg geschleust wurden. Einige von ihnen habe Gertrud Luckner selbst in die Schweiz geführt.[26]

Es gibt bislang nur wenige Informationen darüber, auf welchen Wegen die Füchtlinge in die Schweiz gebracht wurden. Die nächstliegende Möglichkeit bei Lörrach war ab dem Sommer 1942 versperrt, nachdem dort die deutsche Grenze durch einen acht bis zehn Meter breiten Stacheldrahtgürtel verstärkt worden war.[27]

Im Juni 1942 wurde in Wiechs am Randen, einem Grenzdorf in der Nähe von Singen, der Pfarrer Eugen Weiler festgenommen. Von seiner Pfarrei, die unmittelbar an der Grenze lag, hatte er regelmäßig Menschen auf die andere Seite gebracht, wo sie sich in der nächstgelegenen Kleinstadt Thayngen an einen Pfarrer wenden konnten, der ihnen weiterhalf. Die Gestapo kam ihm auf die Spur, als in der Postkontrolle der Brief einer Jüdin hängenblieb, die ihm von der Schweiz für seine Hilfe dankte. Obwohl Eugen Weiler nach seiner Verhaftung weder Einzelheiten noch Namen preisgab, konnte die Gestapo einige Monate später eine Verbindung zu Gertrud Luckner ausmachen. Eine Denunziantin hatte nämlich weitergegeben, daß Gertrud Luckner ihr mitgeteilt hätte, wie schwer es seit der Verhaftung des Pfarrers geworden sei, Menschen in die Schweiz zu bringen. Nur einmal noch sei es seither gelungen, eine Jüdin in Schwesterntracht getarnt an den scharfen Kontrollen vorbei zu geleiten.[28]

Im März 1943 wurde Gertrud Luckner auf einer Reise aus dem Zug heraus festgenommen. Welche Umstände dazu geführt haben, darüber ist bisher wenig bekannt geworden. Als sie 1945, nach ihrer Befreiung aus dem Konzentrationslager, erste Hinweise erhielt, von wem die Gestapo Informationen über sie erhalten hatte, überzeugte Karl Bader sie, ein Ermittlungsverfahren einzuleiten. Karl Bader war in Freiburg zum Generalstaatsanwalt bestellt worden und leitete in dieser Eigenschaft unter anderem Untersuchungen gegen Denunziantinnen und Denunzianten. Es dauerte über ein Jahr, bis Karl Bader und Gertrud Luckner die Gestapoakten in ihrer Sache einsehen konnten. Denn diese Akten, die mit dem Betreff «*Nachrichtenzentrale des Erzbischofs Dr. Gröber, Freiburg*» versehen waren, tauchten nicht in Freiburg, sondern in Düsseldorf auf, weil von dort die Ermittlungen ausgegangen waren. «*Der Inhalt war erschütternd; ich habe kaum je anderswo so unmittelbaren Einblick in die von Grund auf verdorbene und verlogene Taktik der Gestapo erhalten*», berichtete Karl Bader und betonte, wie wichtig es war, «*daß wir nun schwarz auf weiß hatten und an die Nachwelt weitergeben konnten, was in den Jahren 1942/43 zwischen Freiburg und Düsseldorf geschehen war.*»[29]

Die Akten kamen ins Staatsarchiv Freiburg und wurden dort unter anderen Ermittlungsakten der Freiburger Staatsanwaltschaft abgelegt. Weil sie aber dort nie eingesehen wurden, galten sie schließlich als verschollen. Eher zufällig fanden wir sie bei den Recherchen für dieses Buch.[30]

Dass ich nichts Besonderes getan habe

Im August 1942 teilte ein Düsseldorfer Gestapobeamter, Polizeisekretär von Ameln, seiner Dienststelle mit, daß es ihm gelungen sei, an eine Mitarbeiterin im örtlichen Caritasverband heranzukommen. Diese Mitarbeiterin war Bernhardine Israel,* die Leiterin des *Katholischen Mädchenschutzvereins* im Caritasverband Düsseldorf. Um sein persönliches Verdienst, das Vertrauensverhältnis zu seiner Informantin, herauszustellen, wählte von Ameln den Decknamen «*Liebe*» für diese Frau und brüstete sich damit, eine «*unerschöpfliche Quelle*» erschlossen zu haben, die Verbindungen «*zu allen maßgeblichen Persönlichkeiten des politischen Katholizismus*» habe.

In den nächsten Wochen tauchte in den regelmäßigen Berichten, die er nach Zusammenkünften mit seiner Informantin anfertigte, einige Male ein «Hilfswerk für Juden christlichen Glaubens» auf. Zunächst erfuhr von Ameln nichts genaues. Die Zentrale dieses Hilfskomitees befände sich in Freiburg und werde von einer «*Vertreterin*» des Erzbischofs geleitet, berichtete er. Ende September aber teilte ihm seine Informantin mit, daß die «*Sekretärin der Zentrale*» in den nächsten Tagen nach Düsseldorf kommen werde.

---

* Bernhardine Israel, geboren 1890 und ledig, war keine Jüdin, wie ihr Name vielleicht nahelegen könnte. Sie war langjährige Mitarbeiterin des Caritasverbandes Düsseldorf. Ihre Motive, sich dem Gestapobeamten als Informantin zur Verfügung zu stellen, lassen sich allenfalls vermuten, da sie nach dem Krieg abstritt, irgendwelche Auskünfte gegeben zu haben. Sie sagte jedoch aus, daß Frau Luckner ihr «*unheimlich*» gewesen sei. Bei ihren Besuchen in Düsseldorf sei «*stets so ein Getuschel hinter meinem Rücken*» gewesen, und sie hätte befürchtet, daß «*der Caritasverband durch die Luckner leicht Unannehmlichkeiten bekommen könnte*».

Tatsächlich fuhr Gertrud Luckner am 28. September 1942 nach Düsseldorf – einen Tag früher als angekündigt. Deshalb gelang es dem Gestapomann nicht, sie persönlich in Augenschein zu nehmen, doch seine Informantin übernahm es, sie auszuholen. Noch 1947 erinnerte sich Gertrud Luckner sehr deutlich an dieses Zusammentreffen. Sie war nach Düsseldorf gekommen, um mit einer Fürsorgerin des Caritasverbandes zu besprechen, auf welche Weise ein jüdisches Kind in Sicherheit gebracht werden konnte. Die Eltern dieses Kindes, Elisabeth und Heinrich Liebrecht, hatten von Berlin aus versucht, ins Ausland zu kommen. Als der Fluchtplan scheiterte und Heinrich Liebrecht bei dem Treffen mit einem Mittelsmann, der vorgegeben hatte, die illegale Ausreise zu organisieren, festgenommen wurde, beging Elisabeth Liebrecht Selbstmord. Heinrich Liebrecht wurde nach Theresienstadt deportiert, aber kurz zuvor erfuhr er noch, daß Gertrud Luckner sich seines Kindes angenommen hatte. Um seine Spur zu verwischen, hatte sie es zunächst in einem katholischen Kinderheim in Erfurt untergebracht. Mithilfe der Fürsorgerin im Caritasverband Düsseldorf sollte das Kind nun als Findel ausgegeben und an Pflegeeltern in Westfalen vermittelt werden – was tatsächlich gelang. Aus Reha Eva Maria Liebrecht war Maria Schmitz geworden.[31]

Bei ihrem Besuch in Düsseldorf wurde Gertrud Luckner nun von Bernhardine Israel angesprochen. Unter vier Augen bat sie um Hilfe, einen Juden ins Ausland zu bringen. Daraufhin berichtete Gertrud Luckner von den Schwierigkeiten, die Grenzübertritte seit der Verhaftung des Pfarrers in Wiechs bereiteten. Weil ihre Gesprächspartnerin weiter in sie drang, erwähnte sie auch ihre persönlichen Verbindungen nach England. *«Im Verlauf dieser Gespräche bekam ich plötzlich Bedenken bezügl. der Richtigkeit des mir vorgetragenen Falles und begann mich in dieser Angelegenheit zu distanzieren. Ich machte ihr daher keinerlei Hoffnungen und erklärte ihr, ich würde mir diese Sache noch einmal überlegen, und ihr evtl. von unterwegs schreiben. […] Nach meiner Verhaftung wurden mir in zahlreichen Vernehmungen immer nur diese, der Israel gegenüber gemachten Äußerungen als Indiz für meinen Judenschmuggel vorgehalten.»*

Tatsächlich erfuhr der Gestapomann prompt alle Einzelheiten dieses Gesprächs und gab sie schon zwei Tage später, am 30. September 1942, an seine Dienstelle weiter. Vor allem war er stolz darauf, den Namen der «*Sonderbeauftragten*» des Erzbischofs Gröber herausgebracht zu haben. Es handele sich um «*Fräulein Dr. Luckner, Verwandte des Grafen Luckner, schätzungsweise 40 Jahre alt. [...] Zum Schein habe sie bei der Caritaszentrale in Freiburg ein Ressort [...]. Sie sei sehr einfach, ja sogar primitiv gekleidet, so daß niemand ahnen könne, daß es sich bei ihr um eine besondere Persönlichkeit handelt. Sie verkehre bei den einzelnen Bischöfen in Deutschland so frei, wie es noch in keinem andern Falle gewesen sei. Sie erhalte ohne weiteres freien Zutritt zu diesen Stellen und Persönlichkeiten*».

Die Informationen von Amelns veranlaßten die Gestapo Düsseldorf, das Reichssicherheitshauptamt (RSHA) in Berlin über diese Angelegenheit in Kenntnis zu setzen und Anweisungen für weitere Schritte einzuholen. Am 28. Oktober 1942 erging von Berlin die Dienstanweisung, daß alle Ermittlungen betreffs der «*Nachrichtenzentrale des Bischofs Gröber in Freiburg*» von Düsseldorf aus geleitet werden sollten. Die Aufgabe wurde SS-Hauptsturmführer Paul Burghoff, Beamter des SD bei der Gestapo Düsseldorf für Kirchenfragen, und Polizeisekretär von Ameln übertragen.

Im Januar 1943 reisten die beiden über Karlsruhe nach Freiburg. Bemerkenswerterweise wurde Gertrud Luckner bis zu diesem Zeitpunkt bei der Gestapoleitstelle Karlsruhe, der übergeordneten Dienststelle der Freiburger Gestapo, nicht in den Akten geführt. Auch bei den Freiburger Kollegen erfuhren die Beamten nur, daß Gertrud Luckner in den letzten Jahren keinen Anlaß zu besonderer Aufmerksamkeit gegeben hätte. Sie war zwar seit 1933 in der Kartei, weil sie wegen ihrer internationalen Verbindungen zu den Quäkern in die Postüberwachung aufgenommen worden war. Über ihre Arbeit im Caritasverband war bei der Gestapo aber nichts bekannt. Deshalb erhielt der Gestapobeamte Hugo Schäfer, in Freiburg zuständig für Kirchenangelegenheiten, den Auftrag, nähere Auskünfte einzuholen.

In der gerichtlichen Untersuchung von 1947 konnte nicht befriedigend geklärt werden, von wem die Gestapo in Freiburg vertrauliche Informationen aus dem Caritasverband erhalten hatte. Schäfer, dem bei seiner Entnazifizierung bestätigt worden war, daß er in seiner Funktion vor allem zum Schutz der Kirchen gehandelt hatte, gab an, seine Informationen von Franz Xaver Rappenecker erhalten zu haben. Mit Rappenecker, der für den Verband als offizieller Behördenvertreter, auch gegenüber der Gestapo fungierte, habe er jeweils abgesprochen, was und wieviel die Düsseldorfer Beamten erfahren sollten. Offensichtlich entschieden sich Rappenecker und Schäfer, ihre «*vertraulichen Informationen*» in einer Weise zu gestalten, daß sie zwar den Caritasverband, nicht aber Gertrud Luckner entlasteten. Rappenecker, der 1948 gegenüber Generalstaatsanwalt Bader aussagte, er habe in den drei Monaten, in denen Gertrud Luckner von der Gestapo observiert wurde, mit ihr «*selbst in dieser Richtung nicht gesprochen*», weil sie ihm «*zu unüberlegt oder unvorsichtig*» erschienen sei, brachte zum Beispiel für die Gestapo in Erfahrung, wann und wohin sie verreiste.*

Ohne Zweifel war sich Gertrud Luckner der Gefahr durchaus bewußt. Mit welcher Umsicht sie ihre einzelnen Schritte überlegt hatte, zeigen eindrücklich die Schwierigkeiten, die sie der Gestapo bereitete. Drei Monate hatten die Düsseldorfer Beamten akribisch gegen sie ermittelt, ihre Briefe abgefangen und ihre Wege beschattet. Die Ergebnisse blieben spärlich. «*Es konnten bisher eine Reihe von Briefen erfaßt werden, deren Inhalt so verzwickt ist, daß man daraus klar ersehen kann, daß etwas zu verheimlichen ist*», telegrafierte von Ameln Ende Februar 1943 nach Düsseldorf.**

Obwohl die Postüberwachung einige Adressatinnen von Gertrud Luckner erbracht hatte, konnten die Beamten lange Zeit nicht herausfinden, über wen Gertrud Luckner in Freiburg ihre Post erhielt, da alle Kontaktadressen verschlüsselt waren. Es gelang ih-

---

* Gertrud Luckner, die schon 1945 Hinweise auf diese Zusammenhänge erhalten hatte, stellte Rappenecker persönlich zur Rede, als sie hörte, daß er sich um ein politisches Amt bewerbe. «*Ich wies ihn darauf hin, daß ich dies nicht für richtig hielte und daß er sich nach dem Ausscheiden aus dem Caritas-Verband möglichst zurückhalten möge.*» Rappenecker wurde kurz darauf Ministerialdirektor im badischen Ministerium für Wirtschaft und Kultur.

nen auch nicht, den Ort ausfindig zu machen, an dem sie ihre Unterlagen aufbewahrte.

Ob Gertrud Luckner ohnehin damit rechnete oder ob sie gewarnt worden war – auf jeden Fall wußte sie, daß sie beobachtet wurde. So berichtete von Ameln im März 1943 über die Observationen: «*Durchweg unternimmt sie auf dem Fahrrad Stadtfahrten und läuft dabei die verschiedensten Stellen in Freiburg an. [...] Bei diesen Fahrten legt die Luckner ein eigenartiges und äußerst verdächtiges Benehmen an den Tag. Als sie auf einer solchen Fahrt [...] observiert wurde, schaute sie mehrfach um, obwohl sie bis dahin nicht wahrgenommen haben konnte, daß sie beobachtet wurde. In der Höhe des Hauses Adolf-Hitler-Straße 241 [...] fuhr sie scharf auf die rechte Straßenseite zu, stieg vom Fahrrad und machte Anstalten, auf das Haus zuzugehen. Sie vergewisserte sich jedoch vorerst noch einmal, ob sie jemand beobachten könnte und wurde dabei auf den Unterzeichneten, den sie bereits vorher beim ersten Umschauen auf einem Fahrrade gesehen hatte, aufmerksam. Sie wurde stutzig, lief zunächst planlos auf der Straße hin und her, bestieg dann plötzlich das Fahrrad und fuhr einen andern Weg. Um sie nicht zu verlieren, wurde ihr nach dieser Beobachtung nachgefahren. An der fraglichen Ecke angelangt, kehrte die Luckner plötzlich wieder zu dieser Stelle [...] zurück, bog aber sofort beim Antreffen des Unterzeichneten ab und fuhr in Richtung Stadtmitte. Damit wurde die Oberservierung an diesem Tage abgebrochen, um nicht auffällig zu werden.*»

Einmal gelang es den Gestapobeamten, Gertrud Luckner auf einer Reise zu beschatten. Sie beobachteten, wen sie in den jeweiligen Orten traf und welche Stellen sie aufsuchte. Allerdings wurden die meisten, mit denen sie zusammenkam, zunächst nicht behelligt, um die verdeckte Ermittlung nicht zu gefährden. Dies galt

---

** (vorige Seite) Aus einem Brief, in dem Gertrud Luckner mitteilte, daß «*liebe Freunde*» im Schwarzwald Unterkunft gefunden hätten, schlossen die Beamten, daß es sich hier um untergetauchte Juden handeln müßte. Sie konnten zwar durch einen Spitzel aus Kirchzarten in Erfahrung bringen, daß erst vor kurzem auf entlegenen Höfen im Hochschwarzwald zwei Jungen durch die Vermittlung des Caritasverbandes aufgenommen worden waren, doch mußte ihnen dieser Gewährsmann nach einigen Tagen mitteilen, «*daß die beiden Hütejungen plötzlich wieder verschwunden*» seien und sich nicht feststellen ließe, wo genau sie untergekommen seien.

jedoch nicht für Jüdinnen und Juden. Sie wurden kurz darauf festgenommen und darüber verhört, in welcher Angelegenheit Gertrud Luckner zu ihnen gekommen war. So erfuhr die Gestapo, daß sie davor gewarnt hatte, daß nun auch mit der Verfolgung von sogenannten «*Mischlingen*» und «*Mischehen*» gerechnet werden müsse. «*Die Tatsache, daß die Luckner darauf hingewiesen hat, daß die Mischlinge nicht kriminell werden dürften, um nicht der Gestapo eine Handhabe zum Einschreiten zu geben, läßt klar erkennen, daß sie über die Handhabung der Lösung der Judenfrage und über die internen behördlichen Anweisungen genauestens unterrichtet ist*», heißt es in einem Verhörprotokoll.

Gestapomann von Ameln beabsichtigte, Gertrud Luckner auch auf ihrer nächsten Dienstreise zu observieren. Er hatte in Erfahrung gebracht, daß sie noch im März 1943 nach Frankfurt, Leipzig und Berlin fahren wollte. Zwar wußte er das genaue Datum, aber wieder nahm Gertrud Luckner schon am Vorabend den letzten Zug Richtung Norden, so daß er ihre Abreise verpaßte. Allerdings bestätigte ihm Rappenecker seinen Verdacht, daß sie bereits abgereist war, worauf er an die Offenburger Bahnpolizei telegrafierte und anwies, sie in diesem Zug festzunehmen. Was auch geschah. Am Abend des 23. März wurde sie in das Karlsruher Gerichtsgefängnis gebracht und am nächsten Tag auf Umwegen nach Wuppertal transportiert.

«*Auf der Fahrt von Karlsruhe nach Köln wurde die Luckner ununterbrochen einem Verhör unterzogen, wobei festgestellt werden konnte, daß sie Weisung hat, größtes Stillschweigen zu bewahren. Sie antwortet nicht schlagfertig, sondern überlegt auf jede Frage eingehend, ehe sie eine Antwort gibt. Ihre Aussagen lassen klar erkennen, daß sie die Unwahrheit sagt*», rapportierte von Ameln nach Düsseldorf. Drei Wochen lang wurde Gertrud Luckner im Polizeigefängnis Wuppertal fast jede Nacht bis in die frühen Morgenstunden vernommen. Diese Verhöre zielten vor allem darauf, «*belastendes Material gegen den deutschen Episkopat und die gesamte katholische Kirche zusammenzutragen*», was ihr die Möglichkeit gab, sich auf allgemeine Angaben zurückzuziehen und damit der Gestapo keine Handhabe gegen Dritte zu bieten.

Doch nach der Verhaftung Gertrud Luckners konnte die Gestapo ihre Zurückhaltung aufgeben. Jetzt konnten andere, die der Mitwisserschaft oder Unterstützung verdächtig waren, festgenommen und verhört werden. Zudem hatte man in ihrem Gepäck ihr Adreßbuch gefunden, das Rückschlüsse auf einige der verschlüsselten Adressen ermöglichte.

In den nächsten Wochen und Monaten sollten dreizehn Frauen und Männer in Mitleidenschaft gezogen werden. Nur drei von ihnen kamen nach langer Untersuchungshaft wieder frei. Hier war es dem *Reichssicherheitshauptamt* «*nicht zweckmäßig*» erschienen, KZ-Haft gegen sie zu beantragen. Ein Strafverfahren einzuleiten, das «*die gesamten staatspolizeilichen Ermittlungen sowohl dem Gericht, als auch den Verteidigern der Beschuldigten und damit den kirchlichen Stellen zugänglich*» gemacht hätte, konnte erst recht nicht im Interesse der staatlichen Sicherheit liegen.

Es soll hier nicht beschrieben werden, auf welchen Wegen die Gestapo den Betroffenen auf die Spur gekommen war. Denn abgesehen von einem Fall waren die Festnahmen durch die Aussagen der Verhafteten zustande gekommen. Die Verhörprotokolle verschweigen die Mittel, derer sich die Gestapobeamten bedienten, um die Beschuldigten zum Reden zu bringen. Eine Frau brachte man soweit, ihre nächste Freundin, eine andere, ihre Schwester preiszugeben.

Mitte April 1943 beantragte die Düsseldorfer Gestapo beim *Reichssicherheitshauptamt*, Gertrud Luckner in «*Schutzhaft*» zu nehmen. Ihr wurde vorgeworfen, «*in größerem Umfang mit jüdischen Kreisen im gesamten Reichsgebiet Verbindung aufgenommen*» zu haben. Sie hätte finanzielle Unterstützung geleistet und wäre bei der «*Verschiebung jüdischen Vermögens behilflich*» gewesen. Sie hätte ein «*Mitarbeiternetz für die Betreuung der Juden aufgebaut und in [...] Nachrichtenaustausch mit staatsfeindlichen Kreisen im Auslande gestanden*». Im November 1943 wurde Gertrud Luckner in das Konzentrationslager Ravensbrück gebracht.

Schwester Placida vom Benediktinerinnenorden St. Lioba in Freiburg-Günterstal, der Freiburger Emil Homburger und die Quäker Eva und Karl Hermann aus Mannheim kamen in Haft, weil man es als erwiesen ansah, daß sie zum engeren Mitarbeiterkreis Gertrud Luckners gehörten.*

Das Ehepaar Hermann verurteilte das Sondergericht Mannheim zu hohen Gefängnisstrafen.[32] Man warf ihnen vor, ein jüdisches Ehepaar aus Berlin, Hilde und Fritz Rosenthal, in ihrer Wohnung aufgenommen und mit Lebensmittelmarken versorgt zu haben, die sie unter anderem von der Ordensschwester eines Säuglingsheimes erhalten hätten. «*Demnach wurden den deutschen Säuglingen die unbedingt notwendigen Lebensmittel entzogen, um sie den Parasiten im Volkskörper* [dies wurde nachträglich korrigiert in «*Juden*», B.H.] *zur Verfügung zu stellen und ihnen dadurch die Möglichkeit zu geben, sich der staatlichen Judenregelung zu entziehen*», formulierte Gestapomann von Ameln das Ergebnis seiner Ermittlungen. Durch die Verhaftung Hermanns kam auch der Aufenthaltsort von Hilde und Fritz Rosenthal heraus. Sie wurden im Mai 1943 in Saarbrücken festgenommen. «*Rosenthal hat bereits Selbstmord verübt*», notierte von Ameln in einem Protokoll. Was mit Hilde Rosenthal geschah, bleibt in den Akten unerwähnt.

Schwester Placida, der lediglich nachgewiesen wurde, daß sie Post für Gertrud Luckner angenommen hatte, wurde ebenfalls in das Konzentrationslager Ravensbrück gebracht. Vor allem die Tatsache, daß sie selbst Halbjüdin war, wertete man als belastendes Indiz. Gertrud Luckner und Schwester Placida erlebten die Befreiung und kehrten 1945 nach Freiburg zurück.

Auch Emil Homburger hielt man vor, Briefe weitergeleitet zu haben. Offensichtlich hatte man hiermit nun einen Anlaß gefunden, gegen ihn vorzugehen. Emil Homburger war 1933 aus dem Dienst der Staatsanwaltschaft Freiburg entlassen worden. Als Jude in einer sogenannten «*privilegierten Mischehe*» war er bisher

* Verhaftet wurde außerdem der Karlsruher Gefängnispfarrer Dold, weil er nach Freiburg die Nachricht gegeben hatte, daß Gertrud Luckner verhaftet worden war. Als die Ermittlungen gegen den Grenzpfarrer Eugen Weiler wiederaufgenommen wurden, erfuhr die Gestapo, daß ihm Prälat August Ruf aus Singen Flüchtlinge vermittelt hatte. August Ruf wurde im Sommer 1943 festgenommen. Er starb wenig später im Gefängnis (Kast 1947, S. 33).

halbwegs geschützt gewesen. Emil Homburger starb im Konzentrationslager Buchenwald.[33]

Die Gestapo machte schließlich auch die Pflegeeltern von Eva Maria Liebrecht ausfindig und erfuhr die Namen der Fürsorgerinnen, die bei der Rettung des Kindes geholfen hatten. Eine von ihnen war die Berlinerin Gertrud Jaffé, eine Jüdin katholischen Glaubens, die mittlerweile selbst untergetaucht war. Sie befand sich in Sicherheit, als sie im Juni 1943 die Nachricht erreichte, daß die Gestapo Eva Maria Liebrecht gefunden hatte. «*[...] das Kind wurde inzwischen den deutschblütigen Pflegeeltern entzogen und nach Düsseldorf überführt, wo es mit dem nächsten Transport zur Evakuierung kommt*», hieß es in einer internen Mitteilung der Gestapo. Gertrud Jaffé entschied, sich in Düsseldorf der Gestapo zu stellen, damit das Kind wenigstens nicht alleine der Deportation ausgesetzt war. Im September 1943 wurden beide nach Theresienstadt gebracht. Heinrich Liebrecht hat später das Wiedersehen seines Kindes im Lager als ein außergewöhnlich freudiges und zugleich furchtbares Erlebnis geschildert. Gertrud Jaffé und Eva Maria Liebrecht wurden in den Gaskammern von Auschwitz-Birkenau ermordet.[34]

Im Juni 1943 betrachtete die Gestapo Düsseldorf die Ermittlungen als abgeschlossen. Obwohl man gegenüber dem *Reichssicherheitshauptamt* betonte, es lägen klare Beweise dafür vor, «*daß sowohl die leitenden bischöflichen Stellen als auch die Caritasleiter diese illegale Arbeit für das Judentum unterstützten*», kam aus Berlin die Anweisung, keine weiteren Personen zu verfolgen. Man befürchtete eine unerwünschte «*stimmungsmäßige Auswirkung*» in der Bevölkerung.*

Die Staatsanwaltschaft Freiburg stellte im Juli 1947 das Ermittlungsverfahren gegen Bernhardine Israel und Franz Xaver Rappenecker ein. Vor allem der Umstand, daß der hauptverantwortliche

---

* Nach dem Krieg hat Gertrud Luckner auf diese Machtbeschränkung der Gestapo hingewiesen, die bemüht sein mußte, ein öffentliches Aufsehen gegenüber der Hilfe für Verfolgte zu vermeiden. Auch aufgrund dieser Erfahrung sah sie sich zu der Frage veranlaßt, ob «*nicht vielleicht doch mehr zur Hilfe Entschlossene einige mehr der Ausgelieferten*» hätten retten können (FrR 1987, S. 47).

Gertrud Luckner (Mitte) 1978 beim Besuch eines Altersheims für aus «rassischen» Gründen verfolgte Christen in Nahariyya, Israel.

Gestapobeamte von Ameln nicht mehr am Leben war, machte es schwierig, der damaligen Denunziantin wissentliches Handeln nachzuweisen. Die Mitteilungen Rappeneckers an die Gestapo bewertete der Staatsanwalt als weniger schwerwiegend, weil sie die Verfolgung Gertrud Luckners nicht verursacht und die Ermittlungen gegen sie «*kaum objektiv gefördert*» hatten.

«*Das, was mich damals herausforderte, ist auf mich zugekommen. Eigentlich finde ich, daß ich nichts Besonderes getan habe. Für mich war diese Hilfstätigkeit eine mir selbstverständlich zugefallene Pflicht*»,[35] erklärte Gertrud Luckner 1985, in einer Rede, die sie anläßlich der Feier ihres 85. Geburtstages hielt.

Aus diesem Verständnis heraus setzte sie ihre Arbeit 1945, unmittelbar nach ihrer Rückkehr nach Freiburg fort. Im Caritasverband baute sie die *Arbeitsstelle für ehemals vom Nationalsozialismus*

Verfolgte auf. Doch schon bald zeigten sich die Grenzen der Hilfsmöglichkeiten, die nicht allein aus der Alltagsnot der Nachkriegsjahre herrührten. «*Schweigen, Gleichgültigkeit und Verständnislosigkeit liegen über der Ermordung von Millionen. Inzwischen sind Abneigung und Judenhass als Folge mancher verhängnisvollen Entwicklung dieser Jahre erneut im Wachsen. [...] Es ist daher notwendig, daß diese Erscheinungen in ihren eigentlichen Ursachen aufgrund von genauen Informationen untersucht und aufgeklärt werden, um sie vorurteilsfrei zu verstehen und erkennen zu können*»[36], schrieb Gertrud Luckner 1948 im Geleitwort des *Freiburger Rundbriefes* «*zur Förderung der Freundschaft zwischen dem alten und dem neuen Gottesvolk – im Geiste der beiden Testamente*», so der Untertitel der Zeitschrift.

Der *Freiburger Rundbrief*, den Gertrud Luckner zusammen mit Gleichgesinnten herausgab, erschien erstmals im August 1948 anläßlich des ersten Katholikentags, der nach dem Krieg in Deutschland stattfand. Der Herausgeberkreis wollte eine Auseinandersetzung zur Frage der Wiedergutmachung der «*öffentlich unwidersprochen gebliebenen Verbrechen*» bewirken. Der Katholikentag verabschiedete eine Erklärung, in der eine materielle Wiedergutmachung gefordert wurde und appellierte «*an jeden einzelnen Christen [...] seinen Teil dazu beizutragen, daß die christliche Bevölkerung sich von einem bereits wieder aufflammenden Antisemitismus freihält.*»*[37] Der *Freiburger Rundbrief* sollte vor allem innerhalb der Kirche aufklärend wirken und den öffentlichen Dialog zwischen deutschen Christen und Juden aufnehmen, den die Herausgeber als notwendige Voraussetzung jeder Wiedergutmachung erachteten.

---

* So dokumentierte die Redaktion einen Fall, der sich 1949 in Offenbach zugetragen hatte. Der dortige Bürgermeister hatte Einspruch dagegen erhoben, die Chefarztstelle an der Uniklinik mit einem jüdischen Arzt zu besetzen, unter anderem mit dem Argument, daß dieser «*Mann, der aus dem Konzentrationslager*» käme und dessen Familie «*entweder vergast oder ermordet worden*» sei, «*[...] mit den Ressentiments seiner Rasse und dem Rachegefühl eines KZlers seine Arbeit antreten*» werde. «*Keine Frau könnte sich mit ruhigem Gewissen seiner Behandlung anvertrauen.*» Der Stadtrat stimmte dieser Ansicht mehrheitlich zu und widerrief diese Entscheidung erst, als die Militärregierung und das Hessische Innenministerium ein Untersuchung eingeleitetet hatten (FrR 1949, S. 16f.).

Gertrud Luckner ist später für ihre Rettungsarbeit hoch geehrt worden. Als ihr im Juli 1979 die Ehrenbürgerschaft der Stadt Freiburg verliehen wurde, berichtete das *Mitteilungsblatt des Oberrates der Israeliten Badens*: «*Wäre es nach Gertrud Luckners Wünschen erfolgt, hätte weder diese Feierstunde mit der Überreichung der Ehrenbürger-Urkunde stattgefunden, noch wären die zahlreichen und zum Teil einmaligen Ehrungen des Staates Israel und der Bundesrepublik notwendig gewesen. Es liegt ihr nicht daran, und es ist ihr nicht darum zu tun, der dunkelsten Zeit deutscher Vergangenheit in dem Sinne zu gedenken, daß ihr persönlicher Einsatz so viele jüdische Leben rettete, daß diese Hilfe sie selbst auf Jahre in das Lager brachte, daß sie mit Hilfe und Helfen immer und gerade dann den auswegslos erscheinenden Weg fand, wo andere nur Verzweiflung und Ende sahen. [...] Bevor die Feierstunde [...] zum Abschluß kam, ergriff die neue Ehrenbürgerin selbst das Wort [...]. Es war alles so selbstverständlich, so natürlich in ihrer eigenen Darstellung, als ob es gar nicht anders hätte sein können. Wir Juden wissen am besten, daß es so nicht war.*»[38]

DIE AUTORINNEN

BIRGIT HEIDTKE ist 1959 in Castrop-Rauxel geboren und in Dortmund aufgewachsen. Seit 1978 lebt sie in Freiburg. Sie studierte Geschichte und Germanistik und arbeitete in verschiedenen Dienstleistungsgewerben, insbesondere als Kellnerin. Für acht Jahre war sie Redakteurin der linken *Stadtzeitung für Freiburg* und arbeitet nun als freie Journalistin.

CHRISTINA RÖSSLER wurde 1951 geboren und wuchs in Hauenstein in der Pfalz auf. Sie studierte Sport, Theologie und Musikwissenschaft und lernte Klavierbau. Arbeitete als Klavierbauerin, Köchin, im Büro-Kollektiv der Freiburger *Fabrik für Handwerk, Kultur und Ökologie* und in verschiedenen Tagungshäusern. Sie hat einen 26jährigen Sohn.

ENDNOTEN

Frauen in der Revolution von 1848/49

1. GLA 236/8542.
2. Haumann/Schadek (1992), S. 38, S. 663.
3. StAFr Dwe 3695 Sammelmappe. Gesetze des Vereins deutscher Frauen zu Freyburg im Breisgau von 1815.
4. StAFr Dwe 3695 Sammelmappe. Rechnung über die vom Frauenverein zu Freiburg im Breisgau eingegangenen und vertheilten Beträge. Bd. 2.
5. Haumann/Schadek (1992), S. 83, S. 117.
6. OZ, Nr. 68, 8. März 1848, S. 336. Diese und andere Informationen von Petra Hinnenberger. Ihr sei an dieser Stelle herzlich gedankt.
7. Schlang (1907), S. 17f., Haumann/Schadek (1992), S. 76.
8. OZ, Nr. 346, Nr. 347, 12. Dez. 1848, Haumann/Schadek (1992), S. 664.
9. Zilling (1984), S. 19f., Vollmer (1983), S. 20f., Struve (1849), S. 16f.
10. Struve (1850), S. 14f.
11. Dies und weiteres zu den Ereignissen in Freiburg: Haumann, Heiko: Traum und Wirklichkeit: Die Revolution von 1848/49. In: Haumann/Schadek (Hg.) (1992), S. 93f.
12. Uhde-Bernays (1912), S. 135.
13. Ebenda, S. 148.
14. Struve (1850), S. 23.
15. StAFr Dwe 4470, Vereinsblatt der Freiburger Turnerschaft, Nr. 5, 1920.
16. Hummel-Haasis (1982), S. 185. Es war uns nicht möglich, das Bild aufzufinden.
17. Herwegh, Emma: Zur Geschichte der deutschen demokratischen Legion aus Paris. Von einer Hochverräterin. 1849. In: Hummel-Haasis (1982), S. 187f.
18. Ebenda, S. 192.
19. Otto von Corvin: Die erste Expedition der deutschen Republikanischen Legion. Arnstadt 1849. In: Hummel-Haasis (1982), S. 201.
20. Dreßen (1975), S. 57.

21. Ebenda, S. 74.
22. Herwegh, a.a.O., S. 196.
23. Struve (1850), S. 38.
24. Struve (1850), S. 108.
25. Ebenda, S. 61.
26. Struve (1850), S. 69.
27. Struve (1850), S. 45.
28. Volkswacht, 5.1.1926, 8.1.1926, 21.1.1926.
29. Mors (1866), S. 116 f.
30. Struve (1850), S. 50 f.
31. Vollmer (1983), S. 225.
32. Ebenda, S. 228.
33. Haumann / Schadek (1992), S. 126.
34. Struve (1850), S. 112.
35. OZ Nr. 112, 11. Mai 1849, S. 546.
36. Struve (1850), S. 148 f.
37. Uhde-Bernays (1912), S. 147 f, S. 154 f.
38. Uhde-Bernays (1912), S. 147.
39. Uhde-Bernays (1912), S. 152 f.
40. Vollmer (1983), S. 430.
41. Haumann / Schadek (1992), S. 128.
42. OZ Nr. 92, 18. April 1849, S. 454.
43. OZ, mehrere Ausgaben Mai 1849.
44. Vorläufer zu den Seeblättern Nr. 149, 24. Juni 1849, S. 706.
45. Beilage zur OZ, Nr. 11, 10. Mai 1849, S. 560.
46. Volksfreund, Rheinfelden, Nr. 6, 16. Juli 1848, S. 20. In: Hummel-Haasis (1982), S. 140.
47. Struve (1850), S. 47.
48. Staroste (1852), S. 43.
49. OZ Freiburg, Nr. 216–218, 3.–5. August 1848. In: Hummel-Haasis (1982), S. 38.
50. StAFr Dvd 7680, Flugblatt 22. Mai 1849.
51. Friedrich Neff: Beiträge zur Bauernpolitik oder wie dem niedergetretenen Mittelstande wieder aufzuhelfen ist. Philadelphia (Basel) 1849, S. 26f. In: Hummel-Haasis (1982), S. 54.
52. Dreßen (1975), S. 42.
53. Mannheimer Journal Nr. 126, 8. Mai 1848, S. 616. In: Hummel-Haasis (1982), S. 202.
54. Dreßen (1975), S. 70 f.
55. Beilage zur OZ, Nr. 111, 10. Mai 1849, S. 559.
56. Der Seebote, Überlingen, Nr. 59, 26. Juli 1849, S. 264.
57. NFZ, Nr. 229, 26. Sept. 1849, S. 2014.
58. Die Biene, Karlsruhe, o.Nr., 14. Okt. 1849, S. 412. In: Hummel-Haasis (1982), S. 140.

59. Struve (1850), S. 35.
60. Dazu: Kienitz (1986), S. 310f.
61. Mannheimer Journal Nr. 126, 8. Mai 1848, S. 616. In: Hummel-Haasis (1982), S. 202.
62. Uhde-Bernays (1912), S. 156.
63. Struve (1850), S. 92.
64. Kathinka Zitz, Der Demokrat, Mainz, Nr. 48, 5. Juli 1849. In: Hummel-Haasis (1982), S. 285f.
65. Vollmer (1983), S. 453, Dreßen (1975), S. 82, S. 84.
66. A. Daul: «Tagebuch eines politischen Flüchtlings während des Freiheitskampfes in der Rheinpfalz und Baden». St. Gallen 1849, S. 10. In: Hummel-Haasis (1982), S. 239.
67. C.B.A. Fickler, In Rastatt 1849. Lahr 1899, S. 139. In: Hummel-Haasis (1982), S. 234.
68. Mannheimer Journal, Nr. 126, 8. Mai 1848, S. 616. In: Hummel-Haasis (1982), S. 217.
69. James/Mossman (1983), S. 96.

Waisenmädchen und dürftige Bürgerstöchter

1. Dieses und das folgende Zitat: StAFr C4 XV 3.14: Betrieb des Waisenhauses.
2. Statuten und Disziplinarordnung des Waisenhauses zu Freiburg, 1842. In: StAFr C3 645.4: Waisenhaus, Aufnahme, Entlassung, Bekleidung, Lehr- und Dienststellen.
3. Ebenda.
4. StAFr DWE 1420: Schul- und Hausordnung für die Mädchen des Waisenhauses.
5. StAFr C4 XV 3.14, a.a.O.
6. Ebenda.
7. Ebenda.
8. Ebenda.
9. StAFr C3 643.3: Rechtlicher Charakter des Waisenhauses.
10. Retzbach (1918).
11. Hansjakob (1892).
12. Sautier (1800), S. 11ff.
13. Dieses und die folgenden Zitate: Hansjakob (1892).
14. Sautier (1801), Bd 2, S. 54.
15. Sautier (1800), S. 39.
16. StAFr DWE 1420, a.a.O.
17. StAFr DWE 700: Jahresberichte des Armenrathes, hier: 1807, 1809; Haumann (1992), S. 114, Schwall-Düren (1980).
18. StAFr C3 645.4., Statuten, a.a.O.
19. Müller (1972), S. 27ff.

20. Ebenda.
21. StAFr C3 645.1: Waisenhausstiftung, Barmherzige Schwestern und Dienstpersonal.
22. StAFr C3 643.3., a.a.O.
23. StAFr DWE 700, a.a.O: 1885–1895.
24. StAFr DWE 700, a.a.O: 1883, 1895; C3 211.1: Krippenanstalten, städtisches Kinderheim.
25. StAFr DWE 700, a.a.O, hier: 1895.
26. StAFr C4 XV 3.14, a.a.O.
27. StAFr C3 645.4, a.a.O; C3 211.1.; C4 XV 3.14., a.a.O.
28. StAFr C4 XV 3.14, a.a.O.
29. StAFr C4 XVII 18.17: Kinderheim und Waisenhaus in Günterstal.
30. StAFr C4 XV 3.14, a.a.O.
31. Wir danken Volker Augustyniak für diese Auskünfte.

Frauenbildung im 19. Jahrhundert

1. Dazu: Roecken/Brauckmann (1989), S.284f., und Grüters (1971), S.30f. Zur Entwicklung des Freiburger Mädchenschulwesens auch: Gugel (1991).
2. Zitat aus: Kubon (1991), S.11. Zu Karl von Rotteck siehe Haumann/Schadek (1992) S.121f.
3. StAFr C1 Kirchensachen 53 Adelhausen.
4. StAFr C1 Schulen 24 Nr.1, auch Gugel, S.31.
5. Ebenda, S.58.
6. Gugel (1992), S.31.
7. Grüters (1971), S.33.
8. Regulativ in StAFr C1 Kirchensachen 99 Nr.11.
9. StAFr C1 Schulen 24 Nr.1, Gugel (1992), S.29.
10. StAFr C1 Kirchensachen 99 Nr.9.
11. StAFr C1 Kirchensachen 99 Nr.12.
12. Schalk (1946), S.22.
13. StAFr C1 Kirchensachen 50b Nr.72.
14. Mayer (1920), S.32.
15. dazu auch: Haumann/Schadek (1992), S.57f.
16. Mayer (1920), S.91.
17. Ebenda, S.25f.
18. Gugel (1992), S.28, Mayer (1946), S.40f.
19. Mayer (1946), S.49–51.
20. Gugel (1992), S.26, Hug (1992), S.588.
21. Mayer (1946), S.56f.
22. StAFr C1 Kirchensachen 111 St. Ursula.
23. Mayer (1946), S.33f.
24. Schalk (1946), S.12.

25. StAFr C1 Kirchensachen 53 Adelhausen Unterricht.
26. Mayer (1946), S. 73.
27. Zum badischen Kulturkampf siehe: Haumann/Schadek (1992), S. 130f., Gugel (1992), S. 35f.
28. Grüters (1971), S. 37.
29. Schalk (1946), S. 25.
30. Gugel (1992), S. 37, Festschrift Adelhausenstiftung (1985), S. 40.
31. Haumann/Schadek (1992), S. 136.
32. Ebenda, S. 137, Gugel (1992), S. 38, Festschrift Adelhausenstiftung (1985), S. 40. Erinnert sei in diesem Zusammenhang an die Anti-Atomkraft-Demonstrationen in Freiburg in den 70er Jahren, während derer die Schülerinnen von St. Ursula in ihren Klassenzimmern eingeschlossen wurden, um ihre Teilnahme zu verhindern. Was nicht heißen soll, daß dies an anderen Schulen nicht ähnlich gehandhabt wurde.
33. Festschrift Adelhausenstiftung (1985), S. 39.
34. Schalk (1946), S. 24.
35. StAFr C1 Kirchensachen 99 Nr. 9.
36. Gugel (1992), S. 37.
37. StAFr C1 Kirchensachen 99 Nr. 9.
38. Schalk (1946), S. 25f.
39. Ebenda, auch Haumann/Schadek (1992), S. 141.
40. Ebenda, S. 26.
41. StAFr C1 Kirchensachen 99 Nr. 8.
42. StAFr C1 Schulsachen 13.
43. Bauer (1873), Schulprogramm.
44. Bauer (1881), S. 11.
45. Ebenda, S. 34.
46. Ebenda, S. 37.
47. Bauer (1873), S. 15.
48. Nämlich 1914. StAFr C3 503/11.
49. Bauer (1881), S. 37.
50. Gugel (1992), S. 53.
51. Hug (1992), S. 590.
52. Kalchthaler (1991), S. 77f.
53. Klapper (1982), S. 207f., Hug (1992), S. 597f.
54. Grüters (1971), S. 43.
55. Gugel (1992), S. 63.
56. StAFr C3 503/6.
57. Ebenda. Und 1900 läßt der Stadtrat endlich eine Schreibmaschine benutzen.
58. StAFr C3 503/7.
59. Borgmann (1973), S. 8f.
60. Ebenda, S. 15.
61. Ebenda, S. 14.

62. FZ 29.11.1890.
63. Borgmann (1973), S. 8, Nauck (1953), S. 13 f.
64. Nauck (1953), S. 21.
65. Borgmann (1973), S. 23.
66. Nauck (1953), S. 37.
67. StAFr C3 503/9, auch Gugel (1992), S. 67.
68. Hug (1992), S. 600.
69. Ebenda, auch Grüters (1971), S. 46.
70. Nauck (1953), S. 21, S. 25.
71. FZ 13.8.1919.
72. UAFr B1 2655 Freiburger Studentinnenverein. Zu den Vereinen auch: UAFr B1 2455, 2456, 2458, 2472 u.v.m.
73. Nauck (1953), S. 41 f.
74. Siehe das Kapitel «Frauenwahlrecht» in diesem Buch.
75. Nauck (1953), S. 41.
76. Die Zeit, 25.2.1994.

Ehescheidung im 19. Jahrhundert

1. Alle Informationen über Elise Schneckenburger, ebenso die Zitate hier und im folgenden: StaAFr LG FR A25/7 Nr. 1600, Nr. 1604, Nr. 2831.
2. Vgl. Stiefel (1977), Bd. 1, S. 76 f.
3. Seng (1829), S. f.
4. Ebenda, S. 3.
5. Ebenda, S. 8 f.
6. Badisches Landrecht LRS 298.
7. Ebenda, LRS 228.
8. Haumann/Schadek (1992), S. 64.
9. Ebenda, S. 134.
10. Badisches Landrecht LRS 148.
11. Behaghel (1866), S. 137.
12. Barazetti (1895), S. 10.
13. Boll, Bernhard: Rituale Archidioecesenseos Friburgensis. Friburgi Brisgoviae 1845, S. 101 f.
14. Badisches Landrecht LRS 213, 214.
15. Behaghel (1866), S. 148.
16. Ebenda, S. 149 ff.
17. Seng (1829), S. 55.
18. Barazetti (1895), S. 545.
19. Vgl. Gerhard (1978), S. 163.
20. StaAFr a.a.O. Nr. 3744.
21. Badisches Landrecht LRS 233.
22. Barazetti (1895), S. 234, S. 674.

23. StaAFr a.a.O. Nr. 355 und Nr. 3700.
24. Alle Informationen über Anna Maria Meisberger, ebenso die Zitate hier und im folgenden: StaAFr a.a.O. Nr. 1242.
25. StaAFr a.a.O. Nr. 2761.
26. Badisches Landrecht LRS 213.
27. Ebenda, LRS 267, auch Behaghel (1866), S. 162.
28. StaAFr a.a.O. Nr. 3744.
29. Badisches Landrecht LRS 229, 230, auch Behaghel (1866), S. 154.
30. Zitiert nach: Gerhard (1978), S. 451.
31. Badisches Landrecht LRS 231.
32. Behaghel (1866) S. 151.
33. Badisches Landrecht LRS 232.
34. StaAFr a.a.O. Nr. 2761 a, b, Nr. 4834.
35. Badisches Landrecht LRS 231.
36. StaAFr a.a.O.Nr. 2541.
37. Vgl. Frevert (1991) S. 223 ff.
38. GLA 233 Nr. 38732.
39. Barazetti (1895), S. 235.
40. StaAFr a.a.O.Nr. 2423.
41. Ebenda, Nr. 2541.
42. Badisches Landrecht LRS 230.
43. StaAFr a.a.O. Nr. 4903.
44. Ebenda, Nr. 4475.
45. Ebenda, Nr. 2809.
46. Ebenda, Nr. 2511.
47. Ebenda, Nr. 1517.
48. Ebenda, Nr. 2541.
49. Ebenda, Nr. 1082.
50. Ebenda, Nr. 1442.
51. Ebenda, Nr. 4903.
52. Ebenda, Nr. 422.
53. Luise Otto: Das Recht der Frauen auf Erwerb, 1866. Zitiert nach: Gerhard (1978), S. 175.
54. Anita Augspurg 1905, zitiert nach: Janssen-Jurreit (1986), S. 101.

Die Hebammen

1. Alle Informationen über Marie Meyer und das Versorgungshaus, ebenso die Zitate, soweit nicht anders angegeben, aus: StAFr C2 60 Gemeinnützige Anstalten 23.
2. Vgl. Roecken/Brauckmann (1989), S. 135 f., Gubalke (1964) S. 71 f.
3. StAFr C1 Medizinalwesen 2A.
4. StAFr C2 94/2 9 Polizei, Gesundheit.

5. Ebenda.
6. StAFr C1 Medizinalwesen 2A.
7. Höfler (1892), S. 126f.
8. Dazu: Ute Frevert: Frauen und Ärzte im späten 18. und frühen 19. Jh. In: Kuhn/Rüsen (1982), S. 191f.
9. Informationen von Frau Maria Hipp, Freiburg. Ihr sei an dieser Stelle herzlich gedankt. Ebenso herzlichen Dank an Frau Gertrud Meyer!
10. StAFr C1 Medizinalwesen 3 Öffentliche Gesundheit Nr. 45.
11. Ebenda, Nr. 16.
12. Wehrer (1839), S. 221f.
13. StAFr C1 Medizinalwesen 2A Hebammenwesen.
14. Ebenda.
15. StAFr C3 522/4.
16. StAFr C1 22 Polizeisachen Gesundheitspolizei.
17. StAFr C1 Medizinalwesen 2A.
18. StAFr C2 94 2/10.
19. Nägele (1830).
20. Wehrer (1866), auch StAFr C3 522/2.
21. StAFr C2 94/2 Nr. 9.
22. Ebenda.
23. StAFr C4 XII/10/11.
24. StAFr C1 Medizinalwesen 2A Hebammen.
25. StAFr C2 94/2 9 Polizeisachen Gesundheit.
26. StAFr C3 522/2.
27. Freiburger Tagblatt, 6.5.1908. In: StAFr C3 522/2 Hebammen.
28. StAFr C3 522/2.
29. BZ, 7.4.1995.

Alfred Hegar

1. Hegar (1878), S. 41ff.; Hegar (1885), S. 4ff.; Hegar (1894), S. 126ff.; Hegar (1914), S. 7f.; Laqueur (1992), S. 200f.

Die Seidenspinnerei Mez

1. Kober (1892), S. 71.
2. Kober (1892), S. 69.
3. Kober (1892), S. 234.
4. Kober (1892), S. 74f.
5. Kober (1892), S. 80f.
6. Kober (1892), S. 83ff.
7. Kober (1892), S. 84f.
8. Kober (1892). S. 78f.

9. Kober (1892), S.87; S.91.
10. Firmenchronik (1935): 100 Jahre Mez. In: StAFr C4 IX 31.4: Mez. Das Arbeiterinnenheim ist zum letzten Mal im Adreßbuch von 1909 aufgelistet.
11. Siehe auch im Kapitel Der Erste Weltkrieg, S. 235ff.
12. VW, 9.4.1921.
13. StAFr C4. XVII 19.11.
14. Baum (1906). Siehe auch: Baum (1910).

St. Valentin

1. StAFr C1 Gewerbe und Handel 4 Nr.14.

Die Prostitutierten

1. StAFr C1 Polizeisachen 16 Nr.14.
2. Ebenda.
3. Bevölkerungsstatistiken in den Freiburger Adreßbüchern der jeweiligen Jahrgänge. Wandel der Einwohnerstruktur und industrielles Wachstum in: Haumann/Schadek (1992), S.170f., S.541f.
4. Conversations-Lexikon Brockhaus (1878), S.138f.
5. StAFr C2 98/2 Nr.9.
6. StAFr C1 Polizeisachen 16 Nr.14, C2 98/2 Nr.9, C3 537/5.
7. StAFr C2 98/2 Nr.9.
8. Pappritz (1919), S.232.
9. StAFr C2 98/2 Nr.9, C3 537/7.
10. StAFr C2 98/2 Nr.4.
11. StAFr C3 537/5.
12. StAFr C3 537/6.
13. Lombroso (1894), S.576, S.573, S.536, S.541, S.582.
14. Katharina Scheven: Die sozialen und wirtschaftlichen Grundlagen der Prostitution. In: Pappritz (1919), S.142.
15. StAFr C2 98/2 Nr.9.
16. Scheven, a.a.O., S.145.
17. Zu Dienstmädchen und Prostitution siehe Walser (1986), S.59–73.
18. StaAFr LG 241/Zug.1960/3 Nr.2079.
19. Janssen-Jurreit (1986), S.26.
20. StAFr C2 98/2 Nr.9.
21. StAFr C3 537/6.
22. Ebenda.
23. StAFr C3 537/7.
24. Ebenda.
25. Ebenda.
26. «Der Volksfreund», 7.10.1927. In: StAFr C4 XII/10/7.

27. StAFr C4 XII/31/5.
28. Aus: «Die rote Spinndüse», Betriebszeitung der KPD für die Rhodia, November 1929. In: StaAFr Staatsanwaltschaft Freiburg 1970/13, P 31/32.
29. StAFr C4 XII/10/7.

Der Erste Weltkrieg

1. Dieses und das folgende Zitat: VW, 10.12.1930.
2. VW, 28.7.1914; Haußmann (1994), S. 5 ff; Haumann (1992), S. 255 ff.
3. Haumann/Schadek (1992), S. 255.
4. StAFr M2/222 Kriegstagebuch Hermine Paufler.
5. Ebenda, 21.8.1914.
6. VW, 8.8.1914; FZ, 4.8.1914, Haußmann, a.a.O; Haumann, a.a.O.
7. StAFr C3 775.6 und 775.7: Tätigkeit des Roten Kreuzes.
8. FZ, 4.8.1914.
9. StAFr C3 773.5: Kriegsfürsorgeausschuß.
10. Haußmann, a.a.O., S. 33 f.
11. Borgmann (1973), S. 41 ff; VW, 12.8.1914; Freiburger Tagespost, 31.5.1917.
12. Wir danken Gretel Bechtold, die uns die Briefe ihrer Großmutter freundlicherweise zur Verfügung stellte.
13. Wundt (1915), S. 1.
14. Dieses und die folgenden Zitate: StAFr C3 769.1: Aufrechterhaltung des KriegshaushalteS.
15. StAFr C3 768.7, a.a.O.
16. VW, 14.2.1917.
17. VW, 13.12.1916.
18. StAFr C3 768.7, a.a.O.
19. VW, 23.11.1916; VW, 1.12.1916.
20. StAFr M2/222, a.a.O, 7.9.1916.
21. VW, 5.3.1917; Haußmann, a.a.O., S. 16 ff.
22. StAFr C3 768.7, a.a.O.
23. StAFr C3 778.2.5: Vorträge über Lebensmittelversorgung, Aufklärungstätigkeit auf dem Land durch die Hausfrauenvereine.
24. StAFr C3 769.1, a.a.O.
25. VW, 12.5.1917. Siehe auch: VW, 13.6.1917; StAFr C3 354.16: Verein für gärungslose Früchteverarbeitung.
26. VW, 10.8.1918.
27. Dieses und die folgenden Zitate: StAFr C3 105.8: Verwendung von Frauen als Schaffnerinnen und Wagenführerinnen.
28. VW, 9.12.1916; VW, 29.3.1917.
29. VW, 21.12.1916.
30. VW, 19.3.1917; VW, 8.1.1917; VW, 6.2.1918; VW, 8.4.1918.
31. VW, 11.11.1916.

32. Jahresbericht des Arbeitsamtes Freiburg für 1916. In: VW, 22.5.1917.
33. Guttmann (1992), S.272ff.
34. StAFr C3 773.8: Kriegskinderhorte; StAFr C3 769.1, a.a.O; Haußmann (1994), S.45ff.
35. VW, 27.3.1917; VW, 31.3.1917.
36. VW, 4.4.1917.
37. Ebenda; VW, 31.5.1917.
38. VW, 2.11.1917.
39. UAFr, B1 2346: Studentischer Arbeitsausschuß, Tätigkeit des Kriegsarbeitsausschusses; VW 20.10.1917.
40. StAFr C3 780.1.5, a.a.O.
41. VW, 22.3.1918.
42. Dieses und die folgenden Zitate: Steinmann (1918).
43. VW, 24.12.1918.
44. Guttmann (1992), S.283.
45. Guttmann (1992), S.284.
46. Dieses und das folgende Zitat: StAFr C3 105.8, a.a.O.
47. VW, 26.11.1918.
48. VW, 18.2.1919; VW, 10.12.1930.
49. Hering (1986); Hering (1990).
50. Siehe Kapitel Frauenstimmrecht und Frauenpolitik, S.252ff.
51. VW, 12.1.1921; VW, 18.1.1921; VW, 31.1.1921; VW, 8.2.1921, VW, 11.9.1922; VW, 19.9.1922; Flamm (1990A). Siehe auch: Kapitel. Frauenwahlrecht, Kapitel .Hilfe für Verfolgte.

Der Freiburger Frauenklub

1. FZ,12.11.1913; FZ, 14.11.1913; FZ, 16.1.1914; FZ, 21.1.1914; FZ, 12.12.1916; FZ, 14.5.1919; VW 12.8.1914; VW 14.12.1916; Jahrbuch des BDF (1918), S.57f: Kartell der Deutschen Frauenklubs.

Frauenstimmrecht und Frauenpolitik

1. Zur Novemberrevolution in Freiburg siehe: Haumann/Schadek (1992), S.265ff; das rückblickende Zitat: VW, 8.11.1919; zum Frauenrat in Lörrach: VW, 28.11.1918; Marie Haack: VW, 20.11.1918; zum Frauenausschuß: VW, 27.11.1918; 28.11.1918; FZ, 2.12.1918.
2. Febronia Rommel: Jahrbuch des BDF (1918).
3. Dieses und die folgenden Zitate: FZ, 2.2.1918.
4. Helene Richers: VW, 18.11.1918; Studentinnen im Büro des Arbeiterrates: VW, 20.11.1918; Demobilmachung der arbeitenden Frauen siehe auch: Kapitel: Der Erste Weltkrieg, S.213ff.

5. Die persönlichen Daten Margarethe Brauns sind den Adreßbüchern und dem Melderegister entnommen.
6. Dieses und die folgenden Zitate: FB, 4.12.1918.
7. VW, 20.11.1918.
8. Dieses und die folgenden Zitate: VW, 5.12.1918.
9. FB, 5.11.1918.
10. FZ, 6.12.1918.
11. FZ, 8.12.1918.
12. VW, 10.12.1918 und 16.12.1918.
13. Statistik der Frauenorganisationen im Deutschen Reiche, Berlin 1909, zit. nach: Evans (1976), S. 94.
14. Borgmann (1973), S. 35.
15. Freiburger Adreßkalender (1891); Emma Ihrer (1893): Die Organisation der Arbeiterinnen Deutschlands, zit. nach: Fricke (1976), S. 306f.
16. VW, 6.11.1911, vgl: Asche (1992), S. 245ff.
17. VW, 5.7.1911.
18. VW, 9.11.1911 und 22.12.1911.
19. FZ, 1.6.1890.
20. Asche (1992), S. 243; siehe auch: Greven-Aschhoff (1981). Von einer Frauenabteilung in der Freiburger National-liberalen Partei ist im Zusammenhang der Ortskrankenkassenwahlen von 1913 die Rede (siehe Anm. 22).
21. Ortskrankenkassenwahl: VW, 27.11.1913; 1.12.1913; FB 24.11.1913; 26.11.1913; siehe auch: Borgmann (1973), S. 40. Die Informationen über die Freiburger Frauenvereine und ihre Einrichtungen sind den Freiburger Adreßbüchern entnommen.
22. Diese und die folgenden Zitate: VW, 27.11.1913 und 1.12.1913.
23. VW, 10.3.1914.
24. VW; FZ; FB, 24.12.1918.
25. VW, 2.1.1919.
26. FZ, 4.11.1919.
27. Fabricius-Brand u.a. (1982), S. 96f. Zur Rechtsstellung der Beamtinnen siehe z.B. die Bilanz der Vorsitzenden des Verbandes der Deutschen Reichspost- und Telegraphenbeamtinnen, Else Kolshorn, von 1925. In: Der Reichsadler (1925) (StAFr: C4 IX.1.12: Verband der DRPB).
28. VW, 4.1.1919.
29. FB, 31.12.1918.
30. FB, 4.1.1918.
31. VW, 16.1.1919.
32. Die Sitzverteilung im Freiburger Bürgerausschuß ist den Freiburger Adreßbüchern entnommen. Zur Badischen Nationalversammlung von 1919: Wollasch (1988), S. 316.
33. Ein Kommentar der Sozialdemokratin Melanie Mörber, die im Juni 1928 die Kürzungen im Fürsorgehaushalt kritisierte. (VW, 23.6.1928, FZ, 22.6.1928).

34. VW, 20.12.1918; Ernst Kräuter: Haumann/Schadek (1992),S.233.
35. Wollasch (1988).
36. VW, 24.9.1919.
37. Wollasch (1988), S.316f.
38. VW, 19.7.1919.
39. StAFr B5, 13b: Protokolle der Bürgerausschuß-Sitzungen.
40. ebenda: 21, Protokoll vom 6.5.1921; VW, 7.5.1921.
41. FZ, 11.11.1921 und 3.2.1922, VW, 3.2.1922.
42. StAFr: B5, a.a.O, 20 und 25; VW, 14.4.1920.
43. VW, 10.12.1920 und 6.11.1919.
44. VW, 10.12.1920.
45. Wir danken Susanne Sander, Marburg, die uns Material zur Biographie von Marie Moritz zur Verfügung stellte.
46. StaAFr: Zugang 1970/13, P 22, 1902–1952, Bericht der Kripo Freiburg vom 23.10.1924.
47. FZ, 17.7.1926.
48. FZ, 6.5.1927.

Der Kampfausschuss gegen den § 218 während der Weimarer Republik

1. StaAFr Staatsanwaltschaft Freiburg 1970/13, P 31/32

Obdachlose Frauen

1. FZ, 29.3.1919; 26.3. 1919; 1.4. 1919; VW, 2.4.1919; 19.4.1919; 6.4.1921.
2. StAFr C4 XVII 12.3: Obdachlosenheime; FZ, 30.4.1919.
3. VW, 6.4.1921.
4. VW, 25.3.1926.
5. VW, 20.5.1926.
6. StAFr C4 XVII 12.3., a.a.O; C4 XVII 12.4: Wanderer- und Obdachlosenfürsorge.
7. StAFr C4 XVII 12.3, a.a.O.
8. Ebenda.
9. Freiburger Adreßkalender 1877; StAFr C4 IX 9.15: Katholischer Mädchenschutzverein; Bahnhofsmission. Darin: Mädcheschutz, Zeitschrift des Deutschen Nationalverbandes der katholischen Mädchenschutzvereine, Nr.3/4 (1925/26).
10. StAFr C4 IX 9.15, a.a.O.
11. StAFr C4 IX 9.16: Katholischer Fürsorgeverein für Mädchen, Frauen und Kinder; Augustinusheim.
12. StAFr D. Ge 4/9: Mädchenheim in der Lederkaserne.
13. Dieses und die folgenden Zitate: StAFr C4 XVII 12.3., a.a.O.

14. StAFr C4 IX 9.16, a.a.O.
15. StAFr C4 XVII 12.3., a.a.O.
16. StAFr C4 XVII 12.4., a.a.O.
17. Dieses und die folgenden Zitate: StAFr C4, XVII 15.3: Errichtung und Unterstützung von Kinder-, Mädchen- und Mütterheimen.
18. Ebenda, siehe auch: C4 IX 9.16, a.a.O.

Familienfürsorge und Eugenik

1. AL, 16.1.1935.
2. Die wesentlichen Einzelheiten von Maria Ringwalds Geschichte sind Gerichtakten entnommen: StaAFr Amtsgericht Freiburg 1979/19, P 91, C3 Cs 1/48; StAFr C4 XIII 22.5: Nichtigkeitserklärung von Ehen. Die amtsärztliche Untersuchung wurde entlang der «Ausführungsbestimmungen» des «Gesetzes zur Verhütung erbranken Nachwuches» rekonstruiert. (Reichsgesetzblatt 7.12. 1933. In: StAFr C4 XII 10.3.).
3. Diese und die folgenden Zahlenangaben und Informationen zur Tätigkeit des Erbgesundheitsgerichts Freiburg: StaAFr B 131/2–4: Amtsgericht Freiburg, Erbgesundheitssgerichtssachen, Statistik, Vollzugsakten, 1934–1945. Siehe auch Reichsgesetzblatt. (Anm. 2) und Bock (1986).
4. Zitiert nach: Bock (1986), S. 178 ff.
5. StaAFr B 131/2–4, a.a.O.
6. Zitiert nach: Bock (1986), S. 222 ff.
7. Zu diesem Zusammenhang siehe: Bock (1986).
8. Siehe u.a.: Bock (1986); Klee (1983); Janssen-Jurreit (1979); Zimmermann (1988).
9. Dieses und die folgenden Zitate: StAFr C4 XVII 12.8: Unterstützung kinderreicher Familien.
10. Dieses und die im folgenden zitierten Gutachten: StAFr C4 XVII 12.9: Unterstützung kinderreicher Familien.
11. StAFr C4 XVII 12.11: Unterstützung kinderreicher Familien.
12. Zur Gleichschaltung des Fürsorgewesens: StAFr C4 VII 17.18: Organisation des Wohlfahrtsamtes; C4 XVII 20.5: Winterhilfswerk; D.So.4: Dienstanweisungen des Wohlfahrtsamtes; D.Pe.11.5: Aushilfen beim Wohlfahrtsamt; C4 XVII 19.16: Familienfürsorge – Vereinbarungen mit der N.S.-Volkswohlfahrt. Siehe auch: Bräunche u.a. (1983), S. 41 ff. Zur Struktur des städtischen Fürsorgewesens: Dwe 700: Jahresberichte des Armenrats (später: Fürsorgeausschuß).
13. StAFr D.Pe.11.5, a.a.O.
14. Ebenda.
15. StAFr D.So 4, a.a.O.
16. Ebenda. Zwangsanstalten siehe außerdem: StAFr C4 XVII 13.16 und 13.17: Arbeitszwang; Kiechlingsgrund: VVN/Bda Freiburg (1989), S. 176.

17. StAFr C4 VII 17.18, a.a.O. Im folgenden sind Hinweise aus folgenden Akten zusammengefaßt: C4 XVII 19.11, a.a.O; C4 XVII 19.16, a.a.O; C4 XVII 19.14: N.S.-Volkswohlfahrt.
18. AL, 30.11.1933.
19. StAFr C4 XVII 10.13: Mütterberatung und -schulung; C4 XVII 19.16 a.a.O.
20. StAFr C4 XVII 19.16, a.a.O.
21. StAFr C4 XVII 19.16, a.a.O; D.Pe.11.5, a.a.O. Der Eintritt der Fürsorgerinnen in die NS-Frauenschaft ist ihren Entnazifizierungsakten zu entnehmen: StaAFr DNZ, a.a.O.
22. StAFr C4 XII 10.3: Gesetz zur Verhütung erbkranken NachwuchseS.
23. StAFr C4 IV 9.7: Jahresberichte des Gesundheitsamtes, hier: Bericht 1933/34; soweit nicht anders angegeben, sind auch die folgenden Zitate diesem Bericht entnommen. Zur Begutachtung der Anträge auf Ehestandsdarlehen siehe außerdem: C4 XVII 3.5 und 3.6: Ehestandsdarlehen.
24. StAFr D.Ge.1.1: Organisation des GesundheitsamteS.
25. StAFr C4 XVII 19.16, a.a.O.
26. FZ, 9.7.1935. In: StAFr C4 IV 9.5: Verstaatlichung des GesundheitswesenS.
27. AL, 18.9.1934.
28. StAFr C4 XII 10.3, a.a.O.
29. Siehe Anmerkung 2.

Ein Zwischenfall auf dem Freiburger Jugendamt

1. Dieses und die folgenden Zitate, soweit nicht anders angegeben: StaAFr Bestand DNZ: Amanda Fiedler; Staatsanwaltschaft Freiburg, Zugang 1982/74, P7, 1 Js 233/48. Siehe auch: Füsslin (1969), S.85.
2. Zitiert nach: Leininger (1988), S.115f. Siehe auch: Klee (1983), Direction de la Santé Publique (1947).
3. 3 Klee (1983); Direction de la Santé Publique (1947).

Nationalsozialismus und Zweiter Weltkrieg

1. Diese und die folgenden Schilderungen von Gretel Bechtold geben Auszüge aus Gesprächen wieder, die wir 1991 und 1992 führten. Ausgehend von Tonbandabschriften, haben wir ihre Berichte nicht sinngemäß, aber sprachlich verändert. Unsere Entscheidung, ihre Erzählungen ins Hochdeutsche zu übertragen, hatte zur Folge, daß wir – wie Gretel Bechtold uns versicherte – ihrem eigenen Sprachgefühl nicht immer gerecht wurden.
2. AL, 14.10.1936. In: StAFr C4 XXI 29.4: Luftschutz in Freiburg 1934–39. Zur Luftschutzpolitik S.a.: C4 XXI 28.11.: Luft- und Gasschutz 1932–35; 28.12. 1935–42; 29.1. dasS.1943–45; 29.2 und 3.: Luft- und Gasschutz, Presse u. Öffentlichkeit 1928–34.
3. StAFr C4 XXI 29.3; 28.11.

4. FZ, 26.2.1933. In: StAFr C4 XXI 29.3.
5. Die Friedenswarte 2/1933, S.57. Zur Friedensbewegung in Freiburg siehe auch: Kapitel: Der Erste Weltkrieg; Haumann/Schadek (1992), S.294ff.
6. Ueberschär (1990), S.57 (StAFr C4.XXI 29.2).
7. StAFr C4 XXI C4.11.28.11.
8. Breisgauer Zeitung, 15.11.1932, zitiert nach: Ueberschär (1990), S.56.
9. Ernährungs-Dienst 10/1937, S.8ff. In: StAFr C4 XX. 26.11: Sicherung der Landbewirtschaftung.
10. AL, 24.11.1936. In: StAFr C4 XXI 29.4.
11. AL, 26.11.1936, ebenda.
12. Auszüge der Tonbandabschrift eines Gesprächs mit Christl Cranz im April 1991. (Zur Bearbeitung des Interviews siehe Anm. 1).
13. FZ, 10.2.1936.
14. StAFr C4.10.32.11: Ehrung der Olympiasiegerin Christl Cranz.
15. Ebenda: AL, 19.2.1936.
16. AL, 29.9.1934.
17. StAFr C4 XIII 32.7: Bund deutscher Mädel, darin: «Leitfaden des BDM, Gau Südbaden».
18. Die Deutsche Frau, Schulungsheft des BDM, H 5/6: «Berichte und Geschichten über die Frauen der Vorzeit». In: StAFr C4 XIII 32.7.
19. AL, 11.5.1932.
20. Seidler (1991); S.235, John (1991); StAFr D-Pe.41.4: Gesetz zur Wiederherstellung des BerufsbeamtentumS.
21. Olenhusen (1966), S.185.
22. Haumann/Schadek (1992), S.327 (StAFr D.So.Tbc.10.
23. Borgmann (1973), 49 und 58ff.
24. StaAFr Staatsanwaltschaft Freiburg, Zugang 1970/13, Paket 37 und 39 / Zugang 1975/10, AZ 1 KLs 1/38
25. Haumann (1989), S.17 u. 67 (Thomas Schnabel; AL, 12.3.37).
26. StaAFr Staatsanwaltschaft Freiburg, Zugang 1970/13, Paket 39.
27. Paepcke (1979), S.125.
28. Paepcke (1979), S.20f.
29. Haumann/Schadek (1992), S.336; Wiehn (1990).
30. StAFr C4.XVII 19.16: Familien- und Gesundheitsfürsorge, Vereinbarungen mit der N.S.V.
31. StAFr C4 XVII 14.1: Familienunterhalt 1936–41, Gesetze und Verordnungen.
32. StAFr C4.XVII 14.4: Familienunterhalt, Einzelfälle.
33. BAK NS 5I/58: Tätigkeitsberichte der DAF Freiburg. Wir danken Roland Peter für den Hinweis auf diesen Aktenbestand.
34. Diese und ihre im folgenden zitierten Berichte geben Auszüge eines Gesprächs mit Elisabeth Seitz vom August 1991 wieder. (Siehe auch Anm. 1).
35. StAFr C4 XVII 14.1, a.a.O.
36. Ebenda.

37. StAFr C4 XVII. 14.4, a.a.O. Auch in Strafakten der Freiburger Staatsanwaltschaft, in denen gegen Frauen wegen sogenanntem «Arbeitsvertragsbrüchen» ermittelt wurde, ist verschiedentlich von solchen Strategien, einer Arbeitsverpflichtung zu entgegen, die Rede.
38. BAK NS 5 I/58, a.a.O.
39. ebenda; Rhodia Post 5/1985: «Vor 40 Jahren stand die Rhodia still» und 6/1990: «Viele der Franzosen erinnern sich an die 18jährige Frau Seitz». Wir danken Matthias Lauck, der uns dieses Material zur Verfügung stellte.
40. BAK NS 5I/58, a.a.O.
41. StaAFr Amtsgericht Freiburg, Zugang 1979/19, AZ 116/C3 Cs 137/42.
42. Herbert (1985), hier: S. 80.
43. StaAFr Staatsanwaltschaft Freiburg, Zugang 1975/10, AZ So Js 112/41.
44. im Original: «Leid meine Geliebter, wie traurig ist unsere Leben». Wegen der Mißverständlichkeit wurde dieser Satz korrigiert.
45. StaAFr Amtsgericht Freiburg, Zugang 1979/19, AZ 97/C3Cs 16/42.
46. StaAFr Amtsgericht Freiburg, Zugang 1979/19, AZ 88/C2 Ds 5/42.
47. StaAFr Amtsgericht Freiburg, Zugang 1979/19 AZ 176/C2 Cs 29/43.
48. StaAFr Staatsanwaltschaft Freiburg, Zugang 1985/26, P 101, AZ 1 Js 130/51 (darin: Sondergericht Freiburg So Js 257/43).
49. StaAFr Staatsanwaltschaft Freiburg, Zugang 1985/26, Paket 7 AZ 2 KLs 9/46.
50. BAK NS 5I/58, a.a.O. Auch die folgenden Zitate sind, soweit nicht anders angegeben aus diesem Akten.
51. Schlegel (1989) (StAFr DWC 2796 f), S. 103 ff.
52. AL, 17.7.1942. In: StAFr C4 XVII 19.16, a.a.O; BAK NS 5I/60: Berichte des Kreisobmanns der DAF, Kreisanordnungen der NSDAP Freiburg.
53. Schlegel (1989), S. 109.
54. Die Schilderung Inge Kaufmanns wurde entlang des Protokolls eines Gesprächs im Juli 1992 nachträglich ausformuliert und von ihr autorisiert. Inge Kaufmann, die Mitglied in der Vereinigung der Verfolgten des Naziregimes in Freiburg ist, hat selbst die Geschichte der Zwangsarbeiterinnen und Zwangsarbeiter in Freiburg recherchiert. Sie ist in der Dokumentation der VVN/Bda zum Widerstand in Freiburg (VVN/Bda 1989) dargestellt.
55. Dieses und die folgenden Zitate, soweit nicht anders angegeben: StAFr D.Qua.68: Unterbringung ausländischer Arbeitskräfte.
56. StAFr C4 XVII 10.1., a.a.O.
57. Auszüge der Tonbandabschrift eines Gesprächs, das Matthias Lauck im Oktober 1990 mit einem ehemaligen Betriebsangehörigen der Rhodia führte.
58. Dieses und das folgende Zitat: BAK NS 5I/58, a.a.O.
59. BAK NS 5I/58, a.a.O.
60. BAK NS 5I/60, a.a.O.
61. BZ, 27.11.1991: «Ein spätes Wiedersehen mit der Lebensretterin Irma Brem – Eine Freiburgerin erinnert sich an eine mutige Ukrainerin, die ihre beiden Kin-

der aus den Trümmern rettete»; StAFr D.Sta.75: Listen von Fremdarbeitern; StAFr C4 IX 17.7, a.a.O.; StAFr C4 XVII 15.6: Jahresberichte der Volksküchen.

62. BAK NS 5I/60, a.a.O.
63. StAFr C4. XIII 33.3: Deutsche Arbeitsfront.
64. StAFr C4 XIII 22.4: Nachträgliche Eheschließungen.
65. Wir danken Frau Marietta Bruder, die uns diese Dokumente freundlicherweise zur Verfügung stellte.
66. Ueberschär (1990) a.a.O.: S. 168ff.
67. Dieses und die folgenden Briefzitate: StAFr M2.155: Briefe und Papiere von Gretel Bechtold.
68. BAK NS 5I/60 a.a.O.
69. Ebenda.
70. Haumann/Schadek (1992), S. 367ff; Vetter (1982), S. 177ff.
71. Bruecher (1980), S. 9ff; hier: S. 10.
72. Bruecher, a.a.O., S. 14.

Hilfe für die verfolgten Jüdinnen und Juden

1. Paepcke, Lotte: Das heutige Deutschland und die Juden. Vortrag des Kölner Rundfunks, 18.10.1959. In: StAFr Nachlaß Grete Borgmann.
2. Diese und die folgenden biographischen Angaben: Freiburger Rundbrief (FrR) 1960); Schnabel (1984).
3. FrR (1987), S. 45.
4. FrR (1987), S. 45.
5. FrR (1960), S. 41f.
6. FrR (1987), S. 43.
7. EAFr, Nb/134 Nachlaß Gröber: persönlicher Bericht Gertrud Luckners an Erzbischof Hermann Schäufele, 1961.
8. FrR (1960), S. 30.
9. Ebenda, siehe auch: StaAFr DNZ 21.836, Dr. Maria Plum.
10. Luckner/Rosenfeld (1968) S. 22f.
11. EAFr, Nb/134, a.a.O.; siehe auch Anmerkung 34.
12. Luckner/Rosenfeld (1968), S. 9.
13. EAFr, Nb/134, a.a.O.
14. FrR (1965), S. 168; Oleschinski (1989/90) Reutter (1971), S. 105ff.
15. Oleschinski (1989/90), S. 413.
16. Grossmann (1964), S. 25ff.
17. VVN/BdA Freiburg (1989), S. 117. Weitere Einzelheiten berichtete uns Inge Kaufmann (VVN Freiburg).
18. FrR (1958), S. 4.
19. Oleschinski (1989/90), a.a.O, S. 409, siehe auch: StAFr Nachlaß Grete Borgmann.
20. Siehe auch: Haumann/Schadek (1992), a.a.O, S. 339ff.

21. Siehe Anmerkung 34.
22. FrR (1966), S. 60.
23. Behrend-Rosenfeld (1963); Haumann/Schadek (1992), a.a.O, S. 349.
24. Ebenda, S. 229.
25. Haumann/Schadek (1992), S. 344.
26. Fuchs (1968), S. 51 f.
27. Wacker (1992), S. 147.
28. Siehe Anmerkung 34.
29. FrR (1960), S. 32.
30. StaAFr Staatsanwaltschaft Freiburg 1982/74, Nr. 341, 1. Js 71/46. Die folgenden Zitate und Informationen sind, soweit nicht anders angegeben, dieser Akte entnommen.
31. Siehe auch: Liebrecht (1990).
32. Keim (1983), S. 71, Otto (1972), S. 343 und 351.
33. Bundesarchiv Koblenz/Internationaler Suchdienst Arolsen (Hg.) (1986): Gedenkbuch. Opfer der Verfolgung der Juden unter der nationalsozialistischen Gewaltherrschaft in Deutschland 1933–1945. Koblenz.
34. Liebrecht (1990).
35. Ebenda.
36. FrR (1966), S. 57ff (Nachdruck der Erklärung von 1948).
37. Ebenda.
38. FrR (1979), S. 189.

ABKÜRZUNGEN

AL:	Der Alemanne
BAK:	Bundesarchiv Koblenz
BZ:	Badische Zeitung
EAFr:	Archiv des Erzbischöflichen Ordinariats Freiburg
FB:	Freiburger Bote
FrR:	Freiburger Rundbrief
FZ:	Freiburger Zeitung
GLA:	Generallandesarchiv Karlsruhe
NFZ:	Neue Freiburger Zeitung
OZ:	Oberrheinische Zeitung
StaAFr:	Staatsarchiv Freiburg
StAFr:	Stadtarchiv Freiburg
UAFr:	Universitätsarchiv Freiburg
VW:	Die Volkswacht

LITERATUR

(1814): *Badisches Landrecht nebst Handelsgesezen*. Gesetzestext. Karlsruhe.

(1878): *Conversations-Lexikon (Allgemeine deutsche Real-Encyklopädie)*. Leipzig.

ADELHAUSENSTIFTUNG (Hg.) (1985): *750 Jahre Dominikanerinnenkloster Adelhausen Freiburg im Breisgau*. Freiburg.

ANNEKE, Mathilde Franziska (1982): *Mutterland. Memoiren einer Frau aus dem badisch-pfälzischen Feldzuge 1848/49*. Newark, N.J. 1852. Neuauflage. Münster.

ARBOGAST, Christine (1994): *Von Spitzeln, «Greifern» und Verrätern. Denunziantentum im Dritten Reich*. In: HAUSER-HAUSWIRTH, Angelika / SCHNABEL, Thomas (Hg.): *Formen des Widerstandes im Südwesten 1933–1945. Scheitern und Nachwirken*. Ulm.

ARENDT, Hannah (1986): *Eichmann in Jerusalem. Ein Bericht von der Banalität des Bösen*. München.

ASCHE, Susanne (1992): *Fürsorge, Partizipation und Gleichberechtigung – die Leistungen der Karlsruherinnen für die Entwicklung zur Großstadt (1859–1914)*. In: ASCHE, Susanne, u.a. (1992): *Karlsruher Frauen 1715–1945*. Karlsruhe, S.171ff.

BAER, Gertrud (1919): *Zur Konstituierung der Internationalen Frauenliga für Frieden und Freiheit, Deutscher Zweig*. In: AUGSPURG, Anita / HEYMANN, Lida Gustava: *Die Frau im Staat*. Heft 6, 7/1919.

BARAZETTI, Caesar (1895): *Das Eherecht mit Ausschluß des ehelichen Vermögensrechts nach dem Code Napoleon und dem badischen Landrecht*. Hannover.

BAUER, Franz (1873): *Die Mädchenschulen der Stadt Freiburg*. In: *Schulprogramm der Höheren Töchterschule der Stadt Freiburg*. Freiburg.

BAUER, Franz (1881): *Die höhere Mädchenschule in Freiburg*. Freiburg.

BAUER, Willi (1956): *Geschichte und Wesen der Prostitution*. Stuttgart.

BAUM, Marie (1906): *Drei Klassen von Lohnarbeiterinnen in Industrie und Handel der Stadt Karlsruhe. Bericht, erstattet an das Großherzogliche Ministerium des Innern und hg. von der Großherzoglich Badischen Fabrikinspektion*. Karlsruhe.

BAUM, Marie (1910): *Der Einfluß der gewerblichen Arbeit auf das persönliche Leben der Frau*. In: *Schriften des ständigen Ausschusses zur Förderung der Arbeiterinnen-Interessen*. Heft 3. Jena. S.1ff.

BÄUMER, Gertrud / LANGE, Helene (Hg.) (1902): *Handbuch der Frauenbewegung*. Bd.3 Berlin.

BEHAGHEL, W. (1866): *Das badische bürgerliche Recht und der Code Napoleon*. Freiburg.

BEHREND-ROSENFELD, Else R. (1963): *Ich stand nicht allein. Erlebnisse einer Jüdin in Deutschland 1933–1944*. Mannheim.

BLASCHKO, A., LESSER, E., NEISSER, A. (Hg.) (1907): *Zeitschrift für Bekämpfung der Geschlechtskrankheiten*. Bd. 7. Leipzig.

BLOS, Anna (1928): *Frauen der deutschen Revolution 1848*. Dresden.

BOCK, Gisela (1986): *Zwangssterilisation im Nationalsozialismus. Studien zur Rassenpolitik und Frauenpolitik*. Opladen.

BORGMANN, Grete (1973): *Freiburg und die Frauenbewegung*. Ettenheim.

BORSCHEID, Peter (1983): *Geld und Liebe: Zu den Auswirkungen des Romantischen auf die Partnerwahl im 19. Jahrhundert*. In: ders. (Hg.): *Ehe, Liebe, Tod. Studien zur Geschichte des Alltags*,Münster.

BRÄUNCHE, Ernst Otto u.a.(1983): *1933. Machtergreifung in Freiburg und Südbaden*. Stadt und Geschichte. Heft 4. Freiburg.

BRÜCHER, Max (1980): *Freiburg i. Br. 1945. Eine Dokumentation*. Freiburg.

BUNDESMINISTER DER JUSTIZ (Hg.) (1989): *Im Namen des deutschen Volkes. Justiz und Nationalsozialismus*. Köln.

BURGER, Klaus (1992): *«Prüfende Strenge statt blinder Weichherzigkeit». Zur Geschichte der Armut und der Sozialeinrichtungen in Freiburg*. In: HAUMANN, Heiko / SCHADEK, Hans (Hg.) (1992): *Geschichte der Stadt Freiburg im Breisgau*. Band 3. «Von der badischen Herrschaft bis zur Gegenwart». Stuttgart. S.613ff.

DIRECTION DES LA SANTÉ PUBLIQUE (Hg.) (1947): *Die Ermordeten waren schuldig?* Amtliche Dokumente der Direction de la Santé Publique der französischen Besatzung. Baden-Baden.

DRESSEN, Wolfgang (Hg.) (1975): *1848–1849: Bürgerkrieg in Baden. Chronik einer verlorenen Revolution*. Berlin.

EBBINGHAUS, Angelika, u.a. (1984): *Heilen und Vernichten im Mustergau Hamburg. Bevölkerungs- und Gesundheitspolitik im Dritten Reich*. Hamburg.

ALTMANN-GOTTHEINER, Elisabeth (Hg.) (1918): *Jahrbuch des Bundes Deutscher Frauenvereine*. Berlin, Leipzig.

ERLER, Joseph (1913): *Die weltlichen Ortsstiftungen der Stadt Freiburg im Breisgau*. Freiburg.

EVANS, Richard J. (1976): *The Feminist Movement in Germany. 1894–1933*. London.

EVANS, Richard J. (1979): *Sozialdemokratie und Frauenempanzipation im deutschen Kaiserreich*. Berlin, Bonn.

FABRICIUS-BRAND, Margarethe u.a. (1982). *Juristinnen. Berichte, Fakten, Interviews*. Berlin.

FISCHER, Wolfram (1956): *Karl Mez. 1808–1877. Ein badischer Unternehmer im 19. Jahrhundert*. In: *Tradition. Zeitschrift für Firmengeschichte und Unternehmerbiographie 1* (1956). S.26ff, S.132ff.

FLAMM, Franz (1990a): *Freiburger Erinnerungen an die amerikanischen Quäker 1920 – 1953*. Typoskript. Freiburg.

FLAMM, Franz (1990b): *Der Freiburger Armenvater Ferdinand Weiss und seine sozialen Reformen*. Freiburg.

FREVERT, Ute (1991): *Ehrenmänner: Das Duell in der bürgerlichen Gesellschaft*. München.

FRICKE, Dieter (1976): *Die deutsche Arbeiterbewegung. 1869–1890*. Berlin.

FRANKE, Jutta (1987): *Illustrierte Fahrradgeschichte*. Berlin.

Fröba, Gudrun / Nitsche, Rainer (Hg.) (1983): « ... *ein bißchen Radau* ...». *Arbeitslose machen Geschichte*. Berlin.

Fuchs, Emil (1968): « ... *daß sie nicht Herr über uns werden*». In: Fink, Heinrich (Hg.): *Stärker als die Angst. Den 6 Millionen, die keinen Retter fanden*. Berlin.

Füsslin, Walter (1969): *Lebensunwert*. In: ders.: *Licht, Zwielicht und Schatten*. Lahr. S.85f.

Gerhard, Ute (1978): *Verhältnisse und Verhinderungen. Frauenarbeit, Familie und Rechte der Frauen im 19. Jh.* Frankfurt/M.

Gerhard, Ute (1990): *Unerhört. Die Geschichte der deutschen Frauenbewegung*. Hamburg.

Gravenhorst, Lerke / Tatschmurat, Carmen (Hg.) (1990): *Töchterfragen. NS-Frauengeschichte*. Freiburg.

Greven-Aschhoff, Barbara (1981): *Die bürgerliche Frauenbewegung in Deutschland. 1894–1933*. Göttingen.

Grossmann, Kurt R. (1964): *Die unbesungenen Helden. Zeugnisse der Menschlichkeit aus Deutschlands dunklen Tagen*. Gekürzte Ausgabe. Hamburg.

Grüters, Sr. Maria Veronika (1971): *Vom Schwarzen Kloster zum Katholischen Institut*. In: *St. Ursula- Gymnasium Freiburg 1696–1971*. Freiburg.

Gubalke, Wolfgang (1964): *Die Hebamme im Wandel der Zeiten*. Hannover.

Gugel, Michael (1992): Zur Geschichte der ersten Freiburger Mädchenschule. Typoskript.

Guttmann, Barbara (1992): *Mobilmachung der Frauen – Frauenarbeit und Frauenbewegung im Ersten Weltkrieg*. In: Asche, Susanne, u.a. (1992): *Karlsruher Frauen 1715–1945*. Karlsruhe, S.268ff.

Hansjakob, Heinrich (1892): *Die Sautier-Reibelt-Meriansche Stiftung*. Freiburg.

Hansjakob, Heinrich (1903): *In der Kartause*. Stuttgart.

Haumann, Heiko (1989): *Das Schicksal der Freiburger Juden am Beispiel des Kaufmanns Max Mayer und die Ereignisse des 9./10. November 1938*. Stadt und Geschichte, Heft 13. Freiburg.

Haumann, Heiko u.a.(1992): *Hakenkreuz über dem Rathaus. Von der Auflösung der Weimarer Republik bis zum Ende des Zweiten Weltkrieges (1930–1945)*. In: Haumann, Heiko / Schadek, Hans (Hg.) (1992): *Geschichte der Stadt Freiburg im Breisgau*. Band 3. «Von der badischen Herrschaft bis zur Gegenwart». Stuttgart, S.297 ff.

Haumann, Heiko, u.a. (1992): *Industriestadt oder «Pensionopolis»? Im Kaiserreich 1871–1914*. In: Haumann, Heiko / Schadek, Hans (Hg.) (1992): *Geschichte der Stadt Freiburg*, Bd 3. Stuttgart. S.165ff.

Haumann, Heiko, u.a. (1992): *Kartoffelbrot, Soldatenräte und Arbeitskämpfe. Erster Weltkrieg, Revolution, Stabilisierung. 1914–1929*. In: Haumann, Heiko / Schadek, Hans (Hg.) (1992): *Geschichte der Stadt Freiburg*, Bd 3. Stuttgart. S.255ff.

Haussmann, Andrea (1994): *Alltagsleben im Krieg. Freiburg 1914–1918*. Stadt und Geschichte, Heft 15. Freiburg.

Haydn, Joseph (o.D.): *Die Schöpfung. Oratorium für drei Solostimmen, Chor und Orchester*. Klavierauszug C.F.Peters. Frankfurt.

Hegar, Alfred (1878): *Die Castration der Frauen vom physiologischen und chirurgischen Standpunkte aus*. Leipzig.

Hegar, Alfred (1885): *Der Zusammenhang der Geschlechtskrankheiten mit nervösen Leiden und die Castration bei Neurosen*. Stuttgart.

HEGAR, Alfred (1894): *Der Geschlechtstrieb. Eine social-medizinische Studie*, Stuttgart.

HEGAR, Alfred (1914): *Zur chinesischen, deutschen und amerikanischen Kriminalistik. Der Kampf gegen Minderwertigkeit und Verbrecher.* Wiesbaden.

HEIZMANN, Ludwig (1930): *Die Klöster und Kongregationen der Erzdiözese Freiburg.* München.

HERBERT, Ulrich (1985): *Fremdarbeiter. Politik und Praxis des «Ausländereinsatzes» in der Kriegswirtschaft des Dritten Reiches.* Berlin.

HERING, Sabine (1990): *Die Kriegsgewinnlerinnen. Praxis und Ideologie der deutschen Frauenbewegung im Ersten Weltkrieg.* Pfaffenweiler.

HERING, Sabine / WENZEL, Cornelia (1986): *Frauen riefen, aber man hörte sie nicht. Die Rolle der deutschen Frauen in der internationalen Friedensbewegung zwischen 1892 und 1933.* Kassel.

HEYMANN, Lida Gustava (1920): *Das erste Wahlergebnis der deutschen Republik.* In: AUGSPURG, Anita / HEYMANN, Lida Gustava (Hg.): *Die Frau im Staat.* Heft 2, 3/ 1919.

HILBERG, Raul (1982): *Die Vernichtung der Europäischen Juden.* Berlin.

HÖFLER, M. (1892): *Wald- und Baumkult in Beziehung zur Volksmedizin Oberbayerns.* München.

HUG, Wolfgang (1992): *Zwischen «Trivialschule» und Gesamtschule. Die Entwicklung des Freiburger Schulwesens.* In: HAUMANN, Heiko / SCHADEK, Hans (Hg.) (1992): *Geschichte der Stadt Freiburg im Breisgau.* Bd.3. Stuttgart.

HUMMEL-HAASIS, Gerlinde (Hg.) (1982): *Schwestern, zerreißt eure Ketten. Zeugnisse zur Geschichte der Frauen in der Revolution von 1848/49.* München.

IMLAU, Sabine u.a. (1983): *Industrialisierung, Arbeiterleben und Arbeiterbewegung vom 19. Jahrhundert bis zum Ersten Weltkrieg.* In: ARBEITSKREIS REGIONALGESCHICHTE (Hg.) (1983): *«... die Freiheit ist noch nicht verloren». Zur Geschichte der Arbeiterbewegung am Oberrhein. 1850–1933.* Freiburg. S.15ff.

JAMES, Barbara / MOSSMANN, Walter (1983): *Glasbruch 1848.* Darmstadt und Neuwied.

JANSSEN-JURREIT, Marielouise (1979): *Nationalbiologie, Sexualreform und Geburtenrückgang – über die Zusammenhänge von Bevölkerungspolitik und Frauenbewegung um die Jahrhundertwende.* In: DIETZE, Gabriele (Hg.) (1979): *Die Überwindung der Sprachlosigkeit. Texte aus der neuen Frauenbewegung.* Darmstadt.

JANNSEN-JURREIT, Marielouise (Hg.) (1986): *Frauen und Sexualmoral.* Frankfurt am Main.

JOHE, Werner (1967): *Die gleichgeschaltete Justiz. Organisation des Rechtswesens und Politisierung der Rechtssprechung 1933–1945.* Frankfurt.

JOHN, Eckard (Hg.) (1991): *Die Freiburger Universität in der Zeit des Nationalsozialismus.* Freiburg.

KAISER, Eduard (1911): *Aus alten Tagen.* Lörrach.

KALCHTHALER, Peter (1991): *Freiburg und seine Bauten.* Freiburg.

KAST, Augustin (1947): *Die badischen Märtyrerpriester.* In: *Lebensbilder Badischer Priester aus der Zeit des Dritten Reiches.* Karlsruhe.

Keim, Anton Maria (Hg.) (1983): *Yad Vashem. Die Judenretter aus Deutschland.* München.

KERN, Elga (1928): *Wie sie dazu kamen. 35 Lebensfragmente bordellierter Mädchen nach Untersuchungen in badischen Bordellen.* München.

KIENITZ, Sabine (1986): *«Aecht deutsche Weiblichkeit». Mode und Konsum als bürgerliche Frauenpolitik 1848*. In: LIPP, Carola (Hg.): *Schimpfende Weiber und patriotische Jungfrauen*. Bühl-Moos.

KLAPPER, Erika (1982): *Stadtentwicklung und Schulwesen in Freiburg im Breisgau vom 13. Jahrhundert bis zur Gegenwart*. Bühl.

KLEE, Ernst (1983): *Euthanasie im NS-Staat. Die «Vernichtung lebensunwerten Lebens»*. Frankfurt.

KLEIBER, Lore (1981): *«Wo ihr seid, da soll die Sonne scheinen!» Der Frauenarbeitsdienst am Ende der Weimarer Republik und im Nationalsozialismus*. In: FRAUENGRUPPE FASCHISMUSFORSCHUNG (Hg.) (1981): *Mutterkreuz und Arbeitsbuch. Zur Geschichte der Frauen in der Weimarer Republik und im Nationalsozialismus*. Frankfurt. S. 188ff.

KLINKSIEK, Dorothee (1982): *Die Frau im NS-Staat*. Sonderheft der Vierteljahreshefte für Zeitgeschichte. Stuttgart.

KLUGE, Ulrich (1983): *Die Sozialdemokratie zwischen Weltkrieg und Inflation 1914–1923*. In: ARBEITSKREIS REGIONALGESCHICHTE (Hg.) (1983): *«Die Freiheit ist noch nicht verloren ...». Zur Geschichte der Arbeiterbewegung am Oberrhein 1850–1933*. Freiburg.

KOBER, Johannes (1892): *Karl Mez. Ein Vorkämpfer für christlichen Sozialismus. Lebensbild, nach den besten Quellen dargestellt*. Basel.

KÖHLER, Joachim / THIERFELDER, Jörg (1994): *Anpassung oder Widerstand? Die Kirchen im Bann der «Machtergreifung» Hitlers*. In: HAUSER-HAUSWIRTH, Angelika / SCHNABEL, Thomas (Hg.): *Formen des Widerstandes im Südwesten 1933–1945. Scheitern und Nachwirken*. Ulm.

KOONZ, Claudia (1991): *Mütter im Vaterland. Frauen im Dritten Reich*. Freiburg.

KUBON, Rupert (1991): *Weiterführende Mädchenschulen im 19. Jahrhundert*. Pfaffenweiler.

KUHN, Annette / RÜSEN, Jörn (1982): *Frauen in der Geschichte*. Bd. 2 Düsseldorf.

LANGE, Helene / BÄUMER, Gertrud (Hg.) (1901–1912): *Handbuch der Frauenbewegung*. 5 Bde. Berlin.

LAQUEUR, Thomas (1992): *Auf den Leib geschrieben. Die Inszenierung der Geschlechter von der Antike bis Freud*. Frankfurt/New York.

LANZMANN, CLAUDE (1986): *Shoah*. Düsseldorf.

LEININGER, Gerlind (1988): *Die Kreispflegeanstalt Freiburg i. Br. 1877–1940*. Freiburg.

LEUNER, Heinz David (1979): *Gerettet vor dem Holocaust. Menschen, die halfen*. München.

LIEBRECHT, Heinrich F. (1990): *«Nicht mitzuhassen, mitzulieben bin ich da». Mein Weg durch die Hölle des Dritten Reiches*. Freiburg.

LIEFMANN, Else und Martha (1966): *Helle Lichter auf dunklem Grund*. Bern.

LIPP, Carola (1985): *Bräute, Mütter, Gefährtinnen. Frauen und politische Öffentlichkeit in der Revolution 1848*. In: Grubitzsch, Helga u. a. (Hg.): *Grenzgängerinnen*. Düsseldorf.

LOMBROSO, Cesare und Ferrero, G. (1894): *Das Weib als Verbrecherin und Prostituierte*. Hamburg.

LUCKNER, Gertrud (1966): *Der Katholizismus und die Juden*. In: *Freiburger Rundbrief* (1966), S. 57ff.

LUCKNER, Gertrud / ROSENFELD, Else (1968): *Lebenszeichen aus Piaski. Briefe Deportierter aus dem Distrikt Lublin 1940–1943*. München.

MACCIOCCHI, Maria-Antonietta (1978): *Jungfrauen, Mütter und ein Führer. Frauen im Nationalsozialismus*. Berlin.

MATZ, Karl-Jürgen (1980): *Pauperismus und Bevölkerung. Die gesetzlichen Ehebeschränkungen in den süddeutschen Staaten während des 19. Jh.* Stuttgart.

MAYER, Herrmann (1920): *Karoline Kaspar*. Freiburg.

MERKEL, Christine / UNGER, Anne (1987): *Erziehung und Motivierung der Frauen zur Bewältigung des Alltags in der Krise. Beispiele aus Freiburg vom Ende der Weimarer Republik bis zum Beginn des «Dritten Reiches»*. In: HAUMANN, Heiko / SCHNABEL, Thomas (Hg.) (1987): *«Eigentlich habe ich nichts gesehen ...». Beiträge zu Geschichte und Alltag in Südbaden im 19. und 20. Jahrhundert*. Freiburg. S.75ff.

MORS, HERRMANN (1866): *Erinnerungen von Herrman Mors*. Mannheim.

MÜLLER, Wolfgang (1972): *125 Jahre Barmherzige Schwestern vom heiligen St. Vinzenz zum Paul*. Freiburg.

N. N. (1887): *Die Gefallenen Mädchen und die Sittenpolizei vom Standpunkte des praktischen Lebens*. Berlin.

NÄGELE, Franz Karl (1830): *Lehrbuch der Geburtshilfe für die Hebammen*. Heidelberg.

NAUCK, E. Th. (1953): *Das Frauenstudium an der Universität Freiburg i. Br.* Freiburg.

NEHER, A. (1912): *Die geheime und öffentliche Prostitution in Stuttgart, Karlsruhe und München*. Görres-Gesellschaft zur Pflege der Wissenschaft im katholischen Deutschland, Sektion für Recht- und Sozialwissenschaft, 11. Heft. Paderborn.

OBERMANN, Karl (Hg.) (1972): *Flugblätter der Revolution. Eine Flugblattsammlung zur Geschichte der Revolution 1848/49 in Deutschland*. München.

OLENHUSEN, Albrecht Götz von (1966): *Die «nichtarischen Studenten» an den deutschen Hochschulen*. In: *Vierteljahresheft für Zeitgeschichte* 14/1966. S.175ff.

OLESCHINSKI, Brigitte (1989/90): *« ... daß das Menschen waren, nicht Steine»*. In: Zeitgeschichte 17, S.395ff.

OTTO, Heinrich (1972): *Werden und Wesen des Quäkertums in Deutschland*. Wien.

PAEPCKE, Lotte (1972): *Ein kleiner Händler, der mein Vater war*. Heilbronn.

PAEPCKE, Lotte (1979): *Ich wurde vergessen. Bericht einer Jüdin, die das Dritte Reich überlebte*. Freiburg.

PAPPRITZ, Anna (Hg.) (1919): *Einführung in das Studium der Prostitutionsfrage*. Leipzig.

PHILIPP, Michael (1991): *Gurs. Ein Internierungslager in Südfrankreich 1939–1943*. Berichte, Briefe, literarische Zeugnisse. Hamburg.

PROKOP, Ulrike (1979). *Die Sehnsucht nach der Volkseinheit. Zum Konservatismus der bürgerlichen Frauenbewegung vor 1933*. In: DIETZE, Gabriele (Hg.): *Die Überwindung der Sprachlosigkeit. Texte aus der neuen Frauenbewegung*. Darmstadt.

REESE, Dagmar (1981): *Bund Deutscher Mädel. Zur Geschichte der weiblichen Deutschen Jugend im Dritten Reich*. In: Frauengruppe Faschismusforschung (Hg.) (1981): *Mutterkreuz und Arbeitsbuch. Zur Geschichte der Frauen in der Weimarer Republik und im Nationalsozialismus*. Frankfurt. S.163ff.

RETZBACH, Anton (1918): *Die Freiburger Armenpflege vom 17. bis zum 19. Jahrhundert*. Freiburg.

REUTTER, Lutz-Eugen (1971): *Katholische Kirche als Fluchthelfer im Dritten Reich. Die Betreuung von Auswanderern durch den St. Raphaels-Verein*. Recklinghausen.

ROECKEN, Sully / BRAUCKMANN, Carolina (1989): *Margaretha Jedefrau*. Freiburg.

Rundbrief zur Förderung der Freundschaft zwischen dem alten und dem neuen Gottesvolk, im Geiste beider Testamente. Freiburg. [*Freiburger Rundbrief*] (1960): Sonderausgabe zum 60. Geburtstag Gertrud Luckners.

SACHSE, Christof/Tennstedt, Florian (1980): *Geschichte der Armenfürsorge in Deutschland*. Band 1. Stuttgart.

SAUTIER, Heinrich (1800): *Die Stiftung zur Ausbildung und Ausstattung dürftiger Bürgerstöchter von 10 bis 21 Jahren*. Freiburg.

SAUTIER, Heinrich (1801): *Die arme brave Marie oder das Bild eines volllkommenen Dienstbothen*. Freiburg.

SAUTIER, Heinrich (1805): *Denkbuch von der Milden Stiftung zur Ausbildung und Ausstattung dürftiger Mädchen*. Freiburg.

SCHALK, Georg (1946): *Geschichte des Klosters St. Ursula*. Freiburg.

SCHENK, Herrad (1987): *Freie Liebe – Wilde Ehe. Über die allmähliche Auflösung der Ehe durch die Liebe*. München.

SCHLANG, Wilhelm (1907): *Die Museums-Gesellschaft Freiburg i.Br. 1807–1907. Festschrift zur Feier ihres hundertjährigen Bestehens*. Freiburg.

SCHLEGEL, Barbara (1989): *Zwischen Edda, Caesar und Algebra. Antreten zum Kriegseinsatz. Schulbetrieb im Zweiten Weltkrieg am Beispiel der Höheren Schulen in Freiburg*. Typoskript.

SCHNABEL, Thomas (1984): *Gertrud Luckner*. In: BOSCH, Michael / NIESS, Wolfgang (Hg.): *Der Widerstand im deutschen Südwesten 1933–1945*. Stuttgart.

SCHREIBER, Heinrich (1858): *Geschichte der Stadt und Universität Freiburg im Breisgau*. Band 1/4. *Vom 30jährigen Krieg bis zum Übergang der Stadt an das großherzogliche Haus Baden*. Freiburg.

SCHULTE, Regina (1979): *Sperrbezirke. Tugendhaftigkeit und Prostitution in der bürgerlichen Welt*. Frankfurt am Main.

SCHUPETTA, Ingrid H. E. (1981): *Jede das Ihre. Frauenerwerbstätigkeit und Einsatz von Fremdarbeitern/-arbeiterinnen im Zweiten Weltkrieg*. In: FRAUENGRUPPE FASCHISMUSFORSCHUNG (Hg.) (1981): *Mutterkreuz und Arbeitsbuch. Zur Geschichte der Frauen in der Weimarer Republik und im Nationalsozialismus*. Frankfurt. S.292ff.

SCHWALL-DÜREN, Angelika (1980): *Kinder- und Jugendfürsorge im Großherzogtum Baden in der Epoche der Industrialisierung. Entwicklung und Zielsetzung der staatlichen, kommunalen und verbandlichen Fürsorge 1850–1914*. Freiburg, München.

SEIDLER, Eduard (1991): *Die Medizinische Fakultät der Albert-Ludwigs-Universität Freiburg i. Br.* Berlin.

SELIGER, Kurt. (1987): *Basel – Badischer Bahnhof. In der Schweizer Emigration 1938–1945*. Wien.

SENG, Amtmann (Hg.) (1829): *Eheordnung für das Großherzogtum Baden*. Karlsruhe und Freiburg.

SIGMANN, Jean (1948): *Die Revolution von 1848 in Baden*. Freiburg.

STAROSTE, (1852): *Tagebuch über die Ereignisse in der Pfalz und Baden im Jahre 1849*. Bd.1, Potsdam.

STEINMANN, Adelheid (1918): *Frauenaufgaben im künftigen Deutschland. Die Frau in der Familie*. In: Elisabeth ALTMANN-GOTTHEINER (Hg.): *Jahrbuch des Bundes Deutscher Frauenvereine*. (1918). Berlin, Leipzig.

STERNHEIM-PETERS, Eva. (1987): *Die Zeit der großen Täuschungen. Mädchenleben im Faschismus*. Bielefeld.

STIEFEL, Karl (1977): *Baden 1648–1952*. 2 Bde. Karlsruhe.

STREIM, Alfred (1994): *Zur Bildung und Tätigkeit der Sondergerichte*. In: HAUSER-HAUSWIRTH, Angelika / SCHNABEL, Thomas (Hg.): *Formen des Widerstandes im Südwesten 1933–1945. Scheitern und Nachwirken*. Ulm.

STRUVE, Amalie (1850): *Erinnerungen aus den badischen Freiheitskämpfen*. Hamburg.

STRUVE, Gustav (1849): *Geschichte der drei Volkserhebungen in Baden 1848/1849* Bern.

SZEPANSKY, Gerda (1990): *«Blitzmädel», «Heldenmutter», «Kriegerwitwe». Frauenleben im Zweiten Weltkrieg*. Frankfurt.

THILO, W. (Hg.) (1845): *Strafgesetzbuch für das Großherzogtum Baden*. Karlsruhe.

TREUSCH-DIETER, Gerburg (1990): *Zeitlose Maternitas. Machtform und Mythisierung der Frau im Nationalsozialismus und Faschismus*. In: dies.: *Von der sexuellen Revolution zur Gen- und Reproduktionstechnologie*. Tübingen.

TRÖGER, Annemarie (1981): *Die Frau im wesensgemäßen Einsatz*. In: Frauengruppe Faschismusforschung (Hg.) (1981): *Mutterkreuz und Arbeitsbuch. Zur Geschichte der Frauen in der Weimarer Republik und im Nationalsozialismus*. Frankfurt. S. 246 ff.

UEBERSCHÄR, Gerd R. (1990): *Freiburg im Luftkrieg 1939–1945*. Freiburg.

UHDE-BERNAYS, Herrmann (1912): *Henriette Feuerbach. Ihr Leben in ihren Briefen*. Berlin, Wien.

VEREINIGUNG DER VERFOLGTEN DES NAZIREGIMES/BUND DER ANTIFASCHISTEN KREIS FREIBURG (Hg.) (1989): *Verfolgung, Widerstand, Neubeginn in Freiburg 1933–1945. Eine Dokumentation*. Freiburg.

VETTER, Walter (Hg.) (1982): *Freiburg in Trümmern 1944–1952*. Bd 1. Freiburg.

VETTER, Walter (1987): *Die Harmonie*. Freiburg.

VÖGEL, Bernhild (1989): *«Entbindungsheim für Ostarbeiterinnen». Braunschweig, Broitzemer Straße* 200. Hamburg.

VOLLMER, Franz X. (1983): *Der Traum von der Freiheit. Vormärz und 48er Revolution in Süddeutschland in zeitgenössischen Bildern*. Stuttgart.

WACKER, Jean-Claude (1992): *Humaner als Bern! Schweizer und Basler Asylpraxis gegenüber den jüdischen Flüchtlingen von 1933–1943 im Vergleich*. Basel.

WAGNER, Herrmann (1905): *Illustrierte deutsche Flora*. Stuttgart.

WALSER, Karin (1986): *Dienstmädchen. Frauenarbeit und Weiblichkeitsbilder um 1900*. Frankfurt.

WEBER, Marianne (1907): *Ehefau und Mutter in der Rechtsentwicklung*. Tübingen.

WEHRER, J.F. (1866): *Repertorium der gesammten Gesezgebung Badens*. Heidelberg.

WEHRER, J.F.(1839): *Alphabetisches Repertorium der Verordnungen, Erläuterungen und Belehrungen aus sämmtlichen Kreisanzeigeblättern des Großherzogtums Baden von 1803 bis 1839*. Karlsruhe.

WEYRATHER, Irmgard (1981): *Numerus Clausus für Frauen. Studentinnen im Nationalsozialismus*. In: FRAUENGRUPPE FASCHISMUSFORSCHUNG (Hg.) (1981): *Mutterkreuz und Arbeitsbuch. Zur Geschichte der Frauen in der Weimarer Republik und im Nationalsozialismus*. Frankfurt. S. 131 ff.

WILHELM, Friedrich (1994): *Der Wandel von der politischen Polizei zur Gestapo*. In: HAUSER-HAUSWIRTH, Angelika / SCHNABEL, Thomas (Hg.): *Formen des Widerstandes im Südwesten 1933–1945. Scheitern und Nachwirken*. Ulm.

WINCK, Marga (1974). *Gestiftet wurde immer. Die weltlichen Ortsstiftungen der Stadt Freiburg im Breisgau*. Freiburger Stadthefte 21. Freiburg.

WOLLASCH, Andreas (1991): *Der Katholische Fürsorgeverein für Mädchen, Frauen und Kinder (1899–1945). Ein Beitrag zur Geschichte der Gefährdetenfürsorge in Deutschland*. Freiburg.

WOLLASCH, Hans-Josef (1988): *Mathilde Otto, Armenfürsorgerin. Eine (fast) vergessene Frau der Caritas*. Erweiteter Sonderdruck aus: *Caritas '89* (1988), Jahrbuch des Deutschen Caritasverbandes. Freiburg.

WUNDT, Emma (1915): *Badisches Kriegskochbüchlein. Winke für die Hausfrauen während der Kriegszeit.*

ZILLING, Bernhard (1984): *Helfen kann nur die große That ... Die Radikalisierung in Baden 1848*. Freiburg im Breisgau.

ZIMMERMANN, Susan (1988): *Weibliches Selbstbestimmungsrecht und auf «Qualität» abzielende Bevölkerungspolitik*. In: *Beiträge zur feministischen Theorie und Praxis* 21/22 (1988).

BILDNACHWEIS

Frontispiz:

S. Franke, Jutta, (1987): *Illustrierte Fahrradgeschichte*. Berlin. S. 81

Frauen in der Revolution von 1848/49

S. 3 Bezirksgruppe Speyer des historischen Vereins der Pfalz (Hg.): «Anselm Feuerbach, seine Familie und ihre Zeit». *Beiträge zur Speyerer Stadtgeschichte*, Heft 3, S. 75. Fotograf: Willy Pragher, Freiburg.

S. 5 Ecker, Jürgen: *Anselm Feuerbach. Leben und Werk*. München 1991, S. 367. Standort: Berlin, Stiftung preußischer Kulturbesitz, Nationalgalerie, Inv. Nr. NG 905, erworben 1906.

S. 9 Historisches Museum der Stadt Hanau. In: Vollmer (1983), S 127.

S. 0 Vollmer (1983), S. 130; Sammlung des Autors.

S. 6 Historisches Museum der Pfalz, Speyer. In: Karcher, F.A. (1977): *Die Freischärlerin. Eine Novelle aus der Pfälzer Revolution von 1849*. Frankfurt am Main, S. 17.

S. 8 GLA Karlsruhe. In: Vollmer (1983), S. 372.

S. 0 Vollmer (1983), S. 338; Sammlung des Autors.

S. 1 Original im Besitz von Rudolf Däuble, Karlsruhe. In: Vollmer (1983), S. 371.

Waisenmädchen und «dürftige Bürgerstöchter»

S. 5 StAFr, M 7061.

S. 0 Sautier, Heinrich (1802): *Die arme, brave Marie oder das Bild eines vollkommenen Dienstbothen*. Freiburg. Teil 5, S. 1.

Frauenbildung im 19. Jahrhundert

S. 1 Augustinermuseum Freiburg.

S. 74 Augustinermuseum Freiburg.
S. 85 Augustinermuseum Freiburg.
S. 92 Bad. Architekten- und Ingenieur-Verein Oberrhein (Hg.) (1898): *Die Stadt und ihre Bauten. Freiburg*. In: Kalchthaler (1991), S. 193.
S. 97 Müller-Schilling, Helmut (1976): *Alte Fotos erzählen Freiburger Stadtgeschichten*. Freiburg, S. 194.
S. 99 Privat, mit freundlicher Genehmigung von Schwester Pia Hauser.
S. 101 Ebenso.
S. 103 Privat, mit freundlicher Genehmigung von Hermine Paufler.
S. 107 Ebenso.
S. 108 Ebenso.
S. 109 Ebenso.
S. 111 Ebenso.

Ehescheidung im 19. Jahrhundert

S. 115 Privat, mit freundlicher Genehmigung von Schwester Pia Hauser.
S. 123 StaAFr, LG FR: 241/Zug.1960/3 Nr. 1604.
S. 129 Privat, mit freundlicher Genehmigung von Elli und Rolf Obergfell.
S. 149 Privat, mit freundlicher Genehmigung von Schwester Pia Hauser.

Die Hebammen

S. 161 Wagner (1905), S. 29.
S. 165 StAFr, C1 Medizinalwesen 3: Öffentliche Gesundheit Nr. 16.
S. 169 Augustinermuseum Freiburg.
S. 177 StAFr, C2 94/2: Polizeisachen – Gesundheit Nr. 9.
S. 181 Gélis, Jaques (1989): *Die Geburt. Volksglaube, Rituale und Praktiken von 1500-1900*. München, S. 203. Standort: Musée Alsacienne, Straßbourg.

Die Seidenspinnerei Mez

S. 190 StAFr, C4 IX.31.4: (1935): 100 *Jahre Mez*. Firmenchronik.
S. 193 Ueberdick, Theo (1972): «Fotos vom alten Freiburg gesucht». *Freiburger Stadthefte 19*. Freiburg.

St. Valentin

S. 197 StAFr. In: ohne Verfasser (1989): *Alt-Freiburg, Bilder einer Stadt*. Wannweil, S. 165.

Die Prostitutierten

S. 205 Fotoarchiv Ellen Maas, Frankfurt am Main. In: Junker, Almut / Stille, Eva (1988): *Zur Geschichte der Unterwäsche 1700-1960*. Frankfurt am Main, S. 273.

S. 209 StAFr. In: (1989) *Alt-Freiburg. Bilder einer Stadt.* Wannweil, S. 135.
S. 211 VW, 12.2.1930.

Der Erste Weltkrieg

S. 217 StAFr, M 7061.
S. 219 StAFr, M 7061.
S. 223 Hering, Sabine / Wenzel, Cornelia (1986): *Frauen riefen, aber man hörte sie nicht. Die Rolle der Deutschen Frauen in der Internationalen Frauenfriedensbewegung zwischen 1892 und 1933.* Quellenband. Kassel, S. 113.
S. 225 StAFr, M 7061.
S. 227 StAFr, M 7061.
S. 228 StAFr, M 7061.
S. 230 VW, 16.4.1918.
S. 232 StAFr, M 7061.
S. 237 Müller-Schilling, Helmut (1976): *Alte Photos erzählen Freiburger Stadtgeschichten.* Freiburg. S. 93.
S. 241 StAFr, M 7061.

Der Freiburger Frauenklub

S. 249 FZ, 14.11.1913.
S. 251 FZ, 12.11.1919.

Frauenstimmrecht und Frauenpolitik

S. 253 FZ, 29.11.1918.
S. 259 Wollasch (1988), Bildanhang.
S. 260 StAFr. In: Haumann / Schadek (1992), S. 226.
S. 263 Borgmann (1973), S. 37.
S. 269 Freiburger Bote, 24.11.1913.
S. 272 FZ, 24.12.1918.
S. 278 Wollasch (1988), Bildanhang.
S. 281 FZ, 21.7.1919.
S. 283 StaAFr. Zugang 1970/13, P 22, 1902–1952.

10. Obdachlose Frauen

S. 291 Sigmund, Hans (1988): «Das Barackenlazarett in Herdern». In: *Freiburger Almanach*, 1988, S. 61.
S. 299 StAFr, M 70/10.
S. 304 FZ, 8.11.1929.

Familienfürsorge und Eugenik

S. 309 StAFr, M 75/1.
S. 315 VW, 22.1.1922.
S. 325 Freiburger Adreßbuch, 1938.
S. 327 StAFr, C4 XVII 20.5: Winterhilfswerk 1933/34.

Nationalsozialismus und Zweiter Weltkrieg

S. 341 StaAFr, K 1/49: Nachlaß Sacksofsky.
S. 349 Privat, mit freundlicher Genehmigung von Gretel Bechtold.
S. 351 Bräunche u.a. (1983), S. 41.
S. 353 Gaertner, Hildesuse (1951): «Winter im Schwarzwald». In: *Freiburger Almanach*, 1951, S. 136.
S. 356 StAFr, C4 XIII 32.7.: Bund Deutscher Mädel.
S. 358 StAFr, M 75/1.
S. 363 Archiv des Kölner Frauengeschichtsvereins. Mit freundlicher Genehmigung des Kölner Frauengeschichtsvereins.
S. 373 StAFr, M 75/1.
S. 393 StaFr, M 2/202: «Der Albtalweber». Werkzeitschrift der Betriebsgemeinschaft Gesellschaft für Spinnerei und Weberei in Ettlingen, Baden, Heft 3, (1941).
S. 395 Privat, mit freundlicher Genehmigung von Gretel Bechtold.
S. 397 Ebenso.
S. 398 StaFr, M 75/1.
S. 404 Aus der *Rhodiapost* 5/1985, mit freundlicher Genehmigung der Rhône Poulenc Rhodia AG.
S. 415 Privat, mit freundlicher Genehmigung von Gretel Bechtold.

Hilfe für die verfolgten Jüdinnen und Juden

S. 443 *Freiburger Rundbrief* (1979), S. 160.

Brombergstr. 9a, D-79102 Freiburg i. Br.
(+49) 761 / 70320-0 (Tel.) · 70320-70 (Fax)
Umschlaggestaltung: Michael Wiesinger
Titelbild: Aus dem Photoarchiv des Stadtarchivs Freiburg, M 7061
Satz: Kore, Sully Roecken, aus der Palatino
Gesamtherstellung: Litosei, Rastignano (Bologna)
Printed in Italy

Die Deutsche Bibliothek – CIP-Einheitsaufnahme:

Heidtke, Birgit:
Margarethas Töchter: Stadtgeschichte der Frauen
von 1800 bis 1950 am Beispiel Freiburgs /
Birgit Heidtke, Christina Rössler
– Freiburg i. Br. : Kore, 1995
ISBN 3-926023-68-6
NE: Rössler, Christina:

ISB N 3-926023-68-6